Peter Burschel · Jürgen Huss

Grundriß des Waldbaus

Pareys Studientexte 49

Peter Burschel · Jürgen Huss

Grundriß des Waldbaus

Ein Leitfaden für Studium und Praxis

2., neubearbeitete und erweiterte Auflage

Mit 202 Abbildungen, 207 Tabellen und 85 Übersichten

Parey Buchverlag Berlin 1997

Parey Buchverlag im
Blackwell Wissenschafts-Verlag
Kurfürstendamm 57, D-10707 Berlin

Anschriften der Verfasser:

Prof. Dr. Peter Burschel,
Lehrstuhl für Waldbau und Forsteinrichtung,
Ludwig-Maximilian-Universität München,
Hohenbachernstr. 22,
85354 Freising

Prof. Dr. Jürgen Huss,
Waldbau-Institut,
Albert-Ludwigs-Universität Freiburg,
Tennenbacher Str. 4
79085 Freiburg

Gewährleistungsvermerk
Die Verfasser dieses Werkes haben sich intensiv
bemüht, in den jeweiligen Anwendungen exakte
Dosierungshinweise entsprechend dem aktuellen
Wissensstand zu geben. Diese Dosierungshin-
weise entsprechen dem Standardvorschriften der
Hersteller. Verfasser und Verlag können eine
Gewährleistung für die Richtigkeit von Dosie-
rungsangaben dennoch nicht übernehmen. Dem
Praktiker wird dringend empfohlen, in jedem An-
wendungsfall die Produktinformation der Her-
steller hinsichtlich entsprechend dem jeweiligen
Zeitpunkt der Produktanwendung zu beachten.

Die Wiedergabe von Gebrauchsnamen, Handelsnamen, Warenbezeichnungen usw. in diesem
Buch berechtigt auch ohne besondere Kennzeichnung nicht zu der Annahme, daß solche Namen im
Sinne der Warenzeichen- und Markenschutz-Ge-
setzgebung als frei zu betrachten wären und daher
von jedermann benutzt werden dürfen.

Das Werk ist urheberrechtlich geschützt. Die dadurch begründeten Rechte, insbesondere die der
Übersetzung, des Nachdrucks, des Vortrages, der
Entnahme von Abbildungen und Tabellen, der
Funksendung, der Mikroverfilmung oder der Vervielfältigung auf anderen Wegen und der Speiche-
rung in Datenverarbeitungsanlagen, bleiben, auch
bei nur auszugsweiser Verwertung, vorbehalten.
Eine Vervielfältigung dieses Werkes oder von Teilen dieses Werkes ist auch im Einzelfall nur in den
Grenzen der gesetzlichen Bestimmungen des Ur-
heberrechtsgesetzes der Bundesrepublik Deutschland vom 9. September 1965 in der Fassung vom
24. Juni 1985 zulässig. Sie ist grundsätzlich ver-
gütungspflichtig. Zuwiderhandlungen unterliegen
den Strafbestimmungen des Urheberrechtsgeset-
zes.

Die Deutsche Bibliothek – CIP Einheitsaufnahme

Burschel, Peter:
Grundriss des Waldbaus : ein Leitfaden
für Studium und Praxis
; 207 Tabellen / Peter Burschel ; Jürgen Huss. –
2., neubearb. und erw. Aufl. – Berlin : Parey, 1997
(Pareys Studientexte ; Nr. 49)
    ISBN 3-8263-3045-5
NE: Huss, Jürgen:; GT

© 1997 Blackwell Wissenschafts-Verlag
Berlin · Wien

Schriftenreihe »Pareys Studientexte« Nr. 49
ISSN 0939-303X

ISBN 3-8263-3045-5 · Printed in Germany

Umschlag: Rudolf Hübler, Berlin, unter Ver-
    wendung einer Abbildung der Autoren
Herstellung: Goldener Schnitt, Rainer Kusche
    Sinzheim
Satz: Cicero Lasersatz GmbH
    Dinkelscherben
Druck und Bindung: Druckhaus Beltz
    Hemsbach

Gedruckt auf chlorfrei gebleichtem Papier

Vor 30 Jahren bildete ich mir ein, die Forstwissenschaft gut zu verstehen. Ich war ja bei ihr aufgewachsen und hatte sie auch auf Universitäten gehört.

Es hat mir seitdem nicht an Gelegenheit gefehlt, meine Ansichten vielseitig zu erweitern, und in dem langen Zeitraum habe ich es nun dahin gebracht, recht klar einzusehen, daß ich von dem Innern dieser Wissenschaft noch *wenig* weiß, und daß wir überhaupt mit dieser Wissenschaft noch lange nicht auf dem Punkte sind, über welchen manche schon längst hinaus zu seyn glauben.

HEINRICH COTTA
Anweisung zum Waldbau, 1816

Alles waldbauliche Wirken muß auf naturgesetzliches Denken begründet sein; die Schablone ist nirgends mehr vom Übel als hier, wo die wirkenden Kräfte einem fortgesetzten und oft so großem localen Wechsel unterworfen sind. Der Waldbau ist Sache des Localbeamten. Unter den vielen Tugenden, welche denselben in seiner verantwortungsvollen Aufgabe zieren müssen, sind für das waldbauliche Vorgehen die Geduld und das Bewußtsein, daß Zweck und Ziel der Arbeit in der fernen Zukunft, nicht in der Gegenwart liegt, mit die wichtigsten.

KARL GAYER
Waldbauliches Bekenntnis,
Aus dem Walde 1891

Die jüngste Waldschadens-Kalamität zeigt deutlich genug, daß das biologische System dem technischen System in vielfältiger Weise unterlegen ist und daher eine weitaus größere Rücksichtnahme benötigt. Die bisherige technisch-industrielle Entwicklung kann daher nicht mehr, wie es über 100 Jahre lang geschehen ist, ohne besondere Rücksicht auf Naturgüter weitergeführt werden, die man in geradezu leichtfertiger Weise für anpassungsfähig und anpaßbar gehalten hat. Daß man sich an diese unterlassene Rücksicht gewöhnt und sie beinahe als Bestandteil des raschen technisch-zivilisatorischen Fortschrittes betrachtet hatte, erschwert seinen Trägern die Akzeptanz der nunmehr erforderlichen verstärkten Rücksichtnahme auf die Naturgüter erheblich.

DER RAT VON SACHVERSTÄNDIGEN
FÜR UMWELTFRAGEN
Waldschäden und Luftverunreinigungen,
Sondergutachten 1983

Vorwort zur 2. Auflage

Eine zweite Auflage bietet die Möglichkeit, erkannte Schwächen und Fehler eines Lehrbuches zu beseitigen. Darüberhinaus entwickelt sich aber auch das Wissen über ein Fachgebiet weiter. Wir haben versucht, die erste Möglichkeit wahrzunehmen. Der Fortschritt des Wissens ist dort, wo uns das nötig erschien, in die Schrift eingeflossen. Aber wir haben auch manche Aussagen abgewandelt oder ausgeweitet und Gewichte neu gesetzt, wo unsere eigenen Vorstellungen der Dinge sich in der Zwischenzeit gewandelt haben.

PETER BURSCHEL · JÜRGEN HUSS   Freising und Freiburg, im Herbst 1996

Vorwort zur 1. Auflage

Waldbau läßt sich nicht allein aus Büchern lernen. Man muß viele Wälder gesehen und an der Gestaltung vieler Bestände mitgearbeitet haben, bis sich Sicherheit im Umgang mit dem Wald einstellt. Waldbauliche Erfahrung ist jedoch nur verläßlich, wenn sie auf einem festen Fundament von Wissen steht. Dieses Wissen wird aus den schriftlichen Quellen des Waldbaus geschöpft. Sie bestehen aus dem großen Fundus an Erfahrungsberichten, der sich in Jahrhunderten aufgebaut hat, und sie umfassen das, was wissenschaftliche Forschung hinzutun konnte. Alles zusammen bildet ein weiträumiges Lehrgebäude. Wir haben versucht, es hier so darzustellen, daß Übersicht und damit Lernbarkeit geboten werden, ohne daß der Reichtum des Faches zu sehr an Glanz verliert. Der Autor Huss hat dabei den Abschnitt über die Waldverjüngung und der Autor Burschel die übrigen Kapitel verfaßt. Eine etwas breitere Darstellung, als das in dieser Schrift möglich war, erfordert die Behandlung gemischter Waldbestände. Sie ist in Vorbereitung und wird gesondert vorgelegt werden.

Der Zeitpunkt, zu dem diese Schrift erscheint, ist geprägt durch Waldschäden, deren Ursache mit sehr großer Wahrscheinlichkeit Luftschadstoffe aus dem Bereich der technischen Zivilisation sind. Die Schadereignisse werden erst seit wenigen Jahren beobachtet, und die weitere Entwicklung ist überhaupt nicht absehbar. Bislang war es deshalb unmöglich, waldbauliche Antworten darauf zu entwickeln, und es ist durchaus fraglich, ob das überhaupt jemals möglich sein wird. Ganz sicher ist dagegen, daß alle waldbaulichen Aktivitäten vor diesem Hintergrund mit besonderer Sorgfalt und unter Anwendung des ganzen Wissens vorgenommen werden müssen, das auf diesem Gebiet erarbeitet worden ist. Dazu einen Beitrag zu leisten, ist ein wichtiger Zweck dieser Schrift.

Peter Burschel · Jürgen Huss   München und Freiburg, im Herbst 1986

Inhaltsverzeichnis

1   Einleitung: Wald und Waldbau

Gut 29 % der Erdoberfläche sind Festland. Davon ist ein Viertel mit Wald bedeckt. Als Wald wird dabei jede Pflanzenformation verstanden, die im wesentlichen aus Bäumen aufgebaut ist und eine so große Fläche bedeckt, daß sich darauf ein charakteristisches Wald-Klima entwickeln kann[1]. Werden auch andere mit Gehölzen bewachsene Flächen in die Betrachtung einbezogen, so ergibt sich eine Wald- und Gehölzbedeckung des Festlandes von 29 %. In Flächeneinheiten ausgedrückt sind das 3,6 Mrd. ha Wald und 720 Mio. ha Busch- und Gehölzland.

Im Höhepunkt der Wiederbewaldung nach der letzten Eiszeit dürfte die Waldfläche bei etwa 6,2 Mrd. ha gelegen haben. Die Differenz zum heutigen Zustand ist das Ergebnis anthropogener Entwaldungsprozesse. Sie sind in den meisten Gebieten der gemäßigten Zone inzwischen abgeschlossen, haben aber in den Tropen mit jährlich etwa 15 Mio. ha zerstörten geschlossenen Waldes erst heute ihren Höhepunkt erreicht.

Weniger als ein Zehntel der gesamten Erdoberfläche ist danach bewaldet; auf dieser verhältnismäßig kleinen Fläche ist jedoch ein großer Teil der Biomasse konzentriert, die es weltweit gibt, und gut zwei Drittel der jährlichen festländischen Primärproduktion werden darauf geleistet. Schließt man auch die Meere in die Betrachtung ein, so sind es 40 % der weltweiten Primärproduktion, die der Wald hervorbringt. Durch die tiefe Verwurzelung im Boden und das weite Hinaufragen des Kronendaches in den Luftraum bildet der Wald die austauschintensivste Oberflächenform der Erde. Daraus erklärt sich seine herausragende Rolle im Strahlungs-, Wasser- und Stoffhaushalt, und diese ist wieder der Grund für seine hohe Produktivität.

Aufgabe des Waldbaus ist es, die Pflanzenformation Wald so zu gestalten, daß ihre biologischen Eigenarten erhalten bleiben, aber dem Menschen auf nachhaltige Weise

---

[1] Die Definition der FAO für Wald lautet: Pflanzengesellschaft, überwiegend aus Bäumen bestehend, die im Reifealter mindestens 7 m hoch werden und zumindest 10 % des Bodens überdecken. In kälteren und trockeneren Zonen sind auch 3 m Mindestgröße ausreichend. Wälder werden als geschlossen bezeichnet, wenn der natürliche Überschirmungsgrad des Bodens durch Baumkronen im Reifestadium je nach Waldtyp bei mindestens 50 % liegt, Bäume der unterschiedlichen Bestandesschichten und Unterwuchs einen großen Teil des Bodens bedecken und keine geschlossene Grasschicht vorhanden ist. Wälder gelten als offen, wenn der natürliche Überschirmungsgrad im Reifestadium mindestens 10 % beträgt und der Boden durch eine geschlossene Schicht von Bodenvegetation bedeckt ist. Je offener ein Baumbestand ist, umso weniger wird ein Waldinnenklima mit geringer Windgeschwindigkeit, geringerer Tag- und Nachtamplitude der Temperatur und hoher Luftfeuchtigkeit ausgebildet (nach DEUTSCHER BUNDESTAG, 1990).

nutzbar werden. Das gilt insbesondere für die Fähigkeit des Waldes zur Produktion großer und wertvoller Holzmengen. Der Waldbau hat eine breite naturwissenschaftliche Grundage, ist aber ein Fach, das seinen Sinn aus der Anwendung zieht. Vor dem Hintergrund der unaufhaltsamen Zerstörung der ursprünglichen Wälder kommt dem Waldbau eine besondere Bedeutung zu, und zwar sowohl für die Wiederbegründung von Wald auf erheblichen Teilen der entwaldeten Flächen, als auch für die nachhaltige Nutzung dort, wo er erhalten geblieben ist.

2 Die Wälder der Erde

2.1 Die wichtigsten Waldtypen

Wo nicht Mangel an Niederschlägen, zu geringe Wärme oder ein Übermaß an Feuchtigkeit das verhindern, wird immer Wald die Vegetationsdecke der Erde bilden. Sowohl in der Verteilung der Wälder über die Kontinente als auch in der Art, wie sie aufgebaut und aus Baumarten zusammengesetzt sind, spiegeln sich die Temperatur- und Feuchtigkeitsverhältnisse auf der Erde wider, die ihrerseits weitgehend von der atmosphärischen Zirkulation und den Meeresströmungen bestimmt werden *(s. Abb. 2.1)*. Diese werden angetrieben durch die strahlungsbedingten Wärmegradienten zwischen den tropischen und polaren Gebieten des Erdballs.

In Anpassung daran, modifiziert durch räumliche Besonderheiten, haben sich im Laufe der Entwicklungsgeschichte sehr verschiedenartige Naturwälder ausgebildet. Sie stellen überall, wo Wald überhaupt vorkommen kann, die produktionsökologisch

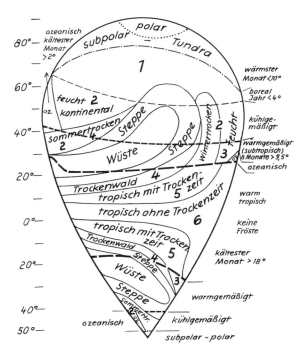

Abb. 2.1: Das Vorkommen der wichtigsten Waldtypen auf der Erde (s. auch Abb. 2.2).
Würden die Landmassen der Erde zusammengeschoben, so ergäbe sich der hier dargestellte Idealkontinent. Darauf sind die prägenden Vegetations- und Klimamerkmale eingetragen. Die arabischen Zahlen entsprechen der Numerierung der Waldformationen in *Übersicht 2.1*. Die zur Kennzeichnung der Großklimate angegebenen Grenzwerte haben keine Gültigkeit für die zugehörigen Gebirgslagen (im Anhalt an WISSMANN in BLÜTHGEN, 1966; CAMP, 1956 und ANONYMUS, 1966).

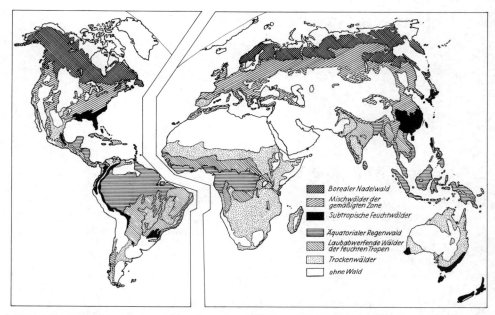

Abb. 2.2: Die wichtigsten Waldtypen der Erde und ihre Verteilung auf die Kontinente (im Anhalt an ANONYMUS, 1966 und BUNDESFORSCHUNGSANSTALT, 1965, 1966).
Die Unterteilung der Wälder der Erde in nur 6 Waldtypen stellt eine sehr starke Vereinfachung der vielfältigen Wirklichkeit dar. Die Darstellung der Verbreitungsgebiete kann nicht zum Ausdruck bringen, wo Wald darin tatsächlich vorkommt, in welchem Zustand er sich befindet und welche anthropogenen Veränderungen stattgefunden haben.

ergiebigste Pflanzenformation dar. Ihre weltweite Verbreitung ist aus *Abb. 2.2* ersichtlich, und die dazugehörige sehr vereinfachende Beschreibung der wichtigsten Erscheinungsformen des Waldes kann *Übersicht 2.1* entnommen werden.

Übersicht 2.1: Die wichtigsten Waldformationen der Erde. Vorkommen, Eigenarten und Zustand (im Anhalt an ANONYMUS, 1966).
Wo die Angabe von Handelsnamen der Hölzer sinnvoll erschien, sind diese in Klammern gesetzt. Die Hälfte aller Waldreserven liegt in den Tropen und jeweils ein Viertel in der gemäßigten und der borealen Zone.

WALDTYP	VORKOMMEN, EIGENARTEN, ZUSTAND, forstlich wichtige BAUMGATTUNGEN und -ARTEN
1 **Borealer** **Nadelwald** (Taiga)	Waldgürtel auf der nördlichen Halbkugel, vor allem aus Nadelbäumen. Aus wenigen Baumarten oft großflächig sehr einheitlich aufgebaut. Katastrophen – Feuer! – bestimmen die Entwicklungsdynamik mit. Trotz schnell zunehmender Exploitation noch große Flächen in unberührtem Zustand, v. a. in Rußland und Kanada

Gattungen und Arten:

Nordamerika	Eurasien	
Picea glauca	*Picea abies, obovata*	*Larix sibirica*
Picea mariana	*Pinus sylvestris*	Birken, Aspen
Abies balsamea	andere Kiefernarten	Weiden, Erlen

Übersicht 2.1:   (Fortsetzung)

WALDTYP	VORKOMMEN, EIGENARTEN, ZUSTAND, forstlich wichtige BAUMGATTUNGEN und -ARTEN

2 Wald der gemäßigten Zone

Mittlere Breiten der nördlichen Hemisphäre und schmaler Streifen im südwestlichen Südamerika. Sehr vielgestaltiges Erscheinungsbild. Wichtigste Arten Laubbäume, jedoch auch in bedeutendem Umfang Koniferen. Umfaßt Koniferenwälder des westl. Nordamerika ebenso wie viele Gebirgswälder, einschließlich solcher in Mexiko und im Himalaya. Erstreckt sich über Gebiete mit hoher Bevölkerungsdichte und stärkster zivilisatorischer Aktivität. Rodung großer Teile für Landwirtschaft, Weidenutzung, Veränderung durch Forstwirtschaft. In manchen Gebieten intensive Plantagenforstwirtschaft.

Gattungen:

Nordhalbkugel							Südhalbkugel
Fagus	*Fraxinus*	*Betula*	*Platanus*	*Abies*	*Tsuga*	*Sequoia*	*Nothofagus*
Quercus	*Ulmus*	*Alnus*	*Populus*	*Picea*	*Larix*		
Acer	*Tilia*	*Juglans*	*Salix*	*Pinus*	*Pseudotsuga*		

3 Wald des feuchtwarm-gemäßigten Klimas

Auf beiden Hemisphären im ausreichend feuchten subtropischen Bereich. Neben zahlreichen Laubbaumarten wichtige Nadelbaumarten. Durch Siedlung und landwirtschaftliche Nutzung stark reduziert. Plantagenwälder in Ausweitung begriffen.

Gattungen und Arten:

Pinus	*P. densiflora*	*Cryptomeria japonica*
P. elliottii	*P. massoniana*	*Eucalyptus*
P. taeda	*Araucaria*	*Nothofagus*

4 Subtropische und tropische Trockenwälder

Überall auf der Erde, wo ausgeprägte Trockenzeiten das Klima bestimmen; großflächig in tropischen und subtropischen Gebieten. Meist offene Vegetationsform mit niedrigen, oft schlecht geformten Bäumen. Geringe Vorräte an stehendem Holz. Übergang zu Dornstrauchvegetationen oder baumarmen Savannen fließend oder auch abrupt. An der Trockengrenze von Wald durch Überweidung und Übernutzung für Brennholz vielfach übernutzt, oft zerstört. Durch menschliche Einflußnahme – Feuer, Weide, Wanderfeldbau, Brennholznutzung – seit Jahrhunderten und bis heute durch Zerstörung anspruchsvollerer Wälder im Vordringen begriffen. Im Mittelmeerraum, aber auch anderen Gegenden große Anstrengungen zum Wiederaufbau geschlossener Waldbestände anstelle der dort anthropogenen Trockenwälder.

Gattungen:

Acacia		
Schinopsis	*Callitris*	*Pinus*
Eucalyptus	*Quercus*	*Cupressus*

5 Tropische laubabwerfende Feuchtwälder

In tropischen Gebieten mit ausreichenden Niederschlägen, aber ausgeprägten Trockenzeiten. Je nach Länge der Trockenzeit in Aufbau und Struktur den tropischen immergrünen Regenwäldern oder mehr dem offeneren Trockenwald ähnelnd. Großflächig zu landwirtschaftlicher Nutzung umgewandelt oder durch Wanderfeldbau und Überweidung degradiert. Teak, tropische und subtropische Kiefern, Eucalyptusarten und Gmelina arborea als Plantagen. Durch Rodung und unsachgemäße Nutzung weiter im Rückgang begriffen.

Gattungen und Arten:

Tectona grandis (Teak)	*Shorea robusta (Sal)* *Chlorophora*
Entandrophragma utile (Sipo)	*Terminalia superba* (Limba)

Übersicht 2.1:   (Fortsetzung)

WALDTYP	VORKOMMEN, EIGENARTEN, ZUSTAND, forstlich wichtige BAUMGATTUNGEN und -ARTEN
6 Äquatorialer Regenwald	In Gebieten mit Tageszeitenklima (Tagesschwankungen der Temperatur > jahreszeitliche Schwankungen) und hohen, gleichmäßig verteilten Niederschlägen. Überwiegend aus immergrünen Laubbäumen. Sehr große Artendichte (bis > 100 Baumarten/ha). Enthält großen Teil der akkumulierten Biomasse der Erde. Bei Andeutung von Trockenperioden Übergang zu laubabwerfenden tropischen Feuchtwäldern. Fläche seit etwa 100 Jahren im Rückgang begriffen, seit einigen Jahrzehnten sowohl durch Wanderfeldbau als auch durch unsachgemäße Exploitation in besorgniserregender Größenordnung. Waldbau zur nachhaltigen Nutzung bisher nicht weit entwickelt. Plantagenwirtschaft mit Teak, tropischen Kiefern *(Pinus caribaea, P. merkusii, P. khasya, P. oocarpa)*, Arten des *Genus Eucalyptus, Gmelina arborea* u. a. nimmt zu.

Gattungen und Arten:

Asien	Afrika	Amerika
Dipterocarpus	*Aucoumea klaineana*	*Swietenia*
Shorea	(Okoumé)	(Mahagoni)
(zahlreiche Handels-	*Triplochiton scleroxylon*	*Cedrela spp.* (Cedro)
namen)	(Abachi)	*Hevea*
Eucalyptus deglupta	*Khaya spp.* (Mahagoni)	(Kautschukbaum)

2.2   Die Nutzung der Naturwälder

Naturwälder, die sich über sehr lange Zeiträume entwickelt und erhalten haben, wobei der Mensch allenfalls örtlich begrenzten Einfluß hatte, werden **Primärwälder** genannt. Inzwischen sind jedoch die Menschen – bei weiter anhaltender exponentieller Vermehrung – so zahlreich geworden, daß sie das Schicksal des Waldes nahezu überall bestimmen. Sie haben dazu die folgenden Möglichkeiten:

Rodung: Die Wälder werden gerodet und die frei gewordenen Flächen für Landwirtschaft, Siedlung und Verkehr genutzt. Das ist in großem Maße in den gemäßigten Breiten der Nordhalbkugel geschehen und findet gegenwärtig in erheblichem Umfang in vielen Teilen der Erde statt. Lediglich der boreale Nadelwald ist wegen der Unwirtlichkeit der Lebensverhältnisse dort nur wenig davon betroffen. Wo landwirtschaftliche Nutzungen in tropischen und subtropischen Gebieten nicht nachhaltig sind, führen sie zu schneller Degradierung der Standorte.

Wanderfeldbau: Die Wälder werden kleinflächig abgebrannt. Das so gewonnene Areal dient für einige Jahre der Landwirtschaft. Bei Nachlassen der Bodenfruchtbarkeit und Zunahme der Verunkrautung wird es wieder sich selbst und damit der Besiedlung durch **Sekundärwald** überlassen. Dieser Begriff bezeichnet die sich nach anthropogenen Eingriffen spontan einfindende Waldbestockung. Sind die Intervalle zwischen landwirtschaftlichen Nutzungen auf der gleichen Fläche groß genug, so bleibt der Waldcharakter großflächig erhalten, in seiner Zusammensetzung wird der Wald allerdings stark verändert. Werden die Abstände zwischen den landwirtschaftlichen Phasen dagegen kurz, so kommt es zu einer starken Degradation von Boden und Wald. Dieser Zustand ist in weiten Gebieten des tropischen und subtropischen Wanderfeldbaus heute erreicht. Der sehr verbreitete englische Begriff für diese Art der Waldbehandlung lautet „shifting cultivation".

Exploitation: Die Wälder werden zur Ausbeutung aufgeschlossen und das Holz eingeschlagen. Dabei kommt es dort zu einer fast vollständigen Nutzung des Holzes auf der Flächeneinheit, wo dieses – wie z. B. im nördlichen Nadelwaldgürtel – homogen und vielseitig verwendbar ist. Oder es wird selektiv genutzt, indem vor allem die kommerziell bedeutsamen Arten und Dimensionen entnommen werden. Das war und ist in vielen Laubwaldgebieten der Tropen, aber auch der gemäßigten Zone der Fall. Das Ergebnis dieser Art des Vorgehens kann von dreierlei Art sein:

– Exploitation mit Ablösung durch Wirtschaftswald: Mit der Exploitation des Urwaldes ist ein gezielter Übergang zum Wirtschaftswald verbunden. Werden die ursprünglichen Baumarten dabei durch andere ersetzt, so handelt es sich um eine Umwandlung in Wirtschaftswald. Wird dagegen mit verbliebenen Teilen des Naturwaldes oder vorhandener Verjüngung weitergearbeitet, so spricht man von Überführung in Wirtschaftswald. Viele Urwaldnutzungen im Bereich des nördlichen Nadelwaldgürtels verlaufen auf diese Art. Bei der Ausbeutung tropischer und subtropischer Urwaldgebiete sind sie jedoch eher die Ausnahme.
– Exploitation ohne weitere Eingriffe: Der exploitierte Wald wird sich selbst überlassen. Es bildet sich dann – je nach Ausgangslage mehr oder weniger schnell – ein Sekundär- oder Exploitationswald heraus, der nach seiner Zusammensetzung zunächst weniger wertvoll ist als der ursprüngliche Primärwald, aber dessen Zustand – genügend lange Zeiträume vorausgesetzt – wieder zustrebt.
– Exploitation mit Wanderfeldbau: Die für die Exploitation angelegte Erschließung des Waldes erleichtert das Eindringen des Wanderfeldbaus oder anderer Formen devastiver Landnutzung. Die Fläche wird dann einer nicht nachhaltigen landwirtschaftlichen Nutzung unterworfen. Diese Entwicklung ist ein besonders schädliches Ergebnis der holzwirtschaftlichen Ausbeutung der Tropenwälder.

Einrichten von Reservaten: Die Wälder werden wegen ihrer ökologischen Eigenarten, ihrer Bedeutung im Naturhaushalt oder aus waldästhetischen Gründen unter Schutz gestellt, z. B. als Nationalparks. Sind die unberührt bleibenden Flächen groß genug, so kann der ursprüngliche Wald mit der ihm eigenen Entwicklungsdynamik erhalten bleiben. Schutzgebiete sollten als Beispiele der Ursprünglichkeit auf möglichst großen Flächen in allen wichtigen Waldgebieten der Erde eingerichtet werden.

2.3   Die zukünftige Entwicklung der Waldfläche

Die derzeitigen Waldflächen der Erde und ihre zukünftige Entwicklung lassen sich im Anhalt an *Tab. 2.1* folgendermaßen charakterisieren:

– In den industrialisierten Ländern der Nordhalbkugel, aber auch in Australien und Neuseeland, wird die Waldfläche nur unbedeutende Änderungen erfahren, gebietsweise wird sie sogar zunehmen. Wo – vor allem im borealen Nadelwaldgürtel – Urwälder exploitiert werden, ist das im allgemeinen mit einer Umwandlung oder Überführung in Wirtschaftswald verbunden. Verjüngung und Erziehung der Wälder im waldbaulichen Sinne werden zunehmende Bedeutung erlangen.
– In den weniger industrialisierten Gebieten der übrigen Welt, vor allem in den Tropen und Subtropen, wird es als Folge des Kapitalbedarfs vieler Länder und der schnellen Bevölkerungszunahme zu einer erheblichen Verringerung der Waldfläche verbunden mit einer Reduktion des stehenden Holzvorrates kommen.

Bis zum Jahr 2020 wird es außer in sehr unzugänglichen Gebieten und in Reservaten keine unberührten Wälder mehr geben. Es ist zu befürchten, daß als Folge davon

Tab. 2.1:   Wälder und Gehölze im Zeitraum zwischen 1850 und 1980; 10^8 ha (IIED, 1987)

Die hier angeführten Werte gehen von einer anderen Definition für Wald und Gehölze aus, als sie den in Kap. 1 genannten Werten der FAO zugrundeliegt. Diese Diskrepanz zeigt die großen Unsicherheiten auf, mit denen alle Informationen über Wald im globalen Kontext behaftet sind.

	1850	1900	1950	1980
UdSSR	10,7	10,1	9,5	9,4
Nordamerika	9,7	9,5	9,4	9,4
Europa	1,6	1,6	1,5	1,7
Lateinamerika	14,2	13,9	12,7	11,5
China	1,0	0,8	0,7	0,6
Südasien	3,2	3,0	2,5	1,8
Südostasien	2,5	2,5	2,4	2,4
Tropisches Afrika	13,4	13,1	11,9	10,7
Nordafrika und Mittlerer Osten	0,3	0,3	0,2	0,1
Pazifische Industrieländer	2,7	2,6	2,6	2,5
Gesamt	**59,3**	**57,4**	**53,4**	**50,1**

Holzmangel und negative Konsequenzen für den Naturhaushalt – regional wie global – eintreten werden. Dieser Entwicklung Einhalt zu gebieten und Waldbehandlungsverfahren zu entwickeln, die das Produktionskapital Wald erhalten, aber nutzbar machen, muß als die größte Herausforderung gelten, der sich heute der Waldbau gegenübersieht.

Literatur (Kap. 1 und 2)

ANONYMUS (1966): Wood: World trends and prospects. Unasylva, 20. 80–81, 135 S.

BLÜTHGEN, J. (1966): Allgemeine Klimageographie. Berlin: W. de Gruyter.

BUNDESFORSCHUNGSANSTALT FÜR FORST-und HOLZWIRTSCHAFT (ed.) (1965, 1966): Weltforstatlas, Karte Südamerika, Karte Afrika. Hamburg, Berlin: P. Parey.

CAMP, W. H. (1956): The forests of the past and present; in: HADEN-GUEST et al. (ed.). A world geography of forest resources. New York: Ronald.

DEUTSCHER BUNDESTAG, REF. ÖFFENTLICHKEITSARBEIT, (ed.) (1990): Schutz der tropischen Wälder, eine internationale Schwerpunktaufgabe, 2. Bericht der Enquete-Kommission des 11. Dt. Bundestages »Vorsorge zum Schutz der Erdatmosphäre«.

IIED und WRI (International Institute for Environment and Development (IIED) and World Resources Institute (WRI), (1987): World Resources 1987. New York.

3   Die Wälder Mitteleuropas

3.1   Die Entwicklung seit der letzten Eiszeit

Der mitteleuropäische Raum ist reines Waldland, lediglich Moore, Seemarschen und die höchsten Hochgebirgslagen tragen von Natur aus keinen Wald. Die ursprüngliche Walddecke war das Ergebnis der Vegetationsentwicklung, wie sie sich seit dem Ende der letzten Eiszeit vor etwa 12 000 Jahren abgespielt hat. In drei großen Schritten hat sich die Waldvegetation in diesem erdgeschichtlich sehr kurzen Zeitraum herausgebildet:

– **Birken-Kiefernwald:** Mit dem Anstieg der Temperaturen eroberten zunächst Birken und Kiefern den bis dahin waldfreien Raum. Aus diesen Baumarten aufgebaute Wälder beherrschten mindestens 2000 Jahre lang das Bild, nämlich solange die Juli-Temperaturen etwa zwischen 10 und 14 °C lagen.
– **Eichenmischwald:** Infolge einer weiteren Verbesserung der Temperaturverhältnisse – Juli-Temperaturen zwischen 17 und 19 °C – und abnehmender Trockenheit verdrängten Eichen die Kiefern. In den entstehenden Eichenwäldern fanden zahlreiche Mischbaumarten wie Ulmen, Ahorne und in Gebirgslagen auch Fichten Lebensmöglichkeiten. Die Zeit dieser Eichenmischwälder dauerte ungefähr 4000 Jahre.
– **Buchenwald:** Mit erneuter Abnahme der Juli-Temperaturen auf etwa 16 °C bei gleichzeitiger Zunahme der Niederschläge stellten sich dann Lebensbedingungen ein, die die Buche stark begünstigten. Sie drang in die Eichenmischwälder, aber auch die Fichtenbergwälder ein und wandelte sie allmählich in Buchenwälder um. Dieser Prozeß hat etwa 4000 Jahre in Anspruch genommen und war um das Jahr 1000 n. Chr., als der Mensch die Abläufe endgültig zu bestimmen begann, möglicherweise noch nicht abgeschlossen. Einen Eindruck von der natürlichen Waldvegetation Mitteleuropas und dem außerordentlichen Rang der Buche darin vermittelt die *Abb. 3.1.*

3.2   Die natürlichen Wälder Mitteleuropas

Die natürlichen Wälder Mitteleuropas sind im Vergleich zu standörtlich ähnlichen Regionen der Welt arm an Baumarten. So gibt es zum Beispiel im Gebiet der Mischwälder der kühlgemäßigten Zone im östlichen Nordamerika mehr als doppelt so viele Baumarten wie im vergleichbaren Mitteleuropa. Das ist eine Folge der geomorphologischen Besonderheiten unseres Raumes: Ost-West streichende hohe Gebirgszüge sowohl als auch im Süden vorgelagerte Meere behinderten das Zurückweichen der Vegetation vor der von Norden kommenden und den Hochgebirgen ausgehenden

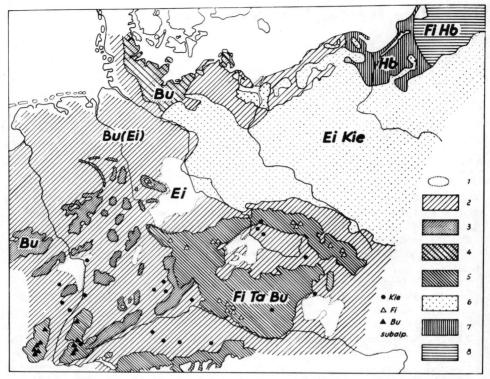

Abb. 3.1: Großgliederung der natürlichen Vegetation Mitteleuropas (ohne die Alpen) um Christi Geburt, d. h. vor stärkeren Eingriffen des Menschen.
Aufgrund pollenanalytischer Untersuchungen entworfen von FIRBAS (ELLENBERG, 1986).
1 Trockengebiete unter 500 mm Niederschlag, mit Eichenmischwäldern und wenig Rotbuche;
2 Tieflagen mit Rotbuchen-Mischwäldern, z.T. mit starker Beteiligung der Eichen; an der Nordseeküste viel Schwarzerle; dicke Punkte = Kiefer lokal vorherrschend;
3 niedrige Mittelgebirge mit Rotbuche, meist ohne Nadelbäume;
4 Moränengebiete mit Rotbuche, kiefernarm;
5 Buchenwald-Berglagen mit Tanne und (oder) Fichte (weiße Dreiecke); schwarze Dreiecke = subalpiner Buchenwald;
6 Sandbodengebiete, in denen Eichen vorherrschen, Kiefern vorkommen und andere Laubbäume beteiligt sind;
7 Laubmischwaldgebiete mit viel Hainbuche;
8 wie 7, außerdem mit Fichte;
Flußauen, Moore und andere Sonderstandorte sind nicht ausgeschieden.

Vereisung. Zahlreiche Baumgattungen, die zum Ausgang des Tertiärs hier noch heimisch waren, gingen in diesem Prozeß verloren. Aber auch die Gattungen, die überdauert haben, sind arm an Arten. Im vegetationsgeographisch vergleichbaren Ostamerika kommen beispielsweise 20 Eichenarten vor, während es in Mitteleuropa lediglich 4 sind. Aber obwohl es nur verhältnismäßig wenige Baumarten gibt, ist daraus eine durchaus vielgestaltige Waldvegetation entstanden. Die sehr konzentrierte Zusammenstellung in *Übersicht 3.1* macht das deutlich.

Übersicht 3.1: Die wichtigsten natürlichen Waldgesellschaften des westlichen Mitteleuropa (im Anhalt an ELLENBERG, 1986).

LAUBWALDGESELLSCHAFTEN

NAME	VORKOMMEN	ZUSAMMENSETZUNG	EIGENARTEN	ZUSTAND UND NUTZUNG
Kalk-Buchen-wald	Auf Kalkgesteinen mit Rendzina oder Para-rendzina-Böden. Humus: Mull bis Moder.	Auf frischeren Standorten: Buche, Berg-, Spitzahorn, Esche, Bergulme; auf weniger frischen: Stieleiche, Mehlbeere, Elsbeere, Speierling; im Verbreitungsgebiet vom kollinen zum montanen Bereich zunehmend Tanne und (besonders im hochmontanen Bereich) Fichte.	Buchenwaldgesellschaften würden den größten Teil der Fläche der Bundesrepublik bedecken. Sie sind bestimmt durch die Eigenart der Buche, dichten Schatten zu spenden, und ihre Fähigkeit, in der Jugend solchen Schatten zu ertragen. Im ozeanischen Raum Mitteleuropas kommen die Buchenwälder auf einem weiten Bereich von Standorten vor. Sie stellen sich als große offene Hallenbestände dar und sind auch von Natur aus keineswegs immer gemischt. Bilden andererseits eindrucksvolle Mischbestände, z. B. als Bergmischwald (Fi, Ta, Bu) in südl. Gebirgen, früher auch im Erzgebirge und Thür. Wald. Alle hier vorgestellten Buchenwaldgesellschaften gibt es in frischen bis trockenen Ausbildungen.	Die Kalkbuchenwälder sind großflächig erhalten geblieben. Wo lange Zeit Niederwaldwirtschaft betrieben wurde, ist der Anteil der besonders ausschlagfreudigen Mischbaumarten groß; bei Hochwaldbetrieb treten sie dagegen zurück. Bei guter Wasserversorgung leistungsstarke Bestände.
Braunmull-Buchen-wald	Auf reichen und mittleren Braunerden und Parabraunerden. Humus: Mull bis Moder.	Buche, Esche, Berg- und Spitzahorn, Bergulme, Eichen; Tanne und Fichte in deren Verbreitungsgebiet mit der Höhe zunehmend.		Leistungsstärkste Ausbildung des Buchenwaldes. Jedoch große Flächenverluste durch Umwandlung in Landwirtschaft; vielfach Ersetzung der Laubbäume durch Nadelbäume, Fichten vor allem.
Moder-Buchen-wald (bodensaurer Eichen-Buchen-wald)	Nährstoffarme, sehr saure Braunerden und Parabraunerden, oft podsolig. Humus: Moder bis Rohhumus.	Buche, Eiche; Tanne und Fichte vor allem im montanen und hochmontanen Bereich des Verbreitungsgebietes dieser Baumarten.		Auf nicht zu armen Standorten durchaus leistungsstarke Waldgesellschaft. Große Flächenverluste durch Rodung und Umwandlung in Landwirtschaft. Außerdem großflächig Umwandlung der Laubwälder in Koniferenforste aus Fichten auf den besseren sowie Kiefern auf den ärmeren und trockeneren Standorten. Vor allem in den standörtlich ärmeren Mittelgebirgen jedoch noch weit verbreitet und bei sachgemäßer Nutzung und in seinem Zustand oft naturnah.

Übersicht 3.1: (Fortsetzung)

LAUBWALDGESELLSCHAFTEN

NAME	VORKOMMEN	ZUSAMMENSETZUNG	EIGENARTEN	ZUSTAND UND NUTZUNG
Ahorn- und eschenreicher Mischwald	Auf sehr nährstoffreichen, frischen, steilen Schatthängen, tiefgründigen Hangfüßen, an Bachrinnen, in quelligen Hangnischen.	Berg- und Spitzahorn, Esche, Linden, Bergulme (Schwarzerle).	Bildet auf Sonderstandorten charakteristische Waldgesellschaft. Durch außerordentliche Wüchsigkeit der beteiligten Baumarten oft Ausschluß der Buche.	Kleinflächig in vielen Waldgebieten. Bei sachgemäßer Behandlung unter Wahrung seiner natürlichen Eigenarten Produzent besonders wertvollen Holzes. Häufig jedoch ungepflegt oder durch Anbau von Fichten (Pappeln) verdrängt.
Eichen-Hainbuchen-Wald	Auf Standorten, wo die Buche infolge von großer Trockenheit oder Kontinentalität nicht vorkommt oder wenig vital ist – z. B. Thüringer Becken –, oder wo sie bei guter Nährstoffversorgung durch hochstehende Bodenfeuchtigkeit behindert ist.	Eichen, Hainbuche, Winterlinde, Ahorne, Esche (Buche).	Mischbaumartenreiche Waldform mit unter- und zwischenständigen Hainbuchen. Unter den sehr alt werdenden Eichen bilden die Hainbuchen mehrere Generationen aus.	Von Natur aus auf die Regenschatten der Gebirge, Trockentäler oder nährstoffreiche, aber nasse Böden beschränkt. Durch Wertschätzung als Mastbäume, Bauholzlieferanten und durch den Mittel- und Niederwaldbetrieb (*vgl. Kap. 6.2*) jahrhundertelange Förderung der Eichen. Viele heutige Eichenbestände gehören nur scheinbar dieser Waldgesellschaft an, sie sind vielmehr das Ergebnis früherer Waldwirtschaft. Auch heute wieder Ausweitung der Eichenfläche auf Kosten des Buchenwaldes aus ökonomischen Gründen. Dadurch Entstehung von Eichen-Hainbuchen-Wirtschaftswäldern.
Bodensaure Eichenwälder	Auf nährstoffarmen, sehr sauren sowohl trockenen als auch feuchten Standorten, vor allem im nordwestdeutschen Flachland und im zentralen Teil Ostdeutschlands.	Eiche, Birken, Aspe (Kiefer).	Mischbaumartenarme Waldformen mit Birken und Aspen als Vorwald. Fließende Übergänge bei Zunahme der Standortgüte zum Eichen-Hainbuchen- bzw. Moderbuchenwald.	Starke Reduktion der einstmals großen Fläche dieser Waldgesellschaft durch Rodung, oft verbunden mit Maßnahmen zur Regulierung des Wasserhaushalts. Verbliebene Areale im letzten Jahrhundert nach vorangegangener Verheidung infolge von Überweidung und Übernutzung in großem Umfang mit Kiefern aufgeforstet. Dadurch vor allem trockene Ausbildungen dieser Waldgesellschaft nur noch ausnahmsweise erhalten.

Übersicht 3.1: (Fortsetzung)

LAUBWALDGESELLSCHAFTEN

NAME	VORKOMMEN	ZUSAMMENSETZUNG	EIGENARTEN	ZUSTAND UND NUTZUNG
Bruchwald	Auf Standorten mit hohem, wenig schwankendem Grundwasserstand und mindestens 20 cm mächtigem organischem Oberboden, z. B. Spreewald.	Schwarzerle bei ausreichendem Kalkgehalt des Grundwassers: Schwarzerlenbruch. Bei Basenmangel: Moorbirke oder (und) Kiefer, in Südd. auch Fichte: Birken-, Kiefern- oder Fichtenbruch.	In der Baumschicht sehr artenarmer Wald. Nadelbaumbrücher oft stufig aufgebaut; Bäume häufig auf Bülten stehend.	Ursprüngliche Verbreitung durch Entwässerung und Umwandlung der Brücher in Streuwiesen stark reduziert. Nutzung der Erlenbruchwälder oft im Ausschlagbetrieb. Nach Entwässerung Nadelholzwirtschaft.
Auenwald	Im Überschwemmungsbereich der Flüsse und Bäche. Flußnah und häufig überschwemmt: Weichholzaue. Flußferner, seltener überschwemmt: Hartholzaue.	Weichholzaue: Silberweide, Bruchweide, Korbweide, Mandelweide, Schwarz-, Silberpappel (Südd.), Grauerle (Südd.), Schwarzerle. Hartholzaue: Esche, Ulmen, Ahorne, Stieleiche.	Vielgestaltiger Wald auf Auenböden, die in Flußnähe sandig und flußfern lehmig sind. Zufuhr von nährstoffreichem Material bei Überflutung.	Im kollinen und planaren Bereich großflächig gerodet und in Ackerland überführt. Veränderung des Charakters verbliebener Auenwaldreste durch Flußbegradigungen und Eindeichungen. Auf Kosten der ursprünglichen Auenwaldarten in erheblichem Umfang Anbau von Kulturpappeln (*vgl. Kap. 5.1.6.3*) und selbst Nadelbäumen. Aber auch Eichen- und Edellaubholzwirtschaft.
Fichtenwald	Hochmontane und subalpine Zonen Alpen, Harz, Erzgebirge, Thüringer Wald, Bayerischer Wald. Außerdem Blockhalden, Kaltluftäler, feuchte, kalte Standorte, Hochmoorränder, auch in tieferen Lagen, jedoch nicht im NO-deutschen Flachland.	Fichte, Vogelbeere. In den Hochlagen der Alpen gelegentlich in Lärchen-Zirbenwald übergehend. Auf nassen Standorten auch Spirke. Mit abnehmender Höhe Übergang zu Buchenwaldgesellschaften, mit der Fichte als Mischbaumart.	Als subalpiner Fichtenwald meist einheitlich aufgebaut und nach Baumdimensionen wenig differenziert. Sonst eher stufig oder auch offen.	Hochlagen-Fichtenwälder oft noch gut erhalten, auch bei Bewirtschaftung meist Wahrung des Grundcharakters, da Baumartenwechsel kaum möglich. Gelegentlich Schwierigkeiten nach Verjüngungen mit nicht standortgemäßen Fichten-Herkünften.

Übersicht 3.1: (Fortsetzung)

LAUBWALDGESELLSCHAFTEN

NAME	VORKOMMEN	ZUSAMMENSETZUNG	EIGENARTEN	ZUSTAND UND NUTZUNG
Kiefern-wald	Auf Standorten, auf denen andere Baumarten infolge von Kontinentalität, Trockenheit oder Nässe, oft verbunden mit Nährstoffarmut, nicht überlegen sind.	Kiefer, Eiche, Fichte, gelegentlich Tanne, Birken.	Fast reine, oft lockere Bestände an Föhnprallhängen der Bayer. Alpen und auf trockenen Flußschottern. Dichte Bestände spitzkroniger Exemplare der „Höhenkiefer" im Schwarzwald, NO-Bayern, Thüringer Wald, Vogtland, südsächs. Mittelgebirge. Geringwüchsig auf armen Dünen- und Talsanden; häufiger in Ostdeutschland.	Waldbeherrschend nur auf kleinen Flächen, besonders im östlichen Mitteleuropa. Die als Höhenkiefern bezeichneten Vorkommen sind meist autochthon. Weitaus größter Teil heutiger Kiefernwälder entstand auf Kosten ursprünglicher Eichen- und Buchenwälder.

Literatur

ELLENBERG, H. (1986): Vegetation Mitteleuropas mit den Alpen. 4. Aufl. Stuttgart: Ulmer.

BLÜTHGEN, J. (1966): Allgemeine Klimageographie. 2. Aufl. Berlin, W. de Gruyter.

4 Der heutige Wald

4.1 Der Weg zum Wirtschaftswald

Der heutige Wald Mitteleuropas ist das Ergebnis einer mehr als zwei Jahrtausende umfassenden Einwirkung des Menschen auf die natürliche Vegetation. Sie läßt sich stark gerafft folgendermaßen darstellen:

a) **Rodung:** Bereits vor etwa 5000 Jahren, in der Jungsteinzeit, gab es auf standörtlich günstigen Flächen – z. B. Lößgebieten – in beachtlichem Umfang Waldrodungen für landwirtschaftliche Zwecke. Die großen Rodungen fanden jedoch im Mittelalter statt; etwa um 1350 erreichten sie ihren Höhepunkt. Seitdem hat die Waldfläche in einigem Umfang wieder zugenommen.

b) **Waldnutzung für landwirtschaftliche Zwecke:** Die Beseitigung des Waldes ermöglichte eine bedeutende Ausweitung der Landwirtschaft. Diese wiederum schaffte die Ernährungsbasis für eine erhebliche Vergrößerung der Bevölkerungsdichte. Zugleich wurde aber auch der Wald selbst in immer stärkerem Maße für die Produktion von Nahrungsmitteln herangezogen.

1. **Waldweide:** Die Weide von Schweinen, Rindern, Schafen, Ziegen und Pferden im Wald führte großflächig zur

   – Verdichtung der Böden und damit zur Erhöhung der Erosionsgefahr und Erschwerung der natürlichen Walderneuerung,
   – Zurückdrängung verbißempfindlicher Baumarten und Bodenpflanzen,
   – Verbesserung der Lebensbedingungen der Bodenpflanzen durch gezielte Auflichtung der Wälder,
   – Förderung vor allem der Eichen als wichtigste Mast[1]-produzierende Baumarten vor allen anderen Laub- und Nadelbäumen,
   – massiven Beschädigung von solchen Bäumen – auch Nadelbaumarten –, die zur Gewinnung von Viehfutter – Laubheu genannt – geschneitelt[2] wurden.

2. **Streunutzung:** Als sehr nachteilig erwies sich die Entnahme der humosen Bodenauflageschicht, die nach Verwendung als Einstreu in die Ställe als organischer Dünger auf die Felder und Wiesen gebracht wurde. Nach jahrhundertelanger Übung führte diese Nutzungsform zu einer katastrophalen Verarmung der Waldböden an Nährstoffen und ihrer Degradation durch Humusverluste. Die

---

[1] Die großen Baumfrüchte, vor allem der Buchen und Eichen werden als Mast bezeichnet, Jahre der Fruktifikation als Mastjahre. Die Begriffe werden gelegentlich für die Fruktifikation von Waldbäumen überhaupt verwendet.
[2] Schneiteln heißt die Entnahme grüner Äste, oft bis hoch hinauf in die Krone, zur Gewinnung der Blätter und Nadeln als Futter oder Einstreu in die Ställe.

Konsequenzen davon sind noch heute – mancherorts war Streunutzung bis nach dem Zweiten Weltkrieg gebräuchlich – teilweise sichtbar. Sie bestehen in:

- Schwer auszugleichenden Verlusten an Humussubstanz und Nährstoffen, vor allem Stickstoff,
- Bodenversauerung, oft verbunden mit Podsolierung,
- Verschlechterung der Bodenstruktur,
- nachlassender Verjüngungsfreudigkeit der Laubbäume,
- drastisch verringerter Ertragsfähigkeit.

(Einzelheiten dazu und zur Melioration streugenutzter Böden *vgl. Kap. 9.5.2* und vor allem *Übersicht 9.5* und *Abb. 9.6*).

c) **Waldnutzung zur Holzgewinnung:** Der Holzbedarf der wachsenden Bevölkerung und der sich entwickelnden Gewerbe und Industrien mußte über Jahrhunderte ausschließlich aus nahegelegenen oder durch Wassertransport zugänglichen Wäldern gedeckt werden. Es lassen sich dabei vier Formen der Nutzung mit ganz unterschiedlichen Auswirkungen unterscheiden:

1. **Ungeregelte einzelbaumweise Nutzung:** Kontinuierliche, aber ungeregelte, meist einzelstammweise Holznutzung führte – bei gleichzeitig schlechter werdenden Verjüngungsmöglichkeiten infolge von Weide- und Streunutzung – zu rapidem Vorratsabbau und großflächiger Verlichtung der Wälder.
2. **Holzverbrauchende Gewerbe:** Für im großen Maßstab holzverbrauchende Gewerbe und Industrien wurden in weitem Umkreis um deren Standorte die Wälder oft in Form von Kahlhieben exploitiert. Das endete nicht selten mit der Zerstörung des Waldes.

Die Entstehung der Lüneburger Heide nach der Nutzung der dortigen Eichen- und Buchenwälder zur Energiegewinnung für die Saline Lüneburg und für den Schiffsbau der Nordseehäfen, oder die Zerstörung großer Wälder in der Oberpfalz zur Deckung des Energiebedarfs der Eisenverhüttung im Mittelalter sind Beispiele für diese Art des Vorgehens. Das Gegenbeispiel ist die Waldwirtschaft der Saline Reichenhall, wo ebenfalls Holz in riesigen Mengen als Energielieferant diente. Hier erkannte man bereits um 1500, daß ein solcher kontinuierlicher Bedarf nur gedeckt werden kann, wenn nachwächst, was geerntet wird: Es entstand das erste Beispiel einer nachhaltigen Forstwirtschaft.

3. **Holz als Energielieferant:** Holz war auch die einzige Energiequelle der Städte und Dörfer. Die regelmäßige Versorgung damit war lebenswichtig. So entstand um die Siedlungen herum eine neue Art der Holzgewinnung in Form des Nieder- (und Mittel-)waldes *(vgl. Kap. 6.2).*

Dabei wird die Ausschlagfähigkeit vieler Laubbaumarten aus dem Stock für die Produktion schwach dimensionierten Brennholzes in kurzen Umtrieben ausgenutzt. Durch Einteilung der Niederwaldflächen in Jahresschläge wurde dabei oft Nachhaltigkeit erreicht. Diese Art des Waldbaus förderte die ausschlagkräftigen Arten Hainbuche, Esche, Linde, Ahorn und Eiche ganz wesentlich gegenüber weniger ausschlagstarken Laubbäumen, wie die Buche und alle Nadelbaumarten.

4. **Plenternutzung:** Für abgelegene Einzelhöfe oder bäuerliche Kleinsiedlungen bestand die Notwendigkeit zur jährlichen Holzgewinnung auch auf kleinen Flächen.

Durch regelmäßige Entnahme weniger, meist starker Bäume auf jeder Flächeneinheit entwickelten diese Waldbauern vor allem im Gebiet der natürlichen Fichten-Tannen-Buchenwälder ein nachhaltiges Nutzungskonzept für kleine Betriebe, das als Einzelstammwirtschaft oder geregelte Plenterung bis heute bedeutsam geblieben ist.

Trotz vieler früher Versuche, die Waldwirtschaft durch Forstgesetze zu ordnen, führten die beschriebenen, meist unpfleglichen und wenig sachkundigen Nutzungen zu einer nahezu vollständigen Devastierung der verbliebenen Wälder auf dem weit überwiegenden Teil der Fläche. Im Laufe des 18. Jahrhunderts begann sich vor diesem Hintergrund die Forstwirtschaft und mit ihr der Waldbau als geordnete Tätigkeit und später auch als Wissenschaft *(s. Übersicht 4.1)* zu entwickeln. Dieser Prozeß, der bis zur Mitte dieses Jahrhunderts anhielt, bewirkte die folgenden Veränderungen im mitteleuropäischen Wald:

– Nach **Ablösung der Weide-** (außer im Bayer. Hochgebirge) und **Streurechte** kommt es großflächig zu einer allmählichen Erholung der Böden.
– Die Einführung der **Forsteinrichtung** mit ihrer periodischen Planung und Kontrolle macht die **Nachhaltigkeit** der Holzproduktion zu einem obligatorischen Leitprinzip der Forstwirtschaft.
– Es findet eine zügige Umstellung der Waldbehandlung auf **Hochwaldwirtschaft** *(vgl. Kap. 6.1)* in geschlossenen Beständen statt. Der praktische wie der theoretische Waldbau schaffen die dafür nötigen Konzepte und Verfahren.
– **Wiederaufforstung** von entwaldeten Flächen und **Umwandlung** degradierter Bestände unter Bevorzugung von Kiefern auf ärmeren und Fichten auf besseren Standorten – auch weit außerhalb der natürlichen Verbreitungsgebiete dieser Baumarten – führen zu einem tiefgrei-

Übersicht 4.1:   Die Entwicklung des Waldbaus in Mitteleuropa, dargestellt an bedeutenden Persönlichkeiten und ihren Veröffentlichungen.

AUTOREN	DOKUMENT bzw. SCHRIFT	ERSCHEI-NUNGS-JAHR	ENTWICKLUNGSSCHRITT
	– Württembergische Landesordnung	1495	Anweisung zur Anlage von Schlägen anstelle der ungeregelten Einzelstammnutzung.
	– Salzburger Forstordnung	1524	
	– Markgräfl. Forstordnung f. Fichtelgeb.	1531	
MEURER, N.	Von forstlicher Oberherrligkeit und Gerechtigkeit	1560	Erste Anweisungen zur pfleglichen Nutzung und Verjüngung (Nadelbaumsaat) der Wälder.
HARTIG, G. L.	Anweisung zur Holzzucht für Förster	1791	Begründet die Forstwissenschaft vor allem durch Ordnung des praktischen und theoretischen Wissens seiner Zeit und Verdichtung zu 10 griffigen, schematischen „Generalregeln". Fordert große gleichaltrige Bestände. Forstorganisator und Forsteinrichter.
COTTA, H.	Anweisung zum Waldbau	1817	Tiefschürfende Analyse des Wissens seiner Zeit. Nimmt eine Mittelstellung ein zwischen dem schematisierenden Denken HARTIGS und dem eher ungebundenen PFEILS.
PFEIL, W.	Die deutsche Holzzucht	1860 (posthum)	Baut sein Lehrgebäude auf den Eigenarten der Baumarten und jedes einzelnen Standortes und Bestandes auf. Das Spezielle, nicht das Allgemeine entscheidet über die zu ergreifende waldbauliche Maßnahme. Gegner allen Generalisierens.

Übersicht 4.1:   (Fortsetzung)

AUTOREN	DOKUMENT bzw. SCHRIFT	ERSCHEI-NUNGS-JAHR	ENTWICKLUNGSSCHRITT
BURCK-HARDT, H.	Säen und Pflanzen nach forstlicher Praxis	1855	Umfassende Zusammenstellung der bis dahin entwickelten und praktizierten waldbaulichen Arbeitsverfahren.
GAYER, K.	Der Waldbau	1880	Pflege des Standortes – dem wichtigsten und gefährdetsten Produktionsmittel – als herausragende waldbauliche Zielsetzung. Verwirklichung durch Mischbestandswirtschaft und Naturverjüngung.
SCHWAPPACH, A.	Zahlreiche forstgeschichtl. ertragskundliche und waldbauliche Publikationen	ab 1900	Mitbegründer eines umfassenden forstlichen Versuchswesens. Grundlegende Publikationen zur Ertragskunde. Erstellung von Ertragstafeln.
ENGLER, A.	Einfluß der Provenienz der Samen auf die Eigenschaften der forstlichen Holzgewächse	1905	Forstgenetische Überlegungen beginnen Eingang in die Forstwirtschaft zu finden.
MÖLLER, A.	Der Dauerwaldgedanke	1922	Fordert Abkehr vom gleichaltrigen Reinbestand als waldbaulichem Ziel. Stattdessen dauernd ungleichaltrige Mischbestockung aus Naturverjüngung durch konsequente Einzelstammwirtschaft.
DENGLER, A.	Waldbau auf ökologischer Grundlage	1930	Erster umfassender Versuch einer Darstellung des Waldbaus als praktischer Wissenschaft mit ausgeprägt ökologischer Arbeitsweise.
SCHÄDELIN, W.	Die Durchforstung als Auslese- und Veredelungsbetrieb höchster Wertleistung	1934	Auslese und systematische Förderung der besten Baumindividuen von früher Jugend an wird zum waldbaulichen Erziehungsprinzip erhoben.
WIEDEMANN, E.	Ertragskundliche und waldbauliche Grundlagen der Forstwirtschaft	1951	Zusammenstellung der wichtigsten Ergebnisse 70jähriger Tätigkeit der Preußischen Forstlichen Versuchsanstalt; Waldbau auf ertragskundlicher Basis.
LEIBUNDGUT, H.	Über Zweck und Methodik der Struktur- und Zuwachsanalyse von Urwäldern	1959	Die Analyse von Urwäldern der gemäßigten Zone wird Hilfsmittel zur Entwicklung des angewandten Waldbaus.
MITSCHER-LICH, G.	Wald, Wachstum, Umwelt, 3 Bde.	1970, 1971, 1975	Untermauerung des Wissens von Wald und Forstwirtschaft durch die sich schnell verbreiternden ökologischen Kenntnisse.
UIRICH, B.	Stabilität von Waldökosystemen unter dem Einfluß des „sauren Regens"	1983	Darstellung der tiefgreifenden Veränderungen, denen Wald-Ökosysteme durch Eintrag von Schadstoffen aus dem technisch-zivilisatorischen Bereich, v. a. Säurebildnern, ausgesetzt sind.

fenden Wandel in der Baumartenzusammensetzung. Es kommt dadurch zu einer drastischen Verbesserung des Zuwachses an Holzvolumen. Mit dem großflächigen Anbau dieser Baumarten in Reinbeständen – oft auf ungeeigneten Standorten – war und ist allerdings auch eine abnehmende Widerstandsfähigkeit des Waldes gegen abiotische und biotische Schäden verbunden. Die Dramatik dieser Entwicklung ist in den *Abb. 4.1* und *4.2* am Beispiel Ostdeutschlands dargestellt.
– Die forstliche **Holzmeß- und Ertragskunde** schafft die Voraussetzungen zur quantitativen Erfassung der forstwirtschaftlichen Produktionsprozesse im Wald.

Seit dem Ende des Zweiten Weltkrieges beschleunigt sich die zivilisatorische Entwicklung zu einem nachindustriellen Zeitalter in Mitteleuropa erheblich. Die damit einhergehenden Einflüsse und Veränderungen im Wald sind widersprüchlicher Art und lassen sich folgendermaßen zusammenfassen:
– Die Rolle des Waldes als vielfältig – also nicht nur für die Holzproduktion – **bedeutsames Landschaftselement** wird betont und findet in den Waldgesetzen ihren Niederschlag.
– **Standortserkundung und -kartierung** schaffen ein ziemlich sicheres Fundament für die Wahl der Baumarten und für die Bestandeserziehung.
– In den öffentlichen Waldungen sowie im Großprivatwald wird zunehmend Gewicht auf die **Begründung von Nadel-Laubbaummischbeständen** gelegt und der Flächenanteil der Baumart Eiche erheblich vergrößert.
– Durch **Vernachlässigung der Erziehungsmaßnahmen** in vielen sehr dicht begründeten jüngeren, oft reinen Nadelbaumbeständen entstehen erhebliche Zuwachsverluste und drastische Stabilitätseinbußen.
– Die **negativen Auswirkungen von Luftverunreinigungen,** die sich durch die Zufuhr von Stickstoff und anderen Nährelementen in den Wald auch positiv auf die Erholung der Böden und dadurch auf den Zuwachs auswirken, beginnen sichtbar zu werden. Ätzschäden an Blättern und Nadeln, Bodenversauerung durch säurebildende Verbindungen wie SO_2 und Stickstoff als Nitrat und Ammonium, sowie die Auswirkungen von Photooxidantien und Schwermetallen stellen eine Gefahr für die Existenz des Waldes überhaupt dar. Durch die massive Verfeuerung der sächsisch-böhmischen Braunkohlevorkommen in Kraftwerken sind besonders in den Hochlagen des Erzgebirges schwerste Rauchschäden am Wald eingetreten. Die möglichen Folgen anthropogener klimatischer Veränderungen auf den Wald sind in *Kap. 4.3* und die Wirkungen atmogener Stickstoffeinträge in *Kap. 9.3* dargestellt.

4.2   Das Erscheinungsbild des Wirtschaftswaldes

Der Wald in Mitteleuropa wird bereits so lange vom Menschen bewirtschaftet, daß es heute praktisch nur noch **Wirtschaftswald** in diesem Raum gibt. Die natürlichen Waldgesellschaften der *Übersicht 3.1* sind durch Forstgesellschaften der verschiedensten Art abgelöst worden.
Dieser Wirtschaftswald stellt sich dem Betrachter als durchaus vielfältige Erscheinung dar. Anders jedoch als der **Naturwald** wird er nicht in erster Linie durch die natürliche Baumartenzusammensetzung und den Standort geprägt, sondern er ist das Ergebnis waldbaulicher Aktivität. In *Abb. 4.3* ist das schematisch dargestellt. Das Erscheinungsbild des Wirtschaftswaldes ist deshalb immer das Ergebnis der waldbauli-

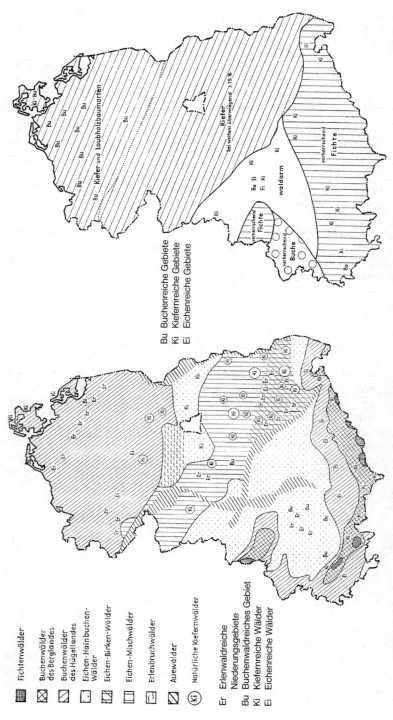

Abb. 4.2: Die Verbreitung der heute vorherrschenden Baumarten in den ostdeutschen Ländern (n. SCHRETZENMAYR, 1973)

Bu Buchenreiche Gebiete
Ki Kiefernreiche Gebiete
Ei Eichenreiche Gebiete

Fichtenwälder

Buchenwälder
des Berglandes

Buchenwälder
des Hügellandes

Eichen-Hainbuchen-
Wälder

Eichen-Birken-Wälder

Eichen-Mischwälder

Erlenbruchwälder

Auewälder

Natürliche Kiefernwälder

Er Erlenwaldreiche
Niederungsgebiete

Bu Buchenwaldreiches Gebiet

Ki Kiefernreiche Wälder

Ei Eichenreiche Wälder

Abb. 4.1: Die natürlichen Waldgesellschaften in den ostdeutschen Ländern vor der anthropogenen Veränderung (SCAMONI, 1964, n. SCHRETZENMAYER, 1973)

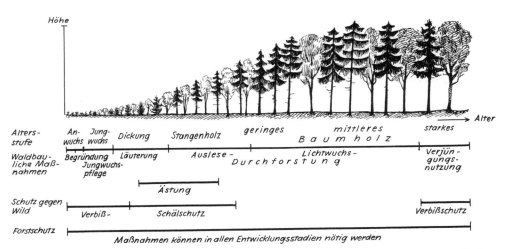

Abb. 4.3: Schematische Darstellung der Entwicklung eines gemischten gleichaltrigen Hochwaldbestandes im Verlauf der Umtriebszeit, also von der Verjüngung bis zur Endnutzung. Die für die einzelnen Entwicklungsphasen typischen waldbaulichen Maßnahmen sind darunter aufgetragen.

chen Verfahren, nach denen er behandelt wurde. Diese Verfahren sind so bestimmend, daß es verhältnismäßig leicht ist, nahezu alle Waldbestände in ihrem Erscheinungsbild danach einzuordnen. Die sich daraus ergebende Klassifizierung wird im folgenden dargestellt:

1. Die Bäume sind ganz oder größtenteils durch **Stockausschlag** entstanden, also aus Baumstümpfen, die nach dem Hieb wieder austreiben. Sie werden in Intervallen von wenigen Jahrzehnten erneut geschlagen. Das Ergebnis heißt **Niederwald** *(s. Abb. 4.4)* bzw. **Mittelwald** *(s. Abb. 4.5)*, wenn neben dem Stockausschlag auch noch etliche Kernwüchse, das sind aus Samen entstandene Bäume, über mehrere Niederwaldgenerationen erhalten bleiben und zu beachtlichen Dimensionen heranwachsen.
2. Die Bäume sind ausschließlich aus **Kernwüchsen** entstanden und bilden daher **Hochwald.**
   a) Die Endnutzung wird durch einen Hieb, den **Kahlhieb,** vorgenommen. Auf dem entstandenen Kahlschlag wird ein neuer Bestand gepflanzt oder gesät, also künstlich verjüngt. Der Nachfolgebestand besteht dann nicht nur aus gleichalten Bäumen, sondern er bleibt auch im Verlauf seiner Entwicklung sehr gleichmäßig und oft einschichtig.
   b) Die Endnutzung des hiebsreifen Bestandes erfolgt nicht mit einem Hieb, sondern wird in Form mehrerer Eingriffe über einen Zeitraum von einem bis mehreren Jahrzehnten verteilt. Gleichzeitig mit dieser verzögerten Endnutzung findet unter dem Schirm der verbleibenden Altbäume die Begründung des neuen Bestandes statt. Diese geschieht unter Ausnutzung der Fruktifikation des Altbestandes als Naturverjüngung oder aber auch als Pflanzung oder Saat.
   Diese Art des waldbaulichen Vorgehens kann auf vielfältige Weise vonstatten gehen, hier mag es zunächst genügen, sie als **Schirmschlagbetrieb** zu bezeichnen. Die daraus hervorgehenden Bestände durchlaufen zwar eine Phase gedämpften Wachstums unter Schirm und weisen auch eine gewisse Altersspanne auf, doch sind sie insgesamt meist einheitlich aufgebaut und nicht selten einschichtig.
   Zu 2. a) und b): Ohne waldbauliche Eingriffe entwickeln sich nach Kahl- und Schirmhieben mehr oder weniger einschichtige Bestände. Ein solcher Verlauf wird noch verstärkt, wenn die aus der herrschenden Baumschicht zurückfallenden Individuen im Wege der **Nieder-**

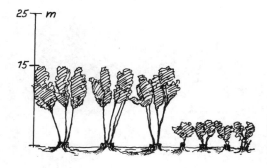

Abb. 4.4:   Aufriß eines Niederwaldes

Aus dem Stock ausgeschlagene Bäume, die oft sehr dicht aufwachsen, werden in kurzen Umtrieben genutzt. Die Bestandeserneuerung erfolgt durch den Stockausschlag. Linke Hälfte: Bestand kurz vor dem Abtrieb. Rechte Hälfte: Ein Jahr nach dem Abtrieb. Niederwald besteht nur aus Laubbäumen.

Abb. 4.5:   Aufriß eines Mittelwaldes

In dem Niederwald aus Stockausschlag werden einige Kernwüchse über mehrere Niederwaldumtriebe gehalten, so daß sie zu starken Bäumen heranwachsen können. Diese sind ebenfalls meist Laubbaumarten, doch gibt es auch Mittelwälder mit Nadelbäumen als Kernwüchsen.

durchforstung entnommen werden. Ein zwei- oder mehrschichtiger Bestandesaufbau entsteht dagegen, wenn in Form der **Hochdurchforstung** vor allem Bäume aus der Oberschicht – unter Schonung des Unterstandes – genutzt werden *(s. Abb. 4.6)*.

c) Eine weitere Erscheinungsform des Hochwaldes ist der **Plenterwald.** Sein Charakteristikum ist das Vorkommen von Bäumen aller Entwicklungsstadien – von der Verjüngungspflanze bis zum Altbaum – auf derselben Fläche *(s. Abb. 4.7)*. Er unterscheidet sich dadurch grundsätzlich sowohl vom Wald, der auf der Kahlfläche entstanden ist, als auch von dem aus Schirmhieben hervorgegangenen.

3. Nur auf kleinen Flächen gibt es noch Wirtschaftswälder, die ihre Entstehung einer kombinierten land- und forstwirtschaftlichen Nutzung verdanken. Es sind die **Weidewälder:** Lichte Bestände aus meist starken Bäumen erlauben die Entwicklung einer dichten Bodenvegetation, die wiederum Voraussetzung für die Sommerweide mit Rindern und Schafen ist. Solche künstlich und durch den Effekt der Beweidung offen gehaltenen Wälder waren in der Vergangenheit vielerorts in Deutschland zu finden. Heute kommen sie lediglich in den immer noch beweideten Hochlagen des Alpenraumes vor und sind dort leicht als solche zu erkennen.

Weltweit gewinnt die kombinierte land- und forstwirtschaftliche Nutzung als **agro-forestry** laufend an Bedeutung. Darunter wird der gleichzeitige Anbau einer Oberschicht von Bäumen verstanden, unter denen oder in deren Seitenschutz Kulturpflanzen wie Kaffee, Kakao, Pfeffer, Bananen u. a. gedeihen. Durch die Oberschicht wird nicht nur Schatten gespendet, sondern sie wird auch genutzt als Holz, Lieferant von Früchten oder Produzent von Laubstreu als Tierfutter. Die Baumkomponente in diesen Kulturen stellt außerdem einen effektiven Bodenschutz dar, der Nachhaltigkeit der Nutzung unter den in dieser Beziehung besonders heiklen tropischen Bedingungen sichert.

4. Eine neue, noch nicht häufig anzutreffende Erscheinungsform des Wirtschaftswaldes stellt die **Forstplantage** dar. Die Namensgebung zeigt dabei eine gewisse Nähe zur Landwirtschaft an. Der Plantagenbetrieb wird gekennzeichnet durch einige oder alle der folgenden Eigenarten:

– Reinbestandswirtschaft
– Verwendung von oft nicht heimischen Baumpopulationen, die durch Züchtung eine genetische Einengung erfahren haben können.
– Intensive Bodenbearbeitung, oft einschließlich Bewässerung.
– Regelmäßige Verwendung mineralischer Dünger zur Ertragsteigerung.
– Prophylaktische Bekämpfung von biotischen Forstschädlingen.
– Kürzere Umtriebszeiten als normalerweise im Wirtschaftswald üblich.

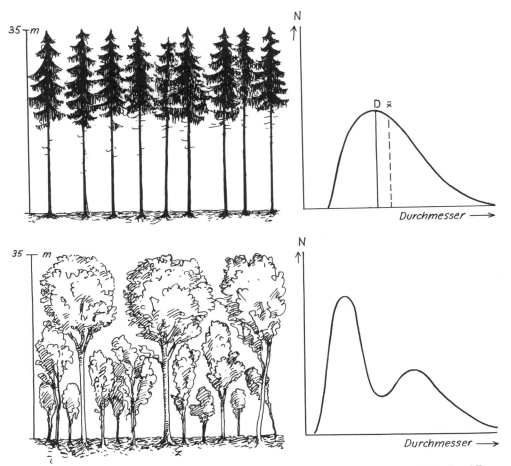

Abb. 4.6: Bestandesaufrisse und Durchmesserhäufigkeitsverteilungen von zwei Hochwaldbeständen.

Bei dem oberen handelt es sich um einen gleichaltrigen Fichtenbestand, der auf einem Kahlschlag entstanden und dann niederdurchforstet worden ist. Er zeichnet sich durch vollständige Einschichtigkeit aus. Die nebenstehende Durchmesserhäufigkeitsverteilung zeigt die für solche Bestände typische Linksasymmetrie. Diese ist darauf zurückzuführen, daß durch natürliche Ausfälle und Durchforstungen hauptsächlich schwache Bäume entnommen werden, wodurch das arithmetische Mittel ($\bar{x}$) nach rechts verschoben wird und dadurch höher liegt als der häufigste Wert (D) im Kurvengipfel.
Die untere Darstellung stellt einen hochdurchforsteten Buchenbestand dar. Unter den großkronigen und daher starken Bäumen der Oberschicht ist ein stammzahlreicher Unterstand erhalten worden. Dadurch hat sich eine Zweischichtigkeit herausgebildet, die sich in der nebenstehenden Durchmesserhäufigkeitsverteilung sehr gut widerspiegelt.

Forstplantagen aus schnellwüchsigen Kiefern- oder Eukalyptusarten haben in subtropischen und tropischen Gebieten bereits erhebliche Bedeutung erlangt. In Mitteleuropa werden in nicht sehr großem Umfang Schwarzpappelhybriden als Plantagen im Sinne der obigen Definition angebaut.

5. Schließlich besitzen auch **baumgeprägte Parks** Waldcharakteristika. Bildet sich in ihnen z. B. ein typisches Bestandesinnenklima aus, so können sie als Wald bezeichnet werden. Als bestimmendes Element von Parks ist jedoch eine Gestaltungsweise erkennbar, der ausschließlich ästhetische Gesichtspunkte zugrunde liegen. Wo in Parks der Baumbestand gegenüber Gebüschen und offenen Flächen zurücktritt, findet ein Übergang zum Garten statt. Viele Stadtwälder der Bundesrepublik bestehen aus siedlungsnahen Teilen, die ausgesprochene Baumparks sind, während auf den siedlungsferneren Flächen auch Charakteristika des Wirtschaftswaldes sichtbar werden.

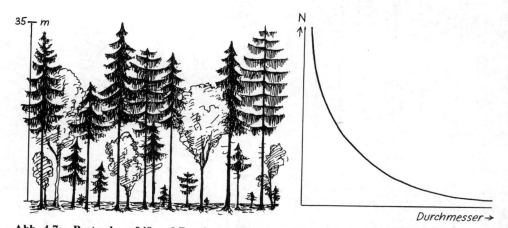

Abb. 4.7:   Bestandesaufriß und Durchmesserhäufigkeitsverteilung eines Plenterbestandes.
Es ist erkennbar, daß der oft aus Fichte, Buche und Tanne zusammengesetzte Plenterwald sich durch das Vorkommen aller Durchmesser- und Höhenklassen von Bäumen auf jeder Flächeneinheit auszeichnet und dadurch vielschichtig ist. Die zugehörige Häufigkeitsverteilung macht deutlich, daß die Zahl der Bäume in Form einer fallenden geometrischen Reihe mit der Zunahme des Durchmessers abnimmt.

4.3   Die unsichere Zukunft des Waldes

In den letzten Jahrzehnten ist deutlich geworden, daß der Anteil an Kohlendioxid in der Luft unaufhaltsam ansteigt. Lag er um 1870, also zu Beginn der Industrialisierung, bei 280 ppm, so ist er seitdem auf 350 ppm (1990) angestiegen. Das ist vor allem eine Folge der Entstehung dieses Gases bei der Verbrennung von fossilen Energieträgern. Es entsteht aber auch bei der Zerstörung von Wald – gegenwärtig vor allem in den tropischen und subtropischen Gebieten – dadurch, daß die darin akkumulierten Wald-Biomassen verbrannt oder beschleunigt abgebaut werden. In beiden Fällen entsteht CO_2. Die letztgenannte Quelle macht zwischen 15 und 20 % der gesamten anthropogenen Kohlendioxidfreisetzung aus.

Abb. 4.8: Die wahrscheinlichen Veränderungen der globalen oberflächennahen Lufttemperaturen als Folge der anthropogenen Zunahme des Treibhauseffektes der Atmosphäre.

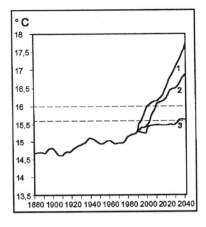

Es ist vorerst nicht möglich, Voraussagen zu treffen, die für kleinere geographische Einheiten Gültigkeit haben. Forstlich besonders dringlich sind vor allem regionale Informationen darüber, ob die Temperaturzunahmen mit einer Erhöhung der Niederschlagsmengen einhergehen, oder ob sie abnehmen werden. Erst wenn solche Temperatur und Feuchtigkeit umfassenden Kenntnisse erarbeitet sind, können waldbauliche Planungen regionale klimatische Entwicklungen berücksichtigen.

„Seit dem Beginn weltweiter meteorologischer Aufzeichnungen vor gut 100 Jahren hat die globale Mitteltemperatur um etwa 0,5–0,7 Grad zugenommen, was noch weit im Bereich der natürlichen Schwankungen liegt. Trotzdem sieht es so aus, als ob sich die Temperaturzunahme seit etwa 20 Jahren erheblich beschleunigt hätte. Der anthropogene Temperaturanstieg beträgt, je nachdem, ob man weiterhin mit einer beschleunigten Freisetzung von Treibhausgasen rechnet (Kurve 1) oder mit einer Freisetzung auf gegenwärtigem Niveau (Kurve 2) oder mit einer stark reduzierten Freisetzung (Kurve 3), nach den hier wiedergegebenen Modellrechnungen 1–3 Grad bis zur Mitte des nächsten Jahrhunderts; andere Modelle führen zu Temperaturanstiegen bis zu 5 Grad. Schon in wenigen Jahrzehnten werden also Temperaturverhältnisse auf der Erde entstehen, wie sie seit Beginn des Eiszeitalters vor etwa 2,5 Millionen Jahren noch nie erreicht worden sind (der gestrichelte Bereich gibt die bisherigen Temperaturmaxima vor etwa 6000 und 120 000 Jahren an)." (MÜNCHENER RÜCKVERSICHERUNGSGES., 1990)

Die massive und anhaltende Zunahme des Kohlendioxidgehaltes der Luft hat zwei forstlich bedeutsame Folgen:

– CO_2 ist ein klimawirksames Gas. Ein Anstieg der Konzentration verstärkt die natürliche Isolationswirkung der Atmosphäre gegenüber der Ausstrahlung von Wärmeenergie. Diese Erscheinung wird Treibhauseffekt genannt[1]. Nimmt er zu, so erhöht sich die oberflächennahe Temperatur der Erde, und es kommt zu weiträumigen Veränderungen des Klimas. Die Größenordnungen, in denen sich dieser Prozeß bewegen wird, ist vorerst nicht genau abschätzbar *(s. Abb. 4.8)*, doch gibt es kaum Zweifel daran, daß Wald und Forstwirtschaft durch die Langfristigkeit ihrer Produktionsprozesse davon besonders betroffen sein werden. Schon jetzt muß deshalb mit dem Aufbau von Wäldern begonnen werden, die ein Höchstmaß an Widerstandsfähigkeit gegenüber klimatischem Streß besitzen. Dazu sollte die ganze Breite der einheimischen Baumarten am Waldaufbau beteiligt und die Einzelbäume so erzogen werden, daß sie ein hohes Maß an Vitalität entwickeln können, die sie in einem umfassenden Sinne widerstandsfähig macht. Jede Einengung des genetischen Potentials der Baumpopulationen, etwa durch Züchtungsmaßnahmen, muß vermieden werden.

– CO_2 ist der wichtigste Pflanzennährstoff. Die Zunahme des Gehaltes an diesem Gas in der Atmosphäre wird daher mit großer Wahrscheinlichkeit die Effektivität der Photosynthese erhöhen, also einen Düngungseffekt bewirken. Auch diese Erscheinung ist vorerst nicht quantifizierbar.

---

[1] Die CO_2-Zunahme ist für etwa die Hälfte der Verstärkung des „Treibhauseffektes" verantwortlich; die andere Hälfte ist auf die ebenfalls anthropogene Emission anderer klimawirksamer Gase wie Methan, Lachgas und Fluorchlorkohlenwasserstoffe (FCKW) sowie die verstärkte Bildung bodennahen Ozons zurückzuführen.

Die Konsequenzen dieser dramatischen globalen Veränderungen für Wald und Waldbau sind vielfältiger Art. In konzentrierter Form können sie der *Übersicht 4.2* entnommen werden.

Übersicht 4.2: **Reaktionen der Waldvegetation auf unterschiedliche Effekte von Klimaänderungen** sowie Möglichkeiten zu waldbaulichen Anpassungsmaßnahmen (n. BURSCHEL et al., 1992).

EFFEKT	REAKTION DER WALDVEGETATION	WALDBAULICHE REAKTIONSMÖGLICHKEITEN
Temperaturerhöhung bei Wahrung der Evapotranspirationsrate durch entsprechende Niederschlagszunahme	Beschleunigung der Umsetzungsprozesse im und auf dem Boden, regional mit zusätzlicher CO_2-Emission verbunden. Besonders bedeutsam im Boreal.	Einschränkung aller die Umsetzungsprozesse zusätzlich fördernden Maßnahmen: Kahlschläge, Bodenbearbeitungen, Düngung.
	Zunahme der Respirationsrate, verbunden mit einer Abnahme der Nettoproduktion, wo diese schon jetzt maximal ist. Folge: Zuwachsverluste.	Nicht beeinflußbar.
	Zunahme der Nettoproduktion, wo bisher Temperaturmangel begrenzender Faktor ist wie in hohen Gebirgslagen und nördlichen Waldgebieten, weil die Photosynthese stärker ansteigt als die Respiration.	Ausnutzung der verbesserten Produktionsverhältnisse durch schnelles Einbringen von anspruchsvollen Baumarten in die begünstigten Regionen.
	Veränderung der Konkurrenzverhältnisse zwischen verschiedenen Baumarten und zwischen Bäumen und Bodenvegetation.	Anpassung der Verjüngungs- und Durchforstungskonzepte.
	Veränderung der Resistenz von Bäumen gegenüber biotischen Gefährdungen; Verbesserung der Lebensbedingungen vieler Schadorganismen.	Keine Voraussagen möglich; Gegenmaßnahmen schwierig oder ökologisch bedenklich.
Temperaturzunahme bei Erhöhung der Evapotranspirationsrate in der Vegetationszeit ohne entsprechende Niederschlagserhöhung	Kommt es zur Unterschreitung der Minimumansprüche an die Wasserversorgung, so sind Produktionsverfall, Krankheitsanfälligkeit und schließlich Ausfall einer oder mehrerer Baumarten die Folge.	Unmittelbare Gegenmaßnahmen sind nicht möglich. Bei rechtzeitiger Erkennung oder Prognose regionaler Trends und langsamer Entwicklung ist Umstellung auf widerstandsfähigere Baumarten möglich. Forstliche Reaktionen werden dann besonders problematisch, wenn aus südlichen Breiten stammende Arten – z. B. mediterrane – nach Norden verschoben werden sollen, da sie oft nicht frosthart sind und am neuen Anbauort von tiefen Temperaturen getroffen werden, selbst wenn solche nur noch in Intervallen von Jahrzehnten auftreten.

Übersicht 4.2:   (Fortsetzung)

EFFEKT	REAKTION DER WALDVEGETATION	WALDBAULICHE REAKTIONSMÖGLICHKEITEN
Zunahme von Witterungsextremen, v. a. Sturm- und Naßschnee-Ereignissen sowie Trockenperioden	Nehmen Stärke und Häufigkeit von Sturmereignissen zu, worauf einiges hindeutet, so wird die Stabilität der mitteleuropäischen Wirtschaftswälder, v. a. der nadelbaumgeprägten, immer wieder überfordert werden. Gleiches gilt, wenn Naßschneefälle im Temperaturbereich um 0 °C häufiger auftreten, was vor allem dann wahrscheinlicher wird, wenn bei Anstieg der durchschnittlichen Wintertemperaturen die Niederschläge gleich bleiben oder zunehmen.	Stark beschleunigte Ernte gefährdeter Bestände, also vor allem Nadelbäume, und Ersetzung durch sturm- und schneefestere Arten, v. a. Laubbäume. Stabilitätsorientierter Waldbau auf der gesamten Waldfläche.
	Äußert sich eine Klimaveränderung durch Zunahme der Häufigkeit von Trockenperioden, was sich zunächst nur wenig auf klimatologische Parameter auszuwirken braucht, so kann das zu gravierenden Schäden an der Baumvegetation führen, wobei Arten mit eher ozeanischen Klimaoptima besonders betroffen wären.	Waldbauliche Gegenmaßnahmen sind praktisch nicht möglich.
Zunahme des CO_2-Gehaltes der Luft	Da CO_2 als wichtigster Nährstoff in suboptimalen Anteilen in der Luft enthalten ist, müßte seine Zunahme zu einer Verstärkung der Photosynthese führen. Diese schlägt sich solange im Zuwachs nieder, wie erhöhte Respirationsraten infolge ansteigender Temperaturen das nicht kompensieren. Gleichzeitig wird die Photosynthese bei höheren CO_2-Konzentrationen wassereffektiver: Pro Photosyntheseeinheit wird weniger Wasser verdunstet. Daraus könnte sich eine verbesserte Dürreresistenz ergeben.	Verbesserte Kenntnisse über diese baumphysiologischen Zusammenhänge können langfristige Entscheidungen waldbaulicher Art stark beeinflussen.

Literatur

Burckhardt, H. (1855): Säen und Pflanzen nach forstlicher Praxis. Hannover: C. Rümpler.

Burschel, P., Weber, M., Kürsten, E. (1992): Stellungnahme zur Anhörung der Enquetekommission des Deutschen Bundestages zum Schutz der Erdatmosphäre am 16. und 17. 1. 1992.

Cotta, H. (1817): Anweisung zum Waldbau. Dresden: Arnold. Buchh.

Dengler, A. (1930): Waldbau auf ökologischer Grundlage. Berlin: P. Parey.

Engler, A. (1905): Einfluß der Provenienz der Samen auf die Eigenschaften der forstlichen Holzgewächse. Mitt. Eidgen. Anst. Forstl. Versuchsw. 8.

Fritschius, A. (1702): Markgräfische Wald-Ordnung in Ihrer Fürstlichen Gnaden Fürstenthum unterhalb Gebürgs. in: Corpus iuris, Tl. 3, Leipzig.

Gayer, K. (1878–1880): Der Waldbau. 2 Bde. Berlin: P. Parey.

Hartig, G. L. (1791): Anweisung zur Holzzucht für Förster. Marburg.

HASEL, K. (1985): Forstgeschichte. Hamburg und Berlin: P. Parey.

LEIBUNDGUT, H. (1959): Über Zweck und Methodik der Struktur- und Zuwachsanalyse von Urwäldern. Schweiz. Z. f. Forstw. 111–124.

MEURER, N. (1560): Von forstlicher Oberherrligkeit und Gerechtigkeit. Pfortzheym.

MITSCHERLICH, G. (1970, 1971, 1975): Wald, Wachstum, Umwelt. 3 Bde. Frankfurt: Sauerländer.

MÖLLER, A. (1922): Der Dauerwaldgedanke, sein Sinn und seine Bedeutung. Berlin: P. Parey.

MÜLLENKAMPF, F. (1796): Waldordnung vom Jahre 1524 unter Regierung Mathäus Lang. in: Sammlung der Forstordnungen verschiedener Länder. 2. Tl. Salzburg, Mainz.

MÜNCHENER RÜCKVERSICHERUNGSGESELLSCHAFT (1990): Sturm – Neue Schadensdimension einer Naturgefahr. München.

PFEIL, W. (1860): Die deutsche Holzzucht. Begründet auf die Eigenthümlichkeit der Forsthölzer und ihr Verhalten zu dem verschiedenen Standorte. Leipzig: Baumgärtner.

REYSCHER, A. L. (Hrsgb. 1841): Erste (württembergische) Landesordnung vom 11. November 1490. In: Vollständige, historisch und kritisch bearbeitete Sammlung der Württembergischen Gesetze, 12, 5–5. Tübingen.

SCAMONI,: (1964): Vegetationskarte der Deutschen Demokratischen Republik (1 : 500 000). Berlin.

SCHÄDELIN, W. (1934): Die Durchforstung als Auslese- und Veredelungsbetrieb höchster Wertleistung. Bern, Leipzig: Paul Haupt.

SCHRETZENMAYR, M. (1973): Veränderung der Waldverbreitung und Baumartenanteile. In: THOMASIUS, H.: Wald, Landeskultur und Gesellschaft, Dresden, 180–193.

SCHWAPPACH, A. (1912): Ertragstafeln der wichtigeren Holzarten in tabellarischer und graphischer Form. Neudamm: Neumann.

ULRICH, B. (1983): Stabilität von Waldökosystemen unter dem Einfluß des „sauren Regens". Allg. Forstzeitschr. 670–677.

WIEDEMANN, E. (1951): Ertragskundliche und waldbauliche Grundlagen der Forstwirtschaft. Frankfurt a. M.: Sauerländer.

5   Ökologische und forstwirtschaftliche Eigenarten von Natur- und Wirtschaftswäldern

5.1   Der Wald als Ökosystem

5.1.1   Einführung

Die große Vielfalt, in der Wald – Natur- wie Wirtschaftswald – vorkommen kann, ist in den vorhergehenden Kapiteln geschildert worden. Es gibt jedoch eine Reihe von Eigenarten, die für den Wald als Vegetationsform charakteristisch sind, gleichgültig in welcher Erscheinungsform er sich darstellt. Diese werden am deutlichsten, wenn man den Wald als ein **Ökosystem** betrachtet, das im Anhalt an MITSCHERLICH (1975) folgendermaßen definiert werden kann:

Ein Ökosystem umfaßt die gesamte, aufeinander bezogene, lebende und nicht lebende Welt eines begrenzten, aber nach allen Seiten offenen Raumes, die sich gegenüber ihrer Umgebung unterscheidet und in einem gewissen Ausmaß zur Selbstregulierung fähig ist. Ein Waldökosystem besteht aus den lebenden grünen Pflanzen (Produzenten), Bäumen vor allem, den davon lebenden Tieren und Pflanzen (Konsumenten), den von toter organischer Substanz lebenden Tieren und Pflanzen (Destruenten), dem Boden und der alles umgebenden und durchdringenden Luft.

Der Aufbau eines Waldökosystems samt einiger der darin ablaufenden Prozesse kann *Abb. 5.1* entnommen werden. Danach hängt die Existenz des Waldes von einer Vielzahl sehr unterschiedlicher Organismen ab, die auf ebenso komplizierte wie notwendige Weise miteinander und mit ihrer unbelebten Umwelt reagieren. Jeder Eingriff in dieses Geflecht von Wechselwirkungen hat daher Folgen, die immer das ganze System betreffen. Im Zusammenhang mit dem Waldbau, der stets als Tätigkeit in Ökosystemen zu verstehen ist, müssen in der Folge vor allem die Aspekte
– Produktion
– Entwicklung (Sukzession)
– Standort und Konkurrenz
– Naturnähe
betrachtet werden.

5.1.2   Biologische Produktion

In einem Ökosystem finden Primär- und Sekundärproduktion statt. **Primärproduktion** wird von allen Pflanzen geleistet, die Chlorophyll besitzen und infolgedessen zur Photosynthese von organischer Substanz aus dem Kohlendioxid der Luft befähigt sind *(s. Abb. 5.2)*.

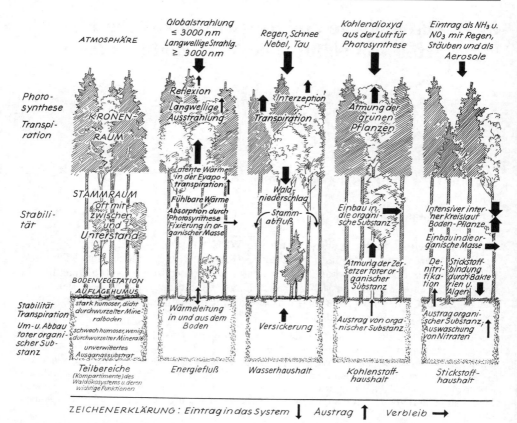

ZEICHENERKLÄRUNG : Eintrag in das System ↓ Austrag ↑ Verbleib →

Abb. 5.1: **Das Waldökosystem,** seine Teilbereiche und wichtige darin ablaufende Prozesse.

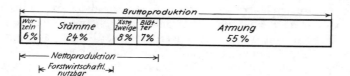

Abb. 5.2: **Die Primärproduktion eines Waldbestandes** und Verbleib der entstandenen Substanz.
Die Werte sollen die Größenordnung angeben. Tatsächlich sind sie stark vom Bestandesalter und
Standort abhängig. Die Atmung der autotrophen Pflanzen ist Ausdruck ihres Energieaufwandes
zur Unterhaltung aller Lebensprozesse (im Anhalt an VYSKOT, 1976; WOODWELL et al., 1970).

Sekundäre Produktion erfolgt dagegen in solchen Organismen, die nicht selbst organische Substanz herstellen können, sondern in ihrem Stoffwechsel – direkt oder indirekt
– auf die Ergebnisse der primären Produktion angewiesen sind. Diese sekundäre
Produktion beträgt nur einen Bruchteil der primären, da ein hoher Atmungsaufwand
der beteiligten Organismen dafür erforderlich ist. Vor allem CO_2 wird so in großem
Umfang an die Atmosphäre zurückgegeben. Forstwirtschaftlich ist nahezu ausschließ-

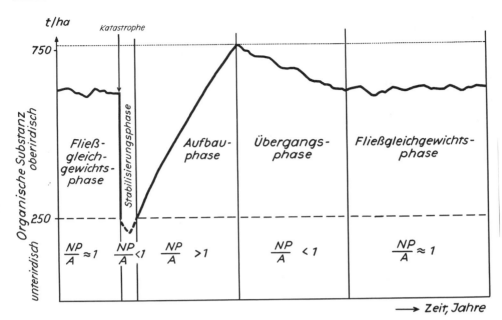

Abb. 5.3:   **Entwicklungsphasen eines natürlichen Waldökosystems** der gemäßigten Zone, dargestellt an der Akkumulation von toter und lebender organischer Substanz (im Anhalt an BORMANN und LIKENS, 1979). (Als Katastrophe wurde ein Waldbrand mit weitgehender Zerstörung der Phytomasse angenommen.)
NP = Nettoprimärproduktion, A = Austrag aus dem System, v. a. Aktivität der Zersetzer

lich die Primärproduktion wichtig. Für das Funktionieren des Ökosystems Wald ist jedoch die Tätigkeit der Sekundärproduzenten ebenfalls von fundamentaler Bedeutung (s. Abb. 5.3). Nur durch die Aktivität der Organismen, die von den abgestorbenen Teilen der Biomasse, dem Detritus, leben, ihn zersetzen und mineralisieren, werden die Stoffkreisläufe und Energieflüsse des Systems aufrechterhalten. Alle Eingriffe, die diese Vorgänge beeinträchtigen, haben nachteilige Folgen für das ganze Ökosystem. Deshalb wird bei der Besprechung der waldbaulichen Verfahren und ihrer Auswirkungen auf die Produktion immer auch auf mögliche Veränderungen des Stoffhaushalts als Ganzem eingegangen werden. Im Wald äußert sich die Primärproduktion in zwei Erscheinungen:
– der gesamten jährlichen Assimilationsleistung
– der Akkumulation von organischer Substanz.

Letztere geschieht durch die Konservierung eines Teiles der jährlichen Bruttoprimärproduktion im Ökosystem als Holz und in Form von Auflage- und Bodenhumus. Das Verhältnis zwischen der Nettoprimärproduktion und dem gleichzeitigen Abbau an Biomasse ist ein Indikator für die Entwicklung von Waldökosystemen. Die Abb. 5.3 zeigt das am Beispiel des nordostamerikanischen Laubmischwaldes. Die dort erarbeiteten Befunde sind sowohl der geographischen Lage als auch den beteiligten Baumarten nach auf unseren Raum übertragbar.

Der dargestellte Ablauf nimmt mehrere Jahrhunderte in Anspruch. Nach einer angenommenen Katastrophe gibt es zunächst keine lebende – autothrophe – organische Masse in nennenswertem Umfang mehr. Die betroffene – größere oder kleinere – Fläche wird aber schnell wieder durch Wald besiedelt. Durch die verbesserten Lebensbedingungen für die abbauenden Bodenorganismen auf der Freifläche kommt es jedoch trotz des bald einsetzenden Zuwachses der jungen Bäume zunächst weiter zu Verlusten an toter organischer Substanz im und auf dem Boden. Es dauert ein Jahrzehnt oder auch mehr, bis sich der Produktionsprozeß stabilisiert hat und die organische Masse des Systems wieder zunimmt. Das tut sie dann jedoch in vehementer Weise, bis sich nach ein bis zwei Jahrhunderten ein Maximum an Phytomasse akkumuliert hat. Fünfhundert Tonnen pro Hektar an lebender und mehr als zweihundert Tonnen pro Hektar an toter organischer Substanz können so erreicht werden.

Die dazugehörigen Bestandesdichten liegen dann bei 70 bis mehr als 100 m^2 Grundfläche[1] je Hektar. Das sind Werte, wie sie im Wirtschaftswald unseres Raumes kaum vorkommen, aber in Urwäldern der gemäßigten Zone immer wieder gemessen werden. Die höchsten bekannt gewordenen Bestockungsdichten in Urwäldern liegen bei 338 m^2 für *Sequoia sempervirens* und 150 m^2 für *Abies procera* (WARING, FRANKLIN, 1979).

Diese **Phase des Aufbaus** ist abgeschlossen, wenn die ersten Baumindividuen ihre Altersgrenze erreichen und absterben. In einem wiederum sehr lange dauernden Prozeß wird die Bestandesdichte geringer; es entstehen Öffnungen im Kronendach, so daß sich an solchen Stellen Verjüngung am Boden halten kann. Diese allmähliche Abnahme der Dichte des Altbestandes ist verbunden mit einer Reduktion der akkumulierten Biomasse. Der jährliche Zuwachs ist nicht in der Lage, die Ausfälle voll zu kompensieren. Nach einer langen **Übergangszeit** wird dann jedoch ein Zustand erreicht, in dem die angekommene und nachwachsende Verjüngung den anhaltenden Ausfall an alten oder Konkurrenzwirkungen zum Opfer fallenden jungen Bäumen ausgleicht. Er wird daher als **Fließgleichgewichtsphase** bezeichnet.

Theoretisch kann das Fließgleichgewicht – keine Änderung des Standortes vorausgesetzt – unbeschränkt dauern. Es kann aber auch wieder mit einem katastrophischen Ereignis enden, wodurch sich der ganze Entwicklungszyklus dann erneut am Anfang befände.

Man kann sich den Waldzustand im Fließgleichgewicht der Produktion sehr gut im Sinne der Waldentwicklungsphasen nach LEIBUNDGUT (1959) vorstellen. Darin finden sich mosaikartig nebeneinander Flächenteile unterschiedlichen Entwicklungsstandes von Ar- bis Hektargröße. Wo sehr junge Pflanzen überwiegen, repräsentieren sie die **Verjüngungsphase.** Die **Jungwaldphase** herrscht vor, wo die Individuen sich im Maximum der Höhenentwicklung befinden. In der **Optimalphase** sind solche Bestandesteile, die in der Entwicklung im Bereich zwischen Kulmination des Höhenwachstums und dem Erreichen der größten Bestockungsdichte stehen. Danach setzt die **Altersphase** ein, in der die Dichte wieder geringer wird und die Verjüngung anzukommen beginnt. Da die Optimal- und Altersphase wesentlich länger dauern als die jungen Entwicklungsetappen, sind sie auch in der Waldfläche im Stadium des Fließgleichgewichts am stärksten vertreten.

Auf die hier gegebene Beschreibung der Waldentwicklung in unserem Raum, in die die beiden Produktionsgrößen Zuwachs und Vorrat eingegangen sind, wird bei der späteren Betrachtung der wichtigsten waldbaulichen Betriebsformen häufig zurückge-

---

[1] Als Grundfläche (G) – auch Kreisfläche – eines Bestandes wird die Summe der Baumquerschnittsflächen in 1,3 m Höhe (Brusthöhe) bezeichnet. Als Hektarwert ist sie ein gebräuchlicher Indikator für die Dichte eines Bestandes.

griffen werden. Sie ist besonders dazu geeignet, um deren Naturnähe oder Naturferne deutlich zu machen. Dabei wird immer wieder Bezug genommen auf die *Abb. 5.3*, der deshalb im Zusammenhang dieses Leitfadens besondere Bedeutung zukommt.

5.1.3   Sukzession

Die dargestellten produktionsökologischen Vorgänge sind oft auch Ausdruck des Nacheinanders von Lebensgemeinschaften, die sich in der Besiedlung einer Fläche ablösen. Die *Abb. 5.4* zeigt das und stellt zugleich die Verbindung zu dem Inhalt der *Abb. 5.3* her. Ein solcher Ablauf wird **Sukzession**[1] (Aufeinanderfolge) genannt. Er kommt vor allem dadurch zustande, daß bestimmte Umweltbedingungen einer daran angepaßten Pflanzengesellschaft und damit der gesamten zugehörigen Lebensgemeinschaft, Möglichkeiten zu einer zunächst ungehemmten Entfaltung geben. Mit einer

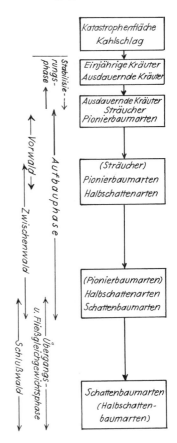

Abb. 5.4: Schematische Darstellung einer Besiedlungsabfolge oder Sukzession, wie sie in Mitteleuropa nach Katastrophen oder Kahlhieben ablaufen kann.

---

[1] Beginnt die Entwicklung auf einem Rohboden – z. B. einem Erdrutsch –, so wird von einer **primären Sukzession** gesprochen. Stellt jedoch eine bereits einmal besiedelte Fläche, wie in Mitteleuropa fast immer, die Ausgangslage dar, so handelt es sich um eine **sekundäre Sukzession.**

solchen Entfaltung verbunden ist jedoch immer eine erneute Veränderung der Lebensbedingungen auf der gleichen Fläche. Dadurch können andere Pflanzengesellschaften, die diesen neuen Bedingungen besonders gut angepaßt sind, die vorangehenden ersetzen. Eine Pflanzengesellschaft schafft so die Voraussetzung für die nächste, sie verdrängende. Die Abläufe sind jedoch keineswegs immer gesetzmäßig, wie die *Abb. 5.4* vermuten lassen könnte, sondern oft durch Zufälle der Ausgangssituation bestimmt. In Mitteleuropa sind sie zudem nahezu überall durch Schalenwild – Rehe, Hirsche, Gams – stark verändert, das aus jagdlichen Gründen in exzessiven Dichten gehalten wird.

Der Motor jeder Sukzession dieser Art ist die Konkurrenzkraft der beteiligten Pflanzen. Diese ist aber wiederum von den Lebensbedingungen abhängig, unter denen sie sich entwickeln. In Mitteleuropa, aber auch sonst vielerorts, erobern schließlich schattenertragende Baumarten, obwohl in der Jugend langsamwüchsig und frostgefährdet, die meisten Standorte und bilden dort das Endstadium, die **Klimaxgesellschaft.** Alle anderen Gesellschaften spielen dann nur eine transitorische Rolle, indem sie – Schatten spendend und Frostschutz bietend – die Voraussetzungen für das Ankommen der Schattenbaumarten schaffen.

In diesem Zusammenhang ist es wichtig, zwei Formen der Konkurrenz zu unterscheiden, die beide zum Verständnis waldbaulicher Zusammenhänge bedeutsam sind:

–   Die **interspezifische (zwischenartliche) Konkurrenz** bestimmt vor allem die Sukzession. Eine Art, sei sie Baum- oder Krautart, wird dabei durch eine oder mehrere Arten verdrängt: Gräser weichen den Sträuchern oder Pionierbaumarten und diese wieder den Schattenbaumarten *(vgl. Abb. 5.4).* Ein Wechsel der Pflanzengesellschaft ist die Folge, die erst bei Erreichen des Schluß- oder Klimaxwaldes ihr Ende findet. Viele waldbauliche Maßnahmen, wie z.B. der Schutz der Baumverjüngung gegen bedrängende Kräuter, stellen Eingriffe zur Lenkung des Sukzessionsprozesses dar, in diesem Fall durch Beseitigung der interspezifischen Konkurrenz Gras zu Baum. Aber auch Durchforstungseingriffe zur Mischungsregulierung dienen oft der Erhaltung von Baumarten gegen den Konkurrenzdruck anderer, die im gegebenen Sukzessionsstadium überlegen sind.

–   Die **intraspezifische (innerartliche) Konkurrenz** hat dagegen keinen Einfluß auf den Prozeß der Sukzession. Sie prägt vielmehr den Kampf der Individuen einer Art um den Lebensraum und führt zur Ausscheidung der zurückfallenden Bäume aus dem Verband des Bestandes. Alle Durchforstungseingriffe in Reinbeständen können daher als Regelung der intraspezifischen Konkurrenz zwischen den Bäumen eines Bestandes betrachtet werden.

Das Konzept der Sukzession sei erläutert am Beispiel der Wiederbesiedlung einer Katastrophenfläche mit Vegetation, die auf sehr verschiedene Weisen ablaufen kann:

a)   Eine ausreichend dichte Verjüngung der in der Fließgleichgewichtsphase den Bestand bildenden Baumarten ist vorhanden und überlebt sowohl die Katastrophe als auch die ersten kritischen Jahre danach. Dann wird die gesamte Abfolge in einer mehrhundertjährigen Baumgeneration von der Stabilisierungs- bis zum Einsetzen der Fließgleichgewichtsphase von dieser einen Pflanzengesellschaft durchlaufen. Eine Sukzession im eigentlichen Sinne findet nicht statt (wohl aber eine Entwicklung im Sinne der *Abb. 5.3).*

b)   Die Voraussetzung unter a) ist nicht gegeben. Dann kann sich auf der Katastrophenfläche ein charakteristischer Ablauf der Wiederbesiedlung abspielen, die vorher genannte Sukzession findet statt. Bestimmte Pflanzengesellschaften lösen einander in Entwicklungsschritten ab, und das ganze Ökosystem strebt der Klimax zu. Die für Mitteleuropa typische Sukzession von Pflanzengesellschaften bei der Wiederbesiedlung von Kahlschlägen *(vgl. Kap. 6.1.1)* ist in *Abb. 5.4* dargestellt.

c)   Sehr häufig folgt die Wiederbesiedlung von Kahl- oder Katastrophenflächen jedoch nicht einem der unter a) und b) beschriebenen Abläufe. Vielmehr werden oft einzelne der Sukzessionsstufen übersprungen, oder auf einer gegebenen Fläche erscheinen beide Formen der Wiederbesiedlung mosaikartig nebeneinander.

Viele unserer Baumarten sind den Lebensbedingungen besonders angepaßt, wie sie in bestimmten Entwicklungsphasen einer solchen Sukzession herrschen.

Sie werden **Pionierbaumarten** genannt, wenn sie in frühen Sukzessionsstufen vorkommen und die folgenden Eigenarten besitzen:
- Nahezu jährliche Fruktifikation und Bildung großer Mengen durch Wind und Wasser oder Tiere weit verbreitbarer Samen von früher Jugend an,
- geringe Schattentoleranz,
- Härte gegenüber den extremen Klimabedingungen der Freifläche, wie Frösten, starker Einstrahlung, Wind,
- außerordentlich schnelles Jugendwachstum, frühe Kulmination des Zuwachses, nicht sehr große Akkumulation von Biomasse,
- meist geringe Lebensdauer.

Wichtige **kurzlebige Pioniere** sind Birke, Aspe, Erle, Weide und Vogelbeere. Als **langlebige Pioniere** könnte man Lärchen und Kiefern bezeichnen.

Die Arten der späten Sukzessionsstadien werden **Klimax- oder Schlußwaldbaumarten** genannt. Genügend lange Entwicklungszeiträume vorausgesetzt, verdrängen sie die Pionierbaumarten auf den weitaus meisten Standorten. Sie zeichnen sich durch alle oder einige der folgenden Charakteristika aus:
- Erst im höheren Alter einsetzende Fruktifikation, ergiebige Samenjahre in Intervallen, begrenzte Verbreitbarkeit der Samen (außer durch Tiere),
- hohe Schattentoleranz nicht nur in der Jugend,
- Empfindlichkeit gegen Klimaextreme, Schutzbedürfnis durch einen Bestandesschirm,
- langsames Jugendwachstum, späte Kulmination des Zuwachses, große Akkumulation von Biomasse, lange Lebensdauer.

Wichtige mitteleuropäische Baumarten mit diesen Eigenschaften sind Buche, Tanne und Linden.

Viele Baumarten sind jedoch **zwischen den Pionier- und Klimaxbaumarten einzuordnen,** denn sie besitzen ökologische Eigenarten, die ihnen Verjüngungschancen sowohl auf der Freifläche als auch im nicht zu dichten Waldbestand geben. In abnehmender Lichtbedürftigkeit sind das die folgenden Arten: Kirsche, Eichen, Esche, Ulmen, Fichte, Ahorne, Douglasie, Hainbuche.

Diese Eigenarten der Baumarten sind so ausgeprägt, daß ihre Kenntnis eine wichtige Hilfe zum Verständnis der Dynamik von Naturwäldern ist. Gleichzeitig sind sie Kriterien zur Beurteilung der Rolle, die die einzelnen Baumarten im Wirtschaftswald spielen *(vgl. Übersicht 5.4).*

5.1.4   Naturwald und Standort

Der vorhergehende Abschnitt hat gezeigt, wo die einzelnen Baumarten im Prozeß der Waldentwicklung ihren Platz haben. Und es war dabei schon angeklungen, daß die Konkurrenzbedingungen im Verlauf dieser Entwicklung deren Dynamik bestimmen. Überall, wo sich ein mehr oder weniger stabiler Endzustand herausgebildet hat, werden solche Arten das Bild prägen, die am gegebenen Standort dauerhaft die konkurrenzstärksten sind. Diese Zusammenhänge sind auf eingängige Weise von dem Vegetationskundler ELLENBERG in Form von Ökogrammen dargestellt worden. Sie werden hier am Beispiel der submontanen, gemäßigt subozeanischen Vegetationsstufe vorgestellt *(s. Abb. 5.5)*.

Es ist daraus zu entnehmen, unter welchen Standortbedingungen die einzelnen Arten vorkommen können und wo in diesem Bereich die besten Wuchsleistungen zu erwarten sind. Zur Charakterisierung des Standortes werden dabei die Feuchte des Bodens und sein Kalkgehalt als Ausdruck der Basensättigung und damit der Nährstoffversorgung benutzt. Wird dann noch ihre Konkurrenzkraft mit ins Spiel gebracht, so kann abgeschätzt werden, auf welchem Teil ihrer theoretisch möglichen Standortsamplitude sie tatsächlich in eine dauerhaft waldbestimmende Position aufsteigen können.

Schon der erste Blick auf die Ökogramme zeigt, daß alle Hauptbaumarten eine außerordentlich breite Palette von Standorten zu besiedeln in der Lage sind. In *Übersicht 5.1* wird das noch einmal in konzentrierter Form vorgeführt.

Übersicht 5.1: Physiologische Amplituden – Potenzbereiche – der wichtigsten Baumarten (im Anhalt an ELLENBERG, 1986, erweitert).

Von der Buche abgesehen, liegen die Existenzoptima vieler Baumarten, in denen sie waldbestimmend werden, in Extremsituationen ihres Potenzbereichs.

SÄUREGRAD		FEUCHTIGKEITSHAUSHALT		
Es besiedeln	Es meiden	Es besiedeln		Es meiden
sehr sauer bis basisch	sehr sauer	sehr feucht bis sehr trocken	sehr feucht	sehr feucht und sehr trocken
Kiefer	Esche	Kiefer	Moorbirke	Buche
Sandbirke	Traubenkirsche	Sandbirke	Schwarzerle	Sommerlinde
Moorbirke	Winterlinde	Stieleiche	Fichte	Bergahorn
Vogelbeere	Eibe	Esche	Hainbuche	Kirsche
Rotbuche	Sommerlinde	Vogelbeere	Traubenkirsche	Traubeneiche
Stieleiche	Schwarzerle	Eibe	Tanne	
Fichte	Bergahorn	Winterlinde		
Traubeneiche	Kirsche			
Tanne				
Hainbuche				

Von grundsätzlicher Bedeutung zum Verständnis der Abläufe in Naturwäldern ist der Befund, daß alle Baumarten ganz ähnliche Optima in bezug auf ihre Standortansprüche haben. Die Potenzoptima liegen immer im Bereich besonders guter und ausgeglichener Wasserversorgung und Basensättigung. Sie werden begrenzt durch sehr hohe Versauerungsgrade und in einigen Fällen – Birke, Kiefer, Fichte und Schwarzerle – auch dadurch, daß die Böden zu alkalisch werden.

Trotz dieser bemerkenswerten Ähnlichkeit der Standortansprüche zwischen den meisten Baumarten – alle gedeihen am besten unter optimalen Standortbedingungen – unterscheiden sie sich doch fundamental in bezug auf ihre Durchsetzungskraft im Prozeß der Waldentwicklung. Eine Zusammenstellung der Faktoren, die die Konkur-

Laubbäume

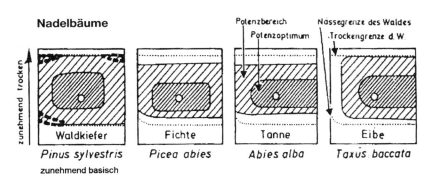

Abb. 5.5: Ökogramme der wichtigsten Baumarten für die submontane Stufe im gemäßigt subozeanischen Klima Mitteleuropas (ELLENBERG, 1986).

Auf der Abszisse ist der Säuregrad des Bodens von sehr sauer bis basisch aufgeführt. Die Ordinate kennzeichnet die Feuchtigkeit; sie reicht vom offenen Wasser bis zum sehr trockenen flachgründigen Fels. Oberhalb der oberen gepunkteten Linie ist es für Wald zu trocken und unterhalb der unteren zu feucht. Die grobschraffierte Fläche stellt den Standortbereich dar, in dem die Baumart zu existieren vermag, den „Potenzbereich". Die fein schraffierte Fläche ist der Bereich, in der optimale Entwicklung und damit gutes Wachstum zu erwarten sind, das „Potenzoptimum". Dick umrandet sind die Standortbereiche, in denen die Art tatsächlich eine dominierende Rolle spielt, der „Herrschaftsbereich". Die gestrichelte Umrandung deutet an, daß.dieser Herrschaftsbereich mit anderen Arten geteilt wird.

Übersicht 5.2:   Faktoren, die für die interspezifische Konkurrenzkraft von Bäumen im Reifestadium der Waldentwicklung bestimmend sind.

Die Reihenfolge der Artnamen ist Ausdruck abnehmender Bedeutung des jeweiligen Konkurrenzfaktors.

STARK SCHATTENDES KRONENDACH	SCHATTEN-RESISTENZ IN DER JUGEND	HÄUFIGE FRUKTIFIKATION; GROSSE SAMENZAHL; LEICHTE VERBREITUNG	SCHNELLES JUGEND-WACHSTUM	GROSSE ENDHÖHE	HOHES LEBENSALTER	TROCKEN-RESISTENZ	FEUCHTIGKEITS-TOLERANZ	SÄURE-TOLERANZ
Buche	Eibe	Birken	Erlen	Buche	Eichen	Kiefer	Birken	Eichen
Tanne	Tanne	Aspe	Birken	Fichte	Linden	Stieleiche	Schwarzerle	Buche
Eibe*	Buche	Vogelbeere	Lärche	Tanne	Eibe	Winterlinde	Kiefer	Birken
	Linden	Esche	Ahorn	Lärche	Tanne	Eibe	Esche	Kiefer
	Hainbuche	Ahorne	Hainbuche	Esche	Fichte	Trauben-	Stieleiche	Vogelbeere
	Bergahorn	Hainbuche	Esche		Ahorn	eiche	Fichte	Fichte
	Vogelbeere	Kirsche	Kirsche		Buche			Tanne
	Fichte	Kiefer	Vogelbeere		Kiefer			Hainbuche
	Eichen	Eichen	Eichen		Esche			
	Kirsche		Kiefer					

* Die Eibe wächst meist unterständig und verstärkt dann die Schattenwirkung des Oberstandes.

Konkurrenzkraft ist die Fähigkeit einer Art, sich gegenüber einer oder mehreren anderen durchsetzen zu können. Es sind die verschiedensten Faktoren, die Einfluß darauf haben. Manche verhelfen bestimmten Arten unter gegebenen Bedingungen dazu, dominant zu werden. Andere erklären, warum auch Arten, die selten oder nie dominant in einem Naturwald vorkommen, immer wieder Nischen finden, in denen sie sich halten können. Die Buche als wohl konkurrenzstärkste Art von der planaren bis zur montanen Stufe verdankt ihre Durchsetzungskraft vor allem der Dunkelheit, die unter ihrem wenig lichtdurchlässigen Kronendach herrscht und in der sich nur Schattbaumarten, vor allem aber sie selbst verjüngen können. Die Kiefer dagegen kommt nur dort zur Dominanz, wo standörtliche Eigenarten wie Armut des Substrats oder große Trockenheit andere Arten noch stärker behindern als sie selbst. Und die Vogelbeere schließlich ist durch Regelmäßigkeit der Samenproduktion und die Verbreitung der Samen durch Vögel stets präsent und in der Lage, bei Auflichtung des Kronendaches sich durch schnelles Jugendwachstum zu etablieren und schon nach wenigen Jahren zu fruktifizieren. Schließt sich das Kronendach dann wieder, ist der Lebenszyklus der kurzlebigen Art bereits durchlaufen.

renzkraft einer Art bestimmen, gibt die *Übersicht 5.2*. Es ist daran ganz deutlich ersichtlich, daß die Buche die große, konkurrenzstarke Baumart Mitteleuropas ist. In der kollinen, montanen, ja vielfach selbst in der planaren Stufe würde sie großflächig den Naturwald beherrschen, wenn auch Eichen, Tanne (wo sie natürlich vorkommt) und einige andere Arten mit beteiligt sein können. Der Stieleiche bleibt unter sehr sauren, nährstoffarmen sowie sehr trockenen oder auch ziemlich feuchten Bedingungen die Chance, dominant aufzutreten, weil hier die Leistungskraft der Buche deutlich nachläßt. Die Esche hat ihre Möglichkeit, waldbeherrschend zu werden, wo gute Nährstoffausstattung verbunden mit viel Feuchtigkeit es ihr erlauben, ihre außerordentliche Verjüngungskraft und Wuchspotenz voll auszuschöpfen und andere Arten damit zu verdrängen. Die Moorbirke erhält sich dauerhaft – also nicht nur in frühen Phasen der Sukzession – als Hauptbaumart, wo sehr saures Substrat und große Feuchtigkeit jeden Konkurrenten ausschalten. Und die Schwarzerle bildet fast reine Wälder – wie im Erlenbruch -, wenn hoch anstehende kalk- und nährstoffreiche Feuchtigkeit ihre Dominanz sichern. Die Kiefer kommt als wesentliches – wenn auch nicht ausschließliches – Element in der Waldbestockung nur unter besonderen Bedingungen vor: sehr sauer, sehr feucht – ausgeprägte Pseudogleye, Moorränder, Kiefernbrücher; sehr arm und trocken – nährstoffarme Sande; basisch und trocken – Föhnprallhänge der Alpen, Steilabfälle des Jura. Und die Fichte schließlich wird in hochmontanen und subalpinen Lagen zur dominierenden Baumart, wo alle anderen mit Ausnahme der Vogelbeere an den oberen Rand ihrer Verbreitung kommen.

Zum Verständnis der Wirtschaftswälder Mitteleuropas sind *Abb. 5.5* und *Übersicht 5.1* in folgender Hinsicht aufschlußreich:
- Die für den Wirtschaftswald typischen Veränderungen der Baumartenverbreitung werden durch Eingriffe in das natürliche Konkurrenzverhalten ermöglicht. Alle wichtigen Baumarten sind in der Lage, auf einer sehr großen Palette von Standorten zu wachsen, auf vielen davon wesentlich besser als auf den ihnen im Naturwald konkurrenzbedingt verbliebenen. Ihre Verbreitung über das natürliche Vorkommen hinaus ist daher leicht zu bewerkstelligen, wenn im Konkurrenzkampf stärkere Arten zurückgehalten werden. Die erhebliche Ausweitung der Areale einiger Nadelbaumarten im Wirtschaftswald auf Kosten der natürlicherweise vorherrschenden Laubbäume zeigt die Richtigkeit dieser Aussage. Waldwirtschaft ist daher immer ganz wesentlich Konkurrenzregelung, wenn Baumarten auf Standorten und unter Bedingungen angebaut werden, auf denen sie im Naturwald nicht oder nur in geringem Umfange vorkommen würden.
- Die Standortamplituden aller und ganz besonders der häufigen Baumarten sind so breit, daß ihr Anbau standörtlich erst beschränkt wird, wenn diese weiten baumartenspezifischen Grenzen über- oder unterschritten werden *(vgl. Abb. 5.5)*. Je begünstigter allerdings ein Standort vom Standpunkt der Nährstoff- und Wasserversorgung ist, desto intensiver und aufwendiger müssen die Eingriffe zur Konkurrenzregelung sein, weil dort alle Arten gute Entwicklungsbedingungen vorfinden.
- Im Hinblick auf anthropogene Standortveränderungen wie Bodenversauerung oder Eutrophierung durch Nährstoffeinträge besitzt der Wald infolge der großen Breite der Standortansprüche fast aller Baumarten ein hohes Maß an Reaktionsfähigkeit. Diese Aussage gilt allerdings nicht für toxische Einträge wie z. B. SO_2.

5.1.5   Der Begriff der Naturnähe im Wirtschaftswald

Aus den vorangehenden Darlegungen ergeben sich die folgenden charakteristischen Eigenarten von **Naturwäldern:**
- Sie sind das Ergebnis sehr langfristiger, tausende von Jahren umfassender Entwicklungen, die vor allem klima- und bodenbestimmt sind *(vgl. Kap. 3.1)*.
- Sie sind geprägt durch kurzfristige, Jahrhunderte umfassende Abläufe. Diese sind vor allem konkurrenzbestimmt, lassen sich als Entwicklungsstadien darstellen *(vgl. Abb. 5.4)* und sind an dem Verhältnis von Assimilation zu Dissimilation des Ökosystems erkennbar *(vgl. Abb. 5.3)*.
- Sie bestehen aus autochthonen Baumpopulationen, die sich ganz überwiegend generativ erhalten. Vegetative Erhaltungs- und Besiedlungsvorgänge bilden Ausnahmen, z. B. nach Verbiß, nach Katastrophen oder unter extremen Lebensbedingungen (Baumgrenzbereiche).
- Unter Naturwäldern bilden sich Bodenzustände heraus, die den Optimalzustand für Pflanzenwachstum unter gegebenen Bedingungen darstellen.
- Energetisch beruhen Entwicklungs- und Erhaltungsprozesse in Naturwäldern ausschließlich auf der Sonnenstrahlung.

Wirtschaftswälder können viele Ähnlichkeiten mit Naturwäldern aufweisen, sie können aber auch sehr verschiedenartig von ihnen sein. Grundsätzlich gilt dabei, daß sie

Naturwäldern um so näher kommen, je ähnlicher ihre Baumartenzusammensetzung ist, und je weniger die Bewirtschaftung von der zusätzlichen Zufuhr von Energie in die biologischen Produktionsprozesse über die einstrahlende Sonnenenergie hinaus abhängig ist. Die Übersicht 5.3 zeigt diese Zusammenhänge.

Übersicht 5.3: Wirtschaftswald und Naturnähe; schematische Zusammenstellung von Argumenten.

Die erwähnten Energieeinträge beziehen sich nur auf Maßnahmen, die die Produktionsprozesse beeinflussen, wie tiefe Bodenbearbeitung, Düngung, prophylaktischer chemischer Pflanzenschutz, Forstpflanzenzüchtung. Energieaufwand für Ernte und die Schaffung von Infrastruktur ist dagegen auch in naturnahen Wirtschaftswäldern unvermeidlich.

EINTRAG VON ENERGIE ÜBER DIE SONNEN-EINSTRAHLUNG HINAUS	SITUATION	NATUR-FERNE	BEISPIELE FÜR DAS VORKOMMEN IN DER BUNDESREPUBLIK
keine	Unberührte Wälder im Zustand natürlicher Entwicklung.		Gibt es nicht mehr.
keine oder sehr gering	Wälder, aus autochthonen[1] Baumpopulationen in halbwegs natürlicher Zusammensetzung bestehend, aber waldbaulichen Zielsetzungen unterworfen, z.B. Festsetzung des Erntealters lange vor Erreichen der natürlichen Altersgrenze der Bäume.		Buchenbestimmte Wirtschaftswälder, Bergmischwälder, Edellaubholz- und Kiefernwälder auf entsprechenden Standorten.
sehr gering	Wälder in halbwegs natürlicher Baumartenzusammensetzung, aber nur noch bedingt aus autochthonen Arten bestehend.		Eichen-Wirtschaftswälder, Kiefernwälder auf speziellen Standorten.
gering	Wälder, teilweise aus Baumarten bestehend, die am gegebenen Standort nicht heimisch sind, wobei die beteiligten heimischen Arten oft nicht autochthon sind.	Zunehmende Naturferne	Kiefern-Fichten-Mischwälder vieler Gebiete; Mischwald mit Beteiligung der Lärche.
gering	Wälder, hauptsächlich aus am Standort nicht heimischen Baumarten zusammengesetzt, die jedoch Populationen im genetischen Sinne darstellen.		Fichtenwälder der planaren und kollinen Stufe, Lärchen-, Douglasienbestände.
hoch	Wälder, überwiegend aus nicht heimischen Arten zusammengesetzt und/oder – als Folge züchterischer Einwirkung – mit eingeschränkter genetischer Vielfalt.		Pappel-, Weidenplantagen, Fichtenplantagen aus vegetativ angezogenen Pflanzen.
sehr hoch	Außerdem intensive Bodenbearbeitung, Düngung und prophylaktischer chemischer Pflanzenschutz.		Solche sehr naturfernen Erscheinungsformen des Wirtschaftswaldes sind in der Bundesrepublik selten: Rekultivierungsflächen, gelegentlich Pappelanbau, aber weltweit stark im Zunehmen begriffen.

[1] Autochthon sind Baum oder Bestand, wenn sie einer am Ort des Vorkommens entstandenen Population angehören.

5.1.6   Die Baumarten als Komponenten von Natur- und Wirtschaftswäldern

5.1.6.1   Waldbauliche Charakteristika einheimischer Baumarten

In den vorangegangenen Abschnitten wurden die Kriterien zur Einschätzung der ökologischen Eigenarten von Baumarten dargestellt. Zusammen mit den botanischen Besonderheiten ergeben sich daraus waldbauliche Charakterbilder. Sie sind aus *Übersicht 5.4* für jede Baumart zu entnehmen. Die Reihung, nach der die Arten dort aufgeführt sind, folgt abnehmender Lichtbedürftigkeit.

Für einige der wichtigsten Baumarten Mitteleuropas werden außerdem die natürlichen Verbreitungsgebiete in Form von Arealkarten dargestellt *(s. Abb. 5.6 bis 5.10)*. Für deren Interpretation ist es wichtig, folgendes zu wissen:
– Die meisten Baumarten füllen ihr Areal keineswegs vollständig aus. Ihr tatsächliches Vorkommen im Naturwald wird vielmehr aus den Arteigenschaften im Zusammenspiel mit Standort und Konkurrenzkraft bestimmt *(vgl. Abb. 5.5)*.
– Das heutige Vorkommen der verschiedenen Baumarten ist so sehr anthropogen bestimmt, daß daraus keinesfalls auf die natürliche Verbreitung geschlossen werden sollte. Der menschliche Einfluß hat dazu geführt, daß manche Arten, wie Fichte und Kiefer, eine außerordentliche Förderung erfahren haben, während andere, wie z. B. die Buche, ganz erheblich zurückgedrängt worden sind.

Prognosen über die Beteiligung der verschiedenen Baumarten an der zukünftigen Bestockung zu stellen, ist deshalb sehr schwierig, weil sie abhängig ist von
– den waldbaulichen Zielsetzungen, die immer im Fluß sind,
– den Standortveränderungen, die sich aus den Einträgen von Nährelementen und Schadstoffen ergeben,
– der Art der klimatischen Veränderungen, die als Folge der anthropogenen Emission von Treibhausgasen in den nächsten Jahrzehnten eintreten werden.

Nur wenn diese Überlegungen berücksichtigt werden, können Arealkarten, besonders, wenn sie in Verbindung mit *Abb. 5.5* und *Übersichten 5.1* und *5.2* betrachtet werden, ein Hilfsmittel zur Einschätzung der ökologischen Potenz der Baumarten sein. Deren Kenntnis ist wiederum zur Beurteilung ihrer waldbaulichen Potentiale wichtig.

5.1.6.2   Waldbauliche Charakteristika ausländischer Baumarten

5.1.6.2.1   Allgemeine Überlegungen

Die Forstwirtschaft hat nicht nur die Verbreitungsareale der von Natur aus im mitteleuropäischen Raum heimischen Baumarten grundlegend verändert, sondern es sind auch Baumarten eingeführt worden, die hier natürlich nicht vorkommen. Die Einbürgerungsversuche mit Exoten sind nur in wenigen Fällen wirklich erfolgreich gewesen, in anderen waren sie erfolglos oder hatten sogar höchst unerwünschte Folgen.

Übersicht 5.4:   Wichtige Charakteristika der in der Bundesrepublik Deutschland heimischen Baumarten.

In Verbindung mit der *Übersicht 3.1* über die natürlichen Waldgesellschaften des westlichen Mitteleuropas, den Dendrogrammen in *Abb. 5.5* und den Überlegungen zu den Standortsansprüchen in *Übersicht 5.1* vermitteln die hier zu entnehmenden Informationen ein Bild von deren ökologischen und waldbaulichen Eigenarten.

Die wachstumskundlichen Angaben gelten für Wirtschaftswälder in schlagweisem Betrieb, sind Ertragstafeln entnommen und für beste Ertragsklassen gültig. Es handelt sich um flächenbezogene Größen, die weder ohne weiteres auf einzelne Bäume noch auf Naturwälder übertragbar sind.

In der Reihenfolge, in der die Baumarten aufgeführt sind, nimmt der Pioniercharakter ab und der Klimaxcharakter wird deutlicher. Besonders im mittleren Feld der intermediären Arten, also solchen, die sowohl auf der Freifläche als auch unter dem Schirm von Altbäumen ankommen können, ist diese Rangfolge jedoch nicht exakt herleitbar.

ART	HÖHEN-VER-BREI-TUNG	LE-BENS-SPANNE Jahre	STELLG. I.D. SUK-ZES-SION	LICHT-ANSPRÜCHE Jugend	LICHT-ANSPRÜCHE Alter	SPÄT-FROST-GE-FÄHR-DUNG	FRUKTIFIKATION Beginn	FRUKTIFIKATION Häufig-keit	FRUKTIFIKATION Samen-ver-breit.	KULMINATION I. ALTER Höhen-zu-wachs	KULMINATION I. ALTER Volumen-zuwachs laufd.	KULMINATION I. ALTER Ø	WICHTIGE WALDBAULICHE EIGENSCHAFTEN	GEFÄHR-DUNGEN
Weißerle	(planar)–montan	50	P	hh	hh	g	früh	jährlich	Wind Wasser	sehr früh			Flußbegleitend, Rohbodenbesiedler, nicht sehr hoch werdend. Bildet vehement Wurzelbrut; sehr anspruchslos. Stickstoffbindung durch Symbiose mit Aktinomyzeten. Wichtig für Wiederbewaldung von Rohböden oder Halden	–
Silberweide	planar–kollin (sub-mont.)	100	P	hh	hh	g	früh	jährlich	Wind	sehr früh			Weichholzaue, bachbegleitend. Sehr ausschlagfähig, starke Wasserreiserbildung. Ausgewählte Klone als Sorten im Handel. Bekannte Ornamentalform: Trauerweide. Weitere Baumweide: Bruchweide.	Verbiß Sturm Borkenkäfer
Silberpappel (s. Kap. 5.1.6.3)	planar–kollin	100	P	hh	hh	g	früh	jährlich	Wind	sehr früh			Baum der Weichholzaue, besiedelt dort schnell Rohböden; schnelles Anfangswachstum, oft krummwüchsig. Geringe Holzqualität, auffällige Belaubung. Erhaltung aus Gründen des Naturschutzes und der Landschaftspflege. Bildet mit Aspe Bastard: Graupappel	Fäule Bockkäfer
Schwarz-pappel (s. Kap. 5.1.6.3)	planar–kollin	100	P	hh	hh	g	früh	jährlich	Wind	10	15	30	Nährstoffreiche Standorte, Flußauen. – Die einheimische Schwarzpappel kommt als Wildform nur noch selten vor, sie ist weitgehend durch Zuchtformen ersetzt. Wo wilde Schwarzpappeln vorkommen, sollten sie unbedingt erhalten werden.	Fäule Pappelbock Marssonia

Baumart	Höhenstufe		P/K										Bemerkungen	Gefährdung
Schwarzerle	planar–montan	100	P	hh	hh	g	früh	jährlich	Wind, Wasser	<20	25	60	Brücher, Auen, Bachläufe, Quellhorizonte. Wurzelintensiv auch auf schweren Böden, sehr sturmfest, stockausschlagfähig. Wasserreiserbildung, Symbiose mit stickstoffbindenden Aktinomyzeten; verbißfest; Vorwaldbaumart; sehr leichte Ansamung auf Mineralboden; wertvolle Wirtschaftsbaumart auf nährstoffreichen, feuchten Standorten.	Erlenrüßler
Salweide	planar–montan	50	P	h	hh	g	früh	jährlich	Wind	anfangs sehr schnellwüchsig			Strauch bis kleiner Baum. Bienenweide. Oft schnelle natürliche Flächendeckung als Vorwald, aber oft auch stark verdämmend. Sehr ausschlagfähig. Wird stark verbissen. Sollte in allen Wäldern mit einem Grundbestand erhalten werden.	Verbiß
Lärche (s. Abb. 5.10)	Bayern: hochmont.–subalpin	>400	P	h	hh	g	früh	kurze Intervalle	Wind	15	25	55	Hauptverbreitung der Art: hochmontan Alpen; montan Sudeten. Weit über das natürliche Areal – montan bis planar – hinaus verbreitet, meist als Mischbaumart; im Alter sehr sturmfest, neigt zur Krummwüchsigkeit, bildet Wasserreiser. Bewährte Herkünfte aus künstlichem Anbaugebiet verwenden.	Lärchenkrebs, Fegen, Schälen
Aspe (s. Kap. 5.1.6.3)	planar–hochmontan	<100	P	h	hh	g	früh	jährlich	Wind	sehr früh			Schnelle Ansamung auf Freiflächen, dort als Vorwald geeignet, nur gelegentlich als eher zufällige Mischbaumart belassen. Gradschaftigkeit bei relativ dichtem Aufwachsen; Trockenäste bleiben lange erhalten, daher Ästung, wenn Produktion wertvollen Holzes angestrebt wird. Bei richtiger Behandlung z. B. als Zeitmischung oder in Kleinbeständen als Wirtschaftsbaumart geeignet.	Verbiß, Sturm, Kernfäule, Pappelbock, Schnee
Sandbirke Moorbirke	planar bis hochmontan	100	P	hh	hh	g	früh	jährlich	Wind	<20	45	65	Schnelle Besiedelung von Kahlflächen und stark aufgelichteten Beständen. Ziemlich verbißfest; oft nicht gradschäftig. Bei Wertholzproduktion Trockenästung erforderlich. Moorbirke bildet Dauerbestockung auf moorigen, sauren Standorten, vielfach nach Entwässerung und Torfabbau. Beide Birkenarten liefern bei sorgfältiger Erziehung als Mischbaumart oder in Kleinbeständen wertvolles Holz.	Stammfäule, Sturm, Schnee

Abkürzungen:
P = vor allem Pionierbaumart
P/K = Vorkommen als Pionierbaumart wie unter Klimaxbedingungen
K = Kommt langfristig unter Klimaxbedingungen vor

g = gering
m = mittel
h = groß
hh = sehr groß

Übersicht 5.4: (Fortsetzung)

ART	HÖHEN-VER-BREITUNG	LE-BENS-SPANNE Jahre	STELLG. I.D. SUK-ZES-SION	LICHT-ANSPRÜCHE Jugend	LICHT-ANSPRÜCHE Alter	SPÄT-FROST-GE-FÄHR-DUNG	FRUKTIFIKATION Beginn	FRUKTIFIKATION Häufig-keit	FRUKTIFIKATION Samen-ver-breitg.	KULMINATION I. ALTER Höhen-zu-wachs	KULMINATION I. ALTER Volumen-zuwachs laufd.	KULMINATION I. ALTER Ø	WICHTIGE WALDBAULICHE EIGENSCHAFTEN	GEFÄHR-DUNGEN
Grünerle	montan – subalpin	< 100	P	hh	hh	g	früh	jährlich	Wind	–	–	–	Von geringer Größe, meist strauchförmig, auf Extremstandorten, für Aufforstungen solcher Standorte aus Gründen des Erosionsschutzes geeignet. Als Lawinenschutz nur bedingt wirksam. Grünerlenbestände erhalten sich z. T. vegetativ über Ausschläge und Lagerverjüngungen. Symbiose mit stickstoffbindenden Aktinomyzeten.	–
Bergkiefer aufrecht: **Spirke**	hochmontan subalpin	> 200	P	hh	hh	g	früh	jährlich	Wind	–	–	–	Baumarten auf Extremstandorten wie Baumgrenzbereich, Moore; dort immer zu erhalten. Verwendbar bei Aufforstungen solcher Standorte aus Gründen des Landschaftsschutzes. Obere Waldgrenze bildend und auf niedriger gelegenen Extremstandorten, auf denen sich kein lichter Wald bildet. Latschenbestände erhalten sich z. T. vegetativ durch Lagerverjüngung.	Schnee-Schimmel Triebsterben Feuer (Latsche)
Moorkiefer	kollin – sub-montan	–	P	hh	hh	g	früh	jährlich	Wind	–	–	–		
Bergkiefer liegend: **Latsche**	subalpin	200	P	hh	hh	g	früh	jährlich	Wind	–	–	–		
Zirbe	subalpin – hoch-montan, oft zus. mit Lärche	> 400	P/K	h	hh	g	–	selten	Tann-häher	Wachstum lange anhaltend			In der Bundesrepublik nur im Berchtesgadener und Werdenfelser Land. Wichtige Baumart für Hochgebirgsaufforstungen.	Triebsterben in Aufforstungen Schneeschütte Verbiß (Gams)
Kiefer (s. Abb. 5.9)	planar – hoch-montan	> 200	P/K	h	hh	g	früh	jährlich	Wind	15	35	75	Weit über das natürliche Vorkommen hinaus angebaut. Klimatische und standörtliche Anspruchslosigkeit sichern ihr auch in der Zukunft wichtigen Platz im Waldbau. Wenig Verbiß, deutlich sturmfester als Fichte.	Kiefernschütte Kienzopf Kiefernschwammspinner, -spinner Forleule Waldgärtner

Art	Höhenstufe	Alter					Blüte	Fruktifikation	Verbreitung		Bemerkungen	Gefährdung
Vogelkirsche	planar–montan	100	P/K	h	hh	m	früh	jährlich	Tiere	sehr früh	Typische Mischbaumart, mit zunehmendem Alter sehr lichtbedürftig. Anbau in Ausweitung begriffen. Dabei unbedingt Mischbestände anstreben. Trockenästung unumgänglich. Wird früh kernfaul, daher Lebensspanne im Wirtschaftswald kaum > 70 Jahre.	Sturm, Mäuse Verbiß, Fegen Triebspitzendürre Gummifluß
Weißdorn (2 Spezies)	planar–montan	50	P/K	h	hh	g	früh	jährlich	Tiere	–	Meist Strauch, kann jedoch auch kleine Bäume bilden. Wichtiger und weit verbreiteter Heckenstrauch mit relativ großer Schattenverträglichkeit. Bei durchlässigem und nicht zu dichtem Oberstand als Unterbauart geeignet und dann landschaftsästhetische und ökologische Bereicherung.	–
Stieleiche (s. Abb. 5.6)	planar–sub-montan	> 400	P/K	m	hh	m	spät	große Intervalle	Häher	< 25	Von Natur aus meist Mischbaumarten in stärker kontinentalen Teilen Ostdeutschlands und auf sauren Niederungsböden, aber auch großflächig dominierend. Bleibt in der Höhenentwicklung trotz schnelleren Jugendwachstums hinter der Buche zurück. Bei richtiger Erziehung sehr sturmfest. Effektive Verbreitung durch Eichelhäher. Ausschlagfähig, starke Wasserreiserbildung. Anbau als Mischbaumart wie im Reinbestand stark in Ausweitung begriffen. Erfordert Unterstand aus Schattbaumarten.	Verbiß Schälen Frostspanner Eichenwickler
Traubeneiche (s. Abb. 5.6)	planar–sub-montan	> 400	P/K	m	h	g	spät	große Intervalle	Häher	25 / 130		Grundwasserabsenkung Naßschnee
Feldulme	planar–kollin	> 100	P/K	m	h	g	früh	häufig	Wind	früh	Erreicht meist nur geringe Höhen, sturmfest. Von Natur aus v. a. in Auen und eichenbestimmten Wäldern.	
Bergulme	kollin–montan	> 200	P/K	m	hh	g	früh	häufig	Wind	früher als Esche	Erreicht große Höhen, sturmfest. Könnte eine waldbaulich bedeutende Rolle – vergleichbar etwa der Esche – spielen, würde sie nicht vom Ulmensterben so befallen, daß ein Anbau praktisch nicht mehr möglich ist. Gesunde Exemplare unbedingt erhalten.	Verbiß Ulmensterben gefährdet alle drei Ulmenarten
Flatterulme	planar–kollin	–	P/K	m	h	g	früh	häufig	Wind	früh	Auen-, eichenbestimmte Wälder. Erreicht nur geringe Höhen, sturmfest.	
Bergahorn	planar–hoch-montan	> 400	P/K	g	h	g	früh	häufig	Wind	früh	Mischbaumart anspruchsvoller Buchen-und Edellaubholzwälder. Sehr schnellwüchsig in der Jugend, später nachlassend; sturmfest. Durch relativ hohe Schattenfestigkeit gute Mischbaumart; obwohl in der Jugend sehr vorwüchsig, erreicht sie nicht die Endhöhe der Buche.	Verbiß, Mäuse Rotpustelkrankheit

Übersicht 5.4: (Fortsetzung)

ART	HÖHEN-VER-BREITUNG	LEBENS-SPANNE Jahre	STELLG. I.D. SUKZES-SION	LICHT-ANSPRÜCHE Jugend	Alter	SPÄT-FROST-GE-FÄHR-DUNG	FRUKTIFIKATION Beginn	Häufig-keit	Samen-ver-breitg.	KULMINATION I. ALTER Höhen-zu-wachs	Volumen-zuwachs laufd.	⌀	WICHTIGE WALDBAULICHE EIGENSCHAFTEN	GEFÄHR-DUNGEN
Spitzahorn	planar–sub-montan	> 100	P/K	g	h	m	früh	häufig	Wind		früh		Nicht sehr häufige Mischbaumart, in Eichen- und Edellaubholzwäldern, wird nicht sehr hoch. Als Park- und Alleebaum häufig.	Verbiß
Feldahorn	planar–kollin	> 100	P/K	g	m	–	früh	regel-mäßig	Wind		früh		Nicht hoch werdender Baum in Flußauen und eichenbestimmten Wäldern; bedeutsam als Unterstand, Feldgehölz, Waldränder.	Verbiß
Esche (s. Abb. 5.7)	planar–montan	200	P/K	m	hh	m	früh	regel-mäßig	Wind	20	40	80	Mischbaumart von hoher Wertleistung auch bei kurzen Umtrieben, auf guten Standorten. Sehr sturmfest.	Verbiß, Mäuse, Eschenzwiesel-motte, -krebs
Elsbeere	planar–kollin (sub-montan)	200	P/K	m	h	g	früh	regel-mäßig, aber nicht ergiebig	Tiere		früh, dann stark nachlassend		Mischbaumart geringer Höhenwuchsleistung in Eichenwäldern, erfordert für gute Wuchsleistung lebenslange Freistellung. Als Laßreitel in Mittelwäldern. Wiederausbreitung wo möglich, erfordert intensive Förderung während des ganzen Bestandeslebens. Holzwert hoch.	Verbiß
Mehlbeere	kollin–montan	< 200	P/K	h	hh	g	früh	regelmä-ßig	Tiere		früh		Mischbaumart von geringer Höhe; ausschlagkräftig. Geringer Holzwert, landschaftsgestalte-risch bedeutsam. Im Wirtschaftswald belassen, wo immer möglich.	Verbiß
Holzapfel	planar–sub-montan	< 100	P/K	wenig bekannt			früh	regel-mäßig	Tiere		–		Baum geringer Größe. Erhaltung und Ansied-lung, wo möglich. Bedarf des ständigen Schutzes vor Unterdrückung.	Mäuse, Verbiß
Wildbirne	planar–sub-montan	–	–	m	m	–	früh	regel-mäßig	Tiere		früh		Baum geringer Größe; wenig Anbauerfahrung. Ansonsten s. Holzapfel.	Mäuse, Verbiß
Speierling	kollin–sub-montan	> 100	P/K	wenig bekannt			früh	jährlich, m. ge-ringer Keim-fähigk.	Tiere		früh		Baum geringer Größe; Franken, Nordwürttem-berg, Teile Hessens und Thüringens. Sehr aus-schlagfähig, daher vor allem in Niederwaldgebie-ten. Infolge sehr großer Seltenheit oft Selbstung mit Früchten geringer Keimfähigkeit. Erhaltung und Ausbreitung, wo immer möglich. Bedarf des Schutzes vor überlegenen Baumarten.	Verbiß

Fichte (s. Abb. 5.8)	Dominant: hochmontan subalpin Mischbaum: kollin – montan	> 200	P/K	m	h	m	spät	stark: große Intervalle gering: häufig	Wind	40	40	105	Weit über das natürliche Areal hinaus verbreitet; halbwegs sturmfest nur bei sorgfältiger Standortwahl und Erziehung. Mischbestandswirtschaft reduziert Risiko. Große Wuchsleistung verstärkt durch allgemeine Eutrophierung. Rindenverletzungen führen fast immer zu Fäule. Erfordert Ästung zur Wertholzproduktion.	Sturm, Schnee Rotfäule Borkenkäfer Blattwespe Nonne Schälen, Kern-, Stockfäule Rüsselkäfer Sonnenbrand
Eberesche	planar – subalpin	< 100	P/K	m	h	g	früh	regelmäßig	Tiere		sehr früh		Nicht hoch werdende Vorwaldbaumart ohne großen Holzwert; findet sich auf nahezu allen Standorten; geeignet für Hochlagenaufforstungen (Hochlagenprovenienzen!) Schöne Blüten und Früchte. Belassen wo immer möglich.	Verbiß
Traubenkirsche	planar – montan	< 100	P/K	gg	m	–	früh	regelmäßig	Tiere	–	–	–	Baum geringer Höhe oder Strauch, meist auf guten Standorten. Immer zu erhalten, anbaubar als Unterstand unter Lichtbaumarten auf nährstoffreichen feuchten Standorten, Auwald. Gute Ausschlagfähigkeit.	Verbiß
Hainbuche	planar – kollin	> 100	P/K	m	m	m	früh	jährlich	Wind		anfangs sehr schnell, dann nachlassend		Sehr ausschlagfähiger, nicht sehr hoch werdender Baum, daher im Niederwald weit verbreitet und als Unterbau unter Lichtbaumarten gut geeignet; überwächst in der Jugend viele andere Baumarten. Kann bei entsprechender Erziehung hochwertiges Holz produzieren. Ohne Verbiß leicht natürlich zu verjüngen.	Verbiß Mäuse Sonnenbrand
Winterlinde	planar – submontan montan	> 400	K	gg	gg	gg	früh	regelmäßig	Wind		Jugend sehr langsam, dann anhaltend		Sehr ausschlagkräftige, ziemlich sturmfeste Mischbaumart auf nicht zu armen Standorten, als Mischbaumart und Unterbau unter Lichtbaumarten wie Eiche, Lärche und Esche geeignet. Wertvolles Holz, wichtige Bienenweide.	Verbiß Fegen
Sommerlinde	kollin – submontan montan	> 400	K	gg	m	m	früh	regelmäßig	Wind		Jugend sehr langsam, dann anhaltend		Wie Winterlinde, auch auf etwas trockeneren Standorten.	
Buche (s. Abb. 5.7)	planar – montan	> 200	K	gg	gg	hh	spät	unregelmäßige, oft lange Interv.	Tiere	45	75	> 150	Im Naturwald häufigste Baumart Mitteleuropas; ziemlich sturmfest, wenig ausschlagkräftig. Wasserreiserbildung, sehr lange anhaltendes Wachstum, reagiert vehement auf waldbauliche Förderung. Als Mischbaumart oft unduldsam.	Rotkern Rindennekrose Sonnenbrand Verbiß Schälen

Übersicht 5.4: (Fortsetzung)

ART	HÖHEN-VER-BREI-TUNG	LE-BENS-SPANNE Jahre	STELLG. I.D. SUK-ZES-SION	LICHT-ANSPRÜCHE Jugend	LICHT-ANSPRÜCHE Alter	SPÄT-FROST-GE-FÄHR-DUNG	FRUKTIFIKATION Beginn	FRUKTIFIKATION Häufig-keit	FRUKTIFIKATION Samen-ver-breitg.	KULMINATION I. ALTER Höhen-zu-wachs	KULMINATION I. ALTER Volumen-zuwachs laufd.	KULMINATION I. ALTER $\varnothing$	WICHTIGE WALDBAULICHE EIGENSCHAFTEN	GEFÄHR-DUNGEN
Tanne (s. Abb. 5.8)	planar – montan	> 400	K	g	g	hh	spät	unregel-mäßig	Wind	40	65	115	Etwas sturmfester als Fichte, bildet Wasserreiser, erträgt sehr lange Überschirmung. Nur als Misch-baumart mit nicht zu hohen Anteilen verwenden, da Gefahr des Ausfalls durch Tannensterben. Verjüngt sich bei Ausschluß von Verbiß auf allen Standorten leicht natürlich.	Tannensterben Verbiß Trieblaus Krebs, Mistel
Eibe	planar – montan	> 400	K	g	g	hh	früh	regel-mäßig	Tiere	langsam, aber anhaltend			In der Vergangenheit durch Übernutzung, heute durch Verbiß auf Rudimente der ursprünglichen Verbreitung reduziert. Erreicht nur geringe Höhe, aber bei entsprechendem Alter große Durchmesser. Leicht natürlich zu verjüngen, stockausschlagfähig, idealer Unterstand, Wie-derausbreitung auch Naturschutzaufgabe.	Verbiß ver-hindert die Wiederaus-breitung

Abkürzungen: P = vor allem Pionierbaumart
P/K = Vorkommen als Pionierbaumart wie unter Klimaxbedingungen
K = Kommt langfristig unter Klimaxbedingungen vor

g = gering
m = mittel
h = groß
hh = sehr groß

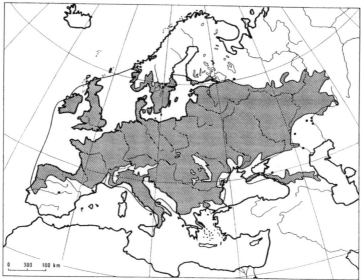

Quercus robur L.

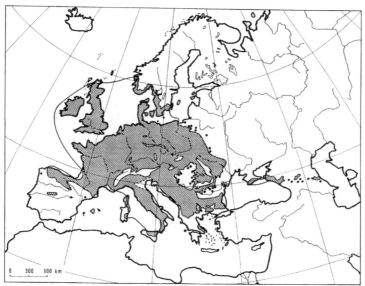

Quercus petraea (MATTUSCHKA) LIEBL.

Abb. 5.6:   Natürliche Verbreitung von Stiel- und Traubeneiche (n. KOCH und STOLLEY, unveröffentl.).

Beide Arten haben ihre Verbreitungsschwerpunkte im planaren und kollinen Bereich, kommen aber auch submontan noch in vitaler Form vor. Sie besiedeln eine weite Amplitude von Standorten von arm und sauer bis nährstoffreich und basisch. Im norddeutschen Flachland waren sie auf ärmeren Standorten waldbestimmend, gleiches gilt für einige Regenschattengebiete der Mittelgebirge. Ihre weite klimatische Anpassung vom sehr Ozeanischen bis zum deutlich Kontinentalen wie auch ihr Vorkommen in submediterranen Gebieten machen sie zu Arten, die im Hinblick auf bevorstehende Klimaänderungen besonderes Interesse verdienen.

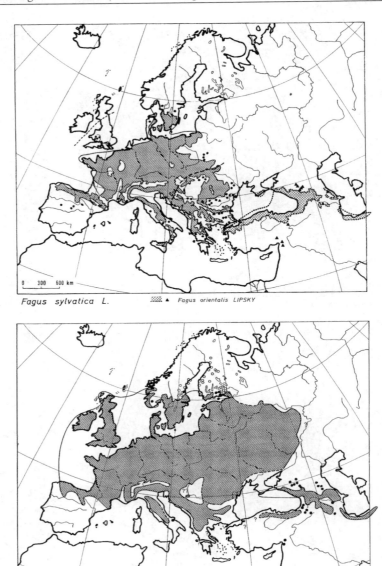

Fagus sylvatica L.　　　　▨ ▲ Fagus orientalis LIPSKY

Fraxinus excelsior L.　　　　○ synanthrop

Abb. 5.7: Natürliche Verbreitung von Buche und Esche (n. KOCH und STOLLEY, unveröffentl.).

Die Buche hat eine ozeanisch geprägte Verbreitung. Kontinentalität bestimmt die östliche Grenze. Im mediterranen Raum kommt sie vor allem im hochmontanen bis subalpinen Bereich vor. Zwar fehlt sie wohl im nördlichen Nordwestdeutschland, doch findet sie sich ansonsten auf einer sehr breiten Palette von Standorten vom Planar bis ins Hochmontan in so vitaler Form, daß sie dominierend wird.

Die Esche hat ein großes natürliches Areal, das vom markant Ozeanischen bis ins deutlich Kontinentale reicht. Ihr Vorkommen darin ist planar bis montan. Waldbeherrschend wird sie auf sehr guten Standorten, als Mischbaumart ist sie jedoch auch auf eher trockenen aber klüftigen Kalkstandorten zu finden.

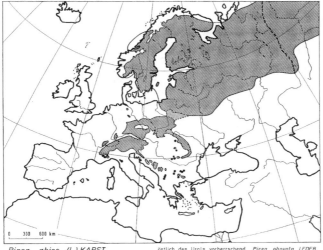

Picea   abies   (L.) KARST.   östlich des Urals vorherrschend   Picea   obovata   LEDEB.

Abies alba MILL.

Abb. 5.8:   Natürliche Verbreitung von Fichte (n. SCHMIDT-VOGT, 1977) **und Tanne** (n. KOCH und STOLLEY, unveröffentl.).

Der westliche Teil der Verbreitung der Fichte ist vor allem montan bis subalpin geprägt, während der östliche, kontinentale Teil weite planare Vorkommen umfaßt. Mediterrane wie ausgeprägt ozeanische Klimagebiete werden nicht besiedelt. Trotz breiter Anspruchsamplitude an den Boden – von sehr sauer bis basisch – dürften Klimaerwärmungen für diese Baumart problematisch sein.

Das Areal der Tanne ist in großen Teilen kollin und montan ausgebildet, im Nordosten gibt es jedoch auch planare Vorkommen. Es ist hauptsächlich bestimmt durch Gebirgsklimate, ohne ins Ozeanische zu reichen. Die Ostgrenze ist offenbar durch Kontinentalität verursacht. Die Art hat eine sehr weite Standortamplitude. Klimaänderungen mit Zunahme von Trockenperioden dürften problematisch sein. Die Tanne ist als eine der wenigen einheimischen Koniferen kaum über ihr natürliches Areal hinaus verbreitet worden.

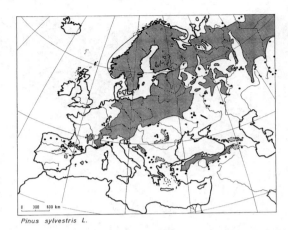

Pinus sylvestris L.

Abb. 5.9:   Das natürliche Verbreitungsgebiet der Kiefer (n. KOCH und STOLLEY, unveröffentl.).

Das riesige Areal der auf einer sehr breiten Palette von Standorten vorkommenden Art ist kontinental geprägt und reicht bis in die borealen, subarktischen Norden. Wirklich mediterrane Bedingungen werden nur auf Standorten toleriert, die die Eigenarten des Klimatyps bis zu einem gewissen Grade auszugleichen in der Lage sind, z. B. höhere Lagen. Im ganzen westlichen Teil ihres Areals kommt die Art als Relikt einer viel weiteren Verbreitung im frühen Postglazial vor. Im nordwestlichen Deutschland ist sie überhaupt nicht heimisch, und auch die Vorkommen im übrigen Deutschland beschränkten sich auf eher arme Sonderstandorte. Oder sie bestanden aus Mischbeständen, in denen die Kiefer eher eine Nebenrolle spielte, wie in den Eichen-Kiefern-Wäldern Nordostdeutschlands. Ihre heutige sehr weite Verbreitung ist anthropogen. Wegen ihrer standörtlichen Anspruchslosigkeit wird die Kiefer auch in der Zukunft eine bedeutende Rolle im Wirtschaftswald spielen.

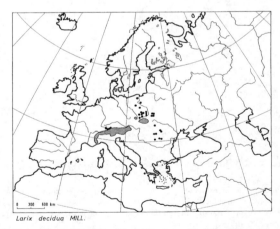

Larix decidua MILL.

Abb. 5.10:   Das natürliche Verbreitungsgebiet der europäischen Lärche (n. KOCH und STOLLEY, unveröffentl.).

Das Verbreitungsgebiet war im frühen Postglazial wesentlich größer und wohl zusammenhängend. Das heutige Hauptvorkommen in den Alpen ist im wesentlichen hochmontan bis subalpin, das kleine in den Sudeten liegt auf eher trockenen Standorten in von Buchen, Tannen und Fichten dominiertem Wald, und das im Gebiet der Tatra liegt zwar insgesamt höher, ist aber auch dort Teil eines Bergmischwaldes. Die Art wird mit großem Erfolg weit über ihre natürliche Verbreitung hinaus angebaut.

Als Beispiel für den katastrophalen Ausgang eines Einbürgerungsversuches sei auf die Weymouthskiefer oder Strobe, eine fünfnadelige Kiefernart, verwiesen. Aus dem Osten der USA stammend, kam sie schon im 18. Jahrhundert nach Europa, wo sie, entsprechende Standorte vorausgesetzt, beachtliche Wuchsleistungen zeigte. Das ging solange gut, bis sie zu Beginn dieses Jahrhunderts vom Erreger des Blasenrosts, dem Pilz *Cronartium ribicola*, befallen wurde. Dieser lebt, ohne bedeutsame Schäden anzurichten, an der ebenfalls fünfnadeligen eurasischen Zirbe im Wirtswechsel mit Ribes-Arten. Die Weymouthskiefer erwies sich gegen diesen Schädling als sehr anfällig. Ihr Anbau kann deshalb heute allenfalls einzelstammweise in Mischung mit anderen Baumarten so erfolgen, daß ihr möglicher Ausfall durch den Blasenrost, der meist in der ersten Hälfte der Umtriebszeit eintritt, keine schwerwiegenden wirtschaftlichen oder waldbaulichen Konsequenzen hat. Unglücklicherweise gelangte der Rostpilz mit jungen Pflanzen auch von Europa nach Nordamerika, wo er alle wichtigen fünfnadeligen Kiefern mit verheerenden Konsequenzen befiel.

Das Verbringen von Baumarten aus ihren Verbreitungsgebieten heraus ist immer ein risikobehaftetes Unterfangen und sollte daher nur unter Wahrung von Vorsichtsmaßnahmen, unter fachmännischer Aufsicht und stets so vorgenommen werden, daß der Anteil der eingeführten Baumart keinen hoch bemessenen Anteil erhält, und zwar weder an der gesamten Waldfläche eines Landes noch an der eines Einzelbetriebes.
   Von der erfolgreichen Einbürgerung einer fremdländischen Baumart kann erst gesprochen werden, wenn die folgenden Voraussetzungen erfüllt sind:
– Der Anbau – nicht nur in Versuchsbeständen – hat über mehrere Jahrzehnte auf unterschiedlichen Standorten stattgefunden.
– Bedeutsame Gefährdung durch biotische und abiotische Schadfaktoren sind dabei nicht erkennbar geworden.
– Größere Wuchsleistung als die vergleichbarer einheimischer Baumarten ist zuverlässig nachgewiesen worden *(s. Tab. 5.1)*.
– Die Qualität des erzeugten Holzes kommt der einheimischer Arten mindestens gleich oder ergänzt diese.
– Die eingeführte Art ist als Alternative oder Ergänzung zu einheimischen Baumarten in die regionale und periodische waldbauliche Planung aufgenommen worden.

Nur für drei exotische Baumarten kann danach die Einbürgerung in die Wälder Mitteleuropas als forstwirtschaftlich erfolgreich bezeichnet werden, und zwar sind das die:
   Roteiche *(s. Abb. 5.11)*,
   Japanische Lärche *(s. Abb. 5.12)*,
   Douglasie *(s. Abb. 5.13)*.

Für alle drei Arten gilt außerdem, daß sie inzwischen als integraler Teil der Waldvegetation unseres Raumes – also nicht nur des Wirtschaftswaldes – angesehen werden müssen, weil ihre natürliche Verjüngung so ergiebig vonstatten geht, daß sie nicht mehr beseitigt werden könnten.
   Über diese drei Arten hinaus werden örtlich in begrenztem Umfang angebaut: Strobe *(s. Abb. 5.11)*, Sitka-Fichte *(s. Abb. 5.11)* und Schwarzkiefer sowie amerikanische Schwarz- und Balsampappeln. Nur der Rang der Douglasie ist so groß, daß sie hier eingehender besprochen werden muß. Die Eigenarten aller anderen in der deutschen Forstwirtschaft verwendeten Exoten sind in *Übersicht 5.5* zusammengestellt, und die Verbreitung von Roteiche, Sitka-Fichte, Strobe, Küstentanne und Japan-Lärche können den *Abb. 5.11* und *5.12* entnommen werden.
   Grundsätzlich gilt für den Anbau fremdländischer Baumarten, daß dabei solche Herkünfte, Provenienzen, aus dem jeweiligen Areal verwendet werden, die sich

Tab. 5.1:   Wachstumsdaten der wichtigsten nach Mitteleuropa eingeführten **fremdländischen Baumarten** (Ertragstafelsammlung: SCHOBER, 1987; Fichte: ASSMANN, FRANZ, 1963). Alle Werte gelten für beste Standorte.

BAUMART	BESTANDES-OBERHÖHE im Alter			ZUWACHSKULMINATION						GESAMT-LEISTUNG im Alter 100
				Höhe		lfd. jährl. Zuw.		Altersdurch-schnittszuwachs		
	30	60	100	Alter	cm	Alter	Vfm$_D$	Alter	Vfm$_D$	Vfm$_D$
Douglasie	21	35	45	25	76	35	24	70	18	1700
Jap. Lärche	19	30	–	13	82	30	18	50	13	≈ 1000
Sitka-Fichte	19	33	–	23	78	35	25	70	18	≈ 1700
Fichte	*16*	*30*	*40*	*28*	*64*	*43*	*20*	*85*	*14*	*1400*
Roteiche	18	27	32	18	70	25	12	100	8	850
Eiche	*14*	*22*	*28*	*30*	*56*	*30*	*10*	*125*	*7*	*670*

Ein Vergleich mit den hier angeführten Werten der einheimischen Fichte und Eiche zeigt, daß die eingeführten Arten den entsprechenden einheimischen sowohl im Hinblick auf die jugendliche Höhenentwicklung als auch auf die Gesamtwuchsleistung deutlich überlegen sind. **Douglasie** und **Sitka-Fichte** haben einen Wachstumsgang, der dem der Fichte ähnelt, beide können wie diese als Halbschattbaumarten bezeichnet werden. Die **Roteiche** zeichnet sich durch sehr schnelle Jugendentwicklung aus, der laufende Zuwachs kulminiert jedoch früher und fällt dann stärker ab als bei den einheimischen Eichenarten. Die **Japanische Lärche** zeigt noch stärker als die europäische alle Eigenarten des echten Pioniers: Geradezu explosivem Jugendwachstum steht eine frühe Kulmination aller Zuwachswerte und danach ein schneller Abschwung gegenüber.

bereits bewährt haben. Da die entsprechenden Kenntnisse jedoch für die meisten Arten sehr gering sind, sollte, wo immer möglich, Saatgut aus wüchsigen, in Mitteleuropa angebauten Beständen herangezogen werden.

5.1.6.2.2 Die Douglasie

Die Gattung Pseudotsuga umfaßt nur sechs Arten, von denen vier mit begrenzten Verbreitungsgebieten in Ostasien und zwei im westlichen Nordamerika vorkommen. In Europa war die Gattung im Tertiär vertreten; im Verlauf der Eiszeit ist sie hier jedoch ausgestorben.

Von den sechs rezenten Arten hat eine, nämlich die Douglasie, außerordentliche Bedeutung wegen ihrer weiten Verbreitung und ihres wertvollen Holzes. Als eingeführte Spezies hat sie sich in vielen Ländern der Erde bewährt. Für Mitteleuropa ist sie die bei weitem wichtigste fremdländische Baumart, deren Anaufläche in erheblicher Ausweitung begriffen ist.

Das Verbreitungsgebiet der Douglasie reicht vom 55. Breitengrad in Britisch-Kolumbien bis zum 20. in Mexiko *(s. Abb. 5.13)*. Darin besiedelt sie sehr verschiedenartige Standorte, an die sich die Art im Laufe einer Millionen von Jahren umfassenden Entwicklung angepaßt hat. Wie aus derselben Abbildung zu ersehen ist, werden vier Formen oder Rassen der Douglasie sowie zwei Übergangsformen unterschieden. Die für den mitteleuropäischen Waldbau wichtige Unterscheidung ist die zwischen Küsten- und Inlandformen. Sowohl für die amerikanische Forst- und Holzwirtschaft als auch für den Anbau im hiesigen Raum stellt die Küstendouglasie die weitaus wichtigste Rasse dar.

Abb. 5.11: Die natürlichen Verbreitungsgebiete von Roteiche, Strobe, Sitka-Fichte und Küstentanne (LITTLE, 1971; FOWELLS, 1965).

Die **Roteiche** hat ein sehr großes und standörtlich vielgestaltiges Verbreitungsgebiet im Osten des nordamerikanischen Kontinents. Die wüchsigsten Bestände finden sich an den Westhängen der Alleghenies bei Niederschlägen um 1000 mm, von denen mindestens die Hälfte während der Vegetationszeit fällt.

Das Verbreitungsgebiet der **Strobe** ähnelt dem der Roteiche, ist aber nach SO und S deutlich kleiner. Beide Arten sind gebietsweise miteinander vergesellschaftet. Das gesamte Areal ist durch ausreichende Niederschläge, meist mit einem Sommermaximum, gekennzeichnet.

Die **Sitka-Fichte** kommt in einem schmalen Streifen, dem Nebelgürtel, entlang der pazifischen Küste vom nördlichen Kalifornien bis Alaska auf einer Länge von etwa 3000 km vor. Ihre Verbreitung wird landeinwärts begrenzt durch die Eindringtiefe der sehr häufigen pazifischen Nebel, die – vor allem im Sommerhalbjahr auftretend – zu außerordentlich hoher

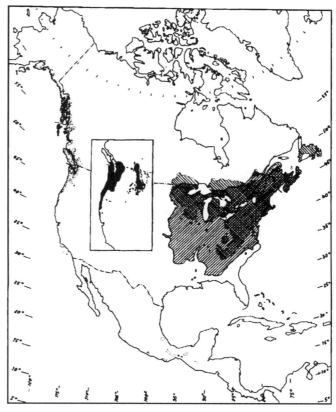

Luftfeuchtigkeit und zusätzlichem Nebelniederschlag führen und die für die Region typische Sommertrockenheit vollständig kompensieren, so daß ein superhumides Klima entsteht.

Die schattenfeste **Küstentanne** (Ausschnitt im Karteninneren) besiedelt große Teile des Verbreitungsgebietes der Küstendouglasie, mit der sie vergesellschaftet ist, und zwar in tieferen Lagen und an eher regengeschützten Standorten. Außerdem ist sie im Landesinneren – vor allem im Felsengebirge des Staates Idaho – vertreten. Hier wie im Küstenbereich ist die Niederschlagsverteilung durch ausgeprägte Sommerminima charakterisiert.

Die ökologische Unterschiedlichkeit der verschiedenen Formen der Douglasie kommt am besten in der Stellung zum Ausdruck, die sie im Entwicklungsgang der Wälder des jeweiligen Raumes einnehmen:

– Die Küstendouglasie ist eine Zwischenwald (Subklimax)-Art, die im Verlauf der Waldentwicklung durch schattenertragendere Arten verdrängt wird. Das trotzdem großflächige Vorkommen von Douglasien-Wäldern im Küstengebiet ist das Ergebnis einer relativen Häufigkeit von Katastrophen, vor allem Bränden, in diesem Raum.

– Die Inlandsformen gehören dagegen in den Schlußwald (Klimax-Wald) dieses Raumes. Sie können hier – oft in Mischung mit anderen Arten – die Endformen der Waldentwicklung bilden und müssen sich nach Katastrophen meist erst wieder allmählich durchsetzen.

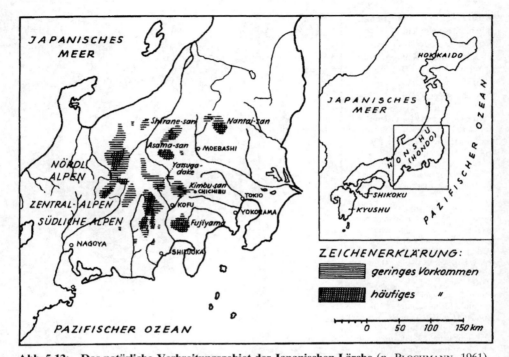

Abb. 5.12:   Das natürliche Verbreitungsgebiet der Japanischen Lärche (n. PLOCHMANN, 1961).
Die Art hat ein kleines, aufgesplittertes Verbreitungsgebiet von etwa 7500 ha in Höhenlagen zwischen 1200 m und 2600 m (Waldgrenze), das sie als ausgesprochene Pionierbaumart besiedelt. Das Monsunklima ist geprägt durch kalte, schneereiche Winter und heiße, luftfeuchte, niederschlagsreiche Sommer. An Böden herrschen Braunerden, Podsole und vulkanische Rohböden vor.

Die Palette der besiedelten Böden ist sehr groß. Als stark wuchsbegrenzende Bodeneigenschaften haben sich jedoch Stauwasser und hoch anstehende verdichtete Bodenschichten erwiesen. Das ist der Grund dafür, daß die Douglasie auf staunassen und verdichteten Böden auch beim Anbau in Deutschland versagt hat.

Der Höhenbereich, in dem die Küstendouglasie vorkommt, liegt zwischen Meereshöhe und etwa 1600 m. Während in den tieferen Lagen praktisch nie Schnee fällt, kommen in den höheren Winter mit langen und tiefen Schneelagen vor.

Allenfalls für stark kontinental beeinflußte Gebiete Ostdeutschlands könnte an die Verwendung von Herkünften aus dem nördlichen Übergangsgebiet zwischen Küsten- und Inlandsform gedacht werden. Es ist allerdings fraglich, ob der Anbau der Douglasie unter solchen Bedingungen überhaupt erwogen werden sollte. Für den Anbau in der Bundesrepublik kommt deshalb vor allem die Küstenform in Betracht.

Die Douglasie ist außerordentlich wüchsig und erbringt eine Volumenproduktion, die bis zu 50 % über der vergleichbarer Fichtenbestände liegt. Kanadische Herkünfte aus dem südwestlichen Britisch-Kolumbien und solche aus den US-Staaten Washington und dem nördlichen Oregon bieten das höchste Maß an Sicherheit für ein gutes Gedeihen in unserem Raum. Der Westabfall des Gebirgszuges der Kaskaden bis zu dessen etwa 1800 m hohen Kamm gibt dabei die Möglichkeit einer der Höhenlage des Anbauortes angepaßten Herkunftswahl. Das Klima dieses Gebietes ist durch Ozeanität mit hohen Niederschlagssummen und verhältnismäßig geringe tägliche und jah-

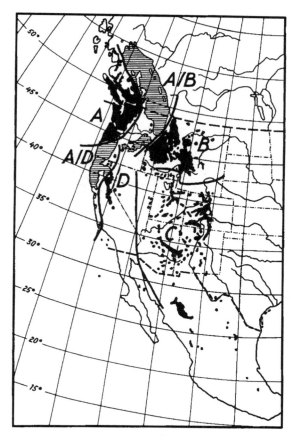

Abb. 5.13:   Unterteilung des natürlichen Verbreitungsgebietes der Douglasie nach chemo-taxo-nomischen Merkmalen (Terpenanalyse[1] nach HERMANN, 1981).

SYM-BOL	UNTERTEILUNG nach HERMANN, 1981	KLASSIFIZIERUNG nach SCHENCK, 1939	IN DEN USA GEBRÄUCHLICHE UNTERTEILUNG NACH VARIETÄTEN, FOWELLS, 1965	
A	Küstenform	grün (westlich des Kaskadenkamms)	grün (westlich des Kaskadenkamms)	Die Bezeichnungen grün, blau und grau ha-ben sich eingebürgert.
B	Nördl. Inlandsforrn	blau	blau	
C	Südl. Inlandsform	blau (nördlich 39° grau)	blau	Es ist jedoch nicht möglich, die Formen der Douglasie nach
D	Sierra Nevada Form	grün	grün (nicht Ostabfall Sierra Nevada)	entsprechenden Farb-schattierungen des
A/B	Übergangsform	grau	blau	Grüns der Nadeln zu
A/D	Übergangsform	grau	grün	unterscheiden.

[1] Als Terpenanalyse wird die gaschromatographische Isolierung von Terpenen aus ätherischen Pflanzenölen bezeichnet. Die Anteile der verschiedenen Terpene in den ätherischen Ölen sind genetisch fixiert und eignen sich daher gut zur Ausscheidung von Varietäten und Rassen einer Art.

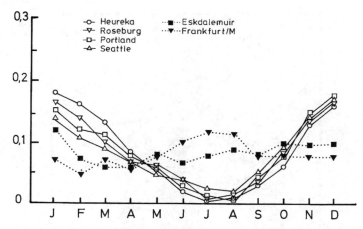

Abb. 5.14: **Monatliche Niederschlagssummen im Verbreitungsgebiet der Küstendouglasie und in wichtigen Anbaugebieten** (n. WARING und FRANKLIN, 1979).

Jahresniederschlag:

Eureka	– Nordkalifornien	1000 mm	Seattle	– Washington	850 mm
Roseburg	– Oregon	850 mm	Eskdalemuir	– Schottland	1590 mm
Portland	– Oregon	1060 mm	Frankfurt/M.	– Hessen	610 mm

Die Jahressummen im Gebiet der Küstendouglasie kommen danach ganz wesentlich durch hohe Winterniederschläge zusammen, während der Sommer ausgesprochen niederschlagsarm ist. In den Anbaugebieten sind dagegen die Jahressummen zwar oft deutlich niedriger, doch fällt ein hoher Anteil davon im Sommer.

reszeitliche Temperaturamplituden gekennzeichnet *(s. Abb. 5.14)*. Die wichtige Besonderheit dieses Klimas ist ein markantes Niederschlagsminimum im Sommer, das die verhältnismäßig große Widerstandsfähigkeit der Art gegen Trockenheit erklärt.

Gegen die Verursacher der Douglasienschütte ist die Küstendouglasie deutlich widerstandsfähiger als andere Varietäten. Diese bemerkenswerten Vorteile werden allerdings erkauft mit erheblichen Verjüngungsschwierigkeiten. Die Küstendouglasie ist als Jungpflanze sehr empfindlich gegen Spät- und Frühfröste sowie gegen Frosttrocknis im Winter; außerdem macht ihr Konkurrenz durch Bodenvegetation, v. a. Gräser, zu schaffen. Deshalb sollte sie nur unter Schirm eines Altholzes oder unter Vorwald angebaut werden, wozu sie sich als Halbschattbaumart ohnehin gut eignet. Wird sie bei der Kultur wie Fichte oder Kiefer behandelt, so führt das fast immer zu erheblichen Rückschlägen. Hat sie solche Anfangsschwierigkeiten allerdings einmal überwunden, so ist sie allen einheimischen Baumarten – ausgenommen einige Pionierbaumarten in der frühen Entwicklungsphase – im Höhenwachstum so sehr überlegen, daß sie diese bald vollständig überwächst. Als Mischbaumart ist sie daher nur bedingt geeignet.

Eine bemerkenswerte Eigenart aller Douglasienformen ist die leichte Zersetzbarkeit ihrer Streu. In dieser Beziehung ist die Douglasie die bodenpfleglichste Art unter allen hier angebauten Nadelbäumen. Holz und Reisig sind dagegen ausgesprochen schwer abbaubar und bleiben am Boden lange erhalten.

Zusammen mit der Küstendouglasie kommen weitere Nadelbaumarten vor, von denen einige für unseren Raum bedeutsam sind oder werden können. Das sind vor allem Riesenlebensbaum, Hemlockstanne, Küstentanne *(s. Abb. 5.11)*, Abies procera und Sitkafichte *(s. Abb. 5.11)*. Ihre Eigenarten sind in *Übersicht 5.5* aufgeführt.

Übersicht 5.5:   Natürliche und waldbauliche Eigenschaften wichtiger fremländischer Baumarten.
Die Reihenfolge der Darstellung entspricht etwa der Bedeutung der einzelnen Arten im Wirtschaftswald der Bundesrepublik.

ART	VERBREITUNG	BESONDERHEITEN	WALDBAULICHE BEDEUTUNG
Douglasie	*Abb. 5.13* *(s. Kap. 5.1.6.2.2)*	Licht-bis Halbschattbaumart. Sehr hoch werdend. Sturmfester als Fichte. Alter > 400 J. Wichtigste eingeführte Baumart.	Erreicht wesentlich größere Höhen als alle einheimischen Baumarten, ist schnellwüchsiger und leistet einen erheblich höheren Volumenzuwachs (*s. Tab. 5.1*). Holz wertvoll. Bildet Wasserreiser. Leichte Naturverjüngung, Pflanzung auf Freiflächen schwierig durch: Unkrautkonkurrenz, Spät-und Winterfröste, Mäuse und Rüsselkäfer. Daher möglichst Anbau unter Schirm. Gefährdet durch Phomopsis und Douglasienschütte. Kein Anbau auf nassen und staunassen Standorten.
Roteiche	*Abb. 5.11*	Große Standortsamplitude. In der Jugend ziemlich schattenfest. Schnelle Verbreitung durch Häher. Definitiv eingeführte Art.	Volumenproduktion größer als die aller einheimischen Laubbaumarten (*s. Tab. 5.1*). Ziemlich sturmfest. Saat sicherer als Pflanzung. Bei entsprechender Erziehung die extrem lichtwendige und zur Wasserreiserbildung neigende Art Bereicherung der Baumartenpalette. Holz wertvoll, wenn auch weniger als das einheimischer Eichen. Gefährdet durch Stereum- und Pezicula-Rinden-Krebs.
Küstentanne	*Abb. 5.11* Küsten- und Inlandform. Großflächig mit Douglasie überlappend.	Schattfest, im Verbreitungsgebiet Klimaxbaumart. Alter: > 400 J.	Erreicht große Höhen und Durchmesser. Schnelles Wachstum auch in der Jugend und unter Schirm, Wuchsleistung etwa wie Douglasie. Reagiert empfindlich auf Verpflanzung. Bildet Wasserreiser. Sturmfest durch große Wurzelintensität auch auf schweren Böden, aber schneegefährdet, neigt zu Frostrissen. Verjüngt sich leicht natürlich. Vielerorts gute Anbauerfahrungen, wenn auch in viel geringerem Umfang als mit Douglasie. Holz fichtenähnlich, aber von geringerer Qualität. Als Weihnachtsbaum und Schmuckreisig weniger gefragt als andere Tannenarten.
Japanische Lärche	*Abb. 5.12* Sehr kleines Verbreitungsgebiet in hochmontanen bis subalpinen Lagen mit hohen Niederschlägen und großer Luftfeuchte.	Ausgeprägte Pionierbaumart, sehr lichtbedürftig. Alter: > 200 J.	In humidem Klima schnellerwüchsig als europäische Lärche, neigt weniger zu Krummwüchsigkeit, wird stark astig; bildet Wasserreiser. Wenig widerstandsfähig gegen Dürre, gefährdet durch Schnee, aber resistent gegen Lärchenkrebs; kann rotfaul werden. Holz etwas weniger gut als das der europäischen Lärche. Bietet im allgemeinen keine Vorteile gegenüber der europäischen Lärche. Wuchsleistung *s. Tab. 5.1*.
Sitka-Fichte	*Abb. 5.11* Beschränkt auf den Nebelgürtel entlang der pazifischen Küste von Alaska bis Kalifornien.	Halbschattbaumart, kommt in superhumidem Klima vor, bildet dort aber nicht den Klimaxwald. Alter > 500 J.	Erreicht außerordentlich hohe Höhen und Stärken, in dieser Beziehung mit Douglasie vergleichbar. Anbau nur unter sehr ozeanischen Bedingungen zu empfehlen, dann große Wuchsleistungen. Wenig sturmfest, bildet Wasserreiser. Wichtige Plantagenbaumart in Großbritannien und Irland. Gefährdet durch Rotfäule, Sitka-Laus, Riesenbastkäfer.

Übersicht 5.5: (Fortsetzung)

ART	VERBREITUNG	BESONDERHEITEN	WALDBAULICHE BEDEUTUNG
Strobe (**Weymouths-kiefer**)	Abb. 5.11 Planar bis submontan.	Halbschattbaumart, die sowohl als Pionier auftreten als auch an Klimax beteiligt sein kann. Alter > 200 J.	Schnellwüchsige Baumart, die auf einer weiten Standortpalette wertvolles Holz produziert. Der großflächige Anbau dieser schon vor 200 Jahren nach Europa eingeführten Art ist durch Befall des Pilzes *Cronartium ribicola* unmöglich geworden. Wird heute nur noch als Mischbaumart, deren Ausfall das Bestandesgefüge nicht zerstört, oder als Produzent von Schmuckreisig angebaut.
Schwarz-kiefer	a) Kleinasien, Balkan – Ostösterreich. b) Mediterran: Kalabrien, Sizilien, Korsika, Südfrankreich, Spanien, Nordafrika.	Pionierart auf entsprechenden Standorten. Hohe Wuchsleistung, lichtbedürftig, sehr dürreresistent, ziemlich rauchfest. Erreicht hohes Alter.	Ist in erheblichem Umfang und sehr erfolgreich zur Aufforstung von degradierten Kalkböden verwendet worden, hat sich aber auch auf anderen schwierigen Standorten bewährt. Sehr widerstandsfähig gegen Sturm, ziemlich rauchfest. Durch Triebsterben gefährdet.
Spätblühende Trauben-kirsche	Östl. Nordamerika, bis Mittelamerika.	Nicht sehr hoch werdender, ziemlich schattentoleranter Baum. Alter: > 200 J.	Früh beginnende reichliche Fruktifikation sichert der Art oft unerwünschte und weite Verbreitung. Verjüngung kommt unter noch dichtem Schirm an. Oft strauchförmige Entwicklung durch Verzweigung bereits in Bodenhöhe. Es ist jedoch unbedingt baumförmige Entwicklung anzustreben, da sehr wertvolles dunkles Holz. Äußerste Zurückhaltung beim Anbau wegen der außerordentlichen Ausbreitungsfähigkeit.
Robinie	Östl. Nordamerika, v. d. Appalachen westwärts.	Lichtbedürftiger Pionier, in der Jugend sehr schnellwüchsig. N-bindende Leguminose. Alter: 100 J.	Obwohl aus eher humidem Klima mit hohen Niederschlägen in der Vegetationszeit stammend, ist sie auch in trockeneren Gebieten z. B. Ostdeutschlands verbreitet und eignet sich für die Aufforstung von Böschungen, Kippen und Halden; bei entsprechender Erziehung auch Waldbaum. Bildet außerordentlich vitale Wurzelbrut. Bienenweide, Parkbaum. Schweres, dauerhaftes, dunkles Holz.
Westl. Hemlockstanne	Westl. Nordamerika. Küsten- und Inlandform. Großflächig mit Douglasie überlappend.	Sehr schattenfest. Klimaxbaumart im Douglasien- und Sitkagebiet. Alter: > 400 J.	Erreicht Höhen und Volumenleistung wie Douglasie, in Mitteleuropa als Mischbaumart zu Douglasie geeignet. Wasserreiser. Wird leicht rotfaul. Anbauerfahrungen reichen für sichere Empfehlungen nicht aus.
Riesenlebens-baum	Westl. Nordamerika. Küsten- und Inlandform. Großflächig mit Douglasie überlappend.	Sehr schattenfest. Klimaxbaumart im Douglasien- und Sitkagebiet. Wird sehr alt.	Erreicht große Höhen und Durchmesser. Wertvolles Holz. Bildet Wasserreiser, frostgefährdet. In Mitteleuropa als Mischbaumart zu Douglasie oder als Unterbau geeignet. Keine sicheren Anbauerfahrungen.
Schwarznuß	Östl. USA bis mittl. Westen.	Licht- bis Halbschattart, ziemlich winterfest, aber spätfrostgefährdet. Alter: > 200 J.	Gutes, besonders in der Jugend schnelles Wachstum, erreicht große Höhen und beachtliche Durchmesser auf guten Standorten. Typische Mischbaumart. Sehr wertvolles Holz. Wo möglich durch Saat anbauen, da ausgeprägte Pfahlwurzel Verpflanzung erschwert.
Edeltanne	Humide bis superhumide Standorte im westl. Washington, Oregon und Nordkalifornien. Hauptsächlich montan – hochmontan.	Lichtansprüche etwa wie Douglasie, nicht so schattenfest wie andere Tannen. Alter: > 400 J.	Sehr wuchskräftige Baumart, die jedoch bisher in Mitteleuropa nicht in großem Umfang angebaut wird, daher nur geringe Erfahrung. Wichtiger Lieferant höchstwertigen Schmuckreisigs. Bildet Wasserreiser.

Übersicht 5.5: (Fortsetzung)

ART	VERBREITUNG	BESONDERHEITEN	WALDBAULICHE BEDEUTUNG
Nordmann- tanne	NO-Anatolien, westl. Kaukasus, östl. Schwarzmeergebiet, sub- bis hochmontan.	Bildet Bergwälder mit ori- entalischer Buche und ori- entalischer Fichte. Alter: hoch.	Erreicht große Höhen. Obwohl wuchskräftig, liegen sehr wenig Erfahrungen mit der Art als Waldbaum vor. Sehr häufig in Weihnachts- baumkulturen und als Schmuckreisiglieferant. Dafür spät- und winterfrostharte Herkünfte ver- wenden.
Serbische Fichte	Sehr kleines Vorkom- men im Drinagebiet, Grenze Bosnien-Ser- bien.	Reliktvorkommen auf Sonderstandorten wie aus- geprägte Steilhänge oder sehr feuchte Stellen.	Als Zierbaum weit verbreitet. Im Wald – ob- wohl gelegentlich auf Kalkstandorten angebaut – ohne Bedeutung.
Lawsons Schein- zypresse	Kleines Vorkommen in SW-Oregon und NW-Kalifornien, pla- nar – montan.	Schattbaumart des Kli- maxtyps; Alter > 400 J.	Sehr begrenzte Anbauerfahrungen, nicht frost- sicher, gefährdet durch Hallimasch. Erträgt lange Beschattung. Sehr wertvolles Holz, bildet Wasserreiser.
Walnuß	Ostmediterrane, klein- asiatische Gebirge bis Westhimalaya.	Montane Vorkommen auf gut wasserversorgten Standorten. Lichtbedürf- tig. Alter: 100 J.	Als Nußbaum weit verbreitet. Als Waldbaum sehr selten gepflanzt. Wird weniger hoch als viele einheimischen Arten, bedarf des Schutzes vor Konkurrenz. Holz ist außerordentlich wert- voll. Winter- und spätfrostgefährdet. Züchte- risch verändert; Wildformen für den Anbau im Wald verwenden.
Eßkastanie	Mittelmeerraum; nördl. der Alpen seit langem kultiviert.	Schnellwachsende, aus- schlagfähige Licht- bis Halbschattart. Winter- frostgefährdet. Alter: > 100 J.	Ausschlagfähigkeit erlaubt Verwendung im Nie- derwaldbetrieb. Als Mischbaumart Schutz vor Konkurrenz erforderlich. Stark gefährdet durch Kastanien-Rindenkrebs.
Roßkastanie	Südl. Balkan	In der Jugend schnelle Entwicklung; lichtbedürf- tig. Alter: 100 J.	Nicht sehr hoch werdender, durch auffällige Blüte und Früchte bekannter Zierbaum an Wegrändern und markanten Stellen. Als Wald- baum ohne Bedeutung.
Mammut- baum	Sehr zerstreutes Vor- kommen in der Sierra Nevada Kaliforniens, 1500–2500 m NN.	Lichtbaumart; Alter: > 1000 J.	In der Jugend schnellwüchsige, sehr hoch wer- dende Art. Anbauten auf nicht zu frostgefähr- deten Standorten waren erfolgreich. Erfahrun- gen reichen jedoch für Empfehlungen nicht aus. Holz wertvoll. Gelegentlich Parkbaum.
Tulpenbaum	östl. USA	Schnellwachsende Lichtbaumart. Alter: > 200 J.	Bisher im wesentlichen als Parkbaum angebaut. Auf guten, warmen Standorten große Wuchsleis- tung.
Pappeln	Nicht heimische Weiß-, Schwarz- und Balsampappelarten spielen in der Pappelwirtschaft eine Rolle. Einzelheiten dazu können dem *Kap. 5.1.6.3* entnommen werden.		

5.1.6.3   *Waldbauliche Charakteristika von Pappeln*

Die Baumgattung Pappel kommt weltweit in fünf morphologisch gut unterscheidbaren Sektionen vor, von denen in unserem Raum drei bedeutsam sind oder durch Einbürge- rung geworden sind. Viele der darin enthaltenen Arten sind züchterisch behandelt worden und haben erst als Zuchtformen waldbauliche Geltung erlangt *(s. Übersicht 5.6)*.

Übersicht 5.6:   Die wichtigsten Pappelarten und ihre züchterische Bearbeitung.

Da alle Sorten – sie werden auch Cultivare genannt – Klone oder Klongemische darstellen, kann aus der Darstellung entnommen werden, daß die ganze Pappelwirtschaft auf dem Genpotential von wenig mehr als 50 Individuen aufbaut. Beim Kauf des Pflanzgutes müssen die waldbaulichen Eigenarten der Sorten sowie ihre Widerstandsfähigkeit gegen die wichtigsten Pappelschädlinge – Rost, Marssonia und Rindenkrebs – beachtet werden. (Genaue Beschreibungen dazu finden sich bei MÜLLER und SAUER, 1957–1961; HOFFMANN et al., 1976, 1977 und BAUMEISTER al., 1979.)

SEKTIO-NEN	WEISSPAPPELN (Leuce)	SCHWARZPAPPELN (Aigeiros)	BALSAMPAPPELN (Tacamahaca)
Arten	*Populus alba* (Eurasien) *P. tremula* (Eurasien) *P. tremuloides* (Nördl. Nordam.)	*P. nigra* (Eurasien) *P. deltoides* (Südöstl. Nordam.)	*P. trichocarpa* (Westl. Nordam.) *P. maximowiczii* (Sibirien, Korea, Japan) *P. laurifolia* (Südsibirien)
Hybriden	*P. alba x P. tremula =* *P. x canescens* *P. tremula x P. tremuloides*	*P. nigra x P. deltoides =* *P. x euramericana* *P. laurifolia x P. nigra = P. x berolinensis* *P. maximowiczii x P. nigra*	*P. maximowiczii x* *P. trichocarpa*
Sorten (für den Handel zuge-lassen)	*P. x canescens:* 'Enniger' 'Honthorpa' 'Ingolstadt 3a' 'Rudolf Schmidts Graupappel' 'Schleswig l' 'Schylp Marsch' *P. tremula:* 'Tapiau 1–8' (Mehrklonsorte) *P. tremula x tremuloides* 'Astria'	*P. deltoides:* 'Lincoln' 'Peoria' 'Marquette' *P. x euramericana:* **Altsorten** Als Altstämme in Deutschland verbreitet: 10 Sorten Als Altstämme in Deutschland nicht verbreitet: 3 Sorten **Neusorten** Aus vegetativer Vermehrung von einzelnen in Deutschland nicht verbreiteten Altstämmen entstanden: 7 Sorten **Zuchtsorten** Aus gezielten Züchtungen hervorgegangen: 2 Sorten	*P. trichocarpa:* 'Brühl' 1–8 (Mehrklonsorte) 'Muhle-Larsen' 'Scott-Pauley' 'Columbia River' *P. maximowiczii x P. trichocarpa:* 'Androscoggin' *P. maximowiczii x P. x berolinensis:* 'Oxford' *P. maximowiczii x P. nigra:* 'Rochester' 'Max 1–5'

Für die starke züchterische Bearbeitung dieser Gattung gibt es drei Gründe:
– Viele Arten sind vegetativ leicht vermehrbar.
– Kreuzungen der Arten sind in vielen Fällen einfach zu bewerkstelligen.
– Die Einführung fremdländischer – vor allem nordamerikanischer – Arten und ihre Kreuzung mit einheimischen Pappeln haben spektakuläre Ertragssteigerungen bewirkt.

Die vegetative Vermehrung geschieht vor allem in Form von Sproß- oder Wurzelstecklingen; neuerdings werden dafür auch Gewebekulturen verwendet. Die leichte

Kreuzbarkeit der Arten äußert sich beispielsweise darin, daß im Überlappungsbereich der Verbreitungsgebiete von Silberpappel und Aspe im großen Umfang auf natürliche Weise Hybriden entstehen. Sie heißen **Graupappeln**. Die einzelnen Individuen solcher spontanen Kreuzungen stehen morphologisch mal der Silberpappel und mal der Aspe näher. Die bei weitem wichtigsten eingeführten Pappelarten sind die ostamerikanische **Schwarzpappel**, *Populus deltoides*, und die westamerikanische **Balsampappel**, *Populus trichocarpa* (erkennbar am balsamischen Duft z. Zt. des Laubaustriebs!).

Das besondere Interesse, das den **Schwarzpappeln** entgegengebracht wurde, ist auf deren schnelles Wachstum zurückzuführen, das Starkholzproduktion bei Umtrieben von nur 30–50 Jahren zuläßt. Das Holz ist leicht, gleichmäßig aufgebaut und für viele Zwecke geeignet, doch liegt das erzielbare Preisniveau unter dem vergleichbarer Baumarten. Höchste Ansprüche an Nährstoffgehalt und Bodenfrische beschränken den Anbau von Schwarzpappeln auf beste Aue- und auenahe Standorte. Geradezu extreme Lichtbedürftigkeit machen zudem die Begründung und Erziehung mit weitem Standraum unumgänglich. Die typische Anbauform sind deshalb weitständig begründete Plantagen und Baumreihen entlang von Wegen, Wasserläufen und Besitzgrenzen. Auch für die Besiedlung von Rohböden ist die Schwarzpappel geeignet, wenn diese nährstoffreich, gut durchlüftet und frisch sind.

In letzter Zeit beginnen daneben jedoch auch Arten anderer Sektionen züchterisch und im Anbau an Bedeutung zu gewinnen. Die westamerikanische **Balsampappel** ist so wüchsig wie die Schwarzpappel, erreicht aber eher noch bedeutendere Höhen und Durchmesser. Bei ähnlichen Holzeigenschaften wie diese ist sie jedoch deutlich weniger lichtbedürfig und nicht ganz so anspruchsvoll hinsichtlich der Qualität des Bodens. Aus diesen Gründen eignet sie sich für den Anbau als Waldbaum auch außerhalb des Bereichs der Auen. Infolge ihrer Neigung, große Kronen auszubilden, ist eine Erziehung in etwas engerem Schluß angebracht als im Falle der Schwarzpappeln. Geeignete Standorte vorausgesetzt, können Balsampappeln für die Ergänzung bereits vorgewachsener Naturverjüngungen, die Abmilderung von Steilrändern und die schnelle Verblendung von aufgerissenen Bestandeslinien verwendet werden. Die Erfahrungen sind jedoch bisher so wenig fundiert, daß ihr Anbau keinesfalls forciert werden sollte.

Die **Aspe** besiedelt einen weiten Bereich von Standorten. Sie besitzt alle ökologischen Eigenarten des typischen Pioniers: Lichtbedürftigkeit, wenn auch weniger ausgeprägt als die Schwarzpappel, Frosthärte, schnelles Jugendwachstum bei nicht allzu großer Lebenserwartung. Das leichte, helle Holz ist für viele Zwecke, von der Zellulosegewinnung bis zur Produktion von Schälfurnieren verwendbar. Trotzdem hat sie für die Forstwirtschaft Mitteleuropas bisher praktisch keine Rolle gespielt, weil die erzielbaren Preise niedrig liegen und sie auf Kulturflächen für andere Baumarten stark verdrängend wirken kann. Erst Resultate der Züchtung haben auf ihre positiven Eigenschaften aufmerksam gemacht. Sie kann auf frostgefährdeten Standorten, auf ärmeren, nicht zu trockenen und auf wechselfeuchten Böden eine beachtliche Alternative zu anderen und meist teureren Lösungen darstellen, und schließlich ist sie als Mischbaumart zur Fichte oder auch als Zeitmischung in Laubhölzern vorteilhaft zu verwenden. Kommt für die Schwarz- und Balsampappel nur Pflanzmaterial in Frage, das aus der Züchtung hervorgegangen ist, so ist die Aspe nahezu überall in autochthonen Populationen vertreten, mit denen genauso gearbeitet werden kann wie mit Züchtungsprodukten.

Die Ertragsleistung der Pappeln ist sehr hoch, wenn sie auf guten Standorten angebaut werden. Sobald die Standortgüte geringer wird, fällt das Wachstum allerdings ziemlich steil ab. Die Standortwahl ist deshalb für den Pappelanbau von ganz besonderer Bedeutung, *Abb. 5.15* zeigt das auf. Die Volumenzuwächse erreichen Werte, die deut-

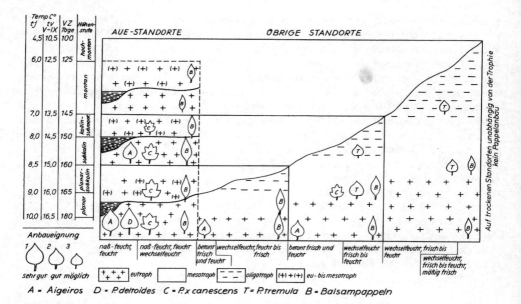

Abb. 5.15:   Schematische Darstellung der Standortsansprüche von Schwarz-, Balsam- und Weiß-pappeln.

Danach sind die Schwarzpappeln beschränkt auf allerbeste, gut wasserversorgte Standorte, vor allem im Auen-bereich. Die Balsampappel ist in der Lage, auch auf Standorten mit mittlerer Nährstoffversorgung bis in den montanen Bereich hinein gute Leistungen zu erbringen. Und die Aspe ist mit Erfolg auch auf ärmeren Böden bis in den hochmontanen Bereich anbaubar, solange eine gute Wasserversorgung gewährleistet bleibt (n. FRÖHLICH, GROSS-CURTH, 1973, etwas verändert).

lich über 20 fm/ha/a liegen können. Einen Eindruck davon, aber auch von dem schnellen Leistungsabfall bei abnehmender Standortgüte vermittelt die *Abb. 5.16*. Eng erzogene, kleinkronige Pappeln sind sehr sturmgefährdet, solitärartige großkronige Bäume sind dagegen meist ziemlich sturmfest. Alle Pappeln bilden vehement Wasserreiser.

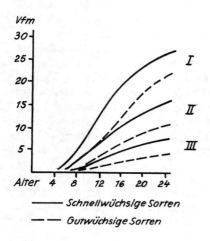

Abb. 5.16:   Durchschnittlicher jährlicher Gesamtzu-wachs von Pappelbeständen, unterteilt nach Ertrags-klassen (I–III).

Den Kurven liegen mit unterschiedlichen Schwarz- und Balsam-pappelsorten bestockte Versuchsflächen zugrunde. Da Versuchs-flächenumfang und Beobachtungsdauer nicht sehr groß sind, haben die Werte vorläufigen Charakter, jedoch geben sie das Leistungs-potential von Pappelbeständen für waldbauliche Betrachtungen wohl in einem akzeptablen Genauigkeitsrahmen wieder (FRÖH-LICH, GROSSCURTH, 1973).

Bemerkenswert ist vor allem die von Anfang an hohe flächenbezo-gene Wuchsleistung, deren besonders starke Abhängigkeit von der Standortgüte und der Einfluß der verwendeten Sorte auf den Zuwachs.

Wie bei der künstlichen Waldverjüngung die Herkunft des Saat- und Pflanzgutes von großer Bedeutung ist, müssen beim Pappelanbau die züchterischen Eigenarten des verwendeten Pflanzenmaterials bekannt sein. Pappelpflanzgut ist in den folgenden Formen waldbaulich bedeutsam:

a) Frei abgesäte oder natürlich entstandene Nachkommenschaften von Baumpopulationen,
b) Einklonige Sorten,
c) Mehrklonige Sorten.
b_1c_1) Die Klone stammen von Mutterbäumen einer Art.
b_2c_2) Die Klone stammen von Mutterbäumen, die ihrerseits aus Kreuzungen zweier Arten hervorgegangen sind und als Bastarde oder Hybriden bezeichnet werden. Solche Kreuzungen können inter- oder intrasektionalen Charakter haben.

Übersicht 5.6 enthält eine Zusammenstellung der für Mitteleuropa bedeutsamen Pappelarten sowie der Sorten, die nach dem Gesetz über das Forstliche Saat- und Pflanzgut zum Handel zugelassen sind und mit Namen oder Buchstaben und Zahlencodes bezeichnet werden. Im Rahmen dieses Leitfadens wird nicht auf den Anbau von Pappeln in Form von Plantagen eingegangen, jedoch wird auf sie Bezug genommen, wo sie im Wirtschaftswald eine Rolle spielen.

Literatur

Assmann, E., Franz, F. (1963): Vorläufige Fichten-Ertragstafel für Bayern. Inst. Ertragsk. Forstl. Forschungsanst. München. München.

Baumeister, G., Jestaed, M., Weisgerber, H. (1979): Die zum Handel zugelassenen Aspen- und Graupappelklone. Forschungsinst. schnellw. Baumarten, Merkbl. 9.

Bormann, F. H., Likens, G. E. (1979): Pattern and process in a forested ecosystem. New York, Heidelberg, Berlin: Springer.

Ellenberg, H. (1986): Vegetation Mitteleuropas mit den Alpen. 4. Aufl. Stuttgart: Ulmer.

Fowells, H. A. (1965): Silvics of forest trees of the United States. Agriculture Handbook, Bd. 271. Washington.

Fröhlich, H. J., Grosscurth, W. (1973): Züchtung, Anbau und Leistung der Pappeln. Mitt. Hess. Landesforstverw., Bd. 10.

Hermann, K. (1981): Die Gattung Pseudotsuga – Ein Abriß ihrer Systematik, Geschichte und heutigen Verbreitung. Forstarchiv. 204–12.

Hoffmann, E., Jestaed, M., Weisgerber, H. (1976): Die zum Handel zugelassenen Schwarzpappelklone. Forschungsinst. f. Pappelwirtsch., Merkbl. 7.

Koch, W., Stolley, Ingrid (1984): Unveröffentlicht. München.

Little, E. L. jr. (1971): Atlas of United States trees. Vol. 1 Conifers and important hardwoods. Washington.

Mitscherlich, G. (1975): Wald, Wachstum und Umwelt. Bd. 3. Frankfurt a. M.: Sauerländer.

Müller, R., Sauer, E. (1957–1961): Altstammsorten der Schwarzpappelbastarde für den Anbau in Deutschland I. und II. Teil. Holz-Zentralblatt, Sonderdruck. Stuttgart.

Plochmann, R. (1961): Ökologische und waldbauliche Beobachtungen und Untersuchungen an Larix leptolepis. Forstw. Cbl. 128–57.

Schenck, C. A. (1939): Fremdländische Wald- und Parkbäume. 3 Bde. Berlin.

Schmidt-Vogt, H. (1977): Die Fichte. Bd. 2, Hamburg, Berlin: Parey.

Schober, R. (1987): Ertragstafeln wichtiger Baumarten. Frankfurt a. M.: Sauerländer.

Vyskot, M. (1976): Tree story biomass in lowland forests in South Moravia. Prag: Academia.

Waring, R. H., Franklin, J. F. (1979): Evergreen coniferous forests of the pacific northwest. Science. 1380–1386.

WOODWELL, G. M., BOTKIN, D. B. (1970): Metabolism of terrestrial ecosystems by gas exchange techniques: the Brookhaven approach in Analysis of temperate forest ecosystems. Berlin, Heidelberg, New York: Springer.

5.2 Forstwirtschaftliche Produktion

5.2.1 Volumen und Wert

Für Betrachtungen zur biologischen Produktion *(vgl. Kap. 5.1.2)* werden als Produktionsgrößen meist Gewichtseinheiten der Trockensubstanz verwendet, und es ist von Biomasse die Rede. Für die meisten forstwirtschaftlichen Überlegungen und Entscheidungen ist jedoch das produzierte Volumen an Holz die entscheidende Größe. Da zudem fast alle waldertragskundlichen Untersuchungen – und diese bilden das Fundament des Wissens über die Wachstumsabläufe im Wald – das Kriterium Holzvolumen verwenden, kommt auch nur dieses für die späteren Darlegungen zur Produktivität von Waldbeständen in Betracht. Solche Volumenwerte haben allerdings den großen Nachteil, daß sie die tatsächlichen Produktionsprozesse im Wald nur unvollständig zum Ausdruck bringen. Das wird besonders deutlich bei einem Vergleich der Raumdichten des Holzes verschiedener Baumarten. Sie betragen für

Eiche	561 kg/m^3
Buche	554 kg/m^3
Kiefer	431 kg/m^3
Douglasie	412 kg/m^3
Fichte	377 kg/m^3

Die Produktion von einem Kubikmeter Eichenholz stellt danach eine um fast 50 % größere Leistung dar als die des gleichen Volumens an Fichtenholz.

Da bei der rein forstwirtschaftlichen Betrachtung außerdem die Blätter, die meisten Äste und alle Wurzeln unberücksichtigt bleiben, sind Schlüsse aus der Produktion an Holzvolumen auf die biologische Leistung eines Baumes oder eines ganzen Waldbestandes kaum möglich.

Aber auch forstwirtschaftlich gesehen ist die Volumenproduktion des Waldes nur eine von zwei Produktionsgrößen. Zwar wird Holz, das weitaus wichtigste Produkt der Forstwirtschaft, nach Festmetern, dem forstlichen Äquivalent des Kubikmeters, verkauft, jedoch ist der dafür gezahlte Preis abhängig von der Qualität.

Der forstwirtschaftliche Wert eines Waldes, eines Waldbestandes oder auch eines Baumes ergibt sich daher aus dem Produkt aus Menge (ausgedrückt in Volumeneinheiten[1]) und dem Preis pro Einheit. Die Wertproduktion ist eines der wichtigsten Kriterien zur Beurteilung waldbaulicher Maßnahmen.

5.2.2 Waldmeßkundliche Grundlagen

Die forstwirtschaftliche Produktion an Holz ist also eine Volumenproduktion und stellt nur einen Teil der gesamten Bioproduktion des Waldökosystems dar. Sie folgt

---

[1] Im forstlichen Sprachgebrauch wird das Volumen oft – wenn auch nicht korrekt – als Masse bezeichnet.

jedoch Gesetzmäßigkeiten, deren Kenntnis für einen erfolgreichen Waldbau nötig ist. Einige Grundzüge der Erfassung forstlicher Produktionsvorgänge müssen deshalb hier kurz dargestellt werden.

5.2.2.1 Ertragstafeln und Produktionsmodelle

Wachstum und Zuwachs von Beständen der wichtigsten Baumarten sind in **Ertragstafeln** dargestellt. Deren Basis ist die enge Beziehung, die zwischen dem Alter eines Bestandes und seiner Höhe besteht. Diese Grundbeziehung zwischen Alter und Höhe wird allerdings stark beeinflußt durch die Leistungskraft des Standortes. Bei gleichem Alter ist die Baumhöhe auf einem guten Standort größer als auf einem geringeren. Wenn nun das gesamte vorkommende Höhenspektrum von den besten bis zu den schlechtesten Standorten gleichmäßig durch Altershöhenkurven unterteilt wird, so ergeben sich Ertragsklassen. Ist das mögliche Höhenspektrum breit, so wird es in 4–6 (oder mehr) Ertragsklassen unterteilt. Das ist für Baumarten der Fall, die eine weite Standortamplitude besiedeln. Ist das Höhenspektrum dagegen eng, so werden nur zwei oder drei Ertragsklassen ausgeschieden.

Als Eingangsgröße für Ertragstafeln wird – bei bekanntem Alter – meistens die **Bestandesmittelhöhe** benutzt. Deren Herleitung erfolgt über eine Durchmesser-Höhenkurve *(s. Abb. 5.17)*, was recht umständlich ist, weil in eine solche Höhenkurve Höhen und Durchmesser eingehen, die an zahlreichen Bäumen gemessen werden müssen, und die Grundflächenstruktur bekannt sein muß. Außerdem unterliegt sie rechnerischen Veränderungen dadurch, daß jeder Bestand mit zunehmendem Alter nicht nur höher, sondern auch baumzahlärmer wird. Nach jeder Durchforstung oder natürlichem Abgang von Bäumen wird daher die Mittelhöhe an einem kleineren Baumkollektiv ermittelt.

Um diesem Nachteil zu entgehen, wird in zunehmendem Maße die **Bestandesoberhöhe** eines Bestandes zur Unterteilung nach Ertragsklassen benutzt. Sie wird berechnet als Höhe des Grundflächenmittelstammes der 100 (oder 200) stärksten Bäume je Hektar eines Bestandes *(s.Abb. 5.17)*. Diese besonders wuchskräftigen Individuen differenzieren sich zum größten Teil bereits in frühen Entwicklungsstadien aus der

Abb. 5.17: Bestandeshöhenkurve für einen gleichaltrigen 100jährigen Fichtenbestand, Ertragsklasse II.0 (im Anhalt an KRAMER, 1976).
Eingetragen sind die Positionen der **Bestandesmittelhöhe,** h_m, und der Oberhöhe, h_o. Erstere wird am besten als Höhe des **Grundflächenmittelstammes** hergeleitet. Er errechnet sich aus der Division der Grundfläche eines Bestandes oder einer Probefläche durch die zugehörige Baumzahl. Die Bestandesoberhöhe ist die Höhe des **Grundflächenmittelstammes** der 100 stärksten Bäume je Hektar eines Bestandes. Überschläglich kann sie schnell durch Messung einiger der stärksten Bäume bestimmt werden.

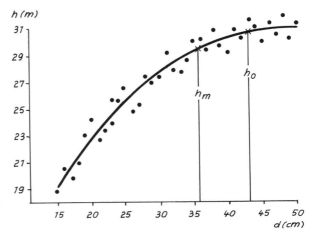

Masse der Bäume eines Bestandes heraus und behalten dann ihre herausragende Stellung bis zum Ende des Bestandeslebens bei. Dadurch ist gewährleistet, daß die Oberhöhe während der ganzen Lebenszeit eines Bestandes im wesentlichen am gleichen Baumkollektiv erhoben wird. Auch Durchforstungsmaßnahmen beeinflussen die Oberhöhe deshalb nur wenig, da die stärksten Baumindividuen in einem Bestand meistens durch Erziehungseingriffe gefördert und nur in Ausnahmefällen entnommen werden.

Ertragstafeln sind danach **Bestandesmodelle,** die auf der Grundbeziehung Alter : Höhe die Baumzahl-, Durchmesser-, Grundflächen-, Formzahl- und Volumenentwicklung von Beständen darstellen und damit Aufschluß über Wachstum und Zuwachs vermitteln.

Da der Verlauf der Bestandesentwicklung ganz wesentlich von der Art der waldbaulichen Behandlung abhängt, die ein Bestand erfährt, gelten alle Tafeln nur für ein ganz bestimmtes **Erziehungskonzept,** das als Durchforstungsart und -stärke angegeben ist. Wird dieses Erziehungskonzept auf einen realen Bestand nicht in gleicher Weise angewendet, wie das im Modellfall der Ertragstafel vorgesehen ist, so kommt es zu Diskrepanzen zwischen Modell und Wirklichkeit. In der waldbaulichen Praxis kann die ertragstafelgerechte Behandlung der Bestände in der Tat fast als Ausnahmefall bezeichnet werden. Ertragstafeln eignen sich daher recht gut zur Einschätzung des Ertragspotentials von Standorten, da die Höhenentwicklung, die als Grundlage dafür dient, nur verhältnismäßig geringfügig von der Bestandesbehandlung beeinflußt wird. Alle anderen Wachstumsparameter sind jedoch so stark abhängig sowohl von der Art der Bestandeserziehung als auch von ungeplanten Ereignissen, daß Vergleiche von wirklichen Beständen mit Ertragstafeln zu erheblichen Fehlschlüssen führen können.

Hinzu kommt, daß fast alle verfügbaren Tafeln **Reinbestandstafeln** sind und ein beachtliches Maß an Gleichförmigkeit im Bestandesaufbau voraussetzen. Ganz ungemischte oder gar makellos gleichförmige Bestände sind jedoch eher selten, so daß sich auch dadurch sehr oft erhebliche Abweichungen in der Ausgangslage zwischen Modell und Realität ergeben. Für vielgestaltig, mehrschichtig oder stufig aufgebaute Bestände sind sie ohnehin nicht anwendbar. Der Gebrauch von Ertragstafeln kann daher waldbaulich nur solange hilfreich sein, wie die Eigenarten und Grenzen der darin enthaltenen Modelle berücksichtigt werden. Der Versuch, modellferne Situationen in realen Beständen durch Eingriffe – womöglich noch starke – den Tafelwerten anzugleichen, ist umso bedenklicher, je weiter Wirklichkeit und Modell auseinanderklaffen und je älter die Bestände sind. Diese Einschränkung wird dadurch noch verstärkt, daß sich durch die angestiegenen Immissionen von Stickstoff das Wuchsverhalten des Waldes verändert hat und vielerorts nicht mehr tafelkonform verläuft. Wenn daher in dieser Schrift auf Ertragstafelbefunde zurückgegriffen wird, so deshalb, weil es vorerst an aktualisierten Ertragsdaten fehlt. Unsicher geworden sind vor allem die realen Werte, die zu niedrig liegen; gültig geblieben sein dürften jedoch die Wuchsrelationen, wie sie zwischen verschiedenen Baumarten bestehen.

In den letzten Jahren werden neue Ansätze erkennbar, ertragskundliches, aber auch arbeitskundlich-ökonomisches Wissen mit Hilfe von Wachstumssimulatoren waldbaulich besser zugänglich zu machen. Das sind Gleichungssysteme, die es erlauben, den Einfluß einer Vielzahl von Faktoren auf die Bestandesentwicklung zu beschreiben. Solche Faktoren sind:

– Ausgangsbaumzahlen bei der Bestandesbegründung,
– Mischungsanteile und Mischungsart,
– Angestrebte Sortimentsgliederung des Holzanfalls,
– Art der Erziehungseingriffe,

– Aufwendungen und Erträge,
– Kleinräumige Standortbesonderheiten (z. B. Wuchsgebiete *vgl. Kap. 7*).

Mit Hilfe solcher **Produktionsprogramme** könnten für jeden Bestand Behandlungs-alternativen zur Erreichung eines vorgegebenen Betriebszieles berechnet werden. Es mangelt jedoch vorerst insbesondere noch an wirklich zuverlässigen ertragskundlichen Grundlagen für die Fälle, die nicht in den langfristig beobachteten Flächen der Versuchsanstalten erfaßt sind. Das aber ist die ganze Breite der waldbaulichen Wirklichkeit. Deshalb wird es noch eine Weile dauern, bis die Ertragstafeln durch solche flexibleren Programme abgelöst werden können. Aber auch diese werden – das wird immer für Programme gelten, die auf sehr langfristige biologische Prozesse angewendet werden – nur Hilfen sein können, um Entscheidungen zu erleichtern. Besonderheiten des Standortes, die wirtschaftlichen, arbeitstechnischen und arbeitsorganisatorischen Umstände sowie unvorhersehbare stabilitätsbedrohende Ereignisse in einem langen Bestandesleben werden in jedem einzelnen Fall immer wieder die Mitwirkung des Waldbauers erforderlich machen. Für Produktionsprogramme – je großflächiger sie ausgelegt werden, umso mehr – wird daher in gleicher Weise das gelten, was schon im Zusammenhang mit den Ertragstafeln gesagt wurde: Sie können nur dann gute Hilfsmittel sein, wenn kritischer waldbaulicher Verstand ihre Anwendung kontrolliert.

5.2.2.2   *Permanente Vorratsinventuren und Zuwachsermittlung*

Die in den Wäldern Deutschlands in regelmäßigen Abständen – 10–20 Jahre – stattfindenden Betriebsplanungen, die sich in den Forsteinrichtungswerken niederschlagen, haben in der Vergangenheit ganz wesentlich aus Vergleichen der Gegebenheiten im Wald mit Ertragstafelmodellen bestanden. Manche der für solche Vergleiche nötigen Vorgaben, allen voran der Bestockungsgrad als Ausdruck der Bestandesdichte, sind dabei meistens geschätzt worden. In Mischbeständen wurde der Anteil der Mischbaumarten ebenfalls geschätzt, was allein schon mit großen Fehlern behaftet ist, und dann wurden die Mischungskomponenten mit Hilfe von Reinbestandstafeln so behandelt, als ob sie kleine Reinbestände auf dem für sie geschätzten Flächenanteil wären.
  Diese äußerst unsichere Art des Vorgehens hat dann zu Planungen geführt, deren Basis wenig fundiert war. Vor allem wurden die Bestockungsdichten oft unterschätzt, und es sind viele Schwächen der Ertragstafeln in die Planung eingeflossen. Eine der Folgen davon war, daß die bewußte oder auch unbewußte Intention der Planer, Wälder ertragstafel- also modellgerecht zu gestalten, die Planungen oft bestimmt hat. Eine weitere Folge bestand darin, daß die tatsächlichen Zuwächse der Wälder unterschätzt wurden – ein Fehler, der sich dann noch verstärkte, wenn die Werte durch das Bemühen der Planer um vorsichtige, den Zuwachs keinesfalls übersteigende Hiebsätze sehr niedrig angesetzt wurden. Die stabilitätsgefährdenden Überdichten vieler Bestände in Deutschland sind eine Folge dieser Art von ertragstafelorientierten Planungsansätzen.
  Die dargelegten Nachteile einer an Ertragstafeln ausgerichteten forstlichen Planung werden vermieden, wenn die Erfassung der waldbaulichen Situation eines Betriebes mit Hilfe von objektiven Aufnahmen erfolgt, so daß subjektive Schätzungen und Ertragstafelbezüge unnötig werden. Dazu werden die Holzvorräte im Anhalt an die weit entwickelte mathematisch-statistisch fundierte Inventurtechnik auf systematisch über die Waldfläche verteilten Probekreisen ermittelt. Deren Auswertung ergibt dann ein sehr genaues Bild des Vorrates und der Vorratsstruktur des Betriebes. Wiederholungsauf-

nahmen in Forsteinrichtungsintervallen – z. B. alle 10 Jahre – erlauben zudem, die Vorratsentwicklung der Betriebe genau zu verfolgen. Erstmals werden der Praxis damit objektive Zuwachsinformationen zugänglich. Werden die Probekreise in permanenter Form eingerichtet – meist geschieht das durch das Eingraben eines Magneten im Zentrum jedes Kreises, der mit einem Suchgerät leicht zu orten ist –, und wird zudem jeder Baum auf dem Probekreis mit Hilfe von Stammfußkoordinaten dauerhaft identifizierbar, dann besteht die Möglichkeit, jede Art von Veränderung – Baumzahl, Durchmesser, Höhe – für jeden Probekreis exakt zu erfassen. Ein ganz wichtiger Vorteil solcher Aufnahmen besteht darin, daß Mischungs- und Strukturelemente objektiv in die Befunde eingehen und Entwicklungen der Stammqualitäten, vor allem auch in jungen Beständen, erkennbar werden. Der Wechsel von einer am Ertragstafelmodell orientierten, vielfach auf Schätzungen beruhenden Waldbeurteilung zu einer objektiven Erfassung von Waldzustand, Zuwachs und struktureller Entwicklung mit Hilfe eines Kontrollverfahrens gehört zu den bedeutendsten Fortschritten in der Waldbewirtschaftung Mitteleuropas. Eine Vorstellung von den Eigenarten solcher Stichprobenaufnahmen vermittelt die *Abb. 5.18*.

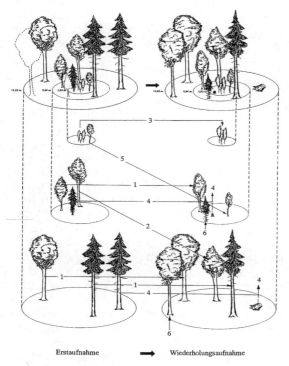

Erstaufnahme ➡ Wiederholungsaufnahme

Abb. 5.18: Erfassung von Waldzustand und Walddynamik mit Hilfe von Stichproben am Beispiel eines Aufnahmekreises (n. Fuchs, 1993). Die Darstellung enthält methodische Details und zeigt, wie die Waldentwicklung in die Aufnahme einfließt. Die Probekreisfläche ist folgendermaßen nach Durchmesserklassen stratifiziert; damit wird erreicht, daß pro Durchmesserklasse etwa gleich viele Bäume erfaßt werden:

BHD cm	Fläche m^2	Radius m
< 30	500	12,62
11–30	100	5,64
6–10	25	2,82
0– 5	5	1,26
0 und Höhe < 1,3 m	5	1,26

1 – Zweimalige Aufnahme mit Polarkoordinaten, Probekreisgröße bleibt gleich
2 – Zweimalige Aufnahme mit Polarkoordinaten, Probekreisgröße wechselt („Überwechsler")
3 – Zweimalige Aufnahme ohne Polarkoordinaten, Probekreisgröße bleibt gleich
4 – Erstmalige Aufnahme mit Polarkoordinaten, Baum scheidet aus
5 – Polarkoordinaten erst bei Wiederholungsaufnahme, Probekreisgröße wechselt, Einwuchs
6 – Polarkoordinaten erst bei Wiederholungsaufnahme, Einwuchs

Alle Bäume, mit Ausnahme derjenigen unter 5 cm BHD, werden bei der ersten Aufnahme mit Hilfe von Polarkoordinaten räumlich beschrieben und können damit wieder aufgefunden werden. Der Zustand wird durch Messung von Durchmesser und Höhe für jeden Baum bestimmt, weitere Informationen wie Wertansprache, Auftreten von Schäden u. a. können gleichzeitig mit erhoben werden. Die Inventurdaten jeder Aufnahme ergeben den Zustand, und aus dem Vergleich zweier Aufnahmen kann auf die Bestandesdynamik geschlossen werden. Sie äußert sich folgendermaßen:

1. = Bäume > 30 cm BHD
2. = Baum hat > 30 cm erreicht und wechselt vom 100 m²- zum 500 m²-Kreis
3. = Bäume unter 5 cm BHD: werden nur im 25 m²-Kreis erfaßt
4. = Bäume aus dem 500 m²- und 100 m²-Kreis scheiden aus durch Sturmwurf bzw. Fällung
5. = Baum aus dem 25 m²-Kreis ist in den 100 m²-Kreis eingewachsen, da > 5 cm BHD
6. = Baum auf 500 m²-Kreis hat Durchmesserschwelle 30 cm überschritten.

Nach Hochrechnung der Befunde auf Hektarwerte und statistischer Auswertung aller Probekreise werden aus den Aufnahmen Zustand und Entwicklung des Waldes als ganzem sichtbar. Die Befundeinheiten können jedoch immer nur der ganze Betrieb oder große Ausschnitte daraus sein, da bei geringen Stichprobenzahlen die Fehlerhaftigkeit der Ergebnisse schnell sehr groß wird.

Die aus solchen Inventurdaten hergeleiteten Befunde für den gesamten Betrieb, vor allem der Hiebssatz, bedürfen einer Ergänzung auf der nächstniedrigeren Betriebsebene, dem Bestand. Sie wird als waldbauliche Einzelplanung vorgenommen und äußert sich in Vorgaben für Entnahmemengen im Planungszeitraum, Verjüngungszeiträumen, Vorschlägen für die Baumartenwahl usw. Die Verwirklichung der Planungen wird – was den Einschlag angeht – durch die Auszeichnung der Hiebsmaßnahmen vorbereitet. Und diese wird schließlich auf der untersten betrieblichen Ebene, dem Einzelbaum, verwirklicht.

5.2.3   Gesetzmäßigkeiten der Bestandesentwicklung

Als **Wachstum** wird forstwirtschaftlich die Zunahme des Holzvolumens (der Höhe, des Durchmessers) an einem Baum oder in einem Baumbestand mit dem Alter bezeichnet. Es wird in Form von Summenkurven dargestellt, in denen sowohl die Entwicklung des Volumens als auch die Zunahme der Höhe (z. B. *Abb. 5.19*), des Durchmessers und der Grundfläche zum Ausdruck gebracht werden können.

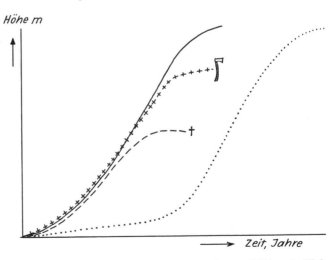

Abb. 5.19: Höhenwachstumskurven einzelner Bäume, wie sie sich durch unterschiedliche Lebensumstände ergeben können.

———— Baum, der lebenslang der herrschenden Baumschicht angehört hat.

+++++ Baum, der sich lange in der herrschenden Schicht halten konnte, nach Erreichen einer beachtlichen Höhe zurückfiel und im Verlauf eines Durchforstungseingriffs entnommen wurde.

– – – – – Baum, der nach dem 1. Drittel des Entwicklungszeitraumes überwachsen wurde, zurückblieb und schließlich abstarb.

.... Baum, der bereits in der Jugendphase überschirmt war und über Jahrzehnte kaum in die Höhe gewachsen ist. Nach Öffnung des Schirmes beginnt eine Höhenentwicklung wie bei einem jungen Baum. Ein solcher Ablauf ist typisch für viele Bäume in ungleichaltrigen Beständen.

Zuwachs ist dagegen die jährliche oder periodische Zunahme an Höhe, Durchmesser, Grundfläche oder Holzvolumen; Zuwachskurven sind Darstellungen des jährlichen Zuwachsganges. Wachstums- und Zuwachskurven unterscheiden sich erheblich in ihrem Verlauf *(s. Abb. 5.20* und *5.21)*. Hinsichtlich des Zuwachses muß zwischen dem **laufenden jährlichen Zuwachs** und dem **durchschnittlichen jährlichen Gesamtzuwachs** unterschieden werden. Ersterer bezeichnet den Zuwachs, der sich in einem gegebenen Jahr tatsächlich ereignet. Letzterer ist eine theoretische Größe, die sich als Quotient aus dem Wachstum bis zu einem gegebenen Zeitpunkt und der Zahl der Jahre ergibt, die bis zu diesem Zeitpunkt verstrichen sind. Nur in vollständig ungleichaltrig aufgebauten Wäldern – Plenterwäldern – fallen der laufende und der durchschnittliche Zuwachs zusammen.

5.2.3.1   Höhe von Bestand und Baum

Die Höhenentwicklung eines Bestandes ist in Zusammenhang mit dem Alter Ausdruck der Leistungskraft des Standortes, auf dem er stockt *(s. Tab. 5.2)*. In einem ziemlich weiten Rahmen ist sie nur wenig abhängig von der Dichte des Bestandes.

Verlauf und Form der Höhenkurven von Einzelbäumen erlauben Rückschlüsse auf das Schicksal der Individuen im Bestandesverband *(vgl. Abb. 5.19)*. Aus dem Verlauf des Höhenwachstums läßt sich aber auch auf Entwicklungsphasen besonders hoher bzw. nachlassender Vitalität und damit auf die Reaktionsfähigkeit gegenüber waldbaulichen Maßnahmen schließen *(s. Abb. 5.20)*.

5.2.3.2   Das Volumenwachstum

Das Volumenwachstum ist Ausdruck der Produktionsleistung eines Bestandes. Es ist dabei zu unterscheiden zwischen dem Holzvolumen, das auf der Bestandesfläche verbleibt, und dem, das im Verlauf der Bestandesentwicklung aus natürlichen Ursachen – z. B. Konkurrenz – oder infolge waldbaulicher Eingriffe – vor allem Durchforstungen – ausscheidet.

Die **Gesamtwuchsleistung** eines Bestandes ergibt sich daher aus der Summe der Produktion an verbleibendem und an ausscheidendem Volumen. Für den Vergleich

Tab. 5.2:   Das Wachstum von Waldbeständen als Ausdruck der Standortqualität, dargestellt am Beispiel der **Europäischen Lärche** (n. SCHOBER, 1946 in 1987).

ER-TRAGS-KLASSE	BESTANDES-OBERHÖHE (h 100)				KULMINATION						GESAMT-WUCHS-LEISTUNG
	(m) im Alter				Höhen-zuwachs		lfd. jährl. Zuwachs		Altersdurch-schnittszuwachs		im Alter 120
	30	60	90	120	Alter	cm	Alter	Vfm_D	Alter	Vfm_D	Vfm_D
I	18	28	34	37	13	> 70	25	14	55	10	940
II	15	24	29	32	15	> 55	30	11	60	7	740
III	13	21	25	28	18	> 50	35	8	68	5	540

Das Zuwachspotential eines Standortes äußert sich im Wachstumsgang des darauf stockenden Bestandes. Dieser ist charakterisiert durch die Entwicklung des Höhenzuwachses, durch die Lage der Kulminationspunkte auf den Höhen- und Volumenzuwachskurven und durch die in einem bestimmten Alter erreichbare Gesamtleistung an Volumen.

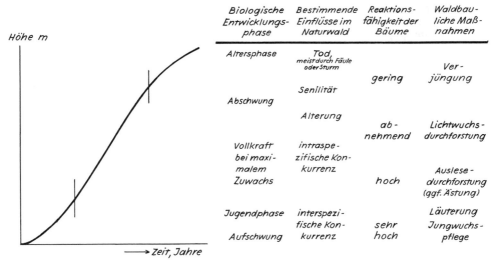

Höhe m

Biologische Entwicklungsphase	Bestimmende Einflüsse im Naturwald	Reaktionsfähigkeit der Bäume	Waldbauliche Maßnahmen
Altersphase	Tod, meist durch Fäule oder Sturm	gering	Verjüngung
Abschwung	Senilität		
	Alterung	abnehmend	Lichtwuchsdurchforstung
Vollkraft bei maximalem Zuwachs	intraspezifische Konkurrenz	hoch	Auslesedurchforstung (ggf. Ästung)
Jugendphase	interspezifische Konkurrenz	sehr hoch	Läuterung Jungwuchspflege
Aufschwung			

→ Zeit, Jahre

Abb. 5.20: Das Höhenwachstum eines Bestandes sowie die jedem Entwicklungsstand entsprechenden biologischen Eigenarten und zugehörigen waldbaulichen Erziehungsmaßnahmen.

Abb. 5.21: Laufender jährlicher Zuwachs und durchschnittlicher jährlicher Gesamtzuwachs an Schaftholz[1] in Fichtenbeständen bester, mittlerer und geringer Standortgüte, wie sie sich für gleichaltrige Reinbestände aus Ertragstafeln ergeben (ASSMANN, FRANZ, 1963).

Im Schnittpunkt beider Kurven liegt der Kulminationspunkt des durchschnittlichen Gesamtzuwachses. Auf besseren Standorten erreichen die Fichten höhere Zuwächse, deren Kulmination liegt früher und die Kurven verlaufen steiler als auf geringeren.

[1] Schaftholz: Holz des durchgehenden Baumschaftes bis zur Endknospe. Derbholz: Alle oberirdischen Baumteile über einem Durchmesser von 7 cm. Reisholz: alles oberirdische Holz mit weniger als 7 cm Durchmesser. Baumholz ist die Summe aus Derb- und Reisholz. Unterirdisches Holz sowie der Stock werden als Stockholz bezeichnet.

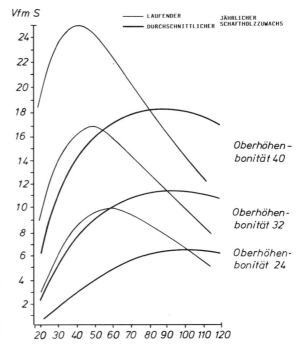

Vfm S

—— LAUFENDER   JÄHRLICHER
—— DURCHSCHNITTLICHER SCHAFTHOLZZUWACHS

Oberhöhenbonität 40

Oberhöhenbonität 32

Oberhöhenbonität 24

20 30 40 50 60 70 80 90 100 110 120

Tab. 5.3: **Entwicklung der mittleren Bestandeshöhen** verschiedener Baumarten mit dem Alter sowie zeitliche Lage und Höhe der **Kulmination der Volumenzuwächse** und die **Gesamtleistung an Holzvolumen** im Alter 100 J.

BAUMART	BESTANDESMITTEL- HÖHE (m) im Alter				KULMINATION				GESAMT- WUCHS- LEISTUNG im Alter 100
					lfd. jährl. Zuwachs		Altersdurch- schnittszuwachs		
	30	60	90	120	Alter	Vfm$_D$	Alter	Vfm$_D$	Vfm$_D$
Schwarzerle	19	25	29	Alters- grenze	25	13	60	9	750
Europ. Lärche	17	27	33	36	25	14	63	9	850
Birke	15	23	27	Alters- grenze	43	8	65	5	500
Esche	15	25	29	31	40	11	60	7	580
Eiche	13	21	25	28	30	10	130	7	670
Kiefer	12	22	27	30	30	12	75	8	780
Fichte	12	25	32	36	38	17	90	12	1220
Buche	9	21	29	35	73	12	>150	9	780
Tanne	8	19	28	34	65	20	108	14	1360

Alle Daten entstammen den Ertragstafeln der Sammlung Schober (1987) und gelten für die jeweils beste Ertragsklasse. Die Baumarten sind nach abnehmender Schnelligkeit des jugendlichen Höhenwachstums geordnet, mit der im allgemeinen zunehmende Schattenfestigkeit einhergeht. Bestände verschiedener Baumarten unterscheiden sich z. T. erheblich im Wachstumsgang und nach der Leistungsfähigkeit. Die Birke kann als charakteristische Pionierart gelten, sie zeichnet sich durch ein außerordentlich schnelles Jugendwachstum aus bei früher Kulmination und dann schnellem Abfall aller Wachstumsgrößen, geringem Endalter und nicht sehr hoher Gesamtleistung. Auch die Lichtbaumarten Kiefer und Eiche sind zu beachtlichen Höhenzuwächsen in früher Jugend befähigt. Ihre Volumenzuwächse kulminieren früh, fallen danach jedoch nur langsam ab, so daß beachtliche Zuwachsleistungen bis ins hohe Alter beibehalten werden. Geradezu umgekehrt verhalten sich die Schattbaumarten Buche und Tanne: Ihr Höhenwachstum beginnt langsam, hält dann aber lange an und führt zu deutlich größeren Endwerten, als sie von den meisten Lichtbaumarten erreicht werden. Die Volumenzuwächse kulminieren mit hohen Werten ausgesprochen spät. Sie zeigen das typische Verhaltensmuster der Arten später Entwicklungsphasen im Naturwald, sind also Klimaxbaumarten. Die Halbschattbaumart Fichte liegt in ihrem Wachstumsgang zwischen den Licht- und Schattbaumarten. (Ausländische Baumarten *vgl. Tab. 5.1*)

des Leistungspotentials verschiedener Baumarten und Standorte stellt die Gesamtwuchsleistung die wichtigste Größe dar. Zur Beurteilung der Entwicklungsdynamik einzelner Baumarten ist dagegen die Kenntnis ihres Zuwachsverhaltens besonders aufschlußreich *(s. Tab. 5.2 und 5.3)*.

Der Volumenzuwachs ist ein Kriterium zur Festlegung der **Umtriebszeit**[1] in gleichaltrigen Beständen. Aus der *Abb. 5.21* ist ersichtlich, daß die Kurve des durchschnittlichen jährlichen Gesamtzuwachses kulminiert, wo sie von der abfallenden Kurve des laufenden jährlichen Zuwachses geschnitten wird. Wäre die Volumenproduktion alleiniges Kriterium für die Dauer des Produktionszeitraumes auf einer Bestandesfläche, so müßte bei dieser Konstellation die Endnutzung erfolgen *(vgl. Abb. 5.21)*.

In ungleichaltrig aufgebauten Beständen sowie bei einzelstammweiser – also nicht bestandesweiser – Nutzung ist das Alter kein anwendbares Kriterium, sondern hier

---

[1] Umtriebszeit heißt die Spanne zwischen der Begründung eines Bestandes und dessen Ernte. Ihre Dauer wird von der waldbaulichen Zielsetzung bestimmt und kann wenige Jahre (Niederwald) bis über zwei Jahrhunderte (Eichenwirtschaft) betragen. Bestimmungsgröße ist das Alter. Die Umtriebszeit gilt immer für ganze Bestände, unabhängig vom Durchmesser der Einzelbäume.

wird der Erntezeitpunkt immer durch den **Zieldurchmesser**[1] des Einzelbaumes bestimmt *(vgl. Abb. 6.21)*.

5.2.3.3   Die Bestandesdichte

Ein weiteres wesentliches Merkmal für den Zustand von Beständen, das gleichzeitig ein Produktionsweiser sein kann, ist die Dichte. Sie wird ausgedrückt durch die Grundfläche oder das aufstockende Holzvolumen je Flächeneinheit. Auch hier ist es wieder gebräuchlich, zur Beurteilung der in einem realen Bestand ermittelten Dichteindikatoren die Bestandesmodelle aus Ertragstafeln heranzuziehen. Das geschieht, indem die tatsächlich gemessene Grundfläche (oder das Volumen) zu der nach Alter, Ertragsklasse und Erziehungskonzept entsprechenden Grundfläche aus der Ertragstafel in Beziehung gesetzt wird. Dieser Quotient wird als **Bestockungsgrad** bezeichnet; bei großen Dichten liegt er über eins, bei geringen darunter. So bedeutsam der Bestockungsgrad als Dichtemaßstab ist, so sehr ist auch er wieder beeinflußt von den Eigenarten der den Ertragstafeln zugrunde liegenden Bestandesmodelle. Da deren Grundelemente fast nie genau mit denen des wirklichen Bestandes übereinstimmen – immer wieder sei darauf hingewiesen –, erfordert der Bestockungsgrad, der ja nichts weiter als einen Vergleich zwischen Modell und Realität darstellt, wie alle anderen Ertragstafelbezüge eine sehr umsichtige Interpretation.

Die Interpretation von Dichtebefunden ist aber auch deshalb nicht ganz einfach, weil sehr unterschiedliche Baumzahlen in vergleichbaren Beständen zu gleichen Grundflächen mit ähnlichen aufstockenden Volumina führen können. Zur richtigen Beurteilung von Dichtewerten auf der Basis von Grundflächen und Volumina ist es daher immer wichtig zu wissen, ob sie sich aus wenigen, aber starken oder vielen und dann schwachen Bäumen zusammensetzen. Dieser Zusammenhang wird am Beispiel der Eiche in *Tab. 5.4* dargestellt und erklärt.

Damit ist jedoch die ganze Breite des Dichtebegriffes noch nicht erschöpft. Es hat sich in den letzten Jahrzehnten ziemlich zuverlässig herausgestellt, daß eine Altershöhenbeziehung, wie sie den meisten Ertragstafeln zugrunde liegt, der Vielfalt der wirklichen Erscheinungen nicht gerecht wird. Vieles deutet darauf hin, daß es Standorte gibt, besonders gute, auf denen bei gleicher Altershöhenentwicklung des Bestandes größere Dichten und höhere Gesamtwuchsleistungen zu erzielen sind als auf anderen, weniger belastbaren. Bei gleicher Höhenentwicklung von Beständen sind daher unterschiedliche Ertragsleistungen möglich.

Dieser Unterschiedlichkeit wird durch die Ausscheidung von **Ertragsniveaus** Rechnung getragen. Es gibt jedoch bisher nur wenige Tafelwerke wie die Fichtenertragstafel von ASSMANN und FRANZ (1963), in denen solche Ertragsniveaus ausgeschieden worden sind *(s. Tab. 5.5)*. Die mangelnde Berücksichtigung dieses Zusammenhangs in den meisten Ertragstafeln macht noch einmal deren vorläufigen Charakter sichtbar und sollte als weitere Warnung vor unkritischem Umgang mit ihnen gewertet werden.

---

[1] Der Zieldurchmesser als Erntekriterium wird dagegen nach holztechnischen und ökonomischen Kriterien festgelegt und gilt immer für Einzelbäume. Gebräuchliche Zieldurchmesser sind für Fichte, Kiefer und Lärchen $\geq$ 50 cm, Buche $\geq$ 60 cm , Eiche $\geq$ 70 cm DBH. Sie führen zu ausgesprochener Starkholzproduktion, bleiben aber weit unter Werten, wie sie in alten Naturwäldern erreicht werden.

Tab. 5.4:   Kenndaten von Eichenbeständen gleicher Mittelhöhe auf unterschiedlichen Standorten (Ertragstafel Jüttner, 1955, mäßige Durchforstung; in Schober, 1987).

ER-TRAGS-KLASSE	MITTEL-HÖHE m	ALTER Jahre	BAUMZAHL St/ha	MITTL. DURCHM. cm	VORRAT Vfm$_D$	GWL Vfm$_D$
I	20	58	851	19	221	325
II	20	78	552	23	237	365
III	20	105	477	25	249	363
IV	20	150	409	27	246	366

Die Daten geben mehrere wichtige Einblicke in das Wuchsverhalten von gleichaltrigen Waldbeständen: Mit abnehmender Standortgüte wird ein immer längerer Zeitraum nötig, damit ein Bestand eine bestimmte Höhe – hier 20 m – erreichen kann. Diese Höhe wird je nach Standort mit sehr unterschiedlichen Baumzahlen erreicht. Bei gleicher Mittelhöhe von 20 m besteht der Eichenbestand auf dem geringsten Standort aus weniger als der Hälfte der Bäume als auf dem besten; allerdings ist er auch fast dreimal so alt. Mit der Abnahme der Baumzahl geht eine deutliche Zunahme der Durchmesser einher. Darauf ist es zurückzuführen, daß die sehr unterschiedlichen Baumzahlen bei gleicher Bestandeshöhe oft praktisch gleiche Vorräte pro Hektar und ziemlich gleiche Wuchsleistungen erbringen. Dieser Zusammenhang ist – benannt nach dem gleichnamigen Ertragskundler – als „erweitertes Eichhornsches Gesetz" bekannt geworden.

Es ist jedoch wichtig anzumerken, daß diese altersunabhängige Grundbeziehung zwischen Höhe und Gesamtwuchsleistung keineswegs für alle Baumarten so klar ausgeprägt ist wie hier im Falle der Eiche. Außerdem gilt sie ohnehin nur, wenn Bestände miteinander verglichen werden, die aus ähnlichen Baumzahlen bei der Begründung hervorgegangen sind und den gleichen Erziehungskonzepten unterworfen waren.

Tab. 5.5:   Ausscheidung von Ertragsniveaus für die gleiche Höhenbonität, hier dargestellt am Beispiel der Bayer. Fichtenertragstafel (Assmann, Franz, 1963).

ALTER Jahre	h$_o$ m	h$_m$ m	BAUMZAHL St/ha	GESAMTWUCHS-LEISTUNG Vfm$_s$
Oberes Ertragsniveau				
50	26	23	1230	920
100	40	38	500	2040
Mittleres Ertragsniveau				
50	26	24	1170	800
100	40	37	460	1800
Unteres Ertragsniveau				
50	26	24	1100	700
100	40	37	420	1580

Die Gesamtwuchsleistung in Beständen gleicher Höhenentwicklung und gleichen Durchforstungsregimes kann unterschiedlich sein. Im vorliegenden Falle beträgt der Leistungsunterschied vom unteren zum oberen Ertragsniveau im Alter 100 J. nicht weniger als 460 Vorratsfestmeter Schaftholz oder 29 %.

Alle bisher genannten Dichtekriterien können nur durch umfängliche Messungen zuverlässig hergeleitet werden. Für die tägliche Arbeit im Wald hat sich deshalb eine einfache Ansprache der Bestandesdichte nach dem **Schlußgrad der Kronen** eingebürgert. Sie erfolgt immer verbal und folgendermaßen:

gedrängt: Kronen greifen tief ineinander
geschlossen: Kronen berühren sich mit den Zweigspitzen

locker: Kronenabstand kleiner als eine Kronenbreite
licht: Kronenabstand entspricht etwa einer Kronenbreite
räumig: Kronenabstand entspricht mehreren Kronenbreiten

Nach dieser Beschreibung des Kronenschlusses ist es leicht und für praktische Zwecke ausreichend genau möglich, die Stärke eines zu planenden Eingriffs abzuschätzen, bzw. die eines gerade ausgeführten zu beurteilen. Das gilt um so mehr, wenn dabei auch der Bekronungsgrad der Bäume als Vitalitäts- und Stabilitätsweiser mit in die Betrachtung einbezogen wird. In der waldbaulichen Praxis wird bei der Auszeichnung von Beständen meist so vorgegangen.

5.2.3.4 Bestockungsdichte und Zuwachs

Über das Verhältnis zwischen der Dichte eines Bestandes und seinem Zuwachs gibt es zahlreiche aufschlußreiche Studien (WIEDEMANN, 1951; ASSMANN, 1961). Deren sehr detaillierte Ergebnisse können für die waldbauliche Arbeit an realen Beständen des Schlagwaldes etwa folgendermaßen zusammengefaßt werden:
– Die Größe des Zuwachses hängt von der Bestockungsdichte ab, allerdings ist diese Beziehung keineswegs linear. Zwischen Bestockungsdichte und Zuwachs besteht vielmehr ein funktionaler Zusammenhang, der die Form einer Optimumkurve hat. Danach gibt es ein Maximum der Bestockungsdichte, das in undurchforsteten Beständen erreicht wird. Diesem Maximum der Dichte entspricht jedoch keineswegs immer ein Maximum an Zuwachs (und schon gar nicht an Stabilität). Vielmehr kommt es, besonders in jungen Entwicklungsphasen, zu einer Verringerung des laufenden Zuwachses. Die **maximale Bestockungsdichte** stellt daher oft eine leistungsmindernde Überdichte dar.
Die Bestockungsdichte, bei der der höchste Zuwachs erreicht wird, wird als optimale bezeichnet. Je jünger ein Bestand ist und je besser sein Standort, desto weiter liegt diese **optimale Bestockungsdichte** von der maximalen entfernt.
Erst wenn die Bestockungsdichte über diesen optimalen Wert hinaus weiter vermindert wird, geht – wenn auch verzögert – der Zuwachs ebenfalls zurück. Die Dichte, bei der nur noch 95 % des maximal möglichen Zuwachses geleistet werden, wird **kritische Bestockungsdichte** genannt.
– Die genannten Kardinalpunkte im Verhältnis zwischen Bestockungsdichte und Zuwachs sind für die meisten Baumarten und Altersstadien keineswegs genau bekannt. Außerdem würde ihre Ermittlung bei der waldbaulichen Arbeit am Bestand größte Schwierigkeiten bereiten. Deshalb kann für die waldbauliche Praxis folgendes gelten:
  o Überdichte führt zu Zuwachsverlusten.
  o In einem verhältnismäßig weiten Rahmen der Bestockungsdichte bleibt der Zuwachs auf einem hohen, in der Nähe des maximal Möglichen liegenden Niveau.
  o Substantielle Zuwachsverluste treten nur ein, wenn der Kronenschluß dauernd unterbrochen wird.
  o Junge Bestände reagieren auf Verringerungen der Bestockungsdichte durch weniger starke Abnahmen des laufenden Zuwachses als ältere. Sie füllen daher auch den Vorrat schneller wieder auf als diese.
  o Dichtereduktionen, die durch die Entnahme besonders leistungsfähiger Bäume zustande kommen, wirken sich auf den Zuwachs stets stärker aus als Entnahmen sonst vergleichbarer Mengen an weniger vitalen Bäumen. Für die Beurteilung von

Erziehungsmaßnahmen in Beständen genügt es deshalb nicht, zu wissen, wieviel Volumen oder Grundfläche pro Flächeneinheit entnommen wird, sondern genauso wichtig ist die Kenntnis der soziologischen Stellung der entnommenen Bäume im Bestand.

– Die einzelnen Baumarten reagieren in ihrem Zuwachsverhalten sehr unterschiedlich auf Veränderungen der Bestandesdichte. Folgende Sequenz zunehmender Reaktionsfähigkeit läßt sich aufstellen:

Schwarzpappel
Birke
Esche
Roterle
Lärche
Kiefer
Eiche
Douglasie
Fichte
Tanne
Buche

Für die im oberen Teil dieser Rangfolge eingeordneten Baumarten gilt besonders ausgeprägt, daß Maßnahmen zur Bestandeserziehung um so aussichtsreicher und ohne Zuwachsverluste möglich sind, je früher sie ausgeführt werden. Je tiefer sie darin stehen, desto eher können auch stärkere Eingriffe in fortgeschrittenem Alter noch durch Zuwachsreaktionen ausgeglichen werden.

5.2.4   Qualität als wertbestimmende Größe

Mit dem Begriff der **Holzqualität**[1] kommt eine nichtbiologische Komponente in die Betrachtung der Produktion von Waldökosystemen. Qualität ist ein Ausdruck, in dem sich die Verwendbarkeit forstlicher Produkte für wirtschaftliche Zwecke widerspiegelt. Je höherwertig die Gegenstände sind, die aus Holz hergestellt werden können, desto besser wird das dafür geeignete Rohholz bezahlt. Und je besser ausnutzbar im technischen Sinne ein Stück Rohholz ist, desto höher ist sein Wert am Markt ebenfalls.

Es gibt zahlreiche Qualitätskriterien, die den Wert des Rohholzes bestimmen *(s. Übersicht 5.7)*. Von diesen Kriterien sind

Durchmesser und
Ästigkeit

die weitaus bedeutendsten. Sie lassen sich zudem weit stärker als alle anderen durch waldbauliche Maßnahmen beeinflussen.

Aus der *Tab. 5.6* kann entnommen werden, in welchem Ausmaß der Wert eines Stammholz-Festmeters bei gleichbleibender Güteklasse vom Durchmesser, also der Stärke des Rohholzes, abhängig ist. Und als Pendant dazu zeigt die *Tab. 5.7*, wie bei gleicher Stammholzstärke der Wert eines Festmeters Rohholz von der Güteklasse bestimmt wird.

Dabei ist es ganz wichtig, in Erinnerung zu behalten, daß der weitaus wichtigste „Fehler" des Stammholzes in holztechnologischer Hinsicht die Ästigkeit ist. Vor allem der Grad der Ästigkeit macht also die Güteklasse aus.

---

[1] In allen Ausführungen zur Rohholzqualität werden Begriffe und Normen des Gesetzes über gesetzliche Handelsklassen für Rohholz vom 25. 2. 1969 sowie zugehöriger Verordnungen verwendet.

Übersicht 5.7: Die wichtigsten **Qualitätskriterien für Rohholz und ihre Beeinflußbarkeit durch waldbauliche Maßnahmen.**
Die Reihenfolge, in der die einzelnen Kriterien aufgeführt sind, spiegelt ihre Bedeutung als wertbestimmende Größe wider.

QUALITÄTS-KRITERIUM	BEDEUTUNG	BEEINFLUSSBARKEIT DURCH WALDBAULICHE MASSNAHMEN
Durchmesser	entscheidend für die Preisbildung in jeder Güteklasse *(s. Tab. 5.6)*.	Ausgangsverband, Art der Durchforstung.
Ästigkeit	wichtigstes Kriterium für die Klassifizierung von Rohholz nach Güteklassen.	Ausgangsverband, Art der Durchforstung, Ästung.
Gesundheit	in erheblichem Maße qualitätsmindernd: Fäulen.	Baumartwahl, Vermeidung von Schlag- und Rückeschäden durch konsequente Einhaltung räumlicher Ordnung bei allen Hiebsmaßnahmen.
Jahrringbau	Gleichmäßigkeit ist für einige höchstwertige Verwendungen bedeutsam. Sehr breite Jahrringe können an manchen Baumarten nachteilig sein.	Schwache, aber häufige Durchforstungseingriffe sichern Gleichmäßigkeit; Vermeidung sehr offener Bestandesstellungen verhindert zu breite Jahrringe.
Abholzigkeit	Nur bedeutsam bei Durchmesserabnahmen am Schaft von mehr als 1–2 cm je lfd. m.	Bei sorgfältiger Bestandeserziehung nur an Randbäumen oder in Kronenabschnitten zu erwarten.
Krümmungen	Krümmungen über 5 cm/lfm. beeinträchtigen die Güteklassifizierung erheblich.	Entnahme von Bäumen mit erheblichen Krümmungen im Zuge der frühesten Erziehungseingriffe. Krumme Bäume in älteren Beständen sind Ausdruck mangelnder Bestandeserziehung.
Drehwuchs	Drehwuchs über 15 cm/lfm. beeinträchtigt Güteklassifizierung erheblich.	Ausprägung und Richtung ändern sich oft mit dem Alter. Tritt an starken Bäumen besonders deutlich zutage. Waldbaulich nicht beeinflußbar.
Farbe	Wichtiges Kriterium für besonders hochwertige Verwendungen (z. B. Eichen-Furnierholz).	Waldbaulich nicht beeinflußbar.
Verkernung	Kriterium für hochwertige Verwendungen einiger Kernhölzer (Ei, Kie, Dgl, Es, Ul).	Waldbaulich nicht beeinflußbar.

Es ist danach ganz evident, daß die Produktion möglichst großer Mengen an starkem und – soweit das biologisch möglich ist – astfreiem Holz ein wichtiges Ziel der Bestandeserziehung sein muß. Die Abfolge aller waldbaulichen Maßnahmen von der Bestandesbegründung bis zur Durchforstung ist dadurch geprägt. Es sollte auch kein Zweifel darüber bestehen, daß Forstwirtschaft im hochindustrialisierten Mitteleuropa mit extrem hohen Arbeits- und Verwaltungskosten nur dann wirtschaftlich sein kann, wenn gut bezahlte Holzsortimente produziert werden. Holzsortimente minderer Qua-

Tab. 5.6: Der Durchmesser als wichtigstes wertbestimmendes Qualitätsmerkmal (Durchschnitt der Holzpreisstatistiken der BAYER. STAATSFORSTVERWALTUNG (Großverkäufe) für 1983–87) Alle Angaben: DM/fm.

GÜTE-KLASSE	STÄRKE-KLASSE*	DURCH-MESSER cm	FICHTE**	KIEFER	LÄRCHE	BUCHE	EICHE	ESCHE	AHORN
		15–19	108	101	94	94	126	117	104
	L 2a	20–24	127	125	119	99	143	172	115
	L 2b	25–29	140	151	141	117	253	230	177
B	L 3a	30–34	160	179	168	136	372	272	223
	L 3b	35–39	180	207	198	160	476	315	268
	L 4	40–49	201	242	238	187	616	373	331
	L 5	50–59	209	281	282	227	680	451	413
	L 6	>60	217	316	320	265	716	526	483

* Für Fichte HL ...   ** incl. Tanne und Douglasie

„Je größer der Durchmesser, um so höher der Preis", gilt für alle Baumarten. Allerdings wird das Holz der einzelnen Baumarten – gleiche Durchmesser und Güteklassen vorausgesetzt – sehr unterschiedlich bezahlt.

Tab. 5.7: Die Güteklasse als wertbestimmendes Merkmal des Rohholzes (Durchschnitt der Holzpreisstatistiken der BAYER. STAATSFORSTVERWALTUNG [Großverkäufe] für 1983–87) Alle Angaben: DM/fm.

GÜTEKLASSE	STÄRKE-KLASSE*	FICHTE (Ta, Dgl)	KIEFER	LÄRCHE	BUCHE	EICHE	ESCHE	AHORN
A**	L 4	305	422	368	225	891	427	395
B	L 4	201	242	237	187	616	372	331
C	L 4	175	178	183	130	206	263	231
D	L 4	84	82	86	79	116	86	88
Industrieholz	–	84	70	69	75	65	75	78

* Für Fichte (Ta, Dgl): HL 4   ** Für Kiefer und Lärche: „SS"

Je weniger „Fehler" – vor allem Äste – ein Stamm aufweist, desto wertvoller ist er. Auch bei dieser Betrachtung wird wie in Tab. 5.6 wieder deutlich, daß bei gleicher Güteklasse beträchtliche Unterschiede im Wertniveau zwischen den einzelnen Baumarten bestehen.

lität und damit minderen Wertes werden deshalb hier immer nur als unvermeidliche Koppelprodukte der Wertholzwirtschaft, nicht aber als Produktionsziele an sich geduldet. Eine solche Forderung kann im übrigen ohne Vorbehalte aufgestellt werden, da Starkholzproduktion sich auch mit Ansprüchen anderer Art an den Wald, wie Forstästhetik und Schutzwirksamkeit, gut verträgt.

Allerdings ist dieses Konzept der Produktion starken **Wertholzes** bei den langen Produktionszeiträumen im Wald nur dann in sich schlüssig, wenn ausreichende Sicherheit besteht, daß die hohe Wertschätzung solcher Holzsortimente auch in Zukunft bestehen bleibt. Dazu kann einerseits festgestellt werden, daß sowohl die Erfahrungen einer langen holzwirtschaftlichen Vergangenheit als auch alle Prognosen des Holzverbrauchs das mit einiger Wahrscheinlichkeit erwarten lassen. Andererseits haben Änderungen der Sägetechnik und das Vordringen geleimten Konstruktionsholzes eine gewisse Umstellung des Bedarfs an Fichten-Rohholz zugunsten schwächerer Stammholzsortimente bewirkt. Eine endgültige Bewertung dieses Trends ist noch nicht möglich.

Literatur

ASSMANN, E. (1961): Waldertragskunde. München, Bonn, Wien: BLV.

ASSMANN, E., FRANZ, F. (1963): Vorläufige Fichten-Ertragstafel für Bayern. Inst. Ertragsk. Forstl. Forschungsanst. München. München.

BAYER. STAATSFORSTVERWALTUNG (1983–1987): Holzpreisstatistiken. München.

FUCHS, A. (1993):Wiederholungsaufnahme und Auswertung einer permanenten Betriebsinventur im Bayerischen Forstamt Ebrach. Forstl. Forschungsberichte München, Bd. 131.

KRAMER, H. (1976): Anleitung zur Dendrometrie. Göttingen: Inst. f. Forsteinr. u. Ertragsk., Forstl. Fak. Göttingen.

SCHOBER, R. (Hrsg.) (1987): Ertragstafeln wichtiger Baumarten bei verschiedenen Durchforstungen. Frankfurt a. M.: Sauerländer.

WIEDEMANN, E. (1951): Ertragskundliche und waldbauliche Grundlagen der Forstwirtschaft. Frankfurt a. M.: Sauerländer.

5.3   Ästigkeit als biologische Eigenart von Bäumen und als Qualitätsmerkmal

Ästigkeit ist ein besonders wichtiges waldbaulich beeinflußbares Qualitätskriterium für einen Stamm. Deshalb muß diese Eigenart von Bäumen hier näher betrachtet werden. Jeder Baum bildet entlang seiner Sproßachse Äste aus, die genauso langlebig sein können wie der Schaft und deren Durchmesser im Verlauf des sekundären Zuwachses erheblich zunehmen. Der völlig frei aufwachsende Baum, der Solitär, hat seine stärksten Äste infolgedessen am unteren Schaftteil. Erwachsen Bäume dagegen im Bestandesschluß, so geraten die unteren Äste sehr bald in den Schatten der Nachbarn und sterben ab. Je höher ein Baum geworden ist, desto langsamer geht sein weiteres Höhenwachstum vonstatten und umso längere Zeit haben die höher sitzenden Äste, um in die Dicke zu wachsen, bevor sie in den tödlichen Schatten der Nachbarn geraten. Bei sehr alten Bäumen hört das Höhenwachstum schließlich praktisch auf, und die Kronenäste sterben überhaupt nicht mehr ab. Der aus dem Bestandesverband stammende Baum hat daher seine dicksten Äste immer im oberen Bereich des Stammes. Wächst ein Baum ohne Nachbarn unter dem Schirm eines Oberstandes heran, wie z. B. Buchen unter dem Schirm von Kiefern, so wird zwar das Dickenwachstum der Äste stark verringert, jedoch sterben sie auch im unteren Schaftteil nicht oder nur sehr langsam ab. Das diffuse Licht des Bestandesinneren reicht oft aus, um das Überleben der tiefsitzenden Äste zu ermöglichen. Deshalb ist auch für unter Schirm heranwachsende Bäume ein leichter Seitendruck nötig, wird Astreinheit angestrebt, wie das in zweihiebigen Waldaufbauformen der Fall ist *(vgl. Kap. 6.1.5).*

Am unteren Schaftteil des Waldbaumes findet also der Prozeß der **Astreinigung** statt. Er besteht aus den folgenden Schritten *(s. Abb. 5.22):*

– Nachlassende Vitalität des fest mit dem Schaft verwachsenen Grünastes infolge Lichtmangels; die Belaubung besteht nur noch aus Schattenblättern bzw. -nadeln, deren Anteil an der

Nettoprimärproduktion des Baumes gering ist oder sogar negativ werden kann, wenn der respiratorische Verbrauch größer als die eigene Leistungsfähigkeit wird.
– Bildung einer pilzhemmenden Schutzschicht im Bereich der Astbasis. Sie kommt durch Verthyllung bei Laubbäumen (Wundgummieinlagerungen im Falle der Kirsche) und Harzeinlagerungen bei Nadelbäumen zustande.
– Der Ast stirbt ab, wächst aber als Totast weiter in den Stamm ein.
– Der Totast bricht mit nachlassender Holzfestigkeit schließlich ab. Das Holz des Totastes wird zersetzt.
– Die Abbruchstelle wird im Verlauf des Dickenwachstums überwallt. Erst von diesem Zeitpunkt an wird über dem Astbereich fehlerfreies Holz gebildet.
– Der geschilderte Prozeß der Astreinigung bleibt auch nach seinem Abschluß für – je nach Baumart – längere oder kürzere Zeit an Rindennarben rekonstruierbar.

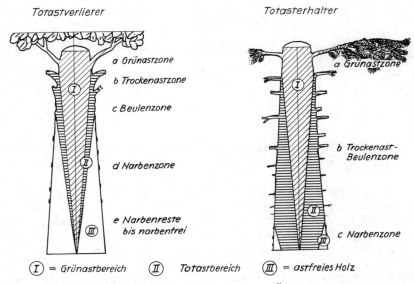

Abb. 5.22: Stark schematisierte **Darstellung der inneren Ästigkeit** je eines gut gereinigten Baumes vom Typ der „**Totastverlierer**" und eines vom Typ „**Totasterhalter**" (im Anhalt an SCHULZ, 1959).

Im ersten Fall ist es durch ausreichend dichte Bestandeserziehung gelungen, im unteren Schaftteil ein astfreies Wertholzstück zu schaffen. Die Darstellung läßt gut erkennen, daß solche Art von Holz nur an einem relativ kurzen Erdstammstück entstehen kann, da nur hier die dafür nötigen Voraussetzungen, nämlich ausreichender Durchmesser und rechtzeitige Astreinigung gegeben sind. Im Fall des Totasterhalters ist die Erziehung von Wertholz mit genügend dicken astreinen Schichten normalerweise ohne Ästung überhaupt nicht möglich.

Dieser Ablauf der Astreinigung ist abhängig von Eigenarten der Baumarten und von der Bestandesdichte, in der ein Baum erwächst.

Im einen wie im anderen Falle dauert der Reinigungsprozeß umso länger, je dicker der Ast ist. Ist also der Verlauf der Astreinigung selbst eine Eigenart der Baumart, so ist die Astdicke im unteren Schaftbereich Ergebnis der Bestandesdichte und damit waldbaulicher Erziehung.

Laubbaumarten – mit Ausnahme von Kirsche, Pappel und Birke – werden **Totastverlierer** genannt. Ihre Fähigkeit zur Selbstreinigung ist so ausgeprägt, daß alle waldbaulichen Maßnahmen zur Sicherung der Wertholzproduktion darauf aufbauen. Wenn ausreichend dichte Bestandeserziehung oder Anzucht unter Schirm dafür Sorge tragen, daß die Äste im unteren Schaftteil zum Zeitpunkt des Absterbens nicht stärker als etwa 2–3 cm sind, so verlaufen die sich daran anschließenden Selbstreinigungsschritte bis zur abgeschlossenen Überwallung so schnell, daß keine weiteren Maßnahmen erforderlich werden. Ästung von Laubbaumarten wird deshalb nur ausnahmsweise vorgenommen.

Ganz anders verhält es sich in dieser Beziehung mit den Nadelbaumarten sowie Kirschen, Birken und Pappeln. Wegen der langsamen natürlichen Astreinigung werden sie **Totasterhalter** genannt. Zwar ist die Fichte ganz besonders hartnäckig in der Erhaltung ihrer toten Äste, während Kiefer und Lärche sie deutlich schneller verlieren. Trotzdem aber ist es mit Hilfe dichter Bestandeserziehung immer nur möglich, die Stärke der Totäste zu steuern, nicht aber deren Erhaltungsdauer am Schaft. Soll astfreie Ware, also Wertholz, produziert werden, so ist daher mechanische Astreinigung unumgänglich. Ein solcher Eingriff wird **Ästung** genannt, ihm ist ein eigenes Kapitel gewidmet.

Eine besondere Form von Ästen stellen **Wasserreiser** und die sich daraus entwickelnden Klebäste dar. Sie entstehen meist aus Proventivknospen, die an der Triebspitze gebildet werden, aber nicht austreiben. Eingebettet ins Kambium wachsen sie mit dem sekundären Dickenwachstum des Stammes nach außen. Sie sind in der Lage auszutreiben, wenn die Schäfte freigestellt und damit stärker belichtet werden. Sie tun das aber auch bei starker Einengung der Kronen, in letzterem Fall werden sie treffend Angstreiser genannt. Das Austreiben von Wasserreisern ist daher als der Versuch eines Baumes zu verstehen, seine assimilierende Oberfläche zu vergrößern und wieder in tiefere Schaftabschnitte zu verlagern.

Alle Laubbaumarten besitzen diese Fähigkeit. Waldbaulich besonders wichtig ist sie an Eiche, Buche und Pappel. Von den Nadelbäumen neigen vor allem Tannenarten, Lärche und Douglasie zur Bildung von Wasserreisern. Mit zunehmender Stärke der Bäume und größerer Rindenstärke nimmt die Fähigkeit zur Wasserreiserbildung im allgemeinen ab.

Werden Wasserreiser nicht entfernt oder sterben sie nicht infolge Lichtmangels bald wieder ab, so entwickeln sie sich zu Ästen, die wegen ihres eigenartigen Sitzes am Schaft **Klebäste** heißen. Wasserreiser können in jedem Entwicklungsstadium des Baumes entstehen. Waldbaulich besonders unangenehm sind sie, wenn sie sich nach abgeschlossener Astreinigung in dem dann heranwachsenden fehlerfreien Holzmantel bilden. Die Verhinderung von Wasserreisern stellt deshalb ein wichtiges waldbauliches Anliegen dar, das im Kapitel Unterbau eingehend behandelt wird *(vgl. dort Abb. 8.20)*.

Ästigkeit als eines der wesentlichen Qualitätsmerkmale für Stammholz kann in jedem Bestand während der gesamten Umtriebszeit oder an jedem Einzelbaum während dessen ganzer Lebensdauer angesprochen und kontrolliert werden. Dabei gilt grundsätzlich, daß der Zustand des unteren, höchstens 10 m langen Schaftteils für Qualitätsbetrachtungen wichtig ist. Äste oder auch andere Fehler sind nur bedeutsam, wenn sie in diesem Bereich vorkommen. Bei der Beurteilung der Ästigkeit von Bäumen sind zwei Ausgangssituationen denkbar:

a) Äste sind noch vorhanden: Aus ihrem Zustand – Durchmesser, ob lebend oder tot, und wenn abgestorben, in welchem Stadium der Zersetzung – läßt sich auf Schnelligkeit und Vollständigkeit des Astreinigungsprozesses schließen. Eine solche Ansprache ist vor allem für die Beurteilung jüngerer Bäume und Bestände wichtig. Sind an den unteren Schaftteilen älterer und stärkerer Bäume noch Äste sichtbar – meistens sind das dann Totäste –, so kann daraus geschlossen werden, daß auch die Abbruchstellen der nicht mehr sichtbaren Äste nicht tief im Holz stecken. An solchen Bäumen ist das Ziel der Wertholzproduktion nicht erreicht.

b) Es sind äußerlich keine Äste mehr sichtbar: Die Qualitätsansprache ist jetzt auf die **Rinden-narben** angewiesen, die im Verlauf der Überwallung über der Astabbruchstelle entstehen. Sie sind für jede Baumart in charakteristischer Weise ausgebildet. Ihre Kenntnis erlaubt eine ausreichend zuverlässige Qualitätsbeurteilung auch von äußerlich astfreien Stämmen. Das ist der Grund dafür, daß Wertholz grundsätzlich nur in Rinde verkauft wird.

Der Astreinigungsprozeß, vom Absterben der Äste bis zum Undeutlichwerden auch der Rindennarben, ist für die wichtigsten Baumarten in der *Abb. 5.23* dargestellt. Die genaue Kenntnis dieses Prozesses und die Fähigkeit, ihn am Zustand der Äste und Rindennarben für jeden Einzelbaum zu beurteilen, ermöglicht zuverlässige Voraussagen für die Qualitätsent-wicklung von jungen Beständen sowie die Rekonstruktion der Entwicklung von älteren Bäumen. Einige besonders wichtige Aspekte dazu sind in der *Übersicht 5.8* noch einmal zusammengestellt.

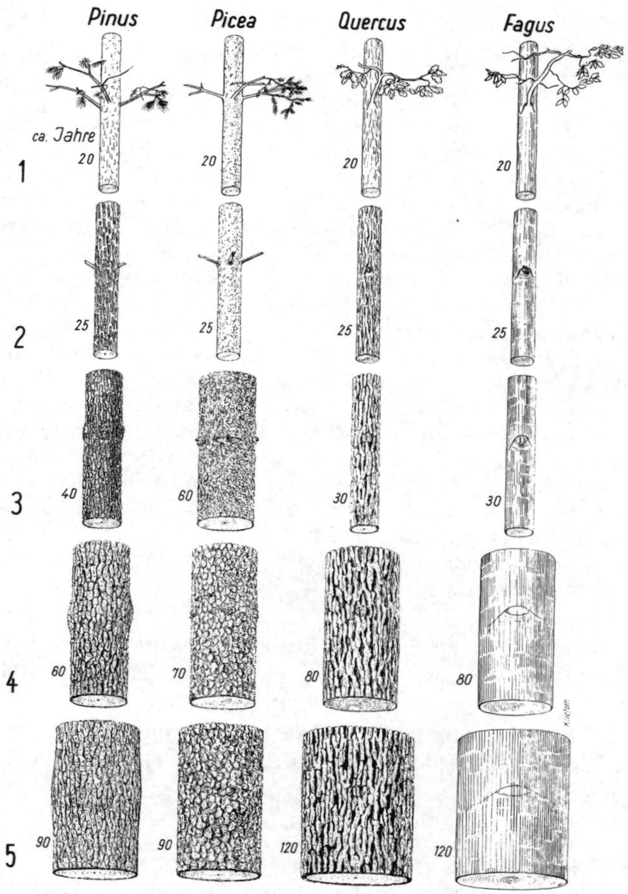

Abb. 5.23: Astreinigung und Bildung von Rindennarben an den wichtigsten einheimischen Baumarten (weitere Erklärungen dazu *Übersicht 5.8*), (n. SCHULZ, 1961).

Übersicht 5.8: Die **Eigenarten der Rindennarben** an den wichtigsten Baumarten (im Anhalt an SCHULZ, 1961).

BAUMART	VERHAL-TEN BEI DER AST-REINIGUNG	ART DER RINDENNARBEN	DAUER DER ERKENNBARKEIT (Jahre)	
Fichte **(Lärche)**	Totast-erhalter	Rundnarben (sehr selten Winkelnarben), die in der schuppig-rissigen Borke bald undeutlich werden.	kleine Äste größere Äste	20–30 60
Kiefer	Totast-erhalter	Rundnarben (selten Winkelnarben) werden durch Verborkung innerhalb weniger Jahrzehnte undeutlich. Beulen über der Überwallungsstelle bleiben dagegen lange erkennbar. Je höher und schmaler diese sind, um so flacher sitzt der Ast darunter im Stamm; niedrige, aber breite Beulen bezeichnen tiefsitzende Äste.	Narben Beulen	20–30 40–100
Eiche **(Esche)**	Totast-verlierer	Rund- und (meist undeutliche) Winkelnarben. Rundnarben werden „Rosen" genannt. Je glatter und auffälliger die Rinde über Überwallungsstellen, desto flacher sitzt der Ast darunter; bei Angleichung des Bildes der Wundrinde an die ungestörte Umgebung tiefere Lage der Störung im Holz, nachweisbar bis etwa 20 cm Tiefe.	bis 100 (Wasserreiser kürzer)	
Buche **(andere** **glattrindige** **Arten** oder Stammabschnitte)	Totast-verlierer	Winkelnarbe („Chinesenbart") und gut abgrenzbare Rundnarbe („Siegel") bleiben lange erhalten. Verhältnis von Siegelhöhe zu Siegelbreite entspricht ungefähr dem Verhältnis vom Baumradius im Zeitpunkt der abgeschlossenen Überwallung zum jetzigen Radius.	100 (Wasserreiser kürzer)	

Rundnarben bilden sich auf den Überwallungsflächen über den Astabbrüchen. Sie verändern nie ihre Höhe, werden aber mit dem Dickenwachstum des Stammes in die Breite gezogen, was an glattrindigen Arten besonders gut zu sehen ist. **Winkelnarben** entstehen an allen Ästen, die mit einem Winkel von weniger oder mehr als 90° aus dem Stamm heraustreten. Sie bilden sich durch das Zusammenschieben von Rindenmaterial im Winkel zwischen Astansatz und Stammoberfläche. Die Narbe markiert dann den „Wanderweg" der Austrittsstelle des lebenden (oder toten) Astes auf der Stammoberfläche. Mit dem Dickenwachstum des Stammes werden die Schenkel der Rindennarbe auseinandergezogen. Ihr Anfangspunkt markiert jedoch immer die Ursprungshöhe des Astes im Mark. In verborkenden Arten werden die Winkelnarben bald undeutlich.

Literatur

SCHULZ, H. (1959): Güteklassen des Stammholzes und ihre Abgrenzung gegeneinander. Holz-Zentralbl. 753–757.

SCHULZ, H. (1961): Die Beurteilung der Qualitätsentwicklung junger Bäume. Forstarchiv. 89–99.

5.4   Stabilität von Waldökosystemen

Stabilität ist die Fähigkeit von Ökosystemen, sich gegenüber inneren und äußeren Belastungen zu erhalten oder nach einmal eingetretenen Störungen den ursprünglichen Zustand wieder herzustellen, also in den in *Abb. 5.3* vorgezeichneten dynamischen Ablauf zurückzukehren. Waldökosysteme müssen den verschiedensten äußeren Einflüssen gegenüber stabil sein. Die wichtigsten dieser Einflüsse sind in *Übersicht 5.9* zusammengestellt.

Störungen des Waldökosystems werden am besten an Veränderungen gemessen, die seine Produktivität erfährt. Sie stellen sich in Naturwäldern anders dar als in Wirtschaftswäldern.

Die Störungen verursachenden Einwirkungen können von einmaliger Art sein oder sich nur in langen Intervallen wiederholen, wie etwa Stürme oder Schneebrüche. Sie können aber auch bleibender Art sein, eine Grundwasserabsenkung mag als Beispiel dafür dienen. Schließlich können Störungen – oder Änderungen des standörtlichen status quo – die Produktivität des Waldökosystems sowohl verringern, wie das ein Sturm oder anhaltende Immissionen von Luftverunreinigungen tun, als auch erhöhen. Letzteres tritt beispielsweise ein, wenn auf einer Fläche Bodenverdichtungen beseitigt oder die Ernährungsverhältnisse verbessert werden *(s. Abb. 5.24 u. 9.5)*, z. B. durch die Immission von anthropogenem Stickstoff.

5.4.1   Regulation von Störungen am Beispiel eines Naturwaldes in der Phase des Fließgleichgewichtes

Grundsätzlich kann die Regulation von Störungen des Ökosystems auf zweierlei Arten erfolgen, wie das *Abb. 5.24* zeigt. Der einfachste, weil drastischste Fall ist eine einmalige kurzfristige Einwirkung, denkbar etwa als ein starker Sturm. Es kommt dabei entweder zu einer – je nach Heftigkeit des Ereignisses stärkeren oder schwächeren – Verringerung der lebenden organischen Masse und damit auch der photosynthetisch wirksamen Oberflächen. Die Folge davon sind Veränderungen der Produktionsverhältnisse, es wird deutlich weniger Biomasse gebildet. Die Rückkehr zum Gleich-

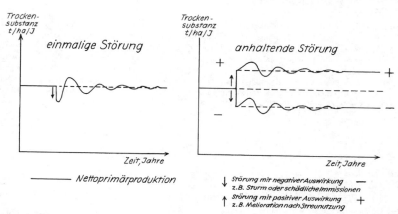

Abb. 5.24:   Reaktionen eines Waldökosystems im Gleichgewichtszustand auf Störungen, stark vereinfachte Darstellung (n. THOMASIUS, 1980, verändert).

Übersicht 5.9:   Faktoren, die die Stabilität von Waldökosystemen beeinflussen.
Ihre Wirkung kann systembedrohend, stabilitätsmindernd aber auch stabilitätsfördernd sein.

DIE STABILITÄT BEEINFLUSSENDE GRÖSSEN	VORKOMMEN UND BEDEUTUNG
biotisch Insekten Pilze	Können sich im Natur- wie im Wirtschaftswald zu systembedrohenden Belastungen entwickeln.
abiotisch Schnee Sturm Feuer	Stellen in vielen Gebieten der Erde entwicklungsbestimmende Faktoren für den Wald dar. Sind im Wirtschaftswald größte Herausforderung an den Waldbau.
anthro-pogen Klimaveränderungen als Folge der Zunahme des Kohlendioxidgehaltes der Atmosphäre	*vgl. Abb. 4.8* und *Übersicht 4.2*
Eintragung von Fremdstoffen (z. B. Dünger, Immissionen)	Spielt in Naturwäldern vorerst nur gelegentlich eine Rolle. Im Wirtschaftswald können Dünger sowohl stabilitätsfördernd als auch stabilitätsmindernd wirken. Immissionen haben dagegen bei anhaltender Einwirkung vor allem stabilitätsmindernde Konsequenzen.
Anbau von nicht autochthonen Baumarten oder züchterisch veränderten Pflanzen	Birgt die Gefahr einer Stabilitätsverminderung in sich. Kann aber – z. B. durch Resistenzzüchtung – im Hinblick auf einzelne Belastungsfaktoren auch stabilitätserhöhend wirken.
Waldbauliche Maßnahmen, die die Bestockungsdichte verändern, die Baumartenzusammensetzung beeinflussen oder den Stoffhaushalt des Systems modifizieren.	Jede waldbauliche Maßnahme, die die Bestockungsdichte reduziert, stellt zumindest vorübergehend eine Störung des Systems und seiner Stabilität dar. Sie so vorzunehmen, daß es langfristig zu einer Erhöhung der Stabilität kommt – möglichst ohne Verminderung der Produktivität –, ist eines der Ziele jeden Waldbaus. Die Wahl der Baumart kann stabilitätsverbessernde wie -mindernde Folgen haben, und alles, was zur Beeinträchtigung der Nährstoffkreisläufe führt, hat Stabilitätsminderung im Gefolge *(vgl. Kap. 9)*.
Forsttechniken, die zu Schäden an Boden und Bestand führen	Bodenverdichtungen und Wundfäulen als Folge von unsachgemäßer Fäll- und Rücketechnik sind in Wirtschaftswäldern häufig und stellen schwere Verfahrensfehler dar.
Hohe Schalenwildbestände	Die Verjüngung der Wälder und die Bodenvegetation werden durch Schalenwild auf großen Flächen des Wirtschaftswaldes verändert mit ernsten Folgen für die Baumartenzusammensetzung und damit für die Stabilität.

gewicht vollzieht sich dann in Form von Schwingungen um die ursprüngliche Gleich-
gewichtslinie. Das ist darauf zurückzuführen, daß sich infolge des vehementen
Lichtungszuwachses an freigestellten oder auch bis dahin unterständigen Bäumen
verstärktes Wachstum einstellt. Dieses führt nach einiger Zeit stellenweise zu Überdichten. An solchen Stellen kommt es zu vermehrten Ausfällen durch Konkurrenz;
Lichtungszuwachs wird erneut – wenn auch in geringerem Umfang – möglich usw. Das
geht – zumindest theoretisch – so lange weiter, bis das ursprüngliche Gleichgewicht
wieder erreicht ist.

Die **Stabilität von Waldökosystemen** kann danach charakterisiert werden durch die
Amplitude der in *Abb. 5.24* schematisch angedeuteten Schwingungen. Die maximale
Größe der Schwingungsamplitude, die von dem Ökosystem ohne zerstörerische Fol-
gen gerade noch ertragen werden kann, wird als Stabilitätsbereich bezeichnet. Er ist
Ausdruck der Elastizität, mit der ein solches System Belastungen begegnen kann.

5.4.2   Die Stabilität von Wirtschaftswäldern

Das Wissen über die Stabilität von Waldökosystemen reicht bei weitem nicht aus, um
das Schema der *Abb. 5.24* mit exakten Zahlen zu untermauern. Tatsächlich sind die
Verhältnisse, wie sie die Abbildung für Urwälder umreißt, nur von theoretischem
Interesse, weil es solche in Mitteleuropa nirgends mehr gibt.

Für den Wirtschaftswald ist es jedoch möglich, im Hinblick auf seine Stabilität zwei
Erscheinungsformen zu unterscheiden *(vgl. Kap. 5.1.5):*
– Wälder, die als **naturnah** bezeichnet werden können: Bei Aufhören der menschlichen
  Einflußnahme würden sie sich zu reiferen Stadien des Waldökosystems weiterentwickeln. Die Buchenwälder Mitteleuropas, buchenbestimmte Mischwälder, Eichen-
  wirtschaftswälder auf entsprechenden Standorten, Bergmischwälder aus Fichte,
  Tanne und Buche, aber auch die hochmontanen und subalpinen Fichtenwälder
  gehören dazu. Sie zeichnen sich auch als Wirtschaftswälder durch große Stabilität aus;
  die Wahrscheinlichkeit, daß ihr Stabilitätsbereich durch ein katastrophisches Ereignis
  überschritten wird, ist gering. Das gilt besonders dann, wenn alle waldbaulichen
  Eingriffe so vorgenommen werden, daß sie diese natürliche Stabilität verstärken.
– Wälder, die als **naturfern** gelten müssen: Bei Aufhören der menschlichen Einflußnahme würden sie sich nicht im Sinne der *Abb. 5.4* weiterentwickeln, sondern mehr
  oder weniger schnell durch standortangepaßten und daher konkurrenzkräftigeren
  Wald abgelöst werden. Weit verbreitete Beispiele dafür sind die meist gleichaltrigen, oft außerhalb des natürlichen Verbreitungsgebietes der betreffenden Baumarten gelegenen, wenig gemischten Nadelbaumforste. Sie sind als instabil zu betrachten, und zwar umso mehr, je weniger waldbauliche Maßnahmen zur Kompensation dieser Schwäche ergriffen werden. Die Wahrscheinlichkeit, daß sie durch
  katastrophische Ereignisse Schaden nehmen oder ihnen gar zum Opfer fallen, ist
  deutlich größer als in naturnahen Wäldern.

Der bedeutende Unterschied, der zwischen naturnahen Waldbeständen und dem Fich-
tenreinbestand als einer auf vielen Standorten besonders wenig widerstandsfähigen
naturfernen Bestockung besteht, geht aus *Tab. 5.8* in quantitativer Form hervor.

Die Forstwirtschaft ist danach auch dann eine mit Risiken belastete Aktivität, wenn
sie in naturnahen Wäldern ausgeübt wird. Wird mit naturfernen Bestockungen
gearbeitet, so erhöht sich dieses Grundrisiko beträchtlich. Die Stabilität von Wirt-

Tab. 5.8: Die Wahrscheinlichkeit, mit der naturnahe Bestände und Fichtenreinbestände die bei störungsfreier Entwicklung mögliche Produktion an Holzvolumen tatsächlich erreichen, dargestellt am Beispiel der Mittelgebirge und des Hügellandes Ostdeutschlands (n. THOMASIUS, 1980). Vergleichszeitpunkt: Kulmination des durchschnittlichen Gesamtzuwachses.

STANDORT	NATURNAHE BESTÄNDE		FICHTENREINBESTAND
	Waldgesellschaft	Wahrscheinlichkeit*	Wahrscheinlichkeit*
montan			
organische Naßböden	Schwarzerlenwald	0,9–1,0	0,4–0,5
mineralische Naßböden			
eutroph	Edellaubbaum-mischwald	0,9–1,0	0,4–0,5
mesotroph	Schwarzerlenwald	0,9–1,0	0,5–0,6
oligotroph			0,6–0,7
terrestrische Böden			
eutroph	Buchenwald	0,8–0,9	0,6–0,7
mesotroph	Buchenwald	0,8–0,9	0,7–0,8
oligotroph	Laub-Nadelbaum-mischwald	0,8	0,7–0,8
submontan und kollin			
terrestrische Böden			
eutroph	Buchenmischwald	0,8–0,9	0,6–0,7
mesotroph	Eichenmischwald	0,9–1,0	0,7–0,8
oligotroph	Eichenmischwald	0,9–1,0	0,7–0,8

* Ausdruck für die Stabilität: Der Wert liegt zwischen 0 und 1

Zahlreiche in Westdeutschland gemachte Erhebungen lassen erkennen, daß der Instabilitätsgrad von Fichtenreinbeständen hier ähnliche Größenordnungen hat. Nach den großen Schadereignissen der achtziger und neunziger Jahre muß sogar angenommen werden, daß die Stabilität von Fichtenreinbeständen eher noch niedriger liegt als hier angenommen wird.

schaftswäldern ist also ganz erheblich von der Art der Bestockung abhängig. Stabilitätsüberlegungen müssen deshalb immer schon in der Verjüngungsphase beginnen, dann nämlich, wenn über die Zusammensetzung eines Bestandes nach Baumarten entschieden wird.

Die *Tab. 5.8* zeigt darüber hinaus aber auch sehr eindringlich die Bedeutung des Standortes für die Widerstandfähigkeit der Waldbestockung gegen äußere Einflüsse, und zwar gilt allgemein: Je naturferner der Wirtschaftswald aufgebaut ist, desto abhängiger ist dessen Stabilität von dem jeweiligen Standort. Vor allem auf nassen und vielen nährstoffreichen und damit wuchskräftigeren Böden steigt das Risiko für naturferne Bestockungen erheblich an.

5.4.3 Die Stabilität von naturfernen Beständen

Naturferne Bestockungen in Wirtschaftswäldern befinden sich also weder in einem Gleichgewichtszustand noch in einem Entwicklungsstadium dahin. Deshalb können Stabilitätsüberlegungen, wie sie für Naturwälder oder auch naturnahe Wirtschaftswälder gelten mögen, nicht darauf angewendet werden. Als Kriterium dafür bietet sich vielmehr ihre Fähigkeit an,

a) Störungen überhaupt zu widerstehen,
b) nach eingetretenen Störungen die ursprüngliche Produktivität in wirtschaftlich akzeptablen Zeiträumen wieder zu erreichen.

Zu a): Zur Sicherung einer maximalen Stabilität gilt es in naturfernen Wirtschaftswäldern die folgenden Gesichtspunkte noch strikter zu beachten als in naturnahen:
– ausschließlicher Anbau **standortgemäßer**[1] Baumarten bzw. Mischungen von Baumarten,
– eine Bestandeserziehung, die dem Einzelbaum von früher Jugend an so viel Standraum schafft, daß er sich zu einem vitalen und damit widerstandsfähigen Individuum entwickeln kann: **individuelle Stabilität,**
– gleichzeitig Schaffung und Bewahrung eines **Bestandesgefüges,** in dem sich die einzelnen Bäume gegenseitig Deckungsschutz gewähren und dessen Oberfläche dem Sturm möglichst wenig Angriffsfläche bietet: **kollektive Stabilität,**
– strikte Wahrung einer vor allem gegen Sturm Schutz bietenden **räumlichen Ordnung** der einzelnen Bestände eines Waldes zueinander,
– Schaffung und Erhaltung von **Wald- und Bestandesrändern,** die die Festigkeit des Bestandesganzen sichern.

Zu b): Einmal eingetretene Störungen können unterschiedliche Folgen haben *(s. Abb. 5.25 und 5.26):*
– Durch Beseitigung der lebenden autotrophen Biomasse führen sie zur völligen Zerstörung des Systems und machen eine Neubegründung des Bestandes nötig.
– Die aufstockende lebende Biomasse wird so weit zerstört, daß der verbleibende Teil nicht in der Lage ist, in wirtschaftlich akzeptablen Zeiträumen wieder befriedigende Zuwächse zu leisten und Vorräte aufzubauen. Verjüngungsmaßnahmen zumindest auf Teilflächen werden dann unumgänglich. In dieser Stärke in Mitleidenschaft gezogene Bestände laufen außerdem Gefahr, durch Folgeschäden weiter beeinträchtigt zu werden.
– Die Reduktion der Bestockungsdichte kann im Verlauf überschaubarer Zeiträume durch Mehrzuwachs an den verbleibenden Bäumen wieder ausgeglichen werden. In diesem Fall war die Stabilität ausreichend, um den Bestand in seiner Substanz zu erhalten. Erneuerungsmaßnahmen sind nicht erforderlich.

5.4.4   Grundelemente der Stabilität von Wirtschaftswäldern

Wirtschaftswälder sind immer wieder stabilitätsbedrohenden Belastungen ausgesetzt. Ihre Gefährdung ist umso größer, je naturferner sie sind und je weniger sie durch waldbauliche Maßnahmen stabilisiert werden konnten. Meist sind es Wetteranomalien mit extremen Winden, Temperaturen oder Niederschlägen, die als Auslöser einer Kette von Schadereignissen wirken. Dieser Zusammenhang kann *Übersicht 5.10* entnommen werden.

---

[1] Standortgemäß ist ein Baum oder ein Baumbestand, wenn er am Ort des Anbaus befriedigende Wuchsleistungen mit ausreichender Stabilität gegenüber abiotischen und biotischen Schadfaktoren vereint und keine nachteiligen Einflüsse auf den Standort hat (autochthon sind Baum oder Bestand dann, wenn sie einer am Ort des Anbaus entwicklungsgeschichtlich entstandenen Population angehören).

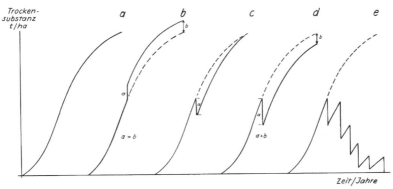

Abb. 5.25: Wachstumskurven von Waldbeständen nach Störungen unterschiedlicher Stärke (im Anhalt an THOMASIUS, 1980, erweitert).

a) ungestörter Verlauf;
b) eine Meliorationsmaßnahme verbessert die Produktionsbedingungen auf nachhaltige Weise; ereignet sich zur Zeit großflächig durch anthropogene Immissionen von Stickstoff;
c) eine Störung im mittelalten Bestand verursacht Verluste an organischer Masse, die aber im weiteren Verlauf des Bestandeslebens durch Mehrzuwachs am verbliebenen Bestand wieder ausgeglichen werden;
d) wie c); die Störung ist jedoch stärker, und die Vorratsauffüllung infolge Mehrzuwachs am verbliebenen Bestand verläuft langsamer und erreicht den ohne Störung erzielbaren Endwert nicht mehr;
e) eine starke Störung destabilisiert den Bestand so sehr, daß Folgeschäden ihn schließlich zerstören.

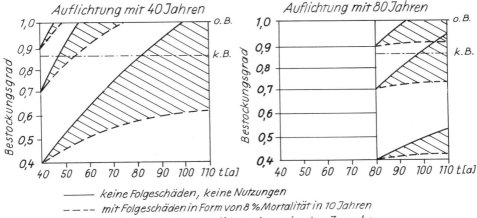

Abb. 5.26: Reaktion von Fichtenreinbeständen auf Störungen, die zu gleichmäßiger Auflichtung führen, ausgedrückt als Reduktion des Bestockungsgrades (n. THOMASIUS, 1980; Daten: BAYER. FICHTENERTRAGSTAFEL, ASSMANN, FRANZ, 1963).

Die schraffierte Fläche stellt den Bereich dar, in dem die Wachstumsreaktionen der betroffenen Bestände ablaufen. Die obere Begrenzungslinie beschreibt den günstigsten Fall, in dem keine Folgeschäden auftreten, während die untere die Situation nach ganz erheblichen Folgeschäden zum Ausdruck bringt. Es ist gut erkennbar, daß junge Bestände auch stärkere Störungen bis zu einer Reduktion des Bestockungsgrades auf etwa 0,5 noch gut überstehen können. Für ältere und deshalb reaktionsträgere Bestände gilt das jedoch nur bis zu einer Reduzierung des Bestockungsgrades auf etwa 0,7.

Übersicht 5.10:   Ursachen von Wirkungskette von Waldschäden (n. BAUER, 1968, verändert).

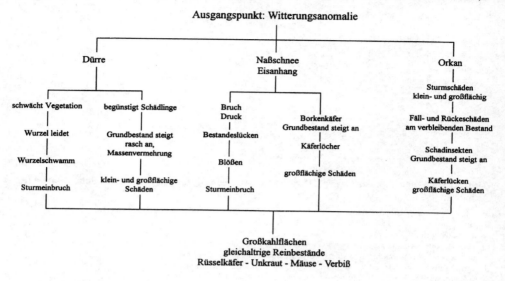

Die Widerstandsfähigkeit von Wirtschaftswäldern gegenüber diesem Netz von Belastungen wird von vielen Elementen bestimmt, von denen die folgenden besonders wichtig und waldbaulich beeinflußbar sind.

5.4.4.1   Die Stabilität der einzelnen Baumarten

Jede Baumart besitzt die Fähigkeit, extremen Belastungen zu widerstehen. Wäre es anders, gäbe es sie nicht. Trotzdem bestehen in dieser Beziehung erhebliche Unterschiede von Art zu Art. Diese Unterschiede können sich verstärken durch die waldbauliche Behandlung, die ganze Bestände oder einzelne Bäume darin erfahren. Die durch Katastrophen gekennzeichneten letzten Jahrzehnte haben die Gefährdungsgrade der einzelnen Arten gut erkennbar gemacht. Für die wichtigsten Belastungsgrößen Sturm, Schnee und Feuer läßt sich danach folgende Reihung abnehmender Gefährdung vornehmen (s. S. 93 oben):

Danach sind Laubbäume im allgemeinen weniger durch die großen Risikofaktoren gefährdet als die Nadelbäume. Das gilt vor allem für die wichtigsten Wirtschaftsbaumarten. Diese Differenzierung kann durch standörtliche Einflüsse weiter akzentuiert werden *(vgl. Tab. 5.8)*. Durch die Art der waldbaulichen Behandlung kann sie – noch einmal sei das unterstrichen – aber auch verringert werden. Davon wird in der Folge immer wieder die Rede sein.

5.4.4.2   Zusammensetzung der Bestände

Bestände in Wirtschaftswäldern sollten so aufgebaut sein, daß sie ein möglichst hohes Maß an Vielfältigkeit aufweisen. Diese Vielfältigkeit äußert sich waldbaulich vor allem

Sturm		Schnee	Feuer
Fichte		Kiefer	Nadelbäume
Tanne		Fichte	sind weitaus
Birke		Tanne	stärker gefähr-
Aspe		Douglasie	det als
Pappel			Laubbäume.
Douglasie		Birke	Vergrasung
Kiefer		Lärche	erhöht Risiko
Kirsche	vor	Aspe	in jedem
Roteiche	allem	Esche	Bestand
Lärche	in be-	Erle	
Küstentanne	laub-	Buche	
Buche	tem	Hainbuche	
Eiche	Zu-	Roteiche	
Hainbuche	stand	Eiche	
Erle		Bergahorn	
Esche			

in der Baumartenmischung. Mischungen sind stabilitätsfördernd, wenn sie durch Arten gebildet werden, die sich in ökologischer Hinsicht ergänzen. Solche Ergänzungspaare sind etwa die folgenden:

Nadelbäume – Laubbäume,
Tiefwurzler – Flachwurzler,
Schattenbaumarten – Lichtbaumarten,
Pionierbaumarten – Klimaxbaumarten.

Von gemischt aufgebauten Beständen sind folgende stabilitätsfördernde Wirkungen zu erwarten:
- Bessere Durchwurzelung des Bodens,
- Schaffung von Lebensräumen für eine größere Zahl von Tier- und Pflanzenarten als in Reinbeständen, die ihre Populationen gegenseitig begrenzen (z. B. phytophage Insekten: Parasiten).
- Verminderung oder Verhinderung der Bildung von Auflagehumus durch Verbesserung der Streuqualität (z. B. Laubstreu + Nadelstreu). Es kommt dadurch nicht oder in geringerem Maße zur Entkoppelung der Nährstoffkreisläufe (vgl. Kap. 9).
- Verteilung des Risikos von Katastrophen – seien diese biotischer oder abiotischer Art – auf mehrere unterschiedlich anfällige Arten.

So sehr Mischbestände der oben aufgeführten Art anzustreben sind, wo das standörtlich möglich ist, so müssen doch einschränkende Bemerkungen gemacht werden:
- Auch in Mischbeständen kann es zu katastrophischen Ereignissen kommen. Das klassische Beispiel dafür sind die immer wieder auftretenden Fraßschäden an Eichen durch Triebwickler und Frostspanner oder der fast regelmäßige Befall der Lärchen durch die Miniermotte. Beide Erscheinungen sind in gemischten Beständen so häufig wie in ungemischten.
- Auf armen Standorten ist die Bildung von Rohhumusauflagen auch unter Mischbeständen nicht immer zu vermeiden. Das gilt umso mehr, als die Lebensvorausset-

zungen für Zersetzerorganismen unter solchen normalerweise schon schwierigen Bedingungen in den letzten Jahrzehnten durch den Eintrag von Säurebildnern als Immissionen weiter verschlechtert worden sind.

– Schließlich gibt es auf durchaus beachtlichen Flächen Standorte, die für die Begründung und Erziehung von Mischbeständen nur bedingt geeignet sind. Der Bereich der subalpinen Fichtenwälder gehört etwa dazu, aber auch nicht unerhebliche Teile der montanen Buchenwälder wären wohl von Natur aus eher ungemischt. Hier kann allerdings der Wirtschaftswald durch waldbauliche Maßnahmen vielfältiger gestaltet werden, als er es von Natur aus wäre.

5.4.4.3   Ausformung der Einzelbäume

Bäume sind Gewächse mit der Fähigkeit, ihren Produktionsapparat, die grünen Blätter bzw. Nadeln, in erheblichen Höhen über dem Boden anzuordnen. Diese Fähigkeit verschafft ihnen ihre große Überlegenheit im Konkurrenzkampf mit allen anderen Pflanzen. Sie ist aber auch die Ursache vieler Stabilitätsprobleme, die Bäume haben. Mit dem Aufbau einer Krone mit großen Oberflächen in beträchtlicher Höhe entsteht sowohl eine bedeutende Auffangfläche für die Kraft des Sturmes als auch eine gefährliche Auflage für Schnee. Bäume müssen daher so gebaut sein, daß sie neben der Bewältigung des beträchtlichen Eigengewichts auch solchen zusätzlichen Belastungen gewachsen sind. Die dazu erforderliche Statik wird gewährleistet durch Stamm und Wurzeln. Dabei ist allerdings zu bedenken, daß beide Arten von Baumorganen keineswegs nur der Standfestigkeit der Pflanze dienen, sondern darüber hinaus auch die Aufnahme und den Transport des Wassers aus dem Boden zu den Blättern besorgen.

Die Standfestigkeit von Bäumen gegenüber Belastungen der genannten Art äußert sich in ihrem Erscheinungsbild, und das wird wieder geprägt durch Krone und Schaft. In *Abb. 5.27* sind die Zusammenhänge, die zwischen Baumgestalt und Stabilität bestehen, zusammengestellt und kommentiert. Gleichzeitig geht daraus aber auch hervor, daß die Baumgestalt ebenfalls einen prägenden Einfluß auf die Holzqualität hat. Für die praktische waldbauliche Arbeit kann die folgende Regel gelten:

Abb. 5.27:   Charakteristische Einzelbäume gleicher Höhe aus der herrschenden Schicht eines niederdurchforsteten Fichtenbestandes I. Ertragsklasse (maßstabsgetreu; b = Kronenbreite).

Der **Baum Nr. 2** hat etwa die mittleren Dimensionen, die in einem solchen Bestand zu erwarten sind. Bei großer Ausbeute an wertvollem, weil starkem Stammholz besitzt er einen beachtlichen Grad an individueller Stabilität, was sich in dem h : d-Wert äußert und an dem guten Bekronungsgrad erkennbar ist. Ein solcher Baum ist auch dann noch **halbwegs sturmfest,** wenn das Bestandesgefüge z. B. durch einen Durchforstungseingriff unterbrochen wird.

Der **Baum Nr. 1** stammt von einer Teilfläche des Bestandes, die sehr stammzahlreich geblieben war. In engem Schluß mit seinen Nachbarn aufgewachsen, hat sich seine Krone nur ungenügend entwickeln können, und der Durchmesser ist wesentlich hinter dem des Mittelstammes zurückgeblieben. Das h : d-Verhältnis von 100, wie auch das Bekronungsprozent von nur 20 sind klare Indizien für **mangelnde individuelle Stabilität.** Schon die Auflockerung des kollektive Stabilität gewährenden Bestandesgefüges durch eine Durchforstungsmaßnahme würde Sturmgefahr für diesen Baum heraufbeschwören; stärkere Eingriffe in das Kronendach dann könnte ein solches Bestandesglied kaum überstehen.

Baum Nr. 3 schließlich stellt eine Ausnahme dar. Er hat sich von früher Jugend an ohne nennenswerte Konkurrenz entwickeln können. Dabei ist es gleichgültig, ob Konkurrenz von Anfang an nicht bestanden hat, oder ob der Baum seinen Nachbarn frühzeitig überlegen war.

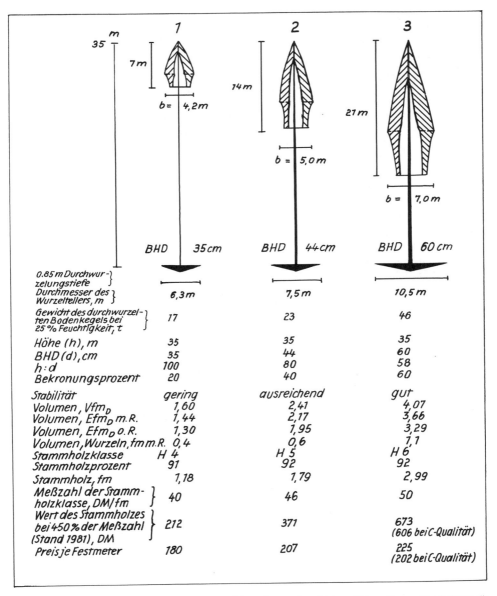

	1	2	3
0.85 m Durchwur- zelungstiefe }			
Durchmesser des Wurzeltellers, m }	6,3 m	7,5 m	10,5 m
Gewicht des durchwurzel- ten Bodenkegels bei 25 % Feuchtigkeit, t }	17	23	46
Höhe (h), m	35	35	35
BHD (d), cm	35	44	60
h : d	100	80	58
Bekronungsprozent	20	40	60
Stabilität	gering	ausreichend	gut
Volumen, Vfm_D	1,60	2,41	4,07
Volumen, Efm_D m.R.	1,44	2,17	3,66
Volumen, Efm_D o.R.	1,30	1,95	3,29
Volumen, Wurzeln, fm m.R.	0,4	0,6	1,1
Stammholzklasse	H 4	H 5	H 6
Stammholzprozent	91	92	92
Stammholz, fm	1,18	1,79	2,99
Meßzahl der Stamm- holzklasse, DM/fm }	40	46	50
Wert des Stammholzes bei 450% der Meßzahl (Stand 1981), DM }	212	371	673 (606 bei C-Qualität)
Preis je Festmeter	180	207	225 (202 bei C-Qualität)

Das ziemlich freie Aufwachsen ermöglichte die Ausbildung einer großen, leistungsfähigen Krone, die wiederum die außerordentliche Durchmesser- und Volumenentwicklung erklärt. Das h : d-Verhältnis sowie das Bekronungsprozent von 60 erreichen fast Größenordnungen, wie sie für Solitäre und Plenterwaldbäume typisch sind. Ein solcher Baum ist **stabil** und hat zugleich eine hohe Wertproduktion geleistet. Im Gegensatz zu Baum Nr. 1 und 2 ist er jedoch im oberen Stammteil so grobastig, daß der Kronenabschnitt nicht mehr als Holz normaler (B-) Qualität gelten kann, sondern in die Güteklasse C fällt, die einen deutlich geringeren Wert hat. Bestehen ganze Bestände aus Bäumen dieser Art, so sind darin auch Maßnahmen wie Schirmhiebe möglich, die das kollektive Bestandesgefüge verändern.

– Je großkroniger ein Baum ist, um so stabiler ist er gegenüber Sturm- und Schnee-
belastung, wobei der Solitär – also der völlig frei aufgewachsene Baum – als stabilste
Erscheinungsform des Baumes überhaupt gelten kann.

– Mit zunehmender Stabilität geht aber auch immer eine Zunahme der Ästigkeit
einher, die auch wieder im Solitär ihr Maximum erreicht.

– Je kleinkroniger ein Baum ist, desto mehr ist er auf Deckungsschutz durch seine
Nachbarn und damit auf das Stützgefüge des Bestandes für seine Standfestigkeit
angewiesen. Waldbauliche Eingriffe in solche instabilen Bestände oder Bestandesteile können daher nur sehr vorsichtig vorgenommen werden. Je höher ein solcher
Bestand ist, umso ausgeprägter gilt dies.

5.4.4.3.1 Stabilität des Schaftes

Die Stabilität des Schaftes nimmt bei gegebener Höhe grundsätzlich mit dem Durchmesser zu. Da die Stabilitätszunahme mit der dritten Potenz des Durchmessers erfolgt,
können schon verhältnismäßig geringe Vergrößerungen des Durchmessers beachtliche
Stabilitätsverbesserungen bewirken. Als Maß für die Stabilität von Bäumen hat sich
der Quotient aus Höhe und Durchmesser bewährt, wobei beide Größen in der gleichen Längeneinheit ausgedrückt werden. Für diese als Schlankheitsgrad bezeichnete
Größe gilt folgende Wertskala für Nadelbäume:

$$h:d \quad > 100 \qquad \text{sehr instabil,}$$
$$h:d \quad 80–100 \qquad \text{instabil,}$$
$$h:d \quad < 80 \qquad \text{stabil,}$$
$$h:d \quad < 45 \qquad \text{Solitärbaum.}$$

Der Zusammenhang zwischen Schlankheitsgrad und Stabilität ist hier zwar der Einfachheit halber in Stufen ausgedrückt, tatsächlich ist er jedoch ein gradueller, wobei
die Zunahme der Stabilität mit abnehmendem $h:d$-Wert weit überproportional
erfolgt. In der *Abb. 5.28* ist der Zusammenhang zwischen Baumgestalt und Widerstandsfähigkeit gegenüber Schneedruck an Fichten im besonders gefährdeten Höhenbereich um 15 m beispielhaft dargestellt.

Für Laubbäume gilt grundsätzlich derselbe Zusammenhang zwischen Schlankheitsgrad und Festigkeit des Stammes. Durch die meist größere Holzdichte und infolge des
Laubabwurfs im Winterhalbjahr sind Laubbäume bei gleichem $h:d$-Wert jedoch meist
deutlich stabiler als Nadelbäume.

Dickere Bäume haben aber stärkere Äste; beim waldbaulichen Umgang mit Bäu-
men ist man daher bestrebt, die widerstreitenden Ansprüche nach möglichst geringer
Ästigkeit, aber auch möglichst hoher Stabilität miteinander in Einklang zu bringen. Im
Zweifelsfall muß Stabilität vor Qualität rangieren.

5.4.4.3.2 Stabilität der Wurzeln

Gelegentlich bei Schnee und häufig bei Sturmbelastung erweist sich nicht der
Schaft, sondern das Wurzelwerk und damit die Verankerung des Baumes im Boden
als die empfindlichste Schwachstelle der Widerstandsfähigkeit. Im Zusammenhang
mit der Stabilität von Bäumen kommt deshalb ihrem Wurzelwerk besondere Bedeutung zu.

Die Wurzeln bilden ein System, das aus Stock, Grob- und Feinwurzeln besteht. Auf
gut durchwurzelbaren Standorten formen sich Wurzeltrachten heraus, die nach drei

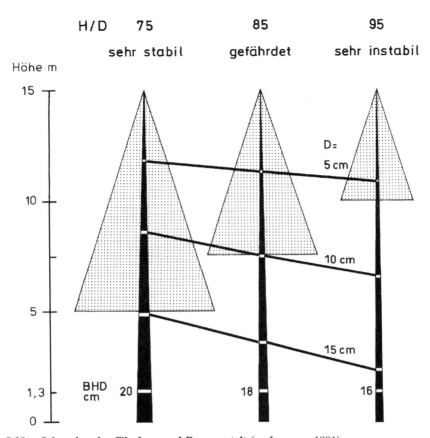

Abb. 5.28: **Schneebruchgefährdung und Baumgestalt** (n. JOHANN, 1981).

Unter Bäumen gleicher Höhe ist der stärkere auch der stabilere, weil gleiche Durchmesser umso höher am Schaft liegen, je dicker der Baum ist. Dicke Bäume sind zudem auch stets länger bekront als schwächere. Kommt es an ihnen zu Brüchen, so bleibt immer ein großer regenerationsfähiger Teil der Krone erhalten, während an schwachen Bäumen oft der größte Teil der benadelten Äste verlorengeht.

Grundmustern, dem Herz-, Pfahl- und Senkerwurzelsystem klassifiziert werden können *(s. Abb. 5.29)*.

Für die Baumarten der mitteleuropäischen Wirtschaftswälder sind die folgenden Wurzeltrachten typisch:

Herzwurzel		Pfahlwurzel	Senkerwurzel
Lärche	Schwarzerle	Tanne	Fichte
Douglasie	Buche	Kiefer	Strobe
Birke	Bergahorn	(Douglasie)	Esche
Linde	Eichen	(Lärche)	Aspe
Hainbuche	(Ulme)	(Eichen)	Ulme

Diese Grundmuster werden allerdings durch Standorteigenschaften, wie Bodenverdichtungen, hohe Stau- und Grundwasserhorizonte und Flachgründigkeit bis zur

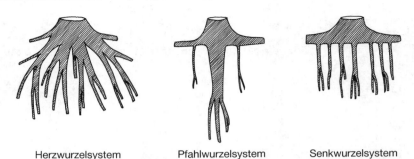

Herzwurzelsystem   Pfahlwurzelsystem   Senkwurzelsystem

Abb. 5.29:   Grundtypen der Stockbewurzelung bei Waldbäumen (nach BIBELRIETHER, 1966).

Unkenntlichkeit verändert. Es gibt außerdem Hinweise darauf, daß der Feinwurzelanteil auf armen und trockenen Böden wesentlich größer sein kann als auf besseren und gut wasserversorgten. Solche Abwandlungen der typischen Wurzeltrachten sind Ausdruck für die Fähigkeit der Bäume, sich auch auf schwierige Standorte einstellen zu können, was allerdings oft auf Kosten ihrer Stabilität geht.

Alle diese Wurzeltrachten sind in jedem Fall geeignet, Bäumen Standfestigkeit zu geben. Das ist darauf zurückzuführen, daß das Grundprinzip der Stabilität ganzer Bäume die Flachgründung ist. Bäume sind danach auf einer festen Unterlage, einer Stützfläche, ruhende Körper. Ihre Standfestigkeit hängt von den auf sie wirkenden Kräften und den daraus sich ergebenden Spannungsverhältnissen ab. Sie sind Ausdruck des Widerstandes, den der Baum der Belastung entgegensetzt. Diese Kräfte sind das vertikal wirkende Gewicht von Krone, Stamm und Wurzelballen (dem Fundament) und der horizontale Druck des Windes. Entscheidend für die Sturmfestigkeit von Bäumen sind daher das Gewicht des Wurzelballens und die Stützfläche, die die Wurzelschicht bildet (FRITZSCHE, 1933; nach SCHMIDT-VOGT, 1989). Diese Situation ist vergleichbar der einer Stehlampe. Deren Festigkeit ist vom Gewicht und der Fläche ihres Fußes abhängig. Abnahme des Gewichtes kann dabei durch Vergrößerung der Fläche kompensiert werden.

Pfahlwurzeln leisten zwar oft einen Beitrag dazu, den Wurzelballen zu vertiefen und damit schwerer zu machen, sie sind jedoch nie ausgeprägt genug, um eine Tiefgründung zu gewährleisten, wie sie typisch für die Standfestigkeit etwa von Telegrafenpfählen ist. Der Wurzelballen wird umso gewichtiger, je mehr das Netzwerk schwächerer Wurzeln Boden daran bindet. Je tiefer das Geflecht aus Grob- und Feinwurzeln reicht und je größer die so durchwurzelte Fläche ist, um so widerstandsfähiger ist ein Baum gegenüber Belastungen.

Ist der Boden nicht oder nur schlecht durchwurzelbar, so wird das Wurzelsystem flacher. Das gilt für jede Baumart. Im Extremfall wird lediglich eine dünne oberflächennahe Wurzelschicht ausgebildet. Die Stabilität solcher Bäume ist dann nur noch durch die Größe der Stützfläche gewährleistet, die sie trägt. Das natürliche Vorkommen von Fichten auf Moorrändern oder Feuchtstellen zeigt, daß diese extreme Flachgründung durchaus funktionieren kann. Werden solche Bäume geworfen, so entstehen meist sehr große Wurzelteller mit einer Mächtigkeit von nur wenigen Zentimetern. Sie bilden sich, wenn der Winddruck so groß ist, daß die Stützwurzeln im Lee, also auf der windabgewandten Seite des Stammes brechen. Je mehr eine Baumart allerdings in der Lage ist, auch auf kritischen Standorten in den Boden einzudringen, umso stabiler

bleibt sie selbst unter solchen Bedingungen, wodurch sich z. B. die größere Sturmfestigkeit von Eichen im Vergleich zu Fichten auf pseudovergleyten Böden ergibt.
Der Anteil der Wurzeln am gesamten Baumvolumen bzw. an der Biomasse ist überraschend gering. Die Darstellung in *Abb. 5.27* läßt das maßstabgerecht erkennen; in *Tab. 5.9* sind besonders sorgfältig erhobene Befunde dazu zusammengestellt. Zur korrekten Interpretation solcher Werte ist es allerdings wichtig zu wissen, daß es im Wurzelbereich – ganz ähnlich wie in der Blatt- und Nadelschicht – zu schnellen Umsetzungen kommt. Besonders Feinstwurzeln werden zur Bildung großer wasseraufnehmender Oberflächen im Sommerhalbjahr laufend gebildet und vielfach bald wieder abgestoßen. Die Angaben in *Abb. 5.27* und *Tab. 5.9* werden daher nur der Rolle gerecht, die die Wurzeln bei der Verankerung des Baumes im Boden spielen. Nur sehr unzureichend sind sie dagegen Ausdruck des Parts, den die Wurzeln im Transpirationsprozeß einnehmen.

Tab. 5.9: Ober- und unterirdische Biomassen von repräsentativen Bäumen in böhmischen Fichtenreinbeständen und in einem mährischen Auwald (n. Vyskot, 1976 und 1981).

BAUM-KLASSE	FICHTE										EICHE				
	ALTER	HÖHE	TROCKEN-GEW.		WUR-ZEL-ANTEIL	ALTER	HÖHE	TROCKEN-GEW.		WUR-ZEL-ANTEIL	ALTER	HÖHE	TROCKEN-GEW.		WUR-ZEL-ANTEIL
			Sproß	Wur-zeln				Sproß	Wur-zeln				Sproß	Wur-zeln	
	Jahre	m	kg	kg	%	Jahre	m	kg	kg	%	Jahre	m	kg	kg	%
Herr-schend	20	13	138	18	12	71	25	540	102	16	102	32	3436	522	13
Mitherr-schend	20	10	21	2	9	68	22	247	34	12	92	29	710	108	13
Unter-drückt	18	7	7	0,6	8	62	18	81	13	14	91	28	467	64	12

Es ist auffällig, daß der Anteil der Wurzelmasse an der gesamten Baum-Biomasse überraschend gering und von der Stellung des Baumes im Bestandesgefüge ziemlich unabhängig ist. Die Verankerung von Bäumen im Boden geschieht danach mit einem geringen Aufwand an Substanz. Wo die Ausbildung des Wurzelwerkes – sei es durch Eigenarten des Standortes oder durch falsche waldbauliche Maßnahmen – beeinträchtigt wird, kommt es deshalb schnell zur Unterschreitung kritischer Werte.

Die Erklärung dafür, daß Bäume ihre statisch sehr anspruchsvollen Gestalten mit so geringen Teilen ihrer Masse, wie sie die *Tab. 5.9* aufzeigt und wie sie *Abb. 5.27* zu entnehmen ist, auch bei großen Belastungen halten können, hat – soweit das bisher überschaubar ist – drei Gründe:
– Alle Wurzeln, auch die feineren, bilden ein dichtes, jeder Zug-, Druck- und Scherbelastung Widerstand entgegensetzendes Netz. Ihre Verbindung mit dem Bodenkörper ist außerordentlich wirkungsvoll, da sie mit dem Dickenwachstum fest in diesen hineingepreßt werden, etwa wie ein Dübel in das Mauerwerk beim Einführen der Schraube.
– Der Bodenkörper, der durchwurzelt wird, ist dann schwerer als der oberirdische Teil des Baumes. In klüftigem oder steinigem Gelände sind die Bäume in der Lage, sich besonders sicher zu verankern. Kommt es zu Sturmwürfen, so ist es hier fast nie das Gewicht des Bodenkörpers, das sich der Hebelkraft des Baumes nicht gewachsen zeigt. Vielmehr reißen oder brechen die Wurzeln in nicht sehr großer Entfernung vom Stock. Der angehobene Wurfboden stellt dann nur einen Teil des tatsächlich durchwurzelten Bodenkörpers dar.

– Je größer ein Baum wird, umso größer wird die Zahl besonders kräftiger Wurzeln; da deren Festigkeit mit der Zunahme des Durchmessers überproportional anwächst, geben sie dem Baum ein hohes Maß an Stabilität.

– Auf schwer durchwurzelbaren Böden bilden Bäume sehr flache Wurzeltrachten aus, deren meist sehr große Fläche auch unter solchen Bedingungen ein Mindestmaß an Stabilität sichert.

Überall, wo die Bäume nicht in der Lage sind, ihre arteigene Wurzeltracht einigermaßen gut auszubilden, erhöht sich die Gefahr von Sturmwürfen. Alle Baumarten sind umso gefährdeter, je flacher sie wurzeln.

Wegen der großen Bedeutung, die allen anderen Störungen voran Sturmschäden für die mitteleuropäischen Wälder haben, sind besonders auf Standorten, auf denen Flachwurzeligkeit zu befürchten ist, die folgenden stabilitätssichernden Maßnahmen wichtig:

– Bevorzugung von Baumarten mit hoher Wurzelenergie. Das sind vor allem die Eichen, aber auch Kiefer, Tanne, Küstentanne, Esche und Schwarzerle.

– Weitständige Begründung und standraumgerechte Bestandeserziehung zur Ausformung gut verankerter und damit widerstandsfähiger Bäume.

– Unter besonders ungünstigen Bedingungen Ernte der Einzelbäume oder Bestände bevor diese in Höhenbereiche einwachsen, in denen das Sturmrisiko unverhältnismäßig groß wird *(vgl. dazu Abb. 8.2).*

5.4.4.4   Stabilität als ganzheitliches Phänomen

Die Stabilität von Wirtschaftswäldern ist bisher in verschiedene Komponenten unterteilt worden. Tatsächlich ist sie jedoch immer das Ergebnis des Zusammenspiels zahlreicher Faktoren. Deren Gewicht hängt von der Art der Gefährdung ab. Es ist meist schwer, dieses Netzwerk so zu durchschauen, daß es möglich ist, für den Einzelfall Risikoabschätzungen vorzunehmen. In *Übersicht 5.11* ist am Beispiel der Gefährdung durch Sturm dargestellt, wie eine umfassende Analyse des Risikos von Waldbeständen vorgenommen werden kann. Die darin gewählten Merkmalsgruppen berücksichtigen klimatische und standörtliche Faktoren sowie Bestandes- und Bewirtschaftungsmerkmale. Sie sind von einer Art, daß sie vor Ort leicht angesprochen werden können.

Es wäre unrealistisch zu glauben, daß es durch Beachtung aller in *Übersicht 5.11* aufgeführten Gefahrenpunkte möglich werden könnte, das Betriebsrisiko von Wirtschaftswäldern völlig auszuschalten. Sowohl Wald als Erscheinungsform der Natur als auch Waldwirtschaft, wie jede andere Form von Wirtschaft, bedürfen eines Mindestmaßes an Ordnung. Das natürliche Ordnungsprinzip des Waldes ist die Schaffung und

Übersicht 5.11:   Schema zur Abschätzung des Sturmrisikos (n. Rottmann, 1986).

Der Gefährdungsgrad, also das Betriebsrisiko, ergibt sich aus der Punktzahl für die jeweilige Merkmalsausprägung multipliziert mit dessen Wichtung als Summe für alle 18 Merkmale. Dieser Wert wird dann wieder dividiert durch die Summe aller verwendeten Merkmalspunkte. Als Gefährdungsgrad ergeben sich dann folgende Möglichkeiten:

    1,0–2,0   Bestand ist stabil

    2,1–3,0   Bestand ist einigermaßen stabil

    > 3,0   Bestand ist instabil

MERKMAL	MERKMALSAUSPRÄGUNG / PUNKTZAHL				GEWICHT
Klimatische Bedingungen					
Zeitpunkt	Nov., Dez., März 3	Jan., Febr., Apr., Okt. 2	Mai–Sept. 1		0,6
Lage	Küstengebiete 3	Bergland 2	Binnenland 1		0,4
Standort					
Standorteinheit	wechselfeucht o. staunaß 3	flachgründig 2	mittel- bis tiefgründig 1		0,6
Exposition	Luv 3	Eben 2	Lee 1		0,5
Hanglage	Kammlagen 3	Unterhänge, Plateaus 2	Mittelhänge 1		0,4
Bestandesmerkmale					
Höhe	> 20 m 4	15–20 m 3	10–15 m 2	< 10 m 1	0,8
Bestandesform	Nadelholz 4	Ndh./Lbh. 3	Lbh./Ndh. 2	Laubholz 1	0,7
H/D-Wert	> 90 3	70–90 2	< 70 1		0,6
Kronenlänge	< 0,3 h 3	0,3–0,5 h 2	> 0,5 h 1		0,6
Bestandesmantel	dicht geschl. 3	geschlossen 2	locker 1		0,5
Struktur	gleichaltrig, gleichschichtig 4	ungleichaltrig, gleichschichtig 3	gleichaltrig, gestuft 2	ungleichaltrig, gestuft 1	0,4
Gesundheitszustand	hoher Fäuleanteil 3	geringer Fäuleanteil 2	ohne Fäule 1		0,4
Altersstufe	Baumholz 3	Stangenholz 2	Dickung 1		0,2
Bewirtschaftungsmaßnahmen					
Durchforstung	spät, selten, stark 5	spät, selten, schwach 4	spät, oft, schwach 3	früh, schwach früh, gestaffelt 2 1	0,5
Räumliche Ordnung	keine räumliche Ordnung 3	Schlagreihen unter- brochen, Trauf intakt 2	Schlagreihe und Trauf intakt 1		0,3
Bestockungsgrad	0,6–0,9 3	0,4–0,6; 0,9–1,2 2	< 0,4; > 1,2 1		0,3
Verjüngungsverfahren	Schirmhieb 4	Femelhieb, Kahlhieb 3	langfristiger Femelhieb 2	Plenterung 1	0,3
Pflanzverband	eng 3	mittel 2	weit 1		0,2

Erhaltung einer großen, möglichst ununterbrochenen, in mehreren Schichten angeordneten Blattoberfläche zum effektiven Einfangen von Sonnenenergie. Diese Oberfläche ist an einem Stützsystem aufgehängt – den Stämmen, Ästen und Zweigen – das ebenfalls strikten Ordnungsgesetzen gehorcht. Die ökonomische Ordnung äußert sich in Begriffen wie Hiebssatz, Umtriebszeit oder Zieldurchmesser, Bestockungsziel, Strukturvorgabe und Erschließung. Beide Ordnungsebenen, die natürliche wie die ökonomische, sind immer wieder dem Ansturm destruktiver, chaotischer Kräfte ausgesetzt. Diese können biotischer wie abiotischer Art sein. Zusätzlich zum natürlichen Grundrisiko schaffen waldbauliche Eingriffe Angriffspunkte für solche Schadfaktoren. Waldbau kann bei jeder Maßnahme im Wald durch Berücksichtigung aller Kenntnisse über die Stabilität von Wäldern und Bäumen das erhebliche Grundrisiko zwar vermindern, aber auch stabilitätsbewußtes waldbauliches Arbeiten wird nicht verhindern können, daß immer wieder Katastrophensituationen eintreten und die natürliche wie die betriebliche Ordnung beeinträchtigen. Die Fähigkeit und stete Bereitschaft, auf solche Einbrüche des Chaos mit überlegten Reaktionen zu antworten, ist daher ein wichtiger Teil des Waldbaus.

Literatur

ASSMANN, E. (1961): Waldertragskunde. München, Bonn, Wien: BLV.

ASSMANN, E.. FRANZ, F. (1963): Vorläufige Fichten-Ertragstafel für Bayern. Inst. Ertragsk. Forstl. Forschungsanst. München. München.

BAUER, F.-W. (1968): Waldbau als Wissenschaft. BLV München.

BIBELRIETHER, H. (1966): Die Bewurzelung einiger Baumarten in Abhängigkeit von Bodeneigenschaften. Allg. Forstzeitschrift, 808–15.

BORMANN, F. H., LIKENS, G. E. (1979): Pattern and process in a forested ecosystem. New York, Heidelberg, Berlin: Springer.

DITTMAR, O., KNAPP, E., LEMBCKE, G. (1986): DDR-Buchenertragstafel 1983. IFE-Berichte aus Forschung und Technik Nr. 4. Eberswalde.

FRITZSCHE, K. (1929): Sturmgefahr und Anpassung. Thar. Forstl. Jb. 84, 1–94.

JOHANN, K. (1981): Nicht Schnee, sondern falsche Bestandesbehandlung verursacht Katastrophen. Forstliche Bundesversuchsanstalt Wien, Informationsdienst Nr. 200.

KRAMER, H. (1976): Anleitung zur Dendrometrie. Göttingen: Inst. f. Forsteinr. u. Ertragsk., Forstl. Fak. Göttingen.

LEIBUNDGUT, H. (1959): Über Zweck und Methodik der Struktur- und Zuwachsanalyse von Urwäldern. Schweiz. Zeitschr. f. Forstw.: 111–124.

LEMBCKE, G., KNAPP, E., DITTMAR, O. (1976): DDR-Kiefern-Ertragstafel 1975. Inst. f. Forstwissenschaften, Eberswalde.

MITSCHERLICH, G. (1975): Wald, Wachstum und Umwelt. Bd. 3. Frankfurt a. M.: Sauerländer.

NIELSEN, C.C.N. (1990): Einflüsse von Pflanzenabstand und Stammzahlhaltung auf Wurzelform, Wurzelbiomasse, Verankerung sowie auf die Biomassenverteilung im Hinblick auf die Sturmfestigkeit der Fichte. Schriftenreihe d. Forstl. Fak., Univ. Göttingen, u. d. Nds. Forstl. Versuchsanstalt, Bd. 100.

ROTTMANN, M. (1985): Schneebruchschäden in Nadelholzbeständen. Sauerländer, Frankfurt a.M.

ROTTMANN, M. (1986): Wind- und Sturmschäden im Wald. Sauerländer, Frankfurt a.M.

SCHMIDT-VOGT, H. (1989): Die Fichte. Bd. II/2. Parey, Hamburg, Berlin.

SCHOBER, R. (Hrsg.) (1987): Ertragstafeln wichtiger Baumarten bei verschiedenen Durchforstungen. Frankfurt a. M.: Sauerländer.

SCHULZ, H. (1959): Güteklassen des Stammholzes und ihre Abgrenzung gegeneinander. Holz-Zentralbl. 753–757.

SCHULZ, H. (1961): Die Beurteilung der Oualitätsentwicklung junger Bäume. Forstarchiv. 89–99.

THOMASIUS, H. (1980): Produktivität und Stabilität von Ökosystemen. Sitzungsber. Akad. d. Wissensch. DDR. Heft 9. Berlin.

VYSKOT, M. (1976): Tree story biomass in lowland forests in South Moravia. Prag: Academia.

VYSKOT, M. 1981): Biomass of the tree layer of a spruce forest in the Bohemian Uplands. Prag: Academia.

WARING, R. H., FRANKLIN, J. F. (1979): Evergreen coniferous forests of the pacific northwest. Science. 1380–1386.

WENK, G., RÖMISCH, K., GEROLD, D. (1984): DDR-Fichtenertragstafel. Agrarw. Ges. d. DDR.

WIEDEMANN, E. (1951): Ertragskundliche und waldbauliche Grundlagen der Forstwirtschaft. Frankfurt a. M.: Sauerländer.

WOODWELL, G. M., BOTKIN, D. B. (1970): Metabolism of terrestrial ecosystems by gas exchange techniques: the Brookhaven approach in Analysis of temperate forest ecosystems. Berlin, Heidelberg, New York: Springer.

6 Waldbausysteme

Der Wirtschaftswald ist geprägt durch die Art der waldbaulichen Behandlung, der er unterworfen ist. Meist folgt diese einem Konzept, das von der Begründung über die Erziehung bis zur Nutzung beibehalten wird. In der Vergangenheit wurde es als Betriebsart bezeichnet, heute beginnt sich der Begriff des Waldbausystems dafür durchzusetzen. Es sind zunächst drei Betriebsarten zu unterscheiden:

Hochwald,
Mittelwald,
Niederwald.

Davon hat der Hochwald in der ganzen Fülle seiner Erscheinungsformen in Mitteleuropa die bei weitem größte Bedeutung. Nieder- und Mittelwälder spielten in der Vergangenheit eine erhebliche Rolle für die Versorgung der Bevölkerung mit Holz und Baumprodukten. Inzwischen ist ihre Bedeutung sehr stark zurückgegangen, jedoch gibt es immer noch beachtliche Flächen, auch in der Bundesrepublik, die mit alten Nieder- und Mittelwäldern bestockt sind, wenn sie auch nicht mehr nach den entsprechenden Grundsätzen bewirtschaftet werden. Deshalb, aber auch weil im westlichen, südlichen und südöstlichen Europa noch sehr ausgedehnte Bestände dieser Betriebsarten existieren, werden sie hier behandelt.

6.1 Der Hochwald

Hochwald ist das Ergebnis jeder Art von Waldbau, der zu Beständen führt, deren Bäume aus Samen entstanden sind und als Kernwüchse bezeichnet werden. Etwa 94 % der Wirtschaftsfläche in der Bundesrepublik Deutschland sind mit Hochwald in diesem Sinne bestockt. Er kommt in folgenden zwei Erscheinungsformen vor:

Schlagweiser Hochwald,
Plenterwald.

Der **Schlag** bezeichnet eine Fläche, auf der eine Hiebs- oder Verjüngungsmaßnahme in konzentrierter Form ausgeführt wird. Dieser Begriff wurde schon zu Beginn der Neuzeit bedeutsam, als gewerbliche Holzverbraucher nachhaltig auf die jährliche Bereitstellung großer Holzmengen angewiesen waren, die nur auf Schlägen geerntet werden konnten. Vor allem aber ist die Waldwirtschaft auf Schlägen eine Reaktion auf die viele Jahrhunderte lang auf riesigen Flächen geübte ungeregelte Einzelstamm- oder Plenternutzung. Sobald diese Art der Holznutzung das Zuwachspotential der Bestände überschreitet und sich Verjüngung als Folge von Weide- und Streunutzung nicht entwickeln kann, muß es zu allmählicher Verlichtung und Degradation der

Wälder kommen. Und genau das ist auch tatsächlich großflächig eingetreten. Über Jahrhunderte war es daher ein Ziel der Forstpolitik, diese Art der ungeregelten „plätzeweisen" Holznutzung abzulösen durch schlagweisen Waldbau. Die ersten Forstordnungen mit dieser Zielrichtung wurden bereits vor 400 Jahren erlassen. Die völlige Umstellung auf solches Arbeiten auf Schlägen gelang aber erst im Zeitalter der forstlichen Klassik, dem 18. und der ersten Hälfte des 19. Jahrhunderts. Es kann kein Zweifel daran bestehen, daß die Entstehung des heute vorherrschenden Wirtschaftswaldes eng mit der Einführung der Schlagwirtschaft verbunden ist.

Ist ein Waldgebiet in Schläge unterteilt, auf denen der Baumbestand besonders im Hinblick auf das Alter ziemlich einheitlich zusammengesetzt ist und auf denen waldbauliche Maßnahmen wie Verjüngung, Pflege, Ästung und Durchforstungen isoliert voneinander stattfinden, so handelt es sich um einen **schlagweisen Hochwald.** Diese Situation trifft zu auf 99 % der Hochwaldfläche in der Bundesrepublik. Die zwar realitätsferne, aber das Verständnis erleichternde schematische Darstellung eines schlagweisen Hochwaldes zeigt *Abb. 6.1.*

Abb. 6.1: Schematische Darstellung eines schlagweisen Hochwaldes am Beispiel einer vollständigen Fichtenbetriebsklasse mit 100jährigem Umtrieb.

Jedes Quadrat stellt einen Schlag dar, ist einen Hektar groß (oder ein Vielfaches davon) und mit einem Bestand bestockt, der einen Altersjahrgang repräsentiert. In jedem Jahr wird der Bestand auf der ältesten Flächeneinheit geerntet und auf der im Vorjahr abgeernteten neu begründet, auf dreien wird Kulturpflege betrieben, auf einer oder zweien wird geläutert und auf sechs (bis zehn) weiteren wird durchforstet. Alle anderen Bestände bleiben ohne Eingriff. Ein solcher völlig regelmäßiger schlagweiser Hochwald – den es in der Realität nicht gibt – wird als „**Normalwald**" bezeichnet. Unter der Voraussetzung, daß der Standort überall gleich und die Bestockung gleichmäßig ist, kommt darin vollständige Nachhaltigkeit der Nutzung zustande. Die Lage der einzelnen Schläge zueinander ist dabei so gewählt, daß ein Höchstmaß an Sicherheit gegenüber Stürmen zu erwarten ist.

Hauptwindrichtung ↓

Alter									Alter
1	Pflanzung	Kulturpflege					Läuterung		10
11									20
21	10		Ästung bis 3 m					1	30
31	16		Ästung 3–6 m					2	40
41	22							3	50
51	26							4	60
61	30							5	70
71	34							6	80
81	36								90
91	38						Endnutzung		100

Oberhöhe, m — Durchforstungen

Die Wirklichkeit des schlagweisen Hochwaldes ist – wie schon angedeutet – ungleich vielfältiger als diese Darstellung das vermuten läßt. Das ist vor allem darauf zurückzuführen, daß Endnutzung und Verjüngung, die in einem nachhaltigen Betrieb immer ineinandergreifen müssen, auf sehr verschiedene Weisen bewerkstelligt werden können. Diese unterschiedlichen Verjüngungsabläufe werden auch Verjüngungs- oder Betriebsformen (ein heute veralteter Begriff) genannt.

Im **Plenterwald** verliert der Begriff des Schlages an Bedeutung, weil die einzelnen waldbaulichen Aktivitäten wie Verjüngung, Erziehung und Endnutzung nicht mehr isoliert voneinander ausgeführt werden, sondern in jedem Eingriff gleichzeitig enthalten sind. Eingriffe finden zudem jährlich oder doch in kurzen Intervallen auf jeder Flächeneinheit statt. Nicht mehr der einzelne Bestand – der Schlag –, sondern die gesamte Plenterwaldfläche bildet daher die Grundlage für Planung und Ausführung waldbaulicher Maßnahmen.

In der Folge werden die wichtigsten Erscheinungsformen des schlagweisen Waldes sowie der Plenterwald behandelt. Dabei werden Kahlschlag- und Schirmschlagbetrieb sowie der Plenterwald als Grundformen der Waldbehandlung vorangestellt. Die Beschreibung des Saumbetriebs, zweihiebiger Hochwaldformen und der naturgemäßen Waldwirtschaft schließen sich dem an, weil zu deren Verständnis die Kenntnis der genannten drei Grundformen nötig ist.

Jede einzelne waldbauliche Vorgehensweise wird dabei durch die Betrachtung der folgenden Aspekte vorgestellt werden:

Geschichte,
Beschreibung,
Ökologische Eigenarten,
Naturnähe,
Ertragskundliche Eigenarten,
Bedeutung und Wertung.

6.1.1   Der Kahlschlagbetrieb

6.1.1.1   Geschichte

Der Kahlschlagbetrieb ist eng verbunden mit dem Aufkommen der künstlichen Nadelbaumverjüngung und als eine Reaktion auf die bis dahin verbreitete unpflegliche Waldnutzung zu verstehen. Im 18. und beginnenden 19. Jahrhundert wurden die Wälder in zunehmendem Maße schlagweise kahlgeschlagen und dann – oft nach landwirtschaftlicher Zwischennutzung oder forstlicher Bodenbearbeitung – durch Saat oder Pflanzung wieder aufgeforstet. War der Vorbestand meist noch autochthones, wenn auch schwer mißhandeltes Laubholz, so folgte ihm nach dem Kahlhieb häufig Nadelholz.

Da der Kahlhieb große technische Vorteile bietet, leicht zu handhaben ist und für viele Baumarten auch gute Ausgangssituationen schafft, ist er sehr bald zur wichtigsten waldbaulichen Betriebsform überhaupt geworden. Das gilt bei weltweiter Betrachtung auch heute noch.

6.1.1.2   Beschreibung

Ein Kahlschlag kommt dadurch zustande, daß auf einer gegebenen Fläche alle aufstockenden Bäume in einem oder wenigen einander in kurzen Intervallen folgenden Hieben entnommen werden. Dadurch geht der Waldcharakter auf der betroffenen Fläche verloren, und je größer der Kahlschlag ist, umso ausgeprägter treten die ökologischen Bedingungen der waldumgebenen Freifläche hervor. Im Zuge des Hiebsvorganges belassene Bäume des Vorbestandes ändern solange nichts am Chararakter des Kahlschlages, wie sie die ökologischen Freilandbedingungen nicht wesentlich modifizieren.

Kahlschläge können unterschiedlich groß und verschiedenartig ausgeformt sein. Nach der Größe läßt sich folgende Unterscheidung treffen (BAUER, 1968):

– **Riesenkahlschlag:** kommt in Mitteleuropa nur ausnahmsweise als Folge von Katastrophen – Brand, Sturm oder Insektenbefall – vor.   > 50 ha
– **Großkahlschlag:** waldbaulich geplante Abtriebe auch dieser Größenordnung sind in Mitteleuropa eher die Ausnahme.   > 5 ha

– **Kahlschlag** ⎫ In diesem Größenbereich liegen die meisten der   > 1 ha
– **Kleinkahlschlag** ⎭ in Mitteleuropa anzutreffenden Kahlflächen   < 1 ha

Die Form der Kahlschläge richtet sich meist nach dem Vorbestand. Es sind geradlinige geometrische Formen wie auch unregelmäßig ausgebildete Flächen anzutreffen. Sehr häufig wird der **Streifenkahlhieb** angewendet (gelegentlich auch Schmalkahlhieb genannt!). Dabei wird der Altbestand in oft beträchtlicher Länge bei nur geringer Breite (30–100 m) streifenweise geerntet. Meist vergehen dann einige Jahre, bis der nächste Streifen in Angriff genommen wird.

Werden die Flächen oder Streifen so klein, daß die Schutzwirkung des angrenzenden Altbestandes das Aufkommen eines ausgeprägten Kahlflächenklimas verhindert oder doch stark mildert, dann sollte nicht mehr von einem Kahlschlag gesprochen werden. Durch diese Art des Vorgehens entstehen vielmehr **Loch- und Saumschläge.** Als überschlägiges Maß für den Durchmesser oder die Breite solcher Flächen kann die Höhe des angrenzenden Altbestandes angenommen werden *(vgl. Kap. 6.1.4* und *Übersicht 6.1).*

6.1.1.3 Ökologische Eigenarten

6.1.1.3.1 Strahlung und Licht

In Pflanzenbeständen liegt die Schicht des stärksten Strahlungsumsatzes, also der Umwandlung der eingestrahlten überwiegend kurzwelligen Energie (Globalstrahlung) in latente Wärme- (Verdunstungs-)energie, fühlbare Wärme und chemische Energie (Biomasse) im Bereich der grünen Blätter; im Wald ist das der Kronenraum. Durch den Kahlhieb wird diese Schicht restlos beseitigt, so daß die Umsetzungsvorgänge an den Boden verlagert werden. Der Verlauf des Energieumsatzes hängt dann wesentlich davon ab, welche Art von Bodenoberfläche vorliegt und ob wärmeisolierende Streuschichten nach dem Hieb erhalten geblieben sind. Er wird außerdem von der Bodenart und dem Wassergehalt des Bodens beeinflußt. Und schließlich ändern sich die Verhältnisse meistens sehr bald wieder mit dem Aufkommen neuer Vegetation, auch wenn diese zunächst noch sehr niedrig ist. Von der außerordentlich starken Zunahme der den Boden erreichenden Einstrahlung nach Kahlhieb vermittelt die *Abb. 6.2* eine Vorstellung. Mit der Zunahme der Globalstrahlung parallel verläuft die Vergrößerung der Lichtzufuhr. Licht ist ja nichts weiter als ein nach Wellenlängen definierter Teil der Globalstrahlung. Auf genügend großen, infolge von Horizontüberhöhungen durch den angrenzenden Altbestand nicht mehr beeinflußten Kahlschlägen erreichen sowohl die Globalstrahlung als auch die Beleuchtung Freiflächenwerte.

Aber nicht nur die Einstrahlungsverhältnisse ändern sich nach einem Kahlhieb gründlich. Auch die langwellige Ausstrahlung wird nach dem Wegfallen der abschirmenden Kronenschicht ganz wesentlich erleichtert. Beides, verstärkte Einstrahlung und Zunahme der Ausstrahlung, haben bedeutsame Folgen für die kleinklimatischen Bedingungen auf Kahlschlägen.

6.1.1.3.2 Wind und Sturm

Eine Kahlfläche wird von den sie umgebenden Beständen gegen Wind abgeschirmt. Dieser Effekt kommt nicht nur dadurch zustande, daß der Wald luvseitig als Barriere

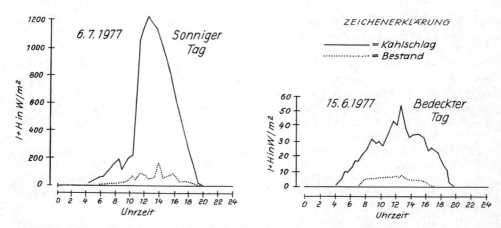

Abb. 6.2: Tagesgänge der Globalstrahlung unter einem voll bestockten Fichten-Tannen-Buchenbestand und auf einem in unmittelbarer Nähe gelegenen Kahlschlag. Höhe 910 mNN; Hangrichtung NNW; Hangneigung 20° bzw. 24°. Überschirmung 68 %; Schlußgrad: geschlossen. Forstamt Ruhpolding (I = direkte, H = zerstreute Sonnenstrahlung) (n. MAYER, 1981).

Zwischen dem Strahlungsgenuß in Bodennähe unter dem dichten Blätterdach eines Altbestandes und dem auf einer Kahlfläche bestehen bedeutende Unterschiede. Sie sind von einer solchen Größenordnung, daß alle von der Strahlung beeinflußten kleinklimatischen Faktoren wie Beleuchtung, Temperatur und Wasserhaushalt davon tiefgreifend berührt werden müssen.

Erkennbar ist aber auch die Bedeutung, die der Größe, Form und Lage eines Kahlschlages zuzumessen ist. Im abgebildeten Fall bestand eine Horizontüberhöhung, verursacht durch die Hanglage und den angrenzenden Bestand, die die Einstrahlung stark behinderte. Dadurch wurde die Strahlung erst vom späten Vormittag an voll wirksam.

Das unruhige Bild des Strahlungsverlaufs im Bestand kommt dadurch zustande, daß mit dem Sonnengang der Einfallswinkel der Sonnenstrahlung sich verändert und mal dichtere und mal lockerere Kronenteile oder gar Öffnungen im Kronendach (Lichtflecke) durchstrahlt werden.

Bei bedecktem Wetter besteht die Globalstrahlung hauptsächlich aus zerstreuter Sonnenstrahlung. Der Kurvenverlauf des Tagesganges ist dann viel flacher und verläuft auch im Bestand gleichmäßiger. Der Unterschied zwischen Bestand und Kahlschlag bleibt jedoch immer klar erkennbar.

vor den anströmenden Luftmassen liegt. Dazu entsteht vielmehr vor dem die Kahlfläche leeseits begrenzenden Bestand ein Luftstau, auf den Wind aufströmt. Je kleiner der Kahlschlag und je günstiger er gegen die Hauptwindrichtung ausgeformt ist, desto wirksamer ist dieser Schutz. Die *Abb. 6.3* mag diese Zusammenhänge aufzeigen.

Als Folge dieser aerodynamischen Situation, die auch auf sehr großen Kahlflächen noch erkennbar bleibt, wird der horizontale Luftaustausch verlangsamt. Das führt zu erhöhter Luftfeuchtigkeit und zu einer Verstärkung der Temperaturextreme auf den Kahlflächen gegenüber der absoluten Freifläche.

6.1.1.3.3 Temperatur

Die Beseitigung des Altholzschirmes muß nach dem bisher Gesagten bedeutende Konsequenzen für den Wärmehaushalt einer Fläche haben. Das äußert sich sowohl in den Luft- als auch in den Bodentemperaturen. Durch die Verlagerung des Strahlungs-

Abb. 6.3: Mittlere relative Windgeschwindigkeit auf einem rechteckigen Kahlschlag (Seitenverhältnis 2:1). Die längere Seite verläuft in Nord-Südrichtung (100 % = waldunbeeinflußte Freilandwindstärke). Es werden folgende Situationen dargestellt: a = Zentrum der Fläche; b = räumliches Mittel der Gesamtfläche; c = Mittel der vier Randlinien; d = Mittel der vier Eckpunkte (1 = längere Seite, h = Bestandeshöhe) (n. FLEMMING, 1968).

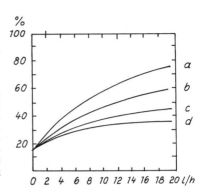

Kahlschläge erfahren einen beachtlichen Windschutz durch den umliegenden Wald. Je kleiner die Fläche ist, umso ausgeprägter ist die Verringerung der Windgeschwindigkeit. Aber auch auf sehr großen Kahlflächen ist die Schutzwirkung von beachtlicher Größenordnung. Das alles gilt umso ausgeprägter, je waldrandnäher ein Meßpunkt auf der Kahlfläche liegt. Die am meisten windberuhigten Stellen eines Kahlschlages sind die vier Eckbereiche. Die Darstellung gilt für Situationen in ebenem Gelände; Exposition und Hangneigung können zu erheblichen Modifikationen führen.

umsatzes aus dem Kronenbereich an die Bodenoberfläche erreicht die Lufttemperatur in Bodennähe auf der Kahlfläche höhere Werte als in einem Bestand. Je strahlungsreicher das Wetter, desto ausgeprägter ist diese Erscheinung. Der Unterschied liegt dann in der Größenordnung von mehreren Graden. Diese Zusammenhänge zeigt die *Abb. 6.4.*

Zu Zeiten, in denen die Ausstrahlung den Strahlungshaushalt bestimmt, das ist vor allem während der Nacht und im Winterhalbjahr der Fall, kann sich die Situation allerdings auch umkehren. Da die abstrahlungshemmende Kronenschicht fehlt, wird es dann über Kahlschlägen deutlich kälter als in vergleichbarer Höhe im Bestand.

Abb. 6.4: Abweichungen der maximalen Lufttemperaturen in einem dichten 35jährigen Douglasien- und einem 80jährigen Kiefern-Laubholz-Mischbestand von den Werten einer vergleichbar gelegenen Kahlfläche. Alle Meßstellen in 2 m Höhe über dem Boden (n. MITSCHERLICH et al., 1965/66).

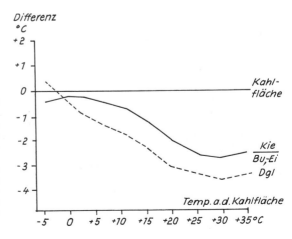

Die Größe der Temperaturdifferenz ist abhängig von der Temperaturhöhe: Je wärmer es auf der Kahlfläche wird, desto mehr bleiben die Bestandeswerte zurück. Außerdem gilt, daß mit zunehmender Wärme die Temperaturdifferenz umso größer wird, je dichter der aufstockende Bestand ist.
Im Bereich von Minustemperaturen kann sich die Situation allerdings umkehren. Infolge des Ausstrahlungsschutzes, den eine dichte Kronenschicht bietet, kann es bei großer Kälte im Bestandesinneren wärmer sein als auf der Kahlfläche.

Zu einem waldbaulich begrenzenden Faktor kann diese Erscheinung dort werden, wo sich durch Exposition, z. B. Südhänge und trockene, dunkle humose Oberflächen, Bedingungen für den Strahlungsumsatz herausbilden, die zu extrem hohen und damit für junge Pflanzen lebensbedrohenden Temperaturen führen. Ein solcher Fall ist in *Tab. 6.1* dargestellt.

Tab. 6.1: Maximumtemperaturen an der Bodenoberfläche eines Kahlschlages mit einigen Samenbäumen, gemessen am 1. Juli 1949 in der Nähe von Helsinki (n. VAARTAJA, 1954).

SUBSTRAT	°C
Dunkler Humus und Streu, 20 mm mächtig	70
Humus, 3 mm mächtig	59
Verrottender Stamm mit grauer Oberfläche	54
Weißer Sand	52
Luft, 1,8 m Höhe	25

An exponierten Bodenoberflächen des Waldes kann es danach an Strahlungstagen zu außerordentlich hohen und für unverholzte Pflanzen gefährlichen Temperaturen kommen. Die absolute Temperaturhöhe ist vor allem abhängig von Albedo (Reflexionsvermögen), Wärmekapazität und Wärmeleitfähigkeit der bestrahlten Oberflächen. Jede Verringerung der Strahlungsintensität – z. B. vorüberziehende Wolken führt zu schneller Abnahme auch der Oberflächentemperaturen.

Temperaturereignisse dieser Größenordnung sind allerdings unter gewöhnlichen Bedingungen eher selten. Jedoch können sie als Hinweis darauf dienen, daß sehr hohe Temperaturen auf Kahlflächen durchaus vorkommen und auch dort, wo sie keine letalen Größenordnungen erreichen, durch den mit ihnen verbundenen Transpirationsstreß für junge Pflanzen in Trockenzeiten erhebliche Probleme bieten können.

Von viel größerer Bedeutung als die Zunahme der Maximaltemperaturen auf Kahlschlägen ist die Zunahme der Häufigkeit und Tiefe von Minimumtemperaturen. Sie treten vor allem in den Morgenstunden nach Strahlungsnächten auf, und zwar als Ergebnis des Zusammenspiels folgender Faktoren:

– Die nächtliche Wärmeausstrahlung wird nicht wie im Bestand durch einen Kronenschirm abgeschwächt.
– Die horizontale Zufuhr von wärmender Luft zum Ausgleich der Strahlungsverluste wird durch den umgebenden Wald verhindert oder verlangsamt.
– Infolge isolierender Bodenauflagen wie Streu oder niedriger Bewuchs – vor allem Gras – bleiben die Wärmeaufnahme des Bodens am Tag und die Wärmeabgabe bei Nacht gering, so daß sich in Strahlungsnächten schnell tiefe Temperaturen in Bodennähe einstellen können.

In *Tab. 6.2* sind diese Zusammenhänge in Zahlen veranschaulicht.

Solche extremen Minimum-Temperaturen können an allen empfindlichen Forstpflanzen Früh- und Spätfrostschäden, aber auch Frosttrocknis im Winter selbst hervorrufen. Das gilt umso mehr, wenn sich in Mulden Kaltluftseen bilden *(s. Abb. 6.5)* oder die abfließende Kaltluft an Hängen durch Gelände- oder Vegetationshindernisse gestaut wird.

Extremen Kahlflächenbedingungen gegenüber sind nur die Pionierbaumarten wie Birke, Aspe, Erle und Lärche angepaßt. Sollen empfindliche Baumarten auf Kahl-

Tab. 6.2:   Minimumtemperaturen in Bodennähe auf einer Kahlfläche im infolge seiner ebenen Lage spätfrostgefährdeten Ebersberger Forst bei München und deren Abmilderung durch einen 11 m hohen Birken-Vorwald (n. AMANN, 1930).

MESSDATUM 1927	KAHLFLÄCHE °C	BIRKENVORWALD °C	DIFFERENZ °C
11./12. V.	− 11,0	− 6,2	4,8
14./15. V.	− 8,0	− 2,6	5,4
15./16. V.	− 3,8	+ 0,4	4,2
15./26. V.	− 2,9	+ 1,5	4,4
Mittel aus 11 Mainächten	− 4,1	− 0,2	3,9

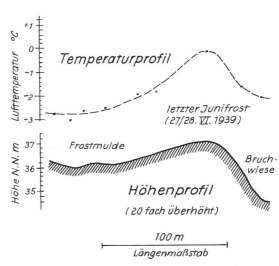

Abb. 6.5: Der Zusammenhang zwischen dem Auftreten von Spätfrösten und der Geländeausformung auf einer Kahlfläche des Forstamtes Finowtal bei Eberswalde; Frostnacht vom 26. zum 28. Juni 1939 (n. GEIGER, FRITZSCHE, 1940).
Es ist deutlich zu erkennen, daß Unterschiede im Niveau des Geländes, auch wenn sie nur in der Größenordnung von einem Höhenmeter liegen, erhebliche Veränderungen der Minimumtemperaturen verursachen.

flächen verjüngt werden, so muß entweder in Kauf genommen werden, daß deren Entwicklung infolge häufigen Zurückfrierens nur sehr langsam geht, oder es muß mit den schnell wachsenden Pionieren ein Vorwald begründet werden, unter dessen Kronendach dann die eigentliche Wirtschaftsbaumart eingebracht werden kann.

6.1.1.3.4 Wasserhaushalt

Luftfeuchtigkeit und Tau
Durch einen Kahlhieb wird auch die Schicht der stärksten Evapotranspiration, also Wasserdampfbildung, aus dem Kronenbereich in die Nähe der Bodenoberfläche verlagert. Da die Evapotranspiration im Kronenbereich eines Waldes zudem deutlich größer als auf einer zunächst wenig begrünten Kahlfläche ist, muß die Waldluft feuchter als die Luft über einem Kahlschlag sein. Das gilt vor allem für Sommertage mit hoher Transpiration im Kronenraum. Hinzu kommt, daß die Temperatur, wie gezeigt worden war, auf der Kahlfläche in Bodennähe hoch liegt, weshalb die relative Luftfeuchtigkeit an Strahlungstagen dort besonders niedrig sein muß: Ein geringer absoluter

Feuchtigkeitsgehalt der Luft führt bei hohen Temperaturen mithin zu einem beachtlichen Sättigungsdefizit und damit zu großem Transpirationsanreiz für die Verjüngungspflanzen. Das wird auch dadurch nur wenig gemildert, daß sich auf den Pflanzen eines Kahlschlages im Gegensatz zu solchen unter dem Schirm eines Altbestandes abends und nachts Tau ablagert. Da er am nächsten Vormittag meist ziemlich schnell abtrocknet, ist die damit verbundene Transpirationsminderung nur von sehr begrenzter Wirksamkeit. Allenfalls im Schattenband eines östlich oder südlich an den Kahlschlag angrenzenden Altbestandes kann sie etwas länger vorhalten.

Bodenfeuchtigkeit und Niederschläge

Mit dem Kahlhieb wird praktisch die gesamte organische Schicht entfernt, in der sich die Niederschlagsinterzeption ereignet und die Transpiration stattfindet. Das wirkt sich auf den Wasserhaushalt sowohl jeder betroffenen Fläche als auch – bei großräumiger Anwendung der Kahlschlagwirtschaft – der gesamten Landschaft aus.

Bodenfeuchtigkeit

Infolge des Ausfalls von Interzeption und Transpiration des geernteten Bestandes kommt es auf Kahlschlägen zu einer deutlichen Erhöhung des Wassergehaltes im Boden. Das tritt ganz besonders während der Vegetationszeit in Erscheinung. Sobald sich Bodenvegetation auf Kahlflächen einfindet, verringert sich der Wasservorrat des Bodens um die Menge, die diese durch Interzeption und Transpiration verbraucht. Im allgemeinen bleibt der Wasserkonsum der Bodenvegetation jedoch hinter dem eines Waldbestandes zurück, so daß auch auf einer verunkrauteten Kahlfläche meist mehr Bodenfeuchtigkeit zur Verfügung steht als unter einem Waldbestand. In *Tab. 6.3* ist das für Sandböden dargestellt, deren geringe Wasserhaltefähigkeit in trockenen Jahren eine kritische Größe für die aufstockende Vegetation wird.

Tab. 6.3: Der Wassergehalt in Sandböden unter einem 110jährigen Kiefernbestand III. Ekl., Bestockungsgrad 0,8, und unter einer dreijährigen Kiefern-Streifensaat nach Kahlhieb.
Im Kiefernbestand bildete vor allem Beerkraut die Bodenvegetation. Der Kahlschlag war auf den Saatstreifen wie auf den Zwischenbalken mit Drahtschmiele bewachsen. Forstamt Eberswalde, Zeitraum Juli 1933 bis November 1934. Jährliches Niederschlagsmittel 560 mm (HEINRICH, 1936).

BODENTIEFE cm	BESTAND Vol. %	KULTUR Vol. %
0 – 10	9,3	9,8
10 – 20	8,4	9,6
20 – 30	7,8	9,3
30 – 40	7,4	8,9
50 – 60	6,5	7,9
70 – 80	6,8	7,9
90 –100	7,6	7,5
Mittel	7,7	8,7

Unter der Kahlfläche war danach im Mittel des Beobachtungszeitraumes deutlich mehr Bodenwasser vorhanden als im Bestand. Das gilt vor allem für den Hauptwurzelbereich der Kiefern zwischen 10 und 60 cm Tiefe. Der in Volumenprozenten gering erscheinende Unterschied macht im Mittel ein Mehr von 100 m³/ha oder 100 t/ha Wasser auf der Kahlfläche aus, was 10 mm Niederschlag entspricht.

Eine umgekehrte Situation entsteht, wenn Kahlhiebe auf grundwassernahen oder stauwasserbeeinflußten Standorten ausgeführt werden. Der Ausfall der Transpiration durch den Bestand kann dann – vor allem während der Vegetationszeit – zu einer Erhöhung des Grundwasserspiegels bzw. auf staunassen Böden zu höchst unerwünschter Oberflächenvernässung führen. Auch dieser Fall wird in *Abb. 6.6* an einem Beispiel dargestellt.

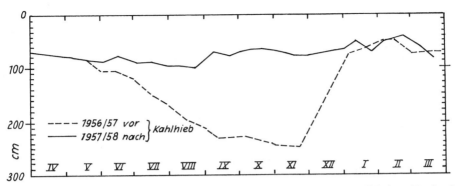

Abb. 6.6: **Veränderung des Grundwasserspiegels durch Kahlhieb** eines 75jährigen Buchenbestandes (G ≈ 25 rn²) auf einem grundwassernahen Moränenboden in Dänemark (n. HOLSTENER-JØRGENSEN, 1967).

Der Wegfall des Buchenbestandes mit seiner Transpirationsleistung während der Vegetationszeit hat dazu geführt, daß der Grundwasserspiegel auch im Sommerhalbjahr die gleiche geringe Tiefe beibehält, die sich im Winterhalbjahr aufgebaut hat. Er liegt um nicht weniger als 1,4 m höher als vor der Hiebsmaßnahme. Mit dem Aufkommen von Bodenvegetation auf der Kahlfläche und der Entwicklung eines neu begründeten Bestandes wird sich die Situation vor dem Kahlhieb nur sehr langsam – wohl erst im Verlauf einiger Jahrzehnte – wieder einstellen.

Niederschläge, Schnee

Für Gebiete, in denen Schneefall bedeutsam ist, muß als nächstes der Effekt des Kahlhiebes auf das Verhalten der Schneedecke betrachtet werden. Vor allem der Wegfall der Schneeinterzeption durch das Bestandesdach führt dazu, daß auf Kahlschlägen bedeutend mehr Schnee fällt als im geschlossenen Wald. Der Unterschied nimmt mit der Dichte des Kronendaches zu. So ist die Schneeinterzeption auf Nadelbäumen viel ausgeprägter als auf winterkahlen Laubhölzern. Auf der Kahlfläche liegt aber nicht nur mehr Schnee als im Bestand, sondern er nimmt dort auch eine andere Konstitution an. Dichtlagerungen infolge von Überlagerungs- und Winddruck sowie durch die Ansammlung von tagsüber anfallendem Schmelzwasser in den Porenräumen des ursprünglich lockeren Schnees führen zu einer beachtlichen Erhöhung des Raumgewichtes. Da diese Einflußgrößen sich auf Kahlflächen erheblich stärker auswirken als im Bestand, wird der Schnee dort dichter, und sein Wasseräquivalent nimmt zu. *Tab. 6.4* mag dies belegen.

Tab. 6.4: **Schnee in einem Bergmischwaldbestand** – Fichte 35 %; Tanne 32 %; Buche 19 %; andere Baumarten 14 % – und auf einem angrenzenden Kahlschlag (Forstamt Ruhpolding, 930 m NN) (n. BERTHOLD, 1980).

	SCHNEEDECKEN-HÖHENSUMME cm	WASSERÄQUIVALENT %	TAGE MIT >3 cm SCHNEE
Bestand	332	100	97
Kahlschlag	515	204	122

Der Befund wurde im schneearmen Jahr 1978/79 erarbeitet. In schneereichen Jahren treten die Unterschiedlichkeiten zwischen Bestand und Kahlfläche noch deutlicher hervor.

Auf Kahlflächen liegt daher nicht nur eine höhere Schneedecke, sondern der Schnee ist dort auch deutlich dichter als im Bestand. Darauf ist es zurückzuführen, daß die Schneedecke auf Kahlschlägen in der Tauperiode oft länger erhalten bleibt als im Bestand. In Jahren mit normalen Schneeverhältnissen und in tieferen Lagen ganz allgemein sind solche Befunde waldbaulich wohl nicht sehr bedeutsam. In schneereichen Wintern haben sie dagegen auf dreierlei Weise sowohl negative als auch positive Folgen für die Waldverjüngung:

– Auf steilen Hängen fehlt nach dem Kahlhieb das schneefestigende Gerüst der Stämme, die schweren Schneemassen können in Bewegung geraten und die Jungpflanzen umdrücken oder ausreißen.
– Lange Dauer der Schneelage fördert den Befall durch Schneeschimmel, wodurch Pflanzen auf Kahlflächen dann besonders betroffen werden.
– Junge Pflanzen sind solange gut gegen extreme Wintertemperaturen und gegen Frosttrocknis geschützt, wie sie von Schnee eingehüllt werden – ein Aspekt, der für die Aufforstung von Hochlagen von besonderer Wichtigkeit ist.

Niederschlag und Landschaftshaushalt

Werden in einem intakten Waldbestand je nach Witterung, Alter und Zusammensetzung des Waldes zwischen 30 % und 90 % des Niederschlages als Interzeptionsverlust und in Form von Transpiration wieder an die Atmosphäre zurückgegeben, so muß diese Menge auf dem Kahlschlag zusätzlich durch Oberflächenabfluß und Versickerung weitergeleitet werden. Das hat erhebliche Konsequenzen für den Schlag selbst; wird der Kahlschlagbetrieb großflächig in den Wäldern einer ganzen Region angewandt, oder führen Großexploitationen zur schlagartigen Beseitigung des Waldkleides großer Gebiete, so entstehen daraus Folgen für den Wasserhaushalt der betroffenen Landschaften. Die verwickelten Zusammenhänge werden in *Abb. 6.7* vorgeführt. Der

Tab. 6.5: Oberflächenabfluß und Erosion im Wald und auf der Kahlfläche. Harz, Höhenlage um 600 m NN, 20–25° geneigter Nordhang. Kahlhieb 1948, Aufnahmejahr 1950. Jahresniederschlagssumme 1950: 1622 mm (n. DELFS et al., 1958).

BODENZUSTAND	OBERFLÄCHEN- ABFLUSS mm	% des JAHRESNIEDER- SCHLAGES	BODENABTRAG g/m^2
Wald	2	0,1	4
Kahlschlag			
Mineralboden	264	17	1799
Rohhumus	76	5	33
Bodenvegetation	1	0,1	0

Im Wald, einem 55jährigen Fichtenbestand mit Rohhumusdecke, aber auch auf einer mit Bodenvegetation – hier Drahtschmiele, Beerkraut und Moose – bedeckten Kahlfläche, entstehen weder Oberflächenabfluß noch nennenswerte Erosion. Eine ungestört gebliebene etwa 4 cm dichte Rohhumusdecke reicht dagegen auf der Kahlfläche zur Verhütung dieser unerwünschten Prozesse nicht aus. Aber nur dort, wo der Mineralboden durch die Einschlagsarbeiten freigelegt worden ist, kommt es zu einer dramatischen Erhöhung von Oberflächenabfluß und Erosion. Beides tritt vor allem bei schweren Gewitterregen im Sommerhalbjahr auf. Je mehr Zeit nach dem Hieb vergeht, umso mehr Bodenvegetation findet sich ein und bremst dann Abfluß wie Erosion.

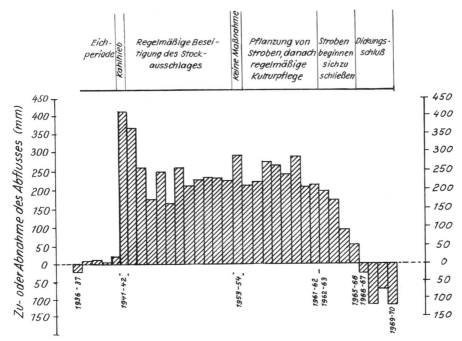

Abb. 6.7: Die Veränderung des Abflusses nach Kahlhieb eines 13,5 ha großen Einzugsgebietes in Coweeta, North Carolina, USA. Höhenlage 885 m NN, Mittl. Jahresniederschlag 1895 mm. Mittl. jährl. Abflußmenge vor dem Hieb 775 mm (n. HIBBERT, 1967; COWEETA HYDROLOGIC LAB., 1971).

Nach dem Abtrieb eines Laubbaum-Mischbestandes (G $\approx$ 24 m^2) auf der gesamten Fläche kam es zu einer unmittelbaren Steigerung des Abflusses um nicht weniger als 400 mm. Bei Steilheit des Geländes, geringer Infiltrierbarkeit der Böden und vor allem mechanischer Störung der Bodenoberfläche durch Fällung und Holztransport ist bei einer solchen Steigerung des Wasserangebots mit Oberflächenabfluß und damit verbunden mit Erosion und Zunahme der Hochwasserspitzen zu rechnen.

Die Darstellung zeigt aber auch, daß mit der Wiederbesiedlung der Kahlfläche mit Vegetation – hier vor allem Stockausschläge der Laubbäume – die Abflußhöhe sehr schnell wieder zurückgeht. Nur durch deren fast alljährliche Beseitigung konnte die Abflußspende im vorliegenden Fall hoch gehalten werden.

Nach der Wiederaufforstung mit Stroben blieb der Abfluß weiter solange überhöht, bis sich der neue Bestand geschlossen hatte. War das aber einmal geschehen, dann erreichte die Evapotranspiration des jungen Koniferenbestandes Größenordnungen, die über denen des alten Laubmischwaldes lagen. Die Abflußspende aus dem Einzugsgebiet wurde dadurch deutlich geringer, als sie vor Beginn des Experimentes war.

dort geschilderte Ablauf hat unter sehr genauer Beobachtung des gesamten Wassereinzugsgebietes eines kleinen Bachlaufs nach dem Kahlhieb stattgefunden. 15 Jahre nach diesem Eingriff wurde die ganze Fläche mit Stroben aufgeforstet.

Kahlhiebe führen danach zu tiefgreifenden Veränderungen des Wasserhaushaltes. Die Wirkung ist umso kurzfristiger, je schneller die Wiederbesiedlung der Kahlfläche mit Bodenvegetation und Waldverjüngung vonstatten geht *(s. Tab. 6.5)*. In steilem Gelände, auf schwer infiltrierbarem Boden und bei Gefahr starker Störung der Bodenoberfläche beim Einschlag sollten Kahlhiebe zur Vermeidung von Oberflächenabfluß und Erosion nicht ausgeführt werden.

6.1.1.3.5 Boden

Die größere Verfügbarkeit von Wasser nach einem Kahlhieb verbessert zusammen mit der Erhöhung der Bodentemperaturen die Lebensbedingungen der abbauenden Boden-organismen ganz erheblich. Die Folge davon ist eine **Beschleunigung des Abbaus von organischer Substanz** im und auf dem Boden, dem durch die fehlende Zufuhr frischer Streu nicht mehr entgegengewirkt wird. Dieser Prozeß erstreckt sich über etliche Jahre und führt zu einer Abnahme der organischen Bodensubstanz, die Größenordnungen von einem Drittel der Ausgangsmenge erreichen kann. Er findet erst dann ein Ende, wenn die Kahlfläche sich wieder mit Vegetation bedeckt, sich als Folge davon ökologi-sche Bedingungen einstellen, die den Abbauprozessen nicht mehr so günstig sind, und schließlich die Rate der Primärproduktion wieder über die des Abbaus ansteigt. Unter den klimatischen Bedingungen Mitteleuropas geht die Wiederbesiedlung von Kahl-flächen mit Bodenvegetation innerhalb weniger Jahre vonstatten *(s. Tab. 6.7)*.

Der Verlust der organischen Bodensubstanz in der genannten Größenordnung ist meistens unerwünscht; er ist es umso mehr, weil die Abbauvorgänge, die ihn bewir-ken, sehr vehement ablaufen. Das kann drei unerwünschte Auswirkungen haben:

– Die tote organische Substanz wird schnell mineralisiert, ohne daß es zur Bildung dauerhafterer Humusformen kommt, ja auch solche selbst den Abbauprozessen zum Opfer fallen. Das alles kann zu einer Verringerung der nutzbaren Bodentiefe in der Größenordnung von mehreren Zentimetern führen.

– Im Verlauf dieses Prozesses werden Nährelemente freigesetzt, die infolge des Feh-lens einer ausreichend dichten Vegetationsdecke nicht im Ökosystem gehalten, sondern ausgetragen werden *(s. Tab. 6.6)*.

– Die Freisetzung von Nährelementen begünstigt aber auch das Ankommen einer neuen Bodenvegetationsdecke, die sich dadurch geradezu explosionsartig entwik-keln und zu einem erheblichen Kulturhindernis werden kann.

Vorteilhaft wirkt der beschleunigte Abbau der organischen Substanz allenfalls dort, wo sich große Mengen von Auflagehumus unter dem Vorbestand akkumuliert haben, die nach der Freilage schnell zersetzt werden. Dabei ist allerdings zu bedenken, daß sie in dem schnel-len Mineralisierungsprozeß nicht oder nur in geringem Umfang den Weg über den Boden-humus nehmen. Auch die darin enthaltenen Nährelemente gehen zudem in beträchtlichem Umfang verloren. Die Beseitigung der Nach-teile von Rohhumusauflagen wird also erkauft durch den Verlust an potentiellem Bodenhu-mus und erheblichen Mengen an Nährelemen-ten. Äußerte sich schon im Prozeß der Bil-dung von Auflagehumus eine Stauung im Stoffkreislauf des Waldes, so geht dessen beschleunigter Abbau nach dem Kahlhieb bei entkoppeltem Kreislauf vonstatten mit dem Resultat erheblicher Verluste und einem sub-stantiellen Beitrag zur Eutrophierung der Fließgewässer.

Tab. 6.6: Jährlicher Verlust oder Ge-winn (kg/ha) **an wassergelösten Nähr-elementen** auf einer bewaldeten und einer standörtlich vergleichbaren kahlgeschla-genen Fläche in den ersten drei Jahren nach dem Hieb (n. Bormann und Likens, 1979).

ELEMENT	WALD	KAHLSCHLAG
Ca	−9	− 78
Mg	−3	− 16
K	−2	− 30
Al	−3	− 21
NH_4-N	+2	+ 2
NO_3-N	+2	−114

Der Kahlhieb führt zu einer bedeutsamen Erhö-hung des Austrags von Nährelementen. Das gilt vor allem für Nitratstickstoff. Mit schnell abneh-mender Intensität hält dieser Prozeß wenige Jahre an, bis die Wiederbegrünung der Kahlfläche die ökologischen Bedingungen der Mineralisierung-sprozesse verändert und die freiwerdenden Näh-relemente wieder überwiegend in den Kreislauf Boden – Pflanzendecke eingehen können.

6.1.1.3.6 Die Vegetationsentwicklung auf Kahlschlägen

Das bedeutend erhöhte Angebot von Licht, Wärme, Wasser und – kurzfristig – Nährelementen bietet auf Kahlflächen vielen Bodenpflanzen ideale Lebensbedingungen; das gilt vor allem für solche, die frühen Sukzessionsphasen angepaßt sind. Die Wiederbesiedlung kann mit einjährigen Arten beginnen. Oft sind jedoch bereits unter dem Schirm des Vorbestandes ausdauernde Pflanzen vorhanden, die sich vehement ausbreiten. In der Folge finden sich dann Sträucher und Pionierbaumarten wie Birken und Aspen ein. Während sich die einjährigen Pflanzen sowie die Sträucher und Bäume meist aus Samen entwickeln, bringen viele der niedrigen ausdauernden Pflanzen ihre außerordentliche Fähigkeit zur vegetativen Ausbreitung durch Stolonen *(vgl. Kap. 7)* ins Spiel. Obwohl in unseren Breiten auf Dauer immer Bäume die Sieger bleiben, können doch ausdauernde Gräser, Zwergsträucher oder Farne für Jahrzehnte solche Flächen beherrschen *(s. Tab. 6.7)*. Die von dichten Vegetationsdecken auf Kahlschlägen geleistete Bioproduktion kann Größenordnungen von mehr als 5 t/ha Trockensubstanz erreichen.

| ART | DECKUNGSGRAD IN % | | | |
| | Jahr nach dem Kahlhieb | | | |
	1.	2.	3.	4.
Weiße Hainsimse	15	19	3	6
Riesenschwingel	5	4	1	0
Rotes Straußgras	18	38	38	24
Landreitgras	10	25	35	50
andere Gräser	1	1	2	1
Summe	**49**	**87**	**79**	**81**
Himbeere	1	1	7	7
Weidenröschen	1	4	12	21
Fingerhut	1	2	1	1
Eichenfarn	1	0	0	0
andere	15	2	1	1
Summe	**19**	**9**	**21**	**30**

Tab. 6.7: Die Besiedlung eines Kahlschlages im Forstamt Reinhausen bei Göttingen. Vorbestand: Buche, 157jährig, II. Ekl., G 23 m^2/ha, BG. 0.7 (v. LÜPKE, 1982).

Die Kahlfläche wird mit großer Schnelligkeit von der Bodenvegetation besiedelt, obwohl sie im Vorbestand nur sehr gering vertreten war. Dabei ist auffällig, daß vor allem drei Arten an dieser Entwicklung beteiligt sind und alle anderen zurückdrängen, nämlich Weidenröschen, Rotes Straußgras und Landreitgras. Letzteres wird die Kahlfläche dank seiner Konkurrenzkraft in weiteren ein oder zwei Jahren nahezu allein beherrschen und ein hartnäckiges Kulturhindernis darstellen.

Waldbaulich sind vor allem zwei Befunde dazu von Bedeutung:

– Die nach Kahlhieben ankommende Schlagflora ist der erste Schritt zur Wiederbesiedlung der Kahlfläche. Sie ist schnell in der Lage, die negativen ökologischen Folgen des Eingriffs, wie Abflußbeschleunigung, Oberflächenabfluß mit Erosion und Nährstoffauswaschung, abzumildern. Diese Wirkung der Wiederbesiedlung ist umso bedeutsamer, je steiler der Kahlschlag ist und je stärker die Bodenoberfläche durch Holzeinschlag und -transport verändert worden ist.

– Die meist sehr vitale Schlagflora stellt eine erhebliche Konkurrenz für die Wiederbestockung der Kahlfläche mit Wirtschaftswald dar. Ihre Eindämmung ist daher oft eine kostspielige und so wichtige waldbauliche Maßnahme, daß ihr ein eigenes Kapitel in dieser Schrift gewidmet werden muß.

6.1.1.4   Naturnähe

Der Kahlschlagbetrieb im Wirtschaftswald verändert die natürlichen Abläufe der Waldentwicklung auf folgende Weise:

- Katastrophensituationen werden in regelmäßigen und wesentlich kürzeren, der Umtriebszeit entsprechenden Intervallen herbeigeführt, als das im Naturwald der Fall wäre.
- Der Wald wird dadurch in seiner Entwicklung permanent im Stadium der besonders produktiven Aufbauphase gehalten.
- Das produzierte Holz wird im Gegensatz zu natürlichen Katastrophen nahezu vollständig im Wege der Nutzung von der Fläche entfernt.
- Mit den Hiebs- und Rückeoperationen kommt es fast immer zu beträchtlichen Verwundungen der Bodenoberfläche, wodurch Erodierbarkeit und Intensität der Umsetzungsprozesse im Boden zusätzlich verstärkt werden.
- Die Sukzessionsabläufe auf natürlichen Katastrophenflächen werden ersetzt durch künstliche oder natürliche Waldverjüngung, für deren Sicherung die natürlichen Konkurrenzverhältnisse – oft mit Hilfe mechanischer oder chemischer Mittel – außer Kraft gesetzt werden müssen.
- Die natürlich vorkommenden Baumarten oder Baumartenmischungen werden nach Kahlhieben häufig durch am gegebenen Standort nicht heimische aber wirtschaftlich vorteilhafte ersetzt.

Die grundlegenden Abläufe dazu werden in der *Abb. 6.8* erläutert.

Abb. 6.8: Schematische Darstellung der Biomassenentwicklung nach Kahlhieb (vgl. dazu den natürlichen Ablauf, wie er in *Abb. 5.3* dargestellt worden ist).

Es ist gut ersichtlich, daß das ganze Waldökosystem dauernd im Stadium der besonders produktiven Aufbauphase gehalten wird. Allerdings wird der Zeitpunkt höchstmöglicher Akkumulation von Biomasse (gepunktete Linie) auf der Fläche nicht abgewartet, sondern aus wirtschaftlichen Gründen meist schon vorher ein erneuter Kahlhieb eingelegt. Die nach jedem Kahlhieb auf der Freifläche eintretenden Verluste an toter organischer Masse durch Mineralisation und ggf. auch Erosion sind in der Stabilisierungsphase angedeutet.

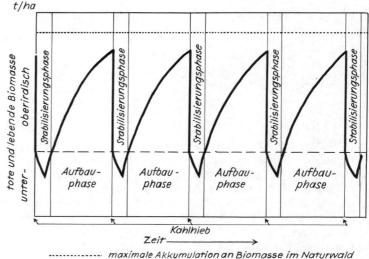

6.1.1.5   Ertragskundliche Eigenarten

Ein Großteil des ertragskundlichen Wissens basiert auf Erhebungen in Beständen, die auf Kahlschlägen entstanden sind. Alle Bestandesentwicklungsmodelle der Ertragstafeln gehen von einer Jugendentwicklung aus, die durch Altholzkonkurrenz unbeeinflußt ist. Sie stellen deshalb die Wachstumsabläufe für die wichtigsten Baumarten im Kahlschlagbetrieb dar *(vgl. Tab. 5.2 und 6.1 sowie Abb. 5.21)*.

Allerdings bedarf diese Aussage einer Einschränkung. Die meisten Versuchsflächen, auf deren Beobachtungsergebnissen die Ertragstafeln aufgebaut sind, wurden nämlich in Bestände eingelegt, die über 20 Jahre alt waren - teilweise sogar beträchtlich darüber - und in denen infolgedessen die ersten kritischen Lebensjahre nur unzureichend erfaßt werden konnten. In diesem Zeitabschnitt eintretende Ereignisse, wie großer interspezifischer Konkurrenzdruck, Schäden durch Wild, Mäuse oder Frost, aber auch die Ausgangsdichte bei der Begründung, sind jedoch von nachhaltiger Wirkung auf den Wachstumsgang. Diese Einschränkungen gelten umso mehr, je weniger eine Baumart – wie etwa Buche oder Tanne – von Natur aus den Bedingungen des Kahlschlags angepaßt ist. Wenn es danach auch grundsätzlich zutrifft, daß Ertragstafeln Ausdruck der Bestandesentwicklung nach Kahlhieben sind, so muß doch hier erneut auf die Grenzen dieses waldbaulichen Hilfsmittels hingewiesen werden. Ihre Anwendung ist nur hilfreich, wenn sie durch kritischen waldbaulichen Verstand kontrolliert wird.

6.1.1.6   Bedeutung und Wertung

Der Kahlschlagbetrieb ist weltweit die weitaus häufigste Form der Waldnutzung. Das ist vor allem auf die Einfachheit der technischen Durchführung und auf den konzentrierten Anfall großer Holzmengen je Flächeneinheit zurückzuführen.

In Mitteleuropa ist der Kahlhieb besonders eng mit der Bewirtschaftung der Baumarten Kiefer und Fichte verbunden, aber auch der Waldbau der Eiche wurde meistens im Kahlschlagbetrieb verwirklicht. In der Mehrzahl der Fälle erfolgt die Wiederbestockung der Kahlschläge auf künstlichem Wege – durch Pflanzung oder Saat. Die Naturverjüngung ist die Ausnahme.

Werden Kahlhiebe in Beständen vorgenommen, die eine noch halbwegs natürliche Baumartenzusammensetzung aufweisen, so wird der Folgebestand fast immer einheitlicher aufgebaut sein, und zwar nach Alter wie nach Mischung. Sehr oft sind es gleichaltrige Reinbestände, die dabei sowohl angestrebt als auch erreicht werden. Es kann kein Zweifel daran bestehen, daß das Vordringen von Fichten und Kiefern im Verlauf der letzten zweihundert Jahre eine Folge des Kahlschlagbetriebes war. Dabei ist jedoch auch gleichzeitig zu bedenken, daß der Kahlschlagbetrieb sich so ausbreiten konnte, weil es eben auch waldbauliche Absicht war, diesen Baumarten mehr Anbaufläche zu verschaffen. Aber selbst dort, wo es immer erklärtes Ziel war, die Baumartenzusammensetzung des Naturwaldes unter allen Umständen zu erhalten, wie im Falle der leistungsstarken und stabilen Fichten-Tannen-Buchen-Mischwälder der Gebirge Süddeutschlands, ist das meist nur unzureichend gelungen, wenn mit Kahlhieben gearbeitet wurde. Auf kleineren und größeren Kahlschlägen blieb oft – natürlich angekommen oder gepflanzt – nur die Fichte übrig. Vergleicht man beispielsweise den

Tannen- und Buchenanteil in den etwa 40 000 ha über 140jähriger Bestände des Bayer. Alpenraumes mit den 50 000 ha bis 40jähriger Bestände, so ist eine Verringerung des Tannenanteils von 15 % auf knapp 2 % und des Buchenanteils von 24 auf knapp 13 % zu konstatieren.

Der Grund dafür ist jedoch keineswegs nur die unmittelbare Bevorzugung der Fichte bei der Wiederbesiedlung der Kahlschläge, sondern auch eine ganz andere Konsequenz des Kahlschlagbetriebes. Auf dem kahlgeschlagenen Flächenteil der Forstbetriebe finden Rehe, Hirsche und im Gebirgsraum auch Gams in der schnell und dicht ankommenden Bodenvegetation wie auch in der Waldverjüngung ein großes Nahrungsangebot. Zusammen mit der guten Deckung in den sich auf Kahlschlägen entwickelnden Dickungen und Stangenhölzern hat das zu einer starken Vermehrung dieser Tierarten geführt. Da die Jagd im Arbeitsalltag der für den Waldbau verantwortlichen Forstleute in Deutschland oft auf geradezu groteske Weise überschätzt wird und zudem unpassende Hegekonzepte angewendet werden, ist dem nicht mit entsprechend erhöhten Abschüssen entgegengewirkt worden. Der nahezu vollständige Ausfall vieler Mischbaumarten in den Gebirgswäldern ist daher in erster Linie auf den selektiven Verbiß des in jagdlich bestimmter Dichte gehaltenen Schalenwildes zurückzuführen. Aber auch im Hügel- und Flachland sind Mischbestände, besonders wenn sie auch Laubbäume und Tanne enthalten, nur zu begründen, wenn sie mindestens zehn Jahre lang wilddicht gezäunt werden. Hier ist ein Teufelskreis entstanden: Kahlschläge bieten den wiederkäuenden Jagdtieren gute Lebensmöglichkeiten. Hohe Wildstände erlauben leichtes Jagen und sind daher im Interesse der Jagd-Ausübenden, die deshalb ihrem gesetzlichen Auftrag nach Wahrung angepaßter Wildstände nicht nachkommen *(s. Abb. 6.9).*

Das Ankommen zahlreicher Baumarten auf Kahlflächen ist aus vielen Gründen – Klimaextreme, Konkurrenz durch eine sehr vitale Bodenvegetation, Verbiß durch Mäuse, die sich vor allem in Grasbeständen sehr stark vermehren, und Wildverbiß – oft zusätzlich sehr erschwert und verzögert. Kahlschläge stellen deshalb das große Anwendungsfeld von Unkraut- und Mäusebekämpfungsmaßnahmen dar. Sollen anspruchsvollere Mischbestände begründet werden, so ist zudem nahezu immer Zäunung unumgänglich.

Faßt man das Wissen über den Kahlschlagbetrieb zusammen, so ergibt sich für den mitteleuropäischen Raum folgende Gegenüberstellung von Vor- und Nachteilen:

1. Vorteile:

- Große Mengen an Holz fallen pro Flächeneinheit an.
- Dadurch wird es lohnend, Straßen oder Wege dorthin anzulegen oder auszubauen und schweres Gerät für Einschlag und Transport einzusetzen.
- Eine Hiebsordnung zur Erleichterung der Fäll- und Rückearbeiten kann leicht eingehalten werden.
- Die Beseitigung des Schlagabraumes kann – wo für nötig erachtet – meist maschinell und damit billig erfolgen.
- Der Wiederaufforstung der Kahlfläche kann eine je nach den Erfordernissen der waldbaulichen Planung mehr oder weniger intensive Bodenbearbeitung – ggf. in Verbindung mit Grunddüngung – vorangehen *(vgl. Kap. 7).*
- Danach können Pflanzung oder Saat – auch maschinell – ausgeführt werden.
- In bezug auf die Wahl der zu kultivierenden Baumart oder Baumartenmischung herrscht weitgehende Freiheit, solange es sich um Arten handelt, die den Bedingungen der Freifläche genügend angepaßt sind.

Abb. 6.9: Oberirdische Trockenge-wichte (kg/ha) von Bodenvegetation und natürlicher Verjüngung auf einem Kahlschlag innerhalb und außerhalb des Zaunes, zehn Jahre nach Hieb und Zäunung, FoA Ruhpolding, 900 m NN (n. BURSCHEL et al., 1992).

Im Beobachtungszeitraum hat sich die etwa 5 m hohe Verjüngung im Zaun bereits geschlos-sen und eine Biomasse von 16 t/ha bilden kön-nen. Bodenvegetation hält sich darunter in geringer Dichte. Die Verjüngung besteht aus Ahorn, Weide, Vogelbeere, Mehlbeere und einigen Eschen in der Oberschicht. Darunter stehen Fichten, Tannen und Eiben, deren Entwicklung ist zwar durch Lichtentzug ge-bremst, doch sind sie lebenskräftig und zu-wachsfreudig, an einen Ausfall durch Lichtmangel ist nicht zu denken.

Außerhalb des Zaunes ist die Baumverjün-gung durch Verbiß stark in der Entwicklung behindert, ihre Biomasse beträgt nur 4 % der-jenigen im Zaun. Die Baumschicht stellt des-halb keine Konkurrenz für die Bodenvegeta-tion dar, die jährlich eine Biomasse von gut 2000 kg aufbaut. Diese Veränderung der Bio-massenproduktion geht einher mit einer mas-siven Entmischung der Baumschicht: statt der im Zaun gefundenen Artenfülle setzen sich lediglich Fichten und einige Buchen durch. Der Verbiß wird durch in großer Zahl gehal-tene Rehe, Hirsche und Gams verursacht. Die Wilddichte ist rein jagdlich bestimmt.

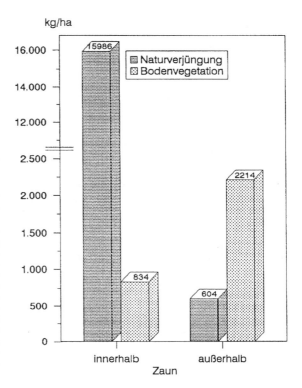

– Sollen gegen Klimaextreme empfindliche Baumarten auf der Kahlfläche angebaut werden, so ist das dann möglich, wenn ein schutzspendender Vorwald aus Pionier-baumarten mit einigen Jahren Vorsprung begründet wird.
– Der Kahlschlag ist zwar im allgemeinen das große Anwendungsfeld der künstlichen Verjüngung. Aber auch natürliche Verjüngung – vor allem von Baumarten mit gut flugfähigen Samen – ist möglich. Auf Schmalkahlschlägen kann die Besamung vom angrenzenden Altbestand her erfolgen. Auf größeren Kahlflächen werden dazu Samenbäume in geringer Zahl belassen. In Nordamerika, aber auch im europäischen Nadelwaldgürtel ist diese Art des Vorgehens als Samenbaum-Methode bekannt.

2. Nachteile:
– Die verbesserten Lebensbedingungen der zersetzenden Bodenorganismen führen bei unterbrochener Zufuhr frischer Streu zu beschleunigtem Abbau der toten orga-nischen Substanz mit unerwünschten Folgen, besonders für humusarme Böden.
– Der Nährstoffkreislauf zwischen Boden und Bestand wird dadurch für Jahre entkop-pelt, Nährelemente gehen verloren und führen zur Eutrophierung von Grundwasser und Vorflutern.

- In geneigtem Gelände verursacht Oberflächenabfluß Erosion – je steiler das Gelände und je weniger durch Bodenvegetation gesichert, umso ausgeprägter ist das der Fall.
- Es kommt zu explosionsartiger Entwicklung von verjüngungshemmender Bodenvegetation.
- Das Landschaftsbild kann empfindlich gestört werden, was besonders in Landschaftsschutz- und Erholungsgebieten unerwünscht ist.
- Der Anbau frost- und konkurrenzempfindlicher Baumarten ist auf Kahlflächen nur schwer möglich, wodurch eine Einschränkung der Baumartenwahl erfolgt.

3. Abwägung der Vor- und Nachteile:

Die Nachteile des Kahlhiebs sind so groß, daß er deshalb nur dort und dann immer nur kleinflächig angewendet werden sollte, wo Standort und Vorbestand keine waldbauliche Alternative lassen. Solche Alternativen bestehen jedoch auf großen Teilen der mitteleuropäischen Waldfläche. Genaue Kenntnisse des Kahlschlagbetriebes wie Fertigkeit im Umgang mit Kahlflächen sind jedoch aus zwei Gründen für Forstleute unverzichtbar:

- Die ausgeprägte Instabilität vieler Wirtschaftswälder wird immer wieder Kahlflächen als Folge katastrophischer Ereignisse entstehen lassen.
- Aufforstungen nicht bewaldeter Flächen, wie sie in Europa zum Abbau landwirtschaftlicher Überschüsse zu erwarten sind, gehören ökologisch und technisch in die Kategorie des Kahlschlagbetriebs.

Literatur

AMANN, H. (1930): Birkenvorwald als Schutz gegen Spätfröste. Forstw. Cbl. 493-502; 581–92.

BAUER, F. W. (1968): Waldbau als Wissenschaft. 2 Bd. München, Basel, Wien: BLV.

BERTHOLD, J. (1980): Schnee im Bergmischwald. Dipl.-Arb. Forstl. Fak. Univ. München.

BORMANN, F. H., LIKENS, G. E. (1979): Pattern and process in a forested ecosystem. New York, Heidelberg, Berlin: Springer.

BURSCHEL, P., EL KATEB, H., MOSANDL, R. (1992): Experiments in mixed mountain forests in Bavaria. In: KELTY et al. (Hrsg.) The Ecology and Silviculture of Mixed Species Forests. A Festschrift for David M. Smith. Kluwer Acad. Publ. Dordrecht-Boston-London, 183–215.

COWEETA HYDROLOGIC LABORATORY (1971): Exkursionsführer, unveröffentlicht.

DELFS, J., FRIEDRICH, W., KIESEKAMP, H., WAGENHOFF, A. (1958): Der Einfluß des Waldes und des Kahlschlages auf den Abflußvorgang, den Wasserhaushalt und den Bodenabtrag. Aus dem Walde, Nr. 3. Hannover: Wiehse u. Ehlert.

FLEMMING, G. (1968): Die Windgeschwindigkeit auf waldumgebenen Freiflächen. Archiv f. Forstw. 5–16.

GEIGER, R., FRITZSCHE, G. (1940): Spätfrost und Vollumbruch. Forstarchiv. 141–56.

HEINRICH, F. (1936): Wasserfaktor und Kiefernwirtschaft auf diluvialen Sandböden Norddeutschlands. Zeitschr. f. Forst- u. Jagdwesen. 275–79, 353–84.

HIBBERT, A. R. (1967): Forest treatment effects on water yield. In: SOPPER, W. E., LULL, H. W. Ed. International Symposium on Forest Hydrology. Oxford, 527–50.

HOLSTENER-JØRGENSEN, H. (1967): Influences of forest management and drainage on groundwater fluctuations. In: SOPPER, W. E., LULL, H. W. Ed. International Sympos. on Forest Hydrology. Oxford. 325–333.

v. LÜPKE, B. (1982): Versuche zur Einbringung von Lärche und Eiche in Buchenbestände. Schriftenr. Forstl. Fak. Univ. Göttingen u. Nieders. Forstl. Vers.Anst. Göttingen, 74.

v. LÜPKE, B. (1992): Waldbau ohne Kahlschlag – Möglichkeiten und Risiken. Forstarchiv 10–15.

MAYER, H. (1981): Globalstrahlung im ostbayerischen Bergmischwald. Arch. Met. Geoph. Biokl. Ser. B. 283–92.

MITSCHERLICH, G., MOLL, W., KÜNSTLE, E., MAURER, P. (1965, 1966): Ertragskundlich-ökologische Untersuchungen im Rein- und Mischbestand. Allg. Forst- u. Jagdztg. 225–37, 249–57, 274–283, 25–33, 72–90, 101–115.

VAARTAJA, O. (1954): Temperature and evaporation at and near ground-level on certain forest sites. Canad. Journ. Bot., 32. 760–83

6.1.2   Der Schirmschlagbetrieb

Wird die Verjüngung eines Bestandes unter dem aufgelichteten Kronendach des Altholzes vorgenommen, so spricht man vom Schirmschlagbetrieb. Ein solcher Kronenschirm gewährt Schutz gegen Witterungsunbilden, wie sie für Kahlschläge typisch sind, gleichzeitig stellt er jedoch eine Licht-, Wasser- und Nährstoffkonkurrenz für die Verjüngung dar.

Es sind zwei Formen des Schirmschlagbetriebes zu unterscheiden:
– Wird der Altbestand auf nicht zu kleiner Fläche ziemlich gleichmäßig aufgelichtet, so spricht man vom eigentlichen **Schirmschlagbetrieb.**
– Wird mit unregelmäßig über die Fläche verteilten Auflichtungen gearbeitet, die in der Folge allmählich vergrößert und verstärkt werden, so handelt es sich um den **Femelschlagbetrieb.**

Die im Bereich des Schirmschlagbetriebes gebräuchlichen Begriffe werden nicht ganz einheitlich gebraucht. So ist in der Vergangenheit gelegentlich der Terminus Femelhieb synonym für den gleichmäßigen Schirmhieb verwendet worden, und GAYER (1898) benutzt den Begriff der femelschlagweisen Verjüngung für den hier beschriebenen Ablauf, während er unter „femelweiser" Verjüngung den Waldbau im Plenterwald versteht.

6.1.2.1   *Geschichte*

Der **Schirmschlagbetrieb** ist in den Mittelgebirgen mit überwiegender Buchenbestokkung entstanden. Er fand eine erste umfassende Darstellung in der Hanau-Münzenbergischen Forstordnung von 1736 (MOSER, 1757). Später stellte HARTIG (1791) „Generalregeln" für die Durchführung des Schirmhiebes auf, in denen ein Ablauf in Form von drei Eingriffen mit unterschiedlicher Zielsetzung postuliert wurde:

Besamungshieb im Mastjahr,
Lichtungshieb etwa zwei Jahre später,
Abtriebshieb bei Kniehöhe der Jungpflanzen.

Wenn auch diese Abfolge von Eingriffen sehr stark von Betrieb zu Betrieb modifiziert und ergänzt wurde, so gibt sie doch das grundsätzliche Konzept wieder. Unter dem Einfluß HARTIGS wurde der Schirmschlagbetrieb, meist großflächig als Großschirmschlagbetrieb ausgeführt, zur beherrschenden Form waldbaulichen Vorgehens bei der natürlichen Waldverjüngung vor allem in der ersten Hälfte des 19. Jahrhunderts. Angewendet wurde er auf Bestände aller wichtigen Baumarten bis hin zum Bergmischwald. Die damit erzielten Ergebnisse waren insbesondere für Buchenbestände, aber auch für Mischbestände aus Fichte, Tanne und Buche zufriedenstellend. In

Fichten- und Kiefernbeständen kam es dagegen häufiger zu Fehlschlägen, wodurch das Verfahren dort an Bedeutung verlor.

Der **Femelschlagbetrieb** stellt eine waldbauliche Reaktion auf die großflächige Reinbestandswirtschaft dar, die sich im vergangenen Jahrhundert im Zuge des sich ausbreitenden Kahlschlag-, aber auch des gleichmäßigen Schirmschlagbetriebes herausgebildet hatte. Eine Rolle bei der zunehmenden Kritik an der großflächigen Schirmschlagwirtschaft spielte daneben der Umstand, daß starke Stürme in Schirmstellung befindliche Althölzer oft besonders schwer getroffen hatten. Gedanklich entwikkelt wurde der Femelschlagbetrieb von GAYER (1886) und in der Folge in praktischer Anwendung mit Leben erfüllt durch v. HUBER, den Leiter der Bayer. Staatsforstverwaltung, der ihn dann als obligatorische Form der waldbaulichen Behandlung von Verjüngungsbeständen in die Staatsforsten einführte (ANONYMUS, 1894).

6.1.2.2   Beschreibung

In der Folge wird eine Darstellung der beiden Grundformen des Schirmhiebes gegeben. Eine tabellarische Darstellung zusammen mit Sonderformen dieser Art des waldbaulichen Vorgehens findet sich außerdem in *Übersicht 6.1.*

Der gleichmäßige Schirmhieb

Ziel des Schirmhiebes ist die Begründung eines neuen Bestandes unter dem Schirm eines mit jedem Eingriff lichter werdenden Altbestandes. Dabei wird der natürlichen Verjüngung oft der Vorzug vor der künstlichen gegeben. Nicht selten kommen jedoch beide Verjüngungsarten nebeneinander vor. Der Verlauf eines gleichmäßigen Schirmhiebes wird in *Abb. 6.10* am Beispiel eines Buchenbestandes erläutert. Für andere Baumarten oder Mischbestände gilt er jedoch sinngemäß.

Diese an die klassische Vorgehensweise angelehnte Darstellung wird heute meist stark abgewandelt. Das gilt insbesondere, wenn nicht mehr Verjüngungen „aus einem Guß" angestrebt werden wie in der Vergangenheit und wenn auch den schwächeren Bäumen des Schirmbestandes Zeit zur Erreichung eines vorgegebenen Zieldurchmessers zugestanden werden soll.

Die wichtigsten Abwandlungen sind die folgenden:
– Infolge der Verbesserung der Bodenzustände in den letzten Jahrzehnten werden Vorbereitungshiebe kaum noch geführt. Die Schirmstellung ergibt sich dann aus einer allmählichen Verstärkung der Durchforstungseingriffe heraus.
– Ergiebige Mastjahre verlieren ihre Bedeutung als Ausgangsereignisse für den ersten starken Eingriff, den Besamungshieb. Statt dessen wird auf sehr langfristige Verjüngungsprozesse gesetzt, in deren Verlauf eine große Zahl von geringeren und stärkeren Mastjahren ausgenutzt werden kann.
– Die allgemein eingetretene Bodenverbesserung und der substantielle anthropogene Stickstoffeintrag in die Bestände erlauben es der Bodenvegetation, sich bei der Öffnung des Kronenschirmes vehement zu entwickeln. Es ist deshalb unbedingt nötig, daß die Baumverjüngung bereits etabliert ist, wenn die Lichtdurchlässigkeit des Schirmes größer wird. Ist diese Vorgabe nicht gegeben, so kann es zu massiven Verunkrautungen auf den Schirmschlägen kommen, die teure Gegenmaßnahmen – Unkrautbekämpfung, Pflanzung, Mäusebekämpfung – notwendig machen. Deshalb dürfen stärkere Eingriffe in den Altbestand erst vorgenommen werden, wenn sichergestellt ist, daß die Dichte der Jungpflanzen und ihr Entwicklungsstand einen

Übersicht 6.1:   Die wichtigsten Formen des Schirmhiebes.

BEZEICH-NUNG	KURZBESCHREIBUNG	ANWENDUNG
Groß-schirmhieb	Gleichmäßige Schirmstellung auf großen Flächen, z. B. ganzen Abteilungen oder Unterabteilungen *(vgl. Abb. 6.10)*.	Weit verbreitete Verfahren der Waldverjüngung, wobei die kleinflächige Vorgehensweise an Bedeutung gewinnt.
Zonen-schirmhieb	Gleichmäßige Schirmstellung in einer Tiefe von ein bis drei Altbaumlängen, meist im sturmabgewandten Teil des zu verjüngenden Bestandes beginnend *(vgl. Abb. 6.10)*.	
Streifen-schirmhieb	Gleichmäßige Schirmstellung in einer Tiefe bis zu einer Altbaumlänge, im sturmabgewandten Teil des zu verjüngenden Bestandes beginnend.	
Bayer. Femelhieb	Gruppenschirmstellungen, über die gesamte Bestandesfläche verteilt, werden nach Ankommen der Verjüngung durch Rändelung allmählich ausgeweitet. Nicht unmittelbar im Femelbereich gelegene Bestandesteile bleiben so lange geschlossen, bis sie vom Verjüngungsfortschritt erreicht werden *(vgl. Abb. 6.11)*.	Gebräuchliches, aber selten konsequent auf großen Flächen angewendetes Verfahren. Oft in Verbindung mit Elementen des Schirm- und Löcherhiebs.
Lochhieb	Einlegen von Löchern mit Durchmessern bis zu 30 m in die sonst geschlossenen Verjüngungsbestände. Oft künstliche Verjüngung der Lochfläche dem Bestockungsziel entsprechend. Nach Erreichung eines Wuchsvorsprunges auf den Löchern Verjüngung der verbliebenen Bestandesteile durch Schirm- oder Kahlhieb (MORTZFELDT, 1896; MOSANDL, 1983). Ökologisch zwischen Kleinkahlhieb und Femelhieb einzuordnen.	Ende des 19. Jh. in Preußen zum Einbringen von Laubbaumgruppen in Nadelbaumbestände entwickelt. In Bayern landesweit zur Einbringung von Buchengruppen – sog. REBEL-Gruppen – verwendet. Heute als Gebirgsfemel i. d. höheren Gebirgen Süddeutschlands gebräuchlich. Starke Verunkrautung *(vgl. Abb. 6.14)* macht oft Kunstverjüngung erforderlich.
Badischer Femelhieb	Ursprünglich schirmhiebartige Eingriffe auf großer Fläche durch Entnahme der stärksten Stämme, Verjüngungszeiträume von 30–40 Jahren zur Ausnutzung des Lichtungszuwachses a. d. Altbäumen. Ankommen der Verjüngung ungleichmäßig auf den Schirmflächen der entnommenen Starkbäume. Später Umstellung auf besonders langfristig ausgeführte Großschirmhiebe (SEEGER, 1925).	In Südwestdeutschland gebräuchliches Verfahren, im 19. Jh. vor allem zur Erziehung von Starkholz.
Schweizerischer Femelhieb	„Unter schweizerischem Femelschlagbetrieb sind dem Auslese- und Veredelungsbetrieb eingegliederte Verjüngungsverfahren zu verstehen, bei denen in Berücksichtigung einer gewissen räumlichen Ordnung die einzelnen Bestandespartien in freigewählter Hiebsart neben- und nacheinander, meist gruppen- und horstweise, in gestaffelten und daher ausgedehnten Verjüngungszeiträumen verjüngt werden" (LEIBUNDGUT, 1946).	Für den Kleinflächen-Waldbau vieler Schweizer Forstbetriebe typisch. Vergleichbare Vorgehensweisen sind auch in Betrieben der Arbeitsgemeinschaft „Naturgemäße Waldwirtschaft" zu finden *(vgl. Kap. 6.1.6)*.

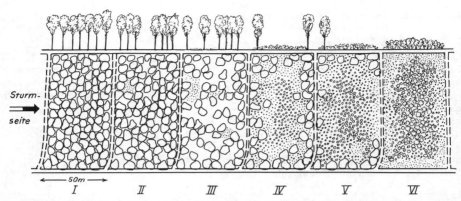

Abb. 6.10:   Ablaufschema des gleichmäßigen Schirmhiebes am Beispiel eines Buchenbestandes.

Die Darstellung kann sowohl als räumliche als auch als zeitliche Abfolge verstanden werden. Der Zeitraum des hier dargestellten Prozesses beläuft sich auf 10–30 Jahre.

I   **Geschlossenes Buchenaltholz** von 30–35 m Höhe; mit 200 Bäumen pro Hektar bestockt; Streuzersetzung etwas gehemmt. Das **Rückeliniensystem** wird aus der Erziehungsphase des Bestandes übernommen oder jetzt eingelegt. Bäume werden grundsätzlich so gefällt, daß sie zur Rückelinie geseilt werden können, Fahrzeuge verlassen die Rückelinie in keinem Fall.

II   **Vorbereitungshieb:** Vorsichtige Öffnung des Kronendaches durch Entnahme von etwa 15 % des aufstockenden Volumens, hauptsächlich zur Verbesserung der Umsetzungsprozesse am Boden. Verjüngung ist – wenn überhaupt – nur auf wenigen kleinen Plätzen vorhanden. In Beständen mit günstigem Bodenzustand unterbleibt der Vorbereitungshieb.

III   **Besamungshieb:** Im Mastjahr Entnahme von etwa 30–40 % des aufstockenden Volumens, Hieb erfolgt nach dem Abfallen der Eckern. Die entstehende gleichmäßige Schirmstellung erlaubt der Verjüngung, überall anzukommen. Bodenbearbeitungen – z. B. Grubbern – werden im Jahr des Besamungshiebes vor Abfallen der Samen ausgeführt, wo das für das Ankommen der Verjüngung nötig erscheint.

IV   **Lichtungshiebe:** Beginnend in der Nähe der **Transportgrenze** – Mitte zwischen zwei Rückelinien – wird der Schirm der Altbuchen geräumt. Die Zahl der Eingriffe, mit denen das geschieht, hängt ab von der Entwicklung der Verjüngung und den betrieblichen Hiebsnotwendigkeiten. Eine gewisse ökologische Schutzwirkung des sehr lockeren Schirmes bleibt weiter erhalten.

V   **Räumungshieb.** Die Reste des Altbestandes, konzentriert an den Rändern und Linien, werden entnommen. Entlang der Straßen können letzte Altbäume ohne Gefahr für die Verjüngung am längsten gehalten werden. Lichtungs- und Räumungshiebe sind oft nur schwer zu trennen.

VI   Die ziemlich gleichaltrige und **meist gleichmäßig aufgebaute Verjüngung** ist an die Stelle des Altbestandes getreten.

Vorsprung vor den Bodenpflanzen sichern. Der Besamungshieb der klassischen Vorgehensweise verliert auch dadurch seine Bedeutung.

– Wurde der Schirmbestand in der Vergangenheit vor allem als Schutz der Verjüngung gegen Witterungsunbilden und Verunkrautung betrachtet, so dienen die heute wesentlich ausgedehnteren Überschirmungszeiträume auch zur Ausnutzung des Lichtungszuwachses an den freigestellten Schirmbäumen. Das gilt vor allem für Buchen und Kiefern. Es wird so möglich, auch anfangs noch schwächere Bäume des Schirmbestandes in hochbezahlte Durchmesserklassen zu bringen.

Sollen auf Schirmschlägen Mischbaumarten eingebracht werden, die mangels Samenbäumen nicht natürlich ankommen können, so müssen sie gepflanzt werden. Das muß immer in einer frühen Phase des Verjüngungsprozesses geschehen. Hat sich erst einmal eine flächendeckende Verjüngung der Hauptbaumarten eingefunden, so wird es immer schwieriger, anderen Baumarten einen sicheren Start zu verschaffen. Die künstlich einzubringenden Arten sollten deshalb in Gruppen gepflanzt werden, deren Mindestgröße dem Standraum eines Altbaumes entspricht. Im Falle von Laubbäumen mit 100 starken Bäumen je Hektar im Endbestand ergäbe sich so eine Gruppengröße von etwa 10 × 10 m. Solche Gruppen können beliebig auf ein Mehrfaches dieser Grundgröße ausgeweitet werden, sollten aber nicht kleiner sein. Die Zahl der Gruppen wird so festgelegt, daß der geplante Anteil der Baumart am Endbestand gesichert wird. Wird also etwa ein Anteil von 20 % Lärche in einem Buchenbestand vorgegeben, so wären vierzig Gruppen von je 50 m² Größe anzulegen. Dabei wird angenommen, daß ein Lärchenreinbestand bei Erreichung eines Zieldurchmessers von 50 cm aus 200 Stämmen besteht. Sollen zur Erreichung des Mischungszieles 20 % davon in dem Buchengrundbestand stehen, so wären das 40 Lärchen. Deren Einbringung in den meist sehr vitalen Buchengrundbestand geschieht auf die geschilderte Weise. Aus einem Miniaturreinbestand von 50 m² Größe am Anfang wird so im Verlauf der Bestandesentwicklung ein einziger Baum in einem Buchengrundbestand *(vgl. Kap. 7.6)*.

Die Mischbaumarten, gleichgültig welcher Art, sollten stets zu Beginn des Verjüngungsprozesses eingebracht und ihre räumliche Verteilung so vorgenommen werden, daß sie bei Erntemaßnahmen im Schirmbestand möglichst wenig gefährdet sind. Letzteres bedeutet vor allem, daß ein genügender Abstand zur Rückelinie eingehalten wird, in deren Nähe die Kronen der Altbäume auf den Boden gelangen.

Die im Gegensatz zur klassischen Vorgehensweise stark ausgedehnte Langfristigkeit des Schirmhiebes führt besonders dann zu Ungleichmäßigkeit in der Entwicklung der jungen Bestandesschicht, wenn die Entnahme der Schirmbäume nicht gleichmäßig vonstatten geht. Es entstehen dann unregelmäßig auch größere Öffnungen im Schirm, die die Entwicklung der Verjüngungsschicht stark fördern. Ihnen stehen dichtere Partien mit entsprechend geringem Zuwachs der Unterschicht gegenüber. Eine solche Ungleichmäßigkeit wird erreicht, obwohl die Verjüngungsschicht in Schirmbeständen altersmäßig eher einheitlich aufgebaut ist, denn erfahrungsgemäß sind es wenige Mastjahre – oft nur eines –, aus denen auch bei langfristigem Arbeiten die weitaus meisten Verjüngungspflanzen hervorgegangen sind.

Der Femelhieb

Das Femelschlagverfahren nutzt ebenfalls die Vorteile des Altholzschirmes für das Ankommen und die erste Entwicklung der Verjüngung aus. Im Gegensatz zum eigentlichen Schirmhieb wird dabei jedoch nicht Gleichmäßigkeit auf der ganzen Fläche, sondern von Anfang an gruppen- und horstweise Ungleichmäßigkeit angestrebt. Dabei ist es stets das Ziel, Mischbestände aus Schatt- und Halbschattbaumarten dadurch zu schaffen, daß den Baumarten mit langsamer Jugendentwicklung ein ausreichender Wuchsvorsprung gesichert wird. GAYER (1886) hat dafür folgendes Vorgehen empfohlen *(s. auch Abb. 6.11):*

Vorhiebe:
Hiebe zur Vorbereitung der eigentlichen Verjüngungsmaßnahmen werden nur ausnahmsweise geführt zur Beseitigung von Überdichten als Folge von unzureichender Bestandeserziehung und zur Eliminierung schlecht geformter oder kranker Stämme. Der Schluß des Bestandes darf dadurch nicht wesentlich verändert werden.

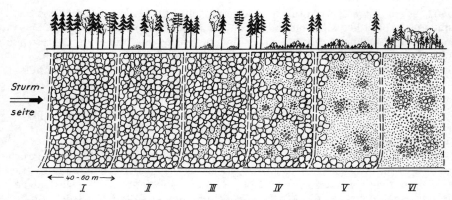

Abb. 6.11:   Schema des Ablaufs einer Femelschlagverjüngung in einem mit 400 Stämmen pro Hektar bestockten Laub-Nadelbaum-Altbestand.

Die Abbildung kann sowohl die räumliche Abfolge der Maßnahmen in einem Verjüngungsbestand darstellen, sie kann aber auch als deren zeitliches Nacheinander auf einer Fläche verstanden werden. In jeder Phase des Verjüngungsprozesses werden alle Hiebe so ausgeführt, daß die Stämme durch Seilzug auf die Linien gezogen und darauf transportiert werden können. Fahrzeuge dürfen sich nur auf den Linien bewegen.

I   **Geschlossenes Altholz:** Das **Rückeliniensystem** wird aus der Erziehungsphase des Bestandes übernommen oder jetzt eingelegt.

II   **Femelhieb zur Schaffung von Gruppenschirmstellungen** über Verjüngungskernen, wo vorhanden, oder zur Förderung des Ankommens von **Schattbaumarten,** ggf. deren Voranbau durch Pflanzung. Auch andere Mischbaumarten, die geplant, aber natürlich nicht zu erwarten sind, müssen jetzt eingebracht werden. Der größte Teil des Bestandes bleibt unberührt. Der Anhieb erfolgt zunächst im sturmabgewandten Teil des Bestandes. Entnahme von 5–10 % des Volumens.

III   **Rändelungshiebe** durch Entnahme von Stämmen über der angekommenen Verjüngung in den Femelkernen und Ausweitung der Femel dem – natürlichen oder künstlichen – Verjüngungsfortschritt folgend. Alle nicht betroffenen Teile des Bestandes bleiben weiter geschlossen. Entnahme von 10–15 % des Volumens.

IV   **Weitere Rändelungshiebe;** die Femel werden erweitert, dabei entstehen meist unregelmäßige Formen. Neben den Schattbaumarten entwickeln sich durch das gesteigerte Lichtangebot jetzt auch die Halbschattbaumarten gut. „Läuft" die Naturverjüngung nicht, so wird unverzüglich gepflanzt. In den Femelzentren können jetzt auch Lichtbaumarten eingebracht werden. Entnahme von 20–25 % des Volumens.

V   Die Verjüngung hat die ganze Fläche erfaßt, die Femel sind durch letzte Rändelungs- und **Räumungshiebe,** die zwei Drittel des verbliebenen Altholzes erfaßt haben, ineinandergeflossen. Die wellig erscheinende Verjüngung beherrscht das Bild. Die verbliebenen Altholzteile stehen entlang der Linien und Wege, so daß sie ohne Schäden an der Verjüngung jederzeit entnommen werden können.

VI   Die letzten Altbäume sind gefallen, die Verjüngung läßt noch einige Jahrzehnte **Ungleichmäßigkeit in der Höhenentwicklung** erkennen, doch verwischt sich diese im Verlauf der Umtriebszeit immer mehr.

Gruppenschirmhiebe:
Über Verjüngungsgruppen, die sich bereits eingefunden haben, wird vorsichtig aufgelichtet, ohne daß zunächst größere Öffnungen im Kronendach des Altbestandes entstehen. Vor allem aber werden in einem Samenjahr auf Plätzen von wenigen Arten Schirmstellungen geschaffen, durch die soviel Licht auf den Boden gelangt, daß Schattbaumarten ankommen können. Die übrigen Teile des Altholzes bleiben dabei unberührt. Bei Fehlschlagen der Naturverjüngung ist sofort zu pflanzen.

Umsäumungs- oder Rändelungshiebe:
Über den erstarkten Verjüngungskernen wird weiter gelichtet und schließlich geräumt; mit jedem Samenjahr dringt die Verjüngung tiefer in den Saumbereich ein, der sich zwischen dem Verjüngungskern und dem geschlossenen Altbestand ausbildet. Darüber wird dann in Form von Umsäumungs- oder Rändelungshieben weitergelichtet und schließlich geräumt. Auch hier wird bei stockender Naturverjüngung unverzüglich auf künstliche Verjüngung übergegangen. Große Teile jedes Bestandes bleiben weiter so lange in vollem Schluß, bis sie vom Verjüngungsfortschritt einer Femelgruppe erreicht werden oder ein eigener Gruppenschirmhieb darin geführt wird.

Zieht sich der hier beschriebene und in *Abb. 6.11* dargestellte Prozeß über zwei bis drei Jahrzehnte hin, so verwachsen sich die anfänglichen Höhenunterschiede im Nachfolgebestand allmählich; der Bestand wird gleichförmig, es findet eine Entwicklung von der Kleinfläche zurück zur Großfläche statt. Werden die Eingriffe dagegen über viele Jahrzehnte hingezogen, so entsteht ein gruppen- und horstweise ungleichaltriger Femelwald oder ein **Gruppenplenterwald** (*s. Kap. 6.1.3*).

Voraussetzung für die Anwendung

Voraussetzung für das Gelingen jeder der beiden beschriebenen Verjüngungsgänge ist die Schaffung und Einhaltung einer verbindlichen Schlagordnung. Sie wird – durch Farbtupfer markiert – vor Beginn der Vorbereitungshiebe in die Altbestände eingelegt.

Eine weitere ganz wesentliche Voraussetzung für das Gelingen jeder Schirmschlagverjüngung ist eine so große Stabilität des Altbestandes, daß auch die mit der Auflichtung des Kronendaches unvermeidlich verbundene Erhöhung der aerodynamischen Rauhigkeit die Sturmwurfgefahr nicht übermäßig erhöht. Schirmhiebe sind daher unter den folgenden Umständen nicht ausführbar:
– Auf Standorten, auf denen die zu verjüngende Hauptbaumart flach wurzelt, wie z. B. Fichte auf organischen Naßböden oder Buche auf hoch anstehenden Pseudogleyen.
– In Beständen, die nicht durch entsprechende lebenslange Erziehung so ausgeformt worden sind, daß der Einzelbaum ein ausreichendes Maß an Stabilität vor allem gegen Sturm besitzt. Deshalb kommen nur Altbestände für diese Art der Behandlung in Frage, deren Bekronungsprozent mindestens 30, besser 40 oder mehr beträgt.

6.1.2.3   *Ökologische Eigenarten*

Der Zweck des Schirmschlagbetriebes besteht, wie schon gesagt, in der Schaffung von Entwicklungsbedingungen für solche Baumarten, die auf der Freifläche unter klimatischen Extremen und unter dem Konkurrenzdruck der sich dort stark entwickelnden Bodenvegetation mit großen Schwierigkeiten zu kämpfen haben. Das sind alle wichtigen Schatt- und Halbschattbaumarten. Die Art des Vorgehens ist deshalb so gewählt, daß die Konkurrenz des Altbestandes, und zwar Licht- wie Wurzelkonkurrenz, für die Verjüngung nur allmählich verringert wird; dadurch bleibt dessen Schutzeffekt gegen

Klimaextreme während der empfindlichen Entwicklungsstadien erhalten. Das sei in der Folge für besonders wichtige ökologische Faktoren dargestellt.

6.1.2.3.1 Licht- und Strahlungsverhältnisse

Mit der Öffnung des Kronendaches gelangt mehr Strahlung – direkte wie zerstreute – auf den Boden. Es kommt dort zu verstärkter Umwandlung in Wärme mit dem Ergebnis erhöhter Luft- und Bodentemperatur. Vor allem aber steht mehr photosynthetisch wirksame Strahlung sowohl für Verjüngungspflanzen als auch für die Entwicklung der Bodenvegetation zur Verfügung. Die Verbesserung der Strahlungs- und damit auch der Beleuchtungsverhältnisse am Waldboden verläuft etwas unterproportional mit der Zunahme der Auflichtung. Deshalb bewirken selbst lichte Altholzschirme noch bedeutende Verringerungen des Strahlungsgenusses am Boden *(s. Abb. 6.12)*. Darauf vor allem ist es zurückzuführen, daß es auch unter stark gelichteten Althölzern noch zu einer beachtlichen Dämpfung des Wachstums von Verjüngungspflanzen und Bodenvegetation kommt.

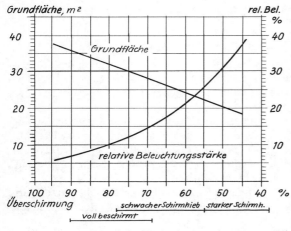

Abb. 6.12: Die relative Beleuchtungsstärke am Boden unter verschieden stark aufgelichteten Bergmischwald-Beständen an einem bedeckten Tag mit einer Außenhelligkeit von 15 000 Lux. FoA Ruhpolding (n. GROSSE, 1983).

Mit stärkerer Auflichtung von Verjüngungsbeständen, die sich sowohl in der Abnahme der Grundfläche als auch in der Verringerung des Überschirmungsprozents äußert, erreichen größere Strahlungsmengen den Waldboden. Der Lichtanteil an der Strahlung, der hier dargestellt ist, verbessert vor allem die Ansamungs- und Entwicklungsbedingungen für Bodenvegetation und Verjüngungspflanzen. Aber selbst ein starker Schirmhieb mit einer Reduktion der Bestandesgrundfläche um die Hälfte führt nur zu einer Anhebung der relativen Beleuchtungsstärke von etwa 5 % im geschlossenen Bestand auf 40 %. Danach haben die lichtökologischen Bedingungen selbst in erheblich aufgelichteten Beständen immer noch wesentlich mehr Bestandes- als Freiflächencharakter.

6.1.2.3.2 Wind und Sturm

Luftbewegungen in Bodennähe werden durch die Abnahme der Bestockungsdichte im Verlauf von Schirmhieben erleichtert, jedoch bleiben sie gegenüber dem absoluten Freiland wie gegenüber dem Kahlschlag stets deutlich gedämpft. Damit ist ein gewisser Schutz der Verjüngung gegenüber dem mit leichter Luftbewegung verbundenen Transpirationsanreiz und oberflächlicher Bodenaustrocknung verbunden.

Das eigentliche Problem für jede Art von Schirmschlagbetrieb stellt jedoch nicht die leichte Luftbewegung, also der Wind, sondern der Sturm dar. Die wichtigsten Erkenntnisse dazu sind für das Schirmschlagverfahren die folgenden:

- Althölzer, die zur Verjüngung heranstehen, haben immer eine große Höhe und sind deshalb grundsätzlich sturmgefährdet.
- Die Stabilität der Einzelbäume, die sich im Bekronungs- und Schlankheitsgrad äußert *(vgl. Kap. 5.4.4.3)*, ist das Ergebnis der Erziehungsmaßnahmen, denen der Bestand im Laufe seines Lebens unterworfen war. In Beständen, die in sehr engem Schluß erzogen worden sind, ist die Stabilität jedes Einzelbaumes meist so sehr vom Deckungsschutz abhängig, den die Nachbarbäume geben, daß Schirmhiebe, die dieses Nachbarschaftsverhältnis unterbrechen, nicht möglich sind. Schirmschlagverfahren scheiden für solche Bestände aus.
- Je offener und unregelmäßiger das Kronendach eines Bestandes ist, umso rauher ist es im aerodynamischen Sinne. Rauhigkeit erhöht die Turbulenzen, die entstehen, wenn Luftmassen stürmisch das Kronendach überwehen, wodurch sich die Windgeschwindigkeit lokal weiter steigert. Außerdem vergrößert sich dadurch die Angriffsfläche, an der der Sturm jeden freigestellten Baum angreifen kann. Diese Wirkungen sind im Verlauf von Schirmhieben unvermeidlich. Umso wichtiger ist es für die Entscheidung für diese Art des Vorgehens, den vorgenannten Punkt „Stabilität der Einzelbäume" ganz besonders zu berücksichtigen. Schirmhiebe kommen daher nur für solche Bestände in Frage, die durch lebenslange waldbauliche Erziehungsmaßnahmen ausreichend stabil gemacht worden sind. Die großen Stürme der letzten Jahre haben zudem gezeigt, daß der Lichtungszuwachs an den Schirmbäumen so angelegt wird, daß sich deren individuelle Stabilität schnell verbessert. Nach einem oder mehreren Jahrzehnten der Schirmstellung können so sehr widerstandsfähige Zustände entstehen.
- Wird auch die Sturmgefahr durch jede Art der Auflichtung des Kronenschirmes erhöht, so deutet doch die Erfahrung darauf hin, daß der Femelhieb weniger bedenklich in dieser Beziehung ist als der gleichmäßige Schirmhieb. Das ist darauf zurückzuführen, daß dabei große Bestandesteile über lange Zeit in vollem Schluß bleiben, was den wichtigsten Unterschied zum gleichmäßigen Schirmhieb ausmacht.

6.1.2.3.3 Temperaturen

Die Lufttemperaturen in Bodennähe werden durch Schirmhiebe gegenüber dem vollgeschlossenen Bestand in der Vegetationszeit etwas erhöht. Infolge verstärkter nächtlicher Ausstrahlung verstärkt sich die Temperaturschwankung im Tagesverlauf deutlich. Das Mikroklima wird dadurch ein wenig stärker durch thermische Kontraste bestimmt als vor dem ersten starken Schirmhieb. Damit wird jedoch der Bestandescharakter des Kleinklimas, wie er für die Verjüngung bedeutsam ist, keineswegs grundlegend verändert. Das zeigt sich ganz deutlich, wenn das Auftreten von Spätfrösten, also von pflanzengefährdenden Extremtemperaturen, auf Schirm- und Kahlschlägen vergleichend betrachtet wird *(s. Tab. 6.8)*.

6.1.2.3.4 Wasserhaushalt

Luftfeuchtigkeit und Tau
Die relative Luftfeuchtigkeit ist vor allem von der Temperatur bestimmt. Je höher diese liegt, desto geringer ist – bei gleichem absoluten Wassergehalt – die relative Feuchtigkeit. Mit zunehmender Auflichtung nimmt vor allem an Strahlungstagen die Innentemperatur in Beständen und ganz besonders auf Lücken zu. Parallel dazu sinkt die relative Luftfeuchtigkeit erheblich ab, wodurch der Transpirationsstreß für die

Tab. 6.8: Minimumtemperaturen im Zeitraum von 2. V. bis 2. VI. 1980, 5 cm über dem Boden gemessen auf einem Schirm- und auf einem benachbarten Kahlschlag (n. v. LÜPKE, 1982).

WERT		KAHLSCHLAG	SCHIRMSCHLAG nach Besamungshieb
Mittl. Minimum,	°C	− 3,9	+2,0
Tiefste Temperatur,	°C	− 7,1	+0,1
Frostnächte	Zahl	12	3
Frostschaden an Verjüngungspflanzen		stark	keiner

Die Schutzwirkung des Buchenschirmes gegenüber Spätfrösten ist selbst in sehr kalten Strahlungsnächten ausreichend.

Pflanzen verstärkt wird. Ob diese Erscheinung – über eine ganze Vegetationsperiode hinweg betrachtet – waldbaulich allerdings wirklich bedeutsam ist, läßt sich derzeit noch nicht exakt sagen.

Mit zunehmender Stärke der Schirmhiebe wird der Taufall aus der Kronenschicht des Altbestandes auf die bodennahe Vegetationsschicht verlagert, zu der auch die Verjüngung gehört. Aber selbst am Boden größerer Lücken liegt die Taufallmenge noch erheblich unter der ungeschützter Freilandflächen. Auch im Hinblick auf den Taufall muß wieder gesagt werden, daß eine positive waldbauliche Wirkung zwar denkbar, aber nicht nachgewiesen ist.

Niederschläge und Bodenfeuchtigkeit
Der Waldniederschlag, also der Teil des die Waldoberfläche erreichenden Niederschlages, der tatsächlich an den Waldboden gelangt, wird sehr stark von der Dichte des Altholz-Kronenschirmes beeinflußt. Wirken sich schwache Schirmhiebe zunächst nur wenig aus, so führen stärkere Öffnungen des Altholzschirmes bereits zu beachtlichen Erhöhungen des an den Boden gelangenden Niederschlagsanteils. Und im Zentrum größerer Femellücken können die Größenordnungen des Freilandes erreicht werden. *Abb. 6.13* zeigt diese Zusammenhänge. Aus *Tab. 6.9* ist darüber hinaus der Einfluß von Schirmhieben auf die Schneelage zu entnehmen, die sich durchaus analog zum Regenniederschlag verhält.

Tab. 6.9: Dauer der Schneelage und durchschnittliche Schneedichten nach unterschiedlicher waldbaulicher Behandlung in einem Bergmischwaldbestand. Höhe 910–950 mNN. Winter 1979/80. FoA Ruhpolding (n. LEHRSTUHL F. WALDBAU UND FORSTEINRICHTUNG, 1980).

		KRONENDACH GESCHLOSSEN	SCHIRMHIEB schwach stark	LOCHHIEB
Dauer einer Schneelage von > 3 cm,	Tage	143	149 158	172
Schneedichte	g/cm³	0,13	0,14 0,15	0,18

Je offener der Schirm gehalten wird, umso mehr Schnee gelangt an den Boden und desto länger bleibt er liegen; außerdem nimmt seine Dichte zu. Ökologisch bedeutsame Veränderungen sind allerdings erst nach starken Eingriffen und vor allem auf Femeln oder Löchern zu erwarten.

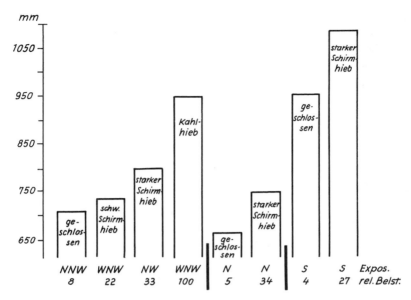

Abb. 6.13: **Niederschlagssummen** (ohne Stammabfluß) **auf unterschiedlich überschirmten Flächen** im Fichten-Tannen-Buchenwald. Zeitraum 17. V.–11. X, 1977, Höhenlage um 900 m NN, FoA Ruhpolding (n. MAYER, 1979).

Mit zunehmender Auflichtung der Bestände ist eine deutliche Zunahme des Waldniederschlages verbunden. Nach schwach geführten Schirmhieben ist dieser Effekt nur gering, starke Schirmhiebe erhöhen den an den Boden gelangenden Niederschlagsanteil immerhin bereits um etwa 15 %. Dieser Wert liegt allerdings noch wesentlich unter den Meßergebnissen auf dem vergleichbar gelegenen Kahlschlag. Ein solcher Effekt von Schirmhieben ist, unabhängig von Hangrichtung und Niederschlagshöhe, immer deutlich erkennbar.

Mit den Schirmhieben ist aber nicht nur eine Öffnung des Kronendaches für den Niederschlag verbunden, sondern gleichzeitig wird auch der Wasserverbrauch des Altbestandes reduziert. Aus dem Zusammenspiel beider Faktoren ergibt sich daher eine wesentliche Entlastung des Bodenwasserhaushaltes. Für die sich auf den Schirmschlägen entwickelnde Baumverjüngung, aber auch für die ankommende Bodenvegetation entsteht daraus eine Verbesserung der Lebensbedingungen, die in Trockenjahren besonders ausgeprägt ist *(s. Tab. 6.10)*.

Als Fazit aus diesen Darlegungen muß festgehalten werden, daß sich nicht nur die Strahlungs-, sondern auch die Feuchtigkeitsbedingungen auf Schirmschlägen für die Verjüngung aber auch die Bodenvegetation deutlich verbessern.

Niederschlag und Landschaftshaushalt
Werden die Wälder einer ganzen Landschaft im Schirmschlagbetrieb bewirtschaftet, so kommt es – je nach Dauer der Verjüngungsphase – auf 10 % bis maximal 40 % der Waldfläche zu einer Auflichtung des Kronendaches. Damit verbunden ist eine deutliche Verringerung der Wasserabgabe durch Interzeption und Transpiration, wie in *Abb. 6.13* und *Tab. 6.10* gezeigt wird. Der Abfluß aus solchen Gebieten muß infolgedessen zunehmen. Da bei sorgfältig ausgeführten Schirmhieben nur unbedeutende

Tab. 6.10:   Die Bodenfeuchtigkeit unter dem unterschiedlich dichten Schirm eines 140jährigen Tannen- (40%), Fichten- (25%), Buchen-, Ahorn- (35%) Bestandes im FoA St. Märgen, Schwarzwald (n. Luft, 1970).

	WASSERSÄTTIGUNG DES BODENS (%) in 8–12 cm Tiefe			
SCHLUSS-GRAD	Nach 10 mm Nieder-schlag in 24 Std.	Nach 3–5tägiger Austrocknung	Nach 5–7tägiger Austrocknung	Nach 30tägiger Trockenperiode
geschlossen	87	72	46	9
locker	98	78	72	9
licht	95	83	78	14
räumig	96	86	84	49
große Lücke	95	86	86	47

Der Wassergehalt des Bodens ist in geschlossenen Beständen infolge der größeren Niederschlagsinterzeption und vor allem der Transpiration geringer als in solchen, die sich in Schirmstellung befinden. Die Unterschiede sind in niederschlagsreichen Perioden gering, erreichen jedoch in Trockenzeiten beachtliche Größenordnungen. Wirklich bedeutsame Verbesserungen der Verfügbarkeit von Bodenwasser für die Verjüngung werden allerdings erst bei starker Auflichtung erreicht.

Verwundungen der Bodenoberfläche entstehen, wird die Infiltrierbarkeit des Niederschlagswassers in den Boden nicht beeinträchtigt. Infolgedessen entsteht kein oder nur geringer Oberflächenabfluß, so daß auch die Erosionsgefahr gering bleibt. Das Mehr an Wasser tritt, nachdem es den Boden durchsickert hat, durch verstärkte Quellschüttung wieder in Erscheinung. Allerdings darf dieser wasserwirtschaftlich meist durchaus erwünschte Effekt des Schirmhiebes nicht überschätzt werden. Mit der Auflichtung der Bestände finden sich bald Verjüngung und meist auch Bodenvegetation ein, die den Verlust an wasserverdunstenden Oberflächen im Altbestand zunächst vermindern und sehr bald voll kompensieren. Für den Landschaftshaushalt als Ganzes ähnelt daher ein Schirmschlag-Wald dem voll geschlossenen Wald ungleich mehr als einem Kahlschlag-Wald oder gar einer landwirtschaftlichen Flur *(vgl. dazu auch Abb. 6.7).*

6.1.2.3.5 Boden

Die Wirkung von Schirmhieben auf den Boden läßt sich folgendermaßen charakterisieren:

– Gegenüber dichten Beständen verbessern mehr Feuchtigkeit und höhere Temperaturen die Lebensbedingungen der abbauenden Bodenorganismen auf Schirmschlägen. Es kommt deshalb dort zu einer Beschleunigung der Mineralisierungsprozesse, die sich in verstärkter Bodenatmung und gleichzeitiger Freisetzung von Nährelementen äußern. Im Gegensatz zum Kahlschlag laufen diese Prozesse jedoch gedämpfter ab.

– Die freiwerdenden Nährelemente können großenteils im Kreislauf Boden – Pflanze gehalten werden, und zwar zunächst durch den Altbestand und mit fortschreitender Entwicklung durch die ankommende Verjüngung.

– Schließlich wird die Zufuhr von organischer Substanz aus der Waldbestockung – ebenfalls ganz anders als auf dem Kahlschlag – nie unterbrochen. Altbestand, Verjüngung und Bodenvegetation sorgen dafür, daß im ganzen Verlauf dieses wald-

baulichen Vorgehens frische Bestandesabfälle den Boden stets mit einer schützenden Oberfläche versehen und substantiellen Verlusten an organischer Substanz
entgegenwirken.

Der Schirmschlagbetrieb stellt daher für die möglichst verlustfreie und zuwachsfördernde Mobilisierung von Rohhumusauflagen ein besonders geeignetes waldbauliches
Verfahren dar, sofern andere Faktoren seine Anwendbarkeit nicht ausschließen. Über
diese wichtigen Zusammenhänge fehlt es bisher allerdings noch an zuverlässigen
Untersuchungsergebnissen.

6.1.2.3.6 Vegetationsentwicklung auf Schirmschlägen

Mehr Licht in Bodennähe und größere Bodenfeuchtigkeit vor allem bei trockener
Witterung machen zwar das Ankommen der Baumverjüngung möglich, jedoch verbessern sie auch die Entwicklungsbedingungen der Bodenvegetation erheblich. Die Ausbreitung der Bodenvegetation auf einem Schirmschlag ist in *Tab. 6.11* dargestellt, und
der Ablauf auf einer 700 m² großen Lücke kann *Tab. 6.12* und *Abb. 6.14* entnommen
werden.

Tab. 6.11: Die Entwicklung der Bodenvegetation auf einem Schirmschlag im FoA Reinhausen. Bestandesdaten: Buche mit etwas Eiche, 157jährig II. Ekl.; G = 23 m²/ha ; BG = 0,7 (n. v. LÜPKE, 1982).

ART	DECKUNGSGRAD %			
	Jahr nach dem Besamungshieb			
	1.	2.	3.	4.
Weiße Hainsimse	2	9	2	2
Rotes Straußgras	1	5	0	1
Landreitgras	0	1	1	1
Flatterbinse u. a.	1	7	4	3
Summe	**4**	**22**	**7**	**7**
Himbeere	1	3	9	16
Weidenröschen	1	5	8	18
Eichenfarn	17	23	26	38
Andere	2	2	3	3
Summe	**21**	**33**	**46**	**71**

Der Belichtungsgrad erlaubt das langsame Ankommen einer
Bodenvegetation, die hauptsächlich aus Himbeere, Weidenröschen
und Eichenfarn besteht. Diese Arten stellen keine sehr erhebliche
Konkurrenz für die Waldverjüngung dar. Gräser entwickeln sich
unter der gegebenen verhältnismäßig dichten Überschirmung nicht
in bedrohlicher Weise *(vgl. dazu Tab. 6.7.).*

Tab. 6.12: Die Entwicklung der Bodenvegetation (Himbeere, Wasserdost, Weißsegge) auf einer 1976 angelegten 700 m² großen Lücke in einem 120j. Bergmischwald, FoA Ruhpolding, 910 m NN, WSW 24° (n. MoSANDL, 1983).

JAHR	DECKUNGSGRAD %	
	Zentrum	Rand
1977	3	15
1978	10	24
1979	30	26
1980	53	30
1981	88	39
1982	93	39

Nach dem Lochhieb entwickelte sich die Bodenvegetation auch im Lückenzentrum über
drei Vegetationszeiten nur sehr langsam. In
den folgenden drei Jahren bildete sich dann
jedoch eine sehr dichte Vegetationsschicht
heraus, die eine erhebliche Konkurrenz für
die Baumverjüngung darstellt. In den Randlagen der Lücke blieb die Dichte der Vegetationsschicht zwar geringer, jedoch wirken
sich hier zusätzlich Licht- und Wurzelkonkurrenz des Altbestandes aus.

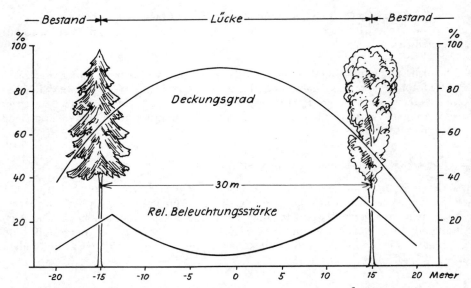

Abb. 6.14:   Der Deckungsgrad der Bodenvegetation auf einer 700 m² großen Lücke in einem sonst geschlossenen 120j. Fichten-Tannen-Buchenbestand 5 Jahre nach deren Entstehung sowie die relative Beleuchtungsstärke am Boden. FoA Ruhpolding, 930 m NN, 26° SW (n. MOSANDL, 1983).

Größere Lücken bedecken sich innerhalb weniger Jahre sehr dicht mit Bodenvegetation. Gelingt es der Naturverjüngung nicht, in den ersten zwei oder drei Vegetationszeiten anzukommen und sich kräftig zu entwickeln, so wird sie meist ein Opfer der sehr robusten Konkurrenzvegetation, unter deren Blätterdach sich Beleuchtungsstärken einstellen, die noch niedriger als jene in dicht geschlossenen Altbeständen sein können.

Eine wichtige Eigenart jeder Form von Schirmschlagverjüngung muß es danach sein, die Auflichtungen des Kronendaches so vorzunehmen, daß die Entwicklungsbedingungen der natürlichen Baumverjüngung eine größere Förderung erfahren als die der konkurrierenden Vegetation. Dabei ist unbedingt zu berücksichtigen, daß mit zunehmender Auflichtung des Altbestandes nicht nur die Dichte der Bodenvegetation zunimmt, sondern zugleich eine Veränderung der Artenzusammensetzung stattfindet. Schattenpflanzen von nicht allzu großer Konkurrenzkraft werden dabei zunehmend durch lichtbedürftigere, aber auch wesentlich aggressivere ersetzt. Der Fortschritt der Hiebe im Schirm- und Femelschlagbetrieb muß daher so gewählt werden, daß Auflichtungen erst folgen, wenn die Verjüngung so kräftig geworden ist, daß sie auch mit einem stark zunehmenden Konkurrenzdruck durch Sträucher und Kräuter zurechtkommt.

In der Sicherung der Verjüngung vor dem Ankommen einer vitalen Bodenvegetation liegt der Schlüssel zu einem erfolgreichen Schirmschlagbetrieb. Wo das nicht gelingt und wo also Konkurrenzvegetation sich auf Kosten der Waldverjüngung ausbreitet, muß der Verjüngungsprozeß unverzüglich von der natürlichen auf künstliche Verjüngung umgestellt werden. Es müssen dann Pflanzen eingebracht werden, die stark und widerstandsfähig genug sind, um mit der Bodenvegetation fertigzuwerden. Geschieht das nicht rasch und konsequent, so kommt es zu Verunkrautungen der Altbestände, die schwere waldbauliche Probleme verursachen.

6.1.2.4   Naturnähe

Der Schirmschlagbetrieb stellt die wichtigste waldbauliche Möglichkeit dar, die forstwirtschaftlich besonders ergiebige Aufbauphase von Naturwäldern permanent zu erhalten, ohne daß dabei Katastrophensituationen mit ihren unerwünschten wirtschaftlichen und ökologischen Folgen eintreten. Es wird also ein Vorteil des Kahlschlagbetriebes – das ständige Arbeiten mit Waldbeständen in ihrer produktivsten Entwicklungsphase – unter Vermeidung von dessen Nachteilen erreicht. Das dazu verwendete waldbauliche Hilfsmittel besteht darin, Bestandessituationen, wie sie in der Übergangs- und permanent in der Fließgleichgewichtsphase der Urwaldentwicklung auftreten *(vgl. Abb. 5.3)*, kurzfristig und künstlich für den Verjüngungszeitraum durch gleichmäßige Schirm- oder ungleichmäßige Femelhiebe einzustellen *(s. Abb. 6.15)*.

Abb. 6.15: Schematische Darstellung der Biomassenentwicklung im Schirmschlagbetrieb.

Ein Vergleich mit Abb. 5.3 läßt erkennen, daß bei dieser Art des Vorgehens der größte Teil der Bestandesentwicklung der hochproduktiven Aufbauphase von Naturwäldern entspricht. Dadurch, daß in der Verjüngungsphase des Wirtschaftswaldes zwei Waldgenerationen untereinander geschoben werden, wird der Boden nie völlig der schützenden Vegetationsdecke beraubt. Die Schirmphase im Wirtschaftswald ist deshalb in jeder Hinsicht ungleich moderater als die Stabilisierungsphase im Naturwald nach einer Katastrophe.

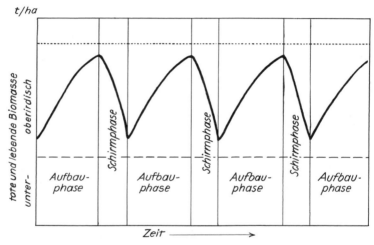

Eine weitere wichtige Eigenart des Schirmschlagbetriebes besteht darin, daß frühe Sukzessionsstadien umgangen werden, wie sie oft in der Aufbauphase des Naturwaldes vorkommen. Die kurzfristige Ausnutzung ökologischer Situationen aus späten Stadien der Naturwaldentwicklung fördert eher Schattbaumarten und behindert Pflanzenarten mit Pioniercharakter. War es deshalb ein Problem der Kahlschlagwirtschaft, den Schattbaumarten einen genügenden Anteil an der Bestockung zu sichern, so sind im Schirmschlagbetrieb oft besondere Maßnahmen erforderlich, um eine ausreichende Beteiligung an Halbschatt- und Lichtbaumarten zu gewährleisten.

6.1.2.5   Ertragskundliche Besonderheiten

Im Schirmschlagwald gibt es einen mehr oder weniger langen Zeitraum, in dem noch Zuwachs am verbleibenden Altholz angelegt, aber auch schon Zuwachs vom jungen Bestand geleistet wird *(s. Abb. 6.16)*.

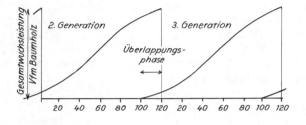

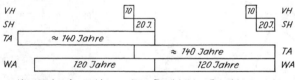

VH = Vorbereitungshiebe   TA = Tatsächlicher Entwicklungszeitraum
SH = Schirmhiebe   WA = Wirtschaftlicher Entwicklungszeitraum

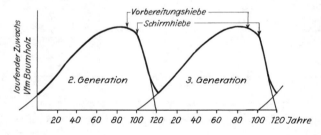

Abb. 6.16: Schematische Darstellung des Wachstumsganges in Beständen des Schirmschlagbetriebs (im Anhalt an JOHANN, 1970, verändert).

Nach dem letzten Räumungshieb der maximal 140jährigen Altbäume aus der ersten Bestandesgeneration hat der neue Bestand bereits Knie- bis Mannshöhe erreicht. Er ist dann höchstens so alt – meistens etwas jünger –, wie die Phase der Schirmhiebe gedauert hat. Das wirtschaftliche Alter entspricht allerdings nur dem Zeitraum, den die gleichen Verjüngungspflanzen ohne Schirmdruck des Altbestandes gebraucht hätten, um so hoch zu werden, wie sie dann sind. Die freigestellte Verjüngung entwickelt sich in der Folgezeit zügig weiter und wird einem waldbaulichen Erziehungskonzept unterworfen, das dem Bestand ein hohes Maß an Stabilität sichert. Neunzig Jahre nach der Freistellung werden – was meist nicht nötig ist – Vorbereitungshiebe eingelegt. Zehn Jahre später beginnt der Prozeß der Schirmhiebe. Dafür sind im dargelegten Beispiel 20 Jahre angesetzt worden, er kann aber auch kürzer oder deutlich länger dauern. In dieser Phase überlappen sich die Zuwächse des Altbestandes und der Verjüngung. In der Gesamtwuchsleistung eines Bestandes aus dem Schirmschlagbetrieb steckt daher immer ein Teil, der aus dieser Überlappungsphase stammt. Für alle Baumarten, die auch in fortgeschrittenem Alter noch durch Lichtungszuwachs auf Schirmhiebe reagieren, ist damit zu rechnen, daß durch diesen Lichtungszuwachs sowie das gleichzeitige Ankommen und die Entwicklung des Jungwuchses keine Zuwachsverluste eintreten. Wohl aber treten oft Wertsteigerungen durch erhöhte Durchmesserzuwächse an den verbleibenden Altbäumen ein. Für lichtbedürftige und weniger reaktionsfähige Baumarten dürften Zuwachsverluste – sofern sie überhaupt eintreten – umso geringer ausfallen, je kürzer Vorbereitungs- und Schirmhiebphase gehalten werden.

Diese Darstellung der Zuwachsverhältnisse gilt auch für das gruppenweise Vorgehen im Femelschlagbetrieb, solange der Verjüngungszeitraum nicht sehr ausgedehnt wird. Werden jedoch Verjüngungszeiträume von vielen Jahrzehnten angestrebt, so entstehen allmählich Waldaufbauformen, die ertragskundlich dem Plenterwald nahestehen und als Femelwald bezeichnet werden können.

In dieser Überlappungsphase wirken sich die folgenden Faktoren in vielfältiger Weise auf den Zuwachs von Altholz und Verjüngung aus:

– Der Zeitpunkt, zu dem der Auflichtungsprozeß begonnen und die Schnelligkeit, mit der er fortgesetzt wird.
– Die Fähigkeit der einzelnen Baumarten, in fortgeschrittenem Alter Lichtungszuwachs, also durch Freistellung über das bis dahin geleistete Maß hinausgehenden

Abb. 6.17: Die Abhängigkeit des laufenden Zuwachses von der Grundfläche in über 100jährigen Buchenbeständen I. und II. Ekl. (100 % = maximal möglicher lfd. Volumenzuwachs in voll geschlossenem Bestand) (n. FREIST, 1961).

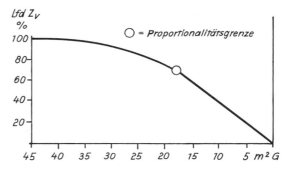

Mit der Verringerung der Bestockungsdichte geht selbst noch in alten Buchenbeständen nur eine zögernde Abnahme des Zuwachses einher. Nicht ganz so ausgeprägt gilt das auch für andere Baumarten. Das ist darauf zurückzuführen, daß die verbleibenden Bäume nach jedem Eingriff durch die Umlichtung der Kronen verbesserte Bedingungen für die Photosynthese vorfinden und daher zusätzlichen Zuwachs, nämlich **Lichtungszuwachs** anlegen. Aus der Darstellung ist zu ersehen, daß eine Reduktion der Bestockung um mehr als 50 %, von 45 auf etwa 19 m² Grundfläche, aus diesem Grunde nur eine Abnahme des laufenden Zuwachses von etwa 25 % bewirkt. Erreicht jedoch die Auflichtung in fortgeschrittenen Phasen des Schirmhiebes einen Grad, bei dem jede Krone bereits voll belichtet ist, dann führen weitere Eingriffe zu einer proportionalen Abnahme von Bestockungsdichte und Zuwachs. Im vorliegenden Beispiel liegt diese Proportionalitätsgrenze bei etwa 18 m² Grundfläche.

Zuwachs anzulegen. Alle Baumarten sind dazu in der Lage, doch reagieren Schattbaumarten, allen voran die Buche, in dieser Beziehung schneller und stärker als Halbschatt- und Lichtbaumarten *(s. Abb. 6.17)*.

– Je besser bekront und damit je vitaler ein Baum ist, um so stärker wird er auf Kronenumlichtung reagieren. Der durchschnittliche Bekronungsgrad der Bäume des Altbestandes spiegelt die waldbaulichen Erziehungsmaßnahmen der Vergangenheit wider, durch die der Bestand gezielt auf die Verjüngungsphase vorbereitet worden ist, und läßt zugleich erkennen, wie stark er in der Lage sein wird, Lichtungszuwachs anzulegen.

– Die Schnelligkeit und Dichte, mit der die Verjüngung nach den ersten Schirmhieben natürlich oder künstlich ankommt.

– Stärke und Dauer der Wachstumsdämpfung, der die Verjüngungsschicht durch die Konkurrenzwirkung von Altholz und ggf. ankommender Bodenvegetation ausgesetzt ist *(s. Tab. 6.13 und Abb. 6.18)*. Lichtbaumarten werden in ihrer Entwicklung stärker durch Schirmdruck beeinträchtigt als Schattbaumarten; das gilt besonders bei langen Überschirmungszeiträumen.

Tab. 6.13: Kritische Grenzwerte für die Überschirmungsdichte beim langfristigen Schirmschlagbetrieb in Buchenbeständen (n.FREIST, 1962). Bei Einhaltung der angegebenen Dichte des Oberstandes wird vermieden, daß es zu überstarken Wuchsstockungen und minderwertiger Schaftqualität in der Verjüngung kommt.

ENTWICKLUNGS-STADIUM der Verjüngung	HÖCHSTZULÄSSIGER OBERSTAND	
	G m²/ha	Überschirmung %
Dickung	16–20	50
Schw. Stangenholz	12– 8	40–30
Mittl. Stangenholz	4	15

An den Zahlen ist zu erkennen, daß auch die Schattbaumart Buche dichte Überschirmung nur in sehr früher Jugend gut verträgt. Je älter sie wird, desto mehr wirkt sich Schirmdruck auf ihre Entwicklung aus.

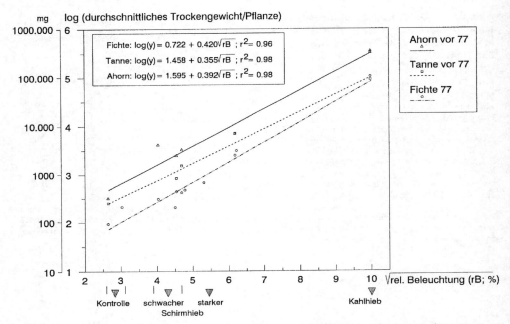

Abb. 6.18: **Die durchschnittlichen Trockengewichte von Verjüngungspflanzen des jeweils glei-chen Keimjahres** in waldbaulich unterschiedlich behandelten Beständen des Bergmischwaldes, 10 Jahre nach der Versuchsanlage (n. BURSCHEL et al., 1992).

Die logarithmische Darstellung läßt beispielhaft erkennen, daß das Wachstum der jungen Pflanzen völlig durch ihren Lichtgenuß bestimmt ist. Dieser wiederum ist eine Funktion der Öffnung des Kronendaches. Aber selbst nach stark geführten Schirmhieben (Entnahme von 50 % des aufstockenden Volumens) bleibt das Wachstum noch stark gebremst. Der Zustand der Pflanzen auf der unbehandelten Fläche mit dichtem Altholzschirm stellt dabei das untere Extrem dar, bei dem es zu häufigen Ausfällen infolge von Überlebensschwäche kommt, während die Situation auf dem Kahlschlag das lichtökologische Maximum darstellt. Es liegt überproportional weit über den Werten selbst des stark geführten Schirmhiebs.

Für die waldbauliche Praxis läßt sich der – nicht sehr umfassende – Kenntnisstand über den Zuwachs in Schirmschlagbeständen folgendermaßen darstellen:

– Sollten überhaupt Zuwachseinbußen im Verlauf der Verjüngungsphase von Schirm-schlagbeständen eintreten, so dürften sie dann nicht sehr hoch sein, wenn das Ankommen der Verjüngung ohne Verzögerung mit den ersten Auflichtungen paral-lel verläuft.

– Der Lichtungszuwachs am verbliebenen Altholz ist umso bedeutsamer, je besser die Schaftqualität der Bäume ist, an denen er angelegt wird. Wird Lichtungszuwachs hauptsächlich an qualitativ herausragenden Bäumen gebildet, so können mögliche Zuwachsverluste an Holzvolumen des Gesamtbestandes aus Altholz und Verjün-gung dadurch wirtschaftlich mehr als ausgeglichen werden.

– In Beständen, die aus Baumarten mit eher geringer Fähigkeit zum Lichtungszu-wachs bestehen oder die durch waldbauliche Erziehungsmaßnahmen nicht genügend auf die Freistellung vorbereitet worden sind, sind kurze Überschirmungszeiträume aus ertragskundlicher Sicht längeren vorzuziehen.

Gleiches gilt für den Schirmschlagbetrieb zur Nachzucht lichtbedürftiger Baumarten. Diese verlangen ohnehin das Arbeiten mit frühzeitig offenen Schirmen und eher kurzen Verjüngungszeiträumen, soll die Verjüngung nicht zu sehr im Wachstum behindert werden.

– Bei Gefahr von Stammfäulen am Altholz, Baumschwamm bei der Kiefer oder Rotkernigkeit bei Buche kommen nur kurze Überschirmungszeiträume in Frage.

– Ein sachgemäß verwirklichter Schirmschlagbetrieb dürfte – nach dem begrenzten Stand des Wissens – dem Kahlschlagbetrieb ertragskundlich nur selten unterlegen sein. Sehr häufig ist er das jedoch keinesfalls. Wird zudem Lichtungszuwachs an besonders wertvollen Althölzern angelegt, so ist seine betriebswirtschaftliche Überlegenheit unzweifelhaft.

6.1.2.6   Bedeutung und Wertung

Der Schirm- und Femelschlagbetrieb stellen nach dem Kahlschlagbetrieb die wichtigste Form der Waldverjüngung dar. Wo Naturverjüngung angestrebt wird, geschieht das sogar ganz überwiegend unter Ausnutzung von Schirmstellungen im Altholz.

Die **Vorteile** dieses Vorgehens sind:

– Schatt- und Halbschattbaumarten können ihren ökologischen Ansprüchen gemäß unter Schirmschutz natürlich ankommen und sich dort solange entwickeln, bis sie den Unbilden des Freistandes – Temperaturextreme, konkurrierende Bodenvegetation – gewachsen sind.

– Durch entsprechende Hiebsführung können auch Lichtbaumarten gruppen- oder horstweise in den Grundbestand aus schattenertragenden Arten eingebracht werden.

– Werden Mischbestände angestrebt, so können sie bei Vorhandensein von Mutterbäumen der entsprechenden Baumarten aus Naturverjüngung oder bei deren Fehlen durch künstliche Einbringung erreicht werden.

– Bei Versagen oder Unmöglichkeit der Naturverjüngung ist der ganze Verjüngungsprozeß auch auf künstlichem Wege durch Pflanzung oder Saat möglich.

– Wird spätestens zu Beginn der Verjüngung eine geländegerechte räumliche Ordnung für jeden Bestand geschaffen, so bereitet die Ernte der Altbäume über der angekommenen Verjüngung technisch nur geringe Schwierigkeiten.

– Bei Einhaltung längerer Überschirmungszeiträume kann es zu beachtlichen Lichtungszuwächsen an den freigestellten Altbäumen kommen. Handelt es sich dabei um Stämme von hoher Oualität, so ist damit ein erheblicher Wertzuwachs verbunden.

Dem stehen als **Nachteile** gegenüber:

– In Mastjahren der seltener fruktifizierenden Baumarten können nicht marktgerechte Anfälle von Holz entstehen, wenn zur Förderung des Ankommens der Verjüngung verstärkt eingeschlagen wird.

– Die Erntekosten für die Lichtungs- und Räumungshiebe erhöhen sich dadurch, daß Zuschläge für besondere Sorgfalt bei Hieb und Rücken gezahlt werden müssen.

– Die Sturmwurfgefahr im Altholz nimmt in den ersten Jahren nach der Schirmstellung erheblich zu; das gilt für den gleichmäßigen Schirmschlagbetrieb ausgeprägter als für den Femelschlagbetrieb.

Der Schirmschlagbetrieb mit eher gleichmäßiger Auflichtung der Bestände, oft auf großen Flächen, ist das **klassische Verjüngungsverfahren für Buchenbestände,** aber auch für Buchenbestände mit beigemischten anderen Laubbaumarten. Die großen Buchenmeere vieler Mittelgebirge sind so entstanden. Aus dem Femelschlagbetrieb hervorgegangene Laubbaumbestände sind zwar seltener, doch gibt es auch sie in einigem Umfange. Beide Verfahren werden heute bei der Verjüngung von Laubbaumbeständen auf erheblichen Flächen angewandt. Im Gegensatz zu früher wird dabei meist mit langen Überschirmungszeiträumen und unabhängig von Mastjahren gearbeitet.

Die **Eiche** ist in Mitteleuropa überwiegend durch Saat oder Pflanzung auf der Kahlfläche begründet worden. Heute hat sich meist ein Verfahren durchgesetzt, das als Saat unter Schirm bezeichnet werden könnte und einen Schirmschlagbetrieb mit besonders kurzer Überschirmungsphase darstellt. Dazu werden in Mastjahren der Eiche geschlossene Altbestände – meistens solche der Buche – durch Entnahme von deutlich mehr als 50 % des aufstockenden Volumens sehr stark aufgelichtet und danach unter dem verbliebenen Schirm Eicheln gesät. Nach deren Ankommen und Erstarken wird mit ein oder zwei Hieben nachgelichtet. Der Überschirmungszeitraum dauert dabei selten mehr als fünf Jahre. Er reicht gerade aus, um die Konkurrenz der Bodenvegetation so lange zu dämpfen und Schutz gegen Spätfröste zu geben, bis die jungen Eichen die Fläche völlig decken. Zunehmende Bedeutung gewinnt auch die Unterpflanzung (oder Untersaat) von in Schirmstellung gebrachten Kiefernaltbeständen mit Eichen oder auch Buchen. Die sich daraus entwickelnde Zweischichtigkeit kann sehr lange erhalten werden, am Schirmbestand bedeutende Lichtungszuwächse bewirken und langfristig zu ungleichmäßigen Bestandesstrukturen führen.

Längerfristiges Arbeiten mit Schirmhieben zur natürlichen Verjüngung der Eiche ist in der Bundesrepublik nicht sehr gebräuchlich, wegen der leichten Verjüngbarkeit der Eiche im Zaun und der weiten Verbreitung durch den Häher aber durchaus möglich. Dagegen stellt der Schirmschlagbetrieb in Eichenbeständen eine wichtige und erfolgreiche Form der Waldwirtschaft in West- und Südosteuropa dar.

Auch für die **Umwandlung reiner Nadelbaumbestände in Laubbaum- oder Laub-Nadelbaummischbestände** sind beide Grundformen des Schirmhiebes bedeutsam. Dazu werden aus Gründen der Stabilität zonenweise Schirmschläge angelegt, auf denen die Laubbäume unter dem verbliebenen Altbestand gepflanzt oder gesät wird. Mit Lichtungs- und Räumungshieben wird dann die sich entwickelnde Verjüngung allmählich freigestellt und gleichzeitig eine weitere Zone des Altbestandes in Schirmstellung gebracht. Werden Nadel-Laubbaum-Mischbestände angestrebt, so erfolgt die Einbringung der Laubbäume (oder auch der Tanne) am besten auf zunächst nur leicht aufgelichteten Femeln, die nach dem Fußfassen der Mischbaumarten geöffnet und durch Rändelung vergrößert werden. Das Vorgehen sollte immer gruppen-, horst- oder auch kleinflächenweise sein. Die zugehörige Hauptbaumart kann dann natürlich ankommen, oder sie wird im Zuge der Rändelungshiebe ebenfalls gepflanzt.

Für die **Verjüngung von Fichtenbeständen** hat der Schirmschlagbetrieb immer eine gewisse Bedeutung gehabt, und es deutet einiges darauf hin, daß seine Anwendung deswegen zunimmt, weil die Naturverjüngung dieser Baumart sich heute offenbar häufiger einstellt – oft unerwünscht – als das in der Vergangenheit der Fall war. Das bevorzugte Vorgehen besteht in einem Streifen- oder Zonenschirmhieb über der bereits angekommenen, aber noch sehr niedrigen Verjüngung, der mit dessen Erstarkung gegen die Hauptwindrichtung vorgetrieben wird. Solche Fichtennaturverjüngungen haben allerdings nicht selten den Nachteil, daß sie überdicht ankommen und später teuer vereinzelt werden müssen. Deshalb, aber auch zur Ausnutzung der ökologischen Vorteile des Schirmhiebes, wird die geschilderte Art des Vorgehens in zunehmendem Maße auch für die künstliche Verjüngung der Fichte angewandt.

Auch in **Kiefernaltbeständen** kommt in den letzten Jahrzehnten verstärkt Naturverjüngung an. Sie erscheint vielfach spontan, ohne daß die Altbestände vorher aufgelichtet worden wären. Sie sind allerdings von Natur aus lichtdurchlässig und stellen sich dazu oft infolge von Ausfällen durch Kienzopf oder Baumschwamm licht. Zur Ausnutzung solcher Naturverjüngung werden dann Hiebe geführt, die eine gleichmäßige, ziemlich offene Schirmstellung bewirken. Räumungshiebe schließen sich meist schnell an, da der Zuwachs der lichtbedürftigen Kiefer mit zunehmender Höhenentwicklung selbst unter leichtem Schirmdruck zu leiden beginnt und dann die Gefahr besteht, daß die sehr oft mitangeflogene schattentolerantere Fichte die Kiefernverjüngung überwächst.

Schirmhiebe sind auch ein geeignetes Verfahren für **nadelbaumbestimmte Mischbestände.** Der Femelschlagbetrieb ist, wie im *Kap. 6.1.2.2* gezeigt wurde, sogar eigens für die Begründung von Mischbeständen entwickelt worden. Die Grundüberlegung dabei ist eine sehr einleuchtende: In den frühen Stadien des Schirmschlagbetriebes bleibt die Beleuchtungsstärke am Boden noch so gering, daß sich vor allem schattentolerante Arten wie Tanne und Buche entwickeln können. Wird über lange Zeiträume mit geringen Auflichtungen gearbeitet, so werden alle lichtbedürftigeren Arten geradezu „ausgedunkelt". Folgen dagegen bald Lichtungshiebe, dann verbessert sich die Beleuchtungsstärke am Boden soweit, daß sich auch Halbschattbaumarten entwickeln und infolge ihres meist überlegenen Höhenwachstums in der Jugend in ausreichend großer Zahl gegenüber den Schattbaumarten durchsetzen können.

Mit beiden Formen des Schirmschlagbetriebes, und zwar ganz besonders mit dem Femelhieb in Mischbeständen, hat es in der Vergangenheit Mißerfolge in erheblichem Umfang durch Ausfall der Mischbaumarten gegeben (PLOCHMANN, 1961). Diese Mißerfolge sind jedoch weniger auf waldbauliche Eigenarten der Verfahren zurückzuführen als auf die seit mehr als 100 Jahren rapide angewachsenen Schalenwildbestände, die gerade die Mischbaumarten bis zum völligen Ausfall verbeißen.

In der *Abb. 6.19* ist der Ablauf einer Schirmschlagverjüngung in einem Mischbestand dargestellt. Es ist daraus die Abfolge der Eingriffe zu ersehen, und es wird gut erkennbar, daß es durchaus gelungen ist, im Verlauf des 35jährigen Verjüngungszeitraumes einen gut gemischten Altbestand planmäßig durch einen jungen zu ersetzen, der wieder alle Mischungselemente aufweist.

Literatur

ANONYMUS (1894): Wirtschafts-Regeln für das k. Forstrevier Neuessing, aufgestellt im Jahre 1885. Mitt. a.d. Staatsforstverw. Bayerns. 1, 2–26.

BURSCHEL, P., EL KATEB, H., MOSANDL, R. (1992): Experiments in mixed mountain forests in Bavaria. In: KELTY et al. (Hrsg.) The Ecology and Silviculture of Mixed Species Forests. A Festschrift for David M. Smith. Kluwer Acad. Publ. Dordrecht-Boston-London, 183–215.

FINSTERER, A. (1973): Die klassischen bayerischen Naturverjüngungsverfahren im Raume Kelheim. Forstw. Forsch. Beih. Forstw. Cbl. 35.

FREIST, H. (1962): Untersuchungen über den Lichtungszuwachs der Rotbuche und seine Ausnutzung im Forstbetrieb. Forstw. Forsch. Beih. Forstw. Cbl. 17.

GAYER, K. (1886): Der gemischte Wald, seine Begründung und Pflege insbesondere durch Horst- und Gruppenwirtschaft. Berlin.

1857

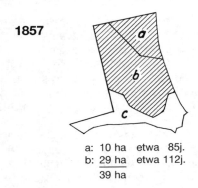

1960

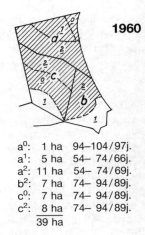

a: 10 ha   etwa   85j.
b: 29 ha   etwa 112j.
    ——
    39 ha

a^0:   1 ha   94–104/97j.
a^1:   5 ha   54– 74/66j.
a^2: 11 ha   54– 74/69j.
b^2:   7 ha   74– 94/89j.
c^0:   7 ha   74– 94/89j.
c^2:   8 ha   74– 94/89j.
         ——
         39 ha

Waldbauliche Planung nach der Forsteinrichtung

1857: Vorbereitungshiebe, Besamungshiebe gegen Ende des Zeitabschnittes in b
1870: Besamungshiebe in a, Fortsetzung der Lichtungs- und Räumungshiebe in b
1883: Allmählicher horstweiser Räumungshieb in a
1897: Letzte Räumungshiebe

Ausführung der Hiebe

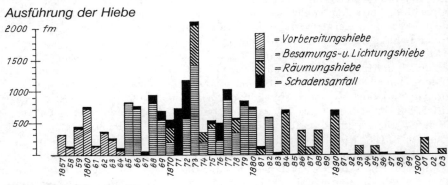

Bestandesdaten (ha-Werte)

BAUMART	1857			1960		
	N	m^2	fm	N	m^2	fm
Fichte	337	13,7	146	378	17,7	170
Tanne	239	10,2	111	134	6,8	72
Buche	35	1,8	18	178	6,3	50
Lärche, Kiefer,						
Eiche	–	–	–	13	0,8	8
Summe	611	25,7	275	703	31,6	300

Abb. 6.19:   Ablauf einer Schirmschlagverjüngung in der Abt. Rehberg, FoA Kelheim, Fränk. Jura. 480 m NN, S-Hang, mäßig frischer Kalkverwitterungslehm (n. FINSTERER, 1973).

Im Verlauf eines etwa 35jährigen Verjüngungszeitraumes ist es gelungen, einen fichtenbestimmten Mischbestand unter voller Wahrung seines Charakters im wesentlichen natürlich zu verjüngen. Dabei traten nennenswerte Sturmschäden an dem aufgelichteten Altbestand in zwei Jahren auf, ohne daß der Ablauf wesentlich beeinträchtigt worden wäre.

GAYER, K. (1898): Der Waldbau. 4. Aufl. Berlin.

GROSSE, H.-U. (1983): Untersuchungen zur künstlichen Verjüngung des Bergmischwaldes. Forstl. Forschungsberichte München, Bd. 55.

HARTIG, G. L. (1791): Anweisung zur Holzzucht für Förster. Marburg.

JOHANN, K. (1970): Größe und Verteilung des Zuwachses von Verjüngungsbeständen der Fichte. Mitt. a.d. Staatsforstverw. Bayerns. 38, 129–253.

LEHRSTUHL FÜR WALDBAU UND FORSTEINRICHTUNG, Universität München (1980): Schneemessungen im Winter 1979/80, unveröffentlicht.

LEIBUNDGUT, H. (1946): Femelschlag und Plenterung. Schw. Z. f. Fw. 306–16.

v. LÜPKE, B. (1982): Versuche zur Einbringung von Lärche und Eiche in Buchenbestände. Schriftenr. Forstl. Fak. Univ. Göttingen u. Nieders. Forstl. Vers.Anst. Göttingen, 74.

LUFT, W. (1970): Waldbaulich-ökologische Untersuchungen bei der Femelschlagverjüngung im montanen Tannen-Buchenwald des westlichen Hochschwarzwaldes. Diss. Univ. Freiburg.

MAYER, H. (1979): Mikroklimatische Untersuchungen im ostbayerischen Bergmischwald. Arch. Met. Geoph. Biokl. Ser. B. 247–62.

MORTZFELDT (1896): Über horstweisen Verjüngungsbetrieb. Zeitschr. f. Forst- u. Jagdwesen. 2–31.

MOSANDL, R. (1983): Löcherhiebe im Bergmischwald. Diss. Univ. München.

MOSANDL, R. (1991): Die Steuerung von Waldökosystemen mit waldbaulichen Mitteln – dargestellt am Beispiel des Bergmischwaldes. Mitt. a. d. Staatsforstverw. Bayerns Nr. 46.

MOSER, W. G. (1757): Forst- und Holz-Ordnung der Graftschaft Hanau-Münzenberg von 1736 in: Grundsätze der Forst-Oeconomie. 2. Beilage. 68–121.

PLOCHMANN, R. (1961): 150 Jahre Waldbau im Staatswaldgebiet zwischen Osser und Dreisessel. Forstw. Forsch. Beih. Forstw. Cbl. 13.

SEEGER (1925): Zur Kritik des badischen Femelschlags. Forstw. Cbl. 877–91.

6.1.3   Der Plenterbetrieb

Im schlagweisen Hochwald kommen alle Altersstufen bestandesweise getrennt nebeneinander vor *(vgl. Abb. 6.1)*. Waldbauliche Maßnahmen der Verjüngung und Erziehung finden daher ebenfalls immer räumlich getrennt voneinander statt. Im Plenterwald gibt es dagegen alle Altersstufen und damit Durchmesserklassen auf jeder Flächeneinheit in unmittelbarem räumlichen Neben- und Untereinander. Waldbauliche Eingriffe, die in einem solchen Wald vorgenommen werden, dienen meist nicht nur einem Teilzweck, sondern wirken sich als Ernte-, Verjüngungs- und Erziehungsmaßnahme zugleich aus. Jeder Plenterwaldbestand weist daher auch auf kleinen Flächen Eigenarten auf, die im Schlagwald nur auf einer ganzen Betriebsklasse zu erreichen sind *(s. Abb. 6.20)*.

6.1.3.1   Geschichte

Aufgrund ihrer Struktur können Plenterwälder bei jährlichen Eingriffen auch dann nachhaltig bewirtschaftet werden, wenn sie nur wenige Hektar groß sind. Darauf ist es zurückzuführen, daß einer ihrer Ursprünge in Bauernwäldern von meist geringer Größe zu suchen ist, aus denen ein ziemlich regelmäßiger jährlicher Holzbedarf gedeckt werden mußte. Plenterwälder sind aber auch dort entstanden, wo besonders wertvolles, weil sehr starkes Holz erzeugt werden sollte. Das war über Jahrhunderte im Schwarzwald der Fall. Von dort aus wurden solche Sortimente zum Schiffsbau den

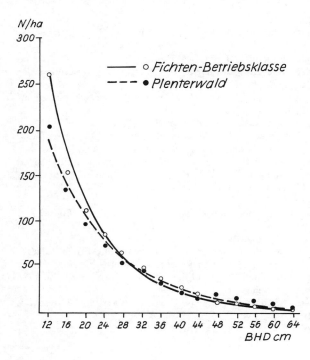

Die Baumzahlverteilung nach Durchmesserklassen im Plenterwald ist derjenigen überraschend ähnlich, die sich ergibt, wenn aus Ertragstafeln die durchschnittlichen Baumzahlen je Durchmesserklasse und Hektar für eine ganze Betriebsklasse entnommen werden, vergleichbare Standortsverhältnisse vorausgesetzt. Die Kurvenverläufe entsprechen einer fallenden geometrischen Reihe (Gesetz von LIOCOURT, 1898), die auf halblogarithmischem Papier als Gerade dargestellt werden kann. Wie sich im schlagweisen Betrieb die laufenden Zuwächse jeder Einzelfläche zum Gesamtzuwachs der Betriebsklasse addieren, der nachhaltig jährlich genutzt wird, so fließen im idealen Plenterwald laufender und durchschnittlicher Zuwachs zu einer einzigen Größe zusammen, die nachhaltig jährlich nutzbar ist.

Rhein hinab nach Holland geflößt. Die nahezu ausschließliche Einzelnutzung von Bäumen mit sehr hohen Zieldurchmessern führte allmählich zum Aufbau von Plenterstrukturen oder sicherte sie, wo sie von Natur aus bestand.

Da es im Plenterwald unumgänglich ist, daß die Verjüngung unter dem Schirm älterer Bäume ankommt und dort oft jahrzehntelang ausharren muß, ist seine Verbreitung auf Gebiete beschränkt, in denen die besonders schattenfeste Tanne von Natur aus wesentlichen Anteil am Bestandesaufbau besitzt. Privat- oder Gemeindewälder im Verbreitungsgebiet der Tanne sind es denn auch hauptsächlich, in denen der Plenterbetrieb entstanden ist und wo Plenterwälder noch heute in einigem Umfang zu finden sind. Aber auch Buchenplenterwälder haben einen ähnlichen Ursprung. So gibt es in Nordthüringen etwa 10 000 ha Buchenwälder auf Muschelkalk, die vor allem zur nachhaltigen Brennholzproduktion über sehr lange Zeiträume von der ländlichen Bevölkerung systematisch geplentert und dadurch in eine vorratsreiche Plenterstruktur gebracht worden sind. Die Forstwissenschaft hat erst zu Beginn dieses Jahrhunderts von dieser Form der Waldbewirtschaftung Kenntnis genommen, wobei die ersten grundlegenden Arbeiten aus der Schweiz stammen (LIOCOURT, 1898; BALSINGER, 1914; BIOLLEY, 1920; AMMON, 1937); umfassende Darstellungen des Plenterwaldes haben MITSCHERLICH, 1952 und SCHÜTZ, 1981 gegeben. In der Folge haben dann waldbauliche Konzepte aus dem Plenterwald und oft spekulativ philosophische Überlegungen dazu einen bedeutenden Einfluß auf das waldbauliche Denken gewonnen. Dieser steht allerdings in keinem angemessenen Verhältnis zu dem Flächenanteil der Plenterwälder am gesamten Wald. In der Bundesrepublik Deutschland nehmen sie nur knapp 1 % der Gesamtwaldfläche ein.

6.1.3.2   Beschreibung

Die jährliche oder in kurzen Intervallen wiederholte Nutzung weniger Stämme auf einer gegebenen Fläche wird Plenterung genannt. Wird bei dieser Art des Vorgehens nicht mehr als der jährliche Zuwachs auf dieser Fläche genutzt und werden immer wieder solche Bäume entnommen, die eine nach Gesichtspunkten der Holzverwendung festgesetzte maximale Stärke, den Zieldurchmesser, erreicht haben, so entsteht allmählich ein Plenterwald. Die waldbaulichen Maßnahmen, die in einem Plenterwald ausgeführt werden, dienen dann in der Folge immer der Erhaltung seines eigenartigen Gefüges. Im Idealfall ist dieses charakterisiert durch das Plentergleichgewicht. Darunter wird ein Fließgleichgewicht verstanden. Dieser Begriff wurde schon bei der Betrachtung von Naturwäldern vorgestellt *(vgl. Abb. 5.3)*. Im Plenterwald kommt das Fließgleichgewicht durch die Art zustande, wie die waldbaulichen Eingriffe vorgenommen werden. Der Grundgedanke ist dabei, daß die typische Plenterwaldkurve nur erhalten bleiben kann, wenn die Baumzahlen je Durchmesserklasse immer gleich bleiben. Das aber bedeutet, daß bei der Entnahme von Stämmen aus den höchsten Stärkeklassen binnen kurzer Zeit gleich viele aus den jeweils tieferen nachwachsen müssen. So entsteht gewissermaßen eine Bewegung, die sich durch das ganze System von der stärksten bis zur schwächsten Durchmesserklasse fortsetzt. Da nun aber die schwächeren Bäume im Plenterwald ganz

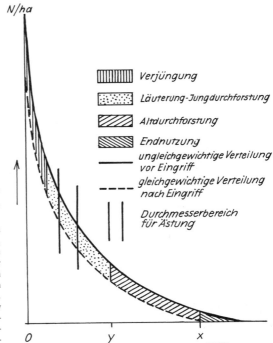

Abb. 6.21: Waldbau in einem Plenterwaldbestand (im Anhalt an Sᴍɪᴛʜ, 1962, verändert).

Waldbauliche Eingriffe sind durch ein zeitliches und räumliches Nebeneinander von Verjüngung, Erziehung und Endnutzung gekennzeichnet, die sich immer gegenseitig beeinflussen. Trennbar sind sie jedoch, wenn die Durchmesserbereiche in der Häufigkeitsverteilung betrachtet werden, in denen sie hauptsächlich vorgenommen werden. Als Hilfspunkte sind auf der Abszisse die Werte y und x aufgetragen; y bezeichnet den Mindestdurchmesser, von dem an überwiegend Stammholz anfällt und x den Zieldurchmesser, nach dessen Erreichen ein Baum bald geerntet wird.

erheblich unter dem Schirmdruck der höheren und oft auch unter dem Seitendruck benachbarter etwa gleichstarker stehen, ist der Durchmesserzuwachs in den niederen Klassen deutlich geringer als in den höheren. Jedes Baumindividuum braucht deshalb umso mehr Zeit, eine Durchmesserstufe zu durchwachsen, je geringer sein Durchmesser ist. Soll daher das Plentergleichgewicht im oben beschriebenen Sinne erhalten bleiben, so muß die Zahl der Bäume je Klasse mit abnehmendem Durchmesser in einer Weise zunehmen, wie es die *Abb. 6.20* und *6.21* zeigen.

Aus solchen Überlegungen geht aber auch hervor, daß sich waldbauliches Handeln nicht auf die Ernte von Bäumen beschränken darf, die den Zieldurchmesser erreicht haben. Eingriffe werden vielmehr auch dann erforderlich, wenn die einzelnen Stärkeklassen ungleichmäßig ausgestattet sind, oder wenn es zum Abreißen des permanent erforderlichen Ankommens von Verjüngung kommt. Die Erhaltung des Plentergefüges, das sich mathematisch in der Plenterwaldkurve manifestiert, muß so in allen

Tab. 6.14:   Aufbau von Plenterwäldern im Allgäu (n. KÖSTLER, 1956).

NR.	BESTANDES-VERFASSUNG		< 6	6–14	14–30	30–50	50–7	> 70	Σ	Ta	Fi	Bu
					DURCHMESSERKLASSEN, cm					BAUMARTEN-ANTEILE %		
1	Gute Plenterstruktur, vorratsreich	N/ha	202	243	158	64	78	38	783	71	25	4
		V_D/ha	–	9	51	120	339	266	785	72	27	1
2	Gute Plenterstruktur, vorratsgut	N	145	125	116	124	71	0	581	70	25	5
		V_D	–	5	41	224	265	0	535	70	29	1
3	Gute Plenterstruktur, vorratsarm	N	298	226	162	89	22	0	797	66	9	25
		V_D	–	7	54	138	73	0	272	80	20	0
4	Gefährdete Plenterstruktur, Starkholz-Überschuß	N	70	130	79	79	140	22	520	80	18	2
		V_D	–	5	23	161	599	163	951	72	28	0
5	Gefährdete Plenterstruktur, Mittelholzüberschuß	N	68	176	288	240	36	0	808	75	24	1
		V_D–	–	6	120	387	107	0	620	82	18	0
6	Gefährdete Plenterstruktur durch Überhiebe im Starkholz	N	176	115	121	36	0	0	448	69	21	10
		V_D		4	51	46	0	0	101	84	16	0
7	Verlorene Plenterstruktur, Wiederherstellung möglich aber schwierig und langwierig	4N	24	22	180	246	44	2	518	66	29	5
		V_D		2	88	420	158	15	683	71	28	1

Plenterwälder können sehr vielgestaltig sein und die typische fallende geometrische Reihe der Durchmesserhäufigkeitsverteilung sowohl bei sehr hohen als auch bei eher geringen Vorräten zumindest andeutungsweise ausbilden (1–3). Kommt es zu nicht plentergerechten Eingriffen, so wird die Gleichmäßigkeit des Aufbaus zugunsten der am wenigsten betroffenen Durchmesserklassen verschoben (4–6). Bei Ausbleiben von Eingriffen wächst das Starkholz zusammen und unterdrückt die schwächeren Baumschichten (4). Wird zu stark ins Starkholz eingegriffen, so bekommt das Mittelholz zuviel Gewicht (5). Und wenn sowohl Stark- als auch Mittelholz in Form von **„Plünderhieben"** im Übermaß entfernt werden, so können Schwachholz und Verjüngung sich zu ziemlich einschichtigen Beständen entwickeln (6). Die Rettung der Plenterstruktur erfordert in allen diesen Fällen Korrekturen durch entsprechende, meist langwierige Eingriffe. An den Daten der Tabelle wird ferner besonders deutlich, daß die untersuchten Plenterwälder – und das ist ein durchaus repräsentativer Befund – durch die Tanne geprägt sind. Buche und andere Laubbäume spielen eine ganz untergeordnete Rolle.

Stadien der Entwicklung dauernd waldbaulich gesichert werden. Es ist daher auch nicht verwunderlich, daß sich alle Formen waldbaulicher Einwirkung auf den Wald, wie sie in *Abb. 4.3* für den Schlagwald dargestellt worden sind, auch im Plenterbetrieb wiederfinden. Schematisch ist das in *Abb. 6.21* dargestellt.

Nun wäre es allerdings ein schwerwiegendes Mißverständnis, wollte man annehmen, daß wirkliche Plenterwälder dem skizzierten Idealmodell glichen. Das tun sie genausowenig wie Bestände des Schlagwaldes Ertragstafelmodellen glichen. Tatsächlich kommen Plenterwälder in außerordentlicher Vielfalt vor. Man spricht von Plenterwald deshalb schon, wenn
– ein Plentergefüge (Plenterstruktur) erkennbar ist,
– die Nutzung einzelstammweise vorgenommen wird. Die ganze Vielfalt, in der Plenterwälder zu finden sind, zeigen die *Tab. 6.14* und *6.15*.

Tab. 6.15: Baumzahlhäufigkeitsverteilung (4 cm Durchmesserklassen) im Buchenplenterwald Keula, Nordthüringen. Unterer Muschelkalk, 350–500 m NN; Niederschlagssumme 730 mm (n. Landbeck, 1952).

	GESAMTE BETRIEBSKLASSE	ABTEILUNG 2	ABTEILUNG 19
Flächengröße ha	721	26	40
G m²/ha	22	20	24
V Efm m.R./ha	248	211	290
Durchmesserklassen, cm		Baumzahlen, St./ha	
9	80	40	86
13	41	41	37
17	27	28	22
21	22	22	21
25	20	22	16
29	20	21	18
33	19	19	17
37	15	17	12
41	14	14	10
45	13	12	7
49	11	10	8
53	11	9	10
57	7	5	7
61	5	4	5
65	4	3	7
69	2	1	6
73	1	1	4
77	1	0	2
81	0	0	1

Die typische Plenterwaldkurve ist sowohl für die gesamte Betriebsklasse als auch für eine besonders vorratsreiche und eine vorratsarme Abteilung erkennbar.
Auch Buchenplenterwälder würden wie Tannen-Fichten-Buchen-Plenterwälder ohne permanente einzelstammweise Eingriffe zusammenwachsen und damit ihre charakteristische Plenterstruktur verlieren.

Die praktische waldbauliche Arbeit erfordert in Plenterwäldern noch größere Erfahrung als im Schlagwald.
Kriterien für das Vorgehen dabei ergeben sich aus der Ansprache des Plentergefüges:

- Sind keine oder nur wenige Stämme im Bereich des Zieldurchmessers vorhanden, mangelt es also an Starkholz, so ist Zurückhaltung bei der Ernte von Starkholz geboten.
- Umgekehrt ist die Vorgehensweise bei Starkholzüberschuß. Haben in Plenterwäldern irgendwann einmal zu vehemente Entnahmen von Starkholz stattgefunden, so bildet sich leicht ein Überschuß an Mittelholz heraus, der über lange Zeit erkennbar bleibt, bis irgendwann einmal besonders viel Starkholz herangewachsen ist. Dem muß dann durch entsprechende „Durchforstungseingriffe" vorsichtig entgegengewirkt werden.
- Die Verjüngung schließlich befindet sich in plentergerechter Verfassung, wenn sie nicht sehr zahlreich ankommt und nur verstreut auf der Fläche in Erscheinung tritt. Schichtiges, flächendeckendes Auftreten weist immer auf Mangel an Stark- und Mittelholz hin.
- Fehlt die Verjüngung ganz, oder hat sie nicht die erwünschte Baumartenmischung, so ist unverzüglich auf künstliche Verjüngung überzugehen oder im Falle von Wildverbiß zu zäunen.
- Da sich die Nadelbäume im Plenterwald genauso wenig von ihren Ästen befreien wie im Schlagwald, muß auch hier geästet werden, soll höchste Holzqualität produziert werden. Wenn, wie das meistens der Fall ist, Starkholzzucht mit Zieldurchmessern von mehr als 50 cm BHD getrieben wird, so ist die Ästung im Plenterwald eine besonders lohnende waldbauliche Maßnahme.

6.1.3.3   Ökologische Eigenarten

Die ökologischen Eigenarten des Plenterwaldes werden dadurch bestimmt, daß er eine dichte Vegetationsschicht bildet, die ihren Zustand kaum verändert, auch wenn immer wieder Bäume entnommen werden. Freilegungen auf nennenswerten Flächenteilen kommen überhaupt nicht vor, und Lücken im oberen Kronendach entstehen waldbaulich nur, wenn darunter bereits Verjüngung oder Schwachholz angekommen ist. Lediglich katastrophische Einwirkungen, vor allem Sturm und nicht plentergerechte Überhiebe, können Lücken über nicht verjüngten Flächenteilen verursachen. Insgesamt stellt daher der Plenterwald die zeitlich wie räumlich kontinuierlichste Form des Wirtschaftswaldes dar. Seine wichtigsten ökologischen Charakteristika sind in der folgenden *Übersicht 6.2* zusammengestellt.

6.1.3.4   Naturnähe

Der Plenterbetrieb stellt die einzige Form von Waldbau dar, die nicht auf die in Naturwäldern nach Katastrophen folgende besonders produktive Aufbauphase der Waldentwicklung setzt *(vgl. Abb. 5.3)*. Vergleichbar ist ein Plenterwald vielmehr der Fließgleichgewichtsphase von Naturwäldern.
  Diese Ähnlichkeit beruht auf den folgenden Eigenarten:
- Ein Plenterwald besteht einzelstamm-, horst- und gruppenweise aus Bäumen sehr unterschiedlicher Entwicklungsstadien.
- Alle Baumindividuen durchlaufen oft viele Jahrzehnte dauernde Phasen, in denen sie so sehr unter Schirm- und Seitendruck stehen, daß nur minimaler Höhen- und Volumenzuwachs angelegt wird *(vgl. Abb. 5.19)*.

Übersicht 6.2:   Die ökologischen Eigenarten des Plenterwaldes (Angaben hauptsächlich nach BURGER, 1934, 1951 und KERN, 1966).

ÖKOLOGISCHER FAKTOR	BESCHREIBUNG
Beleuchtung	Der Plenterwald ist in der für die Verjüngung bedeutsamen Höhe über dem Boden im Durchschnitt dunkler als vergleichbarer Schlagwald. Dieser Durchschnitt ergibt sich jedoch aus vielen wesentlich dunkleren Partien, die gleichzeitig von Oberschicht, Mittelschicht und Unterschicht überschirmt sind als auch aus deutlich helleren, weniger überschirmten. Dort findet sich die Verjüngung vor allem ein. Bei im Durchschnitt größerer Dunkelheit ist also die Amplitude vorkommender Beleuchtungswerte im Plenterwald größer als im Schlagwald.
Wind und Sturm	Je reicher an Unter- und Zwischenstand ein Plenterwald ist, um so stärker wird die Windgeschwindigkeit darin gegenüber dem Stammraum einschichtiger Schlagwaldbestände abgemildert. Solche Unterschiede verschwinden jedoch, wenn auch die Schlagwaldbestände Unterstand aufweisen. – Die aerodynamische Oberfläche von Plenterwäldern ist besonders rauh. Wenn diese trotzdem als außerordentlich sturmfest gelten können, so ist das auf die Form der besonders exponierten Starkholzbäume zurückzuführen. Diese werden im Laufe ihrer Entwicklung sehr allmählich freigestellt und haben genügend Zeit, sich der mit zunehmender Höhe ansteigenden Sturmbelastung dadurch anzupassen, daß sie langkronige (tiefer Schwerpunkt), abholzige (sehr niedrige h : d-Werte) und fest verwurzelte Gestalten ausbilden, die in dieser Beziehung Solitären mit ihren individuell stabilen Gestalten ähnlicher sind als Bäumen aus Althölzern des Schlagwaldes.
Temperaturen	Infolge der Mehrfachüberschirmungen des Bodens ist der Luftaustausch zwischen Bestandesinnenraum und Atmosphäre noch mehr herabgesetzt als im Schlagwald. Bei ähnlichen Durchschnittstemperaturen ist die vorkommende Temperaturamplitude im Plenterwald geringer ausgebildet. Extremwerte werden also noch weiter abgemildert. Allerdings kann es auf lichteren Partien mit höherer direkter Einstrahlung auch wärmer werden. Dadurch bilden sich an solchen Stellen deutlich höhere Bodentemperaturen heraus.
Wasserhaushalt	Die Luftfeuchtigkeit liegt im Plenterwald in allen Höhen, vor allem aber in Bodennähe ein wenig höher als im vergleichbaren einschichtigen Schlagwald. Das gilt sowohl für die Durchschnittswerte als auch ganz besonders für die Minima. Der an den Boden gelangende Teil des Niederschlages ist abhängig von der Benadelungsdichte des aufstockenden Bestandes. In vorratsarmen Plenterwäldern und an lichteren Stellen überhaupt ist daher der Interzeptionsverlust geringer als in dichtgeschlossenen Partien und in gleichmäßig dicht überschirmten Schlagwaldbeständen. Diese Ungleichmäßigkeit der an den Boden gelangenden Niederschlagsmengen, wie auch die wahrscheinlich ungleichmäßigere Durchwurzelung und damit Transpirationsstärke an wenig und stark überschirmten Stellen dürfte im Plenterwald zu einem Mosaik an unterschiedlicher Wassersättigung des Bodens führen, das mit zunehmender Dauer niederschlagsfreier Zeiträume deutlicher wird.
Boden	Die geschilderten ökologischen Unterschiede zwischen voll bestocktem Schlagwald und Plenterwald werden zwar gewisse Auswirkungen auf das Bodenleben und damit auf die Abbauprozesse haben, jedoch dürften sie insgesamt geringer sein als die während der Schirmphase beim Schirmschlagbetrieb auftretenden.
Bodenvegetation	Im geregelten Plenterbetrieb hat Bodenvegetation kaum eine Chance, in nennenswertem Umfang und mit waldbaulich bedeutsamen Konsequenzen anzukommen. Entstehen nach Sturmschäden oder überstarken Nutzungen größere Öffnungen, so können sich dort Situationen herausbilden, wie sie in *Abb. 6.14* geschildert worden sind.

Aber natürlich gibt es auch bemerkenswerte und waldbaulich entscheidende Unterschiede zur Fließgleichgewichtsphase des Naturwaldes:
- Die in den Plenterwäldern akkumulierten Holzvorräte liegen oft niedriger als in sonst vergleichbaren Urwäldern. Das ist darauf zurückzuführen, daß die Zieldurchmesser selbst in ausgesprochenen Starkholz-Plenterwäldern bewußt unter den Maximaldurchmessern gehalten werden, die in Naturwäldern vorkommen. Nachlassende Vitalität und regelmäßig eintretende Stammfäulen an sehr alten und starken Bäumen zwingen im Plenterwald zur Vermeidung solcher Senilitätsstadien.
- Auch der Plenterwald enthält daher – wie der Schlagwald – immer nur Bäume, die in der Vollkraft ihrer Entwicklung stehen. Durch ihre Entnahme vor dem Nachlassen der Vitalität wird gesichert, daß erneut hochvitale Individuen Gelegenheit bekommen, ihre ungeschmälerte Produktionskraft voll ausleben zu können.

Durch die Plenterung wird so ein höchst künstliches Fließgleichgewicht geschaffen und erhalten. Bei Fortfall der Eingriffe wird ein Plenterwald sehr bald starkholzreich und „wächst zusammen". Es vergeht dann sehr viel Zeit – ein bis mehrere Jahrhunderte –, bis als Folge der Senilität von Einzelbäumen die Übergangsphase und schließlich die produktionslose natürliche Fließgleichgewichtsphase des Urwaldes einsetzen. In *Abb. 6.22* ist das noch einmal dargestellt.

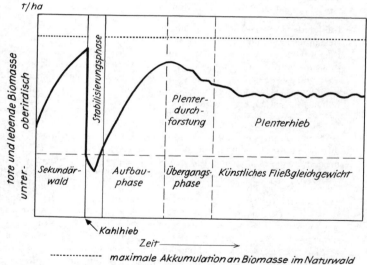

Abb. 6.22:   Die Entwicklung zum Plenterwald (vgl. Abb. 5.3).

Ein Bestand, der auf einem Kahlschlag entstanden ist, durchläuft wesentliche Teile der Aufbauphase mit großer Massenakkumulation. Er wird dann jedoch nicht erneut durch Kahl- oder Schirmhiebe verjüngt, stattdessen werden Bäume in Form einer **Plenterdurchforstung**[1] einzelstammweise genutzt, vor allem solche, die den Zieldurchmesser erreicht haben. Findet sich gleichzeitig Verjüngung ein, so bildet sich allmählich eine Plenterstruktur aus, die dann in der Folge durch Plenterung als künstliches Fließgleichgewicht erhalten bleibt.

---

[1] Der Begriff „Plenterdurchforstung" wird auch in einem anderen Sinne gebraucht *(vgl. Kap. 8)*.

6.1.3.5   *Ertragskundliche Besonderheiten*

Plenterwald ist eine Form der Bestockung, die hohe Produktivität mit großer Stabilität verbindet. Der Zuwachsgang der Einzelbäume im Plenterwald ist ein anderer als im Schlagwald. Die Jugendphase wird sowohl im Hinblick auf die Höhen- als auch die Volumenentwicklung durch außerordentliche Langsamkeit bestimmt. Licht- und Wurzelkonkurrenz des Mittel- und Oberholzes ermöglichen nur eine sehr geringe Produktion. Viele Individuen fallen diesem Konkurrenzdruck sogar zum Opfer bzw. vegetieren am Rande des Existenzminimums. Erst wenn der Konkurrenzdruck durch waldbauliche Maßnahmen verringert oder beseitigt wird, setzt verstärkter Zuwachs ein, der dann allerdings Größenordnungen erreicht, die dem von Bäumen ähnlicher Höhen- und Durchmesserklassen im Schlagwald durchaus vergleichbar sind *(vgl. Abb. 5.19)*. Das ist besonders gut am Durchmesserzuwachs erkennbar: Er ist in den frühen Entwicklungsphasen deutlich niedriger als in den fortgeschrittenen und erreicht sein Maximum erst im Bereich großer Durchmesser. Die engsten Jahrringe finden sich deshalb stets im Zentrum des Stammes. Das ist allerdings auch der Grund dafür, daß der Plenterwald auf schattenertragende Baumarten angewiesen ist, die dieser speziellen Wuchskonstellation angepaßt sind. Es gibt also im Plenterwald einen ähnlichen Überlappungseffekt, wie er für den Schlagwald im Schirmschlagbetrieb beschrieben worden ist *(vgl. Abb. 6.16)*. Der Unterschied besteht hier jedoch darin, daß diese Überschirmung permanent und nicht nur für einen bestimmten Zeitraum besteht, und daß die Schirmphase für jeden einzelnen Baum auf unterschiedliche Weise abläuft. Erfolgt dann aber eine Freistellung, so ist das Wachstumsalter[1] für Bäume aus dem gleichen Durchmesserbereich in vergleichbaren Beständen des Schlag- und Plenterwaldes durchaus ähnlich.

Wirklich zuverlässige ertragskundliche Vergleiche zwischen Plenterwald und Schlagwald sind nur schwer möglich. Dabei kommt es nicht nur deshalb zu Schwierigkeiten, weil es an genügend lange beobachteten, standörtlich geeigneten Vergleichsflächen fehlt, sondern auch weil beide Erscheinungsformen des Wirtschaftswaldes tatsächlich überhaupt nur bedingt vergleichbar sind. Plenterwälder sind nämlich fast immer auf Starkholzproduktion ausgerichtet. Sie enthalten deshalb in erheblichem Umfang Bäume von einer Dimension, wie sie im Schlagwald eher die Ausnahme bilden. Das ergibt sich dadurch, daß die Wachstumsalter im Plenterwald oft bedeutend höher gehalten werden als im Schlagwald. Solche Dimensionen und Alter sind im Plenterwald deshalb möglich, weil die Plenterung Baumindividuen hervorbringt, die so stabil sind, daß sie trotz großer Höhen Stürmen widerstehen können. Schlagwaldbäume und -bestände besitzen keine vergleichbare Stabilität und würden mit nicht tolerierbarer Wahrscheinlichkeit Opfer von Katastrophen, ließe man sie zu ähnlichen Dimensionen heranwachsen. Damit aber wird das Hochrechnen der Befunde aus Schlagwaldbeständen mit normalem Umtrieb auf Höhen und Durchmesser von Starkholz-Plenterwäldern – wie das gelegentlich geschieht – zu einem irrealen Unterfangen.

Deshalb seien die ertragskundlichen Betrachtungen auf den folgenden Überlegungen aufgebaut:
– Plenterwälder enthalten einen größeren Anteil an Schattenblättern und unbenadelter Kronenmasse als Schlagwälder. Deren Assimilationsleistung ist geringer als die

---

[1] Das Wachstumsalter eines Baumes beginnt mit dem Aufhören der Überschirmungsphase *(vgl. Abb. 5.19)*

von Lichtblättern. Gleichzeitig ist der Atmungsaufwand zur Erhaltung der meist hohen Vorräte an Biomasse in Plenterwäldern beachtlich und der Verbrauch an Assimilaten dafür entsprechend groß. Plenterwälder dürften deshalb dem Schlagwald hinsichtlich des jährlichen Gesamtzuwachses je Flächeneinheit eher unterlegen sein. Das gilt in besonderem Maße für Starkholz-Plenterwälder und in geringerem, wenn schwächere Sortimente das Ziel der Plenterung darstellen, also z. B. in Bauholz-Plenterwäldern.

– Wegen der hohen Wertschätzung starken Holzes *(vgl. Tab. 5.6)* sind sehr dicke Bäume meist das Ziel der Plenterung. Halbwegs im Gleichgewicht befindliche Plenterwälder sind deshalb Schlagwäldern mit normaler Umtriebszeit in der Wertproduktion auch dann überlegen, wenn ihre Volumenproduktion niedriger liegt *(s. Tab. 6.16)*.

– Die außerordentliche Stabilität des Plenterwaldes ist ein solches Positivum, daß Einbußen an Volumenzuwachs selbst dort in Kauf genommen werden könnten, wo diese nicht durch den Wertzuwachs kompensiert werden. Das gilt nicht nur in landschaftsökologischer, sondern genauso in wirtschaftlicher Hinsicht: Der stabilste Wald ist auch immer der wirtschaftlichste.

Tab. 6.16:   Erntekostenfreie **Erlöse je Hektar und Jahr im** Fichten-Tannen-(Buchen)-**Plenterwald und im Altersklassenwald** am Beispiel der Verhältnisse in Baden-Württemberg (n. SCHULZ, 1993)

		HIEBSÄTZE Efm/ha/J. 9	7
Plenterwald			
Stammholz	%	90	90
Stammholz	fm/ha	8,1	6,3
Erlös	DM/fm	135	135
Erlös	DM/ha	1094	851
Altersklassenwald			
Stammholz	%	80	80
Stammholz	fm/ha	6,2	5,6
Erlös	DM/fm	115	115
Erlös	DM/ha	828	644
Differenz zugunsten Plenterwald DM/ha		266	207

Die Zahlen zeigen sehr eindringlich, daß die **Durchschnittspreise** infolge stärkeren Durchmessers und höheren Stammholzanteils **im Plenterwald höher liegen als im Schlagwald.** Bei Vorgabe eines mittleren und daher realistischen Preisniveaus und zweier unterschiedlicher Hiebssätze für verschiedene Standorte errechnet sich ein flächenbezogener Erlösvorteil des Plenterwaldes in der Größenordnung von gut 30 %. Auch wenn solche Befunde mit der nötigen Vorsicht wegen der überhaupt beschränkten Vergleichbarkeit von Plenter- und Schlagwald betrachtet werden müssen, so machen sie doch klar, daß Plenterwälder, wo sie bestehen, ökonomisch als sehr vorteilhaft angesehen werden können. Ein Vorteil, der durch die immer wieder erwiesene große Widerstandsfähigkeit gegen abiotische Schadfaktoren weiter verstärkt wird.

6.1.3.6   Bedeutung und Wertung

Der Plenterwald stellt eine Form des Wirtschaftswaldes dar, in der durch einzelstammweise Nutzung Strukturen geschaffen und erhalten werden, wie sie in Naturwäldern in reiferen Entwicklungsstadien vorkommen. Im Plenterwald wird das jedoch mit voll vitalen Baumindividuen auch in hohen Durchmesserklassen erreicht, während Reifestadien des Naturwaldes viele senile und daher unproduktive Bäume enthalten.

Die **Vorteile** des Plenterwaldes können folgendermaßen umrissen werden:
- Eine Waldbestockung, die auf kleiner Fläche Bäume in allen Durchmesserklassen aufweist, bleibt dauernd erhalten. Plenterwald stellt daher den idealen Schutzwald dar.
- Plenterwald erlaubt auch auf kleinen Flächen nachhaltig die jährliche Ernte des Zuwachses.
- Für Kleinwaldbesitz mit jährlich etwa gleichbleibendem Holz- oder Einnahmebedarf stellt Plenterwald die ideale Form des Wirtschaftswaldes dar.
- Plenterwald kann so bewirtschaftet werden, daß die Zieldurchmesser im Mittelholz- oder im Starkholzbereich liegen. Viele der existierenden Plenterwälder haben ihr Schwergewicht im Starkholzbereich. Der Anteil der geringwertigen „Vornutzungen", also aus Erziehungsmaßnahmen *(vgl. Abb. 6.21)* stammender schwächerer Bäume, ist im Plenterwald deutlich geringer als im Schlagwald.
- Infolge des hohen Anteils starker Stämme an der Gesamtproduktion liegt die Wertleistung von Plenterwäldern besonders hoch.
- Plenterwaldbäume werden nach einer meist längeren Überschirmungsphase sehr langsam an Freistand mit starker Kronenumlichtung angepaßt. Dadurch entwickeln sie im Gegensatz zu Schlagwaldbäumen bei gleicher Höhe erheblich größere Durchmesser, was ihnen ein hohes Maß an Stabilität verleiht. Plenterwald stellt deshalb eine besonders stabile Erscheinungsform des Wirtschaftswaldes dar. Kommt es darin zu Sturmschäden, so äußern sich diese fast immer in Einzelwürfen oder -brüchen und nur selten als flächige Ereignisse.

Dem stehen allerdings auch **Schwierigkeiten** gegenüber:
- Der Plenterbetrieb erfordert erhebliches waldbauliches Können und große, über viele Generationen von Forstleuten sich erstreckende Kontinuität in der Art der Waldbehandlung.
- Sehr starke Eingriffe, wie sie betriebliche oder nationale Ausnahmesituationen erforderlich machen können, sind für die Nachhaltsstruktur von Plenterwäldern abträglicher als für vergleichbare Schlagwälder.
- Das ständige Arbeiten auf der gesamten Waldfläche erfordert eine besonders weitgehende Erschließung mit leistungsfähigen Waldstraßen.
- Lichtbedürftige Baumarten können in Plenterwäldern nicht oder nur in sehr geringem Umfang beteiligt werden.
- So leicht es ist, einen Plenterwald durch unsachgemäße Hiebsführung seiner Struktur zu berauben, so schwierig und langwierig ist es, Schlagwälder in Plenterwälder zu überführen.

Plenterwälder kommen in der Bundesrepublik auf gut 60000 ha vor, bedeutendere Flächenteile nimmt er in der Schweiz und in manchen Gebieten Südosteuropas ein, wo die Tanne als Waldbaum bedeutsam ist. Es gibt aber auch das erwähnte Buchenwaldgebiet in Nordthüringen, wo auf großen Flächen und sehr erfolgreich seit langer Zeit Plenterung betrieben wird. Bei der Zuordnung von Beständen zu dieser Betriebsform ist immer Vorsicht geboten, da sich auch in manchen Stadien der Bewirtschaftung von Schlagwäldern Strukturen herausbilden können, die ein Plentergefüge vortäuschen. Sie sind jedoch – wie z.B. im kurzfristigen Femelschlagbetrieb – vorübergehender Art und münden wieder in eher gleichförmigen oder schichtigen Waldaufbau.

Die Vorteile des Plenterwaldes sind so groß, daß er unbedingt durch entsprechenden Waldbau erhalten werden sollte, wo er bereits existiert. Und überall, wo es der Zustand von Schlagwaldbeständen ermöglicht, sollten diese bei sehr langfristigem Vorgehen in Plenterwälder überführt werden. Wenn das auch ein sehr langfristiger Prozeß ist, so wird er doch vielerorts nicht zuletzt unter dem Einfluß der Arbeitsgemeinschaft für naturgemäße Waldwirtschaft und unter dem Eindruck der großen Instabilität des Schlagwaldes in Angriff genommen.

Es gibt gegenwärtig drei große **Gefahrenmomente** für den Plenterwald als besonders intensiver Form des Wirtschaftswaldes:
– Die Eigentümer kleiner Plenterwälder bringen nicht mehr das Einfühlungsvermögen und die Geduld zur Plenterung auf.
– Die Tanne als wichtige Baumart des Plenterwaldes wird in zunehmendem Ausmaß ein Opfer von Luftverunreinigungen, verursacht durch die technische Zivilisation.
– Die Verjüngung – wieder vor allem die der Tanne –, die im Plenterwald kontinuierlich erfolgen muß, wird durch Wildverbiß unterbrochen. Es besteht deshalb die Gefahr, daß der Plenterwald vielerorts das Opfer einer völlig unkontrollierten Überschätzung der Jagd wird.

6.1.3.7   Umbau von Schlag- in Plenterwald

Infolge der dargestellten Vorteile des Plenterwaldes, vor allem seiner relativ hohen Betriebssicherheit, wird in letzter Zeit zunehmend versucht, Schlagwälder in Plenterwälder umzubauen *(vgl. Kap. 6.1.6)*. Dabei ist zu bedenken, daß Plenterwälder durch Plentern entstehen, also eine Form der Waldnutzung, die sich von den Vorgehensweisen im Schlagwald erheblich unterscheidet:
– Nicht mehr der Bestand mit einer vorgegebenen Fläche, sondern der einzelne Baum wird zum Kern aller Überlegungen.
– Der Zuwachs wird so auf jeder Flächeneinheit in kurzen Intervallen geerntet.
– Es gibt – meist sehr hohe – Zieldurchmesser, die an die Stelle der Umtriebszeit treten *(vgl. Kap. 5.2.3.2)*.
– Die Grundlage der Widerstandsfähigkeit gegenüber extremen Belastungen in Plenterwäldern ist die individuelle Stabilität der großen Einzelbäume.

In Schlagwäldern mit ihrem oft einschichtigen und wenig strukturierten Aufbau wird dagegen flächig geplant und gehandelt, wie jedes Forsteinrichtungswerk zeigt, und Eingriffe finden in eher langen Intervallen statt. Vor allem aber, und das macht jeden Umbau so schwierig, beruht die Standfestigkeit von Schlagwäldern auf ihrer kollektiven Stabilität. Das heißt, daß nicht der Einzelbaum stabil ist, sondern der Bestand als Ganzes. Deshalb ist es nicht, oder doch nur mit einem sehr hohen Risiko möglich, einen Schlagwaldbestand spontan auf Plenterung umzustellen. In hohen und damit älteren Beständen würden durch eine solche Plenterdurchforstung vor allem starke Individuen entnommen, die deren Stabilitätsschwerpunkte sind. Die Folge wäre Destabilisierung. Sind die Bestände jünger, weniger hoch und damit weniger durch Sturm gefährdet, so müßten Hiebe zur Schaffung von Stufigkeit als erstem Schritt zu Plenterstrukturen stark in die herrschende Schicht eingreifen, z. B. gruppen- oder einzelstammweise. Davon aber würden die produktivsten Bestandesglieder betroffen sein, Strukturierung also mit wirtschaftlichen Verlusten einhergehen.

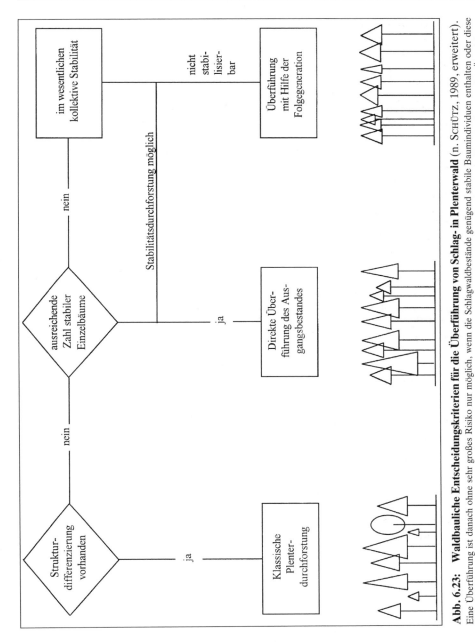

Abb. 6.23: Waldbauliche Entscheidungskriterien für die Überführung von Schlag- in Plenterwald (n. SCHÜTZ, 1989, erweitert). Eine Überführung ist danach ohne sehr großes Risiko nur möglich, wenn die Schlagwaldbestände genügend stabile Baumindividuen enthalten oder diese durch Durchforstungseingriffe ausgeformt werden können. Besteht diese Vorgabe nicht und ist sie auch nicht herstellbar, so kommt eine Überführung nicht in Frage.

Deshalb ist es wichtig, bei allen Bemühungen um Waldumbau in Plenterwald von langen Zeiträumen auszugehen und dabei folgendes zu berücksichtigen *(s. Abb. 6.23):*
– Es gibt zahlreiche Schlagwaldbestände, die durch ihre Erziehung so vollständig von ihrer kollektiven Stabilität abhängig sind, daß jeder Versuch einzelstammweisen Vorgehens größte Risiken heraufbeschwört. Hier sind Umstellungen kaum möglich.

Darin ist es oft schon ein Gewinn, wenn die Nachfolgegeneration Mischbaumarten enthält.

– Alle Bestände, die aufgrund ihrer Stabilität für Schirmhiebe geeignet sind, lassen sich durch sehr langsames Vorgehen altersmäßig und vor allem im Hinblick auf ihre Strukturen erheblich differenzieren. Das gilt besonders, wenn nicht gleichmäßig, sondern im Femelschlagverfahren gearbeitet wird. Es können so Femelwälder entstehen, die bereits erhebliche Eigenarten der Plenterung enthalten.

– Sind Schlagwaldbestände von Jugend an auf eine Weise geformt worden, daß sie eine so große Zahl individuell stabiler Bäume enthalten, daß sie als Ganzes einigermaßen stabil sind, so kann die Ernte an Zieldurchmessern orientiert vorgenommen werden. Dabei ist die Festlegung des Zieldurchmessers keine biologische, sondern eine wirtschaftliche Entscheidung. Es entstehen so Situationen, die je nach Ausgangslage gleichmäßigen oder auch ungleichmaßigen Schirmstellungen ähneln, unter denen sich Verjüngung einfindet oder eingebracht wird. Der Unterschied zu normalen Schirmstellungen besteht dabei darin, daß mit Vorrang die besonders starken und damit stabilen Bäume entnommen werden. Kommt es dabei nicht zu Katastrophen, so erreicht nahezu jeder Baum des Schirmbestandes diesen Zieldurchmesser. Die Verjüngung bleibt dagegen zunächst meist ziemlich einschichtig, so daß vollständige Plenterstrukturen damit auch erst sehr langsam durch Plenterung in der zweiten Generation erreicht werden können.

– In jungen gleichaltrigen Beständen sind es vor allem katastrophische Ereignisse wie Schneebrüche, Sturmschäden oder Insektenbefall, die Ansatzpunkte für Strukturveränderungen bieten. Dadurch entstehen Öffnungen, die groß genug sind, um entweder erhalten gebliebenen unterständigen Bäumen oder – künstlich oder natürlich – neu ankommender Verjüngung Gelegenheit zur Auffüllung der Fehlstellen zu geben. Es entstehen dann femelwaldartige Aufbauformen, die bereits Ähnlichkeit mit Plenterwäldern haben können.

Wie immer aber bei Umbauten auch vorgegangen werden mag, es ist wichtig, dabei zwei Dinge im Auge zu behalten:

– Den perfekten Plenterwald gibt es in der Praxis nicht. Reale Plenterwälder stellen alle nur Annäherungen an das Idealmodell dar *(vgl. Tab. 6.14)*. Jeder Schritt in Richtung auf das Modell kann – sofern Plenterung das Wirtschaftsziel ist – daher bereits als ein Erfolg betrachtet werden.

– Der Umbau von Schlagwald zu Plenterwald erfordert ein sehr hohes Maß an kontinuierlichem professionellen Engagement der zuständigen Forstleute. Kann die Bereitschaft zu sorgfältiger und zeitaufwendiger Auszeichnungsarbeit nicht vorausgesetzt werden, so ist es nicht ratsam, ein solches Unterfangen zu beginnen.

Literatur

ASSMANN, E. (1961): Waldertragskunde. München, Bonn, Wien: BLV.

AMMON, W. (1937): Das Plenterprinzip in der schweizerischen Forstwirtschaft. Bern-Leipzig.

BIOLLEY, H. (1920): L'aménagement de forêts par la methode expérimentale et spécialment la methode du controle. Paris-Neuchâtel.

BALSINGER, R. (1914): Der Plenterwald und seine Bedeutung für die Forstwirtschaft der Gegenwart. Bern.

BURGER, H. (1934, 1951): Waldklimafragen. Mitt. Schweiz. Anst. Forstl. Versuchsw. 18, 7–54; 153–92; 27, 19–75.

KERN, K. G. (1966): Wachstum und Umweltfaktoren im Schlag- und Plenterwald. München-Basel-Wien.

KÖSTLER, J. N. (1956): Allgäuer Plenterwaldtypen. Forstw. Cbl. 423–58.

LANDBECK, H. (1952): Über Buchenplenterwälder in Nordthüringen. Der Wald. 244–7, 279–82.

LIOCOURT, F. DE (1898): De l'aménagement des sapinières. Besançon.

MITSCHERLICH, G. (1952): Der Tannen-Fichten-(Buchen-)Plenterwald. Schriftenr. Bad. Forstl. Versuchsanstalt Nr. 8, 1–41.

SCHÜTZ, J.P. (1981): Que peut apporter le jardinage à notre sylviculture? Schweiz. Zeitschr. Forstw. 132; 219–242.

SCHÜTZ, J.P. (1989): Der Plenterbetrieb, Fachbereich Waldbau, ETH Zürich.

SCHULZ, G. (1993): Betriebswirtschaftliche Aspekte des Plenterwaldes. Allg. Forstzeitschrift, 731–33.

SMITH, D. M. (1962): The practice of silviculture. New York-London-Sydney.

6.1.4   Der Saumbetrieb

Als Saum wird der Randbereich bezeichnet, der sich zwischen einem angehauenen, also nicht durch Traufbildung abgesicherten Altbestand und der anschließenden Freifläche herausbildet. Darin herrschen ökologische Bedingungen, die der Baumverjüngung differenzierte Ansamungsmöglichkeiten bieten. Gleichzeitig stellt der Saum eine immer eindeutige Ordnungslinie dar, durch die Einschlag und Bringung von Holz erleichtert werden. Der Saum wird dadurch zu einem waldbaulichen Instrument, daß er allmählich über die Bestandesfläche bewegt wird. Hiebsatz und Verjüngungsgang bestimmen dabei den Hiebsfortschritt. Geht diese Bewegung so schnell vonstatten, daß ein Bestand im Verlauf eines oder weniger Jahrzehnte zur Gänze erfaßt wird, so entsteht daraus wieder eine in sich ziemlich einheitliche Bestockung, da die Altersunterschiede zwischen den früh und später überfahrenen Flächenteilen sich im Laufe des Bestandeslebens optisch verwischen. Verläuft der Prozeß jedoch so, daß der Saum jede Fläche langsam aber kontinuierlich im Verlauf einer Umtriebszeit überfährt, so entstehen Bestände, die in der Bewegungsrichtung des Saumes ungleichaltrig, parallel dazu aber gleichaltrig sind.

6.1.4.1   Geschichte

Die Besonderheit der Randstellung und die Möglichkeit, diese für Verjüngung und Ernte von nadelbaumbestimmten Althölzern zu nutzen, war schon in der Vergangenheit Grund für gelegentliche waldbauliche Praxis. Zu Beginn des Jahrhunderts wurde sie von dem württembergischen Forstmann Christoph WAGNER (1912) aufgegriffen und zu einem in sich geschlossenen waldbaulichen System entwickelt, das er **Blendersaumschlag** nannte. Als Leiter der Württembergischen Staatsforstverwaltung machte WAGNER 1921 das Blendersaumverfahren verbindlich für den Staatswald. In seiner Nachfolge und unter Abwandlung seiner Ideen haben dann EBERHARD (1914) und PHILIPP (1926) – ebenfalls in Südwestdeutschland – waldbauliche Verfahren ausgearbeitet und praktisch erprobt, die auch den Saum als Verjüngungsfigur benutzen; sie sind unter dem Namen **Schirmkeil- und Keilschirmschlag** bekannt geworden. Letzterer wurde 1924 – wieder nach Ernennung seines Autors zum Leiter der staatlichen Forstverwaltung – als verbindlich für die badischen Wälder im öffentlichen Besitz erklärt.

Und schließlich sind Verjüngungsmethoden entstanden, die aus einer Kombination der im *Kap. 6.1.2* geschilderten Verfahren mit Saumhieben bestehen und **„kombinierte Verfahren"** heißen.

6.1.4.2   Beschreibung

Ein Bestand wird so angehauen, daß ein Saum entsteht. Dieser kann geradlinig, unregelmäßig gebuchtet oder auch keilförmig ausgebildet sein. Eine solche Öffnung des Bestandes verändert zum einen die kleinklimatischen Bedingungen im Bereich des Saumes in einer Weise, die der Verjüngung günstig ist. Zum anderen stellt sie aber auch eine Gefahrenlinie für den verbleibenden Altbestand dar. Die Richtung des Saumes muß daher so gewählt werden, daß die Vorteile für das Ankommen der Verjüngung ausgenutzt werden können, ohne daß die Gefährdung durch Sturm übergroß wird. Diese Verbindung wird nach Meinung der frühen Protagonisten dieses Verfahrens auf vielen Standorten am besten erreicht, wenn die Saumlinie Ost-West verläuft und der Saum damit nach Norden oder Nordosten ausgerichtet ist. Vielfach muß die Ausrichtung des Saumes aber auch in Anpassung an die Besonderheiten der Geländeausformung abweichend davon festgelegt werden. Dabei gilt grundsätzlich, daß die Verjüngung in stark hängigem Gelände von oben nach unten erfolgen soll. Heute wird im Hinblick auf die in der Vergangenheit oft unterschätzte Sturmgefährdung der Nord-Südrichtung des Saumes der Vorzug gegeben.

In verjüngungsökologischem Sinne stellt der Saum keine Linie, sondern eine langgestreckte Fläche dar. Sie reicht in den Bestand so weit hinein, wie der Einfall von Seitenlicht die Entwicklungsbedingungen von Baumverjüngung und Bodenvegetation verbessert, was etwa einer halben bis ganzen Baumhöhe des Altbestandes entspricht. Diese Zone wird **Innensaum** genannt. Nach der entgegengesetzten Seite, also zur offenen Fläche hin, endet der Saum etwa dort, wo das sommerliche mittägliche Schattenband verläuft. Dieser Bereich heißt **Außensaum.** Danach überwiegt dann der Freiflächencharakter. Diese ökologische Konstellation ermöglicht Schatt- und vor allem Halbschattbaumarten das Ankommen und Fußfassen am Innensaum, in einer Zone, wo konkurrierende Bodenvegetation zunächst noch nicht vorhanden ist und sich infolge des ja noch existierenden Schirmdaches nur langsam entwickelt. Mit dem Fortschreiten des Saumes verbessern sich dann die Lebensbedingungen zum eigentlichen Saumrand und schließlich zur Freifläche hin auch für lichtbedürftigere Baumarten. Ein gewisser Schutz gegen Frost und sehr starke Sonneneinstrahlung bleibt aber auch dort infolge des Altholzeinflusses noch für eine Reihe von Jahren erhalten. Die Schnelligkeit, mit der der Saum vorangetrieben wird, ist vor allem abhängig von dem Einschlagbedarf des jeweiligen Betriebes und von dem Voranschreiten der natürlichen Verjüngung. Dabei auftretende Stockungen können durch Pflanzung jederzeit ausgeglichen werden, so daß die Verjüngung kein kritischer Faktor für den reibungslosen Ablauf des Verfahrens zu werden braucht.

Dieses Grundmuster des Saumhiebes wird modifiziert, wenn Elemente des Schirm- und Femelhiebes mit in den Ablauf des Ernte- und Verjüngungsprozesses eingebracht werden. Das geschieht dadurch, daß der Altholzstreifen vor der eigentlichen Randlinie durch Schirmhiebe aufgelichtet wird. Von **Streifenschirmhieb** wird dann gesprochen, wenn die so bearbeitete Fläche nicht wesentlich breiter als etwa eine Altbaumhöhe ist. Ein **Zonenschirmhieb** wird daraus, wenn die Breite des Altholzstreifens ein bis zwei Altbaumhöhen entspricht. Aber auch mit dem Femelhieb kann der Saumhieb kombiniert werden. Dazu wird in der Tiefe des Bestandes gefemelt, wobei die ersten Ansätze bereits vor oder spätestens mit dem Beginn des Saumhiebes geschaffen werden. Die so entstehenden größeren und kleineren Verjüngungsgruppen werden dann von dem vorrückenden Saum aufgenommen. Durch den **Saumschirm-** wie durch den **Saumfemelhieb** wird vor allem das Ankommen von Schattbaumarten wesentlich verbessert. Am eigentlichen Saum leiden diese unter der Konkurrenz der dort ökologisch bevorzugten Halbschattbaumarten. Die wichtigsten Erscheinungsformen des Saumhiebes sind in den *Abb. 6.24, 6.25* und *6.26* dargestellt. *Übersicht 6.3* vermittelt einen Eindruck von den zahlreichen Modifikationen und Kombinationen, die der Saumhieb im Laufe der Zeit erfahren hat.

6.1.4.3   Ökologische Eigenarten

Über die ökologischen Besonderheiten, die sich an Bestandessäumen herausbilden, ist in der umfangreichen Literatur der ersten Hälfte dieses Jahrhunderts viel geschrieben worden. Darauf fußende Überlegungen zur optimalen Saumrichtung und zur Ausgestaltung der Säume füllen ganze Bücher. Exakte Untersuchungen über Kleinklima, Entwicklung der Bodenvegetation oder die Bodenfeuchte gibt es dagegen kaum. Meßergebnisse, die an Waldrändern gewonnen worden sind, können nicht oder nur sehr bedingt auf waldbauliche Säume übertragen werden, da erstere stationär sind, letztere dagegen fortbewegt werden. Werden vorsichtige Analogieschlüsse aus den in den Abschnitten zum Kahlschlag- und Schirmschlagbetrieb mitgeteilten ökologischen Befunden gezogen, so läßt sich zum Saumhieb folgendes feststellen:
– **Beleuchtung:** Es bildet sich auf kurzer Strecke vom Innen- bis zum Außensaum ein Helligkeitsgradient heraus, der mit Werten des voll geschlossenen Bestandes beginnt und mit solchen des Freilandes endet. Damit die Gefahr der Untersonnung des Saumbereiches gering bleibt, wird fast nie mit Südsäumen gearbeitet. Insgesamt gesehen ist die lichtökologische Situation im Saumbereich der eines lichten Bestandes wesentlich ähnlicher als der auf einer Freifläche.
– **Wind und Sturm:** Der Saum stellt eine offene und daher windempfindliche Flanke des Bestandes dar. Hier ist deshalb die Sturmgefahr groß. Um sie waldbaulich einzuschränken, wird die offene Flanke abgewandt oder parallel zur Hauptsturmrichtung gelegt. Vorteilhaft ist beim reinen Saumschlagbetrieb, daß – anders als bei den kombinierten Verfahren – der größte Teil des Bestandes während des Verjüngungsprozesses nicht in seiner Struktur und damit in seinem Stützgefüge beeinträchtigt wird. Im praktischen Betrieb hat sich der richtig eingelegte und fortgeführte Saum denn auch als nicht besonders sturmanfällig erwiesen.
Im Saumbereich kann es außerdem zu Bodenverhagerungen kommen, wenn die Streu verweht wird und der Boden oberflächlich austrocknet. Diese Gefahr ist jedoch deshalb nicht sehr groß, da der Saum in kurzen Intervallen vorangetrieben wird und Verjüngung schnell an Boden gewinnt.
– **Temperaturen:** Der Saumbereich bewirkt eine ausreichende Abmilderung der Temperaturextreme. Dadurch kommen hitzeempfindliche Keimlinge und frostempfindliche Baumarten am Innensaum verhältnismäßig ungefährdet an und gelangen erst aus dem immer noch etwas Schutz gewährenden Außensaumbereich heraus, wenn sie eine sichere Höhe erreicht haben.
– **Wasserhaushalt:** Mit der Abnahme oder gar dem Wegfall der Überschirmung steigt die den Boden erreichende Niederschlagsmenge an. Da gleichzeitig die Transpiration des Schirmes geringer wird oder aufhört, nimmt die Bodenfeuchtigkeit in Form eines Gradienten vom Innen- zum Außensaum zu. Vor allem in Trockenjahren wirkt sich das auf das Ankommen der Naturverjüngung vorteilhaft aus.

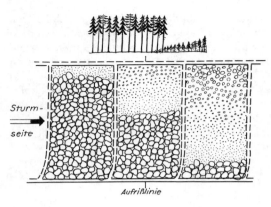

Abb. 6.24: Ablaufschema eines Saumhiebes.
Der zu verjüngende Bestand – hier ein Fichten-Altbestand mit 400 Bäumen pro Hektar – wird geradlinig angehauen. Auf dem entstehenden **Innen-** und **Außensaum** kommt Naturverjüngung an, oder es wird gepflanzt. Der klassische Saumhieb nach WAGNER wurde mit der Saumrichtung Nord oder allenfalls Nordost ausgeführt, wie es hier dargestellt ist. An Hängen mußte das Vorgehen allerdings modifiziert werden. Heute schreitet der Saum meist gegen die Hauptwindrichtung voran, wodurch er eine östliche Orientierung bekommt. Der Aufriß läßt die pultdeckelartige Ausformung des Jungbestandes quer zur Saumlinie erkennen; sie ist umso deutlicher, je langsamer der Saum voranschreitet.

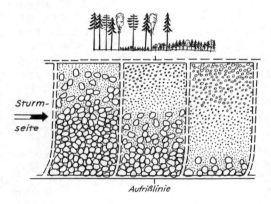

Abb. 6.25: Ablauf eines Saumschirmhiebes in einem Fichten-(Tannen-)Buchenbestand mit einer Ausgangsdichte von 400 Bäumen pro Hektar.
Vor der Saumlinie wird eine Schirmstellung geschaffen. Ist sie schmal, so entsteht ein **Streifenschirmschlag,** ist sie breiter, so ist es ein **Zonenschirmschlag.** Im Schirmbereich verjüngen sich die Schattbaumarten Tanne und Buche, für das Ankommen der Fichte bildet der Saum die Verjüngungsfigur. Der Schirmbereich wird mit dem Vorrücken des Saumes vorangetrieben. Die Hiebsrichtung verläuft heute meist gegen die Hauptwindrichtung und nicht – wie in der Vergangenheit meist üblich – von Nord nach Süd.

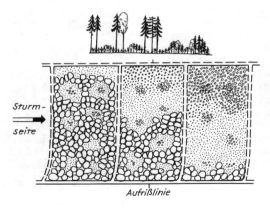

Abb. 6.26: Ablaufschema eines Saumfemelhiebes in einem Fichten-Tannen-Buchenbestand mit einer Ausgangsdichte von 400 Bäumen pro Hektar.
In zwei- bis dreifacher Baumlänge dem Saum vorausgreifend werden **Gruppenschirmstellungen** geschaffen, unter denen sich Verjüngung der Schattbaumarten vor allem einfindet. Durch **Rändelung** entstehen daraus Femel. Der Saum bildet die Ausgangslage für das Ankommen der Halbschattbaumart. Durch das „Aufsaugen" der Femel wird der Saum unregelmäßig buchtig. Der hier abgebildete Verlauf entspricht dem klassischen Konzept des Nordsaumes. Heute wird der Prozeß gegen die Hauptwindrichtung ausgeführt.

Übersicht 6.3:   Hiebsverfahren der Saumverjüngung.

BEZEICH-NUNG	KURZBESCHREIBUNG	BAUMARTEN I.D. VERJÜNGUNG	VERJÜNGUNGS-ZEITRÄUME
Saumhieb	Saum gradlinig oder gebuchtet, Ausbildung eines Innen- und Außensaumes (vgl. Abb. 6.24).	Halbschatt- und Lichtbaumarten.	Je nach Verjüngungs- und Hiebsfortschritt 10–20 Jahre.
Blender-saumhieb	Gradlinige, in der Ebene O-W oder SO-NW verlaufende Säume, die Schlagreihen bilden. Mehrere Schlagreihen werden zu einem Hiebszug zusammengefaßt und nach S und W durch einen Laubbaumschutzstreifen gegen Sturm abgesichert. Bei 100jährigem Umtrieb und einem jährlichen Hiebsfortschritt von 2–5 m hat jede Schlagreihe eine Länge von 200 bis höchstens 500 m. Kleinbestandswaldaufbau entsteht.	Halbschatt- und Lichtbaumarten, Schattbaumarten, wenn dem Saum eine Streifenschirmstellung vorangeht.	Jede Schlagreihe wird von der Saumlinie im Verlauf einer Umtriebszeit überfahren. Verjüngung findet daher permanent statt.
Schirm-keilhieb	Allmähliche Schirmstellung auf der Großfläche zur Ansamung von Schattbaumarten. Lichtungs- und Räumungshiebe in Form von zunächst schmalen Streifen im Bereich der Transportgrenzen. Sie werden allmählich zu Keilen mit je 2 Saumlinien ausgeformt, die gegen die Sturmrichtung zeigen. Aufbau des schlagweisen Waldes mit gleichmäßiger Struktur bleibt erhalten.	Schattbaumarten in der Schirmstellung, Halbschatt- und Lichtbaumarten am Innen- bzw. Außensaum.	Schirmhieb 10–15 Jahre; Keil(Saum-)hiebe 20–25 Jahre.
Keilschirm-hieb	Zonenweise Schirmstellung, Auflichtung und Räumung von den Transportgrenzen aus durch keilförmig gegen die Hauptsturmrichtung voranschreitende Säume.	Für alle Baumartenkombinationen modifizierbar.	20–30 Jahre.
Saum-femelhieb	Femelhieb geht der buchtigen Saumlinie in einer Tiefe von 2 bis 3 Baumlängen voran (vgl. Abb. 6.26).	Schattbaumarten auf Femellöchern. Fichte am Saum. Ggf. Lichtbaumart a.d. Außensaum.	20–30 Jahre.
Saum-schirmhieb	Schirmhieb zur Schaffung streifen- oder zonenweiser Schirmstellung geht dem Saumhieb voran (vgl. Abb. 6.25).	Schattbaumarten unter Schirm, Halbschattbaumarten am Saum.	10–30 Jahre.
Bayer. Kombiniertes Verfahren	Femelhiebe i.d. Tiefe des Bestandes. Streifenschirmhiebe unmittelbar vor dem Saum.	Schattbaumarten auf Femeln, Halbschatt- und Lichtbaumarten unter Schirm und am Saum.	15–30 Jahre.

Die hier aufgeführten Vorgehensweisen der Saumverjüngung werden in der waldbaulichen Literatur oft erwähnt. In reiner Form und langfristig durchgehalten sind sie jedoch in der waldbaulichen Praxis nur selten anzutreffen.

– **Boden:** Wie im Schirmschlagbetrieb wird der Boden nie freigelegt. Jede Stelle, die vom Saum überfahren wird, ist bei erfolgreicher Anwendung des Verfahrens bereits wieder voll und einigermaßen flächendeckend verjüngt. Wo das nicht gelingt, ist im allgemeinen Bodenvegetation an die Stelle der Verjüngung getreten und verhindert nachteilige Einflüsse, wie Oberflächenabfluß und Erosion: Eine Verstärkung der Umsetzungsprozesse des Bodens im Bereich des Saumes ist denkbar. Deren Intensität dürfte jenen vergleichbar sein, die sich in fortgeschrittenen Stadien des Schirmschlagbetriebes abspielen *(vgl. Kap. 6.1.2.3).*

– **Bodenvegetation:** Der Saum bietet nicht nur der Verjüngung, sondern auch der Bodenvegetation gute Entwicklungsbedingungen. Dabei finden sich im Innensaum schattenfestere Arten ein, die mit Fortschreiten des Saumes durch lichtbedürftigere verdrängt werden. Ein typisches Beispiel ist die Abfolge auf Standorten mittlerer Nährstoffversorgung: Brombeere oder Drahtschmiele finden sich bereits am Innensaum ein. Beide Arten werden mit zunehmendem Lichtgenuß verdrängt durch Seegras, und dieses fällt am Außensaum der dort außerordentlichen Konkurrenzkraft des Landreitgrases zum Opfer. Saumverjüngung ist daher immer ein Wettlauf mit der Bodenvegetation. Pflanzung statt Naturverjüngung ist deshalb oft vonnöten.

6.1.4.4   Naturnähe

Alle Formen des Saumschlagbetriebes stellen eine Art des waldbaulichen Vorgehens dar, die in der Natur nicht vorkommt. Zwar können sich auch in der Natur, z. B. am Rande von Katastrophenflächen, Säume mit den geschilderten charakteristischen Verjüngungsbedingungen herausbilden. Da sie sich jedoch nicht in kurzen Schritten weiterbewegen, entsteht so allenfalls ein schmales Saumverjüngungsband. Die Bestände, die aus Saumhieben hervorgehen, zeigen alle Eigenarten der Aufbauphase des Naturwaldes *(vgl. Abb. 5.3);* die Schirmphase, die sie dabei in ganz früher Jugend durchlaufen, ist meist zu kurz, als daß sie wachstumsprägende Folgen haben könnte. Großflächig und langfristig betriebenen Saumhieben haftet etwas so stark Schematisches an, daß die daraus entstehenden Waldbilder auch optisch den Eindruck ausgesprochener Naturferne hervorrufen. Dieser optische Eindruck wird etwas gemildert, wenn der Saumhieb mit Schirm- oder Femelhieben kombiniert wird.

6.1.4.5   Ertragskundliche Besonderheiten

Bestände, die aus systematisch und kontinuierlich geführten Saumhieben hervorgegangen sind, weisen Gleichaltrigkeit in der Saumlinie, Ungleichaltrigkeit dagegen in Richtung des Hiebsfortschrittes auf. Selbst bei schnellem Hiebsfortschritt hat jedoch jeder einzelne Baum im wesentlichen ziemlich gleichaltrige Nachbarn. Die Entwicklung solcher Gruppen – oder besser Bänder – gleichaltriger Bäume ist daher derjenigen sehr ähnlich, die entsprechende Bestände auf einer Kahlfläche oder auf einem Schirmschlag mit kurzer Überschirmungsphase nehmen. Die Wachstumsabläufe auf Saumschlägen insgesamt entsprechen im wesentlichen solchen, wie sie aus Ertragstafelmodellen bekannt sind. Abweichungen davon werden in viel größerem Maße durch die Art der Bestandeserziehung verursacht, der solche Bestände während des größten Teils ihres Lebens unterworfen werden, als durch die Art, wie sie entstehen sind. Wichtig für Ertragstafelvergleiche, wie für das waldbauliche Arbeiten in solchen Wäldern überhaupt, ist allerdings die stete Beachtung des Umstandes, daß das Baumalter sich in der Längsdehnung des Bestandes verändert, und zwar entweder sehr langsam kontinuierlich oder in Form schmaler Streifen, die dem jeweiligen Hiebsfortschritt entsprechen.

6.1.4.6   Bedeutung und Wertung

Der Saum bietet sich immer wieder einmal als waldbauliches Hilfsmittel zur Verjüngung von Beständen an. Es gibt jedoch im süddeutschen Raum auch einige Forstbetriebe, in denen der Saumhieb zur waldprägenden Wirtschaftsform geworden ist. Als Beispiele für den Blendersaumschlag sei der Gräfl. Pückler-Limpurg'sche Forstbetrieb Gaildorf in Württemberg genannt. Der Keilschirmschlag wird im Stadtwald Villingen großflächig und sehr erfolgreich ausgeführt, und der Schirmkeilschlag schließlich kann in den Fürstl. Waldburg-Zeil'schen Wäldern in gelungener Form besichtigt werden. Ansätze zu Saumverjüngungen, die sich oft an zufällig entstandenen Rändern von selbst gebildet haben oder auch solche, die eine zeitlang waldbaulich betrieben werden oder betrieben worden sind, finden sich dagegen vielerorts. Die großen Erwartungen, die zu Beginn dieses Jahrhunderts in die verschiedenen Ausbildungen des theoretisch so einleuchtenden und schlüssigen Saumschlagbetriebes gesetzt worden sind, haben sich allerdings nur ausnahmsweise erfüllt. Mit dem Ersatz des Pferdes als Zugmittel für den Holztransport durch Traktoren oder motorisierte Rückeaggregate hat zudem auch die leichte Bringbarkeit des vom Saum weg in das Innere des Bestandes gefällten Holzes als charakteristische Eigenart dieses waldbaulichen Vorgehens an Bedeutung verloren. Da solche Fahrzeuge wegen der Gefahr von Bodenverdichtung und Stammfußschäden sich keinesfalls flächig in den Beständen bewegen dürfen, müssen auch auf Saumschlägen Fahrlinien in Form von Rückegassen eingelegt werden, zu denen hin das Holz mit der Seilwinde geliefert wird. Saumschläge unterscheiden sich daher in dieser Beziehung nicht mehr wesentlich von anderen Verjüngungsverfahren, wenn diese gut geplant sind.

Eine Betrachtung der Vor- und Nachteile des Waldbaus an Säumen ergibt das folgende Bild:

Vorteile:
– Es bildet sich eine sehr übersichtliche Schlag- und Waldordnung heraus.
– Der jährliche Holzanfall ist sehr gleichmäßig und unschwer zu realisieren.
– Im Verlauf des Ernte- und Verjüngungsprozesses haben Baumarten mit unterschiedlichen lichtökologischen Eigenarten Chancen anzukommen und sich zu entwickeln.
– Kahlflächen mit ihren Nachteilen werden vermieden.
– Bei richtiger Wahl der Saumrichtung bleibt die Sturmgefahr auf Saumschlägen gering, weil in dem saumvorgelagerten Teil des Bestandes keine wesentlichen Aufrauhungen des Kronendaches erfolgen. Dies gilt allerdings für kombinierte Verfahren nur eingeschränkt.

Nachteile:
– Dem Verfahren haftet etwas Schematisches an, das optisch stark in Erscheinung tritt.
– Größere Bestandeskomplexe müssen durch mehrere Anhiebslinien unterteilt werden. Ist ein schneller Hiebsfortschritt geplant, so wird die Zahl solcher Linien sehr groß, aber auch bei sehr langsamem Fortschritt ist sie noch erheblich.
– Sollen bereits hiebsreife Bestände auf diese Weise behandelt werden, so ist entweder ein sehr schneller Hiebsfortschritt erforderlich, mit dem unter Umständen das Ankommen der Verjüngung nicht Schritt hält, oder es kommt zur Überalterung in den am längsten gehaltenen Bestandesteilen.

– Wird zur Vermeidung von Überalterung bereits in noch nicht hiebsreifen Beständen mit der Einlegung von Säumen begonnen, so müssen Zuwachsverluste hingenommen werden.
– Die Flexibilität gegenüber Fluktuationen des Holzmarktes oder aus Notsituationen geborenen Überhieben ist gering, da jede Veränderung des Hiebsfortschrittes die Kontinuität der Verjüngung gefährdet. Bei Überhieben wirkt sich das stärker aus als bei Einschlagszurückhaltung.

Die Nachteile der Saumverfahren, insbesondere der Schematismus, zu dem sie unweigerlich führen, haben verhindert, daß sie große Bedeutung erlangt haben. Heute wird nur noch gelegentlich und fast nie konsequent Gebrauch von dieser Art des waldbaulichen Vorgehens gemacht.

Literatur

EBERHARD, J. (1914): Die Grundlagen naturgemäßer Bestandesbegründung. Forstw. Cbl. 75–86.
PHILIPP, K. (1926): Die Umstellung der Wirtschaft in den badischen Staats-, Gemeinde- und Körperschaftswaldungen. Karlsruhe.
PHILIPP, K., KURZ, E. (1926): Die Verjüngung der Hochwaldbestände. Karlsruhe.
WAGNER, C. (1912): Der Blendersaumschlag und sein System. Tübingen.

6.1.5   Zweihiebige Hochwaldformen

Von Zweihiebigkeit wird gesprochen, wenn die forstliche Produktion in zwei nach Höhe und meist auch Alter getrennten Bestandesschichten stattfindet. Die ältere Oberschicht darf dabei nie so dicht sein oder werden, daß die Entwicklung der nachwachsenden Unterschicht dauerhaft gestört werden könnte.

Zweihiebigkeit tritt in zwei Erscheinungsformen auf:

Zweihiebiger Hochwald:
Das Gewicht der Wirtschaft liegt ziemlich gleichmäßig auf beiden Bestandesschichten. Der Oberstand wird dabei verhältnismäßig dicht gehalten. Ober- und Unterschicht werden meist nicht gemeinsam geerntet.

Überhaltbetrieb:
Das Gewicht der Wirtschaft liegt eindeutig auf der nachwachsenden unteren und jüngeren Schicht. Der Oberstand besteht nur aus wenigen Bäumen je Hektar. Überhälter und Hauptbestand werden meist zusammen geerntet.

6.1.5.1   Der zweihiebige Hochwald

6.1.5.1.1 Beschreibung

Zweihiebigkeit entsteht dadurch, daß sich unter einer gleichaltrigen Baumschicht eine zweite, in sich wieder gleichaltrige Schicht meist von schattenertragenden Arten entwickelt. Eine solche Konstellation kann auf zweierlei Weise zustande kommen:
– Ein Bestand aus Lichtbaumarten – vor allem Kiefer oder Lärche – enthält eine ungenügende Zahl von qualitativ hochwertigen Baumindividuen. Er wird so stark

aufgelichtet, daß nur noch diese hochwertigen Stämme verbleiben, die dann in vollem Umfang Lichtungszuwachs anlegen können. Gleichzeitig erlaubt das wesentlich vergrößerte Lichtangebot die Entwicklung einer zweiten Baumschicht aus Schatt- oder Halbschattbaumarten. Diese kann entweder unterständig bereits vorhanden sein, natürlich entstehen oder im Zeitpunkt der Auflichtung künstlich begründet werden.

– Viel häufiger als der zuerst beschriebene Fall ist jedoch die Entstehung zweihiebiger Aufbauformen des Waldes als Folge von katastrophischen Ereignissen, vor allem Schneebrüchen, in jungen bis mittelalten Beständen, vor allem von Kiefern. Hier wird die zweite Schicht fast immer durch Pflanzung unter dem unregelmäßigen, aber überall offenen Schirm der Kiefer begründet. Dort allerdings, wo unter dem Kiefernbestand bereits Fichte natürlich angekommen oder durch künstliche Beimischung zur Hauptbaumart vorhanden war, kann diese die Rolle der zweiten, wirtschaftlich bedeutsamen Schicht übernehmen.

6.1.5.1.2 Ökologische Eigenarten

Untersuchungen zur Ökologie zweischichtiger Wälder mit stark aufgelockerter Oberschicht liegen nicht vor. Es ist jedoch anzunehmen, daß sie in dieser Beziehung in der Anfangsphase ihrer Entwicklung große Ähnlichkeit mit den Verjüngungsstadien des Schirm- und Femelschlagbetriebs aufweisen. Nach dem Schließen der Unterschicht stellen sich dann Verhältnisse ein, wie sie für Bestände des Schlagwaldes allgemein charakteristisch sind.

6.1.5.1.3 Naturnähe

Zweihiebige Hochwaldformen sind hinsichtlich ihrer Naturnähe so einzuordnen wie Schirmschlagbetriebe mit früh beginnender und lange anhaltender Überschirmungsphase. Die Nachteile der völligen Kahllegung treten dabei nicht ein.

6.1.5.1.4 Ertragskundliche Eigenarten

Das Ziel des zweihiebigen Hochwaldes ist die Produktion von hochwertigem Starkholz in der Oberschicht durch Ausnutzung des Lichtungszuwachses an den Oberständern. Daneben gilt es, die durch deren geringe Bestockungsdichte bedingten Zuwachseinbußen durch einen möglichst hohen Ertrag aus der nachwachsenden zweiten Bestandesschicht zu kompensieren. Dieser ist allerdings abhängig von der Dichte und damit der Konkurrenz der Oberschicht. Die Oberstandsbäume reagieren auf die Freistellung durch erhebliche Verstärkung des Durchmesser- und damit Volumenzuwachses bei Stagnation der Höhenentwicklung. Die Unterschicht wird in ihrer Entwicklung umso stärker behindert, je dichter die Oberschicht gehalten wird. Die Dichte der Überschirmung, die von der Unterschicht ertragen wird, ohne daß es zu untolerierbaren Beeinträchtigungen kommt, ist von Baumart zu Baumart verschieden (für die Buche ist das in *Tab. 6.13, S. 139* dargestellt). Auf leistungsstarken Standorten kann eine dichtere Überschirmung toleriert werden als auf ärmeren. Die Steuerung des Miteinanders der beiden Bestandesschichten ist in jedem Fall immer nur durch sorgfältige Beobachtung und Entscheidung am Einzelbestand zu verwirklichen.

Wenn es sich um die Kombination von Lichtbaumarten in der Ober- und Schattbaumarten in der Unterschicht handelt, so kann die Volumenleistung beider Bestandesschichten höher als die eines voll bestockten Bestandes der Lichtbaumart allein liegen. Sie bleibt aber im allgemeinen unter der eines vergleichbaren unbeschirmten Bestandes der Schattbaumart. Erreichen die Bäume der Oberschicht als Ergebnis des Lichtungszuwachses erhebliche Stärken und weisen sie einen hohen Anteil an hochbezahlten Rohholzsortimenten auf, so kann die gesamte Wertleistung zweihiebiger Bestände deutlich über derjenigen liegen, die von einhiebigen Beständen sowohl der Lichtbaumarten als auch der Schattbaumarten erreicht wird. Zu beachten ist, daß die Unterschicht ihr Höhenwachstum unter dem Druck der Oberschicht weniger verringert als das Dickenwachstum. Dadurch entstehen oft Individuen, die gegenüber Schnee und Sturm nicht sehr widerstandsfähig sind.

6.1.5.1.5 Bedeutung und Wertung

Zweihiebigkeit als Ergebnis waldbaulicher Planung ist nicht sehr häufig anzutreffen, erfordert sie doch die starke und dauerhafte Auflichtung von Beständen in frühen Entwicklungsstadien (*vgl. dazu auch Kap. 6.1.6*, Naturgemäße Waldwirtschaft). Vertretbar ist sie nur in Fällen, in denen der Anteil schlechter Bestandesglieder so hoch ist, daß sehr starke, mit erheblicher Auflichtung verbundene Eingriffe zu deren Eliminierung angebracht erscheinen.

Meist entsteht daher Zweihiebigkeit nach katastrophischen Verlichtungen jüngerer oder mittelalter Bestände von Lichtbaumarten – vor allem der Kiefer – durch Schnee, Sturm oder Kienzopfbefall. Nach den großen Stürmen vom Spätwinter 1990 sind lockere Kiefernbestände auch dadurch entstanden, daß die Fichtenkomponente ursprünglicher Fichten-Kiefern-Mischbestände geworfen wurde, während die Kiefern großenteils erhalten blieben. Die darunter begründete oder auch natürlich entstandene zweite Bestandesschicht kann je nach Standort und Betriebsziel aus Fichte, Douglasie, Tanne, aber auch Buche, Linde, Hainbuche und Eiche oder aus einer Mischung dieser Baumarten bestehen. Da Schadereignisse solcher Art immer wieder und oft auf erheblichen Flächen auftreten, entstehen zweihiebige Bestände häufig. Eine deutliche Zunahme des Interesses an solcher Art des Vorgehens ist auch durch die Ausweitung des Douglasienanbaus eingetreten.

Diese Baumart wird sehr häufig dort angebaut, wo bisher die Kiefer vorherrschte. Da sie in der Jugend des Schutzes gegen Frosttrocknis und Spätfrost bedarf, ist ihr Anbau unter lockerem Schirm sehr vorteilhaft. Wenn sie dann in der Folge auch schneller als andere Baumarten in die Krone des Oberstandes einwächst, so erlaubt doch auch die Kombination Douglasie – Kiefer die Produktion von Kiefernstarkholz, wodurch sie ertragskundlich besonders vorteilhaft wird.

Die Begründung von zweihiebigen Beständen stellt nach allem eine wichtige Möglichkeit dar, um bei verlichteten Ausgangslagen schnell eine volle Bestockung und ausreichende Produktion zu sichern. Die aus dieser Art des Waldbaus hervorgehenden Bestände sind zudem in forstästhetischer Hinsicht ausgesprochen reizvoll. Zweihiebigkeit stellt daher eine wichtige Möglichkeit zur Wald- und Landschaftsgestaltung dar. Auch ergeben sich dabei oft günstige Ausgangslagen für die allmähliche Schaffung von vielgestaltigen Bestandesstrukturen.

Zu bedenken ist bei dieser Art des waldbaulichen Vorgehens allerdings immer, daß viele Bäume der Oberschicht, wenn die Unterschicht in sie einwächst, für Jahrzehnte nicht zugänglich sind, da ihre Fällung nur mit unvertretbaren Schäden möglich wäre. Dieser Nachteil des zweihiebigen Waldes kann durch die Schaffung eines engen Systems von Rückelinien abgemildert werden.

6.1.5.2   Der Überhaltbetrieb

6.1.5.2.1 Geschichte

Der Überhaltbetrieb ist mit der Entwicklung des Kahlschlagbetriebes entstanden. Schon Forstordnungen des 16. Jahrhunderts fordern für die großen Kahlschläge der Salinen und Bergwerke die Belassung einzelner **Samenbäume**. Diese wurden dann zwar meist nach dem Ankommen der Verjüngung ebenfalls entnommen. Mancherorts wurde bereits damals darauf geachtet, daß besonders gut geformte Bäume zu Samenbäumen bestimmt wurden, damit der Nachwuchs ebenfalls gute Eigenschaften zeige. Im 18. Jahrhundert kam dann das Konzept auf, solche Samenbäume auf Kahlflächen nach der Besamung nicht gleich zu ernten, sondern zur **Starkholzzucht** zu belassen. Besonders bewährt hat sich diese Art des Vorgehens für Kiefernwälder, deren Umfang durch Saat und Pflanzung seit dem Ausgang des Mittelalters ganz erheblich zugenommen hatte.

Wirtschaftliche Bedeutung hat der Überhaltbetrieb deshalb vor allem in Kiefernbeständen gewonnen, aber auch für Lärchen wird er zunehmend häufig angewandt. Daneben hat jedoch die Belassung einzelner Bäume oder Baumgruppen über die Dauer einer Umtriebszeit hinaus auch aus forstästhetischen Gründen schon immer eine Rolle gespielt.

6.1.5.2.2 Beschreibung

Bei der Endnutzung eines Bestandes werden einzelne, besonders gut bekronte und vitale Bäume ausgewählt und für eine weitere Umtriebszeit belassen. Sie werden Überhälter genannt. Wird systematisch auf den Überhalt hingearbeitet, so sind diese Überhälter schon im Verlauf der Durchforstungsphase besonders gefördert und auf die Freistellung vorbereitet worden. Diese kann abrupt erfolgen, wenn der Bestand durch Kahlhieb genutzt wird, oder auch allmählich, wenn der Überhalt aus dem Schirm- oder Femelhieb hervorgeht. Die Überhälter sollen so ausgewählt werden, daß sie günstig zu Abfuhrwegen und Rückelinien stehen und bei Bedarf herausgenommen werden können, ohne daß der nachwachsende Hauptbestand Schaden nimmt. Ziel der Wirtschaft ist die Produktion von hochwertigem Starkholz, durch das der Wert der Gesamtproduktion von Überhältern und Hauptbestand erhöht wird. Überhalt kann ohne allzu großes Risiko nur mit Baumarten betrieben werden, die sturmfest und unempfindlich gegen Sonnenbrand sind sowie keine Neigung zur Wasserreiserbildung besitzen. Das schränkt den Überhalt ein auf Kiefern und Lärchen. Bedeutsam ist er bisher nur in der Kiefernwirtschaft geworden. Dabei kann als grobe Regel gelten, daß der Überhalt mit höchstens 50 richtig ausgewählten und gut verteilten Überhältern beginnt, von denen ein Teil im Verlauf der zweiten Umtriebszeit abständig wird und entnommen werden muß. Ausfälle werden auch durch Blitzschläge verursacht, die an den großen freistehenden Bäumen häufig sind.

Baumarten, die zu Wasserreiserbildung neigen oder empfindlich gegen Sonnenbrand sind, können nur in Gruppen oder Horsten übergehalten werden. Solcher Gruppenüberhalt spielt gelegentlich für die Eiche eine Rolle.

Der so beschriebene Überhaltbetrieb ist nicht zu verwechseln mit dem Belassen einzelner Altbäume oder Altbaumgruppen aus geernteten Althölzern über die Umtriebszeit hinaus, wie es vielerorts zu sehen ist. Die Motive dafür sind in erster Linie forstästhetischer oder auch naturschützerischer Art. Überhalt besonders großer, schöner oder sonst eindrucksvoller Bäume oder Baumgruppen stellt ein wichtiges waldbauliches Mittel zur Belebung des Wald- und Landschaftsbildes dar. Dabei treten dann allerdings Überlegungen wirtschaftlicher Art in den Hintergrund. Nicht selten wird dann sogar Überhalt praktiziert, obwohl ökonomische Gesichtspunkte dagegen sprechen.

6.1.5.2.3 Ökologische Eigenarten

Die Zahl der Bäume, die nach der Nutzung eines Altbestandes als Überhälter auf der Schlagfläche verbleiben, ist nicht so groß, daß von ihnen ein substantieller Schirmeffekt ausgehen würde. Die ökologischen Prozesse auf Flächen, auf denen Überhalt betrieben wird, sind daher ungleich weniger von den belassenen Altstämmen bestimmt als durch die Art, in der die Ernte der übrigen Bäume vorgenommen worden ist. Dafür aber kommen alle bisher behandelten Verjüngungsformen vom Kahl- bis zum Saumhieb in Frage. Die dort beschriebenen ökologischen Eigenarten können deshalb auf den Überhaltbetrieb je nach praktiziertem Ernteverfahren übertragen werden.

6.1.5.2.4 Naturnähe

Die Naturnähe eines waldbaulichen Verfahrens wird nach dem Einfluß auf den Entwicklungsgang des daraus entstehenden Bestandes und auf den Stoffhaushalt der betroffenen Fläche beurteilt; der Überhalt hat auf beides eine geringe Auswirkung. Darum ist auch die Naturnähe des Überhaltbetriebes ganz wesentlich von der Art bestimmt, in der der Hauptbestand verjüngt wird. Die entsprechenden Hinweise sind deshalb *Abb. 6.8* – Ernte des Hauptbestandes als Kahlhieb – und *6.15* – Überhalt entwickelt sich nach Schirmhieben – zu entnehmen.

Trotzdem aber sei darauf hingewiesen, daß der sehr künstlich anmutende Überhaltbetrieb durchaus Parallelen in Naturwäldern hat. Es ist nämlich keineswegs ungewöhnlich, daß auf Katastrophenflächen, seien diese durch Sturm, Feuer oder auch Krankheiten verursacht, einzelne Bäume, Baumgruppen oder auch ganze Bestandesteile überleben. Selbst wenn solche Reste in den Folgejahren oft weiter dezimiert werden, können doch natürliche Überhälter übrig bleiben und in die neu entstehende Waldgeneration einwachsen. Auch im Wirtschaftswald ist das auf Katastrophenflächen immer wieder zu beobachten. Allerdings entstehen daraus meist keine Überhälter, weil solche Vorbestandsreste zur Bereinigung der Fläche im allgemeinen gefällt werden. Im Gebiet der natürlichen Douglasienwälder im Nordwesten der USA gibt es dagegen Beispiele für „natürlichen" Überhalt. In mehrhundertjährigen, ziemlich gleichaltrigen und einschichtigen Douglasienbeständen finden sich immer wieder einmal wesentlich stärkere und ältere Exemplare. Sie stellen Überlebende – natürliche Überhälter – der Feuerkatastrophe dar, nach der der Hauptbestand entstanden war.

6.1.5.2.5 Ertragskundliche Eigenarten

Die Wachstumsverhältnisse im Überhaltbetrieb sind bestimmt durch die Reaktion der Überhälter auf den Freistand auf der einen Seite und auf der anderen durch die Zuwachseinbuße, die die zweite Bestandesschicht infolge der Konkurrenzwirkung durch die Überhälter erfährt. Zuverlässig bekannt sind diese Zusammenhänge für den Überhaltbetrieb der Kiefer.

Die Freistellung führt praktisch zu einem Stillstand der Höhenentwicklung. Dieser endet erst, wenn der nachwachsende Hauptbestand in den Kronenbereich der Überhälter einwächst; die unteren grünen Äste sterben dann ab, und die Bäume werden zu neuem Höhenzuwachs angeregt. Die Höhenzunahme bewegt sich dabei allerdings nur im Bereich von 5–10 cm je Jahr.

Ganz anders reagieren freigestellte Altbäume jedoch mit dem Durchmesser- und Volumenzuwachs auf die neuen Lebensumstände. Selbst Überhälter der als wenig reaktionsfähig erachteten Kiefer produzieren im Überhaltzeitraum deutlich mehr als das, was sie in der vorangegangenen, gleichlangen Dichtschlußphase zu leisten in der Lage waren *(s. Abb. 6.27)*. Die aufgezeigte Spanne zeigt aber auch, daß es in dieser Beziehung sehr große Unterschiede von Überhälter zu Überhälter gibt.

Die Höhe des wirtschaftlichen Erfolges des Überhaltbetriebes ist daher ganz wesentlich davon abhängig, daß die richtigen Bäume für den Überhalt ausgewählt und möglichst schon in der Erziehungsphase der Bestände durch Begünstigung auf die Freistellung vorbereitet werden. Als Auswahlkriterien gelten dabei Vitalität, die sich vor allem im Zustand der Krone äußert, und Schaftqualität.

Die außerordentliche Entwicklung der Überhälter wird allerdings erkauft durch Zuwachsverluste an dem nachwachsenden jüngeren Bestand. Sie werden verursacht durch die Konkurrenzwirkung der Altbäume. Diese äußert sich auf zweierlei Weise:
– Einmal können um die Stammfüße der Überhälter herum meist elliptisch geformte „Teller" entstehen, auf denen der Nachfolgebestand sich nicht entwickelt. Wasserkonkurrenz durch die Altholzwurzeln, aber auch wohl die Verstärkung der Windgeschwindigkeit beim Umfließen der Schäfte mit Verhagerungs- und Austrocknungseffekten sind die Gründe dafür.
– Außerdem wird das Wachstum der Bäume der zweiten Bestandesgeneration auf einer beachtlichen Fläche um den Altbaum herum beträchtlich verringert. *Abb. 6.28* zeigt diese Zusammenhänge.
– Auf guten Standorten ist diese Konkurrenzwirkung meist nur wenig ausgeprägt.

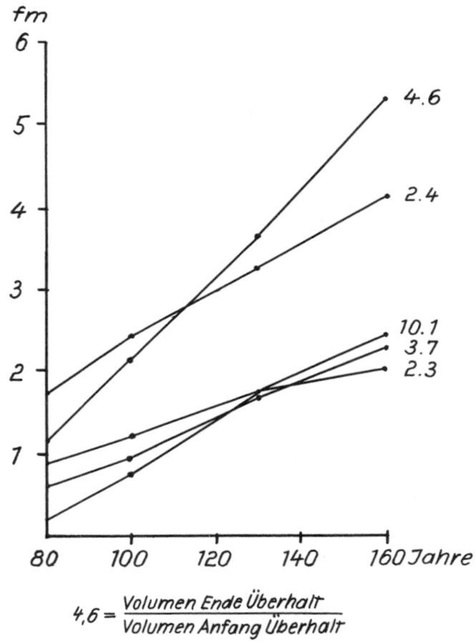

Abb. 6.27: Die Volumenentwicklung von 5 Kiefernüberhältern nach der Freistellung im Alter 80 J., I. Höhenbonität, verschiedene Forstämter (n. BAADER, 1941).

Kiefernüberhälter sind in der Lage, nach der Freistellung einen erstaunlichen Lichtungszuwachs zu leisten und über lange Überhaltperioden durchzuhalten. Der Volumenzuwachs dieses Zeitraumes liegt pro Baum oft um ein Mehrfaches höher als in der vorangegangenen, etwa gleich langen Periode des Bestandesschlusses. Die Zuwachsgänge der Einzelbäume zeigen allerdings außerordentlich große individuelle Schwankungen von Baum zu Baum in dieser Beziehung. Die sorgfältige Auswahl der Überhälter ist daher entscheidend für den Erfolg des Überhalts.

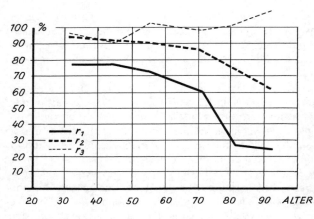

Abb. 6.28: Grundflächen des Kiefern-Hauptbestandes unter dem Einfluß von Kiefern-Überhältern ausgedrückt in Prozent völlig unbeeinflußter Bestandesteile. FoA Darmstadt (Rheinebene) 100–130 m NN (n. BAADER, 1941).

r_1 = Kreis mit einem Radius von 5 m, Überhälter im Zentrum
r_2 = Ringfläche im Radiusbereich 5–7,5 m
r_3 = Ringfläche im Radiusbereich zwischen 7,5 und 10,0 m

Die Abbildung läßt dreierlei erkennen:
a) Es besteht eine deutliche **Wuchsdepression** am Hauptbestand unter dem Einfluß der Überhälter.
b) Diese ist unter jedem Überhälter bis zu einer Entfernung von 7–8 m nachweisbar.
c) Sie wird umso stärker, je älter und damit höher der Hauptbestand wird.

Der Zuwachsverlust am Hauptbestand wird jedoch durch die hohen Wuchsleistungen der Überhälter ausgeglichen oder gar überkompensiert. Hinzu kommt, daß Überhälter sich nach der Freistellung innerhalb weniger Jahre zu außerordentlich stabilen Gestalten entwickeln. Nach einem Jahrzehnt im Freistand kann ein Maß an Widerstandskraft als Folge individueller Stabilität erreicht werden, wie es sonst nur an Solitären zu beobachten ist. Das hat sich bei den großen Stürmen des Jahres 1990 voll bestätigt, als nicht selten die weit über das Kronendach des Hauptbestandes herausragenden Überhälter erhalten blieben, während der darunter befindliche Fichten-Hauptbestand flächig geworfen wurde.

Soll der Erfolg des Überhaltbetriebes exakt erfaßt werden, so muß die flächenbezogene Volumen- und Wertleistung beider Bestandeskomponenten – Hauptbestand und Überhalt – in die Betrachtung eingehen. Das Ergebnis einer solchen Berechnung zeigt *Tab. 6.17.*

6.1.5.2.6 Bedeutung und Wertung

Es sollte immer grundsätzlich unterschieden werden zwischen dem gelegentlichen Belassen von Überhältern und dem systematischen Arbeiten mit Überhalt auf großen Flächen als waldbaulichem Wirtschaftsbetrieb. Beispiele für die erstgenannte Art des Vorgehens sind vielerorts zu sehen. Der Überhaltbetrieb im eigentlichen Sinne wird dagegen nur selten konsequent angewandt. Als nachhaltige Form der Waldbehandlung ist der Überhaltbetrieb nur möglich, wenn die Überhaltbaumart sowohl in der Ober- als auch in der Unterschicht vorkommt. Kiefernüberhalt über nachfolgendem

Tab. 6.17: Überhalt- und Normalbetrieb im Wertleistungsvergleich. FoA Lindau, 500 m NN, Löss über Jungmoräne, Überhalt Kiefern, Hauptbestand 20 % Kiefer, 40 % Fichte, 30 % Tanne und 10 % Buche. Holzpreise 1953. Vornutzungen wurden weder für den Überhalt- noch für den Normalbetrieb berücksichtigt (n. MANG, 1955).

	nach Jahren	ERTRÄGE (DM/ha) im		
		Überhalt-betrieb	Normal-betrieb	Mehr-leistung
1. Generation				
Bestandeswert b. Beginn d. Überhaltbetriebes		56 000		
abzügl. belassene Überhälter		–6 000		
Summe	**90**	**50 000**	**56 000**	**–6 000**
2. Generation				
Wert des überschirmten Bestandes		51 000		
Endwert der Überhälter		35 000		
abzügl. belassene Überhälter		–6 000		
Summe	**180**	**80 000**	**56 000**	**+24 000**
3. Generation				
Summe wie 2. Generation	**270**	**80 000**	**56 000**	**+24 000**

Die Zahlen machen deutlich, daß der Überhaltbetrieb infolge der hohen Volumen- und Wertleistung der Überhälter dem Normalbetrieb im Hinblick auf die Wirtschaftlichkeit auch dann weit überlegen ist, wenn die Unterschicht neben der Kiefer aus wüchsigen Schatt- und Halbschattbaumarten besteht. Das ist noch ausgeprägter der Fall, wenn Kiefern sowohl den Überhalt als auch die Unterschicht bilden.

Schatt- oder Halbschattholzbestand kann der Natur der Sache nach nur über eine Waldgeneration lang durchgehalten werden.

Für in diesem Sinne betriebenen Überhalt sind Forstbetriebe, wie das Gräfl. Bernstorff'sche Forstamt Gartow, der Stadtwald Freudenstadt, das Forstamt Lindau, der Hauptsmoorwald im Forstamt Bamberg und das Forstamt Selb in Oberfranken bekannt geworden. Als Beispiel für einen sehr langfristigen, mit großer Baumzahl beginnenden Überhaltbetrieb bei gleichzeitigem Übergang zu vielstufigem Waldaufbau sei auf den v. Rotenhan'schen Forstbetrieb in Rentweinsdorf, Hassberge, verwiesen.

Grundsätzlich läßt sich zum Überhaltbetrieb sagen, daß er für Baumarten wie Kiefer und Lärche eine bedeutsame Möglichkeit zur Produktion von besonders starkem und wertvollem Holz darstellt, die in größeren Betrieben und auf stabilen Standorten mehr ausgenutzt werden sollte, als das bisher der Fall ist.

Der Gruppenüberhalt der Eiche entsteht dagegen meist zufällig bei der Verjüngung von Buchenbeständen, in die Eichen in Gruppen oder kleinen Flächen eingemischt sind. Lohnt es sich, diese wegen ihrer Qualität zu wesentlich stärkeren Dimensionen heranwachsen zu lassen, so können sie belassen werden. Voraussetzung dafür ist allerdings, daß ein Schattholzunterstand *(vgl. Kap. 8.3: Unterbau)* vorhanden ist und auch die Randbäume gegen zu hohe Belichtung und damit gegen Wasserreiserbildung schützt.

Aber auch die Belassung von Überhältern aus forstästhetischen Gründen führt bei richtiger Handhabung nicht zu betriebswirtschaftlichen Verlusten und stellt ein besonders wichtiges waldbauliches Instrument zur Wald- und Landschaftsgestaltung dar. In Laubbaumgebieten sollte hier der Gruppen- oder Kleinbestandsüberhalt dem Einzelüberhalt vorgezogen werden, wo das möglich ist. Besonders markante Einzelbäume oder Baumgruppen sind immer überzuhalten, das gilt auch dann, wenn wirtschaftliche Erwägungen dagegen sprechen oder wenn bereits Senilitätsindikatoren wie Fäulen daran sichtbar werden *(vgl. Kap. 10.1: Forstästhetik)*.

Literatur

BAADER, G. (1941): Der Kiefernüberhaltbetrieb. Schriftenr. H. Göring Akad. Dt. Forstwissensch. 3.

MANG, K. (1955): Der Föhrenüberhaltbetrieb im Forstamt Lindau a.B. Diss. Univ. München.

SCHÖLZKE, D. (1970): Der Kiefern-Überhaltbetrieb nach Baader unter heutigen Verhältnissen. Allg. Forst- u. Jagdztg., S. 147–50.

WEISE, U., EHRING, A. (1993): Wachstum und Wertleistung zweialtriger Nadelbaum-Bestände in Baden-Württemberg. Mitt. d. Forstl. Versuchs- und Forschungsanst. Baden-Württemberg.

6.1.6   Naturgemäße Waldwirtschaft

Die naturgemäße Waldwirtschaft stellt eine waldbauliche Vorgehensweise dar, in die auf unkonventionelle Weise alle Konzepte des Waldbaus mit Ausnahme des Kahlhiebs eingeflossen sind. Und das ist der Grund, warum dieser interessanten Art des Waldbaus ein Abschnitt nach der vorherigen Behandlung aller Erscheinungsformen des Hochwaldes gewidmet wird.

6.1.6.1   Geschichte

Die Ablösung der ungeregelten Plenterung, die eine Ausplünderung der Wälder zur Folge hatte, durch die schlagweise Wirtschaft war ein großer waldbaulicher Erfolg. Der schlagweise Betrieb begünstigte jedoch die schnelle Ausbreitung der Nadelbaumarten weit über deren natürliche Vorkommen hinaus und das oft in Form gleichaltriger ungemischter Bestände, die sich als besonders empfindlich gegenüber Sturm, Insekten und Feuer erwiesen. Die Reaktion darauf war zunächst eine Rückbesinnung auf die Möglichkeiten und Vorteile des gemischten Waldes, wie sie durch Karl GAYER eingeleitet worden war. Sein Femelschlagbetrieb entstand ja mit dem Ziel, gemischte Wälder dadurch aufzubauen, daß den ökologischen Eigenarten jeder Baumart im Verlauf des Verjüngungsprozesses Rechnung getragen wird *(vgl. Kap. 6.1.2)*. In Norddeutschland entwickelte sich dann wenig später geradezu eine Gegenbewegung gegen jede Art von Waldbau, der mit Begriffen wie Schlag, Bestand, Kahlhieb, Gleichaltrigkeit und Gleichförmigkeit umrissen werden kann. Träger dieser vehementen Reaktion war Alfred MÖLLER, Professor für Waldbau an der Forstakademie in Eberswalde. Seinen waldbaulichen Gegenentwurf nannte er **Dauerwald.** Dieser sollte gekennzeichnet sein durch die folgenden Eigenarten:
– „Stetigkeit des Waldwesens als der Grundlage jeder richtigen, wahrhaft zweckmäßigen Waldbehandlung."

Möller hatte den Wald 1922 als einen Organismus bezeichnet. „Es herrscht ein labiles Gleichgewicht unter all den Gliedern, die den Waldorganismus zusammensetzen. Wird es durch Eingriffe von außen gestört, so stellt sich ein neues Gleichgewicht allmählich her, das Waldwesen verändert sich." Um den Begriff „Organismus" in dieser Auslegung hat es dann einen langen und intensiven literarischen Disput gegeben. Es gibt keinen Zweifel, daß Möller ihn nicht korrekt im Sinne des Wortes verwendet hat, genauso sicher ist aber auch, daß er damit tatsächlich das zum Ausdruck bringen wollte, was heute mit dem Terminus „Ökosystem" umschrieben wird.

- Wahrung der Bodenkraft,
- Erhaltung bzw. Schaffung von Mischbeständen,
- Ungleichaltrigkeit zur Sicherung der permanenten Produktion wertvollen Holzes auf jeder Flächeneinheit mit Hilfe eines ausreichenden Holzvorrats,
- Einzelstamm- statt schlagweiser Nutzung.

Möller entwickelte seine Vorstellungen vor allem in Kiefernrevieren Nordostdeutschlands, unter denen der Forstbetrieb Bärenthoren des Kammerherrn v. Kalitsch als besonders gelungenes Beispiel angesehen wurde. Andere, in diesem Zusammenhang bekanntgewordene Betriebe waren das Revier Hohenlübbichow mit dessen Besitzer v. Keudell, das Sächsische Forstamt Bärenfels mit seinem Vorstand Krutzsch oder – als Beispiel für ein Laubwaldrevier – der Stadtwald Göttingen unter der Leitung des Stadtforstmeisters Früchtenicht.

Als Reaktion auf das Dauerwaldkonzept entbrannte in den zwanziger und dreißiger Jahren eine heftige Diskussion, die das forstliche Schrifttum geradezu bestimmte. Während der ersten Jahre des nationalsozialistischen Regimes bekam die Dauerwaldidee dadurch besonderes Gewicht, daß der bereits erwähnte Waldbesitzer v. Keudell von 1933 bis 1937 als „Generalforstmeister" Leiter des damals geschaffenen kurzlebigen Reichsforstamtes wurde. Er erließ in dieser Eigenschaft einen Erlaß, nach dem das Dauerwald-Konzept als obligatorisch für den Waldbau in den preußischen Staatsforsten eingeführt wurde. Das stieß in der forstlichen Praxis jedoch auf erheblichen Widerstand, und nach dem Ausscheiden v. Keudells wurde die Anordnung wieder aufgehoben. Das geschah allerdings auch deshalb, weil damit die Überhiebe dieser unseligen Geschichtsperiode nicht zu erbringen gewesen wären.

Der Begriff des Dauerwaldes hatte sich von Anbeginn nicht durch besondere Klarheit ausgezeichnet. In den zwanziger und frühen dreißiger Jahren stand er zudem im Zentrum so vieler und heftiger literarischer Streite, daß sein Inhalt vollends verschwommen und schillernd wurde. Darauf ist es wohl zurückzuführen, daß an seine Stelle der Name „Naturgemäßer Wirtschaftswald" trat und der zugehörige Waldbau „naturgemäße Waldwirtschaft" genannt wurde. Erstmals benutzt wurden diese Begriffe von Krutzsch und Weck (1935). Eine sehr weite Auslegung erfuhren sie jedoch durch eine Definition, die wieder aus dem erwähnten Reichsforstamt stammt und folgendermaßen lautet:
- „Der Begriff ‚naturgemäß' umschließt die Forderung, daß der Wald hinsichtlich seiner Holzartenzusammensetzung, seines Aufbaus und seiner Bewirtschaftung den Anforderungen der **standörtlichen Nachhaltigkeit** und seinen ideellen Aufgaben gerecht wird.
- Der Begriff ‚Wirtschaftswald' bringt zum Ausdruck, daß der Wald als Hauptzweck die nationalwirtschaftlichen Belange unter voller Wahrung der ökonomischen Gesichtspunkte auf lange Sicht zu erfüllen hat."

Damit war dann allerdings eine Formel gefunden, in die jede Art von Waldbau hineinpaßt, wie sie in den vorangegangenen Abschnitten beschrieben worden ist.

Nach dem Zweiten Weltkrieg erlebte die Art des waldbaulichen Vorgehens, wie sie MÖLLER und seinen Anhängern vorgeschwebt haben mochte, sowohl in der Bundesrepublik Deutschland als auch in der damaligen Deutschen Demokratischen Republik eine Renaissance.

In der DDR wurde 1951 landesweit eine „naturgemäße Wirtschaft" eingeführt. Sie beruhte auf Konzepten von KRUTZSCH (1952, posthum) der bis zu seinem Tode 1951 auch persönlich erheblichen Einfluß auf die großflächige Verwirklichung dort hatte. Die Grundsätze wurden mit Hilfe von Landes- und Kreisinspektoren für „naturgemäße Waldwirtschaft" dem praktischen Forstbetrieb nahegebracht. Sie lassen sich – sehr stark vereinfacht – folgendermaßen beschreiben:

Der naturgemäße Wirtschaftswald ist ein horst- und gruppen- bis truppweise ungleichaltrig aufgebauter gemischter Wald aus standortgemäßen Baumarten und Herkünften, dessen Vorrat sich in bester Verfassung und auf optimaler Höhe befindet und deshalb ein Maximum an hochwertigem Holz unter Wahrung ökonomischer und landeskultureller Belange liefert. Da der normale Altersklassenwald dazu nur bedingt in der Lage ist, muß ein naturgemäßer Wirtschaftswald im genannten Sinne durch naturgemäße Waldwirtschaft aufgebaut werden, wobei in allen Stadien der Waldentwicklung nach dem Prinzip verfahren wird: Das Schlechteste fällt zuerst, das Bessere bleibt erhalten.

Diese Art des Waldbaus wurde nach dem Tode von KRUTZSCH jedoch bald wieder aufgegeben und durch das Konzept des „standortgerechten Waldbaus" ersetzt, als dessen Ziel nach WAGENKNECHT et al. (1956) die „nachhaltig höchste wirtschaftliche Ausnutzung des Standortes bei gleichzeitig bester Standortspflege" zu verstehen ist.

In Westdeutschland fand sich im Jahre 1950 eine Gruppe von Forstleuten und Waldbesitzern zusammen, die die „Arbeitsgemeinschaft Naturgemäße Waldwirtschaft" gründete. Deren Grundsätze sind von dem Gründungsmitglied WOBST (1954) und neuerdings von HASENKAMP zusammengefaßt worden und lauten – wieder stark verkürzt –:

– Dauerbestockung von gesundem Mischwald zur höchsten Ausnutzung bei gleichzeitiger Pflege der naturgegebenen Standortskräfte.
– Kein Kahlhieb.
– Schaffung und Wahrung des ökologisch vorteilhaften Waldklimas.
– Stetige Ausnutzung des gesamten ober- und unterirdischen Produktionsraumes Wald.
– Vorratspflege durch Einzelstammnutzung ersetzt schlagweise Eingriffe. Dabei gilt der Grundsatz: Das Schlechte fällt zuerst, das Gute bleibt erhalten.
– Ausnutzung der Naturverjüngung, wo immer das möglich ist.
– Erziehung der heranwachsenden Bäume im Halbschatten zur Sicherung von Astreinheit und Wipfelschäftigkeit.
– Ständige Leistungs- und Wertkontrolle zur kritischen Überprüfung des Zieles, den Wald stark- und wertholzreicher zu machen.

Die Arbeitsgemeinschaft Naturgemäße Waldwirtschaft hat inzwischen einen großen Mitgliederkreis und veranstaltet seit ihrer Gründung viel beachtete Jahrestagungen. Die Aktivitäten dieser Gruppe haben einen bedeutenden Einfluß sowohl auf den praktischen Waldbau als auch auf die waldbauliche Diskussion. Durch Schwierigkeiten, die sich für den Schlagwald konventioneller Art als Folge von Großkatastrophen und ökonomischer Probleme beim Schwachholz ergeben haben, sind im letzten Jahrzehnt zahlreiche Grundelemente naturgemäßen Waldbaus in die Waldbau-Richtlinien großer Verwaltungen eingeflossen. Damit haben die von GAYER und MÖLLER von einem Jahrhundert ausgegangenen Vorstellungen eine außerordentliche Bedeutung erlangt.

6.1.6.2 Beschreibung

Naturgemäße Waldwirtschaft läßt sich nicht so sicher umschreiben, wie es in den vorangehenden Kapiteln mit den wichtigsten Betriebsformen und Betriebsarten möglich war. Das liegt daran, daß die Postulate:
– Dauerbestockung mit Derbholz auf der ganzen Betriebsfläche,
– Einzelstamm- im Gegensatz zur gebräuchlichen Bestandeswirtschaft,
– Mischung
in Wäldern verwirklicht werden müssen, die durchweg als schlagweiser Hochwald entstanden sind. Umstellungen der geforderten Art sind daher nur sehr allmählich möglich, und da es – im Gegensatz zum Vorgehen beim Schirm-, Femel- oder Saumhieb – auch keine detaillierten Anweisungen dafür gibt, haben sich von Betrieb zu Betrieb sehr unterschiedliche Ansätze ergeben. Will man daher verstehen, was in der Praxis unter naturgemäßer Waldwirtschaft zu verstehen ist, so ist das am besten durch die Betrachtung solcher Betriebe möglich. Besonders bekannt geworden und seit Jahrzehnten entsprechend bewirtschaftet sind die folgenden Waldungen:

Herzoglich Oldenburgisches Forstamt Lensahn, Holstein	Laubwald
Gräfl. Bernstorff'sches Forstamt Gartow, Niedersachsen, Lüchower Niederung	Kiefer, Douglasie
Forstbetrieb Sauen (ehem. Forstverw. August Bier), Brandenburg	Umbau reiner Kiefern- in Kiefern-Laubbaumbestände
Staatl. Forstamt Stauffenburg, Niedersachsen, Harzvorland	Laub-/Nadelwald
Holzinteressenten Keula, Keula, Nordthüringen, Dün-Hainleite	Buchenplenterwald
Schenk zu Schweinsberg'sches Forstamt Schweinsberg b. Marburg, Hessen	Laub-/Nadelwald
Forstamt Eibenstock, Sachsen, Westerzgebirge	Fichten-Femelwald
v. Rotenhan'scher Forstbetrieb, Rentweinsdorf, Unterfranken, Hassberge	Laub-/Nadelwald
Gräfl. Neipperg'sche Forstverwaltung, Schwaigern, Nordwürttemberg	Laubwald
v. Aretin'scher Forstbetrieb, Haidenburg, niederbayer. Tertiärhügelland	Laub-/Nadelwald

Der Waldbau in Betrieben, die nach den Grundsätzen der Arbeitsgemeinschaft Naturgemäße Waldwirtschaft vorgehen, ist fast immer durch folgende Eigenarten gekennzeichnet:

– Die Hiebe werden – besonders in älteren Waldteilen – weniger auf Schläge konzentriert, sondern deutlich mehr auf die gesamte Fläche verteilt, was zu häufigen, aber immer nur mäßigen Eingriffen auf jeder Flächeneinheit führt.
– In alten Waldteilen, die bei konventionellem Vorgehen als hiebsreif erachtet würden, führt die Einzelstammwirtschaft meist zu einer erheblichen Verlängerung der Verjüngungszeiträume. Daraus entstehen dann, je nach der Art des Vorgehens im Altholz, Abläufe, die sehr langsam geführten Schirmhieben entsprechen, oder es bildet sich ein sehr langfristiger Femelschlagbetrieb heraus. Nur im letzteren Falle können durch extrem langsames Arbeiten dauerhafte Stufigkeit und echte Ungleichaltrigkeit der so behandelten Waldteile entstehen. Diese dann zu erhalten, dürfte weniger schwierig sein als ihre Schaffung aus Beständen des Schlagwaldes heraus.
– Führen die Hiebe bereits in mittelalten Bestandesteilen zu permanenten Auflichtungen, die das Ankommen von Verjüngung – künstlich oder natürlich – ermöglichen, so bildet sich ein Zustand heraus, der zweihiebigen Waldaufbauformen ähnelt. Ist die Auflichtung eher gleichmäßig, dann entwickelt sich auch die Unterschicht ziemlich gleichförmig und meist nur wenig altersdifferenziert. Wechseln sich dagegen deutlich dichtere und lockere Partien in der Oberschicht ab, so kommt die Unterschicht trupp-, gruppen- und horstweise an. Der Wald erhält einen stufigen Charakter.
  Die Auflichtung relativ junger Waldteile kann durch Katastrophen oder durch die Entnahme unbefriedigend ausgebildeter Bäume entstehen, wenn diese sehr zahlreich sind und konsequent dem Leitsatz „das Schlechte fällt zuerst" gefolgt wird.
  Solche ungewohnten Auflichtungen noch verhältnismäßig junger Bestände können aber auch dadurch zustande kommen, daß betriebliche Besonderheiten, wie das Fehlen älterer und damit stärkerer Bestände, dazu zwingen. Das war z. B. in Bärenthoren oder aber im v. Aretin'schen Forstbetrieb Haidenburg der Fall. Große Flächen mit deutlich zweihiebigem Waldaufbau sind dann das Ergebnis.
– Das Bestreben, mit Naturverjüngung zu arbeiten, ist meist unverkennbar. Fehlende Mischbaumarten werden künstlich eingebracht.

6.1.6.3   Ökologische Eigenarten und Naturnähe

Die naturgemäße Waldwirtschaft verzichtet auf klein- oder großflächige Kahlhiebe und schafft mit zweihiebigen Wald-Aufbauformen, langfristigen Schirmhieben oder Plenterhieben ökologische Bedingungen, die in den *Kap. 6.1.2–6.1.5* beschrieben worden sind. Auf sie kann deshalb verwiesen werden.

Gleiches gilt für den Begriff der Naturnähe, wie er in *Kap. 5.1.5* entwickelt und dann für jede der wichtigen Betriebsformen erörtert worden ist. Es wäre in jedem Falle eine Mißdeutung zu glauben, die naturgemäße Waldwirtschaft führe zu „natürlichen" Wäldern. Sie stellt vielmehr ein sehr anspruchsvolles Verfahren dar, durch das landschafts- und waldökologisch besonders erstrebenswerte Zustände geschaffen und gehalten werden.

6.1.6.4   Ertragskundliche Eigenarten

Naturgemäße Waldwirtschaft setzt in ertragskundlicher Hinsicht auf zwei Größen:
– den **Lichtungszuwachs,** den auch ältere Bäume noch zu leisten in der Lage sind,
– die über die **Starkholzproduktion** mögliche hohe Wertleistung.

Es muß danach das Bestreben sein, Wälder mit großen Vorräten an Starkholz aufzubauen und den Zuwachs an jedem einzelnen der Starkbäume möglichst so lang auf
einem hohen Niveau zu halten, bis der dem Standort und der Baumart angemessene
Zieldurchmesser erreicht ist.

Diese Zielsetzung verlangt eine meist verhältnismäßig offene Bestandeshaltung.
Zuwachsverluste sind damit dann nicht verbunden, wenn sich ohne Zeitverluste Verjüngung einfindet und sich eine zweite Bestandesschicht bildet oder im Idealfall ein
dauerhaft vielstufiger Aufbau entsteht. Die wenigen exakten ertragskundlichen Untersuchungen, die bisher in langfristig nach den Prinzipien der naturgemäßen Waldwirtschaft behandelten Wäldern gemacht worden sind, deuten an, daß zumindest die
Wertleistung auf diese Weise deutlich verbessert werden kann. Alle Überlegungen,
die in ertragskundlicher Hinsicht zum Schirmschlagbetrieb, zweihiebigen Wald, Überhaltbetrieb und Plenterwald angestellt worden sind, lassen sich im übrigen auch auf
viele Entwicklungsstadien des naturgemäßen Wirtschaftswaldes übertragen. Gelingt
es, durch die Anwendung der Prinzipien „naturgemäßer Waldwirtschaft" die **Stabilität**
von Wirtschaftswäldern großflächig zu verbessern und gleichzeitig das Gewicht der
Produktion auf **stärkeres Holz** zu verlagern, als das im Schlagwald möglich ist, so ist
das allein ein bedeutender ökonomischer Erfolg.

6.1.6.5 *Bedeutung und Wertung*

Obwohl bisher nur ein geringer Teil der Waldfläche nach den Grundsätzen der naturgemäßen Waldwirtschaft behandelt wird, ist die Bedeutung dieses Konzeptes groß.
Die Mitglieder der Arbeitsgemeinschaft für Naturgemäße Waldwirtschaft sind sehr
rührige Forstleute, und die von ihnen gestalteten Betriebe zeigen oft die Ergebnisse
engagierten, unkonventionellen und auch ökonomisch erfolgreichen Waldbaus.
Dadurch wird die Diskussion, die MÖLLER mit seinem Dauerwald entfacht hat, durch
die Mitglieder dieser Arbeitsgemeinschaft bis heute am Leben erhalten. War diese
Diskussion über lange Zeit mit geradezu messianischem Eifer betrieben worden – von
Anhängern wie Gegnern gleichermaßen –, so gewinnt seit kurzem eine nüchterne
Betrachtung Raum. Das ist auch mit darauf zurückzuführen, daß die Diskussion von
einigen emotionsträchtigen Elementen, wie der „Organismusidee" oder den „Waldgefügetypen" *(s. Abb. 6.29)* befreit worden ist. Vor allem aber sind es die inzwischen
lange genug bewirtschafteten Beispielswälder, an denen die Resultate erkennbar werden. Daran wird deutlich, daß konsequente Vermeidung des Kahlhiebes, systematische Schaffung von Mischbeständen, Ausnutzung der Naturverjüngung und Verzögerung der Endnutzungen zur Starkholzproduktion nach diesen Konzepten möglich und
vorteilhaft sind, wenn der Waldbau als praktische Arbeit im Wald zum Kernstück aller
forstlichen Aktivitäten überhaupt wird.

Der Zustand vieler naturgemäßer Forstbetriebe ist deshalb vor allem durch die
intensive waldbauliche Arbeit der Forstleute aller Kategorien darin zu erklären. Es ist
in diesem Zusammenhang aufschlußreich, sich an den Ausspruch des Kammerherrn
v. KALITSCH in Bärenthoren zu erinnern, der 1911 auf die Frage MÖLLERS, wie er es
gemacht habe, seinen Betrieb zu gestalten, antwortete: „Ich mache niemals Kahlschläge und durchforste meinen ganzen Wald jährlich und persönlich auszeichnend."
Diese Maxime sollte zwar auch für jeden „konventionell" bewirtschafteten Betrieb
gelten, sie wird aber immer dann unabdingbar, wenn Schlagwaldbestände in Richtung
auf stufigere Zustände, Mischung und Starkholzproduktion umgebaut werden sollen.

Vorwald

Zwischenwald

Hauptwald

Schlußwald

Abb. 6.29: Waldgefügetypen (n. WECK, 1947).

Vorwald: Entsteht natürlich oder künstlich auf waldfreien Flächen. Rascher Volumenzuwachs in der Jugend, frühe Erreichung der Zuwachskulmination, frühe Erreichung der Volumenendgröße, aber mit relativ geringen Endwerten.

Zwischenwald: Der Oberstand besteht aus ehemaligen Vorwaldbäumen mit entsprechendem Wachstumsgang. Die darunter heranwachsende Schicht folgt aber bereits den Regeln, die für den Haupt- und Schlußwald gelten.

Hauptwald: Ein sich selbst überlassener oder nach dem Plenterprinzip behandelter Zwischenwald geht in den Gefügetyp des Hauptwaldes über. Alle Bäume zeigen den nach Jugendentwicklung im Halbschatten typischen Wachstumsgang: langanhaltende hohe Zuwachswerte, späteres Erreichen sehr hoher Volumenendgrößen. Der Hauptwald stellt die durch naturgemäße Waldwirtschaft anzustrebende und durch entsprechenden Waldbau zu haltende Waldaufbauform dar.

Schlußwald: Einschichtige Zustände entwickeln sich aus dem Hauptwald, wenn dessen Ober- und Zwischenstand eng zusammenwachsen, z. B. nach Aufhören von Plenterhieben. Wird mit zunehmendem Alter ertragslos, da er in ein natürliches Fließgleichgewicht übergeht.

Nach WECK stellt der Hauptwald deshalb den idealen Wirtschaftswald dar, weil er im Anhalt an das BACKMANsche Wachstumsgesetz (1943) aus Bäumen besteht, die infolge gedämpften Jugendwachstums größere Endwerte für Höhe, Durchmesser und Volumen erreichen, also leistungsfähiger sind als frei aufwachsende. Diese Annahme, die lange Zeit zum theoretischen Rüstzeug der naturgemäßen Waldwirtschaft gehörte, konnte in Studien von LIEBOLD (1957) und SCHÜTZ (1969) nicht bestätigt werden.

Die Waldfläche, auf der naturgemäße Waldwirtschaft betrieben wird, ist in der Bundesrepublik deutlich in Ausweitung begriffen. Das Konzept der naturgemäßen Waldwirtschaft stellt keine eigenständige Betriebsform dar. Vielmehr kann es als ein Versuch betrachtet werden, den Waldaufbau in Richtung auf eine risikoärmere und besonders wertvolle, weil stark- und wertholzreiche gemischte Bestockung zu verändern. Wenn man vom Kahlhieb absieht, werden zur Erreichung dieses Zieles alle sich anbietenden waldbaulichen Vorgehensweisen angewendet. Als Endstadien solchen Vorgehens bilden sich sehr langfristige Schirmhiebe, Bestände mit zweihiebigem Charakter, plenterwaldartige Aufbauformen oder im Idealfall wirkliche Plenterwälder heraus.

Da die Ausgangslage für die naturgemäße Waldwirtschaft fast immer ziemlich gleichalte und gleichförmige Schlagwaldbestände sind, ist eine Umstellung nur in langen Zeiträumen möglich. Je dichter und instabiler die Ausgangsbestände sind, umso schwieriger ist der Übergang. Da die Eingriffe nicht in so konzentrierter Form wie im Schlagwald erfolgen, sondern auf größere Teile der Betriebsfläche verteilt werden, ist der Erfolg von einer besonders engagierten Auszeichnungsarbeit abhängig. Die Hiebsmaßnahmen im stärkeren Holz finden in der Regel in Gegenwart von Jungwüchsen statt. Die Feinerschließung des Waldes sowie die Einhaltung einer strengen Hiebs- und Rückeordnung sind deshalb von ganz besonderer Bedeutung. In diesem Zusammenhang wird auf das *Kap. 6.1.3.7* verwiesen, in dem die Grundsätze der Überführung von Schlag- in Plenterwald dargestellt worden sind.

Literatur

BACKMAN, G. (1943): Wachstum und organische Zeit. Leipzig: Bios. 15.

HASENKAMP, J. G.: Grundsätze und Ziele der Arbeitsgemeinschaft Naturgemäße Waldwirtschaft. In: GADOW, W. H. V.: Weiterentwicklung unserer Wälder. Bremen 1982.

KRUTZSCH, WECK (1935): Bärenthoren 1934, Der naturgemäße Wirtschaftswald. Neudamm.

KRUTZSCH, H. (1952): Waldaufbau. Berlin.

LIEBOLD, E. (1957): Kritische Betrachtungen zur Waldgefügetypenlehre von J. Weck. Arch. f. Forstw. 265–310.

MÖLLER, A. (1922): Der Dauerwaldgedanke, sein Sinn und seine Bedeutung. Berlin.

SCHÜTZ, J. P. (1969): Etude des phénomènes de la croissance en hauteur et en diamètre du sapin Abies alba Mill.) et de l'épicéa (Picea abies Karst.) dans deux peuplements jardinés et un forêt vierge. Diss. ETH. Zürich.

THOMASIUS, H. (1992): Naturgemäße Waldwirtschaft in Sachsen – gestern, heute und in Zukunft. Der Dauerwald.

WAGENKNECHT, E., SCAMONI, A., RICHTER, A., LEHMANN, J. (1956): Eberswalde 1953, Wege zu standortgerechter Forstwirtschaft. Radebeul, Berlin.

WECK, (1947): Die Kiefer Ostelbiens und das Plenterprinzip. Schweiz. Zeitschr. f. Forstw. 190–213, 228–39.

WOBST, W. (1954): Zur Klarstellung über die Grundsätze der naturgemäßen Waldwirtschaft. Forst- u. Holzwirt. 269–74.

6.2   Nieder- und Mittelwald

6.2.1   Geschichte

Wälder, deren Verjüngung ganz oder überwiegend auf vegetative Weise erfolgt, gibt es schon seit sehr langer Zeit. Es erscheint möglich, daß bereits die Römer mit der Kastanie auch deren Bewirtschaftung als **Niederwald** hier einführten. Hinweise auf das Vorhandensein von Niederwald in Mitteleuropa finden sich in Berichten aus dem 10. Jahrhundert. Ganz sicher dokumentiert ist die Existenz sowohl des Nieder- als auch des Mittelwaldes im 13. Jahrhundert. Danach dürfte sich der Betrieb des Ausschlagwaldes im Früh- und Hochmittelalter entwickelt haben.

Die Niederwaldwirtschaft entstand zur Deckung regelmäßigen Holzbedarfs – vor allem an Brenn- und Kohlholz –, sowohl der ländlichen Bevölkerung als auch der größeren Siedlungen. Für ihre großflächige Anwendung waren **zwei Voraussetzungen** nötig:

– die Fähigkeit zahlreicher Laubbaumarten, aus dem Stock wieder auszutreiben, wenn sie in verhältnismäßig jugendlichen Entwicklungsstadien gefällt werden (*s. Tab. 6.18*),

– die Möglichkeit, mit Hilfe von einfachen Flächenteilungsverfahren eine ausreichende Nachhaltigkeit der Holzproduktion zu sichern, wenn pro Jahr ein der Umtriebszeit des Niederwaldes entsprechender Flächenanteil genutzt werden kann.

Über viele Jahrhunderte erbrachte der auf großen Flächen betriebene Brennholzniederwald einen wichtigen Beitrag für die Versorgung von Bevölkerung und Gewerbe mit Energie. Die Umtriebe, mit denen gearbeitet wurde, waren mit weniger als 40 Jahren sehr kurz. Je nach Baumart und Verwendungszweck differenzierten sich die Produktionszeiträume im Laufe der Zeit ganz erheblich. Mitte des 18. Jahrhunderts waren etwa folgende **Umtriebe** gebräuchlich:

Laub-Hartholz	25–40 Jahre,
Weich-Laubholz	um 20 Jahre,
Weiden	6–8 Jahre.

Vom 15. und 16. Jahrhundert an gewann eine neue Form des Niederwaldes schnell zunehmende Bedeutung, nämlich der **Eichenschälwald.** Darunter wird ein möglichst nur aus Eichen bestehender Ausschlagwald verstanden, dessen Produkt nicht mehr nur das Holz, sondern auch die Rinde war. Diese wurde wegen ihres hohen Gehaltes an Gerbstoffen zunächst gewerblich, später auch im industriellen Maßstab verwendet.

Tab. 6.18:   Die Befähigung der Laubbäume zu vegetativer Vermehrung (n. HAMM, 1896).

| | BEFÄHIGUNG ZU | |
	Stockaus-schlag	Wurzel-brut
Balsampappel	150	+++
Schwarzpappelhybriden	150	++
Silberpappel	100	++
Aspe	–	+++
Baumweide	150	+
Vogelbeere	–	+++
Robinie	150	+++
Ulme	100	++
Weißerle	120	++
Roterle	120	+
Roßkastanie	–	++
Edelkastanie	100	++
Linde	–	++
Mehlbeere	–	++
Birke	150	++
Eiche	60	+
Buche	40	+
Hainbuche	60	+
Esche	150	+
Bergahorn	150	+
Spitzahorn	120	+

150: Länge des Triebes im ersten Jahr in Zentimetern

+ sehr gering, selbst nach Abhieb oder Verletzung

++ bei kränkelndem oder verletztem Stamm oder Wurzel

+++ stark, auch bei gesundem Stamm und unverletzter Wurzel

Der **Mittelwald** ist wahrscheinlich nicht viel jünger als der Niederwald. Ganz sicher ist er für das 14. und 15. Jahrhundert überliefert. Er entstand dadurch, daß auf den Niederwaldflächen einige – meist aus Samen entstandene – Bäume über mehrere Niederwaldgenerationen als Oberholz erhalten wurden. Sie hatten zum einen den Zweck, Mast für die allenthalben ausgeübte Waldweide, in Jagdgebieten aber auch für das Wild, zu liefern. Zum anderen wurde es durch diese **Lassreiser** oder **Lassreitel** genannten Bäume möglich, neben dem Brennholz in einigem Umfange auch Nutzholz zu produzieren. Auch dabei wurden Nachhaltigkeitsüberlegungen beachtet, indem mit jeder Ernte des Unterholzes auch einige der Oberständer geerntet und neue belassen wurden. Lassreitel, die über mehrere Umtriebe des Unterstandes erhalten bleiben, können sich zu Starkholz von beachtlicher Dimension entwickeln.

Wie der Niederwald hat auch der Mittelwald bis in das letzte Jahrhundert hinein eine große wirtschaftliche Bedeutung gehabt. Heute gibt es nur noch wenige Beispiele für diese Art der Waldwirtschaft, wie den Stadtwald Iphofen und Teile des Stadtwaldes von Bad Königshofen, beide in Unterfranken.

Die einst blühende Nieder- und Mittelwaldwirtschaft begann mit dem Aufkommen der Kohle als Energieträger zu verfallen. Dieser Verfall beschleunigte sich rapide, als die Eisenbahn auch die Möglichkeit schuf, Kohle überall hinzutransportieren. Und auch die Gerbrinde aus den Eichenschälwäldern war vom Ende des letzten Jahrhunderts an Konkurrenzprodukten ausgesetzt. Das waren zunächst vor allem die in Holz und Rinde sehr gerbstoffreichen Quebracho-Arten *(Schinopsis ssp.)* aus Südamerika sowie der Wattle *(Acacia molissima)*, der aus Südafrika stammt. Die Quebracho-Bestände sind inzwischen bis auf kleine Reste ausgebeutet worden, wohingegen der Wattle vor allem in Südafrika in Form von Plantagen in bedeutsamem Umfang kultiviert wird. Darüber hinaus wird jedoch der Weltbedarf an Gerbstoffen auch durch synthetisch hergestellte Substanzen gedeckt. Nach einer letzten Blütezeit im Rahmen der Autarkiebestrebungen während der nationalsozialistischen Zeit ist daher auch der Betrieb von Schälwäldern, die einmal ganze Landschaften geprägt haben, vollständig zum Erliegen gekommen.

Die Niederwaldflächen, die um die Jahrhundertwende noch fast 2 Millionen Hektar oder 13% der Waldfläche im damaligen Deutschen Reich einnahmen, sind inzwischen als Folge intensiver Umwandlung in Hochwald auf geringe Reste zusammengeschrumpft. Zeitweise sind diese Umwandlungsbemühungen mit erheblichen öffentlichen Mitteln subventioniert worden. *Tab. 6.19* gibt einen Überblick über die gegenwärtige Situation in der Bundesrepublik und in einigen anderen europäischen Ländern. Viele der noch existierenden Nieder- und Mittelwälder sind jedoch nur vernachlässigte und degradierte Überbleibsel einer bei entsprechender Bewirtschaftung durchaus respektablen waldbaulichen Betriebsform.

Tab. 6.19: **Vorkommen von Nieder- und Mittelwald in einigen europäischen Ländern** (n. Bundesministerium f. Ern., Landw. u. Forsten, 1982).

TYP		LAND			
		D	F	I	B
Niederwald	Tsd. ha	315	4714	2685	55
Mittelwald		78	–	730	119
Zusammen		993	4714	3415	174
Flächenanteil	%	6	50	57	30

Während also in Deutschland beide Betriebsarten nur noch eine untergeordnete Rolle spielen, sind sie vor allem in Frankreich und Italien nach wie vor sehr bedeutsam. Von den Flächen in der Bundesrepublik (alte Länder) befinden sich zudem 74000 Hektar im Prozeß der Überführung in Hochwald.

6.2.2   Beschreibung

Niederwald

Der Stockausschlag entsteht durch das **Austreiben von schlafenden Augen** am nach dem Hieb verbliebenen Schaftteil, dem Stock. Schlafende Augen sind **Proventivknospen**, die am Vegetationspunkt des Baumes entstanden, jedoch dann nicht ausgetrieben sind. Sie wandern, eingebettet ins Kambium, mit dem Dickenwachstum nach außen, bleiben aber in Form einer mikroskopisch sichtbaren Spur mit dem Mark verbunden. Durch den Hieb wird die wohl hormongesteuerte Austriebssperre beseitigt, so daß die bis dahin ruhende Knospe ausschlägt. Diese Reaktion erfolgt umso vehementer, je jünger die Bäume und dünner die zu durchstoßende Rinde ist. Daneben können aber auch **Adventivknospen** zum Stockausschlag führen, das sind in Wundkallusgeweben sich spontan bildende Vegetationspunkte.

Wurzelbrut *(vgl. Tab. 6.18)* bildet sich immer durch austreibende Adventivknospen der Baumwurzeln, die ebenfalls durch hormonale Steuerung aktiviert werden. Gelegentlich wurde im Niederwaldbetrieb auch die Fähigkeit von Bäumen ausgenutzt, an Zweigen, die ständig dem Boden aufliegen, Wurzeln zu bilden. Dieser Vorgang wird **Lagerverjüngung** genannt und ist etwa der Bewurzelung von Stecklingen vergleichbar.

Niederwald – wie auch die Niederwaldkomponente in Mittelwäldern – wird in kurzen Umtrieben, deren Länge sich nach dem angestrebten Produktionsziel richtet, kahlschlagartig abgetrieben. Der Hieb wird im Winterhalbjahr ausgeführt, wenn Stock und Wurzelwerk gut mit Reservestoffen versorgt sind. Infolge des großen Wurzelsystems an jedem Stock, aber auch durch Mobilisierung gespeicherter Reservestoffe, bildet sich im Frühjahr ein außerordentlich vitaler Stockausschlag. Er ist oft so stark, daß die Schlagfläche davon bereits am Ende der ersten Vegetationszeit fast wieder voll gedeckt erscheint. Sind die Ausschläge sehr zahlreich, so ist in den Jahren nach dem Hieb eine Vereinzelung erforderlich, bei der die besten Ruten belassen werden.

War die Ernte in einem Hieb der normale Fall des Niederwaldbetriebes, so gab es doch auch gelegentlich plenterartiges Vorgehen. Dazu wurden in Intervallen von nur wenigen Jahren die jeweils stärksten Stangen eines Stockes entnommen. Zur Sicherung der Verjüngung wurden dabei auch tiefe Äste auf den Boden gebogen und mit Erdreich oder Steinen bedeckt, damit sie sich bewurzelten.

Da die Stöcke nach einigen Niederwaldumtrieben an Vitalität nachlassen und faul werden, war es bei intensivem Betrieb zur Aufrechterhaltung einer hohen Produktivität wichtig, daß ein Teil der Stöcke bei jedem Hieb durch Kernwüchse ersetzt wurde. Diese wurden als Großpflanzen eingebracht, damit sie der Konkurrenz durch die sehr vitalen Ausschläge gewachsen waren. Niederwald kam und kommt in den unterschiedlichsten Ausbildungen vor. Eine Vorstellung davon vermittelt die *Übersicht 6.4.*

Mittelwald

Im geordneten Mittelwaldbetrieb bilden die über mehrere Niederwaldumtriebe übergehaltenen Lassreitel ein Oberholz von je nach Betriebsziel unterschiedlicher Dichte. Diese Lassreitel sind oft Kernwüchse, können aber auch besonders gut geformte und vitale Ausschläge sein. Wird dabei ein Nachhaltgefüge angestrebt, so muß dafür Sorge getragen werden, daß mit jedem Niederwaldbetrieb einige Bäume aus dem Oberholz genutzt werden und eine entsprechende Zahl neuer Lassreitel gepflanzt wird. Das Oberholz eines Mittelwaldes besteht aus Stämmen, die bis zu der Höhe astrein und meist gradschäftig sind, die von der Unterschicht in einem Niederwaldumtrieb erreicht wird. Darüber bilden sich dann große solitärartige Kronen aus. Die unteren Schaft-

Übersicht 6.4:   Die wichtigsten Erscheinungsformen des Niederwaldes in Mitteleuropa.

ERSCHEINUNGS-FORM	PRODUKTIONS-ZIEL	BETEILIGTE BAUMARTEN	UMTRIEBS-JAHRE	BEDEUTUNG HEUTE
Brennholz-niederwald	Brennholz, Kohlholz, (Faschinen)	Hainbuche, Buche, Eiche, Hasel, Birke, Aspe, Kastanie	(15) 20–30	Infolge des Bedarfsrückgangs an Brenn- und Kohlholz bedeutungslos.
Eichen-schälwald	Gerbrinde, kleindimensioniertes Nutzholz wie Rebpfähle	Traubeneiche, Stieleiche, letztere v. a. im Aueniederwald	12–20	Durch billigere natürliche wie synthetische Gerbstoffe verdrängt.
Akazien-niederwald	Rebpfähle, schwach dimensioniertes Nutzholz, Brennholz	Robinie	10–30	Vom ursprünglichen Zweck her bedeutungslos geworden. Neuerdings gelegentlich sehr kurzumtriebiger Betrieb zur Produktion von Trieben als Wildäsung.
Weidenheger, Weidenkopfholzbetrieb	Flechtmaterial, Faschinen	Weiden	1–5	Infolge aufwendigen Betriebes unwirtschaftlich geworden.
Energiewald	Biomasse als Energieträger oder Industrierohstoff	Weiden oder andere sehr schnellwüchsige Arten	< 10	In der Entwicklung; Leistungen von >10 t/ha/J Biotrockenmasse möglich.
Erlen-niederwald	Stamm- und Schichtholz	Schwarzerlen	30–60	Gebräuchliche Form der Nutzung in Erlenbrüchern und entlang von Gewässern, dann am besten plenterartig.

stücke können – wenn die erreichten Durchmesser entsprechend sind – sehr hochwertiges Holz liefern. Das Oberholz besteht meist aus lichtdurchlässigen Arten wie Eichen – die auch als Mastbäume bedeutsam waren –, Eschen, Ahornen, Ulmen, Kirschen und Pappeln. Aber auch Nadelbäume wie Kiefern, Lärchen und Fichten können am Oberholz im Mittelwald beteiligt sein.

Nach dem **Vorrat des Oberholzes** unterscheidet HAMM (1896):
Oberholzarmer oder niederwaldartiger Mittelwald   80 fm/ha
Normaler Mittelwald   150 fm/ha
Oberholzreicher oder hochwaldartiger Mittelwald   300 fm/ha

6.2.3   Umwandlung und Überführung

Da Nieder- und Mittelwälder in Mitteleuropa nur noch ausnahmsweise bewirtschaftet werden, bestehen die waldbaulichen Aktivitäten vor allem in ihrer Umwandlung oder Überführung in Hochwald. Von **Umwandlung** spricht man dann, wenn die vorhandene Bestockung beseitigt und durch künstlich begründeten Hochwald ersetzt wird. **Überführung** wird dagegen die Anwendung waldbaulicher Erziehungskonzepte auf die bestehende Niederwaldbestockung genannt. Ersteres Vorgehen ist immer dann angebracht, wenn sich die Niederwälder in schlechter Verfassung befinden, letzteres kann praktiziert werden, wo gutgepflegte Niederwälder mit vitalen Stöcken die Ausgangslage bilden.

Die Schwierigkeit der **Umwandlung** besteht darin, daß der nach dem Abtrieb des Niederwaldes sich sofort bildende Ausschlag in den ersten Jahren ungleich wuchskräftiger ist als jede dort eingebrachte Baumschulpflanze. In der Vergangenheit wurde der Ausschlag deshalb mehrere Jahre lang immer wieder abgeschlagen. Das wäre heute nur noch mit einem unvertretbaren Kostenaufwand möglich. Deswegen werden die Stöcke entweder auf chemische Weise am Austreiben gehindert oder maschinell beseitigt. **Arborizide** *(vgl. Übersicht 7.28)* können auf verschiedene Weise angewendet werden:

– Behandlung der Stöcke unmittelbar nach dem Hieb,
– Spritzen des voll belaubten Ausschlags im ersten oder zweiten Jahr nach dem Hieb,
– Abtötung des Niederwaldes vor dem Einschlag.

Im letzteren Falle bleibt über der Fläche ein Schirm von zunächst absterbenden und später toten Niederwaldbäumen stehen. Die Verwendung von Arboriziden ist heute in Mitteleuropa aus ökologischen Gründen ungebräuchlich geworden.

Wo das Gelände es erlaubt, werden die Stöcke gelegentlich mit Hilfe von Raupenschleppern mit montiertem Roderechen ausgehoben und samt daran verbliebenen Ausschlägen, auf Wällen abgelegt.

Nachdem der Niederwald bzw. der Wiederaustrieb der Stöcke ausgeschaltet ist, kann die Fläche ähnlich wie ein Kahlschlag kultiviert werden. Bleibt ein Schirm von absterbenden bzw. abgestorbenen Stämmen erhalten, so gewährt dieser in den ersten Jahren nach der Pflanzung einen gewissen Frostschutz. Die erste Hochwaldgeneration wird in der Vergangenheit meist von Nadelbäumen gebildet. Douglasie und Fichte sind für solche Umwandlungen am häufigsten verwendet worden. Erst in der letzten Zeit werden vermehrt Laubbaumbestockungen als erste Hochwaldgeneration begründet.

Die **Überführung** von Niederwald bzw. des Unterholzes der Mittelwälder in Hochwald geschieht dadurch, daß die meist sehr zahlreichen Ausschläge so früh wie möglich vereinzelt werden. Voraussetzung dafür sind gute Qualität der Stöcke und des Ausschlags und eine dem waldbaulichen Ziel entsprechende Zusammensetzung nach Baumarten. Im Verlauf der Überführung wird dann jedem verbleibenden Schößling ein Standraum verschafft, wie er in der Hochwald-Erziehung gebräuchlich ist. Ist die Baumzahlkorrektur einmal erreicht und eine halbwegs gleichmässige Verteilung der Einzelbäume auf der Fläche gesichert, so wird die Erziehung genauso weitergeführt, als ob es sich um einen Hochwald handelte. Von einem definitionsgemäßen Hochwald kann man allerdings erst dann sprechen, wenn der Überführungsbestand einmal natürlich oder künstlich verjüngt worden ist.

Handelt es sich bei den Umwandlungs- oder Überführungsbeständen um Mittelwald, so können der Oberstand oder Teile davon – je nach Qualität und bereits erreichter Stärke – belassen werden. Auf diese Weise entstehen zweihiebige Bestände, die auch ästhetisch sehr ansprechend sind.

6.2.4   Ökologische Eigenarten

Der Niederwaldbetrieb ist ein dem Kahlschlagbetrieb in ökologischer Hinsicht durchaus vergleichbares Verfahren. Manche der dort mitgeteilten Eigenarten gelten daher auch hier. **Beachtliche Unterschiede** ergeben sich allerdings auf mehrere Weisen:
- Die Wiederbestockung der Schlagfläche mit Baumvegetation geht infolge der Vitalität und Dichte der Stockausschläge sehr viel schneller vonstatten als auf dem Kahlschlag. Bodenvegetation kann dabei zwar kurzfristig aufkommen, entwickelt sich aber meist nicht zu einem Kulturhindernis.
- Infolge der kurzen Umtriebszeiten tritt die Kahlschlagsituation viel häufiger ein als im entsprechenden Hochwald.
- Bei der in der Vergangenheit üblichen nahezu vollständigen Nutzung des Stockausschlages bis hin zum Feinreisig fand ein beträchtlicher Nährstoffaustrag aus dem System statt. Er wurde noch erheblich verstärkt, wenn die Nutzung auch Beweidung und Streuentnahme umfaßte.

Im Mittelwaldbetrieb werden diese ökologischen Eigenarten je nach Dichte des Oberstandes mehr oder weniger stark modifiziert, wodurch sich Situationen herausbilden, die zwischen dem Überhaltbetrieb und einem zweihiebigen Hochwald eingeordnet werden können. Die Biomassennutzung war jedoch auch im Mittelwaldbetrieb nahezu vollständig, weil der gesamte Anfall bis hin zum Feinreisig Verwendung fand.

6.2.5   Naturnähe

In der Natur spielt die vegetative Vermehrung der dazu befähigten Baumarten eine erhebliche Rolle für die Überlebensfähigkeit des Individuums bei Katastrophen wie z. B. Feuer oder Verbiß, aber auch für die Erhaltung oder Verbreitung der Art unter Extrembedingungen, wie das z. B. durch Lagerverjüngung im Baumgrenzbereich der Fall ist. Der Niederwaldbetrieb macht sehr erfolgreich Gebrauch von dieser Eigenart. Jedoch entfernt er sich sehr weit von allen vergleichbaren natürlichen Situationen, indem er das Waldökosystem durch die Kürze des Umtriebs permanent im Bereich der Stabilisierungs- und ganz frühen Aufbauphase hält *(vgl. Abb. 5.3)*. Da der Austrag an Biomasse aus dem System zudem sehr groß ist, muß ein intensiver Niederwaldbetrieb zu Beeinträchtigungen des Stoffhaushaltes führen, die auf lange Sicht nur durch Zufuhr von mineralischen und organischen Düngern ausgeglichen werden können. So ist es denn auch nicht verwunderlich, daß in dieser Beziehung besonders anspruchsvolle Niederwaldformen, wie der Weidenheger oder der Energiewald mit besonders kurzen Umtrieben auf Düngung geradezu angewiesen sind. Der Niederwaldbetrieb muß daher als eine naturferne Art des Waldbaus mit erheblichen Ansprüchen an den Standort gelten.

6.2.6   Ertragskundliche Eigenarten

Der Ertrag von Niederwäldern ist hoch. Auf guten Standorten und mit vitalen Stöcken dürfte er bei sorgfältigem Vorgehen nicht unter dem entsprechender Hochwaldbestände liegen. Hamm (1896) charakterisiert das **Ertragspotential von Niederwäldern** folgendermaßen:

Pappeln, Baumweiden	> 10 fm/ha/J
Schwarzerle, Linde, Esche, Ahorn	> 10 fm/ha/J
Ulme, Weißerle, Eiche, Birke	> 8 fm/ha/J
Hainbuche, Wildobst, Hasel	> 6 fm/ha/J
Rotbuche	> 4 fm/ha/J

Im Eichenschälwald lag der **Rindenertrag** bei etwa 250–500 kg/ha/a. Für versuchsweise angelegte Energiewälder mit kurzumtriebiger Weidenbestockung wurden Trockensubstanzerträge in der Größenordnung von 20 t/ha/J ermittelt, was einer Volumenproduktion von mindestens 40 fm entsprechen dürfte. Die Erträge von Eukalyptus-Niederwäldern übertreffen solche Größenordnungen noch um ein Beträchtliches. Es ist aus allen diesen Werten ersichtlich, daß nicht etwa geringe Leistungskraft zum Ende des Niederwaldbetriebes geführt hat, sondern der geringe Wert des produzierten Holzes. An diesem Tatbestand kann sich erst etwas ändern, wenn die Preise fossiler Energieträger so weit ansteigen, daß Biomasse als Energierohstoff konkurrenzfähig wird.

Aus den ertragskundlichen Überlegungen zum Überhalt *(vgl. Abb. 6.28)* ist abzuleiten, daß es im Mittelwald infolge der Druckwirkung des Oberholzes zu einer Verringerung der Wuchsleistung in der Niederwaldschicht kommen muß. Deren Größenordnung ist abhängig von der Dichte des Oberstandes. Ist jedoch gleichzeitige Deckung eines Brennholz- und Nutzholzbedarfs auf der Flächeneinheit unumgänglich, so muß dieser Nachteil in Kauf genommen werden. Moderne Niederwaldkonzepte sind jedoch so sehr auf die Produktion von Holzmasse für Energiezwecke ausgerichtet, daß sie den Mittelwald nicht mehr einschließen.

Nach der Umwandlung von Niederwäldern entstehen Bestände aus Kernwüchsen, deren Entwicklungsgänge denjenigen von Kahlflächenkulturen der betreffenden Baumart gleichen. Überführungsbestände reagieren dagegen deutlich anders. Stockausschläge wachsen zwar in den frühesten Stadien ihrer Entwicklung schneller als vergleichbare Kernwüchse. Später fallen sie aber in ihrer Leistung stark ab. In *Abb. 6.30* ist das beispielhaft dargestellt.

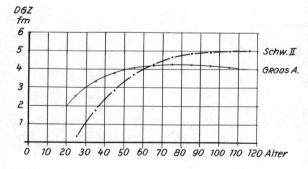

Abb. 6.30: Vergleich des Volumenzuwachsganges in einem Eichenbestand II. Ekl. nach der Ertragstafel von Schwappach (Schw. II) **mit dem eines Eichen-Überführungsbestandes** auf besserem Standort (A) nach GROOS (PETRI, 1954).

Der Überführungsbestand aus Stockausschlag wächst in der Jugend deutlich schneller als der Kernwuchsbestand, erreicht aber nicht dessen Maximalwerte und kulminiert früher.

6.2.7   Bedeutung und Wertung

In Mitteleuropa gibt es für die klassischen Formen des Nieder- und Mittelwaldes keine wirtschaftlich sinnvolle Verwendung mehr. Die meisten der noch vorhandenen Bestände stellen zudem vernachlässigte Degenerationsformen dar.

Für ihre weitere Behandlung bieten sich die folgenden Möglichkeiten an:
- Erhaltung ist nur durch betriebsartgemäße Behandlung möglich. Eine solche wird noch an wenigen Orten auf nicht sehr großen Flächen praktiziert.
- Belassung ohne weitere Behandlung dort, wo die Kosten jedes waldbaulichen Eingriffs hoch im Verhältnis zum zu erwartenden Ertrag sind. Gilt für viele der verbliebenen Nieder- und Mittelwälder, da die besseren Standorte immer zuerst umgewandelt oder überführt worden sind. Belassung aber auch überall dort, wo die oft sehr vielfältig aufgebauten Niederwälder Biotope für naturschutzrechtlich geschützte oder Rückzugsgebiete für jagdbare Tiere darstellen. Dabei ist jedoch unbedingt zu beachten, daß der Nieder- bzw. Mittelwaldcharakter ohne die betriebsartliche Nutzung unweigerlich verloren geht.
- Überführung in Hochwald, wo die Verfassung der Stöcke und Ausschläge sowie die Zusammensetzung der Bestände nach Baumarten das sinnvoll erscheinen lassen.
- Umwandlung als die Ultima ratio, wenn der Niederwald sich in schlechtem Zustand befindet oder die Baumartenzusammensetzung eine Überführung nicht ratsam erscheinen läßt. Für den Nachfolgebestand sollte dabei nicht nur auf Nadelbaumarten gesetzt werden, sondern, wo das nur irgend möglich erscheint, sollte Laubbaumbestockung anstelle des ja ebenfalls aus Laubbäumen bestehenden Niederwaldes oder doch wenigstens Laub-Nadelbaummischung angestrebt werden.

Handelt es sich um Mittelwald, so gelten die skizzierten waldbaulichen Vorgehensweisen gleichermaßen. Im Falle von Umwandlung oder Überführung können dabei geeignete Teile des Oberstandes als Überhälter in den Nachfolgebestand übernommen werden.

Einen Sonderfall stellt der **Erlenniederwald** dar *(vgl. Übers. 6.4)*. Er ist längerumtriebig und dient vor allem der Produktion von Stammholz. Deshalb ist er auch heute noch gebräuchlich. In vielen Aspekten entspricht er dem Überführungswald, jedoch wird er immer wieder aus Stockausschlag begründet. Diese Niederwaldform ist hervorragend geeignet zur Bewirtschaftung von Brüchern und fluß- und bachbegleitenden Erlenbeständen, die häufig mit Eschen und Weiden gemischt sind. Bei plenterartiger Ausführung bleibt die Grundstruktur dieses hier ökologisch und landschaftsästhetisch besonders wichtigen Baumbestandes permanent erhalten.

Weltweit spielt der Niederwald, v.a. aus Eukalyptenarten, eine zunehmend wichtige Rolle als Produzent von Brenn-, Kohl- und Faserholz.

Literatur

Bundesministerium f. Ern., Landw. u. Forsten (Hrsg.) (1982): Statistisches Jahrbuch über Ernährung, Landwirtschaft und Forsten der Bundesrepublik Deutschland, 1982, Abt. 2 „Planungskoordination und Wirtschaftsbeobachtung". Münster-Hiltrup: Deutscher Landwirtschaftsverlag.

Hamm, J. (1896): Der Ausschlagwald. Berlin: P. Parey.

Petri, H. (1954): Zur Einführung einer Ertragstafel für Eichen-Stockausschlagbestände. Mitt. a.d. Forsteinrichtungsamt Koblenz 4.

7 Verjüngung

Für das Gebiet der Waldverjüngung (synonym: Bestandesbegründung, Walderneuerung, aber meist nur kurz Verjüngung) sind eine Reihe von wichtigen Grundbegriffen gebildet worden, die in *Übersicht 7.1* zusammengestellt sind.

7.1 Grundlagen für Baumartenwahl und Verjüngungsverfahren

Die Wahl der zu verjüngenden Baumarten ist eine folgenreiche Entscheidung mit Auswirkungen für die ganze Umtriebszeit. Sie betreffen
- die Art und Höhe der Holzproduktion,
- das finanzielle Betriebsergebnis,
- die Schutzwirkungen des Waldes und
- das Landschaftsbild.

Die Baumartenwahl wird damit von mehreren, einander teilweise ergänzenden, teilweise aber auch sich widersprechenden Zielvorstellungen bestimmt. In die Entscheidungsfindung gehen folgende Vorgaben ein:
(1) Ergebnisse der Standorterkundung,
(2) regionale Waldbauplanungen,
(3) Waldfunktionenkartierung,
(4) aufzuwendende Kosten und zu erwartender Ertrag,
(5) Verfügbarkeit geeigneten Saat- und Pflanzgutes.

7.1.1 Ergebnisse der Standorterkundung

Die Baumartenwahl muß stets auf die ökologischen Eigenarten des Standortes abgestellt sein. Standortgerecht sind Baumarten, deren Ansprüche an Klima und Boden der natürlichen Ausstattung des Standortes entsprechen, dort leistungsfähige Bestände mit geringem Produktionsrisiko bilden und ihrerseits den Bodenzustand erhalten oder sogar verbessern.

Eine standortgerechte Baumartenwahl wird überall dort erleichtert oder sogar vorbestimmt, wo auf die beiden folgenden Hilfen zurückgegriffen werden kann:
- **Standortkarten und -berichte,** die für die Flächen der einzelnen Forstbetriebe erhoben werden. Anhand von boden-, vegetations-, ertragskundlichen, waldgeschichtli-

Übersicht 7.1:   Begriffe für die Waldverjüngung.

BEGRIFF	DEFINITION
Verjüngungs-art	**Natürliche Verjüngung** erfolgt durch Samenfall von Schirmbäumen, Samenanflug durch Wind oder Sameneintrag durch Tiere auf bisherigen Waldflächen nach Erreichen der Hiebsreife oder nach Schäden. Auf bisher nicht mit Wald bestockten Flächen wie landwirtschaftlichen Grenzertragsböden, Abbauflächen, Rutschflächen und Dünen spricht man von **natürlichem Anflug,** bei der Ansamung auf ehemaligen Waldflächen auch von **natürlicher Wiederbesiedlung.** **Künstliche Verjüngung** durch Saat oder Pflanzung findet auf bisherigen Waldflächen, (Erst-) **Aufforstung** auf längere Zeit nicht bestockten Flächen statt. Maßnahmen in Ausschlagwäldern zur Nutzung der aufstockenden Vorräte und Förderung des Aufwuchses neuer Austriebe rechnen nicht zur Verjüngung, weil die Pflanzen hierbei nicht vollständig erneuert werden (vgl. Kap. 6.2).
Verjüngungs-verfahren (-form, -technik)	Nach der Art der in den Vorbeständen geführten Hiebsmaßnahmen gibt es Kahlflächen, Saum-, Schirm-, Femel- oder Plenterverjüngungen bzw. Kombinationen aus diesen Grundformen.
Verjüngungs-zeitpunkt	Der zweckmäßige Beginn einer Verjüngung bestimmt sich nach Hiebsreifekriterien für den Altbestand (z. B. Erreichen einer bestimmten Sortenstruktur, Gesundheitszustand, Kulmination des Wertzuwachses) und nach der **Verjüngungsbereitschaft** des Waldbodens (z. B. Humuszustand, Bodenvegetation, ankommende Naturverjüngung).
Verjüngungs-fortschritt	Die durchschnittliche jährliche Vergrößerung der Verjüngungsfläche bei Anwendung von Hiebsverfahren mit schrittweiser Räumung des Altbestandes wird meist in Anteilen der Fläche des Gesamtbestandes angegeben.
Verjüngungs-zeitraum	Zeitdauer vom ersten Eingriff in einen Altbestand zur **Einleitung der Verjüngung** bis zum Abschluß der Nachbesserungen (bei künstlicher Verjüngung auf Kahlflächen) bzw. der Entfernung der letzten Schirmbäume im Wege des Räumungshiebes oder der letzten Ergänzungspflanzung **(gesicherte Verjüngung).** Im Plenterwald oder im sehr langfristigen Femelschlagbetrieb ist die Verjüngung ein permanenter Vorgang, also nicht als abgrenzbarer Zeitraum bestimmbar.
Verjüngungs-ziel	Charakterisierung des angestrebten Verjüngungsbestandes nach Baumartenzusammensetzung (Mischungsanteil nach Fläche), Mischungsform (einzeln, trupp-, gruppenweise) und Struktur (Ausbildung von Haupt- und Nebenbestand) bei Erreichen des Dickungsschlusses. Das Verjüngungsziel leitet sich aus dem **Bestockungsziel** (dem Bestandesaufbau in der Altbestandsphase) und dem **Betriebsziel** (der Bestandesausformung im Hinblick auf ein bestimmtes Produktionsergebnis) ab.

chen und klimatologischen Untersuchungen werden darin die vorkommenden Standorteinheiten dargestellt, deren Eigenheiten beschrieben, das Wuchsverhalten, die Ertragsfähigkeit und Risiken der darauf stockenden Baumarten und deren Mischungen dargelegt und Vorschläge für die anzustrebende Bestockung abgeleitet. Oft wird zudem festgelegt, welche Baumarten oder -kombinationen nicht gewählt werden dürfen.

Solche verbindlichen Vorgaben können allerdings nur für sogenannte Zwangsstandorte gemacht werden. Auf den meisten Standorten wachsen im günstigen mitteleuropäischen Klima alle Baumarten gut. Nach den in *Abb. 5.5* wiedergegebenen Ökogrammen haben sie nämlich alle ihr „Potenzoptimum" im Bereich optimaler Wasser- und Nährstoffversorgung. Solche Standorte aber überwiegen flächenmäßig. Es bedarf deshalb noch anderer Entscheidungskriterien. Sie sind niedergelegt in:

– **Waldbau-Richtlinien,** die für ganze Wuchsgebiete oder Wuchszonen und deren regionale Untergliederungen (Wuchsbezirke) gelten. Das sind großräumige Landschaftseinheiten, die sich nach Klima, Geologie, Orographie oder Landschaftsgeschichte unterscheiden. Entsprechende Ausarbeitungen für die Bundesländer sind in den letzten Jahren fertiggestellt worden. Darin werden die bisherigen Erfahrungen mit den Baumarten und ihren Mischungen beschrieben und, getrennt nach Standortstypen, Empfehlungen für die künftige Bestockung und deren Bewirtschaftung gegeben.

Der Zusammenhang zwischen den großräumigen Standortvorgaben und den daraus abzuleitenden Bestockungsalternativen wird anhand der *Übersicht 7.2* verdeutlicht.

Standortkarten liegen für den öffentlichen Wald generell und für den Großprivatwald weit überwiegend, für den kleinen und mittleren Privatwald dagegen erst teilweise vor. Die Standortkartierung für den kleineren Privatwald wird staatlich bezuschußt, und sie dürfte in spätestens zwanzig Jahren abgeschlossen sein.

Waldbau-Richtlinien wurden in den beiden letzten Jahrzehnten für nahezu alle Wuchsgebiete erarbeitet. Sie sind für die meisten deshalb sehr aktuell. Sie wurden und werden zwar für den öffentlichen Wald, meist sogar nur den Staatswald erstellt, können aber auch dem Kommunal- und dem Privatwald als Orientierung für die Baumartenwahl dienen.

7.1.2   Regionale Waldbauplanungen

Für die der Fläche nach am stärksten vertretenen Waldstandorte muß – wie aus *Übersicht 7.2* entnommen werden kann – zwischen verschiedenen Bestockungsalternativen gewählt werden. Um diesen Entscheidungsspielraum aus überbetrieblicher und langfristiger Sicht auszufüllen, haben mehrere Landesforstverwaltungen die Rangfolge der Betriebszieltypen auf den jeweiligen Standorten bestimmt. Hierbei werden die Schwergewichte des Anbaus wuchsgebietsweise festgelegt. Diesen Rangfolgen liegen überbetriebliche und langfristige Konzeptionen mit dem Ziel zugrunde, ein Optimum hinsichtlich des Anbaus ertragreicher Baumarten bzw. ihrer Mischungen, ein möglichst kleines Produktionsrisiko, eine große Vielfalt an Bestockungen und die Bereithaltung eines breiten Spektrums verschiedener Holzsortimente für den künftigen Markt zu sichern.

Diese Vorgaben wurden auf der Grundlage der in den Staatswäldern gesammelten Erfahrungen erarbeitet. Verbindlich sind sie deshalb auch nur im Staatswald. Für die Bewirtschaftung der Wälder anderer Besitzarten stellen sie aber gleichwohl eine gute Orientierungshilfe dar.

7.1.3   Waldfunktionenkartierung

Wälder hatten in unseren Breiten traditionell vor allem Nutzfunktionen zu erfüllen, d. h. sie stellten Arbeits-, Einkommensquelle und Vermögen der Waldbesitzer dar und

Übersicht 7.2:   Die **Baumartenwahl in Abhängigkeit von den Standortvorgaben,** dargestellt am (gekürzten) Beispiel eines für die hessischen Wälder aufgestellten Schemas (n. HENNE, 1972).

WUCHS-ZONE	KLIMA-FEUCHTE	NÄHR-STOFF-HAUSHALT	GELÄNDEWASSERHAUSHALT					
			wechsel-feucht	feucht	betont frisch	frisch	mäßig frisch	mäßig trocken
Buchen-zone	subatlan-tisch	(hier im Beispiel nicht mitgeteilt)						
Buchen-Misch-wald-zone	sub-atlan-tisch	gut	Bu Es Ah Ul Fi Bu Fi				Bu Li Kir Ah GWW Bu Lä Dgl	
		mittel	Fi (RErl) Bu Fi Tr Ei Bu St Ei Bu		Bu ELä Fi ELä Bu Fi	Tr Ei Bu	Dgl GWW Kie Bu	
		gering		Fi			Dgl Kie GWW	
	sub-konti-nental	gut	Bu (Fi) Fi	Bu Es Ah Ul			Bu Li Kir Ah GWW Bu Lä Dgl	
		mittel	Bu (Fi) Fi (RErl) Bu		Fi	Tr Ei Bu Bu ELä (Fi) ELä Bu	GWW Dgl Kie	
		gering		Fi	Dgl		Kie GWW	
Eichen-Misch-wald-Zone	sub-konti-nental	(hier im Beispiel nicht mitgeteilt)						

Für Hessen sind 3 Wuchszonen ausgeschieden worden, die nach Klimafeuchte (einem Quotienten aus Niederschlag und Temperatur in der Veg.Zeit), 4 Nährstoffhaushaltsvarianten (gut, mittel, gering, sehr schwach) und 8 Geländewasserhaushaltsvarianten (naß bis trocken) untergliedert werden. Für die in der Übersicht nicht aufgeführten Extreme des Wasserhaushalts (naß und trocken) und der Nährstoffversorgung (sehr schwach) ist keine Bestockung denkbar, die ein günstiges Verhältnis von Ertrag und Aufwand erwarten läßt. Dort ist deshalb grundsätzlich nur standortbedingter Grenzwirtschaftswald (GWW) aus spontan sich entwickelnden Baumarten vorgesehen. Aber auch auf den mäßig trockenen Standorten ist, wie man der Übersicht entnehmen kann, Grenzwirtschaftswald die Regel. Auf vielen der sonstigen Standorte sind jedoch mehrere Alternativen der Baumartenwahl möglich. So sind beispielsweise auf den gut nährstoffversorgten Böden im subatlantischen Bereich der Buchen-Mischwald-Zone bei wechselfeuchtem bis frischem Wasserhaushalt drei Betriebszieltypen vertretbar: Buche-Esche-Ahorn-Ulmen (die erstgenannte ist die Hauptbaumart), Fichte und Buche-Fichte. Die Reihenfolge der Nennung gibt die Priorität an, mit der die Typen verwirklicht werden sollen. In Klammern gesetzte Baumarten sind für Zeitmischungen vorgesehen.

versorgten diese sowie Industrie und Handel mit Holz. Gegendweise spielten allerdings Schutz gegen Wasser- und Winderosion bereits in früheren Jahrhunderten eine entscheidende Rolle und waren dann oft der Hauptanstoß für Anstrengungen zur Wiederbewaldung. Dennoch wurde erst Ende der sechziger Jahre dieses Jahrhunderts begonnen, die Funktionen der Wälder, die sie heute neben der Nutzfunktion tatsächlich erfüllen, zu erfassen – und zwar über alle Waldbesitzarten hinweg – auf Karten flächenmäßig abgegrenzt darzustellen. Wegen der rasch zunehmenden Ausweitung vor allem der Schutzfunktionen sind diese Erhebungen inzwischen teilweise wiederholt und die Waldfunktionenkarten aktualisiert worden.

In *Tab. 7.1* sind Zusammenstellungen für einige Bundesländer wiedergegeben.

Tab. 7.1: Bedeutung der Waldfunktionen in einigen Bundesländern (n. Jahresberichten der Länderforstverwaltungen Baden-W., 1992, Hessen, 1991, Niedersachsen, 1989).

WALDFUNKTION	Baden-Württemberg	Hessen	Niedersachsen
Wasserschutz	49	44	32
Bodenschutz	15	19	3
Klimaschutz	2	33	9
Immissionsschutz	6	k. A.[2]	5
Sonstiger Schutz[1]	2	k. A.	6
Wald in Naturschutzgebieten	2	6	5
Wald in Landschaftsschutzgebieten	29	59	80
Wald in Naturparks	13	38	53
Wald ohne Schutzfunktion	k. A.	9	8
Erholung	k. A.	35	k. A.

[1] Wiss. Forschungen, Schutz landeskultureller Objekte u. a.
[2] k. A. = keine Angabe

Besonders herauszustellen ist die in den letzten Jahrzehnten laufend gestiegene Bedeutung der Wälder hinsichtlich des Wasserschutzes. Desgleichen spielen Wälder eine zunehmend größere Rolle als zu schützende Elemente der Landschaften mit allerdings regional erheblichen Unterschieden. Ebenso ist ihre Bodenschutzfunktion stark von örtlichen Gegebenheiten, nämlich Gebirgen abhängig und daher in den Ländern entsprechend verschieden gewichtet.

Nach zusätzlichen Angaben für Hessen haben die Flächen außerhalb des Waldes zwar eine vergleichbare Bedeutung für den Wasserschutz, aber eine erheblich geringere für alle anderen Funktionen. Lange Zeit wurde davon ausgegangen, daß standortgerechte und nach langfristigen ökonomischen Zielsetzungen bewirtschaftete Bestockungen die Wohlfahrtswirkungen gleichzeitig mit der Nutzfunktion (... „im Kielwasser" ...) in ausreichender Weise erfüllen würden. Inzwischen hat sich allerdings gezeigt, daß die Berücksichtigung vor allem der Schutzfunktionen Konsequenzen für die Baumartenwahl und die Verjüngungsverfahren haben kann, die auf finanzielle Mehraufwendungen hinauslaufen. So bedingt besonders der Wasserschutz im Regelfall höhere Laubbaumanteile in den Wäldern, lange Verjüngungszeiträume und das Abgehen von Kahlhieben.

Die in Waldfunktionenkarten und Begleittexten festgelegten Vorgaben der Wald-funktionenkartierung (und zunehmend auch der forstlichen Rahmenplanung) sind für den öffentlichen Wald verbindlich. Für den Privatwald stellen sie Empfehlungen dar.

7.1.4   Aufzuwendende Kosten und zu erwartender Ertrag

Für die Waldbesitzer wird die Baumartenwahl auch wesentlich von folgenden finan-ziellen Erwägungen bestimmt *(s. Tab. 7.2)*:
- Die **Verjüngungs- und Pflegekosten,**
- die **Betriebssicherheit,**
- der **Zeitpunkt der ersten Nutzungen** und die dabei möglichen Erlöse,
- das langfristig zu erwartende **finanzielle Betriebsergebnis** und
- die **Länge der Umtriebszeit.**

Im Privatwald stehen diese Erwägungen bei der Entscheidungsfindung meist an erster Stelle. Die in *Tab. 7.2* wiedergegebenen Daten erklären, warum gerade dort die Fichte und die Douglasie bevorzugt angebaut werden. Die notwendig langen Umtriebszeiten bei der Eichenwertholzzucht machen gleichzeitig das Zögern beim kleineren Waldbesitz verständlich, sich auf dieses Wirtschaftsziel einzulassen. Im öffentlichen Wald haben diese Überlegungen dagegen nur dann prioritäre Bedeutung, wenn die Standorte einen entsprechenden Entscheidungsspielraum zulassen und keine Vorgaben hinsichtlich der infrastrukturellen Leistungen entgegenstehen.

Tab. 7.2:   Rahmenwerte für die **Kulturkosten bei den Hauptbaumarten** und die **Reinerträge normaler Betriebsklassen** aufgrund von Modellkalkulationen für die nieders. Landesforsten (n. Ripken u. Spellmann, 1979).

HAUPTBAUMART	KULTURKOSTEN	REINERTRAG	BERECHNUNGSGRUNDLAGEN Umtriebszeit	dGZ
	DM/ha	DM/ha/J.	J.	m^3 o.R./ha/J.
Eiche	13 000 – 16 000	+ 200 bis + 250	200	4,0
Buche	8 000 – 16 000	− 100 bis − 150	150	5,5
Fichte	4 000	+ 100 bis + 100	100	7,5
Douglasie	6 000 – 7 500	+ 200 bis + 300	80	11,0
Kiefer	6 500 – 10 000	− 50 bis − 140	140	4,4

Die Rahmenwerte der **Kulturkosten** geben die Durchschnitte der günstigsten und der aufwendigsten Verfahren im niedersächsischen Staatswald – Forstwirtschaftsjahr 1978 – wieder. Die Rahmenwerte der **Reinerträge** – denen die durchschnittliche Zuwachsleistung der niedersächsischen Landesforsten und die mittleren Erlöse und Kosten im FWJ. 1978 zugrunde liegen – ergeben sich durch die Kalkulation unterschiedlicher Behandlungskonzepte. Nicht berücksichtigt wurde die Risikobelastung der einzelnen Baumarten. Sie dürfte für die Nadelbäume bei mindestens 20 % der werbungskostenfreien Erlöse liegen, für die Buche etwa 10 % ausmachen, bei der Eiche dagegen unbedeu-tend sein. Dadurch ist mit einem insgesamt noch besseren Abschneiden der Eichenbetriebsklasse zu rechnen. Ähnlich gut sind Edellaubholzbetriebsklassen zu veranschlagen.
In anderen Forstbetrieben wird die absolute Höhe der Kulturkosten oder der Reinerlöse zweifellos abweichen, weil beispielsweise günstigere Verjüngungsverfahren oder weniger aufwendiger Schutz gegen Wild und Konkurrenzvege-tation möglich sind. Den hier mitgeteilten Werten liegen aber die tatsächlichen Aufwendungen einer ganzen Landes-forstverwaltung zugrunde. Sie vermögen deshalb ein gutes Bild der Größenordnung dieser Werte und ihrer Relatio-nen zueinander zu geben.

7.1.5   Verwendung geeigneten Saat- und Pflanzgutes

Das Leistungsvermögen und die Gesundheit neu zu begründender Wälder hängt auch von der Wahl standortgerechter Herkünfte der Baumarten ab. Die Verwendung von nicht autochthonem Saat- und Pflanzgut bei den großen Aufforstungen im 19. Jh. in Mitteleuropa hat nämlich zu schlechten Stammformen und großer Anfälligkeit gegen abiotische und biotische Schäden geführt sowie gelegentlich auch zu geringen Volumenleistungen. Das gilt besonders für den Anbau von Tieflandherkünften in Hochlagen – während Hochlagenherkünfte selten in Tieflagen gebracht wurden, weil sie seltener fruktifizieren und schwieriger zu beernten waren. Deshalb ist es ratsam, die **Herkunft des forstlichen Vermehrungsgutes** bei der Verjüngung aller wichtigen Baumarten zu beachten. Für die Baumarten, die dem Gesetz für forstliches Saat- und Pflanzgut unterliegen (18 Baumarten und die Gattung Populus), wurden Herkunftsgebiete ausgeschieden *(s. Tab. 7.3)*.

Für die Beschaffung von Saat- und Pflanzgut sind **Herkunftsempfehlungen** der Bundesländer zu berücksichtigen – im Staatswald verbindlich, beim nichtstaatlichen Waldbesitz als Empfehlung. Für alle Baumarten, die nicht dem Forstsaatgutgesetz unterliegen, soll – den genannten Herkunftsempfehlungen zufolge – auf bewährte

Tab. 7.3: Verzeichnis von Baumarten, die dem Gesetz für forstliches Saat- und Pflanzgut von 1979 hinsichtlich Beerntung, Transport, Anzucht und Verkauf **unterliegen** und für die Herkunftsgebiete für forstliches Vermehrungsgut ausgeschieden worden sind.

BAUMART	ZAHL DER HERKUNFTSGEBIETE in der Bundesrepublik Deutschland	BAUMART	ZAHL DER HERKUNFTSGEBIETE in der Bundesrepublik Deutschland
Weißtanne	14	Stieleiche	9
Küstentanne	3	Traubeneiche	16
Fichte	39	Roteiche	6
Sitkafichte	6	Rotbuche	28
Douglasie	6	Bergahorn	12
Kiefer	41	Esche	8
Schwarzkiefer*	18	Winterlinde	10
Strobe	6	Roterle	12
Europ. Lärche	9	Pappel	1
Jap. Lärche	8		

* je 6 für die österreichischen, kalabrischen und korsischen Varietäten.

Herkunftsgebiet ist nach dem Gesetz „das Gebiet oder die Gesamtheit von Gebieten mit annähernd gleichen ökologischen Bedingungen, in denen sich Bestände einer bestimmten Art, Unterart oder Sorte befinden, die ähnliche phänotypische oder genetische Merkmale aufweisen." Die horizontale Abgrenzung wurde an den naturräumlich unterschiedenen Wuchsgebieten orientiert. In Gebirgsregionen wurden Herkunftsgebiete nach Höhenzonen gegliedert. Jedes Herkunftsgebiet trägt einen charakteristischen Namen und ist durch eine fünfstellige EDV-Nummer gekennzeichnet. Die ersten drei Stellen ergeben die Baumartenziffer (z. B. bei Fichte 840), die zwei letzten Stellen die Gebietsnummer *(s. Abb. 7.1)*.

Nach dem Gesetz für forstliches Saat- und Pflanzgut sind Kontrolle und Vertrieb von Vermehrungsgut aus Einzelbeständen, die nach dem alten „Artgesetz" von 1934 anerkannt waren (Sonderherkünfte) nicht mehr möglich. Diese Aufgabe hat die „Deutsche Kontrollvereinigung für forstliches Saat- und Pflanzgut e. V." mit Sitz in Wiesbaden übernommen. Die DKV ist auch für die Neuzulassung von Herkünften derjenigen Baumarten zuständig, die nicht unter das Gesetz fallen (Kontrollzeichenherkünfte). Hierzu gehören Spitzahorn, Weißerle, Sand- und Moorbirke, Hainbuche, Wildkirsche, Baumweide, Vogelbeere, Speierling, Elsbeere, Sommerlinde, Bergulme, Eibe.

Abb. 7.1: Herkunftsgebiete der Fichte in Bayern.
Die Herkunftsgebiete mit den Gebietsnummern 11/12 (Frankenwald), 14/15 (Fichtelgebirge und Oberpfälzer Wald), 16/17/18 (Bayerischer Wald) und 20/21/22 (Alpen) sind nach Höhenzonen gegliedert.

Vorkommen in den einzelnen Wuchsgebieten, ggf. nach Höhenzonen getrennt, zurückgegriffen werden.

Die Herkunfts- und Anbauvorschriften beeinflussen mithin weniger die Baumartenwahl, gelegentlich aber die Verjüngungsverfahren, wenn beispielsweise ungeeignete Vorbestände nicht natürlich verjüngt werden dürfen.

7.1.6   Zusammenfassende Wertung

Etwa um 1800 überwogen auf gut 2/3 der Waldflächen – und zwar in den planaren bis submontanen Lagen – die Laubbäume. Die derzeitige Baumartenzusammensetzung der mitteleuropäischen Wälder ist im wesentlichen das Ergebnis der beachtlichen forstlichen Aufbauleistung im 19. Jh. Überkommene Nieder- und Mittelwälder wurden in Hochwälder überführt (meist verbunden mit einer erheblichen Einschränkung der Artenvielfalt), Buchenmischbestände durch die sog. Dunkelschlagwirtschaft und unter Zuhilfenahme umfänglicher Bodenvorbereitungen überwiegend durch Naturverjüngung in Buchenreinbestände umgewandelt. Die meisten Flächen in den tieferen Lagen waren jedoch weitgehend heruntergewirtschaftet, wenn nicht gar völlig entwaldet und wurden durchweg großflächig mit Kiefern und Fichten aufgeforstet.

Dies war oft die einzige Möglichkeit, die Verjüngung angesichts der starken Bodendegradationen und ökologisch ungünstigen Kahlflächenbedingungen überhaupt zu realisieren. Zahlreiche Forstleute wiesen damals aber bereits darauf hin, daß die Folgebestände später wieder in laubbaumreiche Mischbestände zurückverwandelt werden sollten. Zugleich förderte der abnehmende Brennholz- und steigende Nutzholzbedarf den vermehrten Nadelbaumanbau. Auch die fast 100 Jahre von der Forsteinrichtung praktizierten Fachwerkmethoden und schließlich der Einfluß der Bodenreinertragstheorien wirkten in dieselbe Richtung.

Mit diesen Forsten wurden gewissermaßen der boreale und der montane Nadelwaldgürtel Europas gleichsam in die Zone der laubabwerfenden Wälder Mitteleuropas hineingeschoben. Der Anteil der Baumarten hat sich dadurch umgekehrt: Siebzig Prozent der Waldflächen sind nun überwiegend mit gleichaltrigen, großflächigen Nadelbaumreinbeständen bestockt, die zudem teilweise aus ungeeignetem Saat- und Pflanzgut entstanden sind. So wurden gegenüber den vielfach ausgeplünderten Wäldern zwar überwiegend hochproduktive Bestände aufgebaut, die jedoch seit der 2. Hälfte des 19. Jh. in steigendem Maße von Sturm-, Schnee-, Waldbrand- und Insektenkatastrophen heimgesucht werden.

Auch jetzt, am Ende des 20. Jh., ist dieser Trend, Nadelbäume bei der Walderneuerung und den Neuaufforstungen zu bevorzugen, vor allem im kleinen Privatwald noch nicht zum Stillstand gekommen. Allerdings sind die Bemühungen besonders der Staatsforstverwaltungen neuerdings unübersehbar, dieser Entwicklung auf der Grundlage der Standorterkundungen, Waldfunktionenkartierungen und regionalen Waldbauplanungen gegenzusteuern.

Beträchtliche Zuschüsse zu Laub- oder Laub-/Nadelbaum-Anpflanzungen gegenüber vor allem Fichten-Reinbestockungen haben allerdings im letzten Jahrzehnt auch im Privatwald eine Trendwende gebracht.

Die großen Sturmereignisse von 1972 in Nord- und 1990 in Süddeutschland boten bei den Wiederaufforstungen die vielfach auch realisierte Möglichkeit, frühere Fehlbestockungen durch eine besser fundierte Baumartenwahl zu vermeiden, was fast immer Erhöhung des Anteils von Laubbäumen bedeutete.

So weist z. B. die Bayerische Staatsforstverwaltung nach, daß von den 1990 kahlgelegten Sturmschadensflächen im Staatswald noch im selben und im Folgejahr 2/3 wieder aufgeforstet wurden, und zwar zu 94 % mit Laubbäumen (35 % Ei, 33 % Bu, 26 % Edel- und andere Laubbäume).

Das finanzielle Wirtschaftsergebnis hat in Abhängigkeit von der Waldbesitzart einen stark unterschiedlichen Stellenwert. Die Waldbesitzer verfolgen mithin verschiedene Präferenzen bei der Baumartenwahl. Besonders im Staats- und Kommunalwald sind die Zielvorstellungen in den letzten Jahren durch die öffentliche Meinung zunehmend in Richtung auf die stärkere Berücksichtigung von ökologischen Erwägungen beeinflußt worden. Die dramatisch abgesunkenen Reinerträge infolge von katastrophischen Ereignissen haben besonders bei den öffentlichen Waldungen ein Übriges getan, diese Entwicklung zu verstärken.

Trotz aller „Modewellen" in den letzten Jahrzehnten zeichnen sich folgende offenbar längerfristige Tendenzen ab:
– Generell ist ein bemerkenswerter Umschwung hin zu mehr **Laubbaumbestockung** eingetreten. Sogar ehemals „unerwünschte Weichhölzer" wie **Birken, Aspen, Weiden, Vogelbeerbäume,** werden neuerdings vor allem auf Kahlflächen nach Sturmereignissen als „Sukzessionen" belassen und gelegentlich sogar gepflegt.
– Es wird vielerorts versucht, den Anteil der **Buche** vor allen Dingen über Voranbau in Nadelwäldern anzuheben.
– Die Nachzucht der **Eiche** wird – auf Kosten von Kiefer und Buche, teilweise auch von Fichte – nachhaltig und erheblich forciert.
– Der Anteil von **Edellaubbäumen** wird teils unter Zurückdrängung der Buche, teils der Fichte auf dafür geeigneten Standorten deutlich favorisiert.
– Der Anteil der **Douglasie** wird – überwiegend auf bisherigen Kiefernflächen – seit nunmehr drei Jahrzehnten stetig gesteigert, so daß – langfristig gesehen – die Douglasie nach der Fichte und Kiefer die drittwichtigste Nadelbaumart zu werden verspricht, während vor allem die Kiefer an Fläche einbüßen wird.

– Die **Beimischung von Laub- zu Nadelbäumen** gewinnt an Bedeutung, wird allerdings durch die hohen Wildstände stark beeinträchtigt. Deshalb läßt sich schwer beurteilen, ob diesen Ansätzen auf Dauer Erfolg beschieden sein wird.

Trotz aller dargelegten Entscheidungs-Hilfsmittel für die Baumartenwahl bleibt diese angesichts der extremen Unsicherheiten über Zielsetzungen, menschliche Bedürfnisse und Umweltänderungen in Produktionszeiträumen von 100 und mehr Jahren ein nahezu unlösbares Problem. Auch die Forstpolitik – als das für die Formulierung von Langzeitprognosen eigentlich zuständige Fachgebiet – läßt den Waldbau oft genug im Stich. Deshalb sind die Waldbauer immer wieder gezwungen, sich Gedanken über mögliche Zukunftsentwicklungen zu machen. Folgende Grundüberlegungen sind dafür hilfreich:
– Es spricht alles dafür, daß auch die künftigen Generationen wie die vorangegangenen Holz im natürlichen Aufbau und Erscheinungsbild wertschätzen werden. Hierbei werden „Wert"- den „Massenhölzern" vorgezogen werden. Die Beschaffungsmöglichkeiten für wertvolle Laubhölzer aus dem Ausland sind bereits drastisch zurückgegangen und werden dies weiter tun. Dagegen wird Holz aus Plantagen mit schnellwachsenden Nadelbäumen oder Eukalypten künftig in größeren Mengen zur Verfügung stehen.
– In stärkerem Maße werden auch andere Funktionen als die Holzproduktion in den Vordergrund rücken. Am Beispiel des Wasserschutzes war dies dargelegt worden. Solche multifunktionalen Wälder müssen als Ökosysteme ein hohes Maß an Stabilität haben und möglichst langlebig sein.
– Die Baumartenwahl hat sich grundsätzlich an den standörtlichen Vorgaben – und hier vor allem der Gefahr von Schnee- und Sturmschäden – zu orientieren. Vielfältige Mischbestände haben sich als sicher erwiesen, und sie bieten den Betrieben eine höhere Marktflexibilität. Langlebigkeit der Bestände erlaubt die Produktion von Starkholz. Dies wird auch zukünftig höhere Gewinne ermöglichen, weil die Holzausbeute höher ist und das Stück-Masse-Gesetz bei allen Ernte- und Transportarbeiten gilt.

7.2   Vorbereitung der Verjüngungsflächen

Bei Einleitung der Verjüngung sind auf vielen Flächen – unabhängig davon, ob natürlich oder künstlich verjüngt werden soll – eine oder mehrere der folgenden Teilarbeiten vorzunehmen:
– Hiebsrestebeseitigung,
– Bodenvorbereitung,
– Beseitigung verjüngungshemmenden Bewuchses.

7.2.1   Hiebsrestebeseitigung (Schlagräumung)

Hiebsreste auf Verjüngungsflächen sind ein Hindernis für die Kulturarbeiten und können Brutstätte für forstschädliche Insekten sein. Ihre Beseitigung erfolgte in der Vergangenheit durch **Zusammenräumen von Hand**. Häufig wurden die Reisighaufen dann verbrannt.

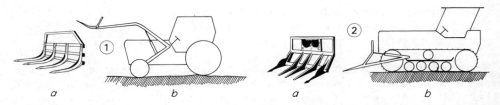

Abb. 7.2:   Zusatzausrüstung zum Zusammenschieben oder Aufschichten von Schlagabraum (n. STREHLKE et al., 1970).
(1a) BAAS-Reisiggabel für durchschnittliche Verhältnisse zum Anbau an Schlepper (b),
(2a) Roderechen für schwere Bedingungen zum Anbau an Planierraupen (b).

Seitdem solche Arbeiten sehr teuer geworden sind (> 2000 DM/ha), werden meist **Anbaugeräte für Schlepperfahrzeuge** für diesen Zweck eingesetzt *(s. Abb. 7.2)*. Dadurch konnten die Kosten für die Schlagräumung zwar durchweg auf etwa die Hälfte gesenkt werden. Sie erreichen aber immer noch bis zu 10 % der gesamten Verjüngungskosten *(vgl. Tab. 7.42, S. 313)*. Vor allem die BAAS-Gabel hat weite Verbreitung gefunden. Daneben gibt es zahlreiche andere Räumvorrichtungen zum Anbau an Traktoren, Raupenfahrzeuge und Forwarder. Gelegentlich werden auch schwere Mulchgeräte zum Zerkleinern des Reisigs auf der Fläche verwendet. Die jüngste Entwicklung ist die Konstruktion von „Schreitbaggern", mit denen Hiebsreste auch in stark hängigem Gelände zusammengerecht werden können.

Als Hilfe zum Verbrennen der Hiebsreste werden gelegentlich **Flämmgeräte** (als Zusatzausrüstung zu Sprüh- und Stäubegeräten) verwendet.

Der Maschineneinsatz findet in stark hängigem Gelände seine Grenzen, so daß also ein gewisses Maß an Handarbeit bei der Hiebsrestebeseitigung unumgänglich bleiben wird. Gegendweise ist es möglich, die Hiebsreste an **Selbstwerber** abzugeben. Hierdurch lassen sich die Kulturkosten erheblich mindern.

Die derzeitige Bedeutung der Hiebsrestebeseitigung wird an folgenden Zahlen deutlich: Im Durchschnitt der 5 Jahre 1988–1992 wurden in den niedersächsischen Landesforsten rd. 3 % der Verjüngungskosten hierfür aufgewendet, und zwar zu 50 % für manuelles Schlagräumen, das im Mittel 1300 DM/ha kostete, zu 40 % für maschinelles Räumen mit 830 DM/ha und zu 10 % für sonstige Vorgehensweisen, die aber nicht näher erläutert wurden.

Der Einsatz aller Fahrzeuge mit Anbaugeräten wird wegen des ungeregelten „Herumfahrens" auf den Schlagflächen zunehmend kritisch beurteilt und verschiedentlich bereits von Forstverwaltungen für problematische Standorte – und zwar besonders auf zur Dichtlagerung und Pseudovergleyung neigenden Schluff- und Lehmböden – untersagt.

Es deutet sich an, daß unter solchen Bedingungen zunehmend Bagger mit weitreichenden Auslegearmen zum Einsatz kommen *(s. Übersicht 7.3)*. Sie fahren auf vorher festgelegten, etwa 20 m voneinander entfernten Gassen und räumen von dort aus im rechten Winkel die Hiebsreste streifenweise beiseite.

In den letzten Jahren hat sich zudem eine differenziertere Betrachtung des „Schlagabraumproblems" durchgesetzt:
– Im Reisig sind erhebliche **Nährstoffmengen gespeichert** *(s. Tab. 7.4, vgl. auch Tab. 9.1, S. 442)*. Wird das Kronenmaterial auf Haufen geschichtet und verbrannt,

so geht der Stickstoff den Kulturflächen verloren. Phosphor, Kali und Kalzium verbleiben zwar auf der Fläche, jedoch werden sie auf unvorteilhafte Weise auf die wenigen Brandstellen konzentriert. Beim Zusammenschieben des Reisigs auf Wälle muß mit einer – auf armen Böden oft deutlich bemerkbaren – Ungleichmäßigkeit der Nährstoffversorgung in den Jungbeständen gerechnet werden *(vgl. auch Kap. 9)*.

– Eine Reisigauflage ist eine wichtige Basis für die Humusbildung im Oberboden. Sie verlangsamt als Isolierschicht die **Mineralisierung der Streu- und Humusauflagen.** Sie verzögert das Wachstum hinderlicher Bodenvegetation, mindert in hängigem Gelände die Wasser- und auf humusarmen Sanden die Winderosion. Durch ihre Mulchwirkung verbessert sie die Aufwuchsbedingungen für den Jungwuchs und schützt vielfach zugleich gegen Wildverbiß und Fegeschäden.

Tab. 7.4: Nährstoffmengen in Stämmen und Kronen von Endnutzungsbeständen (n. BINNS, 1975).

BAUMART		NÄHRELEMENTENTZUG (kg/ha) bei Nutzung	
		nur der Stämme	von Stämmen und Kronen
Fichte	N	120	510
	P	10	50
	K	60	180
	Ca	190	470
Kiefer	N	120	280
	P	10	30
	K	40	120
	Ca	90	200

Die Zahlen machen klar, daß die Kronen ein Mehrfaches dessen an Nährelementen enthalten, was dem Standort mit den Schäften entzogen wird. Der Schlagabraum, der im wesentlichen aus Kronenteilen besteht, stellt deshalb ein wichtiges ökologisches Kapital dar, das dem Standort erhalten bleiben sollte.

– Beim Verbrennen des Reisigs wird durch Bodenerhitzung ein Pilz, die **Wurzellorchel,** gefördert, der junge Koniferen schädigt und deshalb Ausfälle auf den Brandplätzen verursacht.

– Bei mehreren, im Abstand einiger Jahre aufeinanderfolgenden Eingriffen in Schirmbeständen fallen jeweils **nur geringe Reisigmengen** an, die **bei überlegter Fällungs- und Rückeordnung** den Verjüngungsbetrieb wenig stören.

– Das Zusammenschieben des Reisigs mit schweren Fahrzeugen führt auf feuchten und bindigen Böden zu **Bodenverdichtungen** und nachhaltigen **Wachstumsminderungen** an den Folgebeständen *(vgl. Kap. 8.1.2)*.

Daraus ergeben sich für die Praxis folgende **Forderungen:**

– **Geringhalten der Hiebsreste** je Maßnahme durch Lichten und Räumen der Vorbestände in mehreren Eingriffen – wo irgend möglich.

– **Aufarbeitung des Kronenderbholzes** möglichst von Hand durch Selbstwerber. **Belassen des Reisigs auf den Flächen.** Verzicht auf Bezahlung für das verwertbare Material. Oft lohnt sich sogar die Zahlung einer Prämie an die Selbstwerber.

– **Reisig nicht verbrennen.** Wo dies unumgänglich erscheint, Brandplätze nicht mit Koniferen bepflanzen.

– **Verzicht auf Hiebsrestebeseitigung** durch „Liegenlassen" der Flächen, sofern keine Selbstwerber verfügbar sind. Nach 5–10 Jahren ist das Reisig verrottet und zusammengefallen. Zwischen dem Reisig aber pflegen sich – durch das sperrige Reisig teilweise wildgeschützt – zahlreiche Baumarten anzusamen. Dies läßt sich durch Zäunung noch wesentlich verstärken. Solche „Sukzessions"-Jungwüchse vermindern die Verjüngungskosten beträchtlich. Allein die Einsparung der Räumungskosten rechtfertigt schon den Verzicht auf sofortige Aufforstung. Nur verträgt sich das immer noch nicht mit dem inneren Zwang vieler Forstleute, Schadflächen schnellstmöglich wieder „in Bestockung bringen" zu müssen. Unter massivem Wildeinfluß muß allerdings auf vielen Standorten mit der Ausbreitung von Brombeeren und Landreitgras gerechnet werden.

Eine umfangreiche Beschreibung der erprobten Verfahren zur Hiebsrestebeseitigung und ihrer Einsatzmöglichkeiten sowie -grenzen enthält das 1994 vom Kuratorium für Waldarbeit und Forsttechnik herausgegebene Merkblatt „Behandlung von Hiebsresten".

7.2.2   Bodenbearbeitungen

7.2.2.1   Geschichtlicher Rückblick

Die Entwicklung von Bodenbearbeitungsverfahren hatte stets wichtige Auswirkungen auf den Verjüngungsbetrieb. Bereits im Zusammenhang mit den ersten Saaten und Heisterpflanzungen des 14. Jh. wurde über Bodenbearbeitungen berichtet, die die künstlichen Verjüngungen ermöglichen sollten. In den folgenden Jahrhunderten sind Saaten dann in der Regel nach vollflächigen Bearbeitungen mit Pflug oder Egge, in gebirgigem Gelände auch durch Hacken von Hand ausgeführt worden, und für Pflanzungen waren plätzeweise Bearbeitungen gebräuchlich. Ebenso wurden Bodenbearbeitungen erwähnt, mit denen die natürliche Verjüngung erleichtert werden sollte.
Im 18. Jh. begann eine intensive wissenschaftliche Diskussion über Sinn und Notwendigkeit von Bodenbearbeitungen sowie die Art ihrer Ausführungen, die bis heute nicht abgeschlossen ist. Dabei ist die Entwicklung in zwei Richtungen gegangen:
– **Leichte Bodenverwundungen** zur Förderung der Naturverjüngung – und zwar besonders der der Buche – wurden im 19. und in der 1. Hälfte des 20. Jh. großflächig mit Hacken, Spaten, Eggen ausgeführt und haben erheblich zur Verbesserung des Waldzustandes in vielen Mittelgebirgen beigetragen. Nach dem 2. Weltkrieg gab die Einsatzmöglichkeit geländegängiger und wendiger leichter Schlepper mit aufgesattelten oder angehängten Grubbern, Scheibeneggen, Fräsen, Waldpflügen wesentliche Impulse, die natürliche Verjüngung vor allem der Buche und zunehmend auch der Kiefer wieder zu forcieren.
– **Ackermäßige Bearbeitungen** von Kulturflächen waren in den Tieflagen auf sandigen Böden bereits im 18. Jh. verbreitet. Sie gingen Anfang des 19. Jh. zunächst mit dem Fortfall der Frondienste zu Ende. Nach 1870 wurden mit dampfmaschinengetriebenen Tiefpflügen Heideflächen mit Ortsteinschichten (d. h. durch Eiseneinlagerungen verhärteten Schichten bei Podsolböden) melioriert und bis in die Mitte des 20. Jh. abgetorfte Moore kultiviert. Dennoch überwogen bis etwa 1930 Pferde und Ochsen zum Ziehen von Pflügen und anderen meist aus der Landtechnik entlehnten Geräten. Großflächige intensive Bodenbearbeitungen wurden dann von 1950–1970 in erheblichem Umfang in ebenen und nicht zu steinigen Lagen (Nord- und Ostdeutschland, dem Ober- und Mittelrheingebiet sowie NO-Bayern) ausgeführt. Diese Entwicklung erhielt ab etwa 1960 wesentliche Impulse durch den Import schwerster Zugmaschinen und Scheibenpflüge aus den USA. Einen Höhe- und Schlußpunkt dieser Entwicklung stellte die schnelle Wiederaufforstung der riesigen Sturmwurfflächen nach dem Orkan des Herbstes 1972 im norddeutschen Flachland dar. Wegen

ökologischer Nachteile und der hohen Kosten sind solche tiefgreifenden Bearbeitungen in den letzten Jahren stetig zurückgegangen. Für die Wiederbestockung der großen Kahlflächen nach dem Sturm von 1990 haben sie kaum noch eine Rolle gespielt.

7.2.2.2 Zielsetzungen

Mit forstlichen Bodenbearbeitungen werden folgende Ziele – je nach Ausgangslage einzeln oder gemeinsam – angestrebt:
- **Beseitigung von Bodenverdichtungen** (z. B. Ortstein),
- **Förderung der Naturverjüngung,**
- **Ermöglichung von Saaten,**
- **Verbesserung der Anwuchs- und Entwicklungsbedingungen bei Pflanzungen,**
- **Mechanisierung und Rationalisierung der Pflanz- und Pflegearbeiten.**

7.2.2.3 Arten der forstlichen Bodenbearbeitungen

Die Vielfalt der forstlichen Bodenbearbeitungsverfahren läßt sich mit Hilfe einiger Grundelemente charakterisieren, und zwar:
1. Nach den verwendeten Geräten und deren Kombinationen sowie
2. nach der Wirkung auf den Boden.

7.2.2.3.1 Verwendete Geräte

Intensität und Tiefe der Bearbeitungen hängen von den verwendeten Geräten und den Antriebsmitteln ab. Deren technische Eigenarten bestimmen Größe und Form der Bearbeitungsflächen sowie die Verfügbarkeit in den Forstbetrieben *(s. Übersicht 7.3).*

7.2.2.3.2 Wirkung auf den Boden

Mit Bodenbearbeitungen können der Oberboden verwundet, die Bodenschichten durchmischt oder umgelagert, Verdichtungen beseitigt oder das Kleinrelief verändert werden. Die derzeit wichtigsten oder ehemals bedeutsamen Verfahren sind in *Übersicht 7.4* dargestellt.

7.2.2.4 Anwendungsgebiete für Bodenbearbeitungen und deren Auswirkungen

7.2.2.4.1 Bodenmelioration und Beseitigung von Wuchshindernissen

Waldböden können Mängel aufweisen hinsichtlich
(1) der Bodenstruktur,
(2) der Nährstoffversorgung,
(3) des Wärme- und Wasserhaushalts.

Übersicht 7.3:　Gerätekombinationen für Bodenbearbeitungen (s. dazu Übersicht 7.4).

GERÄTETYP	EINSATZMÖGLICHKEIT/BEDEUTUNG
Geräte für Handarbeit Breithacken Spaten	Für plätze- und streifenweise Bearbeitungen früher sehr wichtig, heute allenfalls noch für die Herstellung von Riefen in stark geneigtem Gelände (z. B. Ei-Saat oder -Pflanzung).
Geräte für Gespannzug Scharpflüge Rillenpflüge	Nur noch für Riefen bei Ei-Saaten bzw. -Pflanzungen in schwer befahrbarem Gelände; derzeit in Mitteleuropa fast bedeutungslos.
Motorgetriebene Kleinmaschinen Einachsschlepperfräsen Fahrbare Erdbohrer	Für streifenweise Bearbeitungen auf Kleinkahlflächen (Ki) und unter Schirm (Bu-Naturverj.) in den 50er Jahren vielfach eingesetzt. Weitgehend durch Schlepper abgelöst. Zur Pflanzplatzvorbereitung bei Heisterpflanzung.
Anbaugeräte für Schlepper Grubber Fräsen Scheibeneggen Pflüge Erdbohrer	Schlepper und Gerät bilden kurzwendige Einheiten (Gerät hydraulisch aushebbar), deshalb Bearbeitung auch kleiner, ungünstig gestalteter Flächen möglich. Für (plätze-) streifenweise und ganzflächige Kulturflächenvorbereitungen und zur Förderung der Naturverjüngung. Vielfach betriebseigen, deshalb jederzeit verfügbar. Heute wichtigste Maschinenkombination.
Anhängegeräte für schwere Schlepper und Raupenfahrzeuge Pflüge Scheibeneggen Untergrundhaken	Zur ganzflächigen und tiefen Bearbeitung. Hohe Leistung, wenig wendig, erfordern daher große Flächen. Teurer Gerätetransport mit Tiefladern. Eingeschränkte Verfügbarkeit (Maschinenstützpunkte). Großeinsätze nach Sturmkatastrophe in Norddeutschland. Bedeutung stark rückläufig.
Spezialmaschinen Bagger (Bild vgl. Übersicht 7.17)	Nur ausnahmsweise beim „Baggerrajolen" auf anmoorigen Standorten eingesetzt (vgl. Übersicht 7.4). Zunehmende Bedeutung zur Pflanzplatzvorbereitung integriert mit der Pflanzlochherstellung für Heisterpflanzen.
Krohnsche Fräse (Kein Bild)	Tiefgreifende Bearbeitung und Veränderung des Oberbodenzustandes: Kombination mit Kalkungsgerät möglich. Neuentwicklung; Einsätze nach Orkankatastrophen in Süddeutschland und auf Großbrandflächen. Sehr teuer (ca. 5000 DM/ha).

Übersicht 7.4: Charakterisierung der wichtigsten Verfahren zur Bodenbearbeitung.

WIRKUNG AUF DEN BODEN	VERWENDETE GERÄTE	BESCHREIBUNG UND BEURTEILUNG
Freilegen des Mineralbodens 	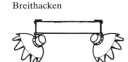Breithacken Finnische Forstegge	Freilegung des Mineralbodens auf 40×40 bis 60×60 cm großen „Plätzen", ggf. mit Durchhakken des Mineralbodens von Hand. Maschinen dafür sind in Mitteleuropa bisher nur versuchsweise erprobt. Streifenweise Freilegung des Mineralbodens durch Finnische Forstegge mit antriebsfrei rotierenden mit Dreiecksmessern bewehrten Tellerscheiben. Gute Erfolge bei bisherigen versuchsweisen Erprobungen.
Pflugstreifen mit Untergrundlockerung mit Aufhöhung	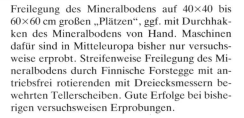Forststreifenpflug 1 = Scheibenkolter 2 = doppelschariger Pflug 3 = 2 Andruckwalzen	Abschälen des Bodenüberzugs (10–20 cm) und Ablegen als lange, zusammenhängende Streifen rechts und links des freigelegten Mineralbodens. Früher von Hand mit Breithacken oder mit Pferdezug, heute als Anbaugerät. In der Vergangenheit weit verbreitet als Vorbereitung von Pflanzung, Saat und Naturverjüngung. Gelegentlich in Verbindung mit Untergrundlockerung durch Untergrundhaken ausgeführt; Aufhöhung des Pflugstreifens mit Hilfe von Doppelscheibenpflug möglich, ebenso nachträgliche Lockerung des freigelegten Mineralbodens mit Grubber. Wegen schonender Wirkung auf die Humusvorräte neuerdings wieder steigende Bedeutung für Pflanzung und Naturverjüngung auf sandigen bis mittelschweren Böden.
Streifenweises Abschieben + Aufreißen des Oberbodens	kleine Planierraupe mit schräggestelltem Schild + Grubber	Streifenweises Abschieben der Auflageschicht mit sehr flach eingestelltem Planierschild an kleinem Raupenfahrzeug zur Vorbereitung von Buchennaturverjüngung unter Schirm und zusätzliche Auflockerung des Mineralbodens durch Grubbern nach dem Eckernfall. Wirkungsvoll und z. T. großflächig nach 1960 eingesetzt. Das Abschieben ist auf schmale Streifen zu beschränken. Wenn nämlich der Oberboden zu breitflächig und tief abgeschoben wurde, leiden Jungwüchse oft unter Nährstoffmangel.
Auflockerung und Durchmischung des Oberbodens 	Grubber	Aufreißen des Oberbodens durch Grubberzinken, dadurch teilweise Vermischung von Auflageschicht und Mineralboden. Oft mehrfach kreuzweise Bearbeitung nötig, bis Mineralboden an die Oberfläche gebracht ist. Zur Bodenvorbereitung für die Naturverjüngung bei geringen Auflageschichten und wenig Bodenvegetation. Wichtig vor allem zum Einarbeiten abgefallener Samen (Bucheckern).

Übersicht 7.4:   (Fortsetzung)

WIRKUNG AUF DEN BODEN	VERWENDETE GERÄTE	BESCHREIBUNG UND BEURTEILUNG
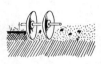	Scheibeneggen	Flach arbeitende Scheibenegge ermöglicht grobscholliges Zerkleinern des Bodens und bewirkt ebenfalls eine Vermischung von Auflagehumus und Mineralboden, arbeitet jedoch effektiver. Beide Geräte sind unter Schirm einsetzbar, Wurzelverletzungen dabei unvermeidlich. Arbeitstiefen bis 20 cm.
 Querschnitt Längsschnitt des Arbeitsfeldes	Fräse	Zerschlagung von Auflagehumus und Bodenvegetation und flache Vermischung mit dem Mineralboden. Meist streifenweise ausgeführt, unter Schirm als Vorbereitung der Naturverjüngung, auf Freiflächen auch zur Erleichterung der Pflanzung. Arbeitstiefe 10–15, max. 25 cm.

Umschichtung des Bodens

	Scharpflug	Wenden der Schollen um 140°, dadurch keine Verteilung der organischen Auflagenschicht auf die ganze bearbeitete Schicht, sondern kompakte Erhaltung in flachen Paketen (Scharpflug als Anhängegerät nach Stockrodung oder als hydraulisch aushebbarer Anbaupflug ohne Stockrodung).
	Scheibenegge + Scharpflug	Feine Zerkleinerung der Auflageschicht und intensive Vermischung mit dem Mineralboden mit Scheibenegge, anschließend Pflügen. Bearbeitungstiefe 40–100 cm. Seit den 50er Jahren in vielen Kieferngebieten vor allem im norddeutschen Staatswald vielfach eingesetzt. Heute nur noch selten angewendet (Stockrodung, hohe Kosten).
	Scheibenegge	Tiefe und intensive Durchmischung des Oberbodens (Auflageschicht und A-Horizont) mit schweren Scheibeneggen. Arbeitstiefe bis 40 cm.
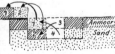 Querschnitt Längsschnitt des Arbeitsfeldes	Löffelbagger	Umkehrung der Schichtenfolge (Rajolen) auf Anmoorböden über Sand als Vorbereitung zur Pflanzung, u. a. zur Vermeidung des Auffrierens der Pflanzen durch Barfrost. Ursprünglich Handarbeit, später Löffelbagger. Arbeitstiefe abhängig von der Mächtigkeit der organischen Auflage. Heute wenig angewendet, da sehr teuer.

Aufhöhung des Oberbodens

	Doppelschariger Bifangpflug	Aufpflügen von zwei Streifen der oberen humosen Bodenschichten, die von Mineralboden bedeckt werden und ein erhöhtes Beet, den Bifang, entstehen lassen, mit schwerem doppelscharigem Pflug. Arbeitstiefe bis 40 cm. Über Jahrzehnte v. a. in Bayern gebräuchlich. Ökologisch vorteilhaft. Stark ausgeprägte Bifänge jedoch für alle Folgearbeiten hinderlich, daher inzwischen aufgegeben.

Übersicht 7.4:   (Fortsetzung)

WIRKUNG AUF DEN BODEN	VERWENDETE GERÄTE	BESCHREIBUNG UND BEURTEILUNG
	Dammscheibenegge + Beetwalze	Flache Aufhöhung durch Scheibeneggen mit zwei gegeneinander arbeitenden Aggregaten von Scheiben und nachlaufender Beetwalze. Grobschollige flache Durcharbeitung von Auflageschicht und Mineralboden. Schaffung eines leicht erhöhten Pflanzbettes bei geringer Störung der Bodenstruktur. Arbeitstiefe bis 25 cm.
	Handarbeit Moorpflug	Herausschneiden eines Torfstreifens zur Schaffung von Draingräben und umgekehrtes Ablegen des Streifens, der als Pflanzunterlage dient (Hochpflanzung). Früher Handarbeit, heute mit schwerem Moorpflug. In Mitteleuropa nicht sehr gebräuchlich, wohl aber in moorreichen Ländern wie z. B. Großbritannien.

Zu (1): Verbesserung der Bodenstruktur

Auf armen sandigen Standorten haben sich, meist als Folge von bodenschädigenden anthropogenen Eingriffen, gelegentlich Ortstein- oder Orterdeschichten gebildet, die die Durchwurzelbarkeit des Bodens behindern und Nährelemente binden. Sie können durch tiefes Pflügen oder mit Hilfe von Untergrundhaken aufgebrochen werden.

Landwirtschaftliche Böden auf schluffig-lehmigen Substraten haben an der Pflugsohle häufig eine wasserstauende und schwer durchwurzelbare „Verschmierschicht". Einmaliger tiefer Vollumbruch vor der Aufforstung vermag dieses Hindernis zu beseitigen und der sonst auf solchen Böden vorkommenden „Ackersterbe" der Nadelbäume vorzubeugen.

Verjüngungen auf Anmoorböden leiden unter Vernässung und fallen oft dem Auffrieren durch Barfrost zum Opfer. Durch Übersanden mit Hilfe des Baggerrajolverfahrens läßt sich das verhindern. Es ist allerdings sehr teuer *(vgl. Übersicht 7.4)*.

Pseudovergleyte, dicht gelagerte, grobporenarme Böden oder solche mit eingelagerten stärkeren Staukörpern können dagegen nur in Ausnahmefällen durch Bearbeitungen in ihrer Struktur verbessert werden. Vielfach kommt es unter solchen Bedingungen nach einem anfänglichen Lockerungseffekt sogar zu Verschlemmungen, die die Situation gegenüber der Ausgangslage eher noch verschlechtern. Deshalb kann grundsätzlich gesagt werden, daß die forstliche Bodenbearbeitung um so bedenklicher wird, je schwerer der Boden ist.

Zu (2): Verbesserung des Nährstoffhaushalts

Mit der Bearbeitung des Bodens ist eine erhebliche Anregung der Bodenaktivität verbunden, das gilt ganz besonders, wenn sie auf Kahlflächen und mit großer Intensität ausgeführt wird. Auch mächtige Polster von Auflagehumus werden dann in verhältnismäßig kurzer Zeit mineralisiert *(s. Tab. 7.5)*. Das kann unter Schirmbeständen erwünscht sein, ist auf Kahlflächen dagegen ausgesprochen problematisch. Die zunächst noch wenig aufnahmefähigen kleinen Verjüngungspflanzen können den dabei entstehenden Schub von Nährstoffen nämlich nur teilweise ausnutzen, und auch die

Tab. 7.5:   Vorräte an Kohlen- und Stickstoff unter einer Kieferndickung 8 Jahre nach Kahlhieb und Bodenbearbeitungen (Bayer. FoA Pfreimd/Oberpfalz; n. BURSCHEL et al., 1977).

| NÄHRELEMENT | MASS-EINHEIT | ALT-BESTAND | BODENBEARBEITUNG AUF KAHLFLÄCHE | | |
			ohne	Fräsung	Vollumbruch
Kohlenstoff	t/ha	69	49	47	38
	%	100	71	69	56
Stickstoff	kg/ha	3 040	2 600	2 110	2 370
	%	100	86	69	78

Die Verminderung der Kohlenstoffvorräte (in der organischen Auflage und im Mineralboden bis 50 cm Tiefe) lag auf der Vollumbruchparzelle besonders hoch. Die größten Stickstoffverluste von über 900 kg/ha bzw. 31 % waren dagegen durch das Fräsen eingetreten.

sich oft schnell entwickelnde Bodenvegetation ist dazu nur beschränkt in der Lage. So kommt es bei zunächst guter Ernährung der Forstpflanzen auf intensiv bearbeiteten Böden zu erheblichen Nährstoffverlusten, die sich später in einem meist markanten Abfall der Wuchsleistung gegenüber solchen Beständen äußern, die ohne oder nach schonender Bodenvorbereitung wie z. B. Streifenpflügen begründet worden sind. *Abb. 7.3* zeigt diesen Zusammenhang.

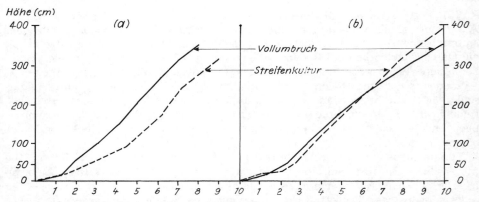

Abb. 7.3:   Höhenentwicklung herrschender Kiefern nach Vollumbruch und auf Pflugstreifen (a) auf einem schwach lehmigen Geschiebesand, Nieders. FoA Hannover, und (b) einem fluvatilen Feinsand, Nieders. FoA Nienburg (aus ULRICH und WACHTER, 1971).

Zu (a): Bis zum Alter 8 J. waren die auf der Vollumbruchfläche aufgewachsenen Kiefern denen auf den Pflugstreifen in der Gesamthöhe zwar überlegen, im laufenden Höhenzuwachs bestand jedoch bereits seit 3 Jahren kein Unterschied mehr (gleicher Steigungsgrad der Kurven).

Zu (b): Die anfänglich im Höhenwachstum überlegenen Kiefern auf der Vollumbruchfläche wurden bereits im Alter 6-7 J. von denen auf den Pflugstreifen überholt.

Zu (3): Veränderung des Wasser- und Wärmehaushalts

Der ungünstige Einfluß von **Wasserüberschuß** auf die Entwicklung von Forstpflanzen kann auf zweierlei Weise abgemildert werden:
– Drainagen, meist durch offene Gräben, führen das Wasser ab.
– Durch die Schaffung von über das Bodenniveau hinausgehobenen Pflanzplätzen wird die Verjüngung zumindest in der ersten kritischen Anwuchsphase vor Vernässung geschützt.

Aber auch der **Wärmehaushalt** eines Bodens wird beeinflußt:
– Durch Bodenbearbeitungen werden vor allem der Auflagehumus und die lebende Bodenvegetation beseitigt, die eine isolierende Sperrschicht zwischen Mineralboden und Atmosphäre bilden. Frisch bearbeitete Böden nehmen wegen ihrer meist dunkleren Farbe und damit veränderten Rückstrahlung deshalb tagsüber mehr Wärme auf und strahlen diese nachts gleichmäßig wieder ab. Das führt in Spätfrostlagen dazu, daß Forstpflanzen in den empfindlichen Entwicklungszuständen nach dem Austrieb bei Kälterückfällen im Mai oder Juni weniger tiefen Frösten – und diesen auch nur über kürzere Zeitspannen – ausgesetzt sind *(s. Tab. 7.6)*.
– Durch das Wenden, Mischen und Lockern werden das Porenvolumen erhöht, die Bodenart verändert, sowie Wassertransport und -haltefähigkeit vorteilhaft beeinflußt. Das erhöht die durchschnittliche Bodentemperatur und verlängert die Vegetationszeit *(s. Tab. 7.7)*.

Tab. 7.6: **Wirkung tiefgreifender Bodenbearbeitungen auf die Temperatur der bodennahen Luftschicht**

KRITERIUM		BODENBEARBEITUNG	
	ohne	Vollumbruch	
		vor 2 Jahren	unmittelbar vor der Kultur
Temperaturmittel (°C)			
der 10 kältesten Nächte	− 4,5	− 1,5	− 0,9
der 30 kältesten Nächte	+ 0,2	+ 3,3	+ 4,0
Anzahl der Frostnächte	15	9	6

Bei dieser klassischen Untersuchung über Spätfrost und Vollumbruch von Geiger und Fritsche (1940) wurden in Eberswalde bei Berlin in den Monaten Mai–August 1939 zehnmal Mai- und Junifröste festgestellt. Durch den besseren Wärmeaustausch zwischen den frisch bearbeiteten Böden und der Luft 10 cm über Grund wurde die Temperatur im Schnitt um etwa 4° erhöht und damit die Spätfrostgefahr für Forstkulturen weitgehend gebannt. Auch die bereits längere Zeit zurückliegende Bodenbearbeitung hatte noch eine erhebliche Nachwirkung.

Tab. 7.7: **Austriebsverhalten** von 4jährigen Eichen sowie Anflugkiefern und -fichten **in Abhängigkeit von den Bodenbearbeitungen.** Nieders. FoA Göhrde (n. Behrndt, 1979)

BAUMART UND AUFNAHMEKRITERIUM	DATUM DER AUFNAHME	MASS-EINHEIT	BEARBEITUNG		
			streifenweise Fräse	ganzflächig Rome-Scheibenpflug	ganzflächig Vollumbruch
Eichen mit	10. 5. 74	%	1	9	41
ersten Blättern	20. 5. 74	%	67	87	99
Kiefernanflug Knospenlänge	9. 5. 74	mm	47	70	88
Fichtenanflug Knospenlänge	9. 5. 74	mm	5	14	15

Alle drei Baumarten trieben um so früher aus, je intensiver die Bearbeitung des Bodens vorgenommen worden war. Aufnahmen auf weiteren Beobachtungsflächen bestätigten dieses Ergebnis. Dieser Effekt hält allerdings nur kurze Zeit vor, bis Bodenvegetation den Boden bedeckt und wieder als Isolationsschicht wirkt.

7.2.2.4.2 Verringerung der Jugendgefahren

Bodenbearbeitungen verringern die Gefahren, denen Jungwüchse ausgesetzt sind, dadurch, daß
– die Entwicklungsvoraussetzungen für Schadorganismen beseitigt werden und
– der Wärmehaushalt der Verjüngungsfläche verbessert wird.

Gefährliche Schädlinge in Verjüngungen sind **Mäuse,** die v. a. junge Laubbäume verbeißen. Mäusepopulationen entwickeln sich besonders stark auf vergrasten Flächen. Jede Form der Bodenbearbeitung, die den Grasfilz beseitigt oder wesentlich verringert, reduziert daher auch die Gefahr von Mäuseschäden.

Außerdem gibt es einen engen Zusammenhang zwischen Bodenbearbeitung und Befall durch den **Großen Braunen Rüsselkäfer.** Trotz routinemäßiger Behandlung der Pflanzen mit Insektiziden vor der Ausbringung erleiden Forstkulturen auf Kahlflächen mit frischen Stöcken immer wieder Verluste durch den Rindenfraß dieses Insekts. Kulturen auf Vollumbruchflächen wachsen dagegen völlig ohne solche Schäden auf, zum einen, weil bruttaugliche Stöcke fehlen, und zum anderen, weil sich der Käfer nicht auf blankem Mineralboden aufhält. Er verläßt sogar die schützende Nadelstreu und Bodenvegetation ungern, um kleine offenliegende Mineralbodenflecken zu überqueren. Pflanzen, die z. B. auf durch Holzrücken freigelegte Stellen gesetzt wurden, sind deutlich weniger gefährdet als die von Streu umgebenen. Zur Erreichung eines Schutzeffektes bedarf es deshalb keineswegs einer vollflächigen Bearbeitung. Schon durch eine plätze- oder streifenweise Beseitigung des Bodenüberzugs läßt sich die Rüsselkäfergefahr erheblich verringern *(s. Tab. 7.8).* Da die Behandlung der jungen Bäume mit Insektiziden unmittelbar vor der Pflanzung nicht immer hundertprozentig erreichbar und deren Wirkung zudem zeitlich begrenzt ist, helfen Bodenbearbeitungen wirkungsvoll, die Ausfallraten bei Pflanzungen einzuschränken.

Tab. 7.8: **Einfluß von Bodenbearbeitungen auf die Ausfallraten** und den **Rüsselkäferbefall** bei Kiefern nach einer Vegetationszeit (n. Huss, 1977).

Sand: Bayer. FoA Weiden, Schluff: Bayer. FoA Burglengenfeld; Pflanzung von 1 + 1j. Kiefern im Frühjahr 1975.

BODENART	AUSFALLURSACHE		BODENBEARBEITUNG		
			unbearbeitet	grobschollig mit Pflugstreifen	Scheibenegge
Sand	Ausfall insgesamt	%	50	22	14
	davon Befall durch Rüsselkäfer	%	95	91	76
Schluff	Ausfall insgesamt	%	24	10	5
	davon Befall durch Rüsselkäfer	%	96	73	40

Auf beiden Standorten standen die Ausfälle in deutlichem Zusammenhang mit dem Zustand des Oberbodens direkt am Pflanzplatz. Je wirkungsvoller Nadelstreu und Bodenvegetation eingearbeitet bzw. beseitigt worden waren, desto stärker gingen die Rüsselkäferschäden zurück.

Aber nicht nur besserer Schutz gegen Mäuse und Rüsselkäfer erhöht die Überlebenschancen junger Forstpflanzen auf präpariertem Pflanzbett. Sie wachsen dort vitaler an und auf und widerstehen dort der Vielzahl von Belastungen insgesamt besser *(s. Tab. 7.9).*

Tab. 7.9: **Einfluß der Bodenbearbeitung auf die Überlebensraten** (%) von Fichten und Douglasien drei Vegetationszeiten nach der Pflanzung.

Nieders. FoA Ahlhorn; Mittelwerte von 4 unterschiedlich stark verunkrauteten Flächen; Pflanzung Frühjahr 1972 mit 2 + 2j. Fi und 1 + 2j. Dgl., Aufn. Herbst 1974 (n. Huss, 1975).

BAUMART		BODENBEARBEITUNG		
		unbearbeitet	Pflugstreifen	Differenz
Fichte	%	64	76	+ 12
Douglasie	%	49	69	+ 20

Alle Pflanzen wuchsen sehr gut an und zeigten im Herbst des ersten Jahres fast keine Ausfälle. In den beiden Folgejahren wurden sie durch Rüsselkäfer, Kaninchen, Rehwild verbissen oder gefegt, die Douglasien zusätzlich durch den Phomopsispilz geschädigt, ohne daß bei den abgestorbenen Pflanzen die Hauptschadensursache geklärt werden konnte. Dabei bildete sich langsam heraus, daß die Pflanzen auf den Pflugstreifen weniger heimgesucht wurden und den Belastungen besser widerstanden, die Ausfälle sich dort also deutlich verringerten.

7.2.2.4.3 Förderung eines raschen und gleichmäßigen Aufwachsens

Intensive Bodenbearbeitungen verringern kleinstandörtliche Bodenunterschiede oder beseitigen sie ganz. Sie eliminieren zudem die vorhandene **Bodenvegetation** oder bewirken eine verzögerte Wiederbesiedlung *(s. Tab. 7.10)*.

Tab. 7.10: **Entwicklung der Bodenvegetation in Abhängigkeit von der Bodenbearbeitung;** Nieders. FoA Göhrde (n. Behrndt, 1979)

	streifenweise mit Fräse	BODENBEARBEITUNG ganzflächig mit Rome-Scheibenpflug	ganzflächig durch Vollumbruch
Oberirdisches Pflanzen-frischgewicht (g/m²)	400	150	80

Die Kulturen wachsen deshalb anfangs nicht nur vitaler, sondern sind außerdem in der Lage, die wieder ankommende Bodenvegetation zu unterdrücken und dann die Wuchspotenz eines Standorts voll für ihre eigene Produktion zu nutzen *(s. Tab. 7.11)*.

So erzielen vor allem die herrschenden Bäume in den Jungbeständen schneller und gleichmäßiger eine deutliche Überlegenheit gegenüber entsprechenden Bestandesgliedern auf weniger intensiv hergerichteten Kulturflächen.

Dieser Vorteil wird jedoch oft erkauft mit beträchtlichen **Nährstoffverlusten,** wie mit den in *Tab. 7.5* wiedergegebenen Daten bereits gezeigt worden war. Die Nährstoffverluste wiederum führen dazu, daß die Bäume auf weniger intensiv, z. B. als Streifenkultur vorbereiteten Flächen, den anfänglichen Wuchsvorsprung später einholen und möglicherweise auch auf Dauer besser wachsen *(vgl. Abb. 7.3)*. Schließlich ist aus *Tab. 7.11* zu entnehmen, daß intensive Bodenbearbeitungen vielfach nur zu einer scheinbaren Verbesserung der Phytoproduktion führen, weil zwar die oberirdische Wuchsleistung wesentlich ansteigt, die unterirdische dagegen zurückbleibt, so daß sich in der Summe kein Unterschied ergibt.

Tab. 7.11:   Die Wirkung von Bodenbearbeitungen auf die Entwicklung einer 9j. Kieferkultur mit einer Ausgangsdichte von 30 000 Stck/ha; Bayer. FoA Burglengenfeld (n. BURSCHEL et al., 1977).

MERKMAL	KOLLEKTIV	MASS-EINHEIT	BODENBEARBEITUNG		
			unbearbeitet	Fräsung	Vollumbruch
Baumzahl	insgesamt	Stck./ha	27 600	25 800	26 000
	davon herrschende Bäume	Stck./ha	8 000	6 800	7 000
Höhe	herrsch. Bäume	%	100	116	128
Durchmesser	herrsch. Bäume	%	100	129	142
Phytomasse	insgesamt	t/ha	21,4	22,5	20,8
	Sprosse Kiefern	%	38	49	60
	Sprosse Bodenveg.	%	20	21	10
	Wurzeln Kie + Bodenvegetation	%	42	30	30

Differenzierung und Selbstausscheidung waren innerhalb der Bestandeskollektive bis zum Aufnahmezeitpunkt durch die Bodenbearbeitungen nur wenig verändert worden, während die Höhenentwicklung der herrschenden Bäume eine deutliche Förderung mit zunehmender Intensität der Bearbeitung erfahren hat. Besonders aufschlußreich an dieser Tabelle ist jedoch der geringe Einfluß, den die Bearbeitung auf die gesamte Phytoproduktion gehabt hat. Ihre Wirkung bestand vor allem darin, den oberirdischen Zuwachs der jungen Kiefern zu fördern und die Entwicklung der Bodenvegetation zu verhindern oder zu reduzieren.

7.2.2.4.4 Mechanisierung und Rationalisierung der Folgearbeiten

Bodenbearbeitungen schaffen günstige Bedingungen für alle sich anschließenden Schritte der Bestandesbegründung. Sollen Pflanzmaschinen eingesetzt werden, so ist für die meisten verfügbaren Modelle ein ackerähnlich vorbereiteter Boden sogar die Voraussetzung *(vgl. Übersicht 7.16)*. Das ist in Verbindung mit der zeitweisen Herabsetzung der Verunkrautungsgefahr der wichtigste Grund dafür, warum intensive Bodenbearbeitungen insbesondere für Erstaufforstungen weltweit bedeutsam geworden sind. In Mitteleuropa sind jedoch auf der Mehrzahl der Flächen normale Handpflanzungen üblich. Sie können durch Reisig- und Streuauflagen sowie den Wurzelfilz der Bodenvegetation erheblich erschwert werden. Bei den mit Abstand am häufigsten angewendeten Spaltpflanzverfahren, und zwar vor allem der Winkelpflanzung, werden die Pflanzen oft nicht tief genug in den Mineralboden gesetzt und vertrocknen dann leicht. Höhere Ausfälle sind deshalb auf vielen Schlagflächen mit stärkeren Oberbodenschichten die Regel. Besonders im Hinblick auf die vermehrte Einbringung von Laubbaum-Großpflanzen mit entsprechender Wurzeltracht gewinnen Pflanzplatzvorbereitungen mittels Streifenpflügen, Erdbohrgeräten und Baggern zunehmende Bedeutung.

7.2.2.5   Zusammenfassende Beurteilung

Bodenbearbeitungen sind grundsätzlich zu unterscheiden nach oberflächig wirkenden Verfahren wie flaches Durchmischen des Bodens oder streifenweise Freilegung des Mineralbodens und solchen, die den typischen schichtigen Aufbau der Waldböden durch tiefes Wenden oder Vermischen erheblich verändern:

– **Oberflächig wirkende Bearbeitungen** können für die natürliche und künstliche Verjüngung der Wälder eine bedeutende Rolle spielen, ohne daß es zu bedenklichen ökologischen Nachteilen kommt. Das gilt ganz besonders, wenn sie unter Schirm ausgeführt werden. Allerdings deuten mehrere in den letzten Jahren durchgeführte Untersuchungen darauf hin, daß das Befahren auch mit leichten Schleppern – zumindest auf lehmigen und schluffigen Böden – zu langfristig nachteiligen Bodenverdichtungen führen kann. Ebenso wie bei der Hiebsrestebeseitigung *(vgl. Kap. 7.2.1)* wird deshalb ihr Einsatz zunehmend restriktiver gehandhabt.
– **Intensive Bodenbearbeitungen** sollten dagegen im mitteleuropäischen Waldbau nur dann verwendet werden, wenn ganz besondere Umstände vorliegen (z. B. mechanisch zu beseitigende Bodenverfestigungen wie Ortstein). Werden als Folge saurer Immissionen Kompensationskalkungen mit tiefer Einarbeitung in den Boden erforderlich *(vgl. Kap. 9.5.3)*, so würde sich hier ein neues Anwendungsgebiet für solche Bearbeitungen auftun. Wegen ihrer ökologischen Nachteile sind sie dagegen nicht vertretbar, wenn es nur darum geht, den Einsatz von Pflanzmaschinen zu ermöglichen, die Unkrautkonkurrenz zu mindern oder ein schnelleres Erreichen des Dickungsschlusses zu forcieren.
– **Pflanzplatzvorbereitungen** mittels Erdbohrgeräten sind – obwohl tiefreichend – wegen ihrer nur punktuellen Wirkung dann generell unbedenklich, wenn sie nicht mit schweren Schleppern ausgeführt werden.

Bodenbearbeitungen spielen in dafür geeignetem Gelände noch immer eine bedeutsame Rolle. So wurden im Durchschnitt der Jahre 1988–1992 in den niedersächsischen Landesforsten rund drei Viertel aller Verjüngungsflächen entsprechend behandelt. *Tab. 7.12* gibt hierüber Auskunft und erlaubt zugleich, den Anteil an oberflächig wirkenden und intensiven Bearbeitungen abzuschätzen. Die Verhältnisse sind vergleichbar in vielen Gebieten Ostdeutschlands. Im selben Zeitraum umfaßten die Bodenbearbeitungen zur Vorbereitung von Verjüngungen in Bayern dagegen etwa ein Fünftel der Flächen und konzentrierten sich vor allem auf die Regionen mit sandigen Böden.

Tab. 7.12: **Umfang der Kulturflächenvorbereitung** in den nieders. Landesforsten im Durchschnitt der Jahre 1988–1992 (n. Jahresbericht der Nieders. Landesforstverwaltung, 1992)

ART DER BEARBEITUNG	FLÄCHE ha	KOSTEN DM/ha
Vollumbruch	170	2 300
Dämme-Rome	30	1 800
Rome-Scheibenegge	10	1 000
Streifenweise Bodenbearbeitung	200	1 300
Plätzeweise Bearbeitung	700	2 600
Maschin. Bearb. für Naturverjüngung	920	200
Herbizideinsatz	300	nicht nachgewiesen

Zahl und Größe der vorbereiteten Flächen schwanken jährlich nicht unerheblich. Dennoch ist der Rückgang der intensiven und zugleich die Zunahme von plätze- und streifenweisen Bearbeitungen sowie solchen zur Verbesserung der Ansamungsbedingungen für Naturverjüngungen erkennbar. Derzeit werden demnach rd. 40 % aller Verjüngungsflächen für die natürliche Ansamung hergerichtet, und das entspricht auch etwa dem Anteil dieser Verjüngungsart insgesamt. (Die hohen Kosten für plätzeweise Bearbeitungen sind auf die weiten Laufwege und das Aufsuchen von zu bepflanzenden Lücken in Altbeständen zurückzuführen).

7.3   Natürliche Verjüngung

7.3.1   Geschichtlicher Rückblick

Seit dem Ausgang des Mittelalters führten regional verheerende Übernutzungen im Umfeld von Städten, Bergwerken und Salinen zum Entstehen großer Kahl- oder gar Ödflächen. Meistens überließ man diese sich selbst, wartete oft Jahrzehnte, bis sich wieder Wald einfand. Zwar gab es da und dort Ansätze, die natürliche Ansamung durch Bodenvorbereitung unter Heranziehung von zu Hand- und Spanndiensten verpflichteten Bauern und durch das Stehenlassen einzelner Samenbäume zu beschleunigen. Insgesamt gesehen wurde allerdings wenig zu ihrer planmäßigen Förderung getan, so daß sich vielfach nur Weichhölzer ansamten oder daß als Folge des starken Weidebetriebes riesige unbestockte Flächen übrigblieben. Diese Situation hielt an bis in die Mitte des 18. Jh., in manchen Gegenden wie den bayerischen und österreichischen Alpen sogar noch hundert Jahre länger.

Sie änderte sich entscheidend zu Beginn der intensiven Forstwirtschaft in Mitteleuropa an der Wende vom 18. zum 19. Jh. Um diese Zeit wurde eine lebhafte Diskussion geführt um die Vor- und Nachteile der verschiedenen Möglichkeiten, Wälder weiterhin natürlich zu verjüngen oder sie vermehrt künstlich durch Saat und Pflanzung neu zu begründen. Die fehlenden Voraussetzungen für die natürliche Ansamung auf den Ödflächen begünstigte die Erprobung und Einführung künstlicher Verjüngungsverfahren. So wird verständlich, daß der Anteil der natürlichen Verjüngungen an der Walderneuerung in der Folge drastisch zurückging.

Mit der Entwicklung und Erprobung der verschiedenen Waldbausysteme *(vgl. Kap. 6)* erhielt sie gegen Ende des 19. Jh. wieder wachsende Bedeutung. Nur bei einigen Laubbaumarten – vor allem der Buche in den Mittelgebirgen – war sie nie ganz verlorengegangen. Wesentliche Impulse gab GAYER – etwa um 1900 – und verschaffte ihr besonders im süddeutschen Raum wieder größeres Gewicht. In ähnlicher Weise verstärkte die Dauerwaldbewegung von der Jahrhundertwende an das Interesse an der Naturverjüngung in Norddeutschland.

Seit dem 2. Weltkrieg führt eine wachsende Anhängerschaft der naturgemäßen Waldwirtschaft diese Anregungen fort. Zugleich sind in den letzten Jahren auch die Bemühungen mehrerer Forstverwaltungen unübersehbar, die Bereitschaft vieler Waldstandorte zur natürlichen Verjüngung verstärkt zu nutzen.

Üblicherweise richtete sich das Augenmerk der meisten Forstleute bei der natürlichen Verjüngung bisher nahezu ausschließlich auf das Ankommen der betriebszielgerechten Baumarten. Hier ist in den letzten Jahren ebenfalls ein deutlicher Wandel eingetreten. So werden in verstärktem Maße auch auf vielen Freiflächen sich willig ansamende Pionierbaumarten (Birken, Weiden, Aspen, Vogelbeerbäume) als sukzessionale Waldentwicklungsformen und Vorwälder übernommen.

7.3.2   Eigenarten der natürlichen Verjüngung

Eine Fläche oder ein Bestand können natürlich verjüngt werden, wenn sie für Samen der zu verjüngenden Baumarten zugänglich sind. Das ist bei noch vorhandenem Altholzschirm der Fall oder auch auf Kahlschlägen, wenn sie von angrenzenden Beständen oder einzelnen verbliebenen Samenbäumen her besamt werden können *(vgl. Kap. 6)*. Naturverjüngung ist – vor allem, wenn es sich um Pionierbaumarten handelt – also nicht, wie meist unterstellt wird, von einer Schirmbestockung abhängig. Nur kann auf großen Kahlflächen mangels ausreichender Saatgutversorgung nicht sicher mit ihr gerechnet werden.

Bestände mit nicht standortgerechter Bestockung scheiden für die natürliche Verjüngung ohnehin aus.

Sind die Vorbedingungen erfüllt, so sprechen folgende **Vorteile** für die natürliche Verjüngung:

– Erhaltung autochthoner oder nicht autochthoner, aber örtlich erprobter Populationen.

Die natürliche Verjüngung solcher standortgerechten und bewährten Vorbestände schließt von vornherein jedes Risiko der Vermehrung nicht standorttauglicher Herkünfte aus. Das ist angesichts der diesbezüglich vielfältigen Unsicherheiten bei der Beschaffung von Pflanzgut ein sehr wichtiger Pluspunkt.

– Gute Anpassung der Verjüngung an die kleinstandörtlichen Ausprägungen.

Bei reichlichem Samenangebot ist eine besonders effektive Nutzung der kleinsten standörtlichen Unterschiede zu erwarten, das gilt besonders, wenn mehrere Baumarten beteiligt sind.

– Ungestörtes Wachstum der Jungpflanzen.

Die Naturverjüngungspflanzen erleiden keinen Pflanzschaden. Besonders auf schweren Böden bilden sie gleichmäßigere Wurzelsysteme als gepflanzte Individuen aus und entwickeln sich daher stabiler *(vgl. Kap. 5.4.4.3.2)*.

– Gute Auslesemöglichkeiten bei Pflegemaßnahmen in den Jungwüchsen.

Dicht und gleichmäßig angekommene Naturverjüngungen bieten meist günstige Ausgangsbedingungen für die spätere Bestandesausformung; vielfach läßt sich außerdem die natürliche Differenzierung zwischen verschiedenen Baumarten oder den Individuen jeweils einer Art ausnutzen. Dadurch können auch die Pflegekosten oft gering gehalten werden.

– Möglichkeiten der Gewinnung von Wildlingen.

Viele Forstbetriebe nutzen die Möglichkeiten, in dicht aufgelaufenen Verjüngungen wurzelnackte oder ballierte Wildlinge zu werben, um damit ungleichmäßig angekommene Naturverjüngungen kostengünstig zu komplettieren, Pflanzungen an anderen Orten vorzunehmen oder um Jungpflanzen für die Verschulung im Pflanzgarten zu gewinnen.

– Ersparnis der Kosten für Saat- oder Pflanzgut.

Naturverjüngungen sind zwar meist nicht völlig kostenlos, weil Bodenbearbeitungen, Ergänzungspflanzungen und Zäune nötig sein können, doch lassen sich mit ihnen oft erhebliche Einsparungen in der Begründungsphase erzielen.

Geht man davon aus, daß der Naturverjüngungsbetrieb meist das Belassen von Samenbäumen bedingt, so sind weitere Vorteile mit ihm verbunden:

– Wertzuwachs an den alten Bäumen.
– Schutz der jungen Pflanzen gegen Witterungsunbilden (Spätfrost).

Dasselbe läßt sich allerdings auch durch Pflanzung unter Schirm erreichen. De facto ist es jedoch eher mit dem Naturverjüngungsbetrieb verbunden.

Diesen Vorteilen stehen folgende **Nachteile** gegenüber:

– Abhängigkeit von Fruktifikationen und Samenertrag.

Die Unregelmäßigkeit der Samenjahre kann bei selten fruktifizierenden Baumarten den Verjüngungs- und Hiebsfortschritt bestimmen und dadurch die Flexibilität der Forstbetriebe einschränken.

– Ungleichmäßigkeit der Verjüngungsdichte.

Selten deckt die natürliche Ansamung Verjüngungsflächen gleichmäßig ab. Deshalb sind oft zeitaufwendige Komplettierungen erforderlich, und es besteht die Gefahr, daß Lücken übersehen werden, die zu späteren Zeitpunkten Qualitätsminderungen an den sie umgebenden Randbäumen nach sich ziehen.

Neuerdings wird in dem oft ungleichmäßigen Ankommen der Jungwüchse allerdings ein Vorteil gesehen, nämlich über Ergänzungspflanzungen erwünschte Mischbaumarten einbringen zu können, um so dem Ziel der vermehrten Mischwaldbegründung näher zu kommen.

– Höhere Gefährdung durch Bodenvegetation, Wild und andere Jugendgefahren.

Naturverjüngte oder gesäte Jungpflanzen sind in stärkerem Maße vor allem im Keimlingsstadium Gefahren durch Insekten, Pilze und Nager ausgesetzt *(vgl. Kap. 7.7.2)*. Zudem müssen sie meist, vergleicht man sie mit kräftigen praxisüblichen Verschulpflanzen oder gar mit Heistern, länger gegen Unkrautkonkurrenz und Wildschäden geschützt werden. Bei Pflanzung von Sämlingen, namentlich unter Schirm, verwischen sich die Unterschiede zwischen natürlicher und künstlicher Verjüngung jedoch.

– Hoher Pflege- und Zeitaufwand.

Wechsel von Überdichte und Lückigkeit sowie oft Ungleichmäßigkeit der Baumartenmischung erfordern einen erheblichen Pflegeaufwand zur Sicherung der Bestandesstabilität, der angestrebten Baumartenanteile und einer ausreichenden Zahl von Auslesebäumen. Hierbei ist es besonders wichtig, mit Hilfe von Pflegeeingriffen nachträglich gruppenweise Strukturen zu schaffen, die die Konkurrenzfähigkeit auch weniger wuchskräftiger Mischbaumarten garantieren *(vgl. Kap. 7.5.6.4.2)*.

– Beseitigung unerwünschter Jungwüchse

Bei genetisch ungeeigneten Vorbeständen oder angestrebtem Baumartenwechsel können die oft willig ankommenden Jungwüchse erhebliche Kosten bei ihrer Beseitigung oder Zurückdrängung verursachen. Dies gilt beispielsweise für die seit Anfang der achtziger Jahre vielerorts überreichlich sich ansamenden Fichten.

Der gesamte Prozeß der natürlichen Verjüngung dauert oft länger als der der künstlichen Verjüngung. Er beginnt mit der Fruktifikation der Samenbäume und endet mit dem Erreichen des Dickungsstadiums. Die hierbei ablaufenden natürlichen Vorgänge und ihre Beeinflußbarkeit durch waldbauliche Maßnahmen werden in der Folge dargestellt.

7.3.3   Fruktifikation und Samenangebot

Wichtige Informationen zu diesem Abschnitt sind in *Tab. 7.13* zusammengestellt, und waldbaulich bedeutsame Aspekte werden in den folgenden Abschnitten behandelt.

7.3.3.1   *Art der Bestäubung bei Waldbäumen*

Die meisten der für die Forstwirtschaft Mitteleuropas wichtigen Waldbäume werden durch windbewegte Pollen bestäubt. Nur die Pollen von Linden, Ahorn, Wildobst und Ulmenarten sowie Robinie, Roßkastanie und fast aller Sträucher werden durch Insekten transportiert. Weiden, Pappeln und Eßkastanien sind beiden Bestäubungsmöglichkeiten zugänglich.

Die Windbestäuber erzeugen gewaltige Mengen an Pollen und verbrauchen dafür erhebliche Energiemengen. Obwohl der Pollenflug sich über hunderte von Kilometern erstrecken kann, geschieht die Bestäubung doch ganz überwiegend zwischen nahe beieinanderstehenden Individuen. Bei der **Insektenbestäubung** ergibt sich das schon aus dem Flugradius der Tiere. Weiter entfernt voneinander liegende Bestände oder solche in verschiedenen Höhenlagen blühen zudem witterungsbedingt zu unterschiedlichen Zeitpunkten.

Tab. 7.13: **Blühfähigkeit und Samenproduktion der wichtigsten mitteleuropäischen Waldbaumarten** (n. AMANN, 1956, und ROHMEDER, 1972)

BAUMART	BEGINN DER FRUKTIFIKATION im Freistand	BEGINN DER FRUKTIFIKATION im Bestand	HÄUFIGKEIT DES SAMENTRAGENS in 10 J. durchschn. zu erwarten in % einer Vollmast 10–40	41–70	71–100	SAMENABFALL	MAXIMALE SAMENDICHTE bei Vollmast Stck/m²	TAUSEND-KORNGEWICHT (Mittelwert) g	KEIMKRAFT bei Handelssaatgut %	LAGER-FÄHIGKEITS-DAUER Jahre
	Jahre									
Kiefer	15–20	30–40	5	2	1	März/April d. 2. J.	700	6	95	4–5
Schwarzkiefer	15–20	30–40	–	–	–	März/April d. 2. J.			75	2–4
Lärche	15–20	30–40	3	2	1	März–Juni	2000	6	35	2–3
Douglasie	20–25	30–50	3	1	–	Sept./Okt.		10	55	3–4
Strobe	20–25	30–50	3	2	1	Sept./Okt.	500	19	65	2–3
Fichte	30–40	50–60	3	2	1	Febr./April (Okt./Nov.)	2300	8	95	5–6
Tanne	40–60	60–80	4	2	2	Okt.		44	50	$1/2$
Pappel	10	15–20				Mai/Juni	50000	20	20	$< 1/4$
Robinie	10–15	15–25	2	2	5	Febr./März		0,2	15–20	20
Birke	10–15	20–30	2	3	3	Aug.–(Okt.)	90000	1,2	gering	$1/2$
Erle (Schwarz–)	10–20	20–30	2	3	3	(Nov.)–Febr./März				1
Hainbuche	15–20	30–49	1	3	3	Nov./Dez.		33	60–70	$1/2$*
Ahorn	15–25	30–50	4	3	1	Okt.–Dez.		125	60	$1 1/2$
Esche	20–30	40–50	3	2	3	Okt.–März		59	65	2*
Vogelbeere	20	–				Aug./Sept.				
Elsbeere	20–30	–	nicht bekannt			Sept.				$1/2$
Vogelkirsche	20–25	–	nicht bekannt			Juli				
Linde	20–25	30–50	4	3	3	Okt.–Dez.		175 SLi 91 WLi 40	55	2*
Ulme	30–40	40–60	2	3	4	Juni/Juli		8	30	$< 1/2$
Buche	40–50	50–80	3	1	1	Okt.(Nov.)	500	192	70–80	$1/2$
Roteiche	–	–	3	2	3	Herbst d. 2. J.		3240		$1/2$
Eiche	40–50	50–80	4	1	1	Okt.	150	3030	60–70	$1/2$

* Keimung im 2. Jahr nach der Reife

All das fördert die Ausbildung von Teilpopulationen, Rassen, die genetisch an die Eigenarten kleinräumiger Standorte angepaßt sind und deren Erhaltung deshalb waldbaulich wichtig ist. Das gilt in erster Linie für Wälder in Hügel- und Berglagen – also die Mehrheit der mitteleuropäischen Waldgebiete.

Daraus ergibt sich für die Naturverjüngung ebenso wie für die Beerntung die Konsequenz, daß nur Bestände (ausnahmsweise auch Einzelbäume) geeignet sind, die als autochthon angesehen werden können oder sich als ausreichend standorttauglich erwiesen haben.

7.3.3.2   *Häufigkeit und Ergiebigkeit der Samenproduktion*

Häufigkeit und Ergiebigkeit der Samenproduktion sind entscheidende Vorgaben für den natürlichen Verjüngungsprozeß. Die wichtigsten Befunde dazu lauten folgendermaßen:

– Baumarten mit leichten Samen fruktifizieren öfter und produzieren größere Samenmengen als solche mit schweren Früchten.
– Blüten- und Fruchtbildung werden wesentlich von der Witterungskonstellation zu bestimmten „kritischen" Zeitpunkten bestimmt: Warme und trockene Sommermonate induzieren die Bildung von Blütenknospen. Im darauffolgenden Frühjahr dürfen Spätfröste die Blüte nicht beeinträchtigen und feuchtkühles Wetter die Bestäubung nicht behindern. Extrem heiße und trockene Sommer können die Fruchtentwicklung einschränken oder sogar völlig verhindern.
– Vor allem Insekten und Vögel können die reifenden Samen parasitieren oder dezimieren. Solcher Befall wirkt sich besonders in Jahren geringer Fruchtbildung in erheblichem Maße schädigend aus.
– Das Samenangebot vieler Baumarten schwankt deshalb von Jahr zu Jahr stark *(vgl. Tab. 7.13)*. An einigen kommt es nur selten zu „Vollmasten". Es ist deshalb oft nötig, auch Teilmasten für den Verjüngungsprozeß auszunutzen.
– Zur Blüten- und Fruchtbildung kann es außerdem nur kommen, wenn zuvor genügend Reservestoffe gebildet wurden. Nach starken Samenjahren benötigen die Bäume eine Erholungspause, um neue Reservestoffe anzusammeln. Sie fruktifizieren deshalb auch dann nur schwach, wenn die Witterungsbedingungen günstig sind.
– Baumarten mit großen Früchten benötigen für die Fruchtbildung beachtliche Assimilatmengen. Der jährliche Holzzuwachs kann dadurch bis zu 40 % geschmälert werden.
– Herrschende Bäume, Überhälter und Randbäume erhalten mehr Licht und Wärme. Sie fruktifizieren daher häufiger und stärker als unterdrückte und zwischenständige.
– Blühwilligkeit und Samenmenge lassen sich durch kombinierte Stickstoff-, Phosphor- und Kaligaben steigern. Dies hat jedoch derzeit nur in Samenplantagen praktische Bedeutung.
– „Rauchschäden" beeinflussen Blühwilligkeit und Fruchtbildung negativ. So haben beispielsweise Fichten in solchen Gebieten kleinere Zapfen, einen höheren Hohlkornanteil und ein geringeres Tausendkorngewicht.

Für das waldbauliche Vorgehen ergeben sich aus diesen Zusammenhängen folgende Konsequenzen:
– Die Fruktifikation läßt sich durch langfristig angelegtes und konsequentes Herausar-

beiten der Kronen bei der Durchforstung und im Verlauf der Verjüngungshiebe erhöhen. Dabei ist allerdings zu bedenken, daß mit den Eingriffen im Kronendach die Zahl der Samenproduzenten reduziert wird. Bei mäßigen Entnahmen wird die Produktivität der Einzelbäume gesteigert und dadurch eine Anhebung der Samenmenge je Flächeneinheit bewirkt. Nach Überschreiten eines Optimums – das allerdings nicht genau bestimmt werden kann – führt weitere Auflichtung jedoch zu einer Minderung des Samenangebotes *(s. Tab. 7.14)*.

– Bei entsprechendem waldbaulichem Vorgehen können naturverjüngte Folgebestände sowohl aus einem Guß nach einem Jahr starker Fruktifikation entstehen als auch aus der Abfolge mehrerer, weniger ausgeprägter Samenjahre hervorgehen.

– In stark „rauchgeschädigten" Gebieten muß wegen des verschlechterten Samenangebotes mit eingeschränkten Möglichkeiten für die natürliche Verjüngung gerechnet werden.

Tab. 7.14: Die Dichte keimfähiger Samen (Stck./ha) in Abhängigkeit vom Schlußgrad des Altbestandschirmes, dargestellt am Beispiel eines Bergmischwaldbestandes im bayerischen FoA Ruhpolding, 950 m üNN, kalkalpin (n. Burschel et al., 1985).

	SCHIRMVARIANTE	
	Geschl. Altbestand	Stark aufgelichteter Schirm
BAUMART	(m² Grundfläche/ha)	
	42	20
Fichte	127	84
Tanne	67	33
Buche	22	6
Ahorn	40	46
Summe	256	169

In einer siebenjährigen Beobachtungsperiode fielen nach einem starken Schirmhieb um $1/3$ weniger Samen als im unmittelbar benachbarten geschlossen belassenen Bestandesteil. Wenige Ahorne im Altbestand, deren Zahl durch den Schirmhieb nicht verringert wurde, erbrachten eine gleichmäßige Besamung auf beiden Flächen.

7.3.3.3 Samenreife und Samenfall

Reifung und Abfall der Samen verlaufen in einer für jede Baumart typischen Weise *(s. Übersicht 7.5)*. Beide Vorgänge hängen stark von der Witterung ab und ziehen sich über längere Zeit hin. Die in *Tab. 7.13* angegebenen Zeitspannen können daher nur grobe Richtwerte sein.

7.3.4   Verbreitung der Samen

Die Verbreitungsmechanismen der Samen haben direkte Konsequenzen für die Naturverjüngungsprozesse *(s. Übersicht 7.6)*.

Übersicht 7.5:   Samenreifung, Samenfall und Keimung der wichtigsten Baumarten.

SAMEN-REIFUNG	SAMENFALL	KEIMUNG	BAUMART
Frühsommer	Unmittelbar nach Reifung	Kurz nach Samenfall	Pappel, Weide
Früh- bis Spätsommer	Kurz nach Reifung	Im Frühjahr; Überwinterung auf Erdboden; Hemmechanismen verhindern Keimung noch im Herbst.	Birke, Kirsche, Traubenkirsche, Vogelbeere
Herbst	Kurz nach Reifung	Spätwinter bis Frühjahr; Überwinterung auf Erdboden; Hemmechanismen verhindern Keimung noch im Herbst.	Tanne, Douglasie, Strobe, Eiche, Buche
Herbst	Nach Wochen oder Monaten (entsprechend Witterung).	Im Frühjahr[1]; Überwinterung auf Erdboden (oder am Baum).	Linde, Esche, Ahorn, Hainbuche, Erle
Herbst	Ab zeitigem Frühjahr; Zapfenöffnung bei warmer trockener Luft meist ab Frühjahr. Fichte im Alpenraum (bei Föhn) auch im Winter.	Im Frühjahr bis Sommer; Überwinterung im Zapfen (Fichte z. T. im Schnee).	Fichte, Kiefer[2]; Lärche

[1] Linde, Esche, Hainbuche, nach einjährigem „Überliegen" im darauffolgenden Frühjahr.
[2] Kiefer, 2 Jahre nach der Blüte.

7.3.5   Lagerung der Samen bis zur Keimung

Nach dem Abfallen sind die Samen einer Vielzahl von Gefahren ausgesetzt. Die Samen der meisten Baumarten überwintern auf dem Erdboden *(vgl. Übersicht 7.5)* und können hier im Verlauf mehrerer Monate beachtliche Verluste erleiden durch Austrocknung oder übergroße Nässe und Spätfröste sowie durch Pilzbefall und Fraß durch Wild, Nager, Vögel und Insekten. Die „Überlebens"chancen der Samen verbessern sich auf Stellen mit freigelegtem Mineralboden. Solche entstehen in Natur- und Wirtschaftswäldern durch das Heraushebeln von Wurzeltellern nach Orkanen und durch das Durchwühlen der Oberböden durch Wildschweine. In Wirtschaftswäldern kann noch das Holzrücken zu Boden-"verwundungen" führen. Auf dem weitgehend sterilen Untergrund werden sie weniger von Schimmelpilzen befallen, wie es sonst auf unseren überwiegend leicht bis stark sauren Waldböden in den üblichen nicht sehr kalten Wintern regelmäßig passiert. Erst im Frühjahr abfallende Samen (Fichte, Kiefer, Lärche) sind zwar in dieser Hinsicht begünstigt, doch werden die Zapfen dieser Baumarten oft durch Vögel (Kreuzschnäbel, Spechte) und Eichhörnchen dezimiert.

Durch Nachahmung der „natürlichen Oberbodenbearbeitung" lassen sich die Überlebenschancen der am Boden überwinternden Samen folgendermaßen waldbaulich wesentlich beeinflussen:

Übersicht 7.6:   Samenverbreitung bei den mitteleuropäischen Baumarten (teilweise im Anhalt an ROHMEDER, 1972).

SAMEN-GE-WICHT	TRANSPORT-HILFS-MITTEL	VERBREI-TUNGS-MEDIUM	BAUMARTEN	SAMENVERTEILUNG	WALDBAULICHE KONSEQUENZEN
sehr leicht	Flugvor-richtungen	**Wind**	Pappel, Weide, Birke	Weit entfernt vom Kronenbereich (bis mehrere km).	Anflug auch auf weiter entfernten Verjün-gungsflächen und auf großen **Kahlschlägen**.
leicht	Flugvor-richtungen	**Wind**	Ulme, Esche, Ahorn, Linde, Fichte, Kiefer, Tanne, Douglasie, Lärche, Strobe	Zu 50% im Kronen-bereich, zu 40% im Bereich von 2–4 Baum-längen in Windrich-tung, bei starkem Wind auch weiter.	Ausreichend Anflug auf bis 50 m breiten ent-sprechend gelagerten **Säumen** sowie in **Fe-meln** und **Bestandes-lücken**.
leicht	luftgefüllte Schwimm-kissen	**Wasser**	Erle	Überwiegend im Kro-nenbereich; bei Vor-handensein von Was-ser Ferntransport mög-lich.	Bei Samenanflug leich-tes Auflaufen auf allen Oberflächen mit **offe-nem Mineralboden**.
mittel-schwer	ohne	**Vögel**	Kirsche, Eibe, Vogelbeere, Els-beere, Mehlbeere, alle Sträucher mit Beerenfrüchten	Teilweise im Kronen-bereich, teilweise un-regelmäßig verschleppt (bis mehrere km).	Ungerichtete Anreiche-rung von Verjüngun-gen, einzeln bis trupp-weise, **unter Schirm** und **auf Freiflächen**.
schwer	ohne	**Vögel** (Tauben, Häher) **Nager** (Eichh., Mäuse)	Eiche, Buche, Zirbe	Ei und Bu überwie-gend im Kronenbe-reich oder wenig dar-über hinaus; außerdem unregelmäßige Ver-breitung über große Flächen durch Vögel (Hähersaaten).	Planmäßige Naturver-jüngung durch **Schirm-hiebverfahren** möglich; Tierverbreitung führt zu Anreicherung von Verjüngungen und zur Entstehung von Neben-bestand in allen geeig-neten Waldteilen.

– Auf Böden mit mächtigen Humusauflagen oder dichten Grasdecken sind die Win-terverluste wegen der genannten ungünstigen ökologischen Bedingungen (Wärme- und Wasserhaushalt, Entwicklungsmöglichkeiten für Schadorganismen) besonders hoch. Bodenbearbeitungen, die den Mineralboden plätze- oder streifenweise frei-legen, können eine beachtliche Verringerung solcher Ausfälle bewirken *(s. Tab. 7.15)*.

– Werden die Samen – vor allem der schwersamigen Arten – nach dem Abfallen noch leicht durch Mineralboden bedeckt und dadurch die Abgänge durch Trocknis und Verluste durch Mäuse- oder Vogelfraß vermindert, so kann sich die Pflanzenaus-beute weiter wesentlich erhöhen *(vgl. Tab. 7.17)*.

Außer auf gut nährstoffversorgten Standorten mit Humusauflagen im Mullzustand verbessern Bodenbearbeitungen danach die Anwuchsbedingungen ganz erheblich. Die dafür geeigneten Verfahren sind der *Übersicht 7.7* zu entnehmen.

Tab. 7.15:   Verluste an keimfähigen Bucheckern (%) während der Winterlagerung in Abhängigkeit vom Zustand des Oberbodens; Hess. FoA Gahrenberg (n. BURSCHEL et al., 1964).

SCHADURSACHE	BODENBEARBEITUNG	
	ohne	Mineralboden freigelegt
Pilze	31	3
Mäusefraß	33	22
Trocknis	14	29
Insekten	2	1
Summe Eckernverluste	80	55
mithin keimfähige Eckern	20	45

Fast zwei Drittel der gefallenen Bucheckern wurden bis zum Ausgang des Winters durch Pilze infiziert oder durch Mäuse gefressen. Der flächig oder streifenweise freigelegte Mineralboden enthielt dagegen offenkundig kaum Infektionsmaterial und wurde außerdem von Mäusen weniger aufgesucht, da die Tiere dort ungeschützt sind. Gegen Austrocknung nach einer Wärmeperiode im Februar waren die Eckern auf den unbearbeiteten Flächenteilen dagegen deutlich besser geschützt als die offen auf dem Mineralboden liegenden. Trotzdem erbrachte die Bodenbearbeitung eine mehr als doppelt so große Keimlingsausbeute.

7.3.6   Keimung und erstes Fußfassen

Dieser im Leben der Bäume nur sehr kurze, aber besonders gefährdete Lebensabschnitt läßt sich in die folgenden Phasen gliedern:
(1) Beginn der Keimung,
(2) Ausbildung der Keimwurzel und Verankerung im Boden,
(3) Aufrichten des Keimlings und Entfalten der Keimblätter.

Zu (1): Beginn der Keimung

Die wichtigsten Voraussetzungen für die Einleitung der Keimung sind ausreichende Feuchtigkeit und Wärme. Der Keimvorgang beginnt mit dem Quellen der Samen. Mit der Quellung parallel werden die Lebensprozesse angekurbelt, was sich in zunehmender Atmungsintensität äußert und ausreichende Sauerstoffversorgung zur Voraussetzung hat. Unter Freilandbedingungen sinken Keimgeschwindigkeit und -erfolg um so mehr, je optimumferner die Bedingungen sind.

Die Keimung aller mitteleuropäischen Baum- und Straucharten ist lichtunabhängig. Sie geht also in dunkel gehaltenen wie in lichten Beständen vonstatten. Dabei auftretende Geschwindigkeitsunterschiede sind temperatur- und feuchtigkeitsbedingt.

Zu (2): Ausbildung der Keimwurzel und Verankerung im Boden

Nach dem Aufquellen treibt der Samen zuerst die Keimwurzeln aus und versucht, sich mit ihr im Keimsubstrat zu verankern und den Wasserbedarf des Keimlings zu decken. Die Eigenschaften des Keimsubstrats entscheiden darüber, ob dieses Stadium der Entwicklung erfolgreich verläuft. Keine Probleme entstehen dort, wo der Keimling leicht und sicher in den Mineralboden eindringen kann, wie auf Böden im Mullzustand oder nach oberflächiger Bodenbearbeitung. Dicht gelagerter Boden erschwert das Eindringen dagegen erheblich und ist zudem oftmals sauerstoffarm. Moder- und Rohhumusauflagen begünstigen die Durchwurzelung zwar zunächst. In längeren Trockenperioden verlieren die Keimlinge dann aber leicht den Anschluß an feuchtere Mineralbodenschichten. Nur

Übersicht 7.7:   Waldbauliche Möglichkeiten zur Verbesserung der Bedingungen für Samenlagerung und Keimung.

KENN-ZEICHNUNG	MASSNAHMEN	VORGEHEN	BEURTEILUNG
Umwandlung verjüngungshemmender Auflageschichten (= Förderung der „Bodengare").	(1) **Auflichtung des Altholzschirms** zur Anregung der Bodentätigkeit über eine Verbesserung des Wärme- und Wasserhaushalts am Boden.	Entnahme vor allem solcher Bestandesglieder, die stark beschatten und Niederschläge zurückhalten, also z. B. groß- vor kleinkronigen Bäumen, Schatten- vor Lichtbaumarten, unter- vor hauptständigen Bäumen, Nadel- vor Laubbäumen.	Wesentlicher Bestandteil der Einleitungsphase vieler mit Naturverjüngung arbeitender Hiebsarten (z. B. in Form von Vorbereitungshieben). Auf langsame und langfristige Verbesserung des Oberbodenzustandes angelegt. Gefahr: Förderung der Bodenvegetation.
	(2) **Bodenbearbeitungen** zur Aktivierung der Bodenumsetzung.	Auflockerung des Oberbodens und flache Durchmischung von Humusauflage und Mineralboden durch Einsatz von Grubbern, Scheibeneggen, Fräsen, oft in Kombination mit (1) *(vgl. Übersicht 8.4).*	Erforderlich nur in Gebieten mit erheblich gehemmter Streuzersetzung.
	(3) **Mineralische Düngung** zur Aktivierung der Bodenumsetzung.	Durchweg flächige Verteilung durch Verblasegerät (Kalk), Kreiselstreuer oder Flugzeug (granulierte Mehrnährstoffdünger). Gelegentlich in Kombination mit (1) oder auch (2) *(vgl. Übersicht 7.37).*	Wie vor, aber lange vor Einleitung der Verjüngung vor allem auf sauren, nährstoffarmen Standorten (z. B. nach früherer Streunutzung). Düngewirkung verbessert zugleich Zuwachs des Schirmbestandes.
Beseitigung verjüngungshemmender Auflageschichten.	(4) **Freilegen des Mineralbodens** durch plätze- oder streifenweise Entfernung des Bodenüberzugs.	Einsatz wendiger, flach arbeitender Geräte wie Finnische Forstegge, Streifenpflug in Schirmbeständen, auf Kahlflächen oder Säumen auch schwerer Maschinen möglich *(vgl. Übersicht 7.4).*	Wichtige Möglichkeit zur Ausnutzung von Samenjahren besonders der Buche und Kiefer.
	(5) **Verbrennen** verjüngungsfeindlicher Auflageschichten.	Meist unabsichtlich und damit ungerichtet durch Waldbrand verursacht. Aber auch durch „kontrolliertes Brennen" möglich.	Gelegentlich verbesserte Ansamungsmöglichkeiten (besonders Aspe), dann günstiger Nebeneffekt von Waldbränden. Kontrolliertes Brennen gewinnt weltweit an Bedeutung; in Mitteleuropa wegen Witterungsbedingungen, Nährstoffverlusten, Umweltgefährdungen bedeutungslos.

in Jahren mit reichlichen und gleichmäßigen Niederschlägen ist eine Auflageschicht von Streu deshalb ein gutes Keimsubstrat. Dies ist in regenreichen Gebirgslagen häufiger der Fall und erklärt mindestens zum Teil, warum in montanen Gebieten die natürliche Verjüngung oft erfolgreicher abläuft als in planaren oder kollinen. Dementsprechend ist die traditionelle Unterteilung der Baumsamen in „Mineralboden-" und „Rohhumuskeimer" vielfach unzutreffend, weil besonders die Witterungsbedingungen bei Überwinterung und Fußfassen der Keimlinge stark verändernd wirken.

Für Keimung und Wachstum der meisten Waldbaumarten ist ein saures Milieu günstig. Nadelbäume ertragen im allgemeinen stärkere Säuregrade als Laubbäume *(s. Tab. 7.16)*. Starke Versauerungen können den Keimerfolg ungünstig beeinflussen. Viele Untersuchungsergebnisse deuten aber darauf hin, daß weniger die Keimrate als die Keimgeschwindigkeit und vor allem das Überleben der Keimlinge dann abnehmen.

Einige Baumarten wie z. B. die Fichte keimen auch sehr gut auf moderndn Baumstämmen oder verrottenden Stöcken. Diese in Naturwäldern wichtige „Totholzverjüngung" spielt im Wirtschaftwald allerdings nur eine untergeordnete Rolle, weil kaum vermodernde Holzreste im Walde belassen werden.

In Wäldern mit mehreren schattentoleranten Baumarten wurde immer

Tab. 7.16: Günstige pH-Bereiche für verschiedene Baumarten (n. RUPF et al., 1961).

Günstiger pH-Bereich	BAUMARTEN
4,0–5,0	Kiefer, Lärche, Douglasie, Roteiche
4,5–5,5	Fichte, Tanne, Sitkafichte, Eiche, Birke
5,0–6,0	Buche
5,5–6,5	Esche, Ahorn, Linde, Erle, Pappel

wieder ein „Platztausch" beobachtet, der auch natürlicher Baumartenwechsel genannt wird. So scheinen beispielsweise Fichtensamen bevorzugt auf Nadelstreu unter Alttannen zu keimen und umgekehrt. Diese Erscheinung tritt allerdings keineswegs so regelmäßig auf, daß sie als klar erwiesen angesehen werden könnte.

Zu (3): Aufrichten des Keimlings und Entfalten der Keimblätter

Mit dem Aufrichten des Hypokotyls sowie dem Ausbreiten der Kotyledonen ist der Keimvorgang abgeschlossen, und die Assimilation beginnt. Bis zu diesem Zeitpunkt wird die notwendige Energie hauptsächlich aus den Reservestoffen der Samen gewonnen. In der Folge spielt dann neben der ausreichenden Wasserversorgung der Lichtgenuß die entscheidende Rolle für die jungen Pflanzen. Keimlinge schwerfrüchtiger Baumarten haben deshalb immer einen Startvorteil, weil sie sich mit Hilfe ihrer erheblichen Reserven rasch etablieren und eine günstige Ausgangslage verschaffen können. Baumartenweise sehr verschieden gewinnt mit der Etablierung und dem weiteren Wachstum der Keimlinge eine ausreichende und ausgewogene Nährstoffversorgung an Bedeutung.

Keimung und erstes Fußfassen der jungen Pflanzen werden also von der Wasser- und Wärmeversorgung bestimmt, die wiederum von der Art des Keimsubstrats beeinflußt sind. Daneben aber bleiben die jungen Pflanzen auch in dieser Entwicklungsphase besonders empfindlich gegenüber dem Befall von Pilzen, Mäusen, Vögeln, Schnecken und Insekten. Die Wirkungen aller dieser Faktoren stehen in komplizierten Wechselbeziehungen zueinander. In *Tab. 7.17* ist ein Beispiel dafür gegeben, das zeigen soll, wie verwickelt die Zusammenhänge sind, aus dem aber auch entnommen werden kann, daß waldbauliche Maßnahmen erheblichen Einfluß auf den Ablauf der Keimlingsentwicklung haben.

Tab. 7.17:   Der **Keimerfolg von Fichtensamen** (Keimlinge in % der Samen) **in Abhängigkeit von Überschirmung, Keimsubstrat, Einarbeitung in den Mineralboden und Schutz gegen tierische Schädlinge.** FoA Witzenhausen, Kaufunger Wald, 400 m üNN; (n. PLATE, 1975).

FLÄCHE	ART DES OBERBODENS	BEHANDLUNGEN		
			Einarbeitung	
		ohne	ohne	mit
			Schutz	
		ohne	mit	mit
Schirm	Nadelstreu	1	48	84
	Mineralboden	< 1	24	48
Außensaum	Nadelstreu	< 1	4	17
	Mineralboden	< 1	21	64

Ohne waldbauliche Hilfsmaßnahmen, wie Einarbeitung der Samen in den Boden oder Schutz vor Schädlingen (Vögel, Nager, Insekten, Schnecken), war die Keimung weder auf beschirmter noch unbeschirmter Fläche erfolgreich, gleichgültig, ob das Keimsubstrat aus unveränderter Nadelstreu oder offengelegtem Mineralboden bestand.
Durch die Ausschaltung der tierischen Schädlinge stiegen die Keimlingsprozente deutlich an. Wurden die Samen außerdem in den Boden eingearbeitet, so ließen sich Keimerfolge erzielen, wie sie auch in Baumschulen nicht höher liegen. Unter Schirm war die Nadelstreu das günstigste Keimsubstrat, weil sich die Keimlinge besser in ihr verankern konnten, während sie auf dem freigelegten Mineralboden teilweise durch Tropfregen abgeschwemmt wurden.
Im Außensaum trocknete die Nadelstreu dagegen bei gutem Wetter rasch aus, und viele Keimlinge starben ab. Auf dem Mineralboden war das weniger ausgeprägt der Fall. Hier wurde die vorteilhafte Wirkung der Einarbeitung im Hinblick auf die Wasserversorgung der jungen Pflanzen besonders deutlich.

7.3.7   Entwicklung der Naturverjüngungspflanzen

7.3.7.1   *Auswirkungen des Oberbodenzustandes*

Auch die weitere Entwicklung der Naturverjüngungspflanzen wird noch einige Jahre lang durch den Zustand des Bodens beeinflußt, auf dem sie gekeimt sind. Deshalb bleiben auch die Auswirkungen von Bodenbearbeitungsmaßnahmen noch eine Weile erkennbar *(s. Tab. 7.18)*.

Tab. 7.18:   **Auswirkungen verschiedener Bodenbearbeitungen auf die Keim- und Pflanzenprozente einer Buchennaturverjüngung** nach der Vollmast im Herbst 1960 (240–300 keimfähige Samen je m^2 = 100 %). Aufnahmen im Frühjahr 1961 und Sommer 1962, nordhess. FoA Gahrenberg, stark saure Pseudogley-Parabraunerde. (n. BURSCHEL et al., 1964).

MERKMALE		BODENBEARBEITUNG VOR DEM ECKERNFALL					
		ohne	Grubbern		Fräsen	Freilegen des Mineralbodens	
		BODENBEARBEITUNG NACH DEM ECKERNFALL					
		ohne	ohne	Grubbern	ohne	ohne	Grubbern
Keimlinge nach dem Auflaufen	%	8	29	36	38	36	60
Pflanzen Sommer d. 2. Veg. Z.	%	2	6	7	11	22	46

Wie hier in einer ersten großen Untersuchung zeigte sich inzwischen bei einer Vielzahl von Überprüfungen, daß auf schwach bis mäßig nährstoffversorgten Buchenstandorten mit Hilfe von Bodenbearbeitungen die Keimung und Entwicklung von Buchensämlingen wesentlich gefördert werden kann. Dazu müssen die Eckern durch Vorbereitung eines geeigneten Keimbetts vor dem Eckernfall und nachträgliches Einarbeiten sicher in den Mineralboden gebracht werden. Ohne diese Hilfestellungen ist das Gelingen der Naturverjüngung auf solchen Standorten dagegen sehr ungewiß. Die durch unterschiedliche Lagerungs- und Keimbedingungen erzielten Keimlingsausbeuten vergrößern sich späterhin noch erheblich, da die Jungpflanzen auf jenen Flächen auch bessere Entwicklungsmöglichkeiten haben, wo sie von Anfang an begünstigt sind.

7.3.7.2   Lichtbedürfnis der Jungpflanzen

Nach dem ersten Fußfassen der Keimlinge wird der Lichtgenuß zum entscheidenden Faktor für ihr weiteres Schicksal. Der Lichtgenuß ist dabei immer auch als Ausdruck für eine Vielzahl von anderen klimatischen Einflußgrößen zu verstehen, die untereinander und mit dem Boden in vielfältigen Wechselbeziehungen stehen. Auf den Verjüngungsflächen wird den jungen Pflanzen der Lichtgenuß entweder durch überschirmende Altbäume oder durch die Bodenvegetation streitig gemacht. Weil Naturverjüngungen überwiegend unter dem Schirm von Altbeständen ankommen, ist die Ausformung dieser Schirmbestände und das Tempo, mit dem Auflichtungen und die Räumung vorgenommen werden, die entscheidende waldbauliche Möglichkeit, die Jungwuchsentwicklung zu steuern. Dabei eröffnet die spezifische Schattentoleranz der einzelnen Baumarten unterschiedlichen waldbaulichen Spielraum (s. Übersicht 7.8).

Übersicht 7.8:   Lichtbedürfnis der Waldbaumarten (vgl. auch Übersicht 5.4).

LICHTBEDÜRFNIS	BAUMARTEN	KURZCHARAKTERISIERUNG	
sehr lichtbedürftig	Birke, Lärche, Kiefer, Aspe, Kirsche, Schwarzerle, Stieleiche	Lichtbaum-arten	Pionier-baumarten
lichtbedürftig	Bergkiefer, Schwarzkiefer, Weißerle, Esche, Traubeneiche, Walnuß	Halblicht-baumarten	
intermediär	Zirbe, Feld-, Flatterulme, Elsbeere, Spitz-, Feldahorn, Sommerlinde	Halblicht-, Halbschattenbaumarten	
schattenertragend	Hainbuche, Bergulme, Bergahorn, Edelkastanie, Winterlinde, Fichte	Halbschatten-baumarten	Baumarten des Schluß-waldes
sehr schattenertragend	Buche, Tanne, Küstentanne, Eibe, Riesenlebensbaum, Hemlockstanne	Schatten-baumarten	

Grundsätzlich sind alle Baumarten lichtbedürftig, denn sie benötigen Licht zur Assimilation. Ihre Fähigkeit, Schatten zu ertragen, ist allerdings sehr verschieden ausgeprägt. Generell können junge Pflanzen Schatten besser ertragen als alte. Das Schattenerträgnis wird zudem durch die Witterungskonstellationen und die Standortgegebenheiten verändert. Es ist deshalb keine absolut faßbare Größe.

7.3.7.3   Überlebensrate und Stoffproduktion in Abhängigkeit vom Lichtgenuß

Alle Forstpflanzen erreichen ihre höchste Assimilationsleistung normalerweise in vollem Licht. Jede Verminderung des Lichtgenusses führt zu einer Reduzierung der Stoffproduktion (s. Tab. 7.19).

Sind mit dem vollen Lichtgenuß – beispielsweise auf Freiflächen – zugleich Beeinträchtigungen wie starke Austrocknung, Überhitzungen der bodennahen Luftschicht, Spätfröste oder Unkrautkonkurrenz verbunden, so können die höchsten Zuwachswerte im Halbschatten erreicht werden.

Sinkt der Lichtgenuß unter einen Schwellenwert, bei dem Assimilation und Dissimilation gleich sind, so sterben die jungen Pflanzen ab. Für schattenertragende Baumarten liegt dieser Kompensationspunkt erwartungsgemäß niedriger als für lichtbedürftige.

Unter Lichtentzug leidende Pflanzen sind jedoch oft so wenig vital, daß sie Opfer biotischer oder abiotischer Schädigungen werden, bevor der Kompensationspunkt erreicht wird. Durch starken Lichtentzug vermindert sich besonders die Stoffproduktion der Jungpflanzen (s. Tab. 7.19). Zugleich ändert sich auch ihr Aufbau, und zwar vor allem auf Kosten der Wurzeln (s. Tab. 7.20).

Das verminderte Wurzelwachstum macht die jungen Pflanzen empfindlich gegen Wassermangel. In Gebieten mit ungleich verteilten oder insgesamt geringen Niederschlagsmengen leiden die Jungwüchse deshalb besonders im unmittelbaren Einflußbereich von Wurzeln und Kronen der Altbäume (sog. „Tellerwirkung"). Dort pflegt deshalb oftmals „die Naturverjüngung wieder zu vergehen".

Die entscheidende waldbauliche Möglichkeit, das Überleben der Jungpflanzen zu sichern und ihren Zuwachs anzuregen, liegt in der Auflichtung der Schirmbestände. Durch die Stärke und Schnelligkeit, mit der das geschieht, läßt sich zugleich der Anteil von schattenertragenden und lichtbedürftigen Arten steuern, also die Mischung regeln.

Tab. 7.19: Prozentuale **Veränderungen des Wachstums junger Forstpflanzen durch Beschattung,** dargestellt am Beispiel von 4jährigen unter Schattengittern aufgewachsenen Fichten (n. HUSS, 1977).

MERKMAL	GLOBALSTRAHLUNG (%)			
	100	43	19	7
Trockengewicht	100	61	23	4
Sproßbasisdurchmesser	100	83	56	28
Sproßlänge	100	91	65	40

Die Trockengewichtswerte zeigen eine starke Verringerung der Stoffproduktion bei eingeschränktem Lichtgenuß. Die Sproßbasisdurchmesser und vor allem die Sproßlängen geben diese Reduktion dagegen weniger ausgeprägt wieder.

Tab. 7.20: Prozentuale **Anteile von Nadel, Sproß und Wurzel am Trockengewicht 4jähriger Fichten in Abhängigkeit vom Lichtgenuß** (n. HUSS, 1977; vgl. auch Tab. 7.19).

MERKMAL	GLOBALSTRAHLUNG (%)			
Nadel	37	36	40	44
Sproß	33	36	37	37
Wurzel	30	28	23	19

Bei stärkerer Beschattung wird das Wurzelwachstum überproportional vermindert, der Nadelanteil vergrößert sich entsprechend. Der Sproßanteil verändert sich dagegen nicht. Es entstehen kopflastige Pflanzen.

7.3.7.4 *Einfluß der Bodenvegetation auf die Entwicklung der Jungpflanzen*

Mit starker Auflichtung ist aber automatisch die unerwünschte Förderung der konkurrierenden Bodenvegetation verbunden. Das ist bereits in den *Tab. 6.7, 6.11, 6.12* und in *Abb. 6.14* dargestellt worden. Nach stärkeren Auflichtungen kann die Bodenvegetation ihrerseits die Naturverjüngungspflanzen durch Beschattung oder Wasserentzug stark beeinträchtigen und sogar zum Absterben bringen. Dabei ist der Entwicklungszustand der Jungpflanzen von ausschlaggebender Bedeutung.

Die Entwicklung der Bodenvegetation läßt sich allerdings durch den Grad der Auflichtung in einigem Umfang steuern (s. Tab. 7.21).

Tab. 7.21:   Entwicklung der Bodenvegetation in einem Bergmischwaldbestand **in Abhängigkeit von Auflichtung und Zeit.** Bayer. FoA Ruhpolding, Fi-Ta-Bu-Mischbestand, 120j., 42 m²/ha Grundfläche (n. LEHRSTUHL F. WALDBAU UND FORSTEINRICHTUNG, UNIV. MÜNCHEN, 1977–1984).

MERKMAL DER BODENVEGETATION		AUFNAHME-ZEITPUNKT (Jahre nach Versuchsbeginn)	ÜBERSCHIRMUNG			
			voll geschl.	schwacher Schirmhieb	starker Schirmhieb	Kahl-hieb
				Entnahme % der Grundfläche		
			0	30	50	100
Artenzahl	(Stück)	2	26	28	35	38
		8	29	38	46	54
Deckungsgrad	(%)	1	2	6	10	23
		2	2	13	29	80
		8	6	53	68	91
Trockengewicht	(g/m²)	2	2	6	15	91
		8	6	30	80	269

Durch Kahlhieb wird die Zahl der Arten, ihr Deckungsgrad und ihre Substanzproduktion rasch angeregt. Dennoch vergehen einige Jahre, bis die Bodenvegetation zu einem wesentlichen Konkurrenzfaktor geworden ist. Unter dem Schirm der Altbäume läuft die Entwicklung erheblich langsamer ab. Selbst bei starker Auflichtung (hier im Beispiel Entnahme von 50% der Grundfläche) bleibt die Schirmwirkung sehr deutlich.

Die Naturverjüngungspflanzen können der sich entwickelnden Konkurrenz durch die Bodenvegetation nur entkommen, wenn sie bereits fest etabliert sind. Über schatten-ertragenden Baumarten mit einem langsamen Jugendwachstum wie Tanne und Buche darf die Auflichtung nicht zu schnell erfolgen, weil sie sonst von der Bodenvegetation hoffnungslos überwachsen werden. Lichtbedürftige, in der Jugend raschwüchsige Arten wie Esche oder Ahorn müssen dagegen bald gut mit Licht versorgt werden. Sie sind sonst nämlich nicht in der Lage, einen genügenden Wuchsvorsprung vor der meist beigemischten schattenertragenden Buche mit ihrem zunächst langsamen, aber lange anhaltenden Höhenwachstum zu gewinnen.

Hat sich die Bodenvegetation erst einmal ausgebreitet, und sind die Naturverjün-gungspflanzen unterdrückt worden, so kann auch nicht mehr mit Ersatz durch neuer-liche Ansamung gerechnet werden. Unter solchen Bedingungen gibt es nur noch zwei waldbauliche Alternativen: Entweder werden durch Bodenbearbeitung und Unkraut-bekämpfung abermals ein günstiges Keimbett und ausreichende Entwicklungsbedin-gungen für den Jungwuchs geschaffen, oder es muß gepflanzt werden.

Die Besonderheiten der Naturverjüngung gegenüber der künstlichen Verjüngung durch Pflanzung enden, wenn die jungen Bäume in Größe und Konkurrenzfähigkeit Verschulpflanzen entsprechen, also etwa Kniehöhe erreicht haben. Von diesem Sta-dium an gelten dann hinsichtlich der Jungwuchspflege dieselben Grundsätze. Sie wer-den deshalb auch für künstliche und natürliche Verjüngungen in *Kap. 7.7* gemeinsam erörtert.

7.3.8   Naturverjüngungsverfahren bei den wichtigsten Forstbaumarten

Für alle Forstbaumarten sind Verfahren zu deren natürlicher Verjüngung erprobt worden. Die heute gängigen sind in *Übersicht 7.9* nach Baumarten geordnet darge-stellt.

Übersicht 7.9:   Gebräuchliche Naturverjüngungsverfahren bei den wichtigsten Forstbaumarten

BAUM-ART	VERJÜNGUNGSFORM	GEEIGNETE STANDORTE	BODEN-BEARBEITUNG	BEDEUTUNG DER NATURVERJÜNGUNG
Buche	Schirm-, Femelhieb, eher langsame Räumung (10–20 J.).	– Gut nährstoffversorgte frische Böden ohne Bodenvegetation. – Mittelversorgte (Buntsandstein)-Böden	Nicht erforderlich Entscheidend wichtig (vor und nach Samenfall)	Traditionell wichtigste „Naturverj.-Baumart". Seit 3 Jahrzehnten durch geeignete Bodenbearb.-Verf. erhebliche Ausweitung der Naturverjüngungsfläche.
Ahorn, Esche, Kirsche, Ulme	Schirm; da lichtbedürftig und raschwüchsig in der Jugend femel- oder zonenweises Auflichten und Räumen bereits nach 2–5 J. nötig.	Gute, möglichst kalkhaltige tiefgründige, frische Böden, auf denen noch keine Bodenvegetation angekommen ist.	Nicht erforderlich	Gegendweise (Kalkböden) ausschließlich Naturverjüngung. Üblich sind Ergänzungen durch Pflanzung, wo einzelne Baumarten fehlen.
Hainbuche	Schirmhieb, Bestandeslücken, wenige Altbäume genügen.	Mittelversorgte, mäßig frische Böden.	Nicht erforderlich	Kommt leicht natürlich an.
Birke	Saum- und Kahlhiebe (Pionierbaumart).	Weite Standortsamplitude	Auf stark vergrasten Böden erforderlich.	Willige, aber teilweise unerwünschte Ansamung auf vielen Verjüngungsflächen. Zunehmend als Vorwald oder „Treibholz" akzeptiert.
Aspe	Saum- und Kahlhiebe, wegen hohem Lichtbedürfnis keine Überschirmung (Pionier).	Mittel bis schwach nährstoffversorgte Böden.	Bei starken Bodenauflagen erforderlich. Kommt am besten nach Brand.	Etwas weniger häufig als Birke in Verj.-Flächen einfliegend, meist unerwünscht; selten künstl. Einbringung von Zuchtsorten.
Linde	Schirmstellung	Mittlere bis gute Feuchtigkeits- und Nährstoffverhältnisse.	Nicht erforderlich	Auf den wenigen Lindenstandorten meist natürl. verjüngt, als Begleitbaumart meist künstlich.
Erle	Kahlhieb	Gut nährstoff- und wasserversorgte Böden; samt sich nur auf Mineralboden an.	Nicht üblich, aber sehr wirkungsvoll.	Nur bei zufälligem Ankommen verwendet; meist Pflanzung.
Eiche	Schirmhieb, meist rasche Räumung (5 J.).	StEi: Reiche bis mittl. frische Böden der Ebenen (Aueböden); TrEi.: mäß. nährstoffversorgte, mäßig frische Böden. Beide Eichenarten: Weite Standortsamplitude.	Leichte Bodenverwundung vor und nach Samenfall, bei wenig Bodenvegetation meist nicht erforderlich. Verbreitet „Hähersaaten".	In W- und SO-Europa üblich; in Mitteleuropa bisher nur ausnahmsweise angewendet, verdient jedoch mehr Aufmerksamkeit.
Tanne	Plenter-, Schirm-, Femelhieb, kombinierte Verfahren, langer Verjüngungszeitraum (20–40 J.).	Breite Standortsamplitude; besonders Schattseiten.	Nicht erforderlich	Im Regelfall natürlich verjüngt; leidet stark unter Verbiß.

Übersicht 7.9: (Fortsetzung)

BAUM-ART	VERJÜNGUNGSFORM	GEEIGNETE STANDORTE	BODEN-BEARBEITUNG	BEDEUTUNG DER NATURVERJÜNGUNG
Fichte	Plenter-, Femel-, Schirm-, Saumhiebe	Wenig unkrautwüchsige Böden, freigelegter Mineralboden.	Leichte Bodenverwundung (u. U. nur durch Holzrücken) oft hilfreich.	In höheren Lagen üblich, im Tief- und Hügelland zunehmend.
Kiefer	Kleinkahl-, Saumhieb, z. T. auch Schirmhieb, meist schnelles Auflichten nötig (5–10 J.).	Nährstoffarme Böden mit geringer Rohhumusauflage und schwacher Unkrautkonkurrenz.	Freilegen des Mineralbodens notwendig, sofern nicht durch frühere Streunutzungen bereits Ansamungsmöglichkeiten bestehen.	Zunehmend als kostengünstige Verj.-Möglichkeit auf armen Böden verwendet, auf denen sich eine intensive Ki-Wirtschaft nicht lohnt.
Strobe	Schmalsaumverfahren; häufig unter lückigen Altbeständen dicht ankommend, rasches Lichten und Räumen empfehlenswert.	Mittlere, frische Böden.	Nicht erforderlich	Wegen der willigen Ansamung wird die Strobe, obwohl meist nicht erwünscht, oft in die Folgebestände übernommen.
Europ. Lärche	Schmalkahlschläge oder unter Überhältern auf sehr lichten Flächen; wegen hohem Lichtbedürfnis keine oder nur kurze Überschirmung.	Gute bis mittlere, frische, lockere Böden, geringe Bodenvegetation und Streuauflagen.	Meist nicht erforderlich.	Örtlich üblich, insgesamt weniger als künstliche Verjüngung.
Schwarzkiefer	Lichter Schirmschlag	Gering wasserversorgte, warme, flachgründige Böden.	Bei stark verunkrauteten Böden erforderlich.	Wegen der hohen Kulturkosten verschiedentlich angestrebt.
Douglasie	Schirm-, Schmalsaumhiebe, wegen rasch zunehmendem Lichtbedürfnis rasche Auflichtung.	Mäßig frische bis mäßig trockene Standorte mit nur wenig Bodenvegetation. Breite Standortsamplitude.	Bei stärkeren Streuauflagen empfehlenswert, vielfach aber spontane Ansamungen.	Wegen derzeit nur weniger fruktifikationsfähiger Altbestände noch begrenzt. Mit dem Heranwachsen vieler jüngerer Bestände aber regional stark zunehmend.

7.3.9 Zusammenfassende Beurteilung der Möglichkeiten für die natürliche Verjüngung

– Die natürliche Verjüngung stellt eine wichtige Möglichkeit der Bestandeserneuerung im Wirtschaftswald dar. Insgesamt ist festzustellen, daß ihr seit einiger Zeit wieder mehr Aufmerksamkeit geschenkt wird.

– Der Schwerpunkt der Naturverjüngungswirtschaft liegt in den regenreicheren und kühleren Mittel- und Hochlagen der Alpen und Mittelgebirge. Die bessere Wasserversorgung gestaltet die Entwicklung der Jungwüchse dort generell weniger risikoreich als in tiefergelegenen oder auf sonnen- und windexponierten Flächen. Das läßt sich besonders gut am Beispiel der Fichte verdeutlichen, die im Bereich des Bergmisch-waldes häufig, im Flach- und Hügelland dagegen eher selten natürlich verjüngt wird.

– Durch die Entwicklung kostengünstiger „sanfter" Bodenbearbeitungsverfahren mit leichten und geländegängigen Maschinen haben sich die Ansamungsmöglichkeiten auf vielen Standorten mit ungünstigem Oberbodenzustand verbessern lassen. Das gilt vor allem für die Buche. Die bereits in *Kap. 7.2.1* und *7.2.2.5* angesprochene Problematik der Bodenverdichtungen bei jeder Art Befahrung der Waldböden mit Schleppern bedarf allerdings noch umfassenderer Untersuchungen.

– Auf armen und ärmsten Standorten mit nur geringen Volumen- und Wertholzlei-stungen wird zunehmend versucht, ggf. unter Zuhilfenahme wenig aufwendiger Bodenbearbeitungen kostengünstig Naturverjüngungen zu erreichen. Beispielhaft dafür ist die Kiefer. Auf den hier zur Debatte stehenden sandigen bis kiesigen Böden sind zudem Befahrungen weniger problematisch.

– Ein entscheidendes Hemmnis für die Naturverjüngungswirtschaft sind die vielerorts stark überhöhten Wildstände, die das Aufwachsen der Jungpflanzen nur bei lang-fristig wirksamen Schutzmaßnahmen ermöglichen. Diese aber lassen sich, vor allem im Gebirge, vielfach nicht sicherstellen.

– Der Naturverjüngungsbetrieb verlangt in vielen Fällen über zwei bis drei Jahrzehnte kontinuierliches Arbeiten auf den Verjüngungsflächen *(vgl. Kap. 6)*. Er benötigt deshalb motivierte Forstleute mit ausgeprägtem ökologischem Verständnis und einem „langen Atem" sowie der Bereitschaft, das Bemühen der Vorgänger zum guten Abschluß zu bringen. Rascher Personalwechsel ist hier besonders abträglich.

7.4   Saat

7.4.1   Geschichtlicher Rückblick

Als Beginn der künstlichen Verjüngung werden im deutschen Sprachraum die seit 1368 von dem „Forstmeister" PETER STROMER im Nürnberger Reichswald ausgeführten und von dort aus weiter verbreiteten Kiefernsaaten angesehen. Etwas früher datiert nach HAUSRATH (1982) sogar noch die älteste Nachricht von einer Laubbaumsaat: 1357 wurde nämlich ein Förster angewiesen, Laubbaumsamen zu sammeln und in der Dresdener Heide auszustreuen.

Bis zum 30jährigen Krieg (1618–48) herrschte bereits in einigen deutschen Gebieten eine rege Kulturtätigkeit, meist in Form von Eichen- und Kiefernsaaten. Nach 1670 sind mehrmals Fichtensaaten aus dem Harz bekanntgeworden. Die Saat spielte dann vor allem bei den Aufforstungsbemühungen im 19. Jahrhundert eine bedeutende Rolle. Noch heute finden sich auf großen Flächen im Hügelland Bestände, die aus Mischsaaten mit Kiefern, Lärchen und Fichten („Kurhessische Mischsaat", „Odenwälder Misch-saat") und in der Tiefebene solche, die aus Kiefernsaaten hervorgegangen sind. Im Gebirge wurden riesige Kahlschläge mit Zapfensaaten wieder in Bestockung gebracht. Geeignetes Saatgut stand angesichts des großen Bedarfs für Saaten im Freigelände oft nicht in genügender Menge zur Verfügung bzw. ließ sich bei der Pflanzenanzucht in Baumschulen besser ausnutzen. Deshalb wurde – neben anderen Gründen – die Nadelbaumsaat in diesem Jahrhundert fast völlig aufgegeben. Derzeit spielt nur noch die Laubbaumsaat bei schwerfrüchtigen Baumarten eine Rolle (v. a. Eichen), weil die Aufbewahrung solcher Samen schon über einen Winter hinweg Probleme bereitet.

7.4.2   Eigenarten der Saat

Für die Saat spricht:
– Die Nutzung verschiedener Vorteile, wie sie die Naturverjüngung auch bietet.

Dazu gehören die von Beginn an ungestörte Wurzelentwicklung, die Entnahmemöglichkeit von Wildlingen aus dicht aufgelaufenen Partien zur Nachbesserung, die Ausnutzung kleinstandörtlicher Verschiedenheiten.

– Die wenig aufwendige Möglichkeit der Ergänzung von natürlich angekommenen Jungwüchsen.

Die Saat auf Fehlstellen oder die Einbringung von fehlenden Mischbaumarten kann erheblich weniger kostenaufwendig sein als die Ergänzungspflanzung.

– Die gute Qualität der Jungwüchse bei dichtem und gleichmäßigem Aufwuchs.

Gegenüber der Naturverjüngung läßt sich bei Saaten durch die gleichmäßige Verteilung der Samen eine durchgängig homogene Bestockung auf der Verjüngungsfläche erreichen. Diese wiederum garantiert geringe Ästigkeit und gute Auslesemöglichkeit bei der Jungbestandspflege, was vor allem für Laubbäume bedeutsam ist *(vgl. Kap. 8)*.

– Die geringeren Kosten und höheren Flächenleistungen als bei Pflanzungen.

In Verbindung mit Bodenbearbeitungen und durch Einsatz von Saatmaschinen, also Mechanisierungsmöglichkeiten, ist die Saat meist rascher und billiger durchführbar, benötigt deshalb weniger Anfangskapital. Das spielt heute in Ländern eine Rolle, in denen große Flächen aufgeforstet werden sollen – wie in Mitteleuropa im 19. Jh. Die mittels Saat erreichbare größere Flächenleistung kann in Samenjahren eine entscheidende Voraussetzung dafür sein, daß sich die in Aussicht genommenen Flächen überhaupt in Angriff nehmen lassen.

– Das Umgehen der Schwierigkeiten bei der Lagerung empfindlichen Saatguts.

Dies betrifft vor allem die problematische Lagerung von Eicheln und Bucheckern.

Gegen die Verwendung der Saat steht allerdings:
– Die Abhängigkeit von Samenjahren.

Sie stellt – ebenso wie es bei der Naturverjüngung der Fall ist – Forstbetriebe oft vor die Schwierigkeit, jahrelang bestimmte Baumarten nicht verjüngen zu können, dann aber kurzfristig u. U. große Verjüngungsflächen für die Saat herrichten zu müssen.

– Der große Saatgutbedarf.

Saaten erfordern relativ große Samenmengen je Verjüngungsflächeneinheit. Die Pflanzenausbeute ist im Freiland meist erheblich geringer als in Baumschulen. Hochwertiges Saatgut, das oft nicht in ausreichender Menge zur Verfügung steht oder zu teuer ist, wird deshalb besser unter Optimalbedingungen in Baumschulen genutzt.

– Die Abhängigkeit des Erfolgs der Saaten von der Witterung.

In manchen Gegenden mußte die sonst favorisierte Saat aufgegeben werden, weil immer wieder Trockenperioden das Auflaufen der Saat und die Entwicklung der Keimlinge beeinträchtigten.

– Der hohe Schutzaufwand.

Bei der üblichen Begründung auf Freiflächen oder unter sehr lichten Schirmen leiden die Sämlinge nach dem Auflaufen und in den ersten Jahren vielfach stark unter Konkurrenz durch die Bodenvegetation, Dürre und Wildverbiß und brauchen deshalb mehr Pflege und Schutz als gepflanzte Jungwüchse.

– Der hohe Pflegeaufwand.

Dicht aufgelaufene Saatbestände benötigen ebenso wie dichte Naturverjüngungsbestände oft intensive Pflegeeingriffe, wenn das Bestockungsziel erreicht werden soll.

7.4.3   Bodenvorbereitung zur Schaffung eines günstigen Keimbettes

Saaten auf Verjüngungsflächen können – wie in *Übersicht 7.10* dargelegt – auf unterschiedliche Weise vorgenommen werden.

In der Regel geht ihnen eine Bodenbearbeitung voraus. Diese schafft – ebenso wie bei der Naturverjüngung – das für den Erfolg der Saat notwendige günstige Keimbett durch vollflächige, streifen- oder plätzeweise Freilegung des Mineralbodens oder Durchmischung von Auflageschicht und Mineralboden. Auf unkrautfreien Böden mit Mull- oder leichter Moderauflage ist sie entbehrlich, allerdings müssen die Samen auch unter solchen günstigen Bedingungen in den Boden gebracht werden.

Die Art des Vorgehens ist in *Übersicht 7.11* am Beispiel der Traubeneiche, der für die Saat wichtigsten Baumart, dargestellt.

Übersicht 7.10:   Die Saatverfahren.

BEZEICH-NUNG	BODEN-BEARBEITUNG	AUSSAAT-VERFAHREN	GEEIGNET FÜR	VOR- (+) UND NACHTEILE (−)	BEDEUTUNG
Voll- oder Breitsaat	Nur gelegentlich; vollflächig	Breitwürfig von Hand	Birke	+ Große Flächenleistung; − großer Samenbedarf; − schlecht zu pflegen.	Als „Schneesaat" zur Schaffung von Vorwäldern, auf Sturmwurf- und Rauchschadensflächen in den letzten Jahren erneut eingesetzt.
Streifen- oder Riefensaat	In der Regel; vollflächig oder streifenweise maschinell auf Freifläche oder unter lichtem Schirm.	Streifenweise von Hand	Buche, Kiefer	+ Gute Flächendeckung bei ausreichender Pflegemöglichkeit.	Gelegentlich zur Komplettierung von (Bu-) Naturverjüngungen; in der Vergangenheit häufig bei Kie- und Kie-Fi-Saaten.
Rillensaat	Grundsätzlich maschinell; gelegentlich Pflügen mit Pferd; in steilem Gelände von Hand.	(1) Rillenziehen mit Pflug, Auslegen von Hand, Abdecken mit Pflug oder von Hand. (2) Sämaschine	Eiche, Roteiche, Buche, Kiefer	+ Gute Mechanisierbarkeit; + rasches Überwinden der Unkrautkonkurrenz; − hohe Samenverluste durch Wildschweine.	Zur Begründung von TrEi-Verjüngungen sehr wichtig; für Kie-Verjüngungen auf wenig unkrautwüchsigen, mäßig wasser- und nährstoffversorgten Böden.
Plätzesaat (Platten-, Stockachsel-, Prismensaat)	Gelegentlich; plätzeweise mit Hacke oder Motorbohrgerät.	Von Hand	Lärche, Buche, Eiche	+ Gute Anpassungsmöglichkeit an Flächen u. Verjüngungsgegebenheiten.	Zur Ergänzung von Naturverjüngungen, zur „Einstufung" eines Unterbaus; nur gelegentlich angewendet.
Einzelsaat	Ohne	Von Hand, mit Hackenschlag oder Sästock.	Eiche, Nuß, Edelkastanie	+ Geringer techn. Aufwand.	Wie Plätzesaat.

Übersicht 7.11:   Bodenbearbeitungen für Eichensaaten in Abhängigkeit von Oberbodenzustand und Vorhandensein eines Altholzschirms.

OBERBODEN-ZUSTAND	BODENBEARBEITUNG	
	Auf Freiflächen oder unter Schirm in Unterfranken und der Pfalz[1]	Auf Freiflächen im Norddeutschen Pleistozän[2]
Unkrautfrei, günstige Humusform	(a) – Keine Vorbereitung erforderlich, – Einsaat in Riefen (Rillenpflug).	– Roden der Stöcke (Bagger oder Raupe mit Spezialrodezahn).
Schwach bis mäßig **verunkrautet,** Rohhumusauflage bis 5 cm	(b) – Kombiniertes Grubbern und Einsäen durch „Sägrubber" (Schlepperanbaugerät mit Eichelzuführung über Schläuche hinter den Grubberzinken), – stellenweises Abdecken mit Rechen erforderlich.	– Abschieben von Schlagraum und gerodeten Stöcken mit Raupe. – Einebnen mit Wurzelrechen, Absammeln der Reste. – Maschinelle Saat und Pflege.
Stärkere Verunkrautung (z. B. Beerkrautdecken bzw. Vergrasung) oder erhebliche Rohhumusauflagen	(a) – Streifenweises Abziehen der Bodendecke bis auf den Mineralboden, durch Streifenpflug oder Schneckenfräse, – Einsaat in Riefen.	– Roden der Stöcke (wie vor) oder Abschneiden der oberirdischen Stockteile mit Spezialschneideschild. – Abschieben des Schlagabraums.
	(b) – Vermischung von Bodenüberzug und Mineralboden unter gleichzeitiger Bodenauflockerung durch Scheibeneggen oder Schälpflüge, – Einsaat wie vor.	– Pflügen mit schwerem Scheibenpflug. – Abschleppen und Einebnen der Flächen. – Maschinelle Saat und Pflege.
Auf **vernäßten Standorten**	Kommen nicht vor.	– Stockroden wie vor. – Aufpflügen von 30 cm hohen Rabatten mit Aufdämmscheibenpflug. – Saat von Hand, maschinelle Saat nur bedingt möglich.

[1] n. FLEDER, 1981, und LANDESFORSTVERW. RH.-PF., 1983 ; [2] n. Ripken, 1979.

7.4.4   Ausführung der Saat

Die Saat kann manuell, teilmanuell oder maschinell vorgenommen werden:
– Reine **Handarbeit** gehört weitgehend der Vergangenheit an.
– In zunehmendem Maße wird versucht, von der **teilmanuellen Ausführung** – dabei werden die Samen noch von Hand ausgebracht – zum Einsatz von **Sämaschinen** überzugehen, soweit es die Geländeausprägung und der Steingehalt auf den Verjüngungsflächen zulassen *(s. Abb. 7.4)*.
– Großflächige Saaten vom **Flugzeug** aus, wie sie in den USA mit Koniferen und in Australien mit Eukalyptus praktiziert werden, haben in Mitteleuropa noch keine Nachahmung gefunden.

1 = Aufhängung für Dreipunkthydraulik,
2 = Scheibenkolter,
3 = kleiner doppelschariger Pflug zur Herstellung einer Saatrille,
4 = gummibereifte Laufräder, nehmen das Eicheldosierrad mit,
5 = nachlaufende Andruckräder,
6 = Saatgutbehälter

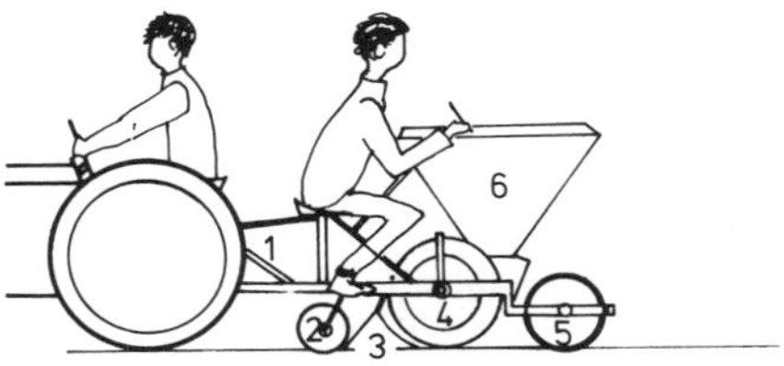

Abb. 7.4: Typ einer Sämaschine (System WIBBELT, n. REINECKE, 1983).
Eignet sich nur für intensiv vorbereitete Flächen.

Wie bei der Naturverjüngung verbessert die **Abdeckung der Samen mit Erde** den Keimerfolg erheblich. Sie wird entweder in einem getrennten Arbeitsgang vorgenommen (z. B. Schließen der Saatrille von Hand bzw. mit Kleinpflug) oder zusammen mit dem Ziehen der Saatrille und dem Einlegen der Samen. Die Stärke der Übererdung wird anhaltsweise von der Größe der Samen bestimmt. Nadelbaumsamen werden höchstens 1 cm, Eicheln dagegen bis 5 cm tief eingebracht, auf spätfrostgefährdeten Standorten sogar noch tiefer, damit sie entsprechend später an der Bodenoberfläche erscheinen.

Die für Saaten im Freiland erforderlichen **Saatgutmengen** sind in der *Tab. 7.22* zusammengestellt.

Tab. 7.22: Saatgutbedarf für Freilandsaaten wichtiger Baumarten

Bei Saatgut mit geringerem Keimprozent, als es in *Tab. 7.13* angegeben ist, sind die oberen Rahmenwerte einzuhalten.

BAUMART	MENGE kg/ha	SAAT-VERFAHREN
Traubeneiche	400–750	Rillensaat
Stieleiche	350–750	Rillensaat
Roteiche	300–400	Rillensaat
Buche	200–300	Streifensaat
Birke	30	Vollsaat
Schwarznuß	250–300	Lochsaat
Eßkastanie	250–500	Lochsaat
	150–250	Plätzesaat
Kiefer	2–3	Rillensaat

7.4.5   Saatzeit

Gesät wird im Herbst oder Frühjahr. Die Wahl des Termins richtet sich nach den Überwinterungsmöglichkeiten für das Saatgut und den im Freigelände günstigsten Keimbedingungen:

- **Eicheln** werden meist **im Herbst** gesät, da auf diese Weise die schwierige Winterlagerung in Schuppen oder Mieten mit der Gefahr des Schimmelns, Verhitzens oder Austrocknens umgangen wird. Lediglich auf schweren Böden empfiehlt sich die Frühjahrssaat auch für die Eiche, da hier die Gefahr des „Versumpfens" bei nasser Witterung besteht. Bei unzureichendem Zaunschutz muß mit Verlusten durch Wildschweine gerechnet werden.
- **Nadelbaumsaaten** werden **im zeitigen Frühjahr** ausgebracht, wenn die Winterfeuchtigkeit für den Keimprozeß noch ganz zur Verfügung steht. Späte Frühjahrssaaten laufen Gefahr, den für diesen Zeitraum typischen Trockenperioden zum Opfer zu fallen.
- Bei der **Schneesaat** werden Birkensamen im ausgehenden Winter kurz vor der Schneeschmelze breitwürfig ausgestreut. Sie haben damit für die Keimung günstige Feuchtigkeits- und Entwicklungsbedingungen.

7.4.6   Entwicklungsbedingungen für die Sämlinge

Von dem Moment an, in dem die Samenkörner auf oder in den Boden gebracht sind, verläuft ihre weitere Entwicklung wie die von Naturverjüngungspflanzen. Deshalb kann auf die entsprechenden Abschnitte dort verwiesen werden *(vgl. Kap. 7.3.5 bis 7.3.7).* Saaten werden allerdings nur selten unter dichterem Schirm ausgeführt, sondern in der Regel in sehr licht gestellten Beständen. Der Schirm wird dann meist nach kurzer Zeit abgeräumt. Wegen der Schwierigkeiten bei Fällung und Holzrücken in der Verjüngung werden Saaten überhaupt oft von vornherein auf Freiflächen gemacht. Sämlinge aller Baumarten haben jedoch erheblich mit konkurrierender Bodenvegetation zu kämpfen. Ihr Fortkommen hängt deshalb weitgehend von deren Zurückdrängung ab *(s. Kap. 7.6),* für die die Überschirmung wiederum das probateste Mittel darstellt.

7.4.7   Zusammenfassende Beurteilung der Saat

– Viele Bestände aus der Frühzeit der Forstwirtschaft sind durch Saaten – häufig aus Mischsaaten verschiedener Baumarten – entstanden.
– Die Bedeutung der Saat ist inzwischen stark zurückgegangen. Sie stellt heute allerdings noch die wichtigste Verjüngungsart für die Eiche dar. Sie führt – oft unter Schirm vorgenommen – sicher und billig zu ausreichend dichten und gleichmäßigen Jungbeständen.
– Von allen anderen Baumarten werden nur noch Kiefer, Buche, Ahorn, Esche und Birke gelegentlich gesät.
– Wichtige Gründe für den Rückgang der Saat sind die hohen Ausfälle, mit denen bei ungünstiger Frühjahrswitterung gerechnet werden muß, sowie zu dichtes oder ungleichmäßiges Auflaufen und die sich daraus ergebenden Pflegeprobleme. Die Sämlinge sind weiterhin besonders empfindlich gegenüber der Konkurrenz durch Bodenvegetation und außerdem länger der Gefahr von Wildschäden und Spätfrösten ausgesetzt als mehrjährige Verschulpflanzen.
– Im Hinblick auf manche waldbauliche Eigenarten wie Bodenbearbeitung, Schirmschutz und erste Entwicklung ähnelt die Saat der Naturverjüngung.
– Wie die Naturverjüngung wurde auch die Saat lange Zeit waldbaulich vernachlässigt. Neben den erwähnten großflächigen Anwendungen läßt sie sich aber oft kostengünstig und problemlos in kleinflächig strukturierten Verjüngungsbeständen anwenden, zum Beispiel zur Ergänzung ungleichmäßig natürlich angekommener Jungwüchse unter Schirm oder an Bestandesrändern.
– Saaten pfahlwurzelbildender Baumarten wie Eichen, Kiefern, Tannen sollten wieder dort vermehrt angewendet werden, wo geringer Druck durch Wild und Unkrautkonkurrenz dies ermöglicht. Bei ihnen sind als Folge der in den letzten Jahrzehnten unkritisch praktizierten Spaltpflanzungen vielfach schwerwiegende Wurzeldeformationen festgestellt worden.

7.5   Pflanzung

7.5.1   Geschichtlicher Rückblick

Erstmalig wurde von Pflanzungen im 14. Jh. und häufiger dann im 16. und 17. Jh. berichtet. Dabei handelte es sich durchweg um Pflanzungen übermannsgroßer Eichen mit

Spaten. Die sorglos transportierten, oft nachlässig eingesetzten und unzureichend gegen Weidevieh geschützten Heisterpflanzen wuchsen vielfach schlecht an und brachten deshalb die Pflanzung vielerorts generell in Mißkredit. Doch sind in der ersten Hälfte des 19. Jh. in erheblichem Umfang auch Buchenlohden und -heister im Mittelgebirge auf großen Flächen mit gutem Erfolg gepflanz worden. Aber in dieser Zeit verlagerte sich das Interesse auf die Nadelbäume, mit denen Ödflächen zunehmend aufgeforstet und die herabgewirtschafteten Wälder verjüngt wurden. Anfangs überwog die Ballenpflanzung. Wegen der hohen Transportkosten verlor sie jedoch an Bedeutung, nachdem die Pflanzenanzucht und die Verfahren der Pflanzung wurzelnackten Materials verbessert worden waren. Dies geht auf WILHELM LEOPOLD PFEIL zurück, der 1834 die Pflanzung einjähriger, wurzelnackter Kiefern mit dem Setzholz erprobt hatte. In der Folge wurde die Pflanzung dann auch im normalen Verjüngungsbetrieb mehr und mehr zur Standardmaßnahme. Heute dürfte sie in Mitteleuropa einen Anteil von 80 % an der Verjüngung haben. Allerdings bemüht man sich vor allem im öffentlichen Wald, im Zuge einer stärkeren Hinwendung zu naturnahen bzw. naturgemäßen Wirtschaftsformen, die natürliche Verjüngung zu fördern. So strebt die baden-württembergische Forstverwaltung beispielsweise an, langfristig den Anteil der Pflanzungen auf etwa 60 % aller Verjüngungsvorhaben zu drücken.

7.5.2   Eigenarten der Pflanzung

Sie stellen oft das Gegenstück zu den für Naturverjüngung und Saat aufgeführten Charakteristika dar.
Die wichtigsten **Vorzüge** sind:
– Die Unabhängigkeit von Vorbestand und Verjüngungsbereitschaft des Bodens.

Auf größeren Kahlschlägen, bei nichtstandortgerechten Vorbeständen oder bei verjüngungsfeindlichen Oberbodenverhältnissen sind künstliche Verjüngungen unvermeidlich. Hierfür kommen zwar gelegentlich auch Saaten in Frage, doch sind Pflanzungen generell mit einem geringeren Risiko verbunden. Ihre Überlegenheit wächst, je ungünstiger die Ausgangsbedingungen sind. Weil diese Fälle häufig sind, haben Pflanzungen im mitteleuropäischen Raum eine so große Bedeutung für die Waldverjüngung.

– Die zeitliche Unabhängigkeit von Samenjahren.

Leicht lagerbares Saatgut wie das der meisten Nadelbäume kann über viele Jahre verteilt werden. Aber auch Pflanzen von nicht lagerbaren Arten stehen für mehrere Jahre nach der Aussaat zur Verfügung.

– Die Leistungsverbesserung durch Verwendung ausgelesenen Pflanzenmaterials hinsichtlich Baumart, Provenienz, Vorsortierung.

Züchterisch bearbeitetes Vermehrungsgut wird generell nur in Form praxisverwendbarer Forstpflanzen zur Verfügung gestellt; wo es also zum Einsatz kommt, ist Pflanzung unumgänglich.

– Das raschere Überwinden der Jugendgefahren.

Da die Forstpflanzen – vor allem gilt das für mehrjährige Verschulpflanzen – einen Altersvorsprung mitbringen, entwachsen sie der Hauptgefahrenzone schneller und sicherer als Keimlinge und Jungpflanzen.

– Die Verkürzung der Umtriebszeit.

Bei Verwendung mehrjähriger Pflanzen, vor allem den zunehmend empfohlenen mehrmals verschulten Großpflanzen, kann die Verminderung der Produktionszeit um das Pflanzenalter Größenordnungen erreichen, die für die Forstbetriebe relevant werden.

Als **Nachteile** sind zu nennen:
– Der hohe Kapitalbedarf zu Beginn der Verjüngung.

Er spielt besonders bei Aufbaubetrieben eine Rolle, die hohe Investitionen für Erstaufforstungen aufbringen müssen und über längere Zeit keine oder nur geringe Erträge erwirtschaften. Dies war in Mitteleuropa bedeutsam während der Aufforstungsperiode im 19. Jh., ist es jetzt noch verschiedentlich bei der Aufforstung von landwirtschaftlichen Grenzertragsböden und stellt heute weltweit angesichts der riesigen aufzuforstenden Ödflächen ein zentrales Problem dar.

– Die Gefahr von Verlusten und Schäden als Folge des „Pflanzschocks".

Hierunter versteht man die Schwierigkeiten der jungen Bäume, nach dem Verpflanzen am neuen Standort ein neues Wurzelsystem zu bilden. Ursachen können sein: Frischeverluste als Folge von Ausheben, Transport, Zwischenlagerung, Wurzelbeschädigung, Trockenheit nach der Auspflanzung *(vgl. Kap. 7.5.4.1)*.

7.5.3   Pflanzenmaterial

7.5.3.1   *Pflanzenanzucht*

Forstpflanzen werden auf unterschiedliche Weise angezogen. Die wichtigsten Arten der Pflanzenanzucht und deren Besonderheiten sind in *Übersicht 7.12* dargestellt.

Übersicht 7.12:   Anzuchtmöglichkeiten für Pflanzmaterial

ART DER ANZUCHT	CHARAKTERI- SIERUNG	VORTEILE	NACHTEILE	BEDEUTUNG
Gewerbliche Forstbaum- schulen 1.1	Groß- und Mit- telbetriebe (2/3 der Gesamtan- zuchtflächen ge- hören Betrieben > 10 ha) auf für die Anzucht gün- stigen ebenen, sandig-humosen Standorten (2/3 in Norddeutsch- land).	– Weitgehende Mecha- nisierung. – Vielfältige Ausstat- tungen, (Kühlhäu- ser, Foliengewächs- häuser, Klengen, La- gereinrichtungen). – Spezialisiertes Perso- nal. – Weitgehende Stan- dardisierbarkeit der Pflanzenerzeugung. – Hohe Marktflexibili- tät. – Günstige Stückko- sten.	– Lieferschwierigkei- ten in den Spitzen- belastungen wäh- rend der Pflanz- saison. – Gefahr der Fri- scheverluste durch Ausheben bei un- geeignetem Wet- ter, Sortierung, Kühlhauslagerung, weite Transport- wege, Pflanzenein- schlag. – Pflanzenanzucht nicht immer für Wachstum im Frei- land optimiert: enge Standräume, Überdüngung. – Herkunftssiche- rung oft nicht ge- währleistet.	Fast vollständige Ver- sorgung des Kommu- nal- und Privatwaldes, 80–90 %ige Versor- gung des Staatswaldes (bei Massensortimen- ten – Fichte, Kiefer ebenfalls fast vollstän- dig) insgesamt somit > 90 % in der Bundes- republik Deutschland. (Einige der genannten Nachteile werden von vorausplanenden Forstleuten durch Lohnanzuchtverträge mit den Baumschul- betrieben umgangen).
Zentrale staatliche Forstpflanz- gärten 1.2	Großbetriebe meist in Verbin- dung mit Samen- plantagen, Klen- gen, Versuchs- einrichtungen.	– Z. T. wie 1.1 (Aus- stattung mit Maschi- nen, Gewächshäu- sern, spezialisiertes Personal). – Möglichkeit der An- zucht von Spezialsor- ten (z. B. für Hoch- lagenaufforstungen). – Angewandte For- schung für Saatgut- anerkennung, Lage- rung, Pflanzenan- zucht.	– Z. T. wie 1.1	– Wichtig für die An- zucht von Spezial- sorten, die für ge- werbliche Baum- schulen nicht profi- tabel, – Ausbildungsaufga- ben, – Verfahrensentwick- lung, – Korrektiv gegen- über gewerblichen Baumschulen.

Übersicht 7.12:   (Fortsetzung)

ART DER ANZUCHT	CHARAKTERI-SIERUNG	VORTEILE	NACHTEILE	BEDEUTUNG
Waldortnahe Kleinpflanz-gärten 2.	Kleine (< 1 ha) Anzuchtflächen, ausgelegt für Eigenverbrauch des Forstbetriebes oder seiner Teile (Förstereien).	– Größere Sorgfalt beim Pflanzen mit „eigenem Pflanzgut". – Kurzer Transportweg zwischen Aushub und Wiedereinpflanzen (frische Pflanzen). – Hohe Anpassungsmöglichkeit an Wetterbedingungen bei Pflanzarbeiten. – Möglichkeit für zwischenzeitliche Beschäftigung betriebseigener Arbeitskräfte. – Verschulung selbstgewonnener Wildlinge.	– Oft nicht geeignete Böden vorhanden – Geringe Mechanisierungsmöglichkeit. – Geringe Flexibilität im Hinblick auf geänderten Bedarf (z. B. nach lokalen Schäden). – Nicht genügend spezialisiertes Personal vorhanden. – Gestehungskosten oft höher als Marktpreis.	Früher weit verbreitet, in den letzten 2 Jahrz. stark reduziert. Jetzt Konsolidierung und Nutzung für Anzucht besonders transportempfindlicher Baumarten (z. B. Douglasie, Tanne) oder teurer Sortimente (Laubbaumheister, sonstige Großpflanzen, wurzelerdige oder Ballenpflanzen).
„Fliegende" Saatgärten, „Natur-kämpe" 3.1	Flächen zur Gewinnung von Wildlingen aus Saaten oder Naturverjüngungen (nach Zäunung, extensiver Bodenbearbeitung, Auflichtung überschirmender Bestände).	– Gewinnung von Wildlingen heimischer Provenienzen (3.1 + 3.2). – Besonders geeignet bei wertvollen Arten, deren Beerntung teuer oder unergiebig ist (z. B. Douglasie).		Insgesamt gering, gelegentlich aber vorteilhafte Möglichkeit, Pflanzen von wenigen oder nur gering fruktifizierenden Mutterbäumen zu gewinnen.
Jungbestände aus Natur-verjüngung 3.2	Meist gezäunte Flächen mit überdichtem Ankommen von Naturverjüngungspflanzen auf nicht zu steinigen, lockeren Böden.	– Kostengünstige Gewinnung von Laubbaum-Wildlingen für Verschulungen, Ergänzungspflanzungen. – Erhöhung der Flexibilität der Forstbetriebe (z. B. Pflanzenwerbung bei geeigneter Witterung). – Kostenersparnis bzw. Einnahme aus Wildlingsverkauf. – Pflanzmaterial bereits am Standort ausgelesen. – Zusätzliche Beschäftigungsmöglichkeit für Waldarbeiter.	Gefahr von Wurzelbeschädigungen. Da meist unter Schirm aufgewachsen, haben die Wildlinge Schattenhabitus und schlecht entwickelte Wurzelsysteme. Sie wachsen deshalb auf Freiflächen oft schlecht an. Ihre Verschulung ist vielfach ratsam.	Wie 3.1, aber stark zunehmende Bedeutung für Beschaffung von Laubbaumpflanzen bis hin zur Heistergröße. Wichtige Maßnahme zur Sicherung der Pflanzenherkünfte.

7.5.3.2   Pflanzensortimente

Das forstliche Pflanzgut wird unterschiedlich eingeteilt. Eine Klassifizierung nach den Kriterien Vermehrungsart und Bewurzelungszustand ist in *Übersicht 7.13* gegeben.

Übersicht 7.13:   Einteilung der Forstpflanzen nach Vermehrungsart und Pflanzentyp.

ART DER VERMEHRUNG	AUSGANGSMATERIAL		PFLANZENTYP	GEEIGNET FÜR BAUMARTEN	BEDEUTUNG
generativ	Samen	wurzelnackt	Sämling	Kiefer, Eiche, Buche, Ahorn, Esche	Bei geringer Verunkrautung.
			Verschulpflanze	Alle Baumarten	Wichtigster Pflanzentyp auch für schwierige Ausgangslagen.
			Wildlingspflanze	Vor allem Laubbäume (Tiefwurzler problematisch)	Zur Verschulung, für Ergänzungspflanzungen, Vor- und Unterbau, auch Nachbau unter Pioniergehölze (Vorwälder, „Sukzessionen").
		balliert	Erdballenpflanze	Alle Baumarten außer Tiefwurzler	Ergänzungspflanzungen, Nachbesserungen. Vor allem bei starker Verunkrautung.
			Containerpflanze	Douglasie, Küstentanne, Fichte, Tanne	In begrenztem Umfang für schwierige Baumarten und Standorte (z. B. Hochlagen).
vegetativ (makro-)	Sproß-teile	≤ 20 cm	Verschulpflanze	Fichte, Pappel, Weide	Bei Pappel und Weide gebräuchlich. Fichte in begrenztem Umfang.
			unbewurz. Steckling	Pappel, Weide	Flurholzanbau, Biotopgestaltung; bei Waldverjüngungen unwichtig.
		> 20 cm	unbewurz. Setzstange	Pappel, Weide	Weichlaubbäume in sehr begrenztem Umfang.
	Wurzel-teile	≤ 10 cm	bewurzelte Pflanze	Robinie, Graupappel, Aspe	Begrenzte, rückgängige Bedeutung.
		> 10 cm	bewurzelte Pflanze	Aspe, Graupappel	Begrenzte Bedeutung.
(mikroveget.)	Gewebeteile		Verschulpflanze	Aspe	Bisher noch im Versuchsstadium.

Die **generative Anzucht** aus Samen steht weit im Vordergrund. In den letzten Jahren hat jedoch die **makrovegetative Vermehrung** aus Sproß- und Wurzelteilen etwas an Bedeutung gewonnen. So wurde bei der Anzucht von Fichten aus Stecklingen inzwischen Praxisreife erlangt. Der gestiegene Bedarf an Laubbaumpflanzen hat auch die Anwendung dieser Vermehrungstechniken begünstigt. Im Falle der Schwarz- und Balsampappeln ist sie ohnehin die vorherrschende Vermehrungsart *(vgl. Kap. 5.1.6.3).*

Demgegenüber spielt die **mikrovegetative Vermehrung** derzeit noch eine untergeordnete Rolle.

In Mitteleuropa dürfte sie angesichts des Trends hin zu mehr Naturverjüngung und überhaupt mehr Naturnähe des Waldbaus auch in absehbarer Zeit keine Bedeutung erhalten. In den Tropen dagegen kann es vorteilhaft sein, einzeln vorkommende, auf komplizierte Weise fruktifizierende Baumarten mit diesen Verfahren zu reproduzieren.

Mit weitem Abstand dominiert die Produktion und Verwendung **wurzelnackter Pflanzen.** Von der praktischen Bedeutung her gesehen, ist bei ihnen die wichtigste Unterscheidung die zwischen **Sämlingen** und **Verschulpflanzen.** Sämlinge werden aus dem Saatbeet direkt auf die Kulturfläche ohne konkurrierende Bodenvegetation gepflanzt, Verschulpflanzen aus dem dicht bestockten Saatbeet mit größerem Abstand in das Verschulbeet umgesetzt und dann meist drei- oder vierjährig ausgepflanzt. Wegen der hohen Kosten für die aufwendige Verschulung werden Sämlinge besonders von Arten mit Pfahlwurzelausbildung wie Kiefern und Eichen stattdessen zunehmend im Saatbeet etwas weniger dicht gesät und zur Anregung eines besser verzweigten, kompakteren Wurzelsystems mit Spezialpflügen oder -messern meist zu Beginn des zweiten Jahres im Saatbeet unterschnitten, wobei allerdings die natürliche Wurzeltracht beeinträchtigt wird.

Nach dieser unterschiedlichen Behandlung in der Baumschule werden die Pflanzen in den Angebotskatalogen der Baumschulen mit Hilfe eines einfachen Zahlencodes gekennzeichnet. Er besteht aus einer Zahlenfolge, in der die erste die Dauer des Verbleibs im Saatbeet anzeigt und die zweite die im Verschulbeet: Mit 2+0 wird z. B. ein zweijähriger Sämling und mit 2+2 eine vierjährige Verschulpflanze gekennzeichnet, die zwei Jahre im Saatbeet und zwei weitere im Verschulbeet verbracht hat. Schließen sich weitere Zahlen an, so ist die Pflanze mehrfach verschult worden. Üblich ist auch die Schreibweise 2/0 oder 2/2. Unterschnittene Pflanzen werden mit „#" vor oder nach den Altersangaben gekennzeichnet.

Die wichtigsten Pflanzensortimente im mitteleuropäischen Waldbau sind nach diesem Muster in *Tab. 7.23* zusammengestellt worden.

Die Baumschulen unterteilen die Pflanzen außerdem in Höhenklassen, so daß 2+2j. Fichten beispielsweise in den Größen 20–40, 25–50, 30–60 und 40–70 cm gekauft werden können. Unsortiert werden lediglich Sämlinge einiger Baumarten angeboten.

Alle wurzelnackten Forstpflanzen müssen nach dem Gesetz über forstliches Saat- und Pflanzgut von 1974 und EU-weiten Regelungen Qualitätsanforderungen erfüllen, nach denen neben der Höhe auch der Mindestdurchmesser an der Sproßbasis der Pflanzen berücksichtigt wird.

Der Durchmesser ist ein relativ leicht meßbarer Ausdruck für das Pflanzengewicht, das seinerseits wieder das beste Maß für die Qualität darstellte, wäre es nicht so umständlich zu ermitteln. Die Höhe als das am leichtesten feststellbare Maß ist dagegen nur sehr lose mit dem Pflanzengewicht korreliert. Bei gegebenem Alter klein geratene Pflanzen können nach dieser Klassifikation diesen Mangel ausgleichen, wenn sie entsprechend gute Durchmesser besitzen. Sie werden dann als „gedrungenes Pflanzgut" anerkannt.

Tatsächlich sind die Qualitätsnormen noch keineswegs Allgemeingut geworden, denn die Baumschulen bieten in ihren Katalogen die Jungpflanzen ausschließlich nach Höhenklassen sortiert an. Lediglich bei sich überlappenden Höhenklassen (z. B. 20–40 und 25–50 cm) wird das allgemeine Erscheinungsbild berücksichtigt, weniger „stufige" Pflanzen also nach Augenschein jeweils der niedrigen Klasse, kräftigere der höheren zugeteilt.

Als Folge dieser Vorgehensweise ist nun zu erwarten, daß größere Pflanzen den – genetisch bedingt – wüchsigeren Teil eines Sortimentskollektivs repräsentieren und ihr höherer Preis langfristig eine lohnende Investition darstellt. In der Praxis werden jedoch oft die kleinen bevorzugt, weil sie, allgemeiner Einschätzung gemäß, besser anwachsen.

Zahlreiche, unter verschiedenartigen Bedingungen mit Nadelbaumarten in den temperierten Zonen angestellte, aber leider durchweg jeweils nur wenige Jahre beobachtete Versuche lassen folgende Schlüsse zu:
– Höhensortierungen bei Kleinpflanzen (Sämlingen) haben einen nur geringen Prognosewert. Erst bei älteren, möglichst mehrmals sortierten Pflanzen (z. B. jeweils nach dem Ausheben im Saat- und im Verschulbeet) zeigt sich eine deutliche Wachstumsüberlegenheit der großen Individuen, die über mehrere Jahre beibehal-

Tab. 7.23:   Die wichtigsten Pflanzensortimente (n. Preisliste der Erzeugergemeinschaft für Qualitätspflanzen „Süddeutschland" e. V., 1993/94).

BAUMART	ALTER J.	\(1 \times 0\)	\(2 \times 0\)	\(1 + 1\)	\(1 + 2\)	\(1 + 3\)	\(2 + 1\)	\(2 + 2\)	\(2 + 3\)
			davon Jahre im Saat- und Verschulbeet						
Ahorn, (Berg-, Spitz-)	1–3	x		x	x				
Erle, (Rot-, Weiß-)	1–3	x		x	x				
Birke, (Moor-, Sand-)	1–3	x	x	x	x				
Hainbuche	1–3	x	x#		x				
Buche, Rot-	1–4	x	x#		x			x	
Esche	1–3	x		x	x				
Kirsche	1–2	x			x				
Eiche, (Trauben-, Stiel-, Rot-)	1–4	x	x#		x	x			
Robinie	1–2	x			x				
Eberesche	1–3	x			x				
Elsbeere	1–3	x			x				
Linde, (Sommer-, Winter-)	1–3	x	x#	x	x		x		
Ulme	1–3	x		x	x		x		
Tanne, (Weiß-)	2–5		x				x	x	x
Tanne, (Gr. Küsten-)	1–4	x	x#					x#	
Tanne, (Pazif. Edel-)	1–4	x	x					x#	
Lärche, (europ. L.)	1–3	x	x	x	x		x		
Lärche, (jap. L.)	1–3	x		x	x				
Fichte	2–5		x					x	x
Kiefer, (Schwarz-)	1–3	x	x#	x	x		x		
Kiefer, (Wald-)	1–3	x	x#	x	x		x		
Strobe	1–4	x	x#				x	x	
Douglasie	1–4	x	x				x	x	
Eibe	2–4		x				x	x	
Thuja plic. (Riesenlebensb.)	2–4		x					x	
Tsuga het. (Hemlocktanne)	2–4		x					x	

Entsprechend den verschiedenartigen Vorgaben auf den Verjüngungsflächen (Bodenauflagen, Bodenvegetation, Altholzüberschirmung, Wildbelastung) werden in der Praxis sowohl einjährige Sämlinge wie fünfjährige Verschulpflanzen verwendet. Bei den in der Jugend rascherwüchsigen „Pionieren" werden ein- und zweijährige Sämlinge bevorzugt, langsamwüchsige Schlußwaldbaumarten dagegen als ältere Verschulpflanzen. Die wichtigsten Forstbaumarten werden überwiegend als zwei- bis vierjährige Verschulpflanzen herangezogen.

ten wird. Über die Langzeitwirkung, etwa bis zum Ende der Umtriebszeit, ist allerdings nichts bekannt.
– Die größeren Pflanzen aus den Kollektiven erleiden dann einen größeren Pflanzschock, wenn sie im Engstand aufgewachsen sind und ein ungünstigeres Wurzel: Sproß- und h:d-Verhältnis haben als die kleinen. In weiteren Verbänden und damit „stufig" erwachsen sind sie jedoch gleichartigen „Klein"pflanzen gegenüber im Anwuchsprozeß gleichwertig, oft sogar überlegen – adäquate Pflanztechnik vorausgesetzt.

Angesichts der Sortierung von jährlich vielen Millionen Baumschulpflanzen nahezu ausschließlich nach Höhenklassen, ist das Fehlen von Kenntnissen über die möglichen langfristigen waldwachstumskundlichen und genetischen Auswirkungen zumindest sehr unbefriedigend.

Laubbaumsortimente werden in der Praxis vielfach noch nach den jahrhundertealten Begriffen und traditionellen Höhenklassen eingeteilt: Normalpflanzen $\leq$ 50 cm, Lohden 51–150 cm, Heister 151–250 cm und Starkheister > 250 cm. Seit einigen Jahren klassifizieren die Baumschulen jedoch Laubbäume für Forstwirtschaft, Garten- und Landschaftsbau neben einem groben Höhenrahmen und nur vage formulierten Kriterien vor allem nach deren Kronenaufbau, Seitenverzweigung und Stufigkeit *(s. Übersicht 7.14)*.

Übersicht 7.14:   Derzeitige Bezeichnungen bei Laubbaumsortimenten.

BEZEICHNUNG	KRITERIEN
Normale Pflanzen	–150 cm
Leichte Heister	Pflanzen aus halbweitem Stand, 80–150 cm (meist 1 × verschult), mit durchgehendem Leittrieb und leichter seitlicher Verzweigung. (Geeignet für spätere „Hochstämme".)
Heister	Baumartige Pflanzen aus weitem Stand (meist 2 × verschult), mit durchgehendem Leittrieb und kräftiger seitlicher Verzweigung. (Geeignet zur Entwicklung von Solitären und Hochstämmen.)
Solitärpflanzen	Pflanzen aus extra weitem Stand (3–4 × verschult), besonders für Einzelstellung geeignet. Meist mit Erdballen.
Hochstämme	Über Heisterstadium hinaus kultivierte Bäume, bis 1,80 m sauber aufgeputzt.

Auch hier werden die verschiedenen Sorten teilweise aus denselben Kollektiven gebildet. So werden als leichte Heister oftmals die besonders kräftigen Exemplare im Höhenrahmen 80–150 cm ausgelesen, während die übrigen dann als „Normale Pflanzen" angeboten werden. Wohl als Folge der langwährenden geringen Wertschätzung von Laubbäumen gibt es – anders als bei den Nadelbäumen – keine brauchbaren Untersuchungen über die Auswirkungen solcher Sortierungen. Besonders hinsichtlich der erst seit kurzem wieder zu Ehren gekommenen Heister besteht Forschungsbedarf. Hier gibt es überhaupt noch keine Qualitätsnormen.

Eine Besonderheit stellen wurzelerdige **Ballenpflanzen** dar: Sie werden mitsamt einem Wurzelballen aus der Baumschule oder von Verjüngungsflächen entnommen und damit am Pflanzort wieder in den Boden gebracht. Das kann – wie bei Nachbesserungen oder Ergänzungspflanzungen – in Form eines losen Ballens geschehen, wenn die Transportentfernung nicht sehr groß ist, oder mit einem in Leinwand gebundenen Ballen. Pflanzen der letztgenannten Art werden vor allem im Landschaftsbau verwendet.

Als Ergebnis langjähriger Entwicklungsarbeiten in Nordamerika und Skandinavien ist seit etwa 1970 die Anzucht von Forstpflanzen in kleinen Gefäßen zu praxisreifen Verfahren entwickelt worden. Diese „**Container-Pflanzen**" werden erst mit dem Pflanzvorgang dem Gefäß entnommen oder auch zusammen damit in den Boden gebracht. Diese meist sehr kleinen Containerpflanzen haben sich jedoch unter den mitteleuropäischen Verhältnissen nicht bewährt. Derzeit werden nur noch die sog. Weichwand-Container (in Größen von 0,5–3 l) mit Douglasienpflanzen für forstliche Zwecke eingesetzt *(s. Abb. 7.5)*. Sie bestehen aus durchwurzelbarer, textilfaserverstärkter Pappe.

Abb. 7.5:   Weichwand-Container.
Mit Füllung und Pflanze können sie monatelang stehenbleiben und auch den Transport gut aushalten. Sie werden mit den Wurzelballen zusammen ausgepflanzt und zerfallen im Boden. Dieser Container braucht also nicht eingesammelt und rücktransportiert zu werden. Er ist allerdings stoß- und rißempfindlich; gelegentlich tritt seitliche Durchwurzelung mehrerer Ballen auf.

Die **Preise für Baumschulpflanzen** schwanken je nach Sortiment und Qualität in einem sehr weiten Rahmen *(s. Tab. 7.24)*. Besonders stark divergieren derzeit die Preise für Heister, für die noch nicht in allen Fällen geeignete und effektive Anzuchtverfahren entwickelt wurden.

Tab. 7.24:   Preise für wurzelnackte Pflanzen der beiden wichtigsten Baumarten Buche und Fichte in Abhängigkeit von Anzuchtart und -alter sowie Höhe (n. Preisliste der „Erzeugergemeinschaft für Qualitätspflanzen, Süddeutschland e. V.", 1993/94; gültig bei Abnahme von mindestens 1000 Stck.).

	BUCHE			FICHTE	
Alter J.	Höhe cm	Preis DM/Stck.	Alter J.	Höhe cm	Preis DM/Stck.
1 + 0	10–20	–,38	2 + 0	10–20	–,11
	15–30	–,47			
	30–50	–,66	2 + 1	20–40	–,39
				25–50	–,42
2 + 0#	20–40	–,68			
	30–50	–,88	2 + 2	20–40	–,49
	50–80	1,19		25–50	–,58
				30–60	–,66
1 + 2	30–50	1,22		40–70	–,77
	50–80	1,53			
	0–120	1,85	2 + 3	50–80	–,95
				70–90	1,08
2 + 2	120–15	2,48		80–100	1,36

Die Baumschulen halten teilweise zusätzlich Großpflanzen einzelner Laubbaumarten aus weiten Verschulverbänden vorrätig oder ziehen diese per Auftrag an. Desgleichen gibt es – aber im wesentlichen für Gartenbedarf – eine große Vielfalt ballierter oder mehrfach verschulter Sorten bis hin zu Hochstämmen mit Preisen von mehreren tausend Mark je Baum.

Bei der Kaufentscheidung sollte der Pflanzenpreis nicht das wichtigste Kriterium sein. Größere und teurere Pflanzen sind vor allem dann gerechtfertigt, wenn dadurch Nachbesserungen eingespart und die Dauer der notwendigen Pflegezeit verkürzt werden. Außerdem ist zu bedenken, daß größere Pflanzen mit gutem Start einen Zuwachsgewinn bedeuten. Kleinere und daher billigere Pflanzen sind deshalb nur dann geeignet, wenn der Zustand der zu kultivierenden Fläche sicheres Angehen und schnelles Loswachsen ermöglichen, sowie Verbißbelastungen entweder ausgeschaltet oder nachweislich tragbar sind. Tatsächlich spielt jedoch oft genug der Kaufpreis der Pflanzen eine entscheidende Rolle, d. h. es wird nur kurzfristig gedacht und zudem – fälschlicherweise – unterstellt, daß kleine Pflanzen stets besser anwachsen. Entscheidender als die Größe für das Anwuchsverhalten sind vielmehr die Stufigkeit und Frische der Pflanzen.

Ein Beispiel für das langfristig finanziell günstigere Abschneiden der Verwendung größerer Pflanzen gibt übrigens *Tab. 7.43* am Schluß dieses Kapitels wieder.

7.5.4   Ausbringung der Pflanzen

7.5.4.1   *Das Ausheben der Pflanzen und die nachfolgende Behandlung*

Vom Ausheben in der Baumschule bis zum Wiedereinpflanzen sind die Pflanzen besonders gefährdet. Durch unachtsame Handhabung laufen sie Gefahr, weitere Störungen ihres ohnehin heiklen Wasserhaushalts und damit Vitalitätsverluste zu erleiden. Selbst die Pflanzen der weniger empfindlichen Baumarten müssen so sorgfältig wie irgendmöglich geschützt und vor Belastungen durch längere Zwischenlagerungen oder zusätzliche Transporte bewahrt werden *(s. Übersicht 7.15)*.

Auf dem Weg vom Saat- oder Vorschulbeet in der Baumschule bis zur Kulturfläche sind die jungen Pflanzen mithin bei allen Teilarbeiten der Gefahr erheblicher

Übersicht 7.15: Wichtige **Teilarbeiten zwischen Ausheben und Wiedereinbringen von wurzelnackten Pflanzen** unter dem Gesichtspunkt der Erhaltung ihrer Frische.

TEILARBEIT	BESCHREIBUNG	KRITISCHE STELLUNGNAHME
Ausheben	Ausheben mit Spezialpflügen oder einfachen Geräten (Spaten).	Gefahr von Wurzelbeschädigungen bei groben Arbeitsverfahren oder auf trockenen, bindigen Böden. Oft werden bei sonnigem oder windigem Wetter die Pflanzen nicht sofort geschützt. Hier liegt deshalb ein erhebliches Gefährdungsmoment.
Kühlhauslagerung	Einlagerung erst nach völligem Eintritt der Winterruhe, Einhaltung hoher Luftfeuchtigkeit und Gefrierpunkttemperatur. Fichte gut zu lagern, Lärche, Douglasie nicht.	Günstige Möglichkeit für die Baumschulen zur Abmilderung von Arbeitsspitzen, zur Zwischenlagerung bei ungünstiger Witterung und Verzögerung des Austriebs von in Tieflagen angezogenen Hochlagenherkünften. Trotz der Vorteile sind auf Kulturen vielfach schlechte Erfahrungen mit Kühlhauspflanzen (vor allem bei Nadelbäumen) gemacht worden.
Sortierung	Sortieren der Pflanzen nach dem Ausheben in Längenklassen. Auslese zu kleiner oder fehlerhafter Exemplare.	Beim Sortieren sind die Pflanzenwurzeln ungeschützt. Das kann zu zusätzlichen Frischeverlusten führen. Die Pflanzen sollten deshalb unsortiert abgenommen werden und unbrauchbare Pflanzen auf der Kulturfläche aussortiert und weggeworfen werden.

Übersicht 7.15:   (Fortsetzung)

TEILARBEIT	BESCHREIBUNG	KRITISCHE STELLUNGNAHME
Wurzelschutz	Schutz der Wurzeln durch Tauchung in wasserspeichernde, verdunstungshemmende kolloidale Lösungen (z. B. Agricol aus Meeresalgen) nach dem Ausheben.	Bei Vergleichspflanzungen hatten behandelte Pflanzen signifikant weniger Ausfälle. Die Tauchung ist vorteilhaft, zumal sich Insektizide gegen Rüsselkäfer beimischen lassen und dadurch die dafür nötige Behandlung am Pflanzort entfallen kann.
Transporte zum Verbrauchsort	Verpackung der Pflanzen in Pflanzenkörbe mit Zwischenlagen von Stroh oder Moos und mit Wässerung oder Transport in Säcken aus dunkelgefärbter Plastikfolie zum Verdunstungsschutz.	Frischhaltesäcke sind ein guter Schutz vor allem gegen Austrocknung durch Wind, bringen aber Gefahren bei Dichtlagerung durch Überhitzung in der Sonne oder Schimmelbildung bei zu langer Aufbewahrung darin.
Einschlag am Verbrauchsort	Können die Pflanzen nicht am Auslieferungstag verbraucht werden, so müssen sie unter dichtem Schirm in wurzeltiefe Gräben in lockeren Lagen ausgebreitet und mit Erde bedeckt sowie regelmäßig bewässert werden.	Längerer Einschlag ist bei Laubbäumen in Winterruhe unbedenklich. Immergrüne Nadelbäume leiden. Besonders empfindlich ist die Douglasie. Ihr Einschlag ist möglichst zu vermeiden, bei anderen Baumarten kurz zu halten. Immer wieder zeigt sich, daß Forstleute wie Waldarbeiter mit den handwerklichen und ökologischen Feinheiten der Einschlagtechnik nicht vertraut sind und dadurch vermeidbare Pflanzenausfälle verursachen.
Wurzel-/ Sproßschnitt	Glattes Abschneiden zu langer Wurzeln, damit diese nicht beim Pflanzen gestaucht werden können. Kürzen von Seitenzweigen bei Laubbäumen zur Minderung der Transpiration nach dem Verpflanzen.	Einige Arten (z. B. Lä) vertragen keinen starken Schnitt. Pfahlwurzeln regenerieren schlecht, dürfen nicht wesentlich beschnitten werden. Allzu oft werden Wurzeln – „pflanzgerecht", nicht „pflanzengerecht" – leichtfertig auf mehr als die Hälfte ihrer Länge eingekürzt, um sie bei Spaltpflanzverfahren überhaupt in den Boden bringen zu können. Das führt oft zu einer wesentlichen Erhöhung der Pflanzenverluste, mindestens aber zu Vitalitätsminderung. Wurzelschnitte sollten deshalb generell unterbleiben bzw. auf das Einstutzen sehr langer Einzelwurzeln beschränkt werden.
Transport auf der Verjüngungsfläche	Schutz der Pflanzen mit feuchtem Moos oder Tüchern in Körben, Holzläden oder Eimern. Entnahme der Einzelpflanzen erst unmittelbar vor dem Einsetzen.	Weil der Schutz der Pflanzen auf den Kulturflächen auch bei trockenem, windigem Wetter oft sehr nachlässig gehandhabt wird, sind die Ausfälle entsprechend hoch.
Schutz gegen Insekten	Tauchen der Pflanzen in Insektizidlösung mit Wurzeln und Sproßteilen gegen Rüsselkäfer oder Engerlingfraß in den ersten Monaten nach der Pflanzung.	Der Schutz ist äußerst wichtig, wirkt aber nur wenige Wochen und muß durch Spritzen der Pflanzen wiederholt oder sollte durch Bodenbearbeitungen ergänzt werden.

Frischeverluste ausgesetzt. Zudem läßt sich bei Anlieferung der Pflanzen von weit entfernten Baumschulbetrieben die Witterung nicht immer gut abpassen, so daß oft schon im Zeitpunkt der Pflanzung hohe Pflanzenausfälle vorprogrammiert sind. Die relativ große Trockenstreß-Toleranz bei jungen Kiefern, Fichten und einigen Laubbaumarten außerhalb der Vegetationszeit hat vielfach zu Sorglosigkeit im Umgang auch mit den Jungpflanzen anderer Baumarten geführt.

Manche Forstbetriebe sind, auch wenn die Pflanzenstückkosten dadurch stiegen, wieder dazu übergegangen, Spezialsortimente (besonders Heisterpflanzen) in waldortnahen Kleinpflanzgärten anzuziehen, um ihre betriebliche Flexibilität zu erhöhen. Je nach Witterungslage und Verfügbarkeit von Arbeitskräften können sie damit den Zeitraum zwischen Ausheben und Wiedereinpflanzen auf ein Minimum, d. h. wenige Stunden, verkürzen.

Wildlinge werden in der Praxis meist „gezogen", d. h. ohne Bodenlockerung herausgerissen. Das ist nur bei kleinen Pflanzen und sehr „weichen", gut feuchten Böden bedingt zulässig. Das „Ziehen" wird aber generell im Stücklohn bezahlt und oft genug auch bei skelettreichen oder trockenen Böden vorgenommen. Mangelnde Sorgfalt und späterer Mißerfolg sind dann fast zwangsläufig. Diese Unsitte hat deshalb die Verwendung von Wildlingen vielfach in Mißkredit gebracht. Stattdessen sollten nicht zu große Wildlinge (< 60 cm) stets nur bei feuchtem Boden sorgfältig mit Grabegabeln oder Spaten gelockert und ohne Kraftanwendung dem Boden entnommen, versehentlich wurzelbeschädigte Pflanzen aber nicht weiterverwendet werden.

7.5.4.2   *Pflanztechnik*

Forstpflanzen können von Hand oder mittels Pflanzmaschinen in den Boden gebracht werden. In Mitteleuropa hat die Handpflanzung nach wie vor die größte Verbreitung. Die wichtigsten Verfahren sind in *Übersicht 7.16* zusammengestellt.

Bis in die 50er Jahre wurde eine Vielfalt von **Handpflanzverfahren** angewendet. Die meisten von ihnen sind bedeutungslos geworden, nachdem sich die von dem bayerischen Forstmann REISSINGER entwickelte, äußerst leistungsfähige und leicht erlernbare Winkelpflanzung in den meisten Forstbetrieben durchsetzte.

> Deren Effektivität geht daraus hervor, daß mit ihrer Einführung im Jahre 1955 z. B. in der Forstdirektion Stuttgart der Zeitaufwand für das Ausbringen von 1000 Pflanzen von 54 auf 16 Stunden gesenkt werden konnte. Sie ist vor allem für mittelgroße Pflanzen wie 3–4jährige Fichten auf unvorbereitetem Boden geeignet, wie sie auf etwa 50 % der Verjüngungsfläche in der Bundesrepublik Deutschland ausgebracht werden.

Inzwischen ist deutlich geworden, daß die **Winkelpflanzung** nicht mehr das ausschließliche und undifferenziert für alle Baumarten, Sortimente und Standorte zu empfehlende Pflanzverfahren ist. Es hat sich nämlich gezeigt, daß durch das „Eindrehen" der Wurzeln in den meist nicht genügend tiefen Spalt leicht knollenartige Wurzelverwachsungen oder Knickungen entstehen, die Eingangspforten für Pilze bilden und langfristige Wurzeldeformationen, mangelnde Standfestigkeit der Jungbäume zur Folge haben sowie zu Wuchsstockungen führen können. Bei den Stürmen der letzten Jahre sind teilweise zwanzig und mehr Jahre alte Bäume einfach umgeklappt. Zwar können Fichten ihre Wurzeln auf den meisten Standorten meist dann noch entfalten, wenn sie bei der Pflanzung in den Bodenspalt eingeklemmt und gegebenenfalls umgebogen wurden. Kiefern und Eichen verharren dagegen sogar auf sonst gut durchwurzelbaren Sandböden manchmal jahrzehntelang in der durch die Pflanzung vorgegebenen

Übersicht 7.16:   Gebräuchliche Handpflanzverfahren.

BILDLICHE DARSTELLUNG	VER-FAHRENS-TYP NR.	BENÖ-TIGTE ARBEITS-KRÄFTE	VERFAHRENS-BESCHREIBUNG	GEEIGNETE PFLANZEN-SORTIMENTE	GEEIGNE-TER BODEN-ZUSTAND	LEISTUNG Pfl./Std./Pers.
	Klemm-pflanzung 1	2–4	a: Stoßen der Löcher mit Klemmspaten, b: Einsenken der Pflanzen, c: Schließstiche, d: Andrücken des Bodens.	Sämlinge (Ki)	Ackerartig oder strei-fenweise her-gerichtete Sandböden.	150–200
	Schräg-pflanzung mit Pflanz-häckchen 2.1	1	a: Herstellen eines Spalts mit Pflanz-häckchen, b: Einschwingen der Wurzel, c: Herausnahme des Blattes, Festklopfen mit Rückseite.	Sämlinge	Günstiger Oberboden-zustand, keine Streu-auflage.	100–150
	Schräg-pflanzung mit Pflanz-hacke 2.2	1	a: Schlag eines mög-lichst senkrechten Pflanzspalts, b: Einschwingen der Wurzel, c: nach Herausnahme des Blattes Antreten mit Fuß.	Wurzelnackte Klein- oder Normalpflan-zen	Nicht zu leicht, nicht zu steinig.	100–150
	Schräg-pflanzung mit Buchen-bühler oder mit Hartmann Haue 2.3	1	a: Hochschwingen der Haue und deren Eindringen durch eigene Fallenergie. b: Öffnen von tiefem Pflanzspalt durch Auf- u. Abwärtsbe-wegung und seitl. Ausdrehen c: Einsetzen der Pfl. in den Spalt, Heraus-ziehen der Haue. d: Festdrücken der Pfl. durch Stoß mit der Hauenspitze.	Klein- bis Nor-malpflanzen: Buchenbühler H. mit Ein-dringtiefe 20 cm für Pfl. ≤ 60 cm. Hart-mann H. brei-ter und mit Eindringtiefe ≤ 25 cm für Pfl. ≤ 100 cm.	Nicht zu bin-dig, steinig oder locker. Keine stärkeren (> 5 cm) Reisig- oder Streuauf-lagen, keine stärkere Ver-grasung.	80–150
	Winkel-pflanzung 3.1	1	a: Schlag eines Win-kels mit 2 Beilhieben, b: Einschwingen der Wurzel in geöffneten Winkelspalt, c: Heraushebeln des Blattes, d: Antreten.	wie vor	wie vor	75–130
	Großwin-kelpflan-zung 3.2	1	a: Schlag eines großen Winkels mit je 2 Beilhieben, b-d: wie bei Winkel-pflanzung.	Besonders kräftige Pflanzen mit starkem Wur-zelwerk.	wie vor	60–80

Übersicht 7.16: (Fortsetzung)

BILDLICHE DARSTELLUNG	VER-FAHRENS-TYP NR.	BENÖTIGTE ARBEITS-KRÄFTE	VERFAHRENS-BESCHREIBUNG	GEEIGNETE PFLANZEN-SORTIMENTE	GEEIGNE-TER BODEN-ZUSTAND	LEISTUNG Pfl./Std./Pers.
	(Klassische) **Lochpflanzung mit Spaten** 4	2–3 (1 Hacken-, 1 Spatenführer, 1 Pflanzer).	a: Abziehen des Bodenüberzugs mit Hacke, b: Ausheben des Loches mit Spaten, c: Einstellen der Pflanze, d: Durchmengen des Bodens, Einfüllen, e: Festtreten.	Großpflanzen, stärkere Laubbaum-Heister mit großem Pflanzloch.	Alle Böden, auch schwierige Verhältnisse.	10
	Hohlspatenpflanzung 5	1 (–2)	(1) a: Ausstechen eines Erdpfropfens, b: Einsetzen einer Ballenpflanze mit ausgestochenem Erdballen, oder:	(1) Wildlingsballenpflanzen.	Nicht zu steinig, nicht zu stark durchwurzelt.	(1) 10–50
			(2) a: wie vor, b: Einschwingen einer wurzelnackten Pflanze, c: Wiedereinsetzen des Erdpfropfens.	(2) wurzelnackte Normalpflanzen.		(2) 60–80
Keine Darstellung, da viele Geräteprototypen.	**Containerpflanzung** 6	1 (–2)	a: Herstellen eines der Containerform entsprechenden Pflanzlochs mit Speziallochbohrer, b: Einsetzen des Ballens, c: Festtreten.	Containerpflanzen mit kleinem bis mittelgroßem Wurzelballen (< 0,5 l).	Nicht zu leicht, nicht zu steinig.	150–200

Schrägstellung oder Verkrümmung. Auf schweren lehmigen oder tonigen Böden verschärft sich diese Problematik.

Das **neue Spaltpflanzverfahren** mit den Buchenbühler und Rhodener Hauen erlaubt zwar die Herstellung tieferreichender Pflanzspalten, doch bleibt auch hier die Gefahr des Eindrehens oder Abknickens der Wurzeln bestehen. Beide Verfahren haben diesbezüglich ihre Bewährungsprobe noch nicht bestanden. Sie sind gleichermaßen nicht für Pflanzen mit sperrigem und weitausladendem Wurzelwerk geeignet, d. h. im wesentlichen nur für 1- und 2jährige Sämlinge sowie kleinere Verschulpflanzen. Einsatzgrenzen stellen stark bindige, sehr steinige und auch lockere Böden sowie Flächen mit erheblichen Rohhumus-, Reisigauflagen und stärkerer Vergrasung dar.

Sehr kleine Pflanzen (z. B. ein- oder zweijährige Sämlinge verschiedener Baumarten) lassen sich mit noch einfacheren Verfahren wie der **Klemmpflanzung** in den Boden bringen. Das verlangt jedoch meist eine ackermäßige Bodenbearbeitung.

Ballenpflanzen, Containerpflanzen und Heister fordern Öffnungen des Bodens von einer Größe, wie sie mit **Hohlspaten** hergestellt werden. Diese eignen sich auch für trockene Standorte mit dichter Humusauflage, wo die Wurzeln sicher und tief im Mineralboden verankert werden müssen. Der langsamere Arbeitsfortschritt mit diesem Gerät kann durch Verringerung der Pflanzendichte etwas ausgeglichen werden. Er ist auf jeden Fall aber gerechtfertigt durch die besseren Anwuchsergebnisse.

Bei hohem Steingehalt des Bodens oder sehr starker Rohhumusauflage ist es zweckmäßig, die teurere aber sichere **Lochpflanzung** anzuwenden, die in der Vergangenheit eines der wichtigsten Pflanzverfahren überhaupt darstellte. Vor allem auf sehr bindigen, d. h. tonigen Böden hat die Lochpflanzung der Winkelpflanzung gegenüber erhebliche „ökologische" Vorteile.

Wurzelnackte Pflanzen sollten grundsätzlich auf der Kulturfläche tiefer in den Boden gesetzt werden, als sie im Anzuchtbeet gestanden haben. Hierdurch wird vermieden, daß die Wurzeln nach der Pflanzung durch Wasser oder Wind freigelegt werden. Großpflanzen werden auf windexponierten Flächen zudem oft am Wurzelhals freigeschaukelt und bekommen dann die sogenannte „Kellerhals-Krankheit". Mindestens 5 cm tiefergesetzt überleben die Jungpflanzen signifikant besser und holen die Sproßhöhenherabsetzung durch vitaleres Wachstum meist schon im zweiten Jahr nach der Pflanzung wieder auf.

Seit den 30er Jahren haben auch **Maschinen** eine gewisse Bedeutung für forstliche Pflanzarbeiten bekommen. Mit ihrer Hilfe ist es möglich, die Pflanzungskosten zu senken, die Flächenleistung zu erhöhen und für die Arbeitskräfte eine etwas geringere Wetterabhängigkeit zu schaffen. In *Übersicht 7.17* ist eine Auswahl solcher Pflanz-

Übersicht 7.17: Maschinen für Pflanzungen

GERÄT	EIGNUNG FÜR	TECHNISCHE BESCHREIBUNG	ZUG-AGGREGAT	BEDIE-NUNGS-PERSO-NAL	GEEIGNE-TE PFLAN-ZENSOR-TIMENTE	LEISTUNG Pfl./Masch. Pfl./Pers.
Accord	„Ackerartig" hergerichtete Flächen; ggf. auf vorbereitete gelockerte Streifen.	Aus Rübenpflanzgerät entwickeltes Anhängegerät mit Scheibenkolter, kleiner Doppelschar (zur Herstellung der Pflanzfurche) und zwei nachlaufenden schräggestellten Walzen.	2 Aggregate an > 10 PS Traktor mit Ackerschiene. 4 Aggregate an > 30 PS Traktor	1 Traktorfahrer 2–4 Pflanzer 1 Zulieferer	< 50 cm Sproßlänge	3 000 Sämlinge oder 2 000 30–50 cm große Pflanzen 400–600
Tolne	Teilgeräumte, unbearbeitete, auch mit Stöcken besetzte Flächen; Pflzg. unter Ki- oder Lbb.Schirmbeständen.	Anbaugerät	> 30 PS Traktor mit genormter Dreipunkthydraulik zum Heben über Hindernisse	1 Traktorfahrer 1 Pflanzer (1 Zulieferer)	2j. Ki bis Großpflanzen	700–1000 200–300
Finnforester	Teilgeräumte, unvorbereitete Flächen mit Rohhumusauflage, Graswuchs, Feinreisig.	Anbaugerät mit vorgeschalteter Räumtrommel, mit Scharpflug zur Herstellung einer durchgehenden Pflanzfurche und drei schweren Andruckwalzen.	> 60 PS Traktor mit Dreipunkthydraulik zum Heben über Hindernisse	1 Traktorfahrer 1 Pflanzer (1 Zulieferer)	Kulturen mit engem Pflanzabstand (Ei, Ki)	500–1 500 200–500

Übersicht 7.17:   (Fortsetzung)

GERÄT	EIGNUNG FÜR	TECHNISCHE BESCHREIBUNG	ZUG-AGGREGAT	BEDIE-NUNGS-PERSO-NAL	GEEIGNE-TE PFLAN-ZENSOR-TIMENTE	LEISTUNG Pfl./Masch. Pfl./Pers.
Quickwood	Teilgeräumte, unbearbeitete Flächen auch mit steinigen Partien.	Anbaugerät mit hydraulischem Arm und Pflanzschuh, zieht auf Pedaldruck kurze Furche in Boden, gibt Pflanze frei, bringt Pflanzschuh in Ausgangslage. Intermittierende Arbeitsweise.	40–60 PS Traktor mit Dreipunkthydraulik zum Heben über Hindernisse	1 Traktorfahrer 1 Pflanzer (1 Zulieferer)	Normalpflanzen < 80 cm	500–700 200–300
Einmann-Erdbohrgerät „Pflanzfuchs"	Geräumte Flächen oder unter Schirmbeständen.	Einmannbohrgerät mit Rad; Pflanzung meist mit Spaten.	–	1 Maschinenführer 1 Pflanzer (1 Zulieferer) Getrennte oder gemeinsame Arbeit möglich.	Heister bis 2 m (je nach Wurzeltracht) Containerpflanzen	50–85 25–40
Bagger mit Pflanzkeil (1) oder -haken (2)	Ungeräumte, sehr schwierige Oberbodenverhältnisse (Sturmwurfflächen).	(1) „Darmstädter Verfahren": Pflanzkeil am hydraulischen Ausleger des Baggers ermöglicht alle Teilaufgaben: Teilflächige Räumung, Freilegen eines Pflanzplatzes, Herstellen eines Pflanzloches, Andrücken des Bodens.	> 100 PS Bagger	1 Baggerfahrer 1 Pflanzer (1 Zulieferer)	Heister/Starkheister ohne Begrenzung und voluminösem Wurzelsystem	100–200 50–100
		(2) „Modifiziertes Entenpfuhler Verfahren": Spezialhaken am Baggerausleger ermöglicht streifenweise Räumung und Herstellung eines tiefen Pflanzschlitzes. Pflanzen und Schließen des Schlitzes von Hand. Organisationsaufwendiges Verfahren.		1 Baggerfahrer 4 Pflanzer	wie vor	200–300 40–60

maschinentypen dargestellt. Bisher blieb ihr Einsatz in Deutschland auf einen geringen Flächenanteil beschränkt. Das hat folgende Gründe:
– Einige Typen arbeiten nur auf nicht zu bindigen, fast steinfreien, wenig durchwurzelten und höchstens mäßig geneigten Böden, vielfach überhaupt erst nach ackermäßiger Bearbeitung zufriedenstellend.
– Die meist geringe Größe und verstreute Lage vieler Verjüngungsflächen erschwert ihren rationellen Einsatz.
– Schließlich stehen der relativ hohe Kapitalbedarf und das Fehlen einer entsprechenden überbetrieblichen Organisation ihrer Anschaffung und ausreichenden Auslastung entgegen.

In vielen Gebieten der Erde spielen dagegen Pflanzmaschinen wegen der erreichbaren großen Flächenleistung eine erhebliche Rolle. Das gilt besonders dort, wo witterungsbedingt nur kurze Pflanzperioden zur Verfügung stehen. Kommt es in Mitteleuropa zu verstärkter Aufforstung landwirtschaftlicher Flächen, so werden Pflanzmaschinen allerdings auch hier eine große Bedeutung bekommen.

Die in den letzten Jahren verstärkte Verwendung von Laubbaumheistern – unter anderem zur Wiederaufforstung von Sturmwurfflächen mit großen Restholz- und Reisigauflagen – haben die Erprobung von Maschinen zur Erleichterung des Pflanzvorganges gefördert, und zwar das einrädrige Einmannerdbohrgerät sowie Bagger mit speziell konstruierten Pflanzkeilen oder -zähnen. Damit sind Geräte für die Heisterpflanzung sowohl unter einfachen Verhältnissen und auf kleinen Flächen als auch unter schwierigsten Bedingungen inzwischen im größeren Maßstab verwendet worden. Beide Ansätze dürften künftig zunehmende Anwendung finden.

Einen Eindruck von der Bedeutung, die die Pflanztechnik im praktischen Forstbetrieb hat, vermitteln Daten der niedersächsischen Landesforsten *(s. Tab. 7.25)*.

Tab. 7.25: **Flächen und Art der künstlichen Begründung** in den niedersächsischen Landesforsten im Durchschnitt der 5 Jahre 1988–1992 (n. Jahresbericht der Nieders. Landesforstverwaltung, 1992).

BEGRÜNDUNGSTECHNIK		FLÄCHE ha	ANTEIL %
Saat		50	2
Manuelle Pflanzung	ohne Schlagräumung	480	24
Manuelle Pflanzung	auf geräumter Fläche	350	17
Manuelle Pflanzung	nach Bodenbearbeitung	880	43
Maschinelle Pflanzung	ohne Bodenbearbeitung	30	2
Maschinelle Pflanzung	nach Bodenbearbeitung	150	7
Sonstige Maßnahmen		100	5
	Sa.	2 040	100

Danach werden über vier Fünftel aller künstlich verjüngten Bestände per Hand gepflanzt, und das weit überwiegend nach Bodenbearbeitung oder zumindest Schlagräumung. Demgegenüber machen maschinelle Pflanzungen kaum 10 % aus, und diese bedingen meist eine Bodenbearbeitung.

Diese Zahlen spiegeln die heutige – mehr für das Flachland typische – Praxis wieder. Im Mittelgebirgsraum dürfte die manuelle Pflanzung eine noch größere Rolle spielen, allerdings ohne Bodenbearbeitung, jedoch nach Flächenräumung.

7.5.5   Pflanzzeit

Wurzelnackte Pflanzen werden überwiegend im Frühjahr ausgebracht. Je nach den Witterungsgegebenheiten und den Standortsverhältnissen kommen jedoch auch andere Termine innerhalb der Vegetationszeit in Frage.

So hat angesichts der verstärkten Verjüngung mit Laubbäumen die Herbstpflanzung in den letzten Jahren eine zunehmende Bedeutung erhalten. Nähere Einzelheiten enthält *Übersicht 7.18.*

Übersicht 7.18:   Pflanzzeiten für wurzelnackte Pflanzen.

PFLANZ-ZEIT	ZEITRAUM	VORTEILE	ERSCHWERNISSE NACHTEILE	GEEIGNET FÜR	PHYSIOL. PFLANZEN-ZUSTAND
Frühjahr	Anfang März (nach Auftauen der oberen Bodenschichten), bis Mai (Tiefland); bis Juni (Gebirge).	Winterfeuchtigkeit im Boden; niedrigere Temperaturen günstig für Pflanzentransport, -lagerung, -ausbringung; bei sofortiger Aufforstung von Schlagflächen kein Produktionsverlust.	Trockenperiode Ende März / Mitte April; Schlagflächen oft noch nicht geräumt; Zusammendrängen aller Kulturarbeiten auf kurzen Zeitraum; größere Gefahr von Rüsselkäferbefall wegen frischer Stöcke.	Frühtreibende Laubbäume und Lärchen (Anfang März); wintergrüne Nadelbäume, spättreibende Laubbäume (bis Mai).	Vor Beginn des lebhaften Wurzelwachstums.
Spätsommer	Anfang August bis Ende September.	Entflechtung der Frühjahrsarbeitsspitze; günstigere Arbeitsbedingungen (besonders wichtig im Gebirge); Verwurzelung der Pflanzen im Boden, bevor im nächsten Frühjahr Wasserstreß auftreten kann.	Größere Gefahr von Frischeverlusten bei Transport, Pflanzung; schwierige Pflanzenbeschaffung, sofern nicht tägliche Anlieferung aus reviereigenen Pflanzgärten möglich; längeranhaltende Trockenzeiten.	Wintergrüne Nadelbäume	Nach Abschluß des Sproßlängenwachstums, vor wiedereinsetzendem Wurzelwachstum.
Herbst	Anfang Oktober bis Mitte November; bei günstigem Wetter bis in den Dezember.	Wie vor; winterkahle Pflanzen sind bereits im Boden verwurzelt, bevor sie im nächsten Frühjahr große Wassermengen zur Blattentfaltung benötigen.	Gefahr von Barfrostschäden im kommenden Winter; Gefahr von Frostschäden bei schlecht verholzten Baumarten (Rob., Schwarznuß). Wintergrüne Nadelbäume stehen im „Einzeleinschlag", trocknen deshalb u. U. aus.	Laubbäume, Lärchen	Nach Verholzung der Sprosse, bei noch anhaltendem Wurzelwachstum.

Pflanzen mit Wurzelballen (mit Hohlspaten ausgestochene Wildlings- oder in Baumschulen angezogene Ballen- oder Containerpflanzen) lassen sich grundsätzlich erfolgreich während der ganzen frostfreien Zeit setzen und geben dem Wirtschafter deshalb – das ist ihr Vorteil – eine erheblich größere Dispositionsfreiheit. In der Praxis hat sich jedoch gezeigt, daß auch sie beim Verpflanzen im Sommer oft hohe Ausfälle erleiden, weil die Wurzelballen austrocknen und die Pflanzen mit ihren Wurzeln nicht rasch genug Anschluß an die umgebenden Bodenschichten finden („Dochteffekt"). Außerdem werden die Pflanzen wegen ihrer nichtverholzten Triebe im Sommer leichter verletzt. Deshalb empfiehlt sich, sie im Frühjahr nur bis in den Juni hinein und dann erst wieder ab Ende August auszubringen.

Spätsommerpflanzungen von Nadelbäumen werden in der Praxis nur selten vorgenommen, dagegen ist die Laubbaumherbstpflanzung gegendweise zur Regel geworden.

7.5.6   Pflanzverbände

Forstpflanzen können auf eine der folgenden Weisen auf der Verjüngungsfläche verteilt werden:
– Dreieckverbände,
– Quadratverbände,
– Rechteckverbände,
– Reihenverbände,
– geklumpte Anordnungen (Nesterpflanzungen),
– unregelmäßige Anordnungen.

Während im Ausland noch Quadratverbände verbreitet sind, spielen in Deutschland heute allein die Reihenverbände – und zwar hauptsächlich aus arbeitstechnischen Gründen *(vgl. Kap. 7.5.6.3.2)* – eine Rolle. Dreieck- oder gar Fünf- und Sechseckverbände lassen sich nur schwierig im Gelände realisieren. Sie bieten außerdem keinen entsprechenden Vorteil.

Seit einigen Jahren werden „geklumpte" Anordnungen von Pflanzen manchmal auf dem Wege der Saat, meist aber per Pflanzung erprobt und propagiert. Sie werden als „Nester-", als „Trupppflanzungen" oder auch als „Biogruppen" bezeichnet und scheinen besonders für die Eichenverjüngung vorteilhaft zu sein. *Abb. 7.6* zeigt eine von vielen möglichen Anordnungen.

Die Idee geht auf den russischen Forstwissenschaftler OGIJEWSKI zurück, der sie »Verjüngung durch dichte Plätze« nannte, und wurde vor allem von SZYMANSKI (1986) untersucht und beschrieben.

Im Begriff „Verband" sind mehrere waldbaulich bedeutsame Informationen enthalten:
– Die **Anordnung der Pflanzen auf der Fläche,** der Verband im engeren Sinne,
– die **Pflanzendichte** (Pflanzenzahl pro Hektar),
– die Größe des für jede Einzelpflanze verfügbaren **Wuchs- oder Standraumes.**

Grundsätzlich gilt, daß Baumarten mit ausgeprägter Fähigkeit zur Selbstreinigung von den Ästen dichter gepflanzt werden als solche, die dazu nicht in der Lage sind. Viele Laubbäume als **Totastverlierer** werden daher stammzahlreicher begründet als die **totasterhaltenden** Nadelbäume, die zur Wertholzerziehung ohnehin geästet werden müssen.

Die Pflanzverbände beeinflussen Stabilität, Volumen- und Wertleistung stark und nachhaltig bis zum Ende der Umtriebszeit. Die dazu erarbeiteten Kenntnisse sind das Ergebnis von Verbandsversuchen, die hauptsächlich mit Nadelbäumen ausgeführt

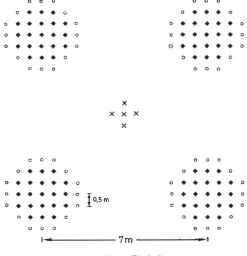

Abb. 7.6: Schema einer Eichennesterpflanzung.

Bei der hier wiedergegebenen Variante mit 200 »Nestern«/ha à 21 Eichen und 16 Hainbuchen (= 4 200 Ei, 3 200 Hbu/ha) liegt die Gesamtpflanzenzahl zwar im Rahmen der heute üblichen Mengen je Flächeneinheit. Durch diese Pflanzenanordnung lassen sich aber die Räumungs- und Pflanzungskosten reduzieren. Bedeutend geringer wird weiterhin der Aufwand für Kulturpflege und Läuterung. Außerdem konzentriert sich der Wildverbiß auf die Randbäume an den Nestern, so daß die im Zentrum stehenden Bäume weitgehend ungestört aufwachsen können. Erste Auswertungen ergaben problemlose Möglichkeiten für die Z.-Baumauswahl.

Die Flächen zwischen den Nestern können mit Baumarten mit kürzerer Umtriebszeit (z. B. Kirschen) für spätere Zwischennutzungen bepflanzt werden. Man kann sie aber auch der natürlichen Wiederbewaldung (Sukzession) überlassen.

◆ = Hauptbaumart (hier: Eiche)
○ = dienende Mischbaumart (hier: Hainbuche)
✕ = Zeitmischungsbaumart (hier: Kirsche)

worden sind. Ihnen haftet der Mangel an, daß sie ausschließlich in Reinbeständen mit Nadelbaumarten gewonnen wurden, die auf Freiflächen gepflanzt worden waren. Sie lassen deshalb nur bedingt Rückschlüsse auf laubbaumbestimmte Mischbestände zu, die unter Schirm aufwachsen, wie dies mehr und mehr angestrebt wird. Dennoch liefern sie Hinweise auf einige Gesetzmäßigkeiten der Entwicklung von Einzelbäumen und Beständen in Abhängigkeit von den verfügbaren Wuchsräumen. Auch für die Begründung von Mischbeständen sind einige der hier dargelegten Grundsätze wichtig, wie in *Kap. 7.6* noch näher erläutert werden wird.

7.5.6.1   Größe des Wuchsraumes

Für die Entwicklung von Bestand und Einzelbaum ist die Größe des Wuchsraumes wichtiger als dessen Form. Die vielfältigen Auswirkungen, die die unterschiedlichen Standräume auf das Baumwachstum haben, sind den *Übersichten 7.19* und *7.20* sowie den *Tab. 7.27* und *7.28* zu entnehmen.

Weite Verbände führen – wie in *Übersicht 7.19* erläutert – zu einer Erhöhung der Gesamtwuchsleistung, wirken sich also außerordentlich langfristig aus. Die Anteile von Vor- und Endnutzung ändern sich dagegen nicht.

7.5.6.2   Form des Wuchsraumes

Die durch die Art der Verbände bedingte Form des Wuchsraumes bei der Bestandesbegründung hat – s. *Übersicht 7.21* – nur geringen Einfluß auf das Baumwachstum.

Übersicht 7.19:   Einfluß der Pflanzdichte auf die Einzelbaum- und Bestandesentwicklung *(s. a. Tab. 7.26 und Übersicht 7.20).*

MERKMAL	AUSWIRKUNGEN DER PFLANZENDICHTE
Ausfälle im Kultur- stadium	Sie sind zwar im Prinzip unabhängig von der Pflanzendichte und werden im wesentlichen von Pflanzen- und Pflanzqualität, Bodenzustand, Witterung beein- flußt. Allerdings wird die Wirkung biotischer Schadfaktoren oft von ihr gesteuert *(vgl. Übersicht 7.20).* Bis zum Erreichen des Dickungsstadiums kann Dichtstand den Jungwüchsen helfen, die (interspezifische) Konkurrenz der Bodenvegetation rascher zu überwinden und dadurch Verluste zu verringern.
Baumzahl- entwicklung	Je dichter die Jungwüchse aufwachsen, desto eher kommen sie in Schluß, desto vehementer wird der intraspezifische Konkurrenzkampf, und desto mehr Indivi- duen werden unterdrückt und scheiden aus. Sofern nicht frühzeitig mit starken Eingriffen zur Baumzahlreduktion gegengesteuert wird, bleiben eng begründete Bestände bis zum Ende der Umtriebszeit stammzahlreicher als weit begründete.
Baumhöhen	Die Höhenentwicklung der herrschenden Bestandesglieder wird nur geringfügig beeinflußt: Nur sehr große Dichten und ausgeprägter Weitstand verringern sie. Bei mittleren Dichten wird ein Maximum erreicht. Auf armen und trockenen Standor- ten ist dieser Zusammenhang ausgeprägter als auf guten.
Durchmesser	Die Durchmesserentwicklung wird markant und nachhaltig von der Ausgangs- dichte geprägt. Vom Dicht- zum Weitstand steigt das Durchmesserwachstum zunächst stark, dann geringer werdend an. Der Effekt ist auf trockenen Standorten stärker als auf gut wasserversorgten. Er hält um so länger an, je weiter der Ausgangsverband ist. Ein einmal erreichter Vorsprung bleibt bis zum Ende des Bestandeslebens bestehen.
Schaft- und Kronenform	Engstand führt zu voll-, Weitstand zu abholzigen Bäumen. Diese besitzen deshalb ein niedrigeres h : d-Verhältnis und sind entsprechend stabiler. Nach Erreichen des Bestandesschlusses steigt der h : d-Wert. Trotzdem bleiben ursprünglich weitbe- gründete Bäume auch in höherem Alter noch abholziger und damit stabiler als eng aufgewachsene, gleichgültig, ob durchforstet worden ist oder nicht. Eng korreliert mit dem Durchmesserwachstum ist die Ausbildung der Krone: Weitständig erwach- sene Bäume haben lange und breite Kronen.
Volumen	Mit der Zunahme des Durchmesserwachstums vom Eng- zum Weitverband erhö- hen sich die Volumina der Einzelbäume stark. Auch die Volumenproduktion ganzer Bestände ist verbandsabhängig: Große Dichte führt immer, und auf trockenen und nährstoffarmen Standorten besonders deutlich, zu Minderleistun- gen, die bis ins Endnutzungsalter nachweisbar bleiben. Werden die Verbände weiter und der Standraum der Einzelbäume damit größer, so steigt auch der flächenbezogene Zuwachs des gesamten Bestandes an. Das geht so allerdings nur bis zu einem Dichteoptimum, nach dessen Überschreitung auch starkes Einzel- baumwachstum die Abnahme der Baumzahl nicht weiter zu kompensieren in der Lage ist.

Wenn man Extreme vermeidet, sind Reihen-, verglichen mit Quadratverbänden, hin- sichtlich der Ausformung der Bäume nicht nachteilig.

Verbände mit weiten Reihenabständen begünstigen die Stabilität gegenüber Schneeschäden und werden daher vielfach in gefährdeten Höhenlagen angewendet.

Tab. 7.26:   Gesamtwuchsleistung und **Vornutzungsprozente** für Fichten- und Kiefernbestände guter Leistungsfähigkeit bei gestaffelter Durchforstung **in Abhängigkeit von der Ausgangsdichte** (n. FRANZ, 1974 und 1983).

BAUMART	MASSEINHEIT	AUSGANGSPFLANZENZAHL (Stck./ha)		
Fichte (Umtriebszeit = 100 J.)		10 000	5 000	3 000
Gesamtwuchsleistung	Vfm$_D$	954	1 016	1 089
Vornutzung	%	27	28	29
Kiefer (Umtriebszeit = 140 J.)		20 000	15 000	10 000
Gesamtwuchsleistung	Vfm$_D$	825	828	848
Vornutzung	%	53	53	54

Weite Verbände führen – wie in *Übersicht 7.19* erläutert – zu einer Erhöhung der Gesamtwuchsleistung, wirken sich also außerordentlich langfristig aus. Die Anteile von Vor- und Endnutzung ändern sich dagegen nicht.

Übersicht 7.20:   Einfluß der Pflanzendichten auf Holzqualität und Belastung durch biotische Schadursachen *(vgl. auch Tab. 7.27).*

MERKMAL	AUSWIRKUNGEN DER VERBÄNDE
Astdurch-messer	Die Aststärke wird wie der Stammdurchmesser vom verfügbaren Wuchsraum beeinflußt. Die Aststärke nimmt mit dem Standraum zunächst stark, dann nur noch geringfügig steigend bis zu einem Maximalwert zu, den der Solitär erreicht.
Astlänge	Stärkere Äste haben zugleich größere Längen, die sich ebenfalls bis zu einem Höchstwert hin steigern.
Astzahl	Kiefern vergrößern die Zahl der Äste je Quirl bei Erweiterung der Verbände geringfügig. Für andere Baumarten ist das nicht eindeutig.
Holzqualität	Holz aus weiter begründeten Beständen ist ästiger und damit etwas weniger zug- und biegefest. Aus optischen Gründen eignet es sich weniger für anspruchsvolle Verwendungszwecke.
Jahrringbau	Durch weite Verbände wird die Diskrepanz zwischen breiten Ringen in der Jugend und schmaleren im Alter verstärkt. Das läßt sich jedoch durch entsprechende Durchforstungen stark abmildern. Aber eng aufwachsende Bäume erfahren oft erhebliche – unerwünschte – Jahrringsprünge, wenn sie bei Pflegemaßnahmen freigestellt werden.
Stammdefor-mationen	Die Häufigkeit von Stammverkrümmungen und -verzwieselungen nimmt bei einigen Arten (Kiefer, Eiche, Buche) mit weiterem Stand zu.
Biotische Schäden	Bei weiteren Verbänden konzentriert sich der Druck des Wildes auf weniger Pflanzen. Ähnliches wurde bei Insekten beobachtet (Posthornwickler in Kieferndickungen, Rüsselkäferbefall bei Freiflächenkulturen). Pilzinfektionen treten dagegen in eng begründeten Beständen verstärkt auf (Rotfäulebefall wegen der vermehrten Wurzelkontakte; Lärchenkrebs, Kiefernschütte wegen der herabgesetzten Windbewegung und damit eines „pilzfreundlicheren" Milieus).

Tab. 7.27: Wirkung der Ausgangsverbände auf Wachstum und Qualität von 12jährigen Kiefern. Nieders. FoA Fuhrberg (n. Huss, 1984).

KOLLEKTIV	MERKMAL	MASSEINHEIT	AUSGANGSPFLANZENZAHL[1] (Stck./ha)		
			20 000	10 000	5 000
Gesamt	Abgestorbene Bäume	%	31	16	10
	Herrschende Bäume	Stck./ha	4 000	3 860	2 020
		%	29	45	46
Vorherrschende Bäume (≈ 1500 stärkste Bäume/ha)	Höhe	m	5,78	5,76	5,41
		%	100	100	94
	Durchmesser	cm	7,0	7,6	8,2
		%	100	110	117
	Grundfläche	cm^2	38	46	52
		%	100	120	137
	h:d		85	77	68
	Stärkster Ast	cm	2,1	2,4	2,9
	Astzahl im Quirl	Stck.	5,9	6,1	6,3
	Tiefzwiesel	%	8	8	16
	Durchschn. Stammkrümmung	cm	4,6	4,3	5,8
	Bäume mit Schälschäden	%	66	68	89

[1] Die entsprechenden Verbände waren: 1,4 × 0,35, 1,4 × 0,7 und 1,4 × 1,4 m.

Die engen Verbände hatten bereits zu einem heftigen Ausscheidungskampf unter den Kiefern geführt. Aber auch in den Weitverbandsparzellen war eine starke Differenzierung offenkundig. Über die Hälfte der noch lebenden Bäume war bereits aus der Oberschicht abgedrängt worden.

Die etwa 1500 vorherrschenden Bäume je ha der Dickung, aus denen sich einmal der Endbestand rekrutieren wird, waren im Weitstand um 6% niedriger als im Engstand, hatten aber um 17% stärkere Durchmesser und damit rund ¹/₃ größere Volumina. Während die herrschenden Bäume im Dichtstand bereits instabil zu werden begonnen (hoher h:d-Wert), war das im Weitstand noch keineswegs zu befürchten.

Die Parameter der Stammqualität unterschieden sich im engen und mittelweiten Verband nicht erheblich. Erst zum Weitstand hin hatten die Kiefern mehr und stärkere Äste, verzwieselten häufiger und wiesen größere Abweichungen von der Geraden am Erdstammstück auf. Außerdem wurden hier mehr Bäume von Rotwild geschält.

7.5.6.3 Pflanzverbände und Waldbewirtschaftung

7.5.6.3.1 Verbände und Betriebssicherheit

Wie in *Übersicht 7.19* dargelegt, beeinflußt die Größe des Wuchsraumes das Durchmesserwachstum im unteren Stammbereich sehr stark. In weitem Stand aufgewachsene Bäume sind deshalb von früher Jugend an abholziger, dadurch stabiler und dank ihrer größeren Kronen vitaler. Dies hat vor allem für Nadelbaumbestände entscheidende Bedeutung im Hinblick auf verschiedene **Schadbelastungen:**

Übersicht 7.21: **Einfluß der Form des Wuchsraumes auf die Ausformung der Bäume.**

MERKMAL	AUSWIRKUNGEN DER FORM DER VERBÄNDE
Kronenform	In Quadratverbänden entwickeln sich eher allseitig gleichmäßige Kronen als in asymmetrisch geformten Standräumen. In Reihenverbänden bilden sich nach zwei Seiten hin vergrößerte, aber trotzdem einigermaßen ausgewogene und stabile Kronen.
Stammform	Bei asymmetrischem Wuchsraum besteht die Gefahr von Stammkrümmungen bei „lichtwendigen" Baumarten.
Stammquerschnitt	Ungleichmäßig geformte Kronen führen zu ovalen Stammquerschnitten; der Einfluß des Wuchsraumes wird aber in Mitteleuropa meist überlagert durch die Windbelastung.
Jahrringbau	Ovale Stammquerschnitte sind verbunden mit exzentrischem Jahrringbau.
Astbildung	Bei Reihenverbänden werden die Äste dicker und länger „zwischen" den als „innerhalb" der Reihen; der Konkurrenzdruck „in der Reihe" beeinflußt jedoch die Astbildung „zwischen den Reihen", verhindert also bei Reihenverbänden wesentliche Qualitätsminderungen (das trifft selbst noch für den gebräuchlichen Fichten-Verband 3 × 1 m zu).

(1) Bei **Schnee- und Eisschäden** sind besonders für jüngere und mittelalte Fichten- und Kiefernbestände gesicherte Zusammenhänge mit dem Verband bei der Bestandesbegründung in dreierlei Hinsicht nachgewiesen *(s. Tab. 7.28 und vgl. Abb. 5.28)*:
   – Der Anteil geschädigter Bäume nimmt mit weiteren Verbänden ab.
   – Flächenmäßig prägen sich die Schäden verschieden aus: In eng aufgewachsenen Beständen überwiegt gruppen- bis flächenweiser Bruch oder Druck, in weiterständigen Einzelbruch.
   – Die Art der Schäden ändert sich: In eng begründeten Beständen werden viele dünne Bäume gebogen und umgedrückt, mittelstarke erleiden tödliche Schaft- und Kronenbrüche, starke dagegen allenfalls unbedeutendere Spitzenbrüche. Mit der Vergrößerung des Wuchsraumes und damit des Anteiles großkroniger Bäume sinkt infolgedessen die Gefahr von Totalausfällen.
(2) **Sturmschäden** nehmen mit der Höhe der Bäume zu und richten daher die meisten Schäden in älteren Beständen an. Da die Verbände hinsichtlich der Bestandesstabilität einen Langzeiteffekt haben, sind von vornherein weiterständig aufgewachsene Bäume gegenüber enger begründeten auch in höherem Lebensalter noch stabiler – gleichartige Pflegemaßnahmen vorausgesetzt.
(3) Hinsichtlich der **Immissionsbelastungen** deutet manches darauf hin, daß gut bekronte vitale Individuen sie besser zu ertragen vermögen als eingeklemmte Bäume, und daß Bestände mit vielen kräftigen Exemplaren am längsten überleben. Solche Bestände entstehen am sichersten bei relativ weitständiger Begründung.

Tab. 7.28:   Schneebruchschäden an 20jährigen Fichten **in Abhängigkeit vom Ausgangsverband.**
Versuch Braunlage/Harz, Niedersachsen (n. KRAMER U. SPELLMANN, 1980).

MERKMAL		AUSGANGSPFLANZENZAHL (Stck./ha)[1]			
		4 444	2 500	1 600	1 111
Schneeschäden gesamt	%	32	16	5	4
davon **Totalausfälle**	%	98	94	83	59

[1] Die entsprechenden Verbände waren: 1,5 × 1,5, 2 × 2, 2,5 × 2,5 und 3 × 3 m.

Mit erweitertem Wuchsraum verminderte sich der Anteil geschädigter Bäume drastisch. Außerdem nahm die Stärke der Schäden im Einzelfall ab.

7.5.6.3.2 Verbände und Verjüngungskosten

Mit der Ausgangspflanzenzahl stehen die Kosten für das Pflanzgut in linearem Zusammenhang. Alle Arbeiten auf den Kulturen selbst werden aber zusätzlich durch die Anordnung der Pflanzen auf der Fläche beeinflußt. Hier bieten die Reihen- gegenüber den Quadratverbänden so erhebliche arbeitstechnische und damit auch Kostenvorteile, daß sie heute in der Praxis zur Regel geworden sind *(s. Tab. 7.29 und 7.30).*

Tab. 7.29:   Die Verkürzung der Wegstrecken beim Übergang von Quadrat- zu Reihenverbänden.

AUSGANGSPFLANZENZAHL (Stck./ha.)			VERBAND (m)	
10 000			1 × 1	2 × 0,5
(z. B. Kiefer, Buche, Eiche)	Wegstrecke {	m	10 000	5 000
		%	100	50
3 300			1,75 × 1,75	3 × 1
(z. B. Fichte, Douglasie, Tanne)	Wegstrecke {	m	5 715	3 333
		%	100	58

Die Wegstreckenverkürzung bewirkt Ersparnisse z. B. bei folgenden Teilarbeiten: Pflanzung, Streifenweise Bodenbearbeitung, Spritzen gegen Rüsselkäfer, Nachbessern, Unkrautbekämpfung, Schutz gegen Wildverbiß, Jungwuchspflege.

Tab. 7.30:   Pflanzenzahl und Begründungskosten bei einer Fichtenkultur (Versuch Köcherhof/ Baden, n. MELZER, 1963).

KRITERIUM		VERBAND (m)		
		1 × 1	2 × 1	2 × 1,5
Pflanzenzahl	%	333	150	100
Kulturkosten	%	250	130	100

Mit weiteren Verbänden vermindern sich die Kulturkosten ganz erheblich, wenn auch etwas unterproportional zur Ausgangspflanzenzahl, weil Rüst- und Verteilzeiten sich nicht in dem Maße vermindern wie die eigentlichen Arbeitszeiten auf der Fläche.

7.5.6.3.3 Verbände und Betriebsergebnis

Die Ausbeute stärkerer Sortimente nimmt im Verlauf des gesamten Bestandeslebens von engen zu weiteren Verbänden erheblich zu *(s. Tab. 7.31)*. Die Gesamtwertleistung steigt daher weit überproportional zur Gesamtwuchsleistung an *(s. Tab. 7.32)*.

Tab. 7.31: **Stammholzanteil** am Durchforstungsanfall in einem 56jährigen Fichtenbestand **in Abhängigkeit vom Ausgangsverband** (Nieders. FoA Mariental, n. KRAMER, 1960).

		VERBAND (m)			
		1 × 1	1,25 × 1,25	1,5 × 1,5	1,75 × 1,75
Stammholzanteil	%	66	76	81	100

Tab. 7.32: **Gesamtwuchs- und -wertleistung** 92jähriger Fichten **in Abhängigkeit vom Ausgangsverband** (Wuchsraum 0,25–5 m²) bei sonst vergleichbarer Behandlung im Versuch Köcherhof/Baden (n. ALTHERR, 1965).

KRITERIUM		VERBAND (m)		
		0,5 × 0,5	1 × 1	2 × 2,5
Gesamtwuchsleistung	%	96	100	109
Gesamtwertleistung	%	97	100	128

Ausgangsdichten von 2000 Pfl/ha haben die Volumen- und Wertleistung gegenüber der dichten Ausgangslage ganz wesentlich erhöht. Mit Überdichten sind also erhebliche Leistungsverluste verbunden. Dabei ist zu bedenken, daß ein erheblicher Teil der Fichtenbestände, wie sie heute großflächig vorkommen, aus Ausgangsdichten zwischen 5000 und 10000 Pfl./ha hervorgegangen sind.

7.5.6.4   *Pflanzverbände in der waldbaulichen Praxis*

Die in der forstlichen Praxis üblichen Pflanzverbände ergeben sich als Kompromiß zwischen den Forderungen nach hoher Volumen- und Wertleistung von Einzelbaum und Bestand, nach ausreichender Stabilität sowie nach niedrigen Verjüngungs- und Pflegekosten. Außerdem werden sie von folgenden Vorgaben bestimmt:
(1) Verhalten der Baumarten,
(2) Standort und Vorbestand,
(3) Gestaltungsmöglichkeiten des Verjüngungsbetriebes.

Zu (1): Verhalten der Baumarten *(vgl. auch Kap. 5.4 und 9)*
Hinsichtlich der Pflanzendichten sind Laub- und Nadelbäume unterschiedlich zu beurteilen:
– **Laubbäume** müssen sich als **Totastverlierer** durch hinreichenden Dichtstand selbst reinigen. Erst, wenn ein astreines Erdstammstück von 8–12 m Länge sichergestellt ist, kann das Dickenwachstum mit Durchforstungen forciert werden. In der Jungbestandsphase kann die Förderung der Holzqualität stärker berücksichtigt werden

als die der Stabilität, da die winterkahlen Laubbäume nur wenig durch Schnee und
Sturm gefährdet sind.
– **Nadelbäume** lassen sich als **Totasterhalter** nur ausnahmsweise durch enge Verbände
astrein erziehen. Ist Astreinheit ein wesentliches Erziehungsziel, so muß geästet
werden. Wird nicht geästet, so kompensieren das stärkere Durchmesserwachstum
und eine hohe Gesamtwuchsleistung bei weiteren Pflanzabständen die durch gröbere Äste bedingte Qualitätsminderung in einigem Umfang.

Zu (2): Standort und Vorbestand
Folgende Bedingungen ermöglichen oder erfordern eine **Verringerung der Pflanzen-
zahl:**
– Trockene oder nährstoffarme Böden, auf denen das beschränkte Angebot an Was-
ser- und Nährelementen nur für eine bemessene Zahl von Bäumen ausreicht,
– Standorte mit nur geringfügiger Konkurrenz durch die Bodenvegetation, sei das von
Natur aus oder nach Bodenbearbeitungen bzw. Unkrautbekämpfungen,
– Anbau unter Schirm, da die Bäume dann wipfelschäftig und feinastig aufwachsen.

Nur selten ist eine **Erhöhung der Pflanzendichte** angebracht. Das geschieht dann mit
der Absicht, das Verjüngungsziel auch unter extrem ungünstigen Bedingungen wie in
Spätfrostlagen, bei Bodenverwilderung und Bodendegradationen und dementsprechend zu erwartenden großen Ausfällen zu erreichen. Dichter begründete Jungbestände schließen sich eher. In solche fliegen deshalb weniger leicht Mischbäume ein
und entwickeln sich zu Konkurrenten, die u. U. – wenn nicht betriebszielgerecht – mit
erheblichen Kosten zurückgedrängt werden müssen.

Zu (3): Gestaltungsmöglichkeiten des Verjüngungsbetriebes
Eine **Herabsetzung der Pflanzendichten** ist ebenfalls zweckmäßig bei:
– Verwendung von besonders wuchskräftigen, frischen und homogenen Pflanzen,
z. B. aus der eigenen Baumschule,
– Vorhandensein eines günstigen Pflanzbettes nach Bodenbearbeitungen,
– sicherem Schutz gegen Wild und andere biotische oder abiotische Belastungen.

Die Praxis der letzten drei Jahrzehnte hat in erschreckendem Maße gezeigt, daß dicht
aufwachsende Jungbestände aus betrieblichen oder finanziellen Engpässen immer
wieder nicht rechtzeitig und genügend intensiv durchgepflegt wurden. Das hat zu einer
vielfach bedenklichen Instabilität vor allem vieler Nadelbaumbestände und zu regional
schweren Schäden durch Schnee und teilweise auch durch Stürme geführt. Allzu oft
tendieren Forstpraktiker dazu, relativ enge Verbände zu wählen, weil sie vorrangig
deren formende Wirkung auf die Holzqualität wie Feinastigkeit und Vollholzigkeit im
Auge haben, nicht jedoch genügend die langfristige Steuerung der Bestandes- und
Einzelbaumstabilität bedenken.
    Wenn man zudem einkalkuliert, daß sich eventuell einmal durch Ausfälle entstan-
dene Lücken durch Ansamung von Pioniergehölzen zu füllen pflegen, die dann dementsprechend als „Füllhölzer" agieren, so ist generell anzuraten, bei den Pflanzendichten eher die unteren Grenzwerte anzuhalten.

Eine **Erhöhung der Pflanzenzahlen** ist vertretbar bei:
– Möglicher Christbaumnutzung (Fichte, Tanne, Küstentanne),
– vorgesehener Entnahme von wurzelnackten Pflanzen oder Ballenpflanzen für Nachbesserungen oder Pflanzungen auf Nachbarflächen.

In der Praxis unterbleiben diese Nutzungen jedoch meist und dienen nur als Rechtfertigungen für hohe Pflanzenzahlen.

7.5.6.5   *Rahmenwerte für Pflanzenzahlen und Verbände der wichtigsten Baumarten*

In *Übersicht 7.22* sind Grenzwerte für die Wahl der Verbände unter günstigen und ungünstigen Bedingungen bei der Kulturbegründung angegeben.

Die Pflanzenzahlen für Reinbestände sollten sich innerhalb dieses Rahmens bewegen. Sie dienen gleichfalls der Orientierung für Mischbestände, wenn die jeweiligen Baumarten als Gruppen, Horste oder gar Kleinbestände eingebracht werden.

Die Diskussion um die besten Pflanzendichten hat – obwohl seit Anfang der geregelten Forstwirtschaft ständig geführt – in den letzten zwei Jahrzehnten neue Aktualität erhalten und ist auch noch nicht zum Ende gekommen. Die Empfehlungen der staatlichen Forstverwaltungen – und nur sie kodifizieren diese in Form von Merkblättern oder Erlassen – weichen teilweise erheblich voneinander ab. So werden für totasterhaltende Nadelbäume teilweise noch erheblich niedrigere Pflanzenzahlen angegeben. Das hat zwei Gründe:
– Zum ersten wird unterstellt, daß sich neben den gepflanzten Individuen noch zahlreiche Bäume und Sträucher aus vorhandenen Jungwüchsen entwickeln oder durch Anflug einfinden. Wird also das früher übliche übertriebene Reinigen der Kulturen von „unerwünschten Weichlaubhölzern" unterlassen, so sind diese geeignet, die Jungbestände aufzufüllen und zu verhindern, daß es zu ausgeprägtem Weitstand kommt.
– Zum zweiten wird davon ausgegangen, daß später Z.-Bäume ausgewählt und diese geästet werden, so daß eine etwas stärkere frühe Ästigkeit akzeptiert werden kann. Auch die Ästung von Laubbäumen wird bei immer mehr Baumarten dann in Aussicht genommen, wenn in Jungwüchsen Fehlstellen entstanden sind und starke Äste an den Randbäumen beseitigt werden müssen.

Mit den bisher empfohlenen – höheren – Pflanzenmengen wurde dem Risiko, daß durch Ausfälle einzelner oder einiger weniger Individuen Fehlentwicklungen an ihren Nachbarn eintreten könnten mehr Rechnung getragen. Mit der – kostensparenden – Herabsetzung aber werden die späteren Jungbestandspflegemaßnahmen ggf. aufwendiger und ihrerseits teurer.

7.5.7   Nachbesserungen und Ergänzungen von Jungwüchsen

7.5.7.1   *Notwendigkeit von Nachbesserungen*

Verjüngungen gelingen selten aus einem Guß. Auf Naturverjüngungsflächen bleiben Fehlstellen unbestockt, und auf gepflanzten Kulturen entstehen unbestockte Flächenteile durch Ausfälle von Pflanzen.

Diese Ausfälle sind abhängig von den folgenden Faktoren:
– Die **Witterung** während der Pflanzung und einige Wochen danach spielt eine entscheidende Rolle.
So schwankten die Ausfälle im niedersächsischen Staatswald im Zeitraum von 1972–1982 je nach Gunst oder Ungunst des Wetters zwischen 17 und 53 %.

Übersicht 7.22: Rahmenwerte für Pflanzendichten, Standflächen und maximale Reihenabstände der wichtigsten Baumarten.

BAUMART	PFLANZEN-DICHTE Stck./ha	STAND FLÄCHE m²/Pfl.	MAXIMALER REIHEN-ABSTAND m	BEMERKUNGEN
Eiche	15 000–7 000	0,7–1,3	2	Im Hinblick auf Wertholztauglichkeit wird bei Traubeneichen oft der obere Grenzwert angehalten. Bei Stieleiche eher der untere.
Roteiche	(10 000)–3 000	1–3,3	2,5	Wegen rascheren Wachstums weniger Pflanzen als bei Eiche möglich.
Buche	10 000–5 000	1–2	2	Wegen langsamen Jugendwachstums, vieler Gefahren und unbefriedigender Stammformen oberer Grenzwert häufig.
Hainbuche	5 000–2 000	5	3	Auf verunkrauteten Böden und bei Wildbelastung oberer Grenzwert, in Mischung niedrigere Pflanzenzahlen, als dienende Baumart auch < 2 000.
Ahorn Esche Kirsche }	7 000–2 500	2–4	3	Rasches Jugendwachstum sichert schnelle Flächendeckung.
Linde	8 000–3 000	1,3–3	2,5	
Roterle	5 000–2 000	2–4	3	Sehr schnelles Jugendwachstum sichert rasche Flächendeckung. Als Vorwald < 2 000 Pfl./ha.
Schwarzpappel	500–200	20–50	754	} vgl. Kap. 5.1.6.3
Balsampappel	800–400	10–15		
Aspe	600	16		
Fichte	(5 000)–2 000	2–4	3	Auf vielen Standorten Stabilität wichtig, deshalb dort unterer Grenzwert; in Hochlagen u. U. noch niedriger.
Tanne	3 300–2 500	3	3	Kaum jemals reinbestandsweise gepflanzt.
Küstentanne	3 000–1 500	3–6	4	Wegen raschen Jugendwachstums meist unterer Grenzwert anzuhalten; aber oft hohe Ausfälle.
Douglasie	3 500–2 000	3–5	4	In steileren Lagen, auf unkrautarmen Flächen und bei Wildschutz auch weniger (bis 1 500 Pfl./ha).
Strobe	3 300–2 000	3–5	4	
Kiefer	(10 000)–3 000	1–3,3	2,5	Da meist nur noch auf armen Standorten < 10 000 Pfl./ha.
Schwarzkiefer	(10 000)–3 300	1–3	2	
Europ. Lärche	2 500–1 300	4–7,5	3	
Jap. Lärche	3 000–2 500	2–3	2,5	Wegen des höheren Anwuchsrisikos (Trockenzeiten) mehr Pflanzen als bei Europ. Lärche.

- Die **Baumarten** sind unterschiedlich empfindlich gegenüber Verpflanzung.
  So wachsen z. B. Fichten nahezu immer besser an als Douglasien *(vgl. Tab. 7.9).*
- Die **Behandlung der Pflanzen** auf dem Transport vom Beet in der Baumschule auf die Kulturfläche entscheidet über das Verjüngungsergebnis.
- Der **Boden** und seine **Herrichtung** kann die Abgänge gleichfalls wesentlich beeinflussen *(vgl. Tab. 7.8 und 7.9).*
- Außerdem erhöht **Seiten- oder Schirmschutz** durch Altbäume oder einen Vorwald die Überlebenschancen auf Freiflächen oftmals erheblich.

Die meisten Pflanzen erleiden einen **Pflanzschock,** der ihre Entwicklung mindestens 1–2 Jahre, oft auch länger, hemmt. Sind sie bereits schwer geschädigt oder auf der Verjüngungsfläche starken Streßbedingungen ausgesetzt, so sterben sie meist kurz nach dem Verpflanzen ab, vielfach jedoch auch erst im Laufe der ersten Vegetationszeit oder dem darauffolgenden Winter. Abgänge, die noch später eintreten, stehen normalerweise nicht mehr in Zusammenhang mit dem Pflanzschock, sondern gehen auf das Konto anderer Belastungen, z. B. Konkurrenz durch die Bodenvegetation oder Wildverbiß.

Das Auspflanzen von Fehlstellen in natürlich angekommenen Jungwüchsen wird **Ergänzung** genannt, während der Ersatz ausgefallener Pflanzen **Nachbesserung** heißt.
  Zur Beurteilung der Notwendigkeit von Nachbesserungen oder Ergänzungspflanzungen dienen die folgenden Überlegungen:
- Ausfälle bis zu etwa 10 % brauchen nicht nachgebessert zu werden, wenn sie einigermaßen gleichmäßig über die Verjüngungsfläche verteilt sind. Sie sind als das übliche Risiko bei der Festlegung von Pflanzendichte und Verband schon einkalkuliert worden.
- Sind größere Fehlstellen durch Ausfall von mehr als zwei benachbarten Pflanzen entstanden, so muß nachgepflanzt werden. In Jungwüchsen aus Naturverjüngungen oder Saaten sind Ergänzungen dann erforderlich, wenn die Lücken den Standraum von drei und mehr Pflanzen bei Zugrundelegung eines praxisüblichen Verbandes überschreiten.
- Für Weitverbandskulturen gelten strengere Maßstäbe. Hier kann es notwendig sein, jede ausgefallene Pflanze zu ersetzen.
- Unter Schirm entwickeln sich die Jungwüchse weniger astig, so daß die Pflanzenabstände größer als auf den Freiflächen sein und damit auch größere Lücken toleriert werden können.
- Fehlstellen sind weniger bedenklich, wenn sie durch anfliegende Weichlaubbäume wie Birken, Aspen, Weiden geschlossen werden.

Bei den Nachbesserungen wird oft des Guten zuviel getan. Aus „Angst vor dem Loch" bzw. wegen mangelnder Vorstellungskraft vieler Forstleute über die spätere Entwicklung der zunächst so klein erscheinenden Bäume und der anfangs so groß wirkenden Lücken werden allzu oft auch kleinste Fehlstellen „nachgebessert". Statt dessen sollte lieber – sehr kostenmindernd – abgewartet und später eine gelegentliche Starkästigkeit von vorherrschenden Randbäumen mit der Ästungssäge behoben werden.

7.5.7.2   Ausführung der Nachbesserungen und Ergänzungen

Pflanzen sind nur dann für Nachbesserungen oder Ergänzungen geeignet, wenn sie den bereits vorhandenen nach Entwicklungsstand und Vitalität entsprechen. Auf Kulturen werden daher – am besten auf einer Teilfläche konzentriert – etwa 10% mehr Pflanzen ausgebracht als dem Verband entsprechen würde. Diese werden dann im nächsten Jahr mit kleinem Ballen oder wurzelerdig ausgestochen und als Nachbesserungspflanzen umgesetzt. In natürlich angekommenen Jungwüchsen müssen Ergänzungspflanzen etwa dieselbe Größe haben wie die angrenzenden bereits vorhandenen.

Beide Forderungen, deren Mißachtung unweigerlich zu Mißerfolgen führt, machen es unabdingbar, daß Nachbesserung und Ergänzung so früh wie möglich ausgeführt werden, und das bedeutet: Nach Pflanzungen im Frühjahr des nächsten Jahres und in Naturverjüngungen, bevor diese mehr als Kniehöhe erreicht haben. Längere Zeiträume stehen nur dann zur Verfügung, wenn sich die Jungwüchse unter einem gleichmäßigen dichten Altholzschirm sehr langsam entwickeln.

7.5.7.3   Technik der Nachbesserungen und Ergänzungspflanzungen

Nachbesserungen werden grundsätzlich nur von Hand ausgeführt, und zwar am besten als Hohlspatenpflanzung (vgl. Übersicht 7.16).

Der Zeitaufwand dafür ist größer als bei Erstkulturen, da das Aufsuchen der Fehlstellen mit weiteren Laufwegen verbunden ist. Sorgfältige Vorerhebungen, möglichst mit Anfertigung von Kartenskizzen, können diese Arbeiten wesentlich verkürzen.

Nachbesserungen erleiden höhere Ausfälle als Erstkulturen. Sie werden zum einen in der Praxis meist erst vorgenommen, nachdem alle Neukulturen durchgeführt worden sind. Die Pflanzen haben dann länger im Einschlag gelegen und werden oft infolge der fortgeschrittenen Jahreszeit bei wärmerem und trockenerem Wetter ausgebracht. Zum anderen kann das längere Herumtragen auf den Nachbesserungsflächen zu weiteren Frischeverlusten führen.

Aus diesen Gründen ist es gerade bei Nachbesserungen sehr vorteilhaft, Ballenpflanzen oder gut wurzelerdig ausgestochene Pflanzen aus derselben Kulturfläche, geeigneten Naturverjüngungen oder aus einer betriebseigenen Baumschule zu verwenden. Darauf sei noch einmal mit Nachdruck hingewiesen.

7.5.8   Räumliche Ordnung auf den Verjüngungsflächen

Bei der Anordnung der Pflanzen auf den Verjüngungsflächen sind weiterhin folgende Gesichtspunkte zu berücksichtigen:
(1) Zweckmäßige Anordnung zur Erleichterung der Pflanz- und Pflegearbeiten,
(2) Anlage eines Erschließungsnetzes,
(3) Waldrandgestaltung und Flächengliederung.

7.5.8.1   Räumliche Ordnung im Hinblick auf die Kultur- und Pflegearbeiten sowie das spätere Holzrücken

Zur Erleichterung der **Handarbeit** (Pflanzung, Freischneiden) werden die Reihen in ebenem Gelände zweckmäßigerweise auf die Hauptzugangsrichtung (Pflanzenanlieferung, Maschinenanfahrt) orientiert. In steilerem Gelände arbeitet man am leichtesten hangparallel, und deshalb ist es auch empfehlenswert, die Reihen so verlaufen zu lassen.

Bei **Maschineneinsatz** sind in ebenem Gelände möglichst lange Reihen vorzusehen, um die Zeitverluste fürs Wenden einzuschränken. Auf mäßig geneigten Flächen läßt sich ebenfalls mit Maschinen am einfachsten hangparallel arbeiten, auf steileren Flächen hangabwärts.

Im Hinblick auf das spätere Holzrücken hat sich aber mehr und mehr durchgesetzt, die Pflanzreihen hangabwärts auszurichten.

7.5.8.2   *Anlage eines Erschließungsnetzes*

Für die Entscheidung, ob ein Erschließungsnetz schon bei der Kulturbegründung ausgespart oder besser erst zusammen mit Durchforstungen geplant und eingelegt wird, sobald nämlich Bedarf dafür besteht, weil Holz anfällt und dieses transportiert werden muß, sind die folgenden Argumente zu beachten:
– **Für die Berücksichtigung bereits im Kulturstadium** spricht:
  o Es werden von vornherein übersichtliche Arbeitsfelder geschaffen.
  o Bei Kultur- und Pflegearbeiten lassen sich über 10 % Einsparungen erzielen, wenn man + 3,5 m breite Erschließungslinien in ± 30 m Abstand zugrunde legt. (Der Trend geht inzwischen zu 20 m Rückegassenabstand, und entsprechend größer ist die Ersparnis.)
  o Die späteren Läuterungs- bzw. Jungdurchforstungsmaßnahmen und Ästungen werden nicht dadurch verzögert, daß die Anlage des Erschließungsnetzes nicht rechtzeitig möglich war.
  o Die Randbäume an den Gassen profitieren vom größeren Standraum und werden stabiler.

– **Gegen diese frühzeitige Anlage** ist aber einzuwenden:
  o Die Randbäume bilden stärkere Äste aus und schließen die Linien, so daß diese später nicht benutzbar sind bzw. die Randbäume erst aufgeästet werden müssen.
  o Frühzeitig angelegte Erschließungssysteme entsprechen später möglicherweise nicht den technischen Erfordernissen bei der Durchforstung eingesetzter Maschinensysteme. So hat der zunehmende Einsatz von Harvestern – zunächst zum Aufräumen der Orkanflächen von 1990 und seither bei Durchforstungen – die Diskussion um die bestmöglichen Rückegassensysteme bzw. -abstände erneut angeheizt, aber noch nicht zu Ende gebracht.
  o Die Randbäume entwickeln sich – weil ästiger – qualitativ unbefriedigend.

Es hat sich nun gezeigt, daß das Vorgehen je nach Baumart bzw. Bestandesform unterschiedlich gehandhabt werden muß:
– Die **lichtbedürftigen Baumarten** wie Kiefern und Eichen entwickeln bei den üblichen Reihenverbänden mit engem Stand innerhalb der Reihen nicht sehr starke Äste in die Gassen hinein *(vgl. Übersicht 7.21)*. Außerdem verzögert sich das Absterben der unteren Äste durch den etwas späteren Dickungsschluß nur kurzzeitig. Deshalb sind die von Anfang an freigelassenen Erschließungslinien bis zu einer Höhe von 2 bis 2,5 m fast so gut passierbar, wie wenn sie erst in der angehenden Stangenholzphase eingelegt werden. Gelegentlich müssen einige Äste abgeschnitten und angeflogene Weichlaubbäume entfernt werden. Das ist aber weniger aufwendig

als die Gassen neu aufzuhauen, zumal das anfallende schwache Material meist nicht verwertbar ist. Bei diesen Baumarten empfiehlt es sich daher dringend, das künftige Erschließungsnetz schon bei der Bestandesbegründung vorzusehen.

– Anders ist diese Frage hinsichtlich der **schattenertragenden Baumarten** zu beurteilen. Besonders Fichten schließen auch mit den unteren Ästen die freigelassenen Linien und verursachen dann denselben oder höheren Aufwand für das Aufästen, wie er für das Aufhauen der Linien nötig ist *(vgl. Kap. 8.1.2.1).*

7.5.8.3   Waldrandgestaltung und Flächengliederung

Waldaußen- und -innenränder haben wichtige Funktionen:
(1) Zur Minderung von Sturmschäden *(vgl. Abb. 8.8 und 8.9),*
(2) zur Einschränkung der Waldbrandgefahr,
(3) als forstästhetisches Moment und
(4) als bevorzugter Lebensraum für viele Tier- und Pflanzenarten.

Konzepte zur zweckmäßigen Waldrandgestaltung lassen sich vor allem im Zuge der Bestandesbegründung in die Tat umsetzen.

Zu (1): Bei der **Minderung von Sturmschäden** geht es vor allem darum, nicht zu große Bestandeskomplexe entstehen zu lassen und möglichst jeden Bestand mit einem stabilen Waldrand in Richtung auf die Hauptsturmgefahr zu versehen. Das läßt sich mit folgenden Einzelmaßnahmen erreichen:
– Abstandhalten mit der Bepflanzung von den Wegen (mindestens 5 m) und Abrücken von angrenzenden Beständen (10 m),
– Förderung der Solitärentwicklung der Randbäume durch Weitverband (bei Fichten beispielsweise von 4 × 4 m) in einem 20 m breiten Streifen an den W- und S-Rändern mit fließendem Übergang zum Bestandesinneren,
– Gliederung größerer Bestandeskomplexe durch Gliederungslinien (> 5 m) in selbständige Einheiten, Einbeziehung bzw. Pflanzung von Laubbäumen 2. Ordnung und Sträuchern in die Randzone.

Zu (2): In Gebieten mit **Waldbrandgefahr** – und das sind vornehmlich Waldgebiete mit hohem Kiefernanteil – sind größere zusammenhängende Flächen mit 10–25 m breiten Laubbaum- oder Lärchenstreifen zu gliedern. Ihre Aufgabe ist es, Bodenfeuer zu bremsen. Dazu müssen sie den Boden so stark abschatten, das sich brennbare Bodenvegetation – und das sind vor allem Gräser – nicht unter ihnen entwickeln können. Je nach Standortverhältnissen eignen sich neben der bereits genannten Lärche hierfür Buche, Roteiche, Eberesche. Robinien oder die in brandgefährdeten Trockengebieten meist problemlos wachsenden und deshalb hierfür auch oft herangezogenen Birken pflegen sich dagegen schon früh „freizustellen" und dadurch das Ankommen von Gräsern bestenfalls nur anfangs zu verzögern, so daß ihre Wirkung sehr begrenzt ist. Gegebenenfalls sind auch unbestockt zu haltende Streifen im Hinblick auf die Schaffung eines größeren Netzes von Feuerschutzlinien auf den Verjüngungsflächen auszusparen. Auf ihnen muß der Boden allerdings regelmäßig verwundet werden, weil sie sonst als Folge ungehemmten Graswuchses die Feuergefahr sogar noch erhöhen. Verschiedentlich werden sie deshalb als Wildäcker stets durch Mähen oder Neubestellung grün und feuerabweisend gehalten.

Zu (3): Im Hinblick auf die **forstästhetische Wirkung** der Waldränder geht es vor allem darum, durch Einbringung von Mischbaumarten ein abwechslungsreiches Bild zu schaffen und den Eindruck von Schematismus von vornherein dadurch zu vermeiden, daß in diesen Randbereichen nicht exakt in Reih und Glied gepflanzt wird.

Zu (4): Waldränder sind als **bevorzugte Biotope für viele Pflanzen und Tiere** um so wirkungsvoller, je vielfältiger und länger sie sind. Deshalb sollte stets versucht werden, sie durch buchtige Ausformung in Anpassung ans Gelände zu verlängern.

Alle diese Maßnahmen verlangen eine sorgfältige Vorausplanung – möglichst anhand einer Skizze – und entsprechende Anleitung und Überwachung bei ihrer Ausführung im Gelände.

7.5.9   Zusammenfassende Beurteilung der Pflanzung

– Seit langer Zeit ist die Pflanzung die wichtigste Verjüngungsart, und sie wird auch künftig diese Rolle behalten.
– Angesichts einer Vielfalt von Verfahrenselementen wie unterschiedliche händische und maschinelle Pflanzverfahren, verschiedenartiges Pflanzenmaterial, mehrere Pflanzzeiten ermöglicht sie der Praxis eine flexible Gestaltung des Verjüngungsbetriebes.
– Bei überlegtem und sorgfältigem Vorgehen läßt sich das Anwuchsrisiko normalerweise in engen Grenzen halten. Die Abhängigkeit des Verjüngungserfolges von günstigen Witterungsbedingungen und niedrigen biotischen Gefährdungen ist bei Pflanzungen durchweg geringer als bei Naturverjüngungen und Saaten.
– Bei Aufforstung großer Flächen mit verjüngungsfeindlicher Vegetation, bei Baumartenwechsel sowie Einführung züchterisch ausgelesenen Materials gibt es zu Pflanzungen im Regelfall keine praktikable Alternative.
– Pflanzungen sind ebenso wie die Pflanzenanzucht in vielen Fällen gut mechanisierbar. Das macht sie auch für die Plantagenforstwirtschaft sehr attraktiv, die vor allem im Ausland stark steigende Bedeutung gewinnt.
– Mit Pflanzungen können über die Verteilung der Bäume auf der Fläche die künftige Volumen- und Wertleistung ebenso wie Art und Umfang künftiger Pflegemaßnahmen und die Gestaltung der Arbeitsabläufe weitgehend vorherbestimmt werden.
– Pflanzungen bieten wichtige Möglichkeiten, durch Ergänzung und Komplettierung den Erfolg von Naturverjüngungen oder Saaten zu sichern.

Es wäre allerdings falsch, die verschiedenen Verjüngungsarten als Gegensätze zu sehen, sie ergänzen sich vielmehr. Deshalb finden in vielen Betrieben – und deren Zahl wächst – natürliche und künstliche Verjüngungsverfahren nebeneinander oder miteinander kombiniert Anwendung.

7.6   Begründung von Mischbeständen

7.6.1   Die Bedeutung und Entstehung von Mischwäldern

1886 konstatierte GAYER, „... daß der Charakter des Waldes vor hundert Jahren ein wesentlich anderer war, als der des modernen Waldes, und daß er die mehr oder weniger ausgeprägte Signatur des *Mischwaldes* trug. ... Aber zu keiner Zeit hat der Wald eine drastischere tiefer greifende Bestockungswandlung erfahren, als im gegenwärtigen Jahrhundert, ...".

Jetzt nach abermals hundert Jahren werden trotz vieler, aber überwiegend erfolgloser Bemühungen erneut intensive Anstrengungen unternommen, die von GAYER beklagte Bestockungswandlung – wo möglich – wieder rückgängig zu machen. Das kann auf dreierlei Weise geschehen:

– Günstigenfalls geschieht das auf dem Wege der natürlichen Verjüngung.
– Verschiedentlich bietet sich an, lückige Naturverjüngungen mit anderen Baumarten künstlich zu ergänzen, – Anreicherungspflanzung nennt man das oft in Anlehnung an den Sprachgebrauch in tropischen Ländern.
– Bei Fehlen geeigneter Samenbäume – und das ist häufig der Fall – müssen sämtliche Mischbaumarten künstlich eingebracht werden.

Mischbestände werden häufig ohne klare Vorstellungen über Art und Zusammensetzung der angestrebten Altbestände begründet oder entstehen als Zufallprodukte durch Nachbessern mit Pflanzen einer anderen Baumart, durch unplanmäßiges Auspflanzen von Lücken in Naturverjüngungen oder nach Schnee- und Sturmschäden. Solche zufällig oder ohne klare Konzeption entstehenden Mischungen verschwinden in der Folge entweder oft ganz wieder oder erfordern später einen hohen Pflegeaufwand zum Ausgleich von Unterschieden in der Wuchsdynamik der beteiligten Baumarten. Die Begründung von Mischbeständen ist deshalb eine besonders anspruchsvolle Aufgabe, bei deren Verwirklichung Grundregeln zu beachten sind.

7.6.2   Wichtige Mischbestandstypen

Es ist kaum möglich, die Vielfalt der vorkommenden Mischungsformen zwischen zwei und mehr Baumarten erschöpfend wiederzugeben. In der Praxis reduziert sich diese Vielfalt jedoch auf einige Grundtypen. In *Übersicht 7.23* werden diese skizziert und näher charakterisiert sowie Gesichtspunkte zur Anordnung der Pflanzen angesprochen. Weiterhin werden Beispiele für Baumartenmischungen gegeben und deren Bedeutung umrissen. Dabei muß allerdings bedacht werden, daß sich die Baumarten in den Mischungen standortabhängig sehr unterschiedlich verhalten. Manche Artenkombinationen müssen deshalb bei mehreren Mischbestandstypen aufgeführt werden.

Ein Beispiel dafür sind die in Mitteleuropa so bedeutsamen Fichten-Buchen-Mischungen. Fichten sind meistens Buchen gegenüber in der Jugend vorwüchsig. Es gibt jedoch auch Beispiele mit gleich- oder sogar vorwüchsigen Buchen.

Durch Standortveränderungen wie z. B. Eutrophierungen oder Grundwasserabsenkungen kann sich außerdem die Wuchsdynamik zwischen ihnen während des Bestandeslebens wandeln.

Beispiele hierfür sind:
- Zum ersten die verbreiteten Kiefernbestände, unter die ursprünglich als dienende Mischbaumart Buchen gepflanzt wurden und in denen sich diese dann aus den erwähnten Gründen in der Altbestandsphase so vital zu entwickeln beginnen, daß sie nach vorsichtigem Herausziehen der Altkiefern den Folgebestand bilden können.
- Zum zweiten werden dienende Buchen in Eichenbeständen später oft hauptständig bzw. bedrängen die Eichen von unten und seitwärts. Entweder muß man sie dann entnehmen und den Bestand somit entmischen oder die Mischung in eine gleichwertige übergehen lassen.

Örtlich ist deshalb zu klären, wie sich bestimmte Mischbestände wahrscheinlich entwickeln. Danach muß das Verjüngungs- und spätere Erziehungskonzept abgeleitet werden.

7.6.3   Die Einbringung der Mischbaumarten

Mischbestände können auf folgende Weisen begründet werden:
- **Gemeinsame Pflanzung** aller Baumarten im selben Jahr.
  Hier gibt es mehrere Alternativen:
  o **Gleichwertige Mischungen** sind trupp- bis gruppenweise zu pflanzen.
    (Beispiele: Buchen in Fichten, Edellaubbäumen oder Lärchen). Die Trupps müssen um so größer sein, je mehr das Zuwachsverhalten der Baumarten voneinander abweicht.
    Auf Freiflächen schränkt aber beispielsweise ihre Spätfrostempfindlichkeit die Verwendung der Buche ein. Probleme bereitet oft auch die rasche Vergrasung innerhalb der Gruppen einer langsamerwüchsigen Baumart.
  o Bei **Zeitmischungen** sind trupp- bis einzelbaumweise Einbringungen sinnvoll, um sicherzustellen, daß die Mischbäume später einmal vorzeitig entnommen werden können, ohne größere von der Hauptbaumart nicht mehr zu schließende Lücken im Kronendach zu hinterlassen.
    (Beispiele: Fichten oder Kirschen in Buchen).
  o **Dienende Baumarten** werden flächendeckend einzelbaumweise (beispielsweise jede zehnte Pflanze) oder reihenweise gleichzeitig mit der Hauptbaumart eingebracht.
    (Beispiele dafür sind: Buchen oder Fichten in Kiefern, Buchen in Lärchen oder Eichen).
  o Die Individuen der Lichtbaumarten pflegen die der schattenertragenden rasch zu überwachsen und sie – wie im Falle von Buchen – auf Freiflächen zugleich gegen Witterungsunbilden zu schützen.
  o **Vorwälder** werden dann gleichzeitig angebaut, wenn – standörtlich bedingt – keine extrem ausgeprägten Freiflächenunbilden zu erwarten sind und die schutzgebende Baumart die zu schützende rasch überwächst.
    (Beispiel: Erlen über Fichten).

- **Begründung von Vorwäldern** (im eigentlichen Wortsinn) **einige Jahre vor Einbringung der Hauptbaumart(en)**.
  Vorwälder werden üblicherweise weitständig im Reihenverband mit Pionierbaumarten begründet. Wenn sie einige Meter Höhe erreicht und begonnen haben, sich zu schließen, erfüllen sie die im vorangegangenen Beispiel erwähnten Schutzfunktionen (vor allem gegen Spätfrost). Erst dann werden – ebenfalls in vergleichsweise weitständigem Reihenverband – dazwischen die Pflanzen der Hauptbaumart(en) gesetzt.

Übersicht 7.23: Wichtige Mischbestandstypen.

MISCHBESTANDSTYP	CHARAKTERISIERUNG	GESICHTSPUNKTE ZUR EINBRINGUNG VON MISCHBAUMARTEN	BEISPIELE	VORKOMMEN UND BEDEUTUNG
Gleichwertige (echte) Mischungen („Dauermischungen") 1	Zwei oder mehr herrschende Baumarten mit etwa gleicher Umtriebszeit.	Unterschiedlicher Entwicklungsrhythmus der beteiligten Arten bedingt meist gegenseitige Unterdrückung in bestimmten Wachstumsphasen. Deshalb Verjüngung in Form von Trupps nebeneinander und ggf. zeitliche Staffelung:		
		1.1 Gleichzeitige Verjüngung	Fi-Bu	Wichtigster Mischbestandstyp in Deutschland. Meist auf kräftigeren
		Ausformung der Mindestgrößen der Trupps nach dem Standraum eines Baumes der jeweiligen Art im Endbestand (z. B. Buche: 90–110 Endbestandsbäume/ha entspricht Truppgröße von etwa 10×10 m = 100 m²; Fichte: 150 Endbestandsb./ha entspricht Truppgröße von etwa 8×8 m = 64 m²).	Bu-Fi	Standorten, wo die Fi ohne Rotfäulebefall gesund bleibt.
			ELä-Bu (JLä-Bu)	Verbreitet in Mittelgebirgen, wichtige Möglichkeit der Wertsteigerung von Bu-Beständen bei Ästung der Lärchen.
		Da Gefahr der Ausbildung starker Kronenäste der vorwachsenden Bäume an den Trupprändern, möglichst Truppgrößen mehrfach so groß wie die Standfläche eines Endbestandsbaumes. Bei Ausbringung solcher Trupps im Gelände Berücksichtigung von kleinstandörtlichen Besonderheiten.	Edellb.-Bu Bu-Edellb.	Wichtiger Typ auf nährstoffreichen Standorten. Bu teils hauptständig, teils dienend.
			Ki-SEi	In ehemaligen Auewaldgebieten auf trockenere, SEi auf feuchtere Stellen.
		1.2 Vorausverjüngung, Vor(an)bau	Fi-Ta-Bu-(Ah)-Bergmischwald	Wichtig in montanen Lagen Süddeutschlands.
		Bei sehr langsamem Jugendwachstum der Mischbaumart(en) zeitlicher Vorsprung (10–40 J.) durch natürliche oder künstliche Verjüngung unter dem Schirm des Vorbestandes oder in kleinen Lücken.	Ta in Fi	Gegenweise in Süddeutschland belangvoll.
		Bei den meist empfindlichen Schlußwaldbaumarten zugleich Ausnutzung der ökologischen Schutzwirkung (Frost, Austrocknung) des Altbestandsschirms.	Bu in Fi	Wichtige Form für Überführung in Mischbestände.
Mischbaumart(en) zunächst neben-, später auch hauptständig 2	Die anfangs zurückbleibenden (schattenertragenden) Baumarten wachsen später in Kronenlücken hinein und heben dadurch die Volumen- und Wertproduktion der führenden Lichtbaumart(en).	– Beipflanzung vergleichbar 4.2; Mischbaumart < 1000 Pfl./ha. – Trupp- bis gruppenweises Einbringen nach kleinstandörtlichen Gegebenheiten. – Ankommen der nachwachsenden Baumart aus Naturverjüngung möglich; Mischung entsteht u. U. auch durch Pflanzung in naturverjüngten mehr oder minder gleichmäßigen und dichten Hauptbestand. Frühzeitig als Unterstand gepflanzte Mischbaumarten können stets mit relativ kleiner Baumzahl eingebracht werden (< 1000 Pfl./ha).	Ki mit Fi Ei mit Bu Ki mit Bu Fi mit Bu	Sehr verbreitet. Beteiligung von Fi oder Bu am Hauptbestand nicht an sehr armen Standorten möglich. Problem: Langfristig bedrängt die nachwachsende die Hauptbaumart. Vielfache „Möglichkeiten", durch Auszug der „Pioniere" (Ki, Fi) Übergang zu Schlußwald (Bu) zu erreichen.

→ Zeit

Mischbaumart(en) in dienender Funktion verbleibend **3** Mischbaumart mit waldbaulicher Aufgabe; Schaftschutz, Bodendeckung (vgl. Kap. 8.3).	– Bei Kulturbegründung (oder bis zu 5 J. danach) Einbringen der Mischbaumart reihenweise auf ganzer Fläche, aber in sehr weitem Verband ohne Verringerung der Pflanzendichte der Hauptbaumart. – Flächenweiser Unterbau Jahrzehnte später.	Ei mit Bu Ei mit Li Ei mit HBu Lä mit Bu Ki mit Bu	Häufige Baumartenkombinationen. Wie bei 2 verschiedentlich Möglichkeit der Überführung in Folgebestand durch Auszug der bisherigen Hauptbaumart(en).
Zeitmischungen **4** 4.1 Zwei oder mehr Baumarten mit abweichenden Umtriebszeiten.	Die vorzeitig zu erntenden Mischbäume dürfen bei ihrem Auszug keine Lücken hinterlassen und deshalb nur einzeln (bei raschem Höhenwachstum in der Jugend) oder kleintruppweise eingebracht werden (oberes Bild).	Fi in Bu Kir in Bu	Sehr häufiger Fall auf mittl. Bu-Standorten und bei Fi Rotfäulegefahr. Zunehmend bedeutsam in Edellbb.-Bu-Beständen.
4.2 Eine oder mehrere Pionierbaumarten als Vorwald zum Schutz gegen Spätfrost oder als „Pumpe" auf nassen Standorten.	– Natürlich angekommene Pionierbaumarten, unter denen sich Zwischen- und Schlußbaumarten ansiedeln (mittleres Bild). – Nach Auflockerung natürlich angekommener Dickung Unterpflanzung. – Schneesaat (Bi), später Unterpflanzung (unteres Bild). – Überstellung der zu schützenden Kultur im weiten Reihenverband (z. B. in jeder 3. oder 5. Reihe jede 2. Pfl. durch Vorwald-Art ersetzt). Dadurch bleibt die Pflanzenzahl gleich hoch wie bei Reinbestand.	Bi (Aspe, Vogelb) über Bu, Ei, Ta, Fi wie vor wie vor über Dougl. Erle über Fi	Zunehmende Wertschätzung als Möglichkeit der Ausnutzung natürlicher Sukzessionsabläufe. Auf großen Schadflächen. (Begründung von Dougl.-Beständen auf Freiflächen). Auf spätfrostgefährdeten oder vernäßten Böden wichtig.
4.3 Eine Baumart als Vorwald und zur Lieferung frühzeitiger Vorerträge.	Ähnlich (4.2), aber im Hinblick auf baldige Ernte der Vornutzungsbaumart Bepflanzen jeder 3., 5. oder 7. Reihe nur mit dieser. Größerer Pflanzabstand in diesen Reihen, dadurch geringerer Pflanzenbedarf als im Reinbestand der nachwachsenden Baumart Vornutzungsbaumart 200–500 Pfl./ha).	Aspe oder Balsampappel über Fi	Baumartenkombination gelegentlich versuchsweise.
Randmischungen **5** Einzelreihen, Streifen, Trupps an Wegen oder Waldrändern zur Stabilisierung, Wertanreicherung in jederzeit nutz- und bringbaren Lagen und zur Landschaftsgestaltung.	Pflanzung bei Kulturbegründung an Rändern in deutlich weiteren Verbänden als im Bestandesinneren. Abholzig- und Ästigkeit werden als Stabilitätsindikatoren in Kauf genommen.	Dougl (Lä) Edellbb. REi	Zur Randgestaltung und Reservebildung.

Die Größen von Trupps und Gruppen werden in der forstlichen Praxis auf die mittlere Endbestandshöhe der in Mitteleuropa heimischen Baumarten von rd. 30 m bezogen. Es haben danach folgende Durchmesser und Flächen: Trupp $< 1/2$ Baumlänge = ca. 200 m², Gruppe $1/2$–1 Baumlänge = 200–700 m², Horst > 1 Baumlänge = > 700 m². Die baumartenbezogenen Mindesttruppgrößen sind im Anhalt an das unter 1 beschriebene Vorgehen gemäß deren Standraumbedarf herzuleiten.

– **Vor(an)bau langsamwüchsiger Arten einige Jahre vor dem Einbringen der schnellerwüchsigen.**

Hiermit wird zweierlei angestrebt, nämlich einerseits die Jungwüchse durch den Altholzschirm gegen Freiflächenbelastungen zu schützen und ihnen andererseits einen Wuchsvorsprung von einigen Jahren vor anderen Mischbaumarten zu sichern, mit denen sie im Nachfolgebestand eine gleichwertige Mischung bilden sollen (beispielsweise Tanne vor Fichte von bis zu vierzig Jahren). Die Einbringung der Vorbaubaumart(en) erfolgt also grundsätzlich gruppenweise unter Schirm oder in kleine Bestandeslücken.

– **Ergänzungs-(Anreicherungs-)pflanzung** in nicht flächendeckende Naturverjüngungen.

Bei angestrebten gleichwertigen Mischungen kommen nur größere Fehlstellen hierfür in Frage. Immer wieder wird der Fehler gemacht, zu kleine Lücken mit Mischbaumarten auszupflanzen, die dann „unterzugehen" pflegen. Besser wird also in kleinen Lücken mit der Hauptbaumart ergänzt, und zwar durch Entnahme von Ballen- oder wurzelerdigen Pflanzen aus dichter stehenden naturverjüngten Partien.

– **Nachbesserung, 1 (–2) Jahre nach Kulturanlage.**

Nach Pflanzungen ausgefallene Individuen dürfen nur dann mit solchen einer anderen Baumart nachgebessert werden, wenn dies dem vorgegebenen Bestockungsziel entspricht. Problemlos können größere Fehlstellen jedoch dann mit einer anderen Baumart nachgebessert (genaugenommen: angereichert) werden, wenn die entstandenen Lücken etwa als Folge von Standortunterschieden (beispielsweise Feuchtstellen) groß genug für die Ausformung von Gruppen sind. Ausfälle einzelner oder weniger Pflanzen eignen sich nur für Anreicherungen, wenn dienende Baumarten vorgesehen sind, die später einmal unter dem Schirm einzeln im Unterstand zu überleben vermögen.

– **Nach(an)bau, d. h. durch Auspflanzen von Bestandeslücken nach Schäden.**

Lücken in Beständen können durch Schnee-, Sturm-, Insekten- oder Blitzschäden entstehen. Sie dürfen nur ausgepflanzt werden, wenn folgende Voraussetzungen gegeben sind:

○ Die **Lücken sind groß genug,** so daß die nachgebauten Bäume auch in späteren Jahrzehnten noch ausreichend Wuchsraum haben. Besonders bei Schneeschäden in jüngeren Nadelbaumbeständen wird immer wieder die Fähigkeit der Randbäume zur seitlichen Kronenausbildung unterschätzt. Löcher mit weniger als 15 m Durchmesser von Stammfuß zu Stammfuß der Randbäume dürfen also unter keinen Umständen ausgepflanzt werden. Die „Angst vor dem Loch" – gepaart mit mangelndem Vorstellungsvermögen über die Reaktionsfähigkeit der Randbäume – verleitet viele Forstleute immer wieder zu übereilten und auf vollständige Flächendeckung ausgerichteten „Auspflanzereien" – oft genug sogar noch bis unter die Randbäume.

○ Der **geschädigte Bestand ist noch jung genug,** um den nachgebauten Bäumen die Chance zum Anschluß und damit dem Wirtschafter später die Möglichkeit einer gemeinsamen Nutzung zu geben. Dies ist in der Regel bei Schneeschäden, gelegentlich nach Käferfraß der Fall. Aber auch dann pflegen die Altersunterschiede oft zwei bis drei Jahrzehnte zu sein. Für die Nachbauten kommen mithin nur Baumarten in Frage, die schnell genug wachsen, um bis zur Nutzungsreife des teilgeschädigten Bestandes ebenfalls verwertbare Dimensionen zu erreichen.

Solche Beispiele gibt es – wie in *Abb. 7.7* illustriert – in Form von gruppenweise eingebrachten Douglasien in Kiefernstangenhölzern oder Balsampappeln in Fichtenjungbeständen.

Fichte, 29jährig; Schadfläche 20 m breit.

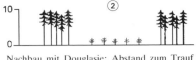

Nachbau mit Douglasie; Abstand zum Trauf beachten (mind. 5 m).

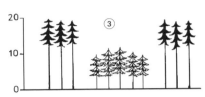

Fichte, 50jährig, Douglasie, 20jährig.

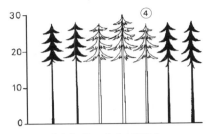

Fichte, 80jährig, Douglasie, 50jährig.

Abb. 7.7: Beispiel für den Nachanbau in einem Schneebruchbestand (verändert n. ROTTMANN, 1985).

Mit dem Ankommen von Naturverjüngung ist deshalb oft nicht zu rechnen, weil der geschädigte Bestand noch nicht oder unzureichend fruktifiziert.

Ist der Aufbau ungleichaltriger vertikal gestufter Bestände beabsichtigt, dann können auch Jungpflanzen derselben Art oder sonst erwünschter Mischbaumarten eingebracht werden. Das setzt allerdings oft voraus, daß in der Folge weitere Teile des vorgeschädigten Bestandes vorzeitig eingeschlagen und ausgepflanzt werden. Andernfalls bleiben später nach Einschlag des Erstbestandes die nachgebauten Gruppen allein übrig und werden durch Sturm, Sonnenbrand und Insekten geschädigt.

Nachanbauten sind nicht sinnvoll in älteren, von Stürmen durchbrochenen Beständen, weil der erwähnte Anschluß nicht mehr erreicht wird. Man überläßt dann die Vegetationsentwicklung am besten sich selbst und denkt erst an Verjüngung, wenn sie für den ganzen Bestand ansteht oder – vorausgesetzt, die Nutzungsreife liegt in absehbarer Nähe – beginnt mit Voranbauten.

– **Unterbau** in Stangen- oder Baumhölzern

Hier werden, wenn der Hauptbestand eine Oberhöhe von mindestens 10 m erreicht und sich im unteren Stammbereich bereits gereinigt hat, möglichst größere Wildlinge aus heimischen Verjüngungen oder auch Verschulpflanzen verwendet und im flächendeckenden Weitverband gesetzt.

Innerhalb der Trupps und Gruppen der eingebrachten Mischbäume werden übrigens Verbände gewählt, die den für Reinbestände üblichen entsprechen *(vgl. Übersicht 7.22)*. Bei dienenden Mischbaumarten sind allerdings wegen der Überschirmung stets weitere Pflanzenabstände möglich.

7.7   Konkurrenzregelungen in Verjüngungen und Jungwuchspflege

7.7.1   Geschichtlicher Rückblick

Seit Beginn der intensiven Aufforstungsbemühungen wird die Zurückdrängung der Konkurrenzvegetation für unumgänglich gehalten. Ins 18. Jahrhundert reichen Berichte darüber zurück, daß Kulturen gehackt wurden. Bei Brachflächenaufforstungen sah man auch den Waldfeldbau, d. h. den gleichzeitigen Anbau von Forstpflanzen mit Getreide oder Kartoffeln als geeignetes Mittel an, um die Entwicklung schädigender Bodenpflanzen zu verhindern und die Kulturen „hochzutreiben". Seit etwa 1900 wurde dann das mehrmalige Hacken von Kiefern- und Eichenkulturen zur Standardmaßnahme. Nur in geringem Umfang gelang es, die Handarbeit durch Maschinen zu ersetzen. Chemikalien mit herbizider Wirkung kamen erstmalig kurz vor dem 2. Weltkrieg zum Einsatz. Ab 1960 nahm ihre Verwendung wegen der Einsparungsmöglichkeiten gegenüber den aufwendigen Handarbeitsverfahren kontinuierlich zu und erreichte um 1970 den höchsten Anteil (40 % der jährlichen Bekämpfungsflächen), ging dann aber wegen ökologischer Bedenken bis 1980 auf weniger als 10 % zurück. Heute ist der Einsatz von Herbiziden im öffentlichen Wald auf wenige Sonderfälle beschränkt. Einige Landesforstverwaltungen haben inzwischen sogar die Verwendung aller Biozide für ihren Bereich verboten. Anders als bei den Herbiziden gibt es derzeit jedoch angesichts erheblicher Borkenkäferprobleme noch Schwierigkeiten, auch auf Insektizide völlig zu verzichten. Für den Privatwald sind diese Verwaltungsvorschriften nicht verbindlich, dennoch ist dort ebenfalls die Herbizidverwendung stark zurückgegangen.

Die Eutrophierung vieler Waldböden durch Stickstoffeinträge *(vgl. Kap. 9.2)* hat in den letzten Jahren regional zu einer erheblichen Förderung der Bodenvegetation (besonders Landreitgras, hierzu BERGMANN, 1993) geführt. Hierdurch wurde die Konkurrenzsituation für viele Forstpflanzen wesentlich verschärft.

7.7.2   Bedeutung der Bodenvegetation für die Waldverjüngung

7.7.2.1   *Vor- und Nachteile der Bodenvegetation für die Entwicklung der forstlichen Jungwüchse*

Bodenpflanzen sind wichtige Glieder jedes Waldökosystems und als solche wertfrei. Im Wirtschaftswald können sie jedoch zu gefährlichen Konkurrenten für die Waldverjüngung werden – und damit im forstlichen Sprachgebrauch zu „Unkräutern" –, wenn sie Keimung und Aufkommen von Naturverjüngungspflanzen beeinträchtigen oder Jungwüchse durch Licht- und Wasserentzug oder Überwuchern belasten. Aufgabe des Waldbaus ist es, dies durch Anwendung geeigneter Verfahren *(vgl. Kap. 6)* zu verhindern, so daß eine Bekämpfung überhaupt nicht notwendig wird. Wo dieser Fall dennoch eintritt, liegt entweder ein „Kunstfehler" vor oder Ereignisse wie Waldbrände oder Stürme haben das waldbauliche Konzept gestört. Dann allerdings wird es nötig, die Verjüngung gegen die im Sukzessionsverlauf stärkeren Bodenpflanzen und Pionierbaumarten durchzusetzen, und das macht Bekämpfungsmaßnahmen erforderlich. Seit einigen Jahren wird jedoch auch im Wirtschaftswald die Rolle der Bodenpflanzen objektiver gesehen und eingeräumt, daß sie in vielen Fällen „nützliche" Funktionen erfüllen. Einen Überblick über die Bedeutung der Bodenvegetation für die Jungwüchse sowie die vielfältigen Wechselwirkungen zwischen ihnen vermittelt die *Übersicht 7.24.*

7.7.2.2   Abhängigkeit der Entwicklung der Bodenvegetation von den überschirmenden Waldbeständen

Die Entfaltung der Bodenvegetation in den mitteleuropäischen Wirtschaftswäldern ist vom Entwicklungszustand der aufstockenden Bestände und deren waldbaulicher Behandlung abhängig. Alle intensiv bewirtschafteten Wälder – gleichgültig, aus welchen Baumarten sie bestehen – schließen sich in der Dickungsphase und bringen die Bodenvegetation zum Verschwinden. Später findet sie sich in folgender Weise wieder ein:
(1) Unter bis in die Endnutzungsphase geschlossenem Kronendach kommt die Bodenvegetation nur zögernd an. Sie bedrängt den Jungwuchs, der natürlich auch Probleme hat, sich zu etablieren, nicht. Bekämpfungsmaßnahmen erübrigen sich.
(2) In bis zur Endnutzung dichtgehaltenen Beständen, die dann in Form von Löcher-, Saum-, Klein- oder Großkahlhieben geerntet werden, entwickelt sich meist eine nitrophile „Schlagflora", die später von deutlich härteren Konkurrenten, Gräsern und Sträuchern, durchsetzt wird. Bekämpfungen sind nur von Fall zu Fall erforderlich, bei wuchskräftigen Kulturpflanzen kann meist auf sie verzichtet werden.
(3) Unter aufgelichteten Schirmbeständen (z. B. als Folge von Schneebruch oder zu späten starken Durchforstungen) besiedeln schattentolerante Bodenpflanzen die Waldböden. Die Naturverjüngung wird erheblich erschwert. Nach Abtrieb des Altholzschirms entwickeln sich gräserbestimmte Vegetationsdecken. Eine Bekämpfung ist oft unumgänglich.
(4) In sorgfältig bewirtschafteten Plenterwäldern mit ihrem permanenten Nebeneinander aller Baumarten spielt Bodenvegetation eine untergeordnete Rolle und wird nur ausnahmsweise zu einem Konkurrenzfaktor.

In *Übersicht 7.25 (s. S. 280)* sind diese Zusammenhänge illustriert.
An drei Beispielen wird dort die unterschiedliche Notwendigkeit von Unkrautbekämpfungen in ihrer Abhängigkeit einerseits von den standörtlichen Vorgaben und andererseits von der Behandlung der Vorbestände dargestellt. Hieran lassen sich zugleich das Ineinandergreifen forstlicher Maßnahmen und die Langfristigkeit ihrer Auswirkungen eindrucksvoll veranschaulichen:
– **Auf gut nährstoffversorgten frischen Standorten** (1. Spalte) sind in Fichtenbeständen drei Entwicklungen der Bodenvegetation und damit unterschiedliche Konkurrenzsituationen denkbar:
  o Nur **nach planmäßigen Durchforstungen** in der ersten Hälfte der Umtriebszeit *(vgl. auch Kap. 8.1.5.2.2)* und später dann bei **Verjüngung unter Schirm** entwickelt sich die Bodenvegetation schwach und damit nicht zu einem Konkurrenzfaktor, der Bekämpfungen nötig macht.
  o In den beiden anderen Fällen, d. h. **nach Kahlhieb** eines solchen Bestandes, sind dagegen Konkurrenzregelungen mehr oder minder unvermeidlich. Deren Intensität und Häufigkeit hängt davon ab, ob sich die Bodenvegetation bereits lange vor dem Hieb als Folge früherer Kronenschirmauflichtungen hatte etablieren können. Ist das der Fall, so pflegt sie danach geradezu zu „explodieren".

– Auf **mittelnährstoffversorgten mäßig frischen Standorten** (2. Spalte) ist die Situation zwar vergleichbar. Auf ihnen lassen sich jedoch Unkrautbekämpfungen meist auch im günstigen

Übersicht 7.24:   Bedeutung der Bodenvegetation für die Forstpflanzen.

WIRKUNG DER BODENVEGETATION	FOLGEN FÜR DIE FORSTPFLANZEN	FOLGEN FÜR DEN FORSTBETRIEB
NUTZWIRKUNGEN		
Direkter Nutzen für die Jungwüchse		
– Schutz gegen abiotische Belastungen (Überhitzung, austrocknende Winde, Schutz gegen Strahlungsfrost, wenn von der Bodenvegetation überschirmt), – Schutz gegen biotische Belastungen (vor allem Wild: Ablenkung, Erschwernis des Zutritts).	Größere Vitalität der Jungwüchse; weniger Ausfälle; höhere Zuwächse; ggf. Erhaltung empfindlicherer Mischbaumarten.	Geringerer Nachbesserungs- und Schutzaufwand.
Indirekter Nutzen für die Jungwüchse		
– Speicherung der durch Mineralisierung im Boden freigesetzten Nährstoffe *(vgl. Kap. 8.2.2.3),* – Abschwächung der Windbewegung, geringere Verdunstung, – Minderung der Verhagerung, des Oberflächenwasserablaufs und damit der Wasser- und Winderosion.	Verfügbarkeit von Nährstoffen bei Dickungsschluß, höhere Zuwachsleistungen.	Erhaltung der Bodenkraft, dadurch langfristig höheres Betriebsergebnis.
Sonstige Nutzwirkungen		
– Ernährungsbasis für viele Tierarten, – Landschaftsästhetik.		Erhaltung der Artenvielfalt; stabile Ökosysteme (Wirkungen z. T. über den Forstbetrieb hinausgehend).

Fall nicht immer umgehen, weil die dort aufstockenden Lichtbaumarten oft nicht mit lang übergehaltenen Schirmen verjüngt werden können. Von der rascheren Räumung profitiert dann die Bodenvegetation gleichermaßen. Aber auch hier bestimmt die frühere Bestandesbehandlung deren Konkurrenzstärke.

– Auf **gering nährstoffversorgten trockenen Standorten** (3. Spalte) schließlich sind Unkrautbekämpfungen (oder Bodenbearbeitungen) im Regelfall nur schwer zu umgehen. Die dort überwiegend stockenden Kiefern pflegen sich nämlich bereits im Baumholzalter so frei zu stellen, daß die Entwicklung von geschlossenen Vegetationsdecken aus Gräsern und Kleinsträuchern die Regel ist. Naturverjüngung ist dann ausgeschlossen, und auch kleine Forstpflanzen – man denke an die hier oft gepflanzten Kiefernsämlinge – brauchen Freistellung.

Auf mittel und gering nährstoffversorgten Böden stocken oft zu Einschichtigkeit neigende Bestände aus Lichtbaumarten, die leicht verunkrauten. Unterbauten mit Baumarten, die den Boden hinreichend beschatten, bieten hier Möglichkeiten, die frühzeitige Entwicklung einer flächendeckenden Bodenvegetation zu verhindern.

Übersicht 7.24: (Fortsetzung)

WIRKUNG DER BODENVEGETATION	FOLGEN FÜR DIE FORSTPFLANZEN	FOLGEN FÜR DEN FORSTBETRIEB

S C H A D W I R K U N G E N

Beeinträchtigungen der Naturverjüngung
- Ungünstige Samenlagerung,
- günstiger Biotop für Mäuse, Insekten, Pilze.

Geringe Keimraten,Saatgutverluste.

Groß- oder kleinflächiges Versagen der Naturverjüngung. Entweder Bekämpfungsmaßnahmen oder Übergang zu Pflanzung nötig.

Beeinträchtigungen der vorbereitenden Kulturarbeiten
- Erschwernisse bei Flächenräumung und Bodenbearbeitung,
- Erschwernisse bei Pflanzung.

Hohe Pflanzenverluste.

Größerer Zeitaufwand und höhere Kosten, ggf. Übergang zu aufwendigeren Verfahren nötig. Mehr Nachbesserungen.

Direkte Schäden an den Jungwüchsen
- Konkurrenz um Licht, Wasser, Nährstoffe,
- verstärkter Strahlungsfrost (wenn über der Vegetationsdecke),
- Überwachsen von Forstpflanzen,
- Überlagerung der Forstpflanzen (besonders bei Schneeauflage),
- Allelopathische Ausscheidungen.

Vor allem in Naturverjüngungen, Saaten und bei Verwendung kleiner Pflanzen: Höhere Ausfälle, Zuwachsverluste, Schwächung gegenüber mechanischen Belastungen, erhöhte Anfälligkeit gegen Krankheiten. Höhere Anteile verzwieselter oder verkrümmter Bäume, weniger gleichmäßiges Aufwachsen der Jungwüchse.

Vermehrte Nachbesserungen; höherer Zeit- und Kostenaufwand für Unkrautbekämpfungen; wegen geringerer Holzqualität intensivere Jungbestandspflege nötig; langfristige Minderung der Bestandswerte.

Indirekte Schäden an den Jungwüchsen
- Günstiger Biotop für Kleinsäuger (Mäuse) oder Insekten (Rüsselkäfer),
- Brandgefahr durch brennbare Trockensubstanz (im Frühjahr),
- Verschärfung von Spätfrost, bes. bei Vergrasung.

Besonders schlecht kalkulierbare, z. T. erst in älteren Jungwüchsen auftretende Pflanzenverluste, sonst wie bei direkten Schäden.

Vermehrte und stark erschwerte Nachbesserungen, ggf. Wiederholung der Bestandsbegründung; geringere Volumen- und Wertleistung der Bestände.

Zusammenfassend zeigt sich also, daß die Entwicklung konkurrierender Vegetationsdecken zwar standortabhängig ist, aber waldbaulich stark beeinflußt werden kann. Vor allem auf reicheren Standorten läßt sie sich durch langfristig richtig konzipiertes Handeln wesentlich beeinflussen. Unterlassene oder verspätete Durchforstungen sind der Hauptgrund für Fehlentwicklungen in dieser Hinsicht, denn sie führen auf dem Wege über Schäden immer wieder zu langfristigen Öffnungen der Kronendächer,

Übersicht 7.25: **Die Entwicklung der Bodenvegetation in Abhängigkeit von der natürlichen Altersklasse und dem Kronenschluß**, dargestellt an drei Beispielen von häufigen Standort- und Bestandesgegebenheiten.

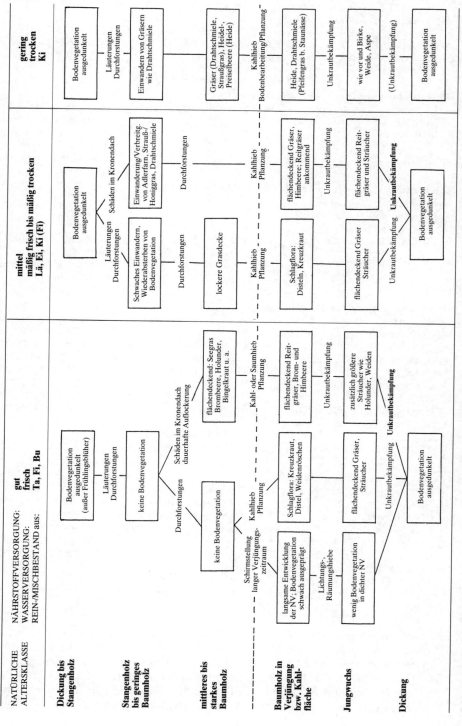

die jahrzehntelang die Bodenvegetation begünstigen und schließlich die Waldverjüngung erschweren. Hier rächen sich dann die Sünden der Vorväter an den Enkeln.

7.7.2.3 Die wichtigsten Arten der Konkurrenzvegetation

Obwohl die Waldbodenpflanzen in einer außerordentlichen Artenfülle vorkommen, ist doch der Anteil derjenigen, die als Konkurrenten für die Verjüngung bedeutsam sind, nur gering. Die wichtigsten sind in der *Übersicht 7.26* zusammengestellt. Bei deren Betrachtung ist folgendes zu bedenken:
– Die Arten können sowohl in dichten wie in lockeren Beständen vorkommen.
– Je günstiger der Standort ist, desto größer wird die Wahrscheinlichkeit, daß mehrere anspruchsvolle Arten in Mischung auftreten.
– Auf armen oder staunassen Böden kann oft eine einzige Art dichte Bestände bilden.
– Wildverbiß verändert die Zusammensetzung der Bodenvegetation durch Förderung der besonders widerstandsfähigen Arten wie Landreitgras *(vgl. Kap. 7.8.1)*.
– Unter sonst gleichen Bedingungen verschiebt durch Überschirmung verursachter verringerter Lichtgenuß am Boden das Artenspektrum in Form eines Gradienten zuungunsten der lichtbedürftigen Arten *(vgl. Kap. 7.1.2.3.6)*.
– Die Einschätzung der Arten als Konkurrenten ist sehr relativ.
So kann z. B. Seegras für die Naturverjüngung oder die Entwicklung von Sämlingen äußerst nachteilig sein, belastet große Verschulpflanzen dagegen nur geringfügig. Die vor kurzem noch allenthalben als „unerwünschte Weichhölzer" aus Jungbeständen herausgehauenen Birken sind jetzt willkommene Vorwälder und Füllhölzer. Und die eben noch allenthalben favorisierte Fichte beginnt sich nun nach Jahren überreicher Fruktifikation und exzessiver natürlicher Ansamung sowie als Folge gewandelter forstlicher Zielsetzungen auf vielen Flächen zu einem lästigen Konkurrenten für manche inzwischen bevorzugtere Baumart zu entwickeln.
– Regional können noch andere, hier nicht aufgeführte Arten als Konkurrenten bedeutsam sein.
– Die Eutrophierung der Böden führt oftmals zur Verstärkung der Dominanz einer Art, die andere unterdrückt, und damit zu einer Minderung der Artenvielfalt.

7.7.3   Reaktionen der Forstpflanzen auf Unkrautbekämpfungen

Bodenvegetation wird, vor allem wenn sie üppige Decken ausgebildet hat, üblicherweise als wesentlicher Störfaktor für die Entwicklung der Waldverjüngung angesehen. Die bisherigen Erfahrungen und wenig umfangreichen Untersuchungsergebnisse dazu zeichnen jedoch ein uneinheitliches Bild, das im folgenden, nach Baumarten geordnet, umrissen wird.

7.7.3.1   Die Wirkungen von Konkurrenzregelungen auf die Entwicklung von Fichten

Die Fichte wurde – ihrer bisherigen Bedeutung entsprechend – mit Abstand am intensivsten untersucht. Sie ist auch heute noch eine wichtige Verjüngungsbaumart. Auf „besseren" Standorten wird sie oft nach Kahlhieb gepflanzt. Dort ist durchweg mit einer kräftigen Mischvegetation aus Gräsern und Sträuchern zu rechnen, die eine erhebliche Konkurrenzwirkung ausübt. Trotzdem ist deren negativer Effekt oft geringer als vermutet werden könnte. Die Befunde zur Fichte lassen sich folgendermaßen zusammenfassen:
– Die **Ausfälle** werden bei Verwendung von praxisüblichen 3- bis 4jährigen Pflanzen auch dort, wo starke Konkurrenten im Spiel sind, bemerkenswert wenig von der

Übersicht 7.26: Die wichtigsten „Unkräuter" mit Kurzcharakterisierung nach Standortansprüchen, Verbreitungsart und waldbaulicher Bedeutung.

(Die hier vorgenommene Einteilung in Gruppen entspricht der forstlichen Gepflogenheit, ist aber botanisch nicht ganz korrekt, denn Gräser und Kräuter sind gleichermaßen krautige Pflanzen). Innerhalb der Gruppen wurde nach zunehmenden Ansprüchen an die Standortgüte geordnet.

ART	STANDÖRTLICHE PRÄFERENZ Ansprüche an			VOR-KOMMEN ·	VERBREI-TUNG mit Hilfe von	WALDBAUL. BEDEUTUNG
	Wasser	Nährstoffe	Licht			
Farne						
Adlerfarn	wf/fr	±	◐ / (○)	T/H	Rh	++ NV/J
Eichenfarn	fr	±/(+)	◐	H/M	Sp	± (NV)
Gräser und Seggen						
Pfeifengras (Benthalm)	n/wf	−	○	T – G	S	± J
Drahtschmiele	fr/tr	−	○ / (◐)	T – G	S/St	+ (++)NV/J
Rasenschmiele (Bülten-)	n/fr/wf	±	○ / ◐	A – M	S	+ J
Seegras	n/fr	±	○ / ●	H	(S) St	++ NV/(J)
Straußgras, rotes	wf-tr	± (−)	○	T – G	S/St	± J
Landreitgras (Sandrohr)	wf-fr	±	○ / (◐)	T – M	(S) St	++ J
Reitgras, wolliges	n/fr	±	○ / ◐	M/G	(S) St	+ NV/J
Bergreitgras	fr/tr	±	○ / ◐	H/M	St	± NV
Waldreitgras	fr	±	○ / ◐	H/M	(T)-M	± (J)
Fiederzwenke	tr	±	○ / (◐)	H/M	S/St	+ J
Honiggras, wolliges	wf-tr	±	○ / ◐	T – G	S	+ (NV)J
Honiggras, weiches	wf-tr	±	○ / ◐	T – G	(S) St	+ (NV)J
Perlgras, einblütiges	wf/fr	+	●	T – G	St	++ NV
Perlgras, nickendes	fr	+/±	●	T – G	St	+ NV
Riesenschwingel	n-fr	+	(○) ●	A – H	S	± NV/(J)
Waldschwingel	fr	+	●	H/M	S	± NV
Kräuter						
Huflattich	wf	±	○	T + M	St	+ NV
Pestwurz	wf/fr	±	◐	M/G	S	+ NV
Distelarten	fr/tr	±	○	T – G	S	± NV(J)
Weidenröschen	fr	±	○	T – M	S/St	± (NV)/(J)
Labkraut, klebriges	fr	±/+	○	T/H	S	± NV
Bingelkraut	fr	+	●	H/M	S/St	+ NV
Sträucher						
Heide	tr	−	(◐) / ○	T/H	S/StA	+/(++)J
Preiselbeere	tr	−	◐ / ○	T – G	S	± (NV)
Heidelbeere	fr(tr)	±/(−)	◐ / (○)	T – G	S/St	+ NV/J
Besenginster	tr	±/(−)	○		S/StA	+ J
Brombeere	fr	±/+	◐ / ○	T – (M)	St	++ NV/J
Himbeere	fr	±	◐ / ○	T – M	S	+ J
Traubenholunder	fr	+	◐ / ○	T – M	S	± J
Holunder, schwarzer	fr	+	◐ / ○	T – M	S	± J
Bäume						
Sandbirke (Warzen-)	tr	−	○	T – M	S/StA	+ J
Moosbirke (Haar-)	n/tr	−	○	T – M	S/StA	+ J
Aspe	fr	±	○	T – G	S/W	± J
Vogelbeere	(n)-tr	± (−)	○ / ◐	T – G	S/StA	± J
Salweide	tr	−	○	T – G	S/StA	+ J
Ohrweide	n-fr	−	○	T – G	S/StA	± J
Hasel	fr	±	○ / (◐)	A – M	S/StA	± J
Hainbuche	fr	+	◐	A – H	S/StA	± (J)

Zeichenerklärung:

Wasserversorgung:
n = nass
wf = wechselfeucht
fr = mäß. fr.-frisch
tr = mäß. tr.-trocken

Nährstoffversorgung:
+ gut
± mittel
− gering

Lichtbedürfnis:
● Schatten
◐ Halbschatten
○ volles Licht

Vorkommen in:
A = Auewald
T = Tiefland
H = Hügelland
M = Mittelgebirge
G = Gebirge

Verbreitung über:
S = Samen
St = Stolonen (Ausläufer)
Rh = Rhizome
W = Wurzelbrut
StA = Stockausschläge
Sp = Sporen

Waldbauliche Bedeutung:
++ sehr starker Konkurrent, Bekämpfung meist unumgänglich
+ starker Konkurrent, Bekämpfung oft unumgänglich,
± gelegentlich starker Konkurrent, Bekämpfung manchmal unumgänglich.
( ) = gelegentlich oder in geringerem Umfang bedeutsam
NV Störend für Ankommen von Naturverjüngung
J Störend in Jungwüchsen

Unkrautkonkurrenz beeinflußt. Freistellungsmaßnahmen, welcher Art und wie intensiv auch durchgeführt, ändern die Überlebensraten nicht oder nur unwesentlich.
– Auch das **Höhenwachstum** der Fichten wird normalerweise nur geringfügig durch Unkrautkonkurrenz beeinträchtigt. Mit einer Verbesserung des Höhenwachstums kann nur gerechnet werden, wenn starke Konkurrenz um Wasser etwa durch Gräser beseitigt wird. Wassermangel ist jedoch nur auf wenigen Fichtenstandorten während des ersten Kulturstadiums ein begrenzender Faktor. Ausnahmsweise erreichen deshalb über mehrere Jahre und sehr intensiv freigestellte Fichten am Ende der Pflegezeit einen Höhenvorsprung von mehr als einem Jahrestrieb. Dieser Mehrzuwachs bildet sich jedoch nur langsam im Laufe mehrerer Jahre und erst dann heraus, wenn die Gefahrenzone schon überwunden ist, Freistellungsmaßnahmen also nicht mehr notwendig sind. Beobachtungen darüber, wie lange die Förderungswirkung überhaupt anhält, fehlen bisher.
Schließlich werden die vorherrschenden und damit die Entwicklung bestimmenden Bäume in Jungwüchsen durch Freistellungsmaßnahmen weniger begünstigt als das gesamte Bestandeskollektiv *(s. Tab. 7.33).*

Tab. 7.33: **Auswirkungen mechanisch/chemischer Freistellungen auf die Höhenentwicklung** von Fichten auf zwei Reitgrasflächen in Nordwürttemberg, 11 Jahre nach der Pflanzung (n. Olberg-Kalfass, 1979)

MERKMAL	FLÄCHE		BEHANDLUNG		
			ohne	mechan.	mech./chem.
Mittelhöhe	cm	1	430	+70	+50
aller Bäume	cm	2	470	+30	+75
Mittelhöhe	cm	1	575	+25	−10
der 1000 dominierenden Bäume/ha	cm	2	605	+25	+55

Auf Fläche 1 (FoA Crailsheim; Schluff-Kerf mit stauender Tonschicht; 2 + 2j. Fi) und Fläche 2 (FoA Weil im Schönbuch; Braunerde-Pseudogley; 2 + 3j. Fi) wurde 4 Jahre lang mechanisch zu praxisüblichen Terminen (Juni/Juli und im Spätsommer) freigeschnitten bzw. kombiniert mechanisch/chemisch die Bodenvegetation weitgehend eliminiert.
Nach 11 Jahren hatten die Fichten im günstigsten Fall einen Vorsprung von etwa einem Jahreszuwachs erreicht. Das gilt aber nur, wenn man **alle Bäume** berücksichtigt. Werden nur die für die weitere Bestandesentwicklung entscheidenden **vorherrschenden Individuen** betrachtet, so ist der Gewinn von intensiven Freistellungen selbst bei starker Konkurrenz durch Landreitgras geringer, z.T. gar nicht gegeben.

– Bei geringer Konkurrenz durch Beschattung können die jungen Bäume kräftigere Kronen entwickeln, und das führt wiederum zu stärkerem **Durchmesserwachstum.** Deshalb reagieren Jungfichten auf Freistellung deutlicher mit Sproßdurchmesserzuwachs, der zugleich ein guter Indikator für die Biomasseerzeugung ist. Aber auch das geschieht nur bei äußerst aufwendig gehandhabten Konkurrenzregelungen.
– In Kulturen ohne Zaunschutz können nach Unkrautbekämpfungen sogar gegenteilige Wirkungen auftreten: Durch mechanisches Freistellen ebenso wie durch chemisches Abtöten der Konkurrenzvegetation werden die jungen Fichten für das Wild besser zugänglich. Das führt zu **stärkeren Verbiß- und Fegeschäden,** und diese wiederum können kürzere Sprosse und mehr deformierte Stämme bedingen *(s. Tab. 7.34).*

Tab. 7.34:   Auswirkungen von Wildabwehr- und chemischen Unkrautbekämpfungsmaßnahmen in drei baden-württembergischen Fichtenkulturen (n. Huss und Olberg-Kalfass, 1982).

KRITERIUM		WILDABWEHR					
		ohne		Einzelschutz		Zaun	
		UNKRAUTBEKÄMPFUNG					
		ohne	mit	ohne	mit	ohne	mit
Gesamtlänge	cm	131	−15	140	−10	149	+5
Anteil gut geformter Individuen	%	68	−22	74	−13	86	±0

Die 9jährigen 5 Jahre lang behandelten Fichten zeigten einheitlich dieselben Reaktionen: Mit Herbiziden freigestellte Fichten waren – da offenbar besser zugänglich – stärker von Rehwild geschädigt worden als die unbehandelten. Der Einzelschutz erwies sich als unwirksam. Lediglich im Zaun konnte sich die Unkrautbekämpfung vorteilhaft auswirken, wobei allerdings nur ein geringer Effekt eintrat.

Zusammenfassend ergibt sich, daß mechanische wie chemische Bekämpfungen der üblichen Mischvegetation aus Gräsern, Kräutern und Sträuchern in Fichtenkulturen den hohen Kosten- und Arbeitsaufwand oft nicht rechtfertigen, ja sogar nachteilige Wirkungen haben können. Sie sollten also beschränkt werden auf Extremfälle wie flächendeckende Adlerfarn- oder Brombeerdickichte.

7.7.3.2   Die Wirkungen von Konkurrenzregelungen auf das Wachstum von Douglasien

Die Douglasie reagiert – nach den bisher noch sehr spärlichen Untersuchungen – stärker auf Unkrautbekämpfungen als die Fichte. Sie wird seit einigen Jahren auf solche mittleren Standorte gebracht, die für die Fichte zu trocken, für die Kiefer aber zu nährstoffreich erscheinen. Wenn dort dichter Grasfilz die Konkurrenzvegetation bildet, dürfte die Kulturreinigung für diese Baumart eher anzuraten sein als bei der Fichte.

7.7.3.3   Die Wirkungen von Konkurrenzregelungen auf das Wachstum von Kiefern

Die Kiefer wird oft als Kleinpflanze ausgebracht, ist lichtbedürftiger als Fichte und Douglasie und, da auf trockenen Sandböden angebaut, empfindlich gegen Wasserkonkurrenz. Die auf vielen Kiefernstandorten vorkommenden Gräser können daher starke Wachstumsminderungen und auch Ausfälle bewirken. Gräser lassen sich mit Herbiziden meist effektiver, nachhaltiger und billiger ausschalten als durch mechanische Verfahren wie Hacken, Fräsen oder Freischneiden. Krautiger Bewuchs beeinträchtigt die Kiefern dagegen nicht oder nur geringfügig (s. Tab. 7.35).

In Ost- und Mitteldeutschland hat sich – wohl als Folge der kontinuierlichen Stickstoffeinträge und starken selektiven Verbisses – auf riesigen Flächen und oft in üppigster Form das Landreitgras ausgebreitet und erschwert damit in besonderem Maße auch die Kiefernachzucht.

Tab. 7.35: **Einfluß von Standort, Bodenvegetation und Art der Konkurrenzregelung auf die Produktion von Schaftholzvolumen** 7jähriger Kiefern, fünf Jahre nach Versuchsbeginn (n. BERGMANN, 1976).

| STAND-ORT | BODENVEGETATION | $m^3 s$/ha | ART DER UNKRAUTBEKÄMPFUNG | | |
			ohne %	manuell %	chemisch %
arm	80 % Drahtschmiele, 20 % beh. Hainsimse	2,1	100	100	100
mittel	20 % Hainrispengras, 20 % Sauerampfer; Himbeere, Hainsimse, Kreuzkraut	2,1	100	100	100
kräftig	50 % Hainrispengras, Drahtschmiele, Honiggras	2,6	100	206	283

Auf drei Flächen unterschiedlicher Standortgüte wurden in Streifenkulturen zwei Jahre lang Bekämpfungsmaßnahmen vorgenommen.

Auf den „grasbestimmten" Standorten – und zwar sowohl den armen wie den kräftigen – erbrachten die Unkrautbekämpfungen statistisch gesicherte Mehrzuwächse – durch die Herbizidbehandlung deutlich mehr als durch die mechanischen Maßnahmen. Auf dem mittleren Standort mit einer harmlosen Mischvegetation bewirkten sie dagegen nichts.

7.7.3.4 Die Wirkungen von Konkurrenzregelungen auf das Wachstum von Eichen

Für die Eiche gilt in vieler Hinsicht das für die Kiefer Gesagte: Sie ist lichtbedürftig und stockt nicht selten auf eher trockenen Böden mit Gräsern als harten Konkurrenten um das Wasser. Ganz besondere Schwierigkeiten bieten schwere tonreiche und deshalb sehr unkrautwüchsige Böden. Hier sind die jungen Eichen einem starken Druck von artenreichen Mischvegetationen mit vielen Strauch- und Baumarten ausgesetzt, deren Zurückdrängung für das Gelingen der Verjüngung entscheidend ist. Man hat junge Eichenkulturen deshalb früher wie die Rüben regelmäßig von Hand gehackt und sie als „Hackfrucht" bezeichnet. Intensive Pflegemaßnahmen – z. B. mechanische durch Fräsen zwischen den Saatreihen oder chemische – bewirken heute auf solchen Standorten gleichermaßen wie seinerzeit ein kontinuierliches und gutes Höhenwachstum, das zu einer wesentlichen Abkürzung der Pflegedauer führt, und sichern die für die Qualität der künftigen Bestände notwendige Homogenität der Jungwüchse.

7.7.3.5 Die Wirkungen von Konkurrenzregelungen auf das Wachstum von Buchen

Die Buche wächst – da fast ausschließlich natürlich verjüngt – meistens unter Schirm bei gedämpfter Entwicklung der Bodenvegetation auf. Als Schattbaumart widersteht sie dann auf den durchweg gut nährstoff- und wasserversorgten Standorten der Konkurrenz der Bodenvegetation ganz gut. Hat sich unter offenen Schirmen allerdings bereits eine dichte Bodenvegetation eingefunden, womöglich mit Landreitgras als Komponente, so kann die Buche nur noch nach intensiven Bekämpfungsmaßnahmen eingebracht werden. Meist ist dann Pflanzung unumgänglich. Der Buche sind in den Mittelgebirgen deshalb große Areale verlorengegangen, weil die Verunkrautung der Althölzer schneller vonstatten ging als das Ankommen der Verjüngung.

7.7.4   Verfahren zur Bekämpfung oder Entwicklungshemmung der Bodenvegetation

Ist konkurrierende Bodenvegetation einmal angekommen, so läßt sie sich auf verschiedene Weise zurückdrängen oder beseitigen, und zwar:
(1) **Mechanisch** durch Handarbeit oder Maschineneinsatz,
(2) **chemisch** durch Verwendung von Herbiziden,
(3) durch **Abdecken des Bodens** um die Kulturpflanzen herum,
(4) durch **Aussaat oder Pflanzung** von Arten der Bodenvegetation, die das Aufkommen von aggressiveren Unkräutern hemmen,
(5) durch Förderung eines natürlich ankommenden oder künstlich eingebrachten **Vorwaldes**.

7.7.4.1   *Mechanische Verfahren*

Die Bodenvegetation wird entweder vor Einleitung des Verjüngungsprozesses behandelt, wenn abzusehen ist, daß sie diesen behindern wird, oder in dessen Verlauf, wenn sie sich zu einem Konkurrenzfaktor entwickelt.
(1) Zur **Bekämpfung störender Bodendecken vor der Verjüngung und zur Schaffung eines vegetationslosen Keim- oder Pflanzbettes** werden die in *Übersicht 7.4* aufgeführten Bodenbearbeitungsgeräte wie Grubber, Fräsen, Scheibeneggen, Streifen- und Vollumbruchpflüge eingesetzt. Dabei ist zu bedenken, daß Unkrautbekämpfung beim Einsatz solcher Geräte nur eines und meistens nicht das wichtigste von mehreren Zielen ist *(vgl. Kap. 7.2.2)*.
(2) Bei der **mechanischen Unkrautbekämpfung in Verjüngungen** überwiegen dagegen mit weitem Abstand die einfachen Handarbeitsverfahren mit Sichel und Sense *(s. Übersicht 7.27)*.

Mit ihnen lassen sich keine großen Flächenleistungen erbringen. Deshalb ist das Reinigen von Kulturen zeitaufwendig und teuer *(vgl. Tab. 7.36)*. Meist gewährleisten sie zwar eine sorgfältige Arbeit, dennoch werden kleine Forstpflanzen in dichten Vegetationsdecken zu erheblichen Anteilen versehentlich abgeschnitten.
    Besonders dem kleinen Waldbesitz kommt entgegen, daß die Anschaffungskosten für die hierzu benötigten Geräte gering sind.

Für den gleichen Zweck gibt es verschiedene **motorgetriebene Geräte** *(s. Übersicht 7.28)*:
– Mit **rückengetragenen Geräten** kann man zwar gegenüber dem händischen Freischneiden unter manchen Bedingungen das Arbeitsresultat verbessern, sie sind jedoch laut (Ohrenschutz!), schwer und produzieren belästigende Abgase. In steilem Gelände sind sie unfallträchtig.
– Noch mehr ist der Einsatz **schleppergetriebener Geräte** auf „günstige" Verhältnisse beschränkt: ebenes bis mäßig geneigtes Gelände und große, gut befahrbare Flächen.

Beide Gerätetypen benötigen Pflanzkulturen mit klar erkennbaren Reihen. Besonders in Jungwüchsen aus Naturverjüngungen und in unregelmäßigen Anordnungen können erhebliche Mengen an jungen Pflanzen verlorengehen.

Übersicht 7.27:   Handarbeitsgeräte für die mechanische Unkrautbekämpfung (z. T. nach Firmenprospekten).

GERÄT	BESCHREIBUNG	ANWENDUNGSBEREICH/ BEURTEILUNG
Rundsichel Sensensichel	Rundsichel: Blattlänge 35 cm; Gewicht: 0,2–0,6 kg	Zum Auskesseln von Jungpflanzen und Entfernen von Gestrüpp.
	Sensensichel: Blattlänge 50 cm; Gewicht: 0,2–0,6 kg	Zum Auskesseln von Jungpflanzen bei überwiegend krautiger Vegetation.
		Beide Werkzeuge überwiegend von Frauen verwendet.
Gras- bzw. Weinbergsense	Sensenblatt: 45–60 cm	Zum Ausmähen von Gras und weichen Kräutern.
Freistellungssense	Sensenblatt: 40 cm und zusätzliches Zugmesser; Gewicht: 2–3 kg	Zum Ausmähen von Gras und Kräutern, Entfernen von Strauchwerk und schwachen Stockausschlägen.
		Beide Geräte sind ergonomisch günstiger als Sicheln.
Sichelheppen	Zweiseitig geschliffenes Blatt; Gesamtlänge: 75–120 cm zum ein- oder beidhändigen Gebrauch; Gewicht: 0,8–1,5 kg	Vorteilhaft vor allem für holzige Pflanzen: Zum Absicheln von Brombeere, Himbeere; Herausziehen von Brombeerranken; Entfernen von Dorngestrüpp, Besenpfriem, Sträuchern, Stockausschlag; Vereinzeln dichter Naturverjüngungen; Freihieb unterständiger Baumarten, Köpfung von Protzen; Abschneiden von Stockausschlag, Hasel, Birke, Dorngestrüpp des Auewaldes und von Ästen mit Durchmessern bis 2,5 cm bei Hartholz, bis 4–5 cm bei Weichholz.
Schweizer Gertel	Schweizer Gertel; Länge: 63 cm	
Durchforstungsschere	Durchforstungsschere mehrere Typen; Länge: 65–72 cm; Gewicht: 2 kg	

Für Freischneidemaßnahmen ist der **Zeitraum von Mitte Juni bis spätestens Mitte August am geeignetsten.** Bei früherer Ausführung regeneriert sich die Konkurrenzvegetation, und ein zusätzlicher Spätsommerschnitt wird nötig. Spätere Ausführung

Übersicht 7.28:   Motorgetriebene Geräte für die mechanische Unkrautbekämpfung (z. T. nach Firmenprospekten).

GERÄT	BESCHREIBUNG	ANWENDUNGSBEREICH/ BEURTEILUNG
Geräte für motormanuelle Arbeit	Verschiedene Fabrikate mit:	
	– Mähkopf (Nylonschnur)	Zum Ausmähen krautiger Vegetation.
	– Grasschneideblatt	
	– Dickichtmesser	Zum Entfernen krautiger und schwach verholzter Pflanzen (Brombeere, Adlerfarn).
	– Kreissäge	Zum Abschneiden von Sträuchern und schwachen Bäumen (Holunder, Weide, Birke).
	Gewicht: 7–11 kg	Belastungen der Arbeiter durch Lärm, Vibration und Abgase.
	Fahrbarer Rundschlagmäher. Verschiedene Typen. Schnittbreite 65 cm	Zum Gassenschnitt von in regelmäßigem Verband stehenden Kulturen auf ebenen Flächen. Nur unter günstigen Bedingungen einsetzbar.
Geräte für Maschinenarbeit	Schlepper (diverse Fabrikate) mit: – Schlagkette – Rotorschneider – Mähbalken – Fräse	Zur Kulturflächenvorbereitung (Beseitigung von Sträuchern, Weichholz, krautigen Pflanzen). Zum Gassenschnitt von in regelmäßigem Verband stehenden Kulturen. Zur Beseitigung von krautiger Vegetation zwischen Pflanzreihen mit oberflächigen „Hacken". Alle Geräte nur auf wenig geneigtem Gelände ohne große Steine oder Stöcke einsetzbar.

nützt den bedrängten Forstpflanzen meist nicht mehr viel. Hinsichtlich der Terminwahl ist aber zu bedenken, daß die Vegetationsentwicklung regional und witterungsbedingt von Jahr zu Jahr schwanken kann. Brombeerranken sind oft erst im Winter gefährlich, wenn sie nämlich vom Schnee herabgedrückt werden und dabei die jungen Forstpflanzen unter sich „beerdigen". Sie werden zweckmäßigerweise erst gegen Ende der Vegetationszeit um die Forstpflanzen herum beseitigt.

7.7.4.2 Chemische Bekämpfungen mittels Herbiziden

Als Herbizide werden phytotoxische Substanzen bezeichnet, die zur Bekämpfung unerwünschter Pflanzen geeignet sind. Nach ihrem Wirkungsspektrum können sie eingeteilt werden in **selektive Herbizide,** mit denen sich als schädlich beurteilte Pflanzen in Gegenwart von Nutzpflanzen bekämpfen lassen, und in **Totalherbizide,** die auf alle Pflanzen stark wirken.

Herbizide können eingesetzt werden gegen
(1) keimende Samen und
(2) bereits entwickelte Pflanzen.

Zu (1): Als **Bodenherbizide** gegen keimende Samen bilden sie eine Art Sperrschicht im Oberboden und töten Samenunkräuter sowie einige aus tieferen Schichten vorstoßende Neuaustriebe (z. B. von Gräsern), nicht jedoch bereits mit verborkter Rinde geschützte Holzgewächse.

Zu (2): Bei bereits entwickelten Pflanzen gibt es folgende Wirkungsmechanismen:
  – Nach **Aufnahme über die grünen Blatt- oder Sproßorgane** erfolgt entweder
    • die Zerstörung der getroffenen Blattsubstanz,
    • der Transport zu den oberirdischen Wachstumszentren,
    • der Transport zu allen Zonen des Stoffwechsels oder
    • der Transport in die Rhizome.
  – Nach **Aufnahme über die Wurzel** wird diese zerstört.

Die **Ausbringungszeitpunkte** sind abhängig vom Wirkungsmechanismus:
– Blattherbizide müssen in der Vegetationszeit, aber – bei selektiver Anwendung in Kulturen – in Zeiten geringerer Aktivität der Forstpflanzen appliziert werden,
– Wurzelherbizide im späten Herbst oder zeitigen Frühjahr,
– Bodenherbizide im zeitigen Frühjahr.

Die herbiziden Wirkstoffe sind in unterschiedlicher Aufbereitung und Konzentration in Handelspräparaten enthalten. Diese werden von der Biologischen Bundesanstalt für Land- und Forstwirtschaft (BBA) auf Wirksamkeit, Dosierung, Einsatzmöglichkeiten und -grenzen, Toxizität und Umweltverträglichkeit geprüft und für die praktische Anwendung zugelassen. Nur die im amtlichen Pflanzenschutzmittelverzeichnis der BBA als für die Forstwirtschaft geeignet aufgeführten Präparate dürfen gehandelt und verwendet werden *(s. Übersicht 7.29).*

Übersicht 7.29: Für die Forstwirtschaft zugelassene Herbizide und ihre Anwendungsmöglichkeiten (n. Pflanzenschutzmittelverzeichnis der Biolog. Bundesanstalt f. Land- und Forstwirtschaft, 1994).

WIRKSTOFF (Kurzbezeichnung)	HANDELS-NAME	TYP	EINSATZGEBIET	ANWENDUNGS-ZEITRAUM	AUFWANDMENGE je ha +AUSBRINGUNGSART
Dalapon	Dowpon, Basinex P, Basfapon u. a.	Selektives Blatt-Bodenherbizid gegen Gräser.	**Grasniederhaltung** in Jungwüchsen, frühestens 1 Jahr nach Ankommen von Naturverjüngung oder Pflanzung (außer Kiefer; Eiche + Lärche, nicht im Spätherbst).	Frühjahr vor Austrieb der Jungwüchse (Febr.–Apr.); Herbst nach Triebabschluß (Ende Okt.–Dez.).	5 kg Spritzpulver bzw. 50 kg Granulat in Nadel-, 7,5 kg (75 kg) in Laubbaumjungwüchsen.
Dichlobenil	Casoron G, Prefix G Neu, Ustinex-CN-Streumittel, Vinuran, COMPO-Gartenunkrautvernichter	Selektives Bodenherbizid.	Aus Samen auflaufende **ein- und zweikeimblättrige Unkräuter** in Laub- und Nadelbaumjungwüchsen.	Zeitiges Frühjahr; frühestens 1 Jahr nach Pflanzung.	30 kg Granulat auf leichten schwachhumosen, 40 kg auf schweren humusreichen Böden oder bei starkem Unkrautwuchs.

Übersicht 7.29: (Fortsetzung)

WIRKSTOFF (Kurzbezeichnung)	HANDELSNAME	TYP	EINSATZGEBIET	ANWENDUNGSZEITRAUM	AUFWANDMENGE je ha +AUSBRINGUNGSART
Fluazifop – P	Fusilade 2000	Blattherbizid	Gegen **Gräser** auf Jungwuchsflächen, auf Kahlflächen oder unter Altholzschirm.	Nach dem Auflaufen der Gräser; vor der Beerenblüte.	4 l/ha spritzen.
Glufosinat	BASTA, Celaflor- Unkrautfrei, Difontan	Blattherbizid	**Adlerfarnbekämpfung** in Laub- und Nadelbaumjungwüchsen.	Juli–August, ab voller Entfaltung der Farnwedel.	7,5 l/ha spritzen.
Glyphosat	Roundup, DURANO, COMPO Spez.-Unkrautvernichter, Filatex u. a.	Wenig selektives Blattherbizid gegen ein- und zweikeimblättrige Kräuter und Holzgewächse.	(1) Kulturflächenvorbereitung auf Freiflächen und unter Schirm gegen **Adlerfarn, Gräser** und **Sträucher.**	(1) Volle Blattentfaltung (Aug.–Okt.).	(1) 5 l/ha spritzen oder sprühen.
			(2) Frühzeitige Zurückdrängung von **ein- und zweikeimblättrigen Unkräutern** in Laub- und Nadelbaumkulturen.	(2) Mai–Juni, Zwischenreihenbehandlung mit Abschirmung.	(2) 3 l/ha spritzen.
			(3) Freistellung von Nadelbaumjungwüchsen von Aufwuchs durch **Adlerfarn, Gräser, Sträucher, Kräuter** (nicht Lärche und Douglasie).	(3) Frühherbst (verholzte Triebe bei Forstpflanzen nach Abschluß des Hauptwachstums des Farns, noch aufnahmefähige Blätter bei Unkräutern).	(3) 3 l/ha spritzen oder sprühen.
Methabenzthiazuron	Tribunil		Aus Samen auflaufende **ein-** und **zweikeimblättrige Unkräuter** in Laub- und Nadelbaumjungwüchsen.	Vor Austrieb; Vor dem Auflaufen der Unkräuter; Nach dem Auflaufen der Unkräuter.	5 kg/ha spritzen oder sprühen.

Die Zahl der Herbizide ist – verglichen mit den für die Landwirtschaft zugelassenen Mitteln – klein. Zudem haben nur wenige von ihnen Bedeutung für die Praxis. Durch sog. Tankmischungen, d. h. Mischen mehrerer Herbizide unmittelbar vor dem Ausbringen, läßt sich ihre Wirksamkeit gegen bestimmte Florenelemente wesentlich ergänzen.

Einsatzfelder der in *Übersicht 7.29* angegebenen Herbizide sind (in Klammern die Wirkstoffnamen):

(1) Die **Vorbereitung von Naturverjüngungen, Saaten oder Pflanzungen** (Dalapon, Glyphosat);

(2) Die **Hemmung oder Bekämpfung der Bodenvegetation in Jungwüchsen** gegen Gräser (Dalapon, Fluazifop), gegen aus Samen auflaufende Gräser + Kräuter (Dichlobenil, Methabenzthiazuron), gegen Kräuter + Sträucher (Glyphosat), gegen Adlerfarn (Glyphosat, Glufosinat).

Die Herbizide werden mit den in *Übersicht 7.30* aufgeführten Geräten auf folgende Weise ausgebracht:

– Im **Spritzverfahren** mit einfachen Geräten.

Da relativ viel Wasser (600 l/ha) benötigt wird, ist nur eine geringe Flächenleistung zu erzielen.

– Im **Sprühverfahren** mit rückentragbaren oder Schlepperanbaugeräten.

Die Sprühflüssigkeit wird mittels Gebläse in kleinste Tröpfchen zerrissen. Deshalb ist der Wasserbedarf mit nur 200 l/ha gegenüber dem Spritzverfahren geringer und eine höhere Flächenleistung möglich.

– Im **Streuverfahren** mit einfachen Handgeräten, rückentragbaren oder Schlepperanbaugeräten.

Der Vorteil dabei ist die Unabhängigkeit von der Wasserversorgung. Die Schwierigkeiten einer gleichmäßigen Ausbringung mindern aber die Einsatzmöglichkeiten in der Praxis.

Übersicht 7.30:   Geräte für die Ausbringung von Herbiziden (z. T. nach Firmenprospekten + Hess. Landesforstverw., 1973).

GERÄT	BESCHREIBUNG	ANWENDUNGSBEREICH BEURTEILUNG
Kolbenrückenspritze	Mehrere Fabrikate; Füllinhalt: 15–18 l; Gewicht: 5–6 kg; Zubehör: Strahldüse; Spritzschirm (mehrere Fabrikate); Arbeitsbreite 12–40 cm, eingebaute Flachstrahldüse + Kugelgelenk. Dauerndes Pumpen erforderlich.	Zum Auskesseln von Einzelpflanzen und zur Kleinflächenbehandlung. Strahldüse erlaubt genaue Applikation, gleichmäßige Verteilung, geringe Windabdrift. Spritzschirm zur Bekämpfung in Reihenkulturen ohne Schädigung der Forstpflanzen.
Hochdruckrückenspritze	Mehrere Fabrikate: Füllinhalt: 5–10 l; Gewicht: 4–5 kg; Aufpumpen vor Beginn der Arbeit.	Wie Kolbenrückenspritze.
Granulatstreuer	Mehrere Fabrikate; hier: Kleegeige.	Zum reihenweisen Ausbringen von granulierten Herbiziden auf Kleinflächen.
Motor-Sprüh- und Stäubegerät	Mehrere Fabrikate: Füllinhalt: 10–11 l; Gewicht: 8–10 kg; rückentragbar.	Zum reihen- und flächenweisen Ausbringen von Flüssigkeiten (bis 4 l/min), Stäuben (bis 3 kg/min) oder Granulaten. Erheblich höhere Flächenleistung durch Übergang vom Spritz- zum Sprühverfahren.
Sprühgerät für Schlepperanbau **Kreiselstreuer für Schlepperanbau**	Mehrere Fabrikate; Geräte meist für Landwirtschaft oder Straßenböschungen verwendet.	Zur großflächigen Ausbringung von Flüssigkeiten bzw. Granulaten. Nur für schlepperbefahrbares Gelände und Kultur mit exaktem Reihenverband geeignet.

Im Spritz- und Streuverfahren kann grundsätzlich einzelpflanzen-, reihen- oder flächenweise behandelt werden, im Sprühverfahren dagegen nur reihen- und flächenweise. Im Hinblick auf einen sparsamen und damit zugleich ökologisch weniger bedenklichen Mitteleinsatz ist die Einzelpflanzenbehandlung am günstigsten zu werten.

Die chemische Konkurrenzregelung benötigt weniger Zeit und verursacht damit geringere Kosten als die mechanische Handarbeit. Auch lassen sich manche Unkräuter wie z. B. das Landreitgras chemisch effektiver, wenn nicht sogar überhaupt nur auf diese Weise bekämpfen.

Gegen den Herbizideinsatz sprechen die folgenden teilweise schon angedeuteten Bedenken:
– Herbizide können eine direkte Gefahr für die mit ihnen arbeitenden Menschen bedeuten.
– In den – verglichen mit der übrigen Landschaft Mitteleuropas – naturnahen Waldökosystemen sollten möglichst überhaupt keine chemischen Fremdstoffe ausgebracht werden.
– Trotz der Prüfungen durch die Biologische Bundesanstalt reichte der jeweilige Kenntnisstand nicht aus, um zu verhindern, daß gefährliche Wirkstoffe jahrelang verwendet werden durften (wie z. B. bis Anfang der 70er Jahre das Insektizid DDT) oder gefährliche Beiprodukte bei der Herstellung anfielen (wie z. B. das Dioxin bei den herbiziden Wuchsstoffen). Ähnliche unübersehbare Folgewirkungen können sicher auch künftig nicht ausgeschlossen werden.
– Bei Überdosierungen oder sonst unsachgemäßer Ausbringung sind Schäden an den zu schützenden Pflanzen zu befürchten, bei Abdrift auch Beeinträchtigungen an benachbarten Kulturen.
– Immer wieder wird unsachgemäß mit ihnen umgegangen, z. B. werden Spritzen in Bächen gereinigt, Restmengen achtlos weggeschüttet und auf diese Weise Umweltbelastungen verursacht.

Es ist deshalb davon auszugehen, daß Herbizide künftig noch weniger verwendet werden als bisher schon.

7.7.4.3 Entwicklungshemmung der Bodenvegetation durch Abdecken des Bodens

Im letzten Jahrzehnt wurde – teilweise unter Übernahme von Verfahren und Erfahrungen aus dem Gemüse-, Garten- und Weinbau – verschiedentlich versucht, die Entwicklung der Bodenvegetation durch Abdecken des Bodens um Forstpflanzen herum zu hemmen und damit deren Konkurrenz auf eine umweltverträgliche, wachstumsfördernde und zugleich kostengünstige Weise zu umgehen. Hierzu wurden unterschiedliche Materialien herangezogen:
– Kunststoffe wie Bahnen aus schwarzer Folie oder Folienplatten,
– organische verrottbare Stoffe wie Pappe, Stroh, Rindenmulch oder Holzschnitzel,
– Sand.

Generell haben die jungen Bäume auf die Mulchwirkung und die Freihaltung von der Konkurrenz durchweg mit kräftigerem Wachstum reagiert. Aber es gibt wenige Versuche mit eindeutigen Ergebnissen und längerfristiger Beobachtung.

Außerdem haben einige der Materialien auch Nachteile:

- Folien z. B. lassen sich oft nicht dauerhaft genug im Gelände befestigen, bieten gelegentlich Schädlingen Unterschlupf und sind vor allem schwer zu entsorgen.
- Stroh-, Rinden- und Holzschnitzelmulch – obwohl meist sehr vorteilhaft wirksam – wurde ebenso wie Sand oft rasch von der Bodenvegetation durchwachsen.
- Materialbeschaffung und -ausbreitung auf den Kulturflächen ist nicht ohne Einsatz schwererer Schlepper und Geräte zum Verteilen möglich und scheitert deshalb oft an ungünstigen Geländebedingungen bzw. fördert das unerwünschte Befahren der Verjüngungsflächen.
- Auch bezüglich der Kosten scheinen diese Verfahren nur ausnahmsweise attraktive Alternativen darzustellen.

7.7.4.4   Konkurrenzregelung durch Aussaat weniger aggressiver Begleitpflanzen

Ebenso wurde begonnen, die Möglichkeiten zu erproben, durch den gezielten Anbau landwirtschaftlicher Nutzpflanzen eine ausreichende Unterdrückung der aggressiveren, sich natürlich entwickelnden Bodenpflanzen zu erreichen. Hierzu werden Nutzpflanzen herangezogen, die die forstlichen Pflanzen weder verdämmen, noch durch Wasser- oder Nährstoffkonkurrenz schädigen und durch die Ansiedlung von Mäusen oder anderen Schädigern begünstigen dürfen. Eine Vielzahl von landwirtschaftlichen Nutzarten wurde erprobt, wie z. B. Hafer, Roggen, Buchweizen, Raps, Rübsen, Waldstaudenroggen, Seradella, Senf, Ölrettich, Lupine, Phacelia und verschiedene Kleearten.

Hierbei erwiesen sich vor allem niedrig wachsende Kleemischungen als vorteilhaft, aber auch – entsprechend den Erfahrungen aus dem Waldfeldbau – Getreidearten. Allerdings hängt der Erfolg solches „competitive replacement" erheblich von Oberbodenzustand, Standortgüte und Witterung nach der Aussaat ab. Vielfach ist Bodenvorbereitung und Düngung zur Etablierung der „Nutzpflanzendecken" erforderlich. Das aber schränkt die Anwendung solcher Verfahren angesichts der Vielfalt forstlicher Standortvorgaben für Verjüngungsflächen erheblich ein. Diese Ansätze kommen dagegen mehr für Baumschulen in Frage.

Im Hinblick auf eine weitergehende Beurteilung muß außerdem festgestellt werden, daß kaum verläßliche und genügend breitgefächerte Versuchsergebnisse vorliegen.

7.7.4.5   Dämpfung des Wachstums der Konkurrenzvegetation durch Vorwälder

Vorwälder aus natürlich angekommenen oder künstlich eingebrachten Pionierbaumarten wurden bisher üblicherweise zur Dämpfung von Witterungsunbilden auf Freiflächen für den Anbau weniger »harter« Baumarten unter deren Schirm herangezogen. Die Möglichkeiten, auf diese Weise auch das Wachstum und damit die Konkurrenzkraft der Bodenvegetation auf Freiflächen zu bändigen, werden ebenfalls erst seit kurzem gesehen und erprobt. Deshalb gilt hier gleichermaßen, daß noch wenig brauchbare Daten und Erfahrungen aus planmäßigen Versuchen zu dieser speziellen Fragestellung gewonnen wurden.

Es spricht vieles dafür, daß dieser Ansatz – weil er »naturnah« und, nach überschlägigen Kalkulationen zu urteilen, kostengünstig zu sein verspricht – einige Chancen hat, auf längere Sicht Bedeutung für die forstliche Praxis zu erlangen.

7.7.5   Zur Bedeutung der Konkurrenzregelung im praktischen Forstbetrieb

Eine längerfristige lückenlose Dokumentation über den Umfang der Konkurrenzregelungsmaßnahmen ist nur für den baden-württembergischen Staatswald veröffentlicht. Auszugsweise und in Perioden zusammengefaßt sind einige Daten in *Tab. 7.36* wiedergegeben.

Tab. 7.36: Umfang der Konkurrenzregelungen in Jungwüchsen, Anteil der chemischen Behandlungen, Kosten und Zeitbedarf im baden-württembergischen Staatswald (n. Jahresberichte der Landesforstverw. B.-W., 1974–1989).

KRITERIUM		MASS-EINHEIT	MITTELWERT DER JAHRE			
			1974–75	1976–80	1981–85	1985–89
Gesicherte Verjüngungsfläche (Zugang zur I. Altersklasse)		ha	1 940	1 800	1 490	1 680
Kultursicherung	Arbeitsfläche insgesamt,	ha	10 760	8 810	7 860	8 360
	davon chemische Behandlung	ha	1 540	1 000	340	160
		%	14	11	4	2
Kosten	mechanische Behandlung	DM/ha	550	610	810	1 060
	chemische Behandlung	DM/ha	300	380	600	720
Zeitbedarf	mechanische Behandlung	Std./ha	31,1	26,8	27,0	28,4
	chemische Behandlung	Std./ha	7,4	8,5	10,2	11,7
Häufigkeit der Behandl. je ha gesicherte Verj.		Anzahl	5,5	4,9	5,3	5,0

Hieraus ergibt sich folgendes:
– Die Größen der Flächen gesicherter Verjüngungen (natürlich und künstlich zusammengenommen) haben sich über einen Zeitraum von 15 Jahren (1974–1989) nur wenig verändert. Danach traten starke Störungen durch die Orkane von 1990 ein. Die nachfolgenden Jahre können deswegen nicht berücksichtigt werden.
– Auch die jährlichen Arbeitsflächen im Rahmen der Kultursicherung blieben weitgehend gleich – obwohl über die Notwendigkeit von Freistellungsmaßnahmen in den vergangenen zwei Jahrzehnten viel diskutiert wurde. Nach wie vor wird im Durchschnitt gesehen jede Jungwuchsfläche rund fünfmal freigeschnitten, bis sie das Dickungsstadium erreicht.
  Hierbei muß allerdings angemerkt werden, daß die Arbeitsflächen zur Kultursicherung nicht mit den jährlichen Verjüngungsflächen identisch sind. Dennoch stimmt diese Aussage in der Größenordnung – und nur auf die kommt es hier an.
– Die Verwendung von Herbiziden ist von 16 % der Arbeitsflächen im Jahre 1974 auf 1 % 1989 zurückgegangen, spielt also nur noch eine marginale Rolle.
– Der Arbeitszeitbedarf ist mit knapp 30 Std./ha für mechanische Verfahren über all die Jahre bemerkenswert konstant geblieben. Chemische Einsätze sind im 15jährigen Beobachtungszeitraum von 25 auf 40 % dieses Wertes angestiegen und erfordern inzwischen gut $^2/_3$ der Kosten der mechanischen. Der Anstieg der Kosten ist lohnsteigerungs- und inflationsbedingt und gibt einen Hinweis auf die zukünftige Entwicklung.

Wegen der derzeit nahezu ausschließlich von Hand vorgenommenen Konkurrenzregelungen muß also bei durchschnittlich fünfmaliger Behandlung (!) mit Kosten von mindestens 6 000 DM je Hektar Verjüngungsfläche gerechnet werden.

7.7.6   Zusammenfassende Wertung

Konkurrierende Bodenvegetation kann den Aufwuchs junger Waldbäume erheblich behindern, so daß ihre Zurückdrängung nötig wird. Zeit und Kosten, die in den Forstbetrieben hierfür investiert werden, sind erheblich, man muß schon feststellen: Erschreckend hoch! Dabei wird oft des Guten zuviel getan. Die Notwendigkeit von Bekämpfungsmaßnahmen sollte deshalb sorgfältig und kritisch nach den vorkommenden Konkurrenten beurteilt werden und daher standortspezifisch sein. In *Übersicht 7.31* ist ein Beispiel für eine solche Checkliste gegeben.

Übersicht 7.31:   Notwendigkeit von Unkrautbekämpfungen in Abhängigkeit von der Wasser- und Nährstoffversorgung (n. Hess. Landesforstverwaltung, 1978).
Fettdruck: **Bekämpfung zwingend notwendig;** Normaldruck: Bekämpfung notwendig; Klammer: (Bekämpfung bedingt notwendig).

WASSERHAUSHALT	NÄHRSTOFFVERSORGUNG		
	gut	mittel	gering
naß	Keine Bekämpfung (i. d. R. Grenzwirtschaft)		
betont frisch bis frisch	**Landreitgras** **Waldschwingel** **Traubenholunder** Hainbuche Waldgerste Bergrispengras (Knäuelgras) (Bingelkraut) (Himbeere)	**Landreitgras** **Adlerfarn** **Hainbuche** Traubenholunder Birken (Himbeere) (W. Honiggras) (Weidenröschen)	**Adlerfarn** Drahtschmiele Birken (Heidelbeere) (W. Honiggras) (Pulverholz)
mäßig trocken	Bingelkraut Fiederzwenke (Einbl. Perlgras) (Knäuelgras)	Bekämpfung i. d. R. nicht notwendig	
trocken	Keine Bekämpfung (i. d. R. Grenzwirtschaft)		

Aus Platzgründen wurden im Beispiel hier die Wasserhaushaltsstufen „wechselfeucht – feucht" und „mäßig frisch" herausgelassen. Trotzdem dürfte deutlich werden, daß die Konkurrentenzahl zunimmt, je besser ein Standort mit Nährstoffen versorgt und je günstiger der Wasserhaushalt ist. Nur dort sind deshalb auch Bekämpfungen oftmals unumgänglich. Hainbuche kann sich lediglich bei Ausschluß von Rehwild (z. B. in Zäunen) als Konkurrent entwickeln.
In anderen Regionen (Nord-, Ostdeutschland) sind trockene Böden keine Grenzwirtschaftsstandorte. Dort sind vielfach Gräser besonders hartnäckige Konkurrenten und daher Bekämpfungs- oder andere Gegenmaßnahmen oft notwendig.

Die Durchführung der Konkurrenzregelungen stößt aus folgenden Gründen auf zunehmende Schwierigkeiten:
– Die von Hand ausgeführten mechanischen Maßnahmen haben sich oft als nicht wirksam erwiesen. Sie können nur auf wenigen Flächen durch den Einsatz von Motorgeräten abgelöst werden. Deshalb wird sich künftig das althergebrachte Freischneiden zwar nicht immer ersetzen lassen, sollte aber erheblich reduziert werden.
– Der Einsatz von Herbiziden wird, obwohl es in wenigen Einzelfällen keine gleichwirksamen Alternativen gibt, primär aus Gründen unklarer Umweltverträglichkeit abgelehnt.

– Das Abdecken der Konkurrenten, vor allem mit Mulchmaterialien, ist noch wenig
erprobt und nicht überall im Gelände möglich.

– Beisaaten von Bodenpflanzen, die die Konkurrenzvegetation zurückhalten, aber die
Forstpflanzen nicht schädigen, sind ebenfalls noch nicht praxiserprobt und wohl nur
eng standortbegrenzt einsetzbar.

In verstärkem Maße muß deshalb nach Wegen gesucht werden, Konkurrenzregelungen einzuschränken bzw. möglichst überhaupt überflüssig zu machen. Hier sind
folgende Alternativen zu prüfen:
– Wahl geeigneter Verjüngungsverfahren, die das Aufkommen einer konkurrenzkräftigen Bodenvegetation verhindern. Das bedeutet vor allem: Arbeiten unter Schirm.
Dabei kann allerdings die Entwicklung lichtbedürftiger Bäume erschwert sein. Über
natürlich angekommenen Jungwüchsen darf generell erst aufgelichtet werden, wenn
sie sich so etabliert haben, daß Konkurrenzvegetation den »Wettlauf« mit ihnen
nicht mehr gewinnen kann.
– Pflanzung der erwünschten Baumarten unter Vorwäldern aus natürlich ankommenden Pionierbaumarten; ggf. auch zunächst künstliche Begründung (Schneesaat,
weitständige Pflanzung) solcher Vorwälder.
– Auf Freiflächen Verwendung von Großpflanzen (Heistern), die nicht mehr von der
Konkurrenzvegetation überwachsen werden können.
– Scharfe und konsequente Bejagung des Schalenwildes zur Einschränkung von Flo-
renverschiebungen hin zu grasreichen – und damit stärker konkurrierenden – Vegetationsdecken *(vgl. Kap. 7.7.2)*.

Besonders bei den folgenden waldbaulichen Maßnahmen werden Unkrautbekämpfungen aber auch künftig oft unvermeidlich sein:
– Der natürlichen Verjüngung auf Flächen, die mit Adlerfarn, Landreitgras oder
Brombeeren dicht bewachsen sind,
– der künstlichen Verjüngung von konkurrenzempfindlichen Baumarten auf gras-
wüchsigen Freiflächen,
– der Zurückdrängung besonders harter Konkurrenten wie Adlerfarn, Landreitgras
oder Brombeeren in Jungwüchsen,
– der Aufforstung von verwilderten Schadflächen, z. B. nach Sturmwürfen,
– der Umwandlung früherer Niederwaldflächen (in Deutschland allerdings nur noch
ausnahmsweise),
– der Erstaufforstung nicht bewaldeter Flächen.

7.8   Pflegemaßnahmen in Jungwüchsen

In Jungwüchsen können die folgenden waldbaulichen Fehlentwicklungen auftreten,
deren Beseitigung Teil der Jungwuchspflege ist:
(1) Ungeordnete Entwicklung der angestrebten Mischung,
(2) Überdichte der Bestockung,
(3) Vorkommen schlecht geformter Pflanzen.

Dementsprechend sind Mischungsregelung, Beseitigung von Überdichten und schlecht
geformter Individuen Maßnahmen, die die Bestandesentwicklung bereits in den ersten

Jahren – ehe die Jungwüchse Dickungsschluß, d. h. eine Höhe von rund 2 m erreicht haben – zielgerecht lenken sollen.

7.8.1   Mischungsregelung

Von den drei Teilaufgaben der Jungwuchspflege kommt der Mischungsregelung die größte Bedeutung zu. Dabei kann es sowohl um die Förderung erwünschter als auch die Eliminierung unerwünschter eingemischter Arten gehen, wobei sich die Wertung erwünscht oder unerwünscht allein aus dem Verjüngungsziel ergibt.

Überall, wo die Einbringung der Mischbaumarten nicht nach den Konzepten erfolgt ist, wie sie im *Kap. 7.6* vorgestellt worden sind, die jungen Bäume jeder einzelnen Art also nicht über den ihrer Entwicklungsdynamik entsprechenden Wuchsraum verfügen, müssen bereits jetzt Schritte zur Mischungsregulierung ergriffen werden. Sie sind besonders dringlich, wenn einzeln oder in sehr kleinen Einheiten eingebrachte Pflanzen freigestellt werden müssen. Hierin liegt oft die einzige Möglichkeit, die Mischung zu sichern. Das gilt vor allem für eingemischte Individuen lichtbedürftiger Arten. Diese Maßnahmen sind vor Erreichen der Dickungsphase deshalb verhältnismäßig einfach durchzuführen, weil der Entwicklungszustand der Verjüngung noch eine gute Übersicht ermöglicht.

Die Mischungen können mit Hand- wie mit Motorschneidegeräten reguliert werden *(vgl. Übersicht 7.27 und 7.28)*. Wichtig ist dabei, daß solche Maßnahmen zielgerichtet und keinesfalls zaghaft ausgeführt werden. Bestände in diesem Entwicklungsstadium entwickeln sich derartig vehement, daß zu schwach korrigierende Eingriffe keine Aussicht auf nachhaltige Wirkung haben. Die Dynamik der Mischungen vorauszusehen, erfordert erhebliche waldbauliche Erfahrung und Kenntnis des Wuchsverhaltens der einzelnen Baumarten.

Das gilt in gleichem Maße für die Beseitigung angeflogener Bäume wie Kiefern, Birken, Erlen, Weiden, Aspen, wo sie nicht dem Mischungsziel entsprechen. Vor allem in Pflanzkulturen und abgedeckten Naturverjüngungen können sie sich – durch Pflanzschock unbelastet – aufgrund ihres raschen Jugendwachstums zu groben Protzen entwickeln.

Entfernt man sie vor Dickungsschluß, so ist das mit Heppe oder Schere schnell und problemlos getan. Wird dagegen bis in die Stangenholzphase, wenn erste Durchforstungen anstehen, gewartet, so kann das nur mit großem Zeit- und Kostenaufwand nachgeholt werden. Es sind dann bereits Produktionsverluste eingetreten, und anfänglich wuchsunterlegene Mischbäume sowie die Bestandesstabilität *(s. Tab. 7.37)* werden gefährdet.

Auch hier gilt: Vielen Forstleuten mangelt es an »forstlicher Phantasie«, d. h. Vorstellungsvermögen dafür, wie rasch sich Bäume in den ersten drei Jahrzehnten – zumindest bei ungebremstem Wachstum auf Freiflächen – entwickeln, und wie schwer es dann ist, anfängliche Fehlentwicklungen zu korrigieren.

7.8.2   Beseitigung von Überdichten

Aus Naturverjüngungen und Saaten entstehen oft extrem dichte Jungwüchse. Sprichwörtlich sind hier die sog. Fichten-„Bürstenwüchse«. Kaum kniehoch, geraten sie in

Tab. 7.37:   Beispiel für die **Folgen unterbliebener Jungwuchspflege** (n. Huss, 1974).

BAUMART	BAUMZAHL	DERBHOLZVOLUMEN	
		Gesamtbestand	Einzelbaum
	Stck./ha	m³/ha	m³
Fichte	5 300	149	0,028
Kiefer, Birke, Erle	380	27	0,071
Mischbaumarten in % der Fichte	7	18	250

In einem Fichtenstangenholz (Bayer. FoA Freising; 27j., Oberhöhenbonität 40 Assmann, Franz) hatten sich extrem grobe Kiefern-, Birken- und Erlenprotzen entwickeln können. An der Baumzahl hatten sie einen Anteil von deutlich weniger als 10 %. An diesen wenigen Stämmen waren jedoch fast 20 % des Volumens angelegt. Wegen außerordentlicher Grobastigkeit und schlechter Stammformen mußten sie – aufwendig und Schäden an den verbleibenden Bäumen verursachend – entnommen werden. Da noch unverwertbar, ging so ein Fünftel der bis dahin auf diesem hochproduktiven Standort geleisteten Holzproduktion verloren.

einen starken Konkurrenzkampf, der zu »Verhocken« oder »Verbutten« genannten Wuchsstockungen führt. Nach gut fundierten Untersuchungsergebnissen beeinträchtigt dieser Dichtstand im frühen Bestandesalter die Stabilität von Beständen für Jahrzehnte, wenn nicht sogar das ganze Bestandesleben lang, und mindert sowohl das Einzelbaumwachstum als auch die Gesamtwuchsleistung bis zum Ende der Umtriebszeit *(vgl. Kap. 8.5.6)*. Deshalb ist es in solchen Fällen nötig, frühzeitig – also bereits bei Kniehöhe der Jungwüchse – eine Reduktion der Dichten so vorzunehmen, daß die Pflanzenzahl und -verteilung den heute üblichen Verbänden angeglichen wird *(vgl. Übersicht 7.27)*. Das gilt besonders für überdichte Fichtennaturverjüngungen. Auch im Falle von Kiefern, Lärchen und Douglasien sind solche Überdichten nicht selten.

Praktisch wird folgendermaßen vorgegangen:
– **Handarbeit** (mit Hilfe von Durchforstungsscheren, langstieligen Heppen oder mit dem Zugmesser an der Freistellungssense – *vgl. Übersicht 7.27*) kommt wegen des hohen Arbeitsaufwandes nur in Frage, wenn die zu behandelnden Flächen sehr klein sind.
– Bewährt hat sich dagegen der Einsatz von **rückentragbaren Motorfreischneidegeräten.** Mit ihnen kann man auf eine gleichmäßige Verteilung der Individuen hinarbeiten sowie dabei zugleich die wuchskräftigsten Exemplare belassen und begünstigen. In den letzten Jahren wurden mehrere Freischneider-Typen entwickelt bzw. verbessert. Ihre Handhabung ist anfangs nicht einfach. Deshalb bieten die großen Firmen (Stihl, Husqvarna) ebenso wie die Waldarbeitsschulen Trainingskurse an.
– Große überdicht verjüngte Flächen müssen u. U. zunächst mit **traktorbetriebenen Rotorschneidern** kreuzweise in Streifen aufgelockert werden. Die dann noch verbliebenen Kleingruppen werden in einem zweiten, zweckmäßigerweise erst 2–3 Jahre später folgenden Schritt mit motormanuellen Geräten durchgearbeitet *(s. Tab. 7.38)*.

7.8.3   Beseitigung schlecht geformter Individuen in den Jungwüchsen

Viele Jungwüchse weisen verzwieselte, vom Wild verfegte, durch Rücke- oder Insektenschäden verkrümmte oder durch andere Ursachen beschädigte Bäume auf, deren

Tab. 7.38: Arbeitsleistung und -zeitbedarf für die Vereinzelung von dichten Fichtenjungwüchsen von Hand oder mit tragbaren Motorfreischneidegeräten (n. Loycke, 1963).

KRITERIUM	ARBEITSVERFAHREN	Durchschnittliche Oberhöhe (m)	
		0,5	1
		Individuenzahl vor Eingriff (Stck./ha)	
		250 000	100 000
Stundenleistung	manuell	600–700	300–400
(Stck./Std.)	motormanuell	8 000	1 600
Zeitaufwand	manuell	300	200
(Std./ha)	motormanuell	26	34

Die Arbeitsleistung läßt sich besonders in niedrigen Jungwüchsen durch die Freischneidegeräte wirksam steigern (auf mehr als das Zehnfache). Deshalb sollten die Jungwüchse möglichst frühzeitig durchgearbeitet werden. Der Zeitaufwand insgesamt dürfte heute – entsprechend den gewandelten Erkenntnissen über die anzustrebenden Pflanzenzahlen je Flächeneinheit – etwas höher anzusetzen sein. Entsprechende Baumzahlreduktionen können auch in überdichten Beständen anderer Baumarten nötig werden, in nadelbaumbestimmten Jungwüchsen solcher Art sind sie unumgänglich.

Verbleib die Bestandesqualität nachteilig beeinflussen kann. Sie lassen sich vor Eintritt des Dickungsschlusses meist mit geringem Aufwand entfernen. Solche Eingriffe sind jedoch nur bei vorherrschenden Individuen nötig, von denen man annehmen kann, daß sie später zum Hauptbestand gehören werden.

In Naturverjüngungen entwickeln sich ältere Einzelpflanzen in späteren Jahren oft zu groben Protzen, wenn sie nach den Räumungshieben einige Meter über die nachwachsende Verjüngung herausragen. Sie müssen deshalb bei der Jungwuchspflege entnommen werden. Ebenso dehnen sich Trupps oder Gruppen älterer und darum vorwüchsiger Bäume stark zur Seite hin aus und bilden sog. »Steilränder«. Steilrandbäume drängen die neben ihnen nachkommenden Jungwüchse völlig ab, wenn man sie nicht entnimmt oder ihre groben Seitenäste zurückstutzt. Solche Fehlentwicklungen sind besonders ausgeprägt auf Freiflächen. Unter Schirm entwickeln sich Jungwüchse generell weniger protzig. Es ist deshalb stets abzuwägen, ob sie nicht durch langsamere Entnahme von Schirmbäumen weitgehend vermieden werden können.

7.9   Schadensabwehr in Verjüngungen

Jungwüchse – gleichgültig, ob natürlich oder künstlich verjüngt – sind nicht nur der Konkurrenz durch die Bodenvegetation, sondern darüber hinaus einer Reihe von weiteren Belastungen ausgesetzt. Jungpflanzen, vor allem wenn sie sich natürlich angesamt haben, werden primär durch biotische Faktoren geschädigt. In älteren Waldbeständen spielen dagegen abiotische Belastungen (Sturm, Schnee, Eis und Feuer) die entscheidende Rolle *(vgl. Kap. 8.1.1)*.

Unter den **biotischen Gefahren** stehen die Schäden, die den jungen Pflanzen durch das Schalenwild drohen, mit Abstand an der ersten Stelle. Das wird besonders offenkundig, wenn man den Aufwand betrachtet, den die Schutzmaßnahmen gegen Wild jährlich verursachen *(s. Tab. 7.39)*.

Tab. 7.39: Schutzmaßnahmen in den Niedersächsischen Landesforsten und dafür im Durchschnitt der Jahre 1990–92 **aufgewendete Kosten** (n. Jahresbericht der Niedersächsischen Landesforstverwaltung, 1992)

SCHUTZ GEGEN SCHÄDEN DURCH		FLÄCHEN ha	AUFWAND %	
Wild	Zäune (Neubau)	840	47	
	Verbiß	520		
	Fegen	170	} 14	} 67
	Schälen	550		
	Verbesserung der Wildäsung	1 240	6	
	Sa.	3 320		
Insekten		170	19	
Sonstige Schädlinge	Mäuse	6 570	} 10	
	Pilze	2		
Waldbrand		–	4	
			100	

Diese von der Niedersächsischen Landesforstverwaltung detailliert aufgeschlüsselten Daten erlauben es, die Bedeutung der einzelnen Gefährdungen und den zur Abwehr nötigen Aufwand abzuschätzen. Im einzelnen ergibt sich folgendes Bild:
– Im Berichtszeitraum wurden mit nur unbedeutenden Abweichungen jährlich durchschnittlich rd. 16 Mio. DM in den Landesforsten von rd. 320 000 ha Größe aufgewendet, das entspricht 50 DM/ha Holzbodenfläche.
– Mit weitem Abstand dominiert der Aufwand für die **Abwehr von Wildschäden.** Er beträgt genau 2/3 der gesamten Waldschutzkosten und ist fast ausschließlich dem Schutz der Verjüngungen zuzurechnen. Er steigt auf über 3/4, wenn man die Aufwendungen für den Schutz gegen Insektenschäden zur Behandlung von liegendem Stammholz und Abwehr von Borkenkäfern von den gesamten Waldschutzaufwendungen außer Betracht läßt, der in der Rubrik »Insekten« steht. Auch die Waldbrandverhütung kann nur zu einem Teil den Verjüngungen zugerechnet werden.
Somit liegen die Kosten für die Abwehr von Wildschäden in der Größenordnung von jährlich 40 DM/ha Holzbodenfläche. Das ist ein Wert, den auch andere Landesforstverwaltungen nachweisen, so z. B. die Bayerische.
– Die **Abwehr von Insektenschäden** umfaßt, soweit Flächen nachgewiesen sind, in erster Linie die Rüsselkäferbekämpfung. Hier können die Angaben – witterungsbedingt – von Jahr zu Jahr stark schwanken.
– Extrem ausgeprägt ist dies besonders hinsichtlich der **Abwehr von Pilzschäden,** die oftmals jahrelang vernachlässigenswert sind.
– Die **Abwehr von Mäuseschäden** hat mit vermehrter Laubbaumeinbringung überregional an Bedeutung zugenommen. 1980 wurden in Niedersachsen noch weniger als 2 000 ha behandelt, und seither stiegen die Behandlungsflächen kontinuierlich an. Hier ist unbedingt mehr Gewicht auf die Schonung von Prädatoren wie Fuchs und Dachs zu legen.

Abiotische Schäden (mit der Ausnahme von Bränden in Jungwuchsflächen) sind – von regionalen Ausnahmen abgesehen – weniger bedeutsam als in älteren Beständen und schlagen deshalb bei den Waldschutzaufwendungen nicht zu Buche.

Die **Schutzmaßnahmen** erfolgen nach zwei unterschiedlichen Ansätzen:
(1) Indirekt und prophylaktisch lassen sich Schäden vermeiden oder mindern durch
    – die Verwendung vitaler Pflanzen, die Schäden besser ertragen und überwinden,
    – die Steuerung der Umweltbedingungen für die Verjüngung über den Altholz-
      schirm zur Verminderung der Gefahr von Frost, Trockenheit und Überhitzung
      oder aber auch zu geringem Lichtgenuß.
(2) Direkte Schadensabwehr bei unmittelbar drohenden oder bereits eingetretenen
    Schäden durch kurzfristig zu ergreifende baumarten- und schadensspezifische
    Maßnahmen. Dabei spielt die Verwendung chemischer Präparate eine wichtige
    Rolle.

Die indirekte Schadensabwehr ist ein integraler Teil des Verjüngungsprozesses, also
ein wichtiges Moment des waldbaulichen Handelns, die direkte Bekämpfung aktueller
Gefahren dagegen Aufgabe des Waldschutzes. Je vorausschauender die Jungwüchse in
ihrer Gesundheit und Vitalität gefördert werden, desto weniger direkte Bekämpfungsmaßnahmen werden nötig.

7.9.1   Schutz gegen Schalenwild

Die forstlichen Jungwüchse erleiden oft gravierende Schäden durch Schalenwild *(s.
Übersicht 7.32).*

In den letzten 100 Jahren haben die Rot- und Rehwildbestände kontinuierlich
zugenommen und sich – seit den 30er Jahren vor allem als Folge des waldbaulich
verhängnisvollen Reichsjagdgesetzes von 1934, von dem wichtige Elemente in die
Bundes- und die Länderjagdgesetze übernommen worden sind, – verzehn- bis ver-
zwanzigfacht. Die Populationsdichten dürften niemals zuvor höher gewesen sein als
heute. Gemischte oder auch reine Bestände aus verbißempfindlichen Arten können
daher ohne Schutzmaßnahmen nur in Ausnahmefällen erfolgreich verjüngt werden.

Dank der seit etwa zwanzig Jahren intensiven Diskussion über diese Problematik
wird in einzelnen Betrieben inzwischen schärfer gejagt, und dort sind auch Erfolge an
der Entwicklung der Bodenvegetation und der Jungwüchse ablesbar. Dennoch betrifft
diese erfreuliche Entwicklung nur einen kleinen Prozentsatz der gesamten Jagdfläche
Mitteleuropas. Insgesamt muß weiterhin davon ausgegangen werden, daß sich infolge
des wenig ausgeprägten Engagements der Politiker und Interessenvertreter in dieser
Sache, aber auch wegen der nicht konsequenten Haltung vieler Forstleute, dieser ganz
und gar unbefriedigende Zustand auch in Zukunft kaum ändern wird.

Die **Folgen der Wildbelastung** lassen sich heute anhand zahlreicher gezäunter Ver-
jüngungs- und Kontrollzaunflächen belegen:
– Ungeschützt wachsen Verjüngungen arten- und stammzahlärmer sowie langsamer
  heran *(s. Tab. 7.40).* Sie verbleiben dadurch länger im Entwicklungsstadium besonderer Gefährdung (Frost, Unkraut, Mäuse, Pilzkrankheiten, weitere Wildschäden).
  Es gibt z. B. gute Gründe für die Annahme, daß die natürliche Verjüngung der Eiche in Deutschland – anders als
  in Frankreich – kaum »zu funktionieren scheint«, weil die Jungwüchse wegen der fast allenthalben zu hohen
  Rehwildstände kaum hochzubringen sind und das, obwohl sie dank des unermüdlichen Fleißes der Eichelhäher
  nahezu omnipräsent sind.
– Verbiß durch Rehwild gefährdet die Forstpflanzen hauptsächlich in Höhen zwischen
  20 und 130 cm. Jede Verbißspur führt zu durchschnittlich 0,3–0,5 Jahren Zuwachs-

Übersicht 7.32:   Äsungsansprüche und Schadverhalten der wichtigsten Schalenwildarten (n. PRIEM, 1980).

WILD-ART	ÄSUNGSVERHALTEN	ÄSUNGSANSPRÜCHE UND -WAHL	SCHADVERHALTEN
Reh	(1) Konzentrat-selektierer	– Ausgeprägt selektive Äsungswahl; – bevorzugt nährstoff- und wasserreiche Äsung; – rohproteinreiche, rohfaserarme Nahrung.	– Verbiß von Knospen, jungen Trieben, Blattorganen, besonders der Laubbaumarten; – hohe Verbißgefährdung bei Äsungsmangel (Spätwinter); – Verfegen von jungen Forstpflanzen (besonders Lä, Dgl, Erle).
Gams **Rot-und Damwild**	(2a) Mischäser mit Tendenz zu (1) (2b) Mischäser mit Tendenz zu (3)	– Große Amplitude in der Futterwahl; – Äsungswahl noch selektiv, Bevorzugung von Mischäsung mit hohem Rohfaseranteil; – großes Adaptionsvermögen.	– Örtlich bedeutende Verbißschäden durch Gams- und Damwild; – starke Verbiß- und Schälschäden infolge unzureichender räumlicher und zeitlicher Koinzidenz von Äsungsbedarf und -angebot; – Schälschäden durch Rotwild an älteren Jungwüchsen.
Mufflon	(3) Gras- und Rauh-futteräser	– Grundnahrung rohfaserreich; – Grasäsung bevorzugt; – Selektionsbedürfnis wenig ausgeprägt.	– Verbißschäden, vor allem im Winter und Frühjahr (Maitriebe); – mäßige Schälschäden in bestimmten Biotopen und durch manche Populationen.

Tab. 7.40:   Bergmischwaldverjüngung inner- und außerhalb eines Zaunes (Bayer. FoA Reichenhall, n. FORSTER u. SLEIK, 1974).

		BAUMART						
		Fichte		**Tanne**		**Buche**		**Bergahorn**
					ZAUN			
		ohne	mit	ohne	mit	ohne	mit	ohne	mit
Gesamtpflanzen-zahl	Stck./ha	13 200	36 000	1 300	98 500	900	3 800	10 400	27 300
	%	36	100	1	100	24	100	38	100
davon in Größenklasse:									
205–304 cm	%	–	–	–	–	–	24	–	2
105–204 cm	%	–	–	–	–	–	26	–	19
31–104 cm	%	10	19	–	60	44	42	9	65
5– 30 cm	%	90	81	100	40	56	8	91	14

Alle vier Baumarten hatten sich innerhalb eines Zaunes ausreichend verjüngt, während die Pflanzenzahl außerhalb des Zaunes durch Verbiß stark reduziert worden war – besonders drastisch bei der Tanne. Außerhalb des Zaunes gelang es den Verjüngungspflanzen nicht, aus der Äserhöhe (> 1 m) hinauszugelangen. Innerhalb des Zaunes dagegen hatten einzelne Pflanzen bereits Höhen bis 3 m erreicht.

verlust. Auf trockenen Standorten ist der Zuwachsverlust pro Verbißspur deutlich größer als auf frischen. Außerdem verschlechtert sich ihre Qualität durch Verzwieselung, Verbuschung oder Stammdeformationen, und sie erleiden Zuwachsverluste. In der späten Jungwuchs- und Dickungsphase einsetzende Schälschäden schaffen Eintrittspforten für Stamm- und Wurzelfäule und mindern die Stabilität gegen Sturm und Schnee.

– Die Bodenvegetation ändert sich hinsichtlich Zusammensetzung, Substanzerzeugung, Höhe und Deckungsgrad. Durch selektive Äsung, vor allem seitens des Rehwildes, werden bevorzugt Kräuter, Sträucher und junge Laubbäume verbissen und dadurch zurückgedrängt. Das gilt z. B. für Wurm-, Dorn- und Frauenfarn, Lungenkraut, Wasserdost, Waldzwenke, Blau- und Preiselbeere, Him- und Brombeere, Weißdorn, Holunder, Weidenarten, Eberesche. Außerhalb von Zäunen werden Hasenlattich, Weidenröschen, Türkenbundlilie durch das Wild oftmals völlig zum Verschwinden gebracht und sind deshalb geradezu »klassische« Zeigerpflanzen für die Verbißbelastung geworden.

Andere Arten, und zwar vor allem viele Gräser, werden nicht oder weniger verbissen und profitieren vom Nachlassen der Konkurrenz der durch das Wild selektierten Arten. Das sind u. a. die Reitgrasarten, das Rote Straußgras, das Honiggras, die Draht- und die Bültenschmiele, das Pfeifengras, Seegras, die blaugrüne und die weiße Segge sowie der Adlerfarn. So ist auf vielen Standorten die Verschiebung zu gräserdominierten, artenarmen Beständen typisch. Sie verursachen ungünstigere Lagerungs- und Keimungsbedingungen für die Baumsamen und verschlechtern dadurch vielfach drastisch die Naturverjüngung. Gleichfalls sind sie – wie im *Kap. 7.7* dargelegt – härtere Konkurrenten für die Verjüngungspflanzen. Zugleich bieten sie Mäusen bessere Lebensmöglichkeiten, die wiederum Laubbäumen stärker zusetzen und damit den Trend zur Entmischung fördern.

In *Übersicht 7.33* sind die Abwehrmaßnahmen gegen Wildschäden zusammengestellt.

7.9.2   Schutz gegen Nagetiere

Hasen und **Kaninchen** können in bestimmten Gegenden Schäden anrichten. Insgesamt gesehen sind sie nicht sehr bedeutsam, haben aber angesichts vermehrter Laubbaumanpflanzungen zugenommen.

Hasen verbeißen Jungwüchse z. B. in Buchen-Vorbauten oder jüngeren Eichen- und Eschen-Pflanzbeständen oft kurz über dem Boden, und können dadurch das Wiedereinbringen von Laubbäumen stark erschweren. **Kaninchen** verbeißen und schälen in sandigen wärmeren Gebieten der Ebenen und kollinen Lagen (Buntsandstein) Laubbäume und einige Nadelbäume (Lä, Dgl) und sind dort auch durch Zaunschutz kaum zurückzuhalten.

In vergrasten Laubholzverjüngungen verursachen **Erd- und Rötelmäuse** oft totale Schäden. Wegen der periodischen Massenvermehrungen dieser Nager werden von Jahr zu Jahr stark schwankende Flächenbehandlungen nötig (in Niedersachsen 1980: 2000 ha, 1981: 5000 ha).

Übersicht 7.34 enthält Hinweise über Lebensraum, Nahrungswahl und Bekämpfung für die wichtigsten der in Jungwüchsen schädlichen Nager. Auf den absoluten Schutz aller Prädatoren wie Greife, Eulen, Füchse, Dachse und anderem Haarraubwild sei immer wieder hingewiesen.

Übersicht 7.33:   Möglichkeiten der **Wildschadensabwehr in Verjüngungen.**

MASS-NAHME	EMPFEHLENSWERT	TECHNISCHE DETAILS	KOSTEN	ZUSAMMENFASSENDE BEURTEILUNG
Zäunung	Zur Förderung des natürlichen Ankommens verbißempfindlicher Baumarten, zur Erhaltung gefährdeter Baumarten in Pflanzungen (Laubbäume).	Verschiedene Drahtgeflechttypen (Knoten-, Viereck- und Sechseckgeflechte mit abnehmender Maschenweite in Erdnähe) für feste, Wander- oder Stützenzäune; Flächengröße 0,5–3 ha; Haltbarkeit 5–(15) Jahre, feste Zäune je nach Qualität auch länger. Neuerdings wieder Hordengatter aus Douglasien- oder Lärchenschnittholz (keine Entsorgungsprobleme).	**Rotwild** Bau 10–15 DM/lfm. Unterhalt (10 J.) 5–8 DM/lfm. Abbau 2 DM/lfm. _____ Sa. 18–25 DM/lfm. **Rehwild** Bau 6–7 DM/lfm. Unterh 2–3 DM/lfm. Abbau 2 DM/lfm. _____ Sa. 10–12 DM/lfm.	$2/3$ aller Kosten für Wildabwehr werden für Zaunbau aufgewendet; Zäune sind die einzige wirksame Abwehrmöglichkeit, erfordern jedoch permanente Kontrolle (Beschädigungen an Zäunen durch sturmgeworfene Bäume und durch Wildschweine schränken ihre Wirksamkeit oft erheblich ein). Bei hohen Schneelagen (Gebirge) nicht stabil. In Rotwildgebieten (Schälschäden) mehrere Zaungenerationen erforderlich. Zunehmend Probleme bereitet die Entsorgung des alten teilweise als Sondermüll eingestuften verzinkten oder mit Kunststoff überzogenen Zaunmaterials.
Einzelschutz mechanisch	Als Fegeschutz (besonders bei Lä, Dgl), auch gegen Verbiß, für wenige Pflanzen, Weitverbandspflanzungen oder in Mischverjüngungen.	– Aluminiumband zum Umwickeln der Stämmchen. – Wild- und Fegeschutzspiralen. – Wuchs- und Schutzhüllen (mit Haltestab). – Baumschützer aus Sechseckgeflecht (mit Haltestab). – Mehrfach verwendbare, verzinkte Vollschützer. – Holzpfähle (3 Stck. um die gefährdete Pflanze eingeschlagen) als Fege- oder Schlagschutz.	0,10 DM/Pfl. + Ausbringung 1,00–1,50 DM/Pfl. + Ausbringung 3,50–5,00 DM/Pfl. + Ausbringung 1,00–2,00 DM/Pfl. + Ausbringung 27 DM/Pfl. + Ausbringung	Es handelt sich um sehr unterschiedlich aufwendige Verfahren. Deren Wirkung ist entsprechend verschieden. Anders als bei Zäunung bleiben die Verjüngungsflächen noch für die Wildäsung zugänglich. Allzu oft wachsen metallene Schutzvorrichtungen in die Stämme ein und verursachen Deformationen, weil ihre Beseitigung versäumt wurde.
chemisch	Zum Streichen oder Spritzen an Leittrieben, Zweigspitzen oder Stämmen zum Verbißschutz (gegen Winter- und Sommerverbiß) oder zum Fegeschutz.	Zahlreiche Mittel mit Vergällungsstoffen, Harzen, Ölen, Pechen, Baumteeren, Fettsäuren (vergl. Pflanzenschutzmittel-Verzeichnis der Biol. Bundesanstalt).	**Schälschutz** 5,00–7,00 DM/Baum (incl. Ausbringung). **Fegeschutz** 0,40–0,50 DM/Pfl. (incl. Ausbringung). **Verbißschutz** 0,15–0,20 DM/Pfl. (incl. Ausbringung).	Chemischer Einzelschutz wird alljährlich auf großen Flächen durchgeführt. Die wenigen Untersuchungen hierzu lassen aber durchweg keine den Aufwand rechtfertigende Schadensabminderung erkennen.
Indirekte Schadensminderung – Äsungsverbesserung – Fütterung	} Als Begleitmaßnahmen zur direkten Wildabwehr.	– Mitanbau bevorzugter Äsungspflanzen. – Förderung von Weich-Laubbäumen und Sträuchern (Proßhölzer). – Anlage von Daueräsungsflächen und Wildäckern.		Als Kompensation für hohe Wilddichten ungeeignet. Änderung der Verbißsituation nur möglich, wenn gleichzeitig Wildbestand entsprechend Verjüngungssituation durch Abschuß reguliert wird.

Übersicht 7.34: Schädigende Nager, deren Lebensweise, Nahrungswahl, Bekämpfungsmöglichkeiten und Bedeutung.

ART		LEBENSRAUM UND -WEISE	NAHRUNGSWAHL	BEKÄMPFUNG	BEDEUTUNG
Feldhase		Gut gegliederte, nischenreiche offene Feldfluren mit Waldrändern und Feldgehölzen. Vielfach auch in (Laub-) wäldern.	Kräuter, holzige Jungpflanzen; verbeißt junge Laubbäume z.T. kurz über dem Boden.	(1) Hasendichte Zäune (teuer). (2) Spritzen oder Bestreichen der Jungpfl. mit Wildschadensverhütungsmittel. (3) Verwenden von Heisterpflanzen.	Regional begrenzt.
Wildkaninchen		Sandige, wärmere Gebiete der Ebenen und der kollinen Lagen (Buntsandstein), besonders an Waldrändern und auf Blössen.	Kräuter und junge Laub- sowie einige Nadelbäue (Lärche, Douglasie).	(1) Zaunschutz meist wirkungslos. (2) Scharfe Bejagung. (3) Langfristige Änderung des Lebensraums (Beschattung durch geschlossenen Wald, u.U. Birken-Vorwälder). (4) Unterlassen der Einbringung von gefährdeten Baumarten (Eiche).	Anbau gefährdeter Baumarten auf standörtlich klar begrenzten Flächen meist ausgeschlossen; nach Myxomatose-Epidemien ggf. Einbringung von Heistern.
Echte Mäuse (langschwänzig)	**Waldmaus**	Waldrand, Felder, Gärten.	Sämereien, Buchekkern, Eicheln, Haselnüsse, Nadelbaumsamen (außer Tanne). Benagen von Knospen, Trieben, Rinde junger Forstpflanzen (Lbb.).	Keine.	Allenfalls bei geringen Masten schädlich durch Fraß der Samen.
	Gelbhalsmaus, Brandmaus	Wald			
	Rötelmaus	Ausgesprochener Waldbewohner, klettert ausgezeichnet.	Sämereien, Benagen der Rinde und Knospen junger Stämme auch hoch über dem Erdboden (nie Wurzeln).	(1) Ggf. nach Probefängen:Auslegen von Röhren mit Zinkphosphid oder Chlorphacinon vergifteten Ködern. (2) Niederhaltung der Bodenvegetation. (3) Anlegen von Stein- oder Reisighaufen für Wiesel. (4) Aufstellen von 2–2,5 m hohen Sitzstangen („Julen") für Greifvögel.	Besonders in Edellaubbaumverjüngungen oft sehr schädigend.
Wühlmäuse (kurzschwänzig)	**Erdmaus** (Feldmaus)	Vergraste Kahlflächen + Verjüngungen (besonders Bu-Naturverjüngungen); lebt in kurzen Erdgängen.	In der Veg.Zeit Gras (ober- und unterirdisch). Nach dessen Abwelken Holzgewächse (Wurzeln und erdnahe Teile bis Armstärke).		Periodische Massenvermehrungen; in manchen Gegenden sehr bedeutender Forstschädling, besonders in Buchen-Jungwüchsen.
	Mollmaus (gr. Wühlmaus)	Fast ausschließlich unterirdisch, meist nur vereinzelt.	Benagen der Wurzeln (bis armdick); bei Nadelbäumen nur Rinde, bei Laubbäumen auch das Holz; besonders in Ei- und REi-Saaten und -pflanzungen.	Fallen (wenig wirksam).	Baumschulen.Gelegentlich in Laubbaumverjüngungen und älteren Jungwüchsen schädlich.

7.9.3   Schutz gegen Insekten

Das entscheidende Schadinsekt in Jungwüchsen, und zwar besonders in Nadelbaumkulturen, ist der **Große Braune Rüsselkäfer**. Seine Bekämpfung mit Inzektiziden gehört zu den Standardmaßnahmen in künstlichen Verjüngungen.

Die Befallsgefahr läßt sich allerdings auch ganz wesentlich mit waldbaulichen Mitteln herabdrücken *(vgl. Tab. 7.8)*. Alle anderen in *Übersicht 7.35* beschriebenen Insekten verursachen demgegenüber nur gelegentlich Schäden in Jungwüchsen. Ihre Bekämpfung ist deshalb nur ausnahmsweise nötig.

Übersicht 7.35: Wichtige Schadinsekten in Verjüngungen und deren Bekämpfungsmöglichkeiten.

ART	HAUPTGESCHÄDIGTE BAUMARTEN	BEVORZUGTES VORKOMMEN	SCHADENSART	BEKÄMPFUNG	BEDEUTUNG
Gr. Brauner Rüsselkäfer (Hylobius abietis)	Nadelbäume bes. Kiefer, Douglasie, Fichte.	Frische Kahlflächen nach Einschlag von Nadelbaumbeständen.	Käferfraß (Reifungs- u. Regenerationsfraß) am Stammfuß junger Forstpflanzen.	Schlagruhe, Bodenbearbeitung (vgl. Tab. 7.8). Begründung unter Schirm; Tauchen oder Spritzen mit Cypermethrin.	Wichtigste Ursache für Ausfälle bei Nadelbaumkulturen.
Grünrüßler (Phyllobius spec., Polydrosus spec.)	Laubbäume (Fichte)	Junge Laubbaum- und Mischkulturen.	Larvenfraß an Wurzeln, Käfer an Maitrieben.	Verjüngung unter Schirm.	Blattfraß bis hin zum Kahlfraß durch Käfer, Larvenfraß untergeordnet.
Kahlnahtiger Graurüßler (Strophosomus coryli et al.)	Laub- + Nadelbäume	Junge Forstpflanzen.	Käferfraß an Knospen, Rinde, Blättern.		Empfindliche Schäden an Buchenaufschlag, aber auch Fichtenkulturen möglich.
Frostspanner (Hibernia defoliaria)	Eiche (Laubb.)	In Eichenbeständen aller Altersklassen.	Ggf. Kahlfraß der Blätter.	Spritzen mit Diflubenzuron, Teflubenzuron.	Zusammen mit Mehltau, Hallimasch, Dürre, Eichenwickler z.T. erhebliche Ausfälle in Jungbeständen.
Eichenwickler (Tortrix viridiana)	Eiche	wie vor	wie vor	Bacillus thuringiensis, Diflubenzuron.	Schäden in allen Altersklassen.
Buchenfrostspanner (Operophthera fagata)	Buche (Laubb.)	Alle Altersklassen.	Kahlfraß.	wie vor	Durch wiederholten Fraß und zusammen mit anderen Schäden Vernichtung von Buchen-Naturverjüngung.
Buchen-Blattbaumlaus (Phyllaphis fagi)	Buche	In Buchennaturverjüngungen.	Beeinträchtigung der Blattentwicklung.	Spritzen mit Cypermethrin.	In Naturverjüngungen bei Massenvermehrungen Absterben der Keimlinge.
Buchenspringrüßler (Orchestes fagi)	Buche	Alle Altersklassen.	Löcherfraß an Blättern durch Käfer, Miniergänge in Blättern durch Larven.	Im Regelfall aus wirtschaftlichen Gründen nicht sinnvoll, bei Jungpflanzen ggf. systemische Insektizide.	Zusätzliche Belastung für Verjüngungen.
Tannenhieblaus (Dreyfusia nüßlini)	Tanne	8–30j. Ta auf lichten, warmen Standorten.	Saugen der Läuse an Trieben, Absterben der Triebe + Bäume.	Systemische Insektizide, Cypermethrin, Endosulfan; Erziehung der Ta unter Schirm.	Ausfälle auf ungünstigen Standorten.

Übersicht 7.35: (Fortsetzung)

ART	HAUPTGE-SCHÄDIGTE BAUM-ARTEN	BEVORZUG-TES VOR-KOMMEN	SCHADENSART	BEKÄMPFUNG	BEDEUTUNG
Kleine Fich-ten-Blattwespe (Pristiphora abietina)	Fichte	Ab ältere Kulturen.	Afterraupenfraß an Maitrieben.	Spritzen mit Difluben-zuron, Cypermethrin, (Ausbringung mit Bo-dengeräten).	Gegendweise chronischer Befall, dadurch starke Wipfelmißbildungen.
Kiefern-knospen-wickler (Evetria turionana)	Kiefer	In 6–15j. Kie-fern.	Höhlt Mittel-trieb aus, der dann abstirbt.	Spritzen mit Difluben-zuron.	Qualitätsminderung in Kiefernkulturen.
Kieferntrieb-wickler (Evetria buoliana)	Kiefer	In 6–12j. Kie-fern.	„Posthorn"-artige Triebver-krümmungen, Verbuschung.	wie vor	In lückigen Kiefernkultu-ren auf ärmeren Stand-orten z. T. sehr qualitäts-mindernd.
Kieferngrau-rüßler (Brachyderes incanus)	Kiefer	In Boden-vegetation versteckt.	Larvenfraß an Wurzeln, Käfer-fraß an Nadeln.	Spritzen mit Alpha-Cypermetrin.	Bei Kleinpflanzen Abster-ben, bei älteren Zuwachs-verluste, fördert Differen-zierung; in Verbindung mit Dürre erhebliche Schäden möglich.
Ki-Kultur-rüßler (Pissodes notatus)	Kiefer (Fichte, Lärche)	3–15j. Pflan-zen.	Larvenfraß in Erdbodennähe. Führt meist zum Absterben der Bäume.	(Entfernung der befal-lenen Bäume).	Bevorzugt bereits ge-schädigte Pflanzen (z. B. durch Hallimasch); daher auf schlechtwüchsigen Ki-Kulturen gelegentlich stark schädigend.

Weitere Insekten, z. B. Maikäfer (Melolontha spec.) und Schwammspinner (Lymantria dispar) können – örtlich und zeitlich stark von Massenwechselerscheinungen abhängig – regional begrenzt schwere Bedrohungen vornehmlich für Jungwüchse und Jungbestände darstellen.

7.9.4   Schutz gegen pilzliche Erkrankungen

Schäden durch Pilze sind stark standort-, witterungs- und baumartenabhängig. In Kiefernkulturen ist die Bekämpfung des **Schüttepilzes** und in Eichenverjüngungen des **Mehltaus** mit Fungiziden gegendweise eine Routinemaßnahme. Seit die Zulassung verschiedener Fungizide seitens der Biologischen Bundesanstalt für Land- und Forst-wirtschaft nicht verlängert wurde, lassen sich einige Schadpilze nicht mehr auf diesem Wege bekämpfen. Die Entwicklung geht – wie auch bei den anderen Bioziden – dahin, auf ihren Einsatz künftig ganz zu verzichten. Um so mehr muß versucht werden, Pilzschäden durch entsprechendes waldbauliches Vorgehen zu mindern oder die Bedeutung von Schäden in Einzeljahren z. B. durch langfristige Verjüngungsprozesse herabzudrücken. Einzelheiten hierzu enthält *Übersicht 7.36*.

Übersicht 7.36:   Wichtige Pilzkrankheiten in Jungwüchsen.

ART	BEFALLENE BAUMART	SCHADENSART	BEKÄMPFUNG	BEDEUTUNG
Hallimasch (Armillaria mellea)	Fast alle Baumarten, besonders Kiefer, SKi, Fichte, alle Altersstadien.	Besonders in Nadelbaumkulturen nach Kahlhieb alter Laubbäume; Abtöten von der Wurzel her.	Statt Kiefernarten eher Lärche, Douglasie, Tanne; Vermeidung von Wurzelverletzungen. Keine Nadelbaumjungpflanzen auf Laubbaum-Flächen.	Wichtiger Schwächeparasit und gefährlich bei Baumartenwechsel von Laub- zu Nadelbäumen.
Rindenschild-krankheit (Phomopsis pseudotsugae)	Douglasie, Japanerlärche	Befall über Stamm-, Astwunden (Wundparasit).	Vermeidung groben Aushebens + Pflanzens sowie von Rückeschäden in Verjüngungen; Entzwieseln, Ästen nur in der Vegetationszeit.	In Kombination mit Spätfrost, Fegeschäden durch Wild, Rüsselkäferfraß, empfindliche Verluste in Douglasien-Jungwüchsen.
SKi-Triebsterben (Scleroderris lagerbergii = Brunchorstia)	Kiefer, Schwarzkiefer aller Altersklassen	Triebsterben erfaßt oftmals die ganzen Bäume.	Ausreichend weite Bestandsbegründung, frühzeitige Läuterung, Mischbestände.	Absterben von Einzelbäumen und Gruppen in Jungwüchsen – Stangenhölzern. Bedeutung zunehmend.
Schneeschimmel (Herpotrichia nigra)	Nadelbäume, v. a. Fichte	Verkleben und Abtöten der Nadeln in Hohlräumen unter Schneedecken.	Bekämpfung im Freiland nicht möglich.	Schädlich vor allem in höheren Gebirgslagen und in Pflanzgärten.
Grauschimmel (Botrytis cineria)	Nadelbäume (Laubbäume)	Befall junger Triebe im Frühjahr, Welken und Absterben im Sommer und Herbst.	Spritzen mit Mancozeb, Maneb, Zineb, Captan u. a.	Gefährlich vor allem in Pflanzgärten und in dichten und überschirmten Naturverjüngungen.
Kiefernschütte (Lophodermium pinastri)	Kiefer (besonders Jungwüchse). Kontinentale Herkünfte in ozeanischem Klima stärker gefährdet.	Nadelbefall, besonders bei hoher Luftfeuchtigkeit (dichte Kulturen, hohe Bodenvegetation, Mulden, geschützte Kulturen).	Sprühen v. Boden oder mit Hubschrauber. Mancozeb, Maneb, Metiram im allgemeinen nur in jungen Kulturen nötig. Verbesserung der Windbewegung (weite Verbände, Unkrautbekämpfung), Kräftigung der Jungwüchse, keine schüttekranken Baumschulpflanzen verwenden. Wahl geeigneter Herkünfte.	Schütte ist z. T. Sammelname für verschiedene Arten von Nadelbräune und -verlust. Wiederholter Befall führt zu Kümmern + Eingehen oder zu lückigen, protzenreichen Dikkungen; Folgeschädlinge.
Eichenmehltau (Microsphaera alphitoides)	Stieleiche (TrEi, Buche) besonders Jungwüchse.	Kümmern und Eingehen vor allem der Johannistriebe.	Sprühen mit Netzschwefelpräparaten oder Pyrozophos; Bevorzugung widerstandsfähigerer Eichen.	Gefährlich bei bereits geschwächten Jungwüchsen und in Kombination mit Raupenfraß, Hallimasch, Frühfrost.
Buchen-Umfall-krankheit (Phytophthora omnivorum)	Buche (Laubbäume, Fichte, Kiefer) nur Keimlinge.	Nicht verholzte Keimlinge sterben ab.	Im Freiland nicht möglich.	Pflanzgartenschädling; in Buchennaturverjüngung in Abhängigkeit von Witterung oft erhebliche Verluste.

7.9.5   Schutz gegen abiotische Schäden

Trotz der insgesamt gesehen geringen Bedeutung abiotischer Belastungen in Jungwüchsen können sich regional Bar- und Spätfrost, Schneedruck, Hagel und Waldbrand sehr nachteilig bemerkbar machen. Hier bieten sich vor allem mehrere waldbauliche Möglichkeiten, um sie prophylaktisch einzuschränken *(s. Übersicht 7.37)*. Schutz gegen Hagelschäden ist allerdings nicht möglich.

Übersicht 7.37:   Wichtige abiotische Schadfaktoren in Verjüngungen.

SCHAD-FAKTOR	BETROFFENE BAUMARTEN	ART DES AUFTRETENS	GEGENMASSNAHMEN	BEDEUTUNG
Barfrost (Auffrieren, Auswintern)	Alle Baumarten.	In jungen Kulturen, in Pflanzgärten; auf nassen, anmoorigen, humosen Böden ohne Schneedecke; nach Bodenbearbeitungen.	Hochpflügen, Rajolen; Erhaltung der natürlichen Bodendecke; Verwendung von Großpflanzen (tiefer setzen als üblich!).	Bei entsprechenden Witterungsbedingungen auf feuchten Standorten bedeutsam.
Spätfrost	Laubbäume, schattenertragende Nadelbäume, frühtreibende Herkünfte.	Bevorzugt in Geländemulden, offen gelegenen Verebnungen ohne Kaltluftabfluß („Kaltluftseen").	Wahl wenig empfindlicher Baumarten; Pflanzung unter Altholzschirm; Vorwald; Bodenbearbeitung zur Verbesserung des Wärmeaustausches mit dem Boden (Beseitigung isolierender Streuauflagen und Vegetationsdecken – vgl. Tab. 7.7); Verwendung besonders vitaler, hoher Pflanzen.	Stark standortabhängig. Z.T. erhebliche Erschwerung des Anbaus empfindlicher Baumarten (Ta, Bu, Fi, Dgl).
Schneedruck und Schneeschub	Nadelbäume, Erlen, Birken, Aspen, Linden. Andere Laubbäume (Ei, Bu), wenn noch mit anhängendem Trockenlaub.	Niederdrücken der Bäumchen (bei Belaubung oder anhängendem Trockenlaub); Herausheben des Wurzelballens; Verletzungen; Schneeschub in Steillagen: Hinausdrücken aus der Vertikalen (Säbelwuchs).	Sehr begrenzte Möglichkeiten, ggf. Verwendung großer Pflanzen; im Gebirge: künstlicher Verbau.	Zusätzliche Gefährdung durch Insekten- und Pilzbefall. Erschwerte Aufforstung im Gebirge.
Waldbrand	Besonders Nadelbäume.	Nach Abbrennen von Wegrändern, Feldrainen und durch Fahrlässigkeit im Frühjahr Entzündung der abgetrockneten Bodenvegetation (Gras) in noch nicht geschlossenen Jungwüchsen.	Beseitigen dürrer Grasdecken (Pflügen vegetationsloser Streifen), höherer Laubbaumanteil am Bestandesrand.	Brände in Verjüngungen treten vor allem im Frühjahr auf. Sie sind zahlenmäßig bedeutsamer als Sommerbrände und damit auch wirtschaftlich erheblich.

7.10   Düngung im Verjüngungsbetrieb

Im Verlauf des Verjüngungsprozesses wird der Altholzschirm entweder ganz entfernt bzw. mehr oder weniger stark aufgelichtet. Durch die damit verbundene Aktivierung der Umsetzungsprozesse im Boden (vgl. Abb. 7.6) werden Nährelemente in so bedeutendem Umfang freigesetzt, daß Nährstoffmangel nur ausnahmsweise der begrenzende Faktor für die Entwicklung standortsgemäßer Verjüngungen sein kann. Die frühe Verjüngungsphase des Waldes ist deshalb im allgemeinen nicht der geeignete Zeitpunkt für Düngungsmaßnahmen, die – wenn sie für nötig erachtet werden – besser in geschlossenen Dickungen oder Baumhölzern ausgeführt werden (s. Kap. 9). Das gilt um so mehr, weil die Bodenvegetation, die auf die Verbesserung der Lichtverhältnisse ohnehin schon stark und spontan reagiert, von einer Düngung meist stärker profitiert als die noch kleinen oder unter dem Pflanzschock leidenden Verjüngungspflanzen. Düngung verstärkt daher sehr häufig die Konkurrenzwirkung der Bodenvegetation.

Wenn Düngungsmaßnahmen in diesem Entwicklungsabschnitt der Pflanzen ergriffen werden, so dienen sie im allgemeinen den folgenden Zwecken:
– Verstärkung der Fruktifikation in Altbeständen,
– Verbesserung der frühen Entwicklungschancen anspruchsvoller Mischbaumarten auf meso- und oligotrophen Standorten,
– Ausgleich von Nährelementverlusten nach intensiver Bodenbearbeitung oder zu gründlicher Entfernung von Auflagehumus und Schlagabraum von der Verjüngungsfläche,
– „Gründüngung": Einbringung eiweißreicher und stickstoffsammelnder Pflanzen auf offenen oder wenig überschirmten Verjüngungsflächen zur Verbesserung des Humushaushaltes und Zurückhaltung aggressiver Konkurrenzvegetation.

In *Übersicht 7.38* sind solche Düngungsverfahren, die im Verlauf des Verjüngungsprozesses angewendet werden können, dargestellt und kommentiert. Die Eigenarten der entsprechenden Düngemittel können der *Übersicht 10.6* entnommen werden.

Auf Nährstoffmangel zurückgehende Symptome an den jungen Forstpflanzen sind in *Übersicht 10.3* aufgeführt. Es muß jedoch mit Nachdruck darauf hingewiesen werden, daß sie oft nicht zweifelsfrei von Blattverfärbungen oder Deformationen unterschieden werden können, die auf andere Ursachen zurückgehen, wie etwa Anwuchsschwierigkeiten als Folge von Wurzelschäden, Trocknis, Staufeuchte, Insektenfraß.

Werden Düngungsmaßnahmen im vorstehenden Sinne in Erwägung gezogen, so sind die folgenden Gegenindikationen unbedingt zu beachten:
– Standortbedingungen, die das Baumwachstum grundsätzlich begrenzen, wie Trokkenheit, starke Bodenverdichtungen, geringe Sorptionsfähigkeit des Bodensubstrates u. a. können durch Düngung nicht verbessert werden.
– In den ersten Jahren nach der Ausbringung sind Pflanzen wenig vital wegen eines noch ungenügenden Wurzelsystems, so daß sie die Düngung nicht auszunutzen vermögen.
– Wachstumsbehinderungen als Folge von Überschirmung durch den Altbestand lassen sich durch ein besseres Nährstoffangebot nicht oder nur geringfügig kompensieren.
– Wird durch Düngung die Entwicklung der Bodenvegetation gefördert und damit deren Konkurrenzkraft verstärkt, so wirkt sie sich negativ aus.
– Düngungsmaßnahmen – vor allem Stickstoffgaben – können die Verholzung der Triebe im Herbst verhindern oder hinauszögern und auch den Austriebszeitpunkt im Frühjahr vorverlegen. In beiden Fällen erhöht sich die Gefahr von Frostschäden.

Dennoch ist die Kulturdüngung in der Praxis offenbar überaus populär. So wurde beispielsweise im baden-württembergischen Staatswald in den anderthalb Jahrzehnten von 1974–1989 jährlich rd. 1 700 ha Kulturfläche (minimal 1 400 und maximal 2 100 ha) gedüngt, und das entspricht ziemlich genau der durchschnittlichen Fläche an jährlichem Verjüngungsflächenzugang zur I. Altersklasse von ebenfalls 1 700 ha. Rein rechnerisch müßte somit jeder Hektar Verjüngungsfläche einmal gedüngt worden sein. De facto werden aber viele Flächen niemals gedüngt, dafür andere mehrmals.

Die hierfür aufgewendeten Kosten lagen übrigens bei rd. 250 DM/ha. Sie verdoppelten sich während des angegebenen Zeitraums von 160 auf 320 DM/ha.

In anderen Forstverwaltungen wird ähnlich gehandelt. In Niedersachsen wurden im 5jährigen Zeitabschnitt von 1988–1992 auf jährlich durchschnittlich 200 ha Fläche Kulturdüngungen in Verbindung mit voller Bodenbearbeitung zu einem Durchschnittssatz von 700 DM/ha vorgenommen. Weiterhin fand auf jährlich 2 700 ha eine »plätzeweise und sonstige Kulturdüngung« statt, die durchschnittlich 460 DM kostete.

Übersicht 7.38:   Düngungsmaßnahmen zur Förderung von Verjüngungen.

TYP DER DÜNGUNG	SPEZIELLE ZIELSETZUNGEN	VERFAHRENS-BESCHREIBUNG	BEDEUTUNG/BEURTEILUNG
1 **Grunddüngung im Altbestand** 10–20 J. vor Einleitung der Verjüngung.	– Förderung der Fruktifikation, – Verbesserung des Ankommens und der Entwicklung der Verjüngung.	Verblasen von Kalk und Phosphat (u. U. Stickstoff) im Altbestand, ggf. in Kombination mit Bodenbearbeitung (Grubbern), möglichst noch vor Auflichtung des Schirmbestandes.	Langfristige Wirkung, Zuwachssteigerung im Altbestand, keine Nährstoffverluste, da Entkoppelung des Ionenkreislaufs vermieden wird; Bodenvegetation wird durch Schirm gebremst.
2 **Flächige Düngung** unmittelbar **vor** oder zusammen mit der **Kulturbegründung**	– Verbesserung der Anbaumöglichkeiten von Baumarten mit höheren Nährstoffansprüchen, – rasche Überwindung der Jugendgefahren, homogenes Aufwachsen der Jungwüchse, – Abmilderung der Bodenversauerung durch Immissionen.	Meist Kalk- und Phosphat-Grunddüngung in Kombination mit ganzflächigen Bodenbearbeitungen (z. B. Vollumbruch).	In maschinenbearbeitbarem Gelände zur Verbesserung mesotropher Standorte zwecks Anbau anspruchsvoller Baumarten in mäßigem Umfang angewendet. Wird nach Entfernung des Altholzes ausgeführt, daher Nährelementverluste durch Entkoppelung des Nährelementkreislaufs.
3 **Einzelpflanzendüngung** 1 Pflanzlochdüngung	– Verbesserung der Anbaumöglichkeiten von anspruchsvollen Baumarten auf Böden mittlerer Nährelementversorgung.	Einbringung von Kalk und Phosphat ins Pflanzloch, Vermischung mit dem Erdboden.	Besonders für den Pappelanbau bedeutsam. Zeitaufwendig und nicht mit Winkelpflanzung kombinierbar. Zunehmende Bedeutung für Edellbb.-Pflanzungen. In Verbindung mit Baggerpflanzung.
	2 Platz- bzw. Streifendüngung („Kopfdüngung")	– Förderung des Wachstums der Jungpflanzen, Beseitigung von Mängeln in der Nährelementversorgung.	Ausstreuen von granulierten (Mehrnährstoff-) Düngern in den Stammfußbereich der Jungwüchse, frühestens ab 2. Jahr nach der Pflanzung; reihenweise Düngung bei Dichtstand in den Reihen (Ei, Ki).	Das häufigste Verfahren, oft undifferenziert eingesetzt, da vielfach auch auf gut versorgten Böden praktiziert. Einfach und kostengünstig, aber Gefahr von Wurzelverbrennungen, Abschwemmung, Förderung des Unkrautwachstums.
	3 Depotdüngung	– Längerfristige Versorgung der Jungpflanzen mit wichtigen Nährstoffen.	Einbringen von 1–5 Tabletten aus langsam löslichem Dünger in 10 cm Abstand vom Stammfuß der Jungpflanzen.	Bis 5 Jahre Wirkungsdauer auf nährstoffarmen, feuchten Böden. Kosten für Tabletten + Ausbringung doppelt so hoch wie bei (3.2), deshalb Anwendung bisher nur bei Gebirgsaufforstungen auf Roh- und Anmoorböden.
4 **Anbau bodenverbessernder Pflanzen** („Gründüngung")	– Ausgleich von Humusverlusten durch Bodenbearbeitungen oder Kahlhieb. – Anzucht einer weniger konkurrenzkräftigen Konkurrenzvegetation als es die üblicherweise sich entwickelnde ist.	Einsaat von Lupine (Besenginster), meist in Kombination mit Grunddüngung (Kalk, Phosphat) und Bodenbearbeitung.	Langsam aber nachhaltig wirkende Sanierung ungünstiger Bodenverhältnisse, oft in Verbindung mit (1) oder (2) angewendet.

7.11 Die Bedeutung der Waldverjüngung im Forstbetrieb und ihre Weiterentwicklung

7.11.1 Die Rolle der Verjüngung im Betriebsgeschehen

Der mit den Verjüngungsmaßnahmen verbundene Arbeitszeitbedarf und die dabei anfallenden Kosten variieren sehr stark in Abhängigkeit von Verjüngungsverfahren, Standortgegebenheiten und der Struktur der Forstbetriebe.

Die durchschnittliche Größenordnung der erforderlichen Arbeitszeit und aufzuwendenden Mittel für die Forstbetriebe im mitteleuropäischen Raum läßt sich aber aus den Nachweisungen der Länderforstverwaltungen entnehmen.

Ein Beispiel dafür enthält *Tab. 7.41*.

Tab. 7.41: Aufwand für die Betriebsarbeiten (ohne Gehälter) im Durchschnitt der Jahre 1988–1992 in den Niedersächsischen Landesforsten (n. Jahresberichte d. NLV, 1988, 89, 90, 91, 92)

TEILAUFGABE	AUFWAND	
	DM/ha	%
Holzeinschlag	124	27
Holzrücken + -transport	55	11
Bestandesbegründung	84	18
Waldpflege	60	13
Forstschutz	47	10
Wege + Brücken	37	8
Sonst. Betriebsarbeiten	33	7
Jagd + Fischerei	16	3
Schutz-+ Erholungsfunktion	12	3
Sa. Betriebsaufwand	464	100

Nach diesen (nicht hiebssatzbereinigten) Daten zeigen sich folgende Zusammenhänge:

- **Holzeinschlag, -rücken und -transport** verursachen knapp 40 % der Kosten.
- In die eigentliche **Waldverjüngung** fließen rd. ein Fünftel aller Kosten. Nimmt man **Pflege und Schutz der Jungwüchse** noch hinzu, so ergibt sich rd. ein Drittel.
- Der gesamte Komplex der Waldverjüngung ist sehr arbeitsintensiv. Wegen der vielen Handarbeit ist sein Anteil am Arbeitsvolumen innerhalb der Forstbetriebe deshalb deutlich höher als der Anteil der Verjüngung an den Kosten.

Die mit der Waldverjüngung verbundenen Aktivitäten lassen sich in drei Teilbereiche gliedern:
- Flächenvorbereitung (einschl. Bodenbearbeitung),
- Kulturbegründung (Saat, Pflanzung, Nachbesserung, Ergänzung),
- Jungwuchspflege (= Kultursicherung).

Die Bedeutung dieser Teilbereiche innerhalb des Verjüngungsbetriebes hinsichtlich Kosten und Arbeitszeitanteil kann *Tab. 7.42* entnommen werden.

7.11.2 Die Waldverjüngung als schwierige Optimierungsaufgabe

Es konnte gezeigt werden, daß die Verjüngung durch eine Vielzahl von Faktoren und deren komplizierte Vernetzungen beeinflußt wird *(s. Übersicht 7.39).*

Tab. 7.42: **Kosten und Arbeitszeitaufwand für die Teilarbeiten der Waldverjüngung,** dargestellt am Beispiel der Nieders. Landesforstverwaltung, Durchschnitt der Jahre 1988–1992, ohne Gehälter (n. Nieders. Landesforstverw., 1992).

TEILARBEITSBEREICH	AUFWAND			
	Kosten %		Arbeitszeit %	
Schlagräumung	3	} 12	3	} 7
Bodenbearbeitung	9		4	
Pflanzung + Saat	33		30	
Ergänzung + Nachbesserung	15	} 77	19	} 60
Samen + Pflanzenbeschaffung	29		14	
Jungwuchspflege	11		33	
Gesamt	100		100	
DM bzw. Std./ha Holzboden	93		0,8	

Nach den hier für den jüngsten dokumentierten 5jährigen Zeitraum gemittelten Daten zeigen sich folgende Relationen:
– Die **Vorbereitung der Verjüngungsflächen** benötigt rund ein Achtel der Verjüngungskosten, aber, da sie überwiegend maschinell getätigt wird, nur 7 % der Arbeitszeit.
– Den Löwenteil macht die **Kulturbegründung** im eigentlichen Sinn mit drei Viertel der Kosten und weniger als zwei Drittel der Arbeitszeit aus. Diese Diskrepanz liegt daran, daß die Forstbetriebe ihr Pflanzgut zum weit überwiegenden Teil von gewerblichen Baumschulen kaufen. Deshalb schlägt es bei den Kosten erheblich zu Buche, nicht jedoch bei der Arbeitszeit.
– Gerade umgekehrt ist es bei den **Jungwuchspflegemaßnahmen.** Diese benötigen, weil es sich dabei weitgehend um manuelles Freischneiden handelt, vor allem Arbeitszeit. Ihr Anteil an den Kosten liegt deshalb deutlich niedriger.

Dieselben Relationen bei Kosten- und Zeitbedarf für die einzelnen Verjüngungsmaßnahmen ergeben sich auch aus den Nachweisungen der anderen Länderforstverwaltungen.

Aufgabe des Wirtschafters ist es, die für die jeweiligen – von Betrieb zu Betrieb stark wechselnden – Vorgegebenheiten optimale Kombinationen und Abfolgen der Einzelmaßnahmen zu finden, die es ermöglichen, das Verjüngungsziel mit dem geringstmöglichen Aufwand an Geld und Arbeitszeit zu erreichen. Im Regelfall hat er mehrere Alternativen hinsichtlich der Wahl der Verjüngungsart, der technischen Hilfsmittel sowie der Intensität der Durchführung, um sie zu einem geschlossenen Verjüngungsverfahren zusammenzufügen. Es ist aber meist schwierig zu klären, ob die gewählte Alternative die optimale Kombination darstellt, also wirtschaftlich, wenig arbeitsaufwendig und unter weitgehender Nutzung der Selbstregulierungsmechanismen umweltpfleglich ist. Solchen Optimierungsbemühungen stehen in der Praxis einige Probleme entgegen:
– Das durch die jährliche Kontrolle geförderte kurzfristige und auf Einzelpositionen ausgerichtete ökonomische Denken erschwert die Einordnung und Bewertung von Einzelmaßnahmen im Rahmen des gesamten Verjüngungsablaufes. So werden viel-

Übersicht 7.39:   Faktoren, die das Verjüngungsgeschehen beeinflussen.

Waldbaulich steuerbar (im Rahmen großräumiger Vorgaben)	Licht-, Wärme-, Wasser-, Nährstoffangebot durch – die Verjüngung auf der Kahlfläche oder unter Schirm, – die Verjüngungsart (Natur-, Kunstverjüngung), – das Kulturverfahren (Bodenbearbeitung, Pflanzverfahren, Pflanzzeit, Art des Vermehrungsgutes), – die Konkurrenzregelung (Unkrautbekämpfung, Jungwuchspflege), – die Abwehr abiotischer und biotischer Schadfaktoren.
Nur politisch und großräumig beeinflußbar	– Biotische Belastungen, deren Regelung meist nicht allein auf Betriebsebene möglich ist; dies gilt vor allem für die Höhe der Wildbestände, – Immissionsbelastungen.
Veränderlich, nicht manipulierbar	– Witterung, – unregelmäßig auftretende Schäden (vor allem Sturm, Schnee).
Unveränderlich und nicht steuerbar	– Geologisches Ausgangssubstrat, Geländeform, Höhenlagen, – Klima, – natürliches Vegetationspotential.

fach teure Teilarbeiten abgelehnt, obwohl dadurch wesentliche Einsparungen bei späteren Folgemaßnahmen zu erzielen wären.
– Die langen Zeiträume zwischen Einleitung und Abschluß mancher Verjüngungen schließen oftmals eine vergleichsfähige und kontinuierliche Dokumentation aller Arbeiten und deren Bewertung aus.
– Vergleichsversuche mit verschiedenen Verjüngungstechniken – um deren örtliche Vor- und Nachteile zweifelsfrei abzuklären – lassen sich im Regelfall nicht in den Betrieben realisieren.
– Die Bewertungsmaßstäbe für den Verjüngungserfolg sind vielfach nicht eindeutig. Das betrifft vor allem die Möglichkeit, bei Erreichen des Dickungsschlusses bereits die künftige Struktur, Leistungsfähigkeit und Qualität der Bestände zweifelsfrei abzuschätzen.
– Die ökologischen Auswirkungen der Verjüngungsverfahren lassen sich nur schwer abschätzen.

Deshalb sind im Laufe der langen Entwicklung der Forstwirtschaft viele Verfahren empirisch als mehr intuitiv gesteuerte Optimierungsversuche entstanden.
    Auch die wissenschaftliche Bearbeitung von Verjüngungsfragen konzentrierte sich bisher überwiegend auf die Klärung der Wirkung weniger Einflußfaktoren, so daß meist nur Einzelantworten gegeben wurden und erst langsam begonnen wird, in Modellkalkulationen ganze Abläufe zu durchdenken.
    Ein – seltenes – Beispiel für eine solche noch vergleichsweise einfache Modellkalkulation zur Kulturbegründung und Jungwuchspflege mit mehreren Alternativen enthält *Tab. 7.43*.
    In den letzten Jahren sind von den Länderforstverwaltungen beachtliche Schritte unternommen worden, die Erfahrungen aus dem praktischen Betrieb und Ergebnisse

Tab. 7.43:   Pflegemaßnahmen und Kosten in Fichtenkulturen bei Verwendung unterschiedlicher Pflanzensortimente (n. HILLGARTER, 1982).
Pflanzung 1972, Aufnahme 1981; Hespa-Domäne in Wolfsberg/Österreich. Guter Standort: Ekl. 16–17 m^3/J./ha.

		Normalpflanzen		Großpflanzen
Verwendetes Pflanzensortiment	J.	2+2	2+3	2+2+2 wurzelerdig
Pflanzengröße (1972)	cm	30–60	50+	80+
Pflanzenzahl	Stck./ha	3 000	3 000	2 400
Pflanzverfahren		Winkelpflanzung		Lochpflanzung
Pflanzengröße (1981)	m	4	5	6
Kosten Kulturbegründung				
Pflanzen	DM/ha	1 100	1 150	1 700
Pflanzung	”	1 100	1 200	2 100
Sa.		**2 200**	**2 350**	**3 800**
Kosten Folgemaßnahmen				
Nachbesserung	DM/ha	(20 %) 400	(10 %) 200	–
Unkrautbekämpfung	”	(5x) 2 100	(4x) 1 700	–
Verbißschutz	”	(5x) 700	(4x) 600	–
Jungwuchspflege	”	300	300	–
Sa. ”		**3 500**	**2 800**	–
Gesamtkosten	DM/ha	**5 700**	**5 150**	**3 800**
	%	100	90	67

Die Verwendung größerer Pflanzen erlaubte eine Verminderung der Pflanzenzahl je ha. Dennoch verdoppelten sich fast die Kosten für die Erstinvestition (Pflanzen und Pflanzung) bei der Groß- gegenüber der Normalpflanzenkultur. Demgegenüber hatten die Großpflanzen keine Ausfälle und keine Folgekosten, so daß die Gesamtkosten nach der 10jährigen Beobachtungszeit bei ihnen um ein Drittel niedriger lagen. Zudem waren die Großpflanzen dann um 2 m höher als die Normalpflanzen, was einem Zuwachsgewinn von rd. 4 Jahren entspricht.
Erst die Gesamtkalkulation läßt also den Stellenwert der einzelnen Maßnahmen erkennen und macht deutlich, daß eine teure Erstinvestition am Ende äußerst wirtschaftlich sein kann – ein Befund, der im übrigen für – teure – Laubbaumheisterpflanzungen ähnlich gilt.

aus wissenschaftlichen Untersuchungen zusammenzustellen, kritisch zu sichten und in Form von Merkblättern, Waldbau-Richtlinien und Monographien zugänglich zu machen. Damit ist der Stand der Kenntnis vielfach umfassend dargestellt, und es stehen für mehrere Regionen verläßliche Empfehlungen zur Verfügung. Trotzdem muß nochmals darauf hingewiesen werden, daß ihnen im wesentlichen Erfahrungen zugrunde liegen, die einerseits teilweise der wissenschaftlichen Überprüfung bedürfen und andererseits nur mit Einfühlungsvermögen, sorgfältigem Beobachten und Bewerten durch den Wirtschafter auf die lokalen Bedingungen übertragen werden können.

7.11.3   Waldverjüngung und Bestandeserziehung in der Zusammenschau

Die beiden wichtigsten Tätigkeitsfelder des angewandten Waldbaus, **„Waldverjüngung"** und **„Bestandeserziehung"**, greifen unmittelbar ineinander. Darauf ist bereits mehrfach hingewiesen worden.

So beeinflußt z. B. die Wahl der Verbände nicht nur den Zeitaufwand bei der Pflanzung und damit die Verjüngungskosten, sondern auch die Aufwendungen für Jungwuchspflege, Beginn und Stärke der Läuterungen und ersten Durchforstungen, die Bestandesstabilität, Gesamtleistung der Bestände, die Umtriebszeit und die Erlöse.

Als Gegenbeispiel – wie sehr die Bestandeserziehung demgegenüber die Verjüngung beeinflussen kann – war die Abhängigkeit der Entwicklung der Bodenvegetation von verspäteten Durchforstungen erläutert worden. Sie können Öffnungen des Kronendachs zur Folge haben, die sich nur langsam und unzureichend schließen und dadurch die Ausbreitung von Grasdecken fördern, die Jahrzehnte später das natürliche Ankommen von Sämlingen verhindern. Werden dann schließlich junge Bäume gepflanzt, weil es keine andere Verjüngungsmöglichkeit mehr gibt, so müssen diese womöglich noch mehrere Male von der bedrängenden Konkurrenzvegetation befreit werden *(vgl. Übersicht 7.25)*.

Nicht weniger wichtig ist aber die Einsicht, daß Versäumnisse bei der Verjüngung oft aufwendige Pflegemaßnahmen nötig machen, um das Erziehungsziel doch noch zu sichern. Als besonders gravierendes Beispiel war die ungenügende Ausformung von Trupps und Gruppen bei der Mischung mehrerer, miteinander später hart konkurrierender Baumarten genannt.

Die beiden Aufgabengebiete dürfen deshalb nicht unabhängig voneinander gesehen werden. Gutes waldbauliches Planen und Handeln berücksichtigt die langfristigen Wechselwirkungen. Allzu oft sehen Forstleute diese Aufgabengebiete jedoch unabhängig voneinander und halten Verjüngungsmaßnahmen, Pflegeaufgaben und Nutzungsvorhaben säuberlich getrennt. Dieses partielle Denken wurde und wird zweifellos durch die klassische Altersklassenwaldwirtschaft wesentlich bedingt und gefördert. Auch in Zukunft wird der Altersklassenwald in den temperierten Waldzonen zweifellos die vorherrschende Bewirtschaftungsform bleiben. Dafür sorgen schon die immer wieder eintretenden Katastrophen, die große Kahlflächen schaffen, und den Start – sozusagen vom Punkt Null – stets von neuem erzwingen. Auch bei Aufforstungen von langfristig anderweitig bewirtschaftetem Gelände – wie z. B. ehemals landwirtschaftlich genutzten Flächen – wird sich die Altersklassenwirtschaft perpetuieren. Schließlich werden betriebliche Engpässe viele Waldbesitzer immer wieder dazu bringen, Waldbestände im Kahlhiebsverfahren zu räumen und danach künstlich auf größeren Flächen zu verjüngen.

Dennoch ist kennzeichnend für die mitteleuropäische Waldwirtschaft, daß ihre Etablierungsphase überwiegend abgeschlossen ist. Auf dem Großteil der nun seit langem und dauerhaft der Waldwirtschaft zugewiesenen Flächen hat sie das Pionierstadium überwunden. Die Erst-, manchmal sogar schon die Zweitbestockungen haben höhere Bestandesalter erreicht und üben den für die Jugendentwicklung anspruchsvollerer Baumarten so wichtigen Schirmschutz aus. Außerdem haben sich unter diesem Schirm wieder Humusvorräte im Oberboden akkumulieren und damit dessen Fähigkeit zu Wasser- und Nährstoffspeicherung regenerieren können. Die Folgen früherer langer Freilage oder gar von Erosion sind weitgehend überwunden. Sukzessionsökologisch gesehen bieten die meisten Wälder mithin die Chance, den Schritt vom Pionier- zum Übergangs- oder gar Schlußwaldstadium zu unterstützen. Das geschieht vermehrt, indem unter diesen Bestandesschirmen die sich natürlich – unter tätiger Mithilfe z. B. von Eichelhähern – wieder einfindenden schattentoleranten Baumarten begünstigt werden. Dort aber, wo keine Samenbäume mehr übriggeblieben sind, kann die natürliche, sehr verlangsamte Entwicklung hin zu Schlußwaldstadien durch Unterpflanzung beschleunigt werden.

Im Hinblick auf eine verstärkte Wertholzerzeugung – und die daraus resultierende Zielstärkennutzung –, aber auch für dauerhaften Bodenschutz werden die großflächigen Einschläge mehr und mehr in Gruppen- und Einzelstammnutzungen mit sehr langen Endnutzungs- und Verjüngungszeiträumen abgewandelt. Das führt dazu, daß in manchen Wäldern inzwischen auf kleinsten Flächen direkt nebeneinander Verjüngung und deren Förderung, Pflege und Nutzung stattfindet. Damit aber entstehen durch kleinstflächig ökologisch stark wechselnde Bedingungen Möglichkeiten für das Ankommen von Verjüngungspflanzen. Auf vielen Waldböden pflegen sich dann allerdings geeignete Keim- und Entwicklungsverhältnisse jeweils nur auf kleinen Flächenausschnitten zu bilden. Im Laufe längerer Zeiträume finden sich deshalb, aber mit großer zeitlicher Staffelung und flächenmäßig sehr ungleich verteilt, auch dort auf natürliche Weise Jungwüchse ein, wo man sonst bei der üblichen Waldwirtschaft mit flächigen Nutzungsformen mittels künstlicher Maßnahmen wie flächiger Bodenbearbeitung, Beseitigung der konkurrierenden Bodenvegetation oder Pflanzung die Vorbedingungen für die Entwicklung der Jungpflanzen schaffen müßte. Bei genügend langen Zeiträumen (bzw. entsprechender Geduld der Forstleute) vermindern sich daher oft die Verjüngungsprobleme, denen man sonst mit künstlichen Steuerungsmaßnahmen zu Leibe gerückt wäre.

Die Aktivitäten zur Einleitung und Förderung der Verjüngung verlieren also an Gewicht und verlagern sich stärker hin zur Bestandeserziehung. So kann man schon einmal von Forstleuten, die in solchen »Dauerwäldern« arbeiten, hören, daß der Waldpflege die absolute Priorität zukomme, während die Verjüngung quasi von selbst laufe und mithin keinerlei Beachtung mehr benötige.

Tatsächlich zeigt sich jedoch, daß auch unter durchweg günstigen Bedingungen dieser Optimalzustand nur selten erreichbar ist und daß im Hinblick auf bestimmte Wirtschaftsziele doch immer wieder steuernd, ergänzend und korrigierend eingegriffen werden muß – und zwar auch bei der Verjüngung.

Dennoch kann man konstatieren, daß Forstwirtschaften in ihrer Entstehungszeit zunächst weitgehend auf die Aufforstung kahler Flächen und die Verjüngung wenig produktiver oder degradierter Wälder ausgerichtet sind. Erst später gewinnen dann Bestandeserziehungsmaßnahmen an Bedeutung. In weit entwickelten Forstwirtschaften, zu denen man viele mitteleuropäische Betriebe rechnen kann, hat sich tatsächlich eine solche Akzentverschiebung bereits ergeben und wird sich fortsetzen. Weil aber auch zukünftig – aus den oben genannten Gründen – weiterhin Betriebe und Bestände mit sehr unterschiedlich »reifen« Sukzessions- bzw. Strukturzuständen nebeneinander existieren werden, wird keines der beiden Aufgabengebiete an Bedeutung einbüßen. Angesichts weiter zunehmender Zwänge zu Rationalisierung und Kosteneinsparung wird aber die Notwendigkeit wachsen, die Entwicklung von Wäldern stärker unter Berücksichtigung der ökologischen Vorgaben einerseits und der Ansprüche der beteiligten Baumarten andererseits zu sehen und zu steuern, und das bedeutet generell, Verjüngungs- und Erziehungsmaßnahmen in ihren langfristigen Wirkungen zu sehen und sie entsprechend miteinander zu verknüpfen.

Literatur

ALTHERR, E. (1966): Die Bedeutung des Pflanzverbandes für die Leistung der Fichtenbestände. Allg. Forstzeitschr., Bd. 21. S. 199.

AMANN, G. (1956): Bäume und Sträucher des Waldes (2. Aufl.). Melsungen: Neumann-Neudamm.

BAYER. STAATSMINISTERIUM FÜR ERNÄHRUNG, LANDWIRTSCHAFT UND FORSTEN (1975): Forstliches Saat- und Pflanzgut; Gesetzliche Bestimmungen, Herkunftsempfehlungen. Loseblattsammlung.

BAYER. STAATSFORSTVERWALTUNG: Jahresberichte 1979–1982.

BEHRNDT, W. (1979): Eichenkulturen und Bodenbearbeitungen im Forstamt Göhrde. Allg. Forstzeitschr., S. 309–313.

BERGMANN, J. H. (1976): Der Einfluß intensiver Pflegemaßnahmen und verschiedener Unkrautfloren auf das Wachstum junger Kiefernkulturen. Beiträge für die Forstwirtschaft, Bd. 10, S. 55–61.

BERGMANN, J.-H. (1993): Phänomen Sandrohr, Ursachen der Ausbreitung des Sandrohrs (Calamagrostis epigeios) in den Wäldern der östlichen Bundesländer. Der Wald 43: 48–49.

BIOLOG. BUNDESANSTALT (1985): Pflanzenschutzmittelverzeichnis.

BURSCHEL, P.; HUSS, J. und KALBHENN, R. (1964): Die natürliche Verjüngung der Buche. Schriftenreihe d. Forstl. Fakultät Univ. Göttingen, Bd. 34.

BURSCHEL, P.; EDER, R.; KANTARCI, D. und REHFUESS, K. E. (1977): Wirkungen verschiedener Bodenbearbeitungsverfahren auf Wachstum, Phytomasseakkulumation und Nährelementvorräte junger Kiefernwaldökosysteme (Pinus sylv. L.). Forstwiss. Cbl. Bd. 96, S. 321–338.

BURSCHEL, P.; EL-KATEB, H.; HUSS, J. und MOSANDL, R. (1985): Die Verjüngung im Bergmischwald: Erste Ergebnisse einer Untersuchung in den ostbayerischen Kalkalpen. Forstwiss. Cbl. Bd. 104, S. 65–100.

FLEDER, W. (1981): Begründung von Werteichenbeständen durch Saat. Forst- und Holzwirt, Bd. 36, S. 275–277.

FRANZ, F. (1974): Zur Fortentwicklung der Durchforstungsverfahren aus der Sicht der Waldertragskunde. Forstarchiv, Bd. 45, S. 28–34.

FRANZ, F. (1983): Zur Behandlung und Wuchsleistung der Kiefer. Forstwiss. Cbl. Bd. 102, S. 18–36.

GAYER, K. (1886): Der gemischte Wald, seine Begründung und Pflege, insbesondere durch Horst- und Gruppenwirtschaft. Berlin: P. Parey.

GEIGER, R. und FRITSCHE, G. (1940): Spätfrost und Vollumbruch; Forstmeteorologische Untersuchungen im Lehrrevier Finowtal d. forstl. Hochschule Eberswalde. Forstarchiv, Bd. 16, S. 141–156.

HAUSRATH, H. (1982): Geschichte des deutschen Waldbaus: Von seinen Anfängen bis 1850. Hochschulverlag Freiburg.

HESS. LANDESFORSTVERWALTUNG (1973): Die maschinelle Begründung und Pflege von Eichen- und Kiefernkulturen auf leichten bis mittelschweren Böden in ebenen und schwachgeneigten Lagen (Merkblatt 6). Hektograf. Heft, Hann. Münden.

HESS. LANDESFORSTVERWALTUNG (1978): Herbizideinsatz im Forst (Merkblatt 5). Hektograf. Heft. Hann. Münden.

HILLGARTER, F.-W. (1982): Kultursicherung – waldbaulich-betriebswirtschaftliche Aufgabe. Allgem. Forstzeitung (Wien) Bd. 93, S. 274–275.

HUSS, J. (1974): Durchforstung von Fichtenjungbeständen; unveröffentlichter Exkursionsführer. Lehrstuhl für Waldbau und Forsteinrichtung Univ. München.

HUSS, J. (1975): Möglichkeiten zur Verbesserung der Aufwuchsbedingungen von Fichten-Douglasien-Kulturen durch Bodenvorbereitung und Düngung. Forsttechn. Informationen, Bd. 27.

HUSS, J. (1977): Entwicklung von Kiefernkulturen nach unterschiedlichen Bodenbearbeitungen. Unveröffentlicher Exkursionsführer, Lehrstuhl für Waldbau und Forsteinrichtung Univ. München.

HUSS, J. (1977): Vergleichende ökologische Untersuchungen über die Reaktionen junger Fichten auf Lichtentzug und Düngung im Freigelände und in Beschattungskästen. Göttinger Bodenkundliche Berichte 51.

HUSS, J. (1984): Wirkung der Ausgangsverbände auf Wachstum und Qualität bei 12j. Kiefer, Unveröff. Exkursionsführer Waldbau-Inst. Freiburg

HUSS, J. und OLBERG-KALFASS, R. (1982): Unerwünschte Wechselwirkungen zwischen Unkrautbekämpfungen und Rehwildschäden in Fichtenkulturen. Allg. Forstzeitschr., S. 1329–1331.

KRAMER, H. (1960): Kulturverbandsversuche. Forst- und Holzwirt, S. 496–500 u. 512–518.

KRAMER, H. und SPELLMANN, H. (1980): Beiträge zur Bestandesbegründung der Fichte. Schriftenr. d. Forstl. Fak. d. Univ. Göttingen, Heft 64. Frankfurt a. M.: Sauerländer.

LANDESFORSTVERWALTUNG BADEN-WÜRTTEMBERG: Jahresbericht 1979.

NIEDERSÄCHSISCHE LANDESFORSTVERWALTUNG (1992): Jahresbericht.

LOYCKE, H. J. (1963): Die Technik der Forstkultur. München, Basel, Wien: BLV.

MELZER, E. W. (1963): Quadrat- oder Rechteckverband für Fichte. Soz. Forstwirtschaft, S. 140–142.

OLBERG-KALFASS, R. (1979): Zur Reaktion von Fichten auf Unkrautbekämpfung in der Kultur. Allg. Forst- und Jagdzeitung, Bd. 150, S. 191–195.

PLATE, G. (1975): ökologische Untersuchungen zur Verjüngung der Fichte. Diss. Fachbereich Forstwissensch. Univ. München.

REINECKE, G. (1983): Rückbesinnung auf die Eichensaat. Allg. Forstzeitschrift, S. 230–231.

REINECKE, H. (1985): Begleitwuchsregulierung: Hinweise zur Pflege von Jungwüchsen in der Forstwirtschaft. Selbstverlag Göttingen.

RIPKEN, H. (1979): Rationalisierte Eichensaatverfahren in den Niedersächsischen Landesforsten. Allg. Forstzeitschrift, S. 314–317.

RIPKEN, H. und SPELLMANN, H. (1979): Modell-Berechnungen der Reinerträge der wichtigsten Baumarten sowie der gesamten Holzproduktion in den Niedersächsischen Landesforsten. Aus dem Walde: Mitt. aus d. Nieders. Landesforstverw., Heft 30, S. 346–483.

ROHMEDER, E. (1972): Das Saatgut in der Forstwirtschaft. Hamburg, Berlin: P. Parey.

ROTTMANN, M. (1985): Schneebruchschäden in Nadelbeständen. Frankfurt/M.: J. D. Sauerländer Verlag.

RUPF, H. und ZEYHER, M. (1961): Der Forstpflanzgarten: Ein Lehrbuch für Schule und Praxis zur rationellen Anzucht von Forstpflanzen. München: BLV.

STREHLKE, E.-G., STERZIK, H. K., STREHLKE, B. (1970): Forstmaschinenkunde. Hamburg, Berlin: P. Parey.

SZYMANSKI, S. (1986): Die Begründung von Eichenbeständen in »Nest-Kulturen«. Der Forst- und Holzwirt 41: 3–7.

ULRICH, B. und WACHTER, H. (1971): Bodenkundliche Gesichtspunkte zur Frage der Bodenbearbeitung im Wald. Allg. Forst- und Jagdzeitung, Bd. 142, S. 257–265.

8 Bestandeserziehung – Bestandespflege

Von dem Zeitpunkt an, zu dem sich die Verjüngung geschlossen hat, bis zur erneuten Einleitung der Verjüngung durchlaufen alle Bestände des schlagweisen Hochwaldes eine lange Entwicklungsphase, in der sie den vorgegebenen Zielsetzungen gemäß geformt werden müssen *(vgl. Abb. 4.3)*. In Plenterwäldern und überhaupt bei Vorliegen heterogener Waldaufbauformen ist dieser Entwicklungsabschnitt nicht zeitlich definierbar, sondern er wird als Durchmesserbereich umschrieben *(vgl. Abb. 6.21)*. Folgende Maßnahmen dienen der Ausformung von Waldbeständen *(s. Übersicht 8. 1)*.

Übersicht 8.1: **Die Maßnahmen der Bestandeserziehung.**

MASSNAHME	BESCHREIBUNG
Durchforstung	**Läuterung oder Säuberung:** Hiebsmaßnahmen zur Erziehung von Jungbeständen nach Abschluß der Verjüngung bis zur Erreichung des Stangenholzalters. **Durchforstung im engeren Sinne:** Alle Hiebsmaßnahmen zur zielgerechten Ausformung von Stangen- und Baumhölzern.
Randgestaltung	Alle Maßnahmen, die der stabilen Ausformung der Waldaußen- und Waldinnenränder dienen.
Unterbau	Schaffung und Erhaltung einer dienenden Unterschicht aus schattenfesten Baumarten unter dem Kronendach einer deutlich höheren Bestandesschicht aus Lichtbaumarten.
Ästung	Beschleunigung des natürlichen Astreinigungsprozesses durch mechanische Entfernung der Äste.

Alle diese Maßnahmen werden unter den Begriffen „Bestandeserziehung" oder „Bestandespflege" zusammengefaßt. Dabei bringt der erstere den prägenden, bestandsformenden Charakter besonders gut zum Ausdruck, weshalb er in dieser Schrift häufiger verwendet wird als der letztere.

8.1 Durchforstung

Als Durchforstung werden Hiebsmaßnahmen bezeichnet, mit denen mehrere oder alle der folgenden Ziele erreicht werden sollen:
– Ernte von Holz oder Nebenprodukten wie Schmuckreisig,
– Beseitigung qualitativ nicht befriedigender Baumindividuen,

– Konzentration des Bestandeszuwachses auf die qualitativ besten und zuwachskräftigsten Bestandesglieder,
– Sicherung des Bestockungszieles durch Mischungsregulierung.

Bevor die Durchforstungsmaßnahmen im einzelnen behandelt werden können, muß auf zwei wichtige Aspekte dazu gesondert eingegangen werden. Das sind Stabilitätsüberlegungen und Konzepte der Feinerschließung von Beständen.

8.1.1   Stabilitätsüberlegungen

Alle Formen der Durchforstung stellen Eingriffe in geschlossene Bestände dar. Jede Öffnung des Kronendaches verändert deren Widerstandsfähigkeit gegenüber Schnee und Sturm. Es ist das Ziel jeder Durchforstungsmaßnahme, die Bestandesstabilität auf lange Sicht zu verbessern. Unmittelbar nach einem Eingriff kommt es jedoch zunächst immer zu einer mehrere Jahre dauernden Verringerung der Widerstandskraft des Bestandes. Sie ist auf zwei Erscheinungen zurückzuführen:
– Das Stützgefüge, das sich herausgebildet hat, wird durch Entnahme eines Teiles der Bäume unterbrochen. Damit wird die kollektive Stabilität des Bestandes verringert.
– Die Oberfläche durchforsteter Bestände wird im aerodynamischen Sinne aufgerauht. Dadurch bilden sich bei stürmischer Luft kleinräumlich Turbulenzen, die örtlich zusätzlich erhöhte Windgeschwindigkeiten verursachen.

Zu den infolge dieser Durchforstungswirkungen eintretenden Gefahren läßt sich folgendes ganz allgemein sagen:
– Bis zu einer Höhe von etwa 20 m sind Bestände vor allem durch Schnee und ab einer Höhe von 20 m vor allem durch Sturm gefährdet. Die Sturmgefahr nimmt dabei proportional mit der Höhe zu.
– Die Bestandesstabilität wird nach Durchforstungen um so mehr beeinträchtigt, je dichter der Bestand vorher gehalten worden war. Liegen die h : d-Werte der herrschenden Bäume über 80, so beruht die Bestandesstabilität vor allem darauf, daß sie sich bei Belastung gegenseitig abstützen. Jede Durchforstung verändert diese Nachbarschaftsverhältnisse nachteilig. In sehr dichten und bereits hohen Beständen erhöhen Eingriffe die Wahrscheinlichkeit eines nachfolgenden Schadereignisses durch Sturm so sehr, daß sie nicht mehr ausgeführt werden sollten.
– Besitzen die herrschenden Bäume dagegen ein günstigeres Verhältnis zwischen Baumhöhe und Durchmesser, so sind sie in geringerem Maße auf den Schutz durch die Nachbarn angewiesen, und die Gefährdung durch Veränderungen des Stützgefüges ist wesentlich geringer. Trotzdem aber gilt auch unter solchen günstigen Bedingungen, daß jeder Eingriff in einen Baumbestand stabilitätsmindernd wirkt.
– Auf Standorten, die aufgrund ihrer Topographie oder ihres Bodenzustandes als besonders gefährdet angesehen werden müssen, ist die Bestandeserziehung vor allem auf die Verbesserung der Stabilität auszurichten.
– Die Verringerung der Bestandesstabilität durch einen Eingriff ist um so ausgeprägter, je stärker dieser geführt wird.
– Der Zeitraum, der nach einem Eingriff vergeht, bis die Stabilität des Bestandes die Ausgangssituation wieder erreicht hat oder gar größer wird, ist abhängig von der ursprünglichen Dichte, der Stärke der Maßnahme und dem Alter des Bestandes. In jungen und reaktionsschnellen Beständen liegt er kaum unter fünf und in älteren und daher reaktionsträgen nicht unter zehn Jahren.

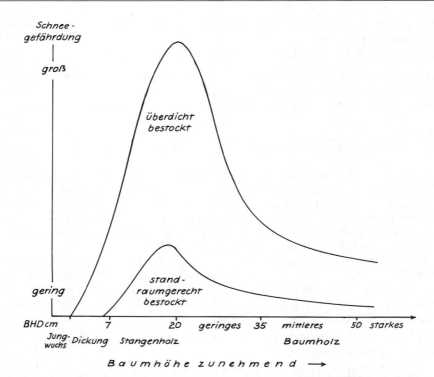

Abb. 8.1: Schematische Darstellung des **Zusammenhangs zwischen Bestandesentwicklung und Schneegefährdung** in Abhängigkeit von der Bestandesdichte.

Gefahr von Schneebruch und Schneedruck ist im Entwicklungsbereich zwischen Dickung und geringem Baumholz besonders groß. Werden die Bestandesbegründung sowie die anschließende Bestandeserziehung so ausgeführt, daß die Bäume genügend Standraum zur Ausbildung stabiler Gestalten zur Verfügung haben, so läßt sich die Schneegefährdung ganz wesentlich verringern.

Der außerordentliche Rang, den Stabilitätsüberlegungen für die Bestandeserziehung haben, ist den *Abb. 8.1* und *8.2* zu entnehmen.

8.1.2   Ausführung der Erziehungseingriffe

Hiebsmaßnahmen im Wald müssen immer so ausgeführt werden, daß der verbleibende Bestand weder Rindenverletzungen erleidet, noch in seiner Wurzelentwicklung durch Druck und Bodenverdichtung *(s. Abb. 8.3)* beeinträchtigt wird. Die Erhaltung eines intakten Bodenzustandes ist im übrigen ganz allgemein Teil jeder richtig verstandenen Nachhaltsforderung.

Schäden am verbleibenden Bestand entstehen sowohl durch die Hiebsmaßnahmen selbst als auch besonders durch den Transport des Holzes. Sie können durch eine streng einzuhaltende Hiebsordnung und eine sachgemäße Feinerschließung der Bestände in Grenzen gehalten werden.

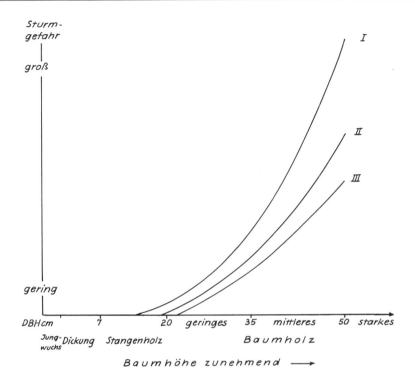

Abb. 8.2: Schematische Darstellung des **Zusammenhangs zwischen Bestandesentwicklung und Sturmgefahr.**

Die Gefährdung eines Bestandes durch Sturm wird um so grösser, je höher er ist. Die späten Bestandesentwicklungsphasen sind daher die gefährdetsten. Dieser grundsätzliche Zusammenhang wird durch vier Umstände vor allem modifiziert: Standort, Pflegezustand, Stärke der Durchforstungseingriffe, Zeitraum der seit der letzten Durchforstung vergangen ist.

Die Kurvenverläufe geben diese Einflüsse folgendermaßen wieder:

I. instabiler	⎫		I. überdichte	⎫	
II. stabiler	⎬ Standort		II. standraumgerechte	⎬ Erziehung	
III. sehr stabiler	⎭		III. weitständige	⎭	
I. sehr starker	⎫		I. ein Jahr	⎫	
II. starker	⎬ Eingriff		II. fünf Jahre	⎬ nach dem letzten Eingriff	
III. mäßiger	⎭		III. zehn Jahre	⎭	

8.1.2.1   Bestandeserschließung

Sind Läuterungsmaßnahmen in Dickungen vorzunehmen, so werden diese zunächst durch **Pflegelinien** oder **Pflegepfade** aufgeschlossen. So bezeichnet man 1–2 m breite gerade Aufhiebe, die in Abständen von 10–15 m eingelegt werden. Sie dienen als Orientierungslinien, der Erleichterung der Zugänglichkeit und der Arbeitskontrolle. Große Dickungskomplexe können ohne die vorherige Anlage von solchen Linien nicht flächendeckend bearbeitet werden.

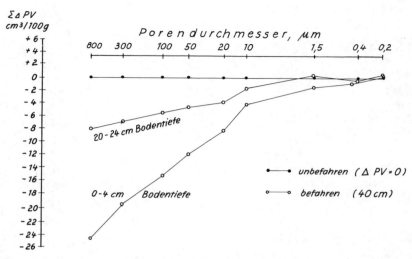

Abb. 8.3: Summenkurven der **Abnahme des Porenvolumens** (PV) in einem Lößlehmboden nach 5maliger **Befahrung mit einem Rückeschlepper** („Welte Junior") und 2 t Holzladung. Die Auflagebreite der Reifen betrug 40 cm (n. HILDEBRAND, WIEBEL, 1983).

Der Oberboden des Waldbestandes wird durch die Befahrung ganz erheblich verdichtet, wobei die Grobporen besonders betroffen sind. Dieser Effekt ist – wenn auch in abnehmender Deutlichkeit – bis in Tiefen von mehr als 20 cm nachweisbar.

Fällt bei Erziehungseingriffen in Beständen verwertbares Holz an, so müssen sie für tierische und maschinelle Zugmittel zugänglich gemacht werden. Dazu werden **Rückegassen** mit einer Breite von 3–4 m angelegt *(s. Abb. 8.4)*. Der Abstand zwischen zwei Rückegassen sollte zwischen 30 und höchstens 40 m betragen. Sind bereits Pflegepfade vorhanden, so wird jede zweite oder dritte von ihnen auf die nötige Breite aufgehauen. Rückegassen können allerdings erst dann eingelegt werden, wenn die Astreinigung so weit fortgeschritten ist, daß bis zu einer Höhe von etwa 4 m keine Grünäste mehr vorhanden sind. Sie würden sonst in die Gassen hineinwachsen und die Arbeit der Maschinen behindern. Das ist auch der Grund dafür, daß sie bei den meisten Baumarten nicht schon bei der Bestandesbegründung ausgespart werden können *(vgl. Kap. 7.5.8.2)*.

Werden die Gassen dagegen erst in deutlich späteren Stadien der Bestandesentwicklung und entsprechend größeren Bestandeshöhen eingelegt, so ist damit eine erhebliche Verringerung der Stabilität verbunden.

Rückegassen münden entweder auf Lkw-befahrbare Forststraßen oder auf schlepperbefahrbare **Maschinenwege.** Alle Stöcke auf den Rückegassen werden zur Erleichterung der Fahrzeugbewegungen besonders tief geschnitten. Rückemaschinen, gleichgültig welcher Art, dürfen nach der Einrichtung des Gassensystems nur noch darauf fahren. Bei einem Gassenabstand von 30 m und einer Breite von 3 m ergibt sich pro Hektar eine baumfreie Gassenfläche von gut 1000 m². Auf diesen Teil der Gesamtfläche werden die unvermeidlichen Bodenschäden konzentriert. Sie können erheblich abgemildert werden, wenn der beim Aufhieb anfallende Schlagabraum auf den Fahrgassen verteilt wird, wo er eine bedeutende druckmindernde Wirkung hat. In fortge-

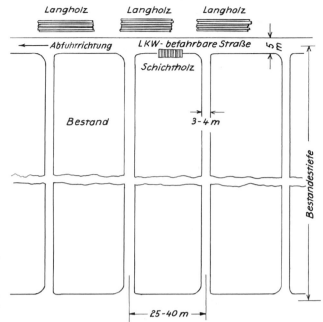

Abb. 8.4: Schema für die Fein-erschließung eines Durchfor-stungsbestandes (im Anhalt an Landesforstverwaltung Baden-Württemberg, 1977).

Die Rückegassen münden entweder senkrecht oder mit einer bogenför-migen Ausfahrt auf den Fahrweg. Bei Hangneigungen zwischen 10 und 30 % wird die Gasse in Richtung des größten Gefälles geführt.

schrittenen Stadien der Bestandesentwicklung genügen meist Rückegassenabstände von 50–60 m, so daß dann die Fahrzeugbewegung auf jede zweite der ursprünglich einmal angelegten Rückegassen beschränkt werden kann *(vgl. Abb. 6.10, 6.11, 6.24–6.26).* Grundsätzlich gilt jedoch immer und deshalb sei es noch einmal wiederholt: Fahrzeuge dürfen zur Vermeidung von Boden- und Bestandesschäden niemals und in keiner Phase der Bestandesentwicklung die dafür vorgesehenen Rückegassen verlassen.

In der letzten Zeit sind Holzerntemaschinen entwickelt worden, die Rückelinien in Abständen von 20 m (oder gar noch weniger!) erforderlich machen. Eine solche Verringerung der durchschnittlichen Abstände zwischen Rückelinien wirft jedoch eine Reihe von Problemen auf:
– Die Fläche der Rückelinien erhöht sich von gut 0,1 auf 0,18 ha/ha.
– Die die Rückelinien begrenzende Länge der Bestandesränder, an der mit Schäden an den dort stehenden Bäumen zu rechnen ist, verlängert sich von 630 auf 1000 lfd. m.
– Die Destabilisierung des Bestandes unmittelbar nach Einlegung der Rückelinien wird verstärkt.
– Die ästhetischen Nachteile des starren und sehr auffälligen Liniennetzes werden akzentuiert.

Hinzu kommt, daß das Muster einer einmal eingelegten Rückeordnung und damit deren Netzdichte praktisch nicht mehr zu ändern ist. (Ein 30 m-Liniensystem kann nicht auf ein 20 m-System umgestellt werden, und ein 15 m-System, das eingerichtet werden könnte, vergrößert alle oben angeführten Nachteile auf nicht mehr akzeptable Weise.) Sowohl forstästhetische als auch waldbauliche Überlegungen lassen es nicht ratsam erscheinen, an der gegenwärtigen Handhabung der Dinge etwas zu ändern. Anders herum ausgedrückt erfordert das die Ausrichtung der Maschinenentwicklung nach forstlichen und nicht ausschließlich nach technischen Vorgaben.

Ist das Gelände im Bereich zwischen 30 und > 50 % Neigung wegen seiner Steilheit nicht befahrbar, so kann nicht mit Rückegassen gearbeitet werden, sondern es sind Maschinenwege anzulegen, die aber nicht weiter befestigt werden. In einem Abstand von etwa 100 m verlaufen sie hangparallel *(s. Abb. 8.5)* und bilden die Mündungslinie für schmale Seiltrassen. Solche Fahrwege mit einer Breite von 2,5–3 m stellen allerdings wesentlich stärkere Eingriffe in die Landschaft dar als Rückegassen und sollten daher nur angelegt werden, wenn das unbedingt nötig erscheint.

8.1.2.2   Hiebsmaßnahmen

Alle Erziehungshiebe werden so ausgeführt, daß der verbleibende Bestand davon nicht beeinträchtigt und der Abtransport des eingeschlagenen Holzes erleichtert wird. In strukturierten Beständen mit Unter- und Zwischenstand gilt das auch für diese oft unscheinbaren und deshalb in ihrem Wert nicht gewürdigten Bestandeselemente.

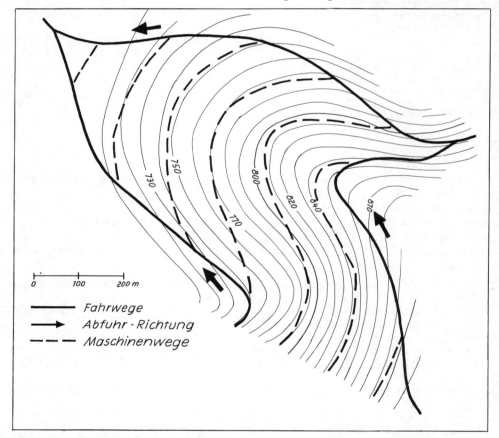

Abb. 8.5:   Maschinenwege zur Feinerschließung eines Hanges mit mehr als 25 % Neigung (n. MENG, 1978).

Die unbefestigten, mit Planierraupen ausgeformten 2,5–3 m breiten Primitivwege haben einen Abstand von etwa 100 m voneinander und verlaufen ziemlich hangparallel. Sie münden in verhältnismäßig steile (bis 10 % Neigung) Hauptabfuhrwege.

Fällt in jungen Beständen überwiegend Kurzholz an, so wird zur Erleichterung der händischen Vorlieferung senkrecht zur Rückegasse gefällt. Bei Langholz ist dagegen unbedingt ein spitzer Winkel zur Gasse einzuhalten, damit der Auszug mit dem Seil ohne Schäden am verbleibenden Bestand möglich wird. Die Einhaltung einer solchen **Fällordnung** muß mit den Arbeitern abgesprochen und ständig überwacht werden. In älteren Baumhölzern sollte bei der Auszeichnung – so wie das in Verjüngungsbeständen immer gemacht wird – die Fällrichtung markiert werden.

8.1.2.3   Grundregeln für bestandesschonende Hiebsführung

Bei der Ausführung von Hiebsmaßnahmen in Beständen sollten die folgenden Regeln zusätzlich zu dem unter *Kap. 8.1.2.1* und *8.1.2.2* ausgeführten beachtet werden (im Anhalt an Forstliche Versuchs- und Forschungsanstalt Baden-Württemberg, 1980):
– Keine Auswahl von Zukunfts- oder Ästungsbäumen in unmittelbarer Nähe von Rückegassen, weil dort die Gefahr von Beschädigungen besonders groß ist.
– Ausführung der Hiebs- und Bringungsmaßnahmen möglichst außerhalb der Saftzeit.
– Zur Vermeidung von Bodenschäden Ausnutzung von Frostperioden zur Holzbringung. Auf Weichböden Holzrückung grundsätzlich nur bei Frost.
– Bei ungeeignetem Wetter keine Holzbringung, da die Bodenschäden um so größer werden, je feuchter der Boden ist.
– Verwendung von Fällhilfen wie Hebelfällkarren oder Seilzug zur Einhaltung der Fällrichtung.
– Verwendung von Schleppern mit ausreichender Kraftreserve, breiten Reifen und günstiger Achslastverteilung verringert die Gefahr von Rückeschäden.
– Besteht in dichten Beständen bei der Aushaltung von Langholz die Gefahr von Rückeschäden am verbleibenden Bestand, so ist Kurzholz auch dann auszuhalten, wenn dabei Ertragseinbußen hingenommen werden müssen.
– Hat es Rückeschäden gegeben, so sind die betroffenen Bäume zu belassen, wo sie eine Schutzwirkung für dahinterstehende haben, wie z. B. an Biegungen der Linien. Ansonsten sollten sie jedoch – besonders in jungen Beständen – bald entnommen werden, denn Fichten und Tannen werden immer rotfaul, und andere Baumarten verlieren erheblich an Wert, auch wenn sie nicht faulen.

8.1.3   Geschichte der Durchforstung

Läuterung
Die Läuterung sehr junger Bestände oder Bestandesteile ist sicher schon so lange in Gebrauch, wie es Forstwirtschaft gibt. Sie bestand jedoch zunächst hauptsächlich in der Beseitigung von unerwünschten Baumarten und Sträuchern wie Weiden, Birken oder Dornensträuchern. Es haben sich dafür keine einheitlichen Formen der Ausführung entwickelt, und die Intensität, mit der solche Maßnahmen ausgeführt wurden, war von Ort zu Ort sehr verschieden. Außerdem waren die Ansichten über die Zweckmäßigkeit der Läuterung keineswegs einhellig, und wo die Jagd eine größere Rolle spielte, wurden die Dickungen als Wildeinstände nicht angerührt. Immerhin haben die forstlichen Klassiker Hartig und Cotta bereits auf die Notwendigkeit hingewiesen, schon vor dem Beginn der eigentlichen Durchforstung unerwünschte Baumarten auszuhauen und Überdichten zu beseitigen.

Die außerordentliche Bedeutung der waldbaulichen Gestaltung ganz früher Entwicklungsstadien des Waldes ist jedoch bis in das zwanzigste Jahrhundert hinein nur sehr unvollständig erkannt worden. Die Fehleinschätzung der Läuterung in dieser Beziehung geht besonders deutlich daraus hervor, daß fast alle Durchforstungsversuche, die vom Ende des 18. Jahrhunderts an gemacht wurden, in Bestände eingelegt worden sind, die schon einige Jahrzehnte alt waren und daher einen ganz wichtigen Lebensabschnitt bereits durchlaufen hatten, ohne daß entsprechende systematische Eingriffe stattgefunden hätten. Die waldbauliche Einschätzung der frühen Bestandesentwicklungsabschnitte änderte sich erst durch SCHÄDELIN (1934), der die Läuterung als unabdingbaren Teil der Bestandeserziehung in die Betrachtung einführte. Dabei kam es ihm hauptsächlich darauf an, die Bestände von früher Jugend an im Hinblick auf eine maximale Wertproduktion zu erziehen.

Erst in den letzten zwei Jahrzehnten hat sich dann die Erkenntnis endgültig gefestigt, daß die gesamte Bestandeserziehung als eine Einheit gesehen werden muß, die bereits mit der Art der Bestandesbegründung beginnt *(vgl. Kap. 7)*. Alle Eingriffe in der Abfolge von Erziehungsmaßnahmen hängen danach von der Bestandesbegründung bis zur erneuten Endnutzung voneinander ab. Versäumnisse, die irgendwann in dieser Abfolge eintreten, lassen sich später nur teilweise und oft gar nicht mehr korrigieren.

Durchforstung im engeren Sinne
Die Durchforstung, also die sich an die Läuterung anschließende Erziehungsmaßnahme in Stangen- und Baumhölzern, erfordert denn auch nur deshalb eine eigene geschichtliche Darstellung, weil sie in der Vergangenheit immer in besonders herausgehobener Form behandelt worden ist. Der Wunsch, Bäume zu ernten, bevor sie absterben und im Wald verfaulen, war sicher der Ausgangspunkt für erste Durchforstungseingriffe. Aber auch die Hoffnung auf eine Steigerung der Gesamtwuchsleistung und vor allem der Wertleistung mit Hilfe von Durchforstungsmaßnahmen war dann ein Motor für die Intensivierung der wissenschaftlichen Erforschung solcher Eingriffe und ihre verstärkte praktische Anwendung (BÜHLER, 1922). Es sind aber auch schon Forstordnungen aus dem 15. Jahrhundert bekannt, in denen die Förderung der verbleibenden Bäume und damit die Bestandeserziehung als Ziel des Eingriffs herausgestellt wird. Sehr häufig gab es in der Vergangenheit jedoch Vorbehalte gegen Durchforstungseingriffe überhaupt, weil man befürchtete, daß sie zu stark ausgeführt würden und dann waldschädlich sein könnten. Und gebietsweise hatte die Bevölkerung auch Rechte auf das Totholz. Solches entsteht aber nur, wenn absterbende Bäume im Wald belassen, also nicht durch Durchforstungen entnommen wurden. Rechte dieser Art gibt es bis heute in Teilen des Spessarts.

Erst mit der forstlichen Klassik fand die Durchforstung dann endgültige Aufnahme in das Repertoire waldbaulicher Maßnahmen. Während in den Schriften HARTIGS dabei noch einer sehr vorsichtigen, der natürlichen Bestandesausscheidung nur wenig vorgreifenden Art das Wort geredet wurde, empfahl COTTA in seinen letzten Schriften bereits stärkere Eingriffe mit Erziehungscharakter.

Eine wichtige Grundlage für den heutigen Stand des Wissens über Durchforstungen schufen dann Durchforstungsversuchsflächen, die mit der Gründung forstlicher Versuchsanstalten in verschiedenen deutschen Staaten in der zweiten Hälfte des 19. Jahrhunderts nach einheitlichem Muster angelegt wurden. Parallel dazu haben jedoch auch immer forstliche Praktiker Beiträge zum Versuchswesen geliefert, die die Konzepte der Versuchsanstalten ergänzten oder abwandelten. Diese Entwicklung kann der *Übersicht 8.2* entnommen werden.

Übersicht 8.2:   Die Entwicklung der Durchforstungskonzepte in Mitteleuropa.
(Die Jahreszahlen beziehen sich auf zugehörige Veröffentlichungen; die Entwicklung der darin beschriebenen Konzepte liegt oft wesentlich früher).

AUTOR	CHARAKTERISIERUNG DER EINGRIFFE
v. SEEBACH (1845)	Legte zur Befriedigung von Brennholzrechten sehr starke Hiebe in 70–80jährige Buchenbestände im Solling ein, durch die 50–66 % des aufstockenden Holzvolumens entnommen wurden. Die verbleibenden Bestände reagierten durch starken Lichtungszuwachs. Das Durchforstungskonzept der „Lichtung" fußt auf diesen Erfahrungen.
KRAFT (1884)	Niederdurchforstung mit drei Graden der Eingriffsstärke, die durch die Entnahme bestimmter Baumklassen definiert sind, aber in keinem Fall in die herrschende Baumschicht eingreifen. Dazu Aufstellung des KRAFTschen Baumklassensystems, das auf der sozialen Stellung eines Baumes im Bestand aufgebaut ist.
MICHAELIS (1910)	Durchforstung im Herrschenden zur Beschleunigung des Stärken- und Wertzuwachses der besten Bäume. Einteilung der Bäume in Nützliche, Schädliche und Abkömmliche. Es werden dabei wichtige Elemente der in Frankreich entstandenen Eclaircie par le haut übernommen, daher der Name Hochdurchforstung.
VEREIN DEUTSCHER FORSTLICHER VERSUCHSANSTALTEN (1873 und 1902)	Anleitungen für Durchforstungsversuche (Verein deutscher . . ., 1882; Wimmenauer, 1902). Unterscheidung zwischen Nieder- und Hochdurchforstung sowie Lichtung. Aufstellung eines Baumklassensystems, in das neben sozialen auch technologische Kriterien eingehen. Findet ihren Niederschlag in der Entwicklung der Ertragstafeln, z. B. Schwappach, 1928.
HECK (1904)	Freie Durchforstung durch hochdurchforstungsartige Eingriffe, die der jeweiligen Bestandesverfassung entsprechen und zunächst die Förderung der besten herrschenden Stämme in guter Verteilung zum Ziel haben. Ausgeprägte Freistellung, aber ohne dauernde Schlußunterbrechung, erst nach Ablauf der Hälfte der Umtriebszeit.
BORGGREVE (1891)	Plenterdurchforstung entnimmt in mittelalten, bis dahin wenig gepflegten Beständen die stärksten Stämme, die zugleich die ästigsten, aber wegen ihres Durchmessers auch wertvollsten sind. Zuwachs an den freigestellten schwächeren Stämmen mit meist besserer Schaftqualität soll die Wertleistung erhöhen. Da die Voraussetzungen nicht zutreffen, hat die Plenterdurchforstung keine Bedeutung erlangt. (Nicht zu verwechseln mit Eingriffen in Plenterwäldern oder Durchforstungen zur Umwandlung von Schlag- in Plenterwald).
BOHDANECKY (1926, posthum)	Entwickelt im böhmischen Forstbetrieb Worlik durch starke Eingriffe in dichte junge Fichtenbestände eine baumzahlarme Bestandeserziehung, durch die eine durchschnittliche Jahrringbreite von 3 mm bis ins hohe Alter beibehalten werden soll. Ein Bekronungsgrad von 50 % noch im Abtriebsalter wird angestrebt. Dichterer Schluß zur Vermeidung von Grobästigkeit in der 2. Hälfte der Umtriebszeit. Findet Niederschlag in entsprechenden Ertragstafeln von SCHIFFEL, 1904.
GEHRHARDT (1925)	Schnellwuchsbetrieb strebt (in Fortführung der Gedanken Bohdaneckys) durch starke Eingriffe schon in sehr junge Bestände und Sicherung eines ausreichenden Standraumes für jeden Stamm des verbleibenden Bestandes bis zum Abtriebsalter schnelle Durchmesserzunahme und damit verbunden Reduzierung der Umtriebszeit an. Ausgleich zunehmender Ästigkeit durch Ästung.

Übersicht 8.2: (Fortsetzung)

AUTOR	CHARAKTERISIERUNG DER EINGRIFFE
SCHÄDELIN (1934)	Jungwuchspflege, Läuterung und Durchforstung werden als eine Einheit betrachtet, die Erziehungsbetrieb genannt wird. Die Durchforstung wird in zwei Abschnitte unterteilt: Auslesedurchforstung in der ersten Hälfte des Bestandeslebens. Lichtwuchsdurchforstung danach, wenn es gilt, die dann zur Gänze den Hauptbestand bildenden Auslesebäume zu hohem Zuwachs anzuregen.
WIEDEMANN (1950)	Überarbeitung der wichtigsten Ertragstafeln im Anhalt an das aus den Versuchsergebnissen der Preußischen Forstlichen Versuchsanstalt erarbeitete Datenmaterial. Kommt zu dem Schluß, daß innerhalb eines relativ weiten Rahmens der Bestandesdichte voller Zuwachs geleistet wird und damit auch stärkere Eingriffe ohne Gefahr von Zuwachsverlusten möglich sind.
ASSMANN, FRANZ (1961)	Entwickeln Ertragstafel, in der unterschiedliche Ertragsniveaus *(vgl. Tab. 5.4)* berücksichtigt und alle Eingriffe auf die Einhaltung einer optimalen Bestockungsdichte ausgerichtet sind, die maximalen Zuwachs gewährleistet. Enthält außerdem Angaben zur kritischen Bestockungsdichte unterhalb derer der lfd. Zuwachs substantiell abfällt.
ABETZ (1975)	Konzept einer Auslesedurchforstung in Fichtenbeständen mit frühzeitiger Auswahl einer festen Zahl von Endbestandsbäumen, die systematisch herausgearbeitet werden. Nach Erreichen der Endbaumzahl bei etwa 28 m Oberhöhe Hiebsruhe bis zur Endnutzung.
FREIST (1962) ALTHERR (1971)	Entwickeln auf höchste Wertleistung durch Starkholzproduktion ausgerichtete Erziehungskonzepte für Buchenbestände mit früher intensiver Auslese- und anschließender Lichtwuchsdurchforstung.

8.1.4 Läuterung

8.1.4.1 Beschreibung

Die Jungwüchse haben sich geschlossen, der Höhenzuwachs erreicht Höchstwerte, und die jungen Bäume treten miteinander in Konkurrenz um den Lebensraum. Diese Konkurrenz ist um so härter, je dichter ein Bestand ist. Es kommt dabei zu vehementen Ausscheidungsprozessen, die sich zunächst in einer auffälligen Differenzierung des Bestandes nach Höhenklassen äußert. Dabei bildet sich folgende Abfolge heraus:

herrschende Bäume: (Oberschicht)	eine obere Schicht bildend
mitherrschende Bäume: (Mittelschicht)	gegenüber den herrschenden Bäumen deutlich zurückfallend
unterständige Bäume: (Unterschicht)	eindeutig unter die herrschenden und mitherrschenden Bäume herabgesunken.

In dieser Entwicklungsphase beginnen sich die Bäume herauszudifferenzieren, die große Aussicht haben, einmal den Endbestand zu bilden. Die Lenkung dieses Ausscheidungsprozesses nach waldbaulichen Gesichtspunkten ist Zweck waldbaulicher

Eingriffe, die als Läuterung oder Säuberung zusammengefaßt werden *(s. Tab. 8.1, 8.2, 8.3)*. Dabei stehen folgende Aspekte der Bestandeserziehung im Vordergrund:
– Regulierung der Bestockungsdichte durch Reduktion der Baumzahlen auf ein für Wachstum und Stabilität optimales Maß.
– Beseitigung von unerwünschten oder untauglichen Bestandesgliedern wie Protzen, Zwieseln, geschädigte Stämme.
– Sicherung der Mischbaumarten entsprechend der Verjüngungsplanung.
– Verhinderung von Steilrändern an solchen Bestandesteilen, die gegenüber den übrigen stark vorwüchsig sind.
– Sicherung einer ausreichend großen Zahl von gut verteilten Wertholzanwärtern auf der ganzen Fläche, die aber noch keine systematische Förderung erfahren.

Je nach Ausgangslage müssen dazu unterschiedliche Maßnahmen ergriffen werden:

1. Der Bestand ist in richtiger Dichte begründet, und die Mischbaumarten sind ihrem Standraumbedarf entsprechend eingebracht worden.

    Eingriffe sind bis zum Beginn der Durchforstungen nicht erforderlich, außer daß ggf. eingeflogene Pionierbaumarten dort – aber nur dort! – beseitigt werden müssen, wo sie die Hauptbaumarten verdämmen.

2. Der Bestand ist überdicht bestockt.

    Baumzahlreduzierung so früh wie möglich. Sie kann auf schematische oder selektive Weise erfolgen. Gleichzeitig Entfernung von ästigen Vorwüchsen, verdämmenden Pionierbaumarten und Sicherung der Mischung.

3. Der Bestand ist lückig und ungleichmäßig bestockt. Es haben sich in der herrschenden Schicht unerwünschte Baumformen entwickeln können.

    Stark ästige – protzige – Vorwüchse, krummschäftige oder sonst fehlerhafte Bäume werden entfernt und die Bildung von Steilrändern zwischen unterschiedlich weit entwickelten Bestandesteilen durch Entnahme der besonders ästigen Randbäume abgemildert.

4. Der Entwicklungszustand der verschiedenen am Bestandesaufbau beteiligten Baumarten läßt befürchten, daß das Mischungsziel nicht erreicht wird.

    Korrigierende starke Eingriffe zur Sicherung der bedrängten Baumarten werden unumgänglich.

5. Der Bestand enthält eine Schattbaumkomponente, die als dienender Unterstand zu erhalten ist.

    Einstellung eines Kronenschlußgrades in der herrschenden Schicht, der die Erhaltung des Unterstandes gewährleistet, aber dessen Entwicklung zu ernsthafter Konkurrenz nicht zuläßt.

6. Es handelt sich um eine Verjüngungsschicht unter Schirm: Plenterwälder, zweihiebige Bestände oder langfristige Schirmhiebe.

    Dichteregulierungen und sehr häufig Sicherung der Mischung erfordern Eingriffe.

Zu 1.: Der Bestand ist richtig begründet.

Das bei Läuterungsmaßnahmen anfallende Material ist sehr schwach. Infolgedessen ist es entweder gar nicht verkäuflich, oder es erzielt einen so geringen Preis, daß die Gewinnungskosten nicht gedeckt werden. Deshalb ist bei der Begründung eines Bestandes unbedingt immer größter Wert darauf zu legen, daß Überdichten, unzweckmäßige Einbringung von Mischbaumarten und größere Inhomogenitäten in der ersten

Tab. 8.1: Kenndaten einer 9jährigen Kieferndickung.
FoA Burglengenfeld, Oberpfalz, 350 m mNN. Podsol-Braunerde über Kreidesand. Niederschl.
700 mm, Aufnahmejahr 1973 (n. BURSCHEL et al., 1977).

SCHICHTUNG	N Stck./ha	h cm	$d_{0,5 m}$ cm	TROCKENMASSE t/ha	kg/Baum	NADELOBERFLÄCHE m^2/Baum
Oberschicht	5 200	354	4,7	15,5	3,0	4,2
Mittelschicht	9 600	281	3,1	11,1	1,2	2,0
Unterschicht	10 600	178	1,5	3,6	0,3	0,8
Summe	25 400	–	–	30,2	–	–

Der nach Vollumbruch mit 30 000 Pflanzen pro Hektar begründete Bestand hat sich außerordentlich stark differenziert. Die für die Trockenmassen und Blattoberflächen je Baum angeführten Werte zeigen ganz klar, daß nur Individuen der Oberschicht eine Chance haben, bei der weiteren Entwicklung mitzuhalten. Etwa 4 000 Kiefern sind bereits ausgefallen, und alle Mitglieder der Unterschicht haben für die Entwicklung des Bestandes keine nennenswerte Bedeutung gehabt. Die Ausgangsdichte hätte danach 15 000 Pflanzen je Hektar keinesfalls überschreiten dürfen, ausreichend, und in vieler Hinsicht vorteilhafter wären 10 000 gewesen.
Läuterungsmaßnahme: Baumzahlreduktion durch Entnahme jeder zweiten oder dritten Reihe mit Rotorschneider oder Mulchgerät. Beseitigung der wenigen ausgesprochen protzig entwickelten oder sonst stark fehlerhaften Individuen der Oberschicht.

Tab. 8.2:   Aufbau und Zusammensetzung einer sehr stammzahlreichen Dickung.
Von Aretinscher Forstbetrieb Haidenburg, Niederbayer. Tertiärhügelland, 380 m mNN. Pseudogley-Braunerde. Niederschl. 700 mm. Aufnahmejahr 1975 (n. PUMPENMEIER, 1976).

HÖHENKLASSE cm	TANNE	FICHTE	DOUGLASIE Stck./ha	SONSTIGE	SUMME Stck./ha
20–100	5 226	3 431	41	82	8 780
101–200	4 573	4 287	41	571	9 472
201–300	2 899	2 654	0	286	5 839
301–400	1 817	1 633	123	612	4 185
> 400	401	612	204	939	2 156
Summe	14 916	12 617	409	2 490	30 432
Alter J.	24	20	13	13	–

Nach Zäunung und Schirmstellung Ankommen einer dichten Tannen-Fichtennaturverjüngung. 1967 Verlust des Altholzschirmes durch Sturm. Spätere Ergänzung durch Douglasien und Laubbäume, vor allem Eiche und Erle.
Zustand: Überdichte, stark differenzierte Fichten- und Tannenverjüngung. Bedeutsam für die weitere Entwicklung sind vor allem die über 4 m hohen Pflanzen. In dieser Schicht treten neben den genannten Baumarten infolge ihres ausgeprägten jugendlichen Höhenwachstums die wesentlich jüngeren Douglasien und Erlen stark in Erscheinung.
Läuterungsmaßnahmen: Anlage von Pflegepfaden in Abständen von etwa 10 m, ggf. mit Rotorscheider. Entfernung stark vorwachsender Erlen und schlecht entwickelter Bäume der obersten Baumschicht. Sicherung eines angemessenen Tannenanteils. Jede betriebswirtschaftlich vertretbare Reduzierung der hohen Tannen- und Fichtenzahlen – z. B. als Schmuckgrün – ist sinnvoll.
Die 200 in diesem Alter schon vorherrschenden Douglasien werden trotz der hohen Baumzahlen anderer Baumarten einen zumindest flächenweise douglasienbestimmten Bestand entstehen lassen.

Tab. 8.3: **Dichte und Struktur von drei aus Naturverjüngung hervorgegangenen Buchen-Dickungen** unterschiedlicher Höhenentwicklung (n. KURTH, 1945/46).
A: Abt. Vorberg, Gemeindewald Solothurn, 715 m mNN, weißer Jura.
B und C: Hunnenberg, Gemeindew. Solothurn, 450 m mNN, Moräne.

BESTAND h_m (cm) Alter	BAUM-SCHICHT	HÖHENKLASSE (cm)										SUMME
		100	200	300	400	500	600	700	800	900	1000	
						Stck./100 m²						
A	O			30	88	8						136
229	M		12	108	16							136
20	U	48	100	8								156
B	O						18	31	8	1		58
545	M					9	36	13	1			59
14	U			2	15	20	10					47
C	O								7	27	3	37
702	M							1	21	4		26
24	U			5	4	3	8	10	1			31

Die Buchendickungen sind überdicht angekommen. Bei einer Mittelhöhe von 2,29 m stehen noch 42 000 Pflanzen auf dem Hektar. Mit der Zunahme der Höhe verstärkt sich der Konkurrenzkampf zwischen den Individuen. Deren Zahl nimmt rapide ab. Dabei bildet sich eine typische Verteilung heraus, die von wenigen sehr hohen und ebenfalls nicht sehr zahlreichen niedrigen begrenzt wird. Dazwischen liegt ein breites Feld von Individuen mittlerer Höhe, die sich auch dann zum weitaus größten Teil auf dem Abstieg zu niedrigen sozialen Straten befinden, wenn sie gegenwärtig noch als zur Oberschicht gehörig eingestuft sind.
Läuterungsmaßnahmen: Anlage von Pflegelinien, 1–2 m breit in Abständen von l0–20 m. Entfernung aller grobkronigen, zwieseligen, krummen oder kranken Bäume der Oberschicht. Sicherung einer ausreichenden, aber nicht zu großen Anzahl von gleichmäßig verteilten, gut geformten herrschenden Bäumen. Bewahrung eines lebensfähigen Unterstandes.

Entwicklungsphase vermieden werden. Bei richtigem Vorgehen im Zeitraum der Verjüngung ist es daher möglich, Läuterungseingriffe entweder ganz überflüssig zu machen oder sie auf ein Minimum zu reduzieren *(vgl. Kap. 7)*. In sehr vielen Forstbetrieben finden sich jedoch Dickungen und Stangenhölzer, die nicht aus solchen idealen Ausgangslagen hervorgegangen sind und durch Läuterungsmaßnahmen korrigiert werden müssen. Der im Hinblick auf Ertrag und Stabilität unbefriedigende Zustand vieler Jungbestände in mitteleuropäischen Wäldern ist nach fehlerhafter Begründung auf fehlende Korrekturen durch sachgemäße Läuterung zurückzuführen.

Zu 2.: Der Bestand ist überdicht bestockt.
Überdichte ist ein besonders häufiger Fehler in jungen Beständen. In Nadelbaumbeständen ist sie ein gravierenderer Nachteil als in Laubbaumbeständen. Es ist sogar so, daß Laubbaumverjüngungen keinesfalls zu stark vereinzelt werden dürfen, da das Erziehungsprinzip der Totastverlierer, zu denen die meisten Laubbäume gehören, eine Dichtschlußphase in der Entwicklung vorsieht. Deshalb ist in Laubbaumdickungen im allgemeinen nur die Entfernung von schlecht geformten Vorwüchsen erforderlich. Überdichte entsteht sowohl durch zu hohe Pflanzendichten bei der künstlichen Bestandsbegründung als auch in sehr baumzahlreich ankommenden Naturverjüngungen *(s. Tab. 8.1–8.3).* Wird sie nicht spätestens im Dickungsalter korrigiert, kann es zu

Wuchsstockungen kommen. Außerdem wird der Zuwachs an viel zu vielen Individuen angelegt, die später unterdrückt werden und verschwinden oder als wenig wertvolles Schwachholz geerntet werden müssen. Vor allem aber führt Überdichte immer zu instabilen Beständen. Sie ist korrigierbar durch
– schematische Baumzahlreduktionen,
– selektive Eingriffe,
– eine Kombination beider Maßnahmen.

Durch schematische – oft auch geometrisch genannte – Eingriffe werden in Pflanzbeständen jede zweite, dritte oder vierte Reihe entnommen oder in Naturverjüngungen auf Streifen alle Pflanzen entfernt *(s. Abb. 8.6).* Die Strukturen der so behandelten Bestände werden dadurch zunächst nicht verändert, wohl aber die Zahl der Individuen. Je jünger und damit niedriger Bestände sind, desto schärfer können solche Eingriffe vorgenommen werden, ohne daß deren Stabilität in diesem Entwicklungsstadium vor allem gegenüber Schneedruck gefährdet wird. Stammzahlreduktionen der beschriebenen Art schaffen die Voraussetzung für die später beginnende Bestandesentwicklungsphase, die durch Durchforstungen waldbaulich gesteuert wird. Sie tragen jedoch noch nicht zur Formung des Bestandes bei.
 In besonders dichten oder solchen Beständen, die bereits so hoch geworden sind, daß starke Eingriffe zu nicht tolerierbarer Instabilität führen würden, sind Kombinationen aus schematischen und selektiven Maßnahmen zweckmäßig. Schematisch werden Reihen oder in Naturverjüngungen Streifen in Abständen von 5–10 m entnommen. In den dazwischen verbliebenen, zunächst unberührten Bestandesteilen wird dann auf selektive Weise eingegriffen.

Zu 3.: Der Bestand ist lückig und ungleichmäßig bestockt, es haben sich unerwünschte Baumformen entwickeln können.
 In der herrschenden Schicht jeder Baumpopulation befinden sich Individuen, die grobästig, zwieselig, krummwüchsig sind oder sonst Gebrechen haben, die sie für den Wirtschafter unerwünscht machen. Das mag gelegentlich genetische Ursachen haben. Viel häufiger führen jedoch kleinstandörtliche Besonderheiten, Einflüsse früher interspezifischer Konkurrenz und Zufälligkeiten bei der Standraumgestaltung dazu, daß sich einzelne Pflanzen auf solche Weise entwickeln. In lückigen oder sonst ungleichmäßig aufwachsenden Beständen ist der Anteil solcher ungeeigneter Bestandesglieder besonders groß. Kommt es zudem zu erheblichen gruppen- oder horstweisen

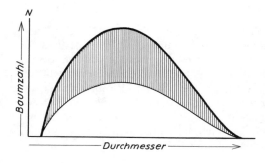

Abb. 8.6:   Auswirkung eines schematischen Läuterungseingriffes auf eine Dickung.

Durch Entnahme jeder zweiten Pflanzreihe ist im abgebildeten Falle die Baumzahl um die Hälfte reduziert worden. Alle Durchmesserklassen sind von dem Eingriff gleichermaßen betroffen worden. Die schraffierte Fläche stellt das entnommene Baumkollektiv dar.

Ungleichmäßigkeiten in der Höhenentwicklung, dann bilden sich an den dabei entstehenden Grenzlinien zwischen höheren und niedrigeren Bestandesteilen Steilränder heraus.

Fehlentwicklungen dieser Art müssen so früh wie möglich korrigiert werden. Bei Erreichen der späten Stangenholzphase sollte jeder Bestand in der herrschenden Schicht frei von ungeeigneten Bäumen der beschriebenen Art sein. Treten solche Fehler in der Mittel- oder Unterschicht auf, so sind sie waldbaulich belanglos und erfordern keinerlei Eingriffe! Die Entfernung unerwünschter herrschender Bäume ist deshalb eine besonders wichtige – in Laubbaumbeständen meist die wichtigste – Aufgabe der Läuterung. Dazu werden die Dickungen nach Einrichtung von Pflegegassen oder nach reihenweiser Baumzahlreduktion systematisch durchmustert und die meist sehr auffälligen Fehlformen zur Entnahme, Ringelung oder chemischen Abtötung ausgezeichnet. Besonders dringlich sind Läuterungen in Laubbaumbeständen. Nach Baumarten geordnet ergibt sich etwa folgende Reihenfolge der Dringlichkeit: Buche, Eiche, Esche, andere Laubbaumarten, Kiefer, Lärche, Douglasie, Fichte.

Haben sich Steilränder gebildet, so sind die zum niedrigeren Bestandesteil hin einseitig sehr ästigen Randbäume zu entnehmen. Ist der Entwicklungsunterschied zwischen vorgewachsenem und nachwachsendem Bestandesteil nicht zu groß, so kann die Bereinigung durch Entnahme aller ästigen Randbäume in einem Hieb erfolgen. Sind die Entwicklungsunterschiede dagegen ausgeprägt, so empfiehlt es sich, die Fehlentwicklung im Verlauf mehrerer Eingriffe zu bereinigen. Zu scharfes Vorgehen würde hier die Gefahr heraufbeschwören, daß nach der Entnahme des ästigen Randes die dann freigestellten randferneren Individuen ihrerseits grobästiger werden.

Zu 4.: Das Mischungsziel ist gefährdet.
In Mischbeständen werden oft Baumarten mit sehr unterschiedlichen Wuchsverläufen zusammengebracht *(vgl. Tab. 5.1, 5.3* und *Übersicht 7.28).* Ohne geschickte Planung der Bestandesbegründung *(vgl. Kap. 7)* bzw. ohne lenkende waldbauliche Eingriffe würden sich dabei benachteiligte Arten nur unzureichend entwickeln oder verlorengehen. Der Mischungssicherung kommt daher in der frühen, besonders vehementen Phase der Bestandesdifferenzierung große Bedeutung zu. In der Dickungs- und Stangenholzphase von Beständen entscheidet sich, welche Baumart in waldbaulich und betriebswirtschaftlich bedeutsamem Umfang an der späteren Entwicklung beteiligt sein werden. Läuterungsmaßnahmen müssen deshalb Einfluß darauf nehmen. Die Art, in der das geschieht, richtet sich nach den Besonderheiten jedes einzelnen Bestandes. Meist gilt es dabei aber, eine als Bestockungsziel festgesetzte Mischung zu erreichen oder zu sichern. In der forstlichen Praxis stellt sich die Aufgabe allerdings nicht selten als der Versuch dar, eine einmal entstandene Situation ordnend so zu gestalten, daß eine eher zufällige Mischung gesichert wird.

Im Falle der Mischungsregulierung ist es ganz besonders wichtig, den zu läuternden Mischbestand zunächst durch die Anlage von Pflegegassen zugänglich zu machen. Für die sich daran anschließende Herausarbeitung der Mischbaumarten gelten folgende Regeln:
– Eine Mischung kann nur als gesichert gelten, wenn jede Baumart so im umgebenden Bestand eingebettet ist, wie es ihre Wuchsdynamik erfordert *(s. Übersicht 8.3 und Abb. 8.7a und b).*
– Als Arbeitsfeld für den Eingriff selbst ist für jede zu fördernde Baumart eine Fläche zu begutachten, die etwa dem Standraum eines Endbestandsbaumes der jeweiligen Art entspricht *(s. Übersicht 8.3).*

– Bereits überwachsene oder sehr stark bedrängte und deshalb schwächliche Individuen lassen sich für den Hauptbestand nicht mehr retten. Sie sind deshalb nie Objekt der Läuterung.

– Wird während der Dickungs- und angehenden Stangenholzphase nur ein einziger Eingriff vorgenommen, so muß dieser so stark geführt werden, daß die Mischung dadurch gesichert wird. Sind mehrere Eingriffe möglich, so kann entsprechend schwächer vorgegangen werden.

Zu 5.: Der dienende Unter- und Zwischenstand droht auszufallen.

Manche Bestandesformen erfordern zur sachgemäßen waldbaulichen Erziehung einen dienenden Unter- und Zwischenstand. Lichtbaumarten wie Eichen, Lärchen, aber auch Eschen können dazu schon bei der Kultur mit einer schattenertragenden Baumart unterbaut werden *(vgl. Kap. 8.3)*. In Buchenbeständen bleibt dazu ein Teil der Population, der früh in der Entwicklung zurückfällt, als Unterstand erhalten. In

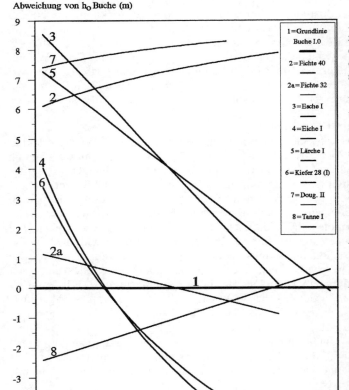

Abb. 8.7a u. b: Differenzen zwischen den Bestandesoberhöhen eines Buchen- bzw. Kiefernreinbestandes I. Bonität (SCHOBER, 1967) **und altersgleichen Werten anderer Baumarten.** (Ertragstafelsammlung SCHOBER, 1987, bzw. LEMBCKE et al., 1975; alle Werte stark geglättet).

Die Werte lassen die außerordentliche Unterschiedlichkeit der Höhenzuwächse der einzelnen Baumarten beispielhaft erkennen. Vor allem wird deutlich, daß alle hier angeführten Arten – jedenfalls in den besseren Ertragsklassen – zunächst schneller wachsen als die **Buche.** Alle – mit zwei Ausnahmen – werden jedoch mehr oder weniger schnell von der Buche eingeholt. Diese Arten müssen daher in der Jugend einen Vorsprung gewinnen, um auf Dauer mit der Buche gleichwüchsig zu bleiben. Diese Notwendigkeit wird noch dadurch verstärkt, daß die Buche mit ihrer dichten Krone Mischbaumarten auch schon dann stark bedrängen kann, wenn sie noch nicht gleich hoch ist. Ausnahmen von diesem Befund machen Fichten auf den besten Standorten und stets die Douglasie, die immer deutlich höher sind, wobei die Douglasie diesen Vorsprung permanent vergrößern kann. Die einzige Ausnahme in diesem Grundverhältnis ist die Tanne. Sie wächst zunächst deutlich langsamer als die Buche und erreicht deren Höhenwerte erst in fortgeschrittenem Alter.

Alter	30	40	50	60	70	80	90	100	110	120	130	140
Eiche I	14,3	17,4	20,3	22,4	24,1	25,5	26,6	27,6	28,7	29,7	30,8	31,6
Kiefer 28	13,6	17,0	19,9	22,3	24,3	26,0	27,4	28,6	29,6	30,4	31,0	32,1
Fichte 32	11,5	16,1	20,0	23,4	26,2	28,6	30,5	32,0	33,3	34,3		
Buche I.0	10,5	15,0	19,5	23,1	25,8	28,3	30,5	32,4	34,0	35,4	36,5	37,6
Tanne I	8,8	13,4	17,2	20,8	24,1	27,1	29,6	32,0	33,9	35,6	37,1	38,3
Esche I	18,6	22,9	26,2	28,8	30,9	32,4	33,4	34,3	34,9	35,5		
Lärche I	17,9	22,1	25,3	28,1	30,3	32,2	33,6	34,8	35,7	36,6	37,3	37,8
Fichte 40	16,0	21,6	26,3	30,3	33,5	36,2	38,3	40,0	41,4	42,5		
Doug. II	17,3	22,9	27,6	31,3	34,3	36,7	38,5	40,0				

Oberhöhe(m)

Die **Kiefer** stellt ein ganz anderes Beispiel dar. Sie muß in der Jugend so viel Vorsprung wie nur irgend möglich gewinnen, da sie später von allen anderen Baumarten überwachsen wird. Nur die Eiche ist etwa gleichwüchsig. Als Mischbaumart erfordert die Kiefer deshalb auch in der späteren Entwicklung stets fördernden Schutz vor der interspezifischen Konkurrenz mit den meisten anderen Baumarten.

Abweichung von h_0 Kiefer (m)

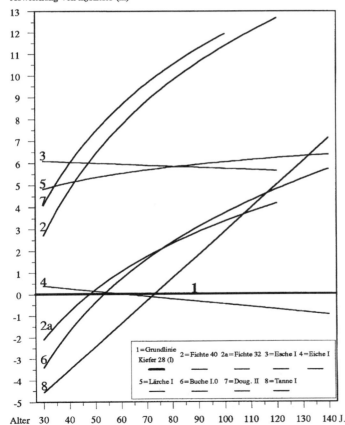

1 = Grundlinie Kiefer 28 (I)   2 = Fichte 40   2a = Fichte 32   3 = Esche I   4 = Eiche I

5 = Lärche I   6 = Buche I.0   7 = Doug. II   8 = Tanne I

beiden Fällen spielt die so entstehende Unterschicht eine sehr bedeutsame Rolle. Im Verlauf des Läuterungszeitraumes kommt es darauf an, diese Unterschicht zu erhalten bzw. sie zu schaffen. Im Falle einer Kombination von Licht- und Schattbaumarten kann es allerdings auch wichtig werden zu verhindern, daß der Nebenbestand in die obere Kronenschicht vordringt und die Hauptbaumarten zu bedrängen beginnt.

In Gefahr, ausgedunkelt zu werden, kann die Unterschicht dann geraten, wenn die Kronen der Oberschicht zu dicht zusammenwachsen. Eingriffe der Art, wie sie zur Beseitigung solcher Situationen unter 2. beschrieben worden sind, verbessern dann auch die Lebensbedingungen der Unterschicht. Werden sie allerdings zu kräftig geführt, z.B. in Form starker schematischer Eingriffe, so kann diese auch eine unerwünschte Förderung erfahren.

Als Vorbereitung auf spätere Hochdurchforstungen *(vgl. Kap. 8.1.5.2.2)* ist vor allem in Buchenbeständen durch leichte Eingriffe dafür Sorge zu tragen, daß ein ausreichender Anteil an unterständigen Individuen am Le-

Übersicht 8.3:   Kriterien für die Läuterung von Mischbeständen.

MISCH-BAUMART	STAND-RAUM IM END-BESTAND m²	RADIUS, i. d. die MISCHBAUMART BESTIMMEND bleiben muß m	SITUATION DES EINZELBAUMES AM ENDE DER LÄUTERUNGSPHASE
Fichte	25	2,8	Baum der herrschenden Schicht, Bekronungsgrad > 50
Tanne	30	3,1	Leicht vorwüchsig gegenüber allen anderen Baumarten
Kiefer	50	4,0	Leicht vorwüchsig gegenüber allen anderen Baumarten
Lärche	50	4,0	Deutlich vorwüchsig gegenüber allen anderen Baumarten
Buche	60–100	4,4–5,6	Baum der herrschenden Schicht, vorwüchsig gegenüber allen anderen Baumarten
Eiche	70–100	4,7–5,6	Vorwüchsig gegenüber allen anderen Baumarten
Esche	50	4,0	Vorwüchsig gegenüber allen anderen Baumarten außer Eiche und Bergahorn
Bergahorn	50	4,0	Vorwüchsig gegenüber allen anderen Baumarten außer Eiche
Birke	45	3,8	Vorwüchsig gegenüber allen anderen Baumarten
Roterle			kommt außer im Bruch- und Auewald nur als Vorwaldbaumart vor, die allen anderen Baumarten vorwächst. Sie wird oft entfernt, wenn der Schutzzweck erfüllt ist, da sie sonst die Hauptbaumart verdämmt.
Douglasie	35–45	3,3–3,8	Mitwüchsig gegenüber anderen Baumarten. Als Mischbaumart wegen ihrer außerordentlichen Wuchsüberlegenheit allen anderen Baumarten gegenüber nur bedingt geeignet.
Roteiche	70	4,7	Mitwüchsig gegenüber anderen Baumarten

Der Standraum des Einzelbaumes im Endbestand gibt die Fläche an, die zur Sicherung des Anteils der jeweiligen Baumart zu begutachten ist. Der zugehörige Kreisradius erleichtert die Bestimmung dieser Fläche. Die Position eines oder mehrerer Mischbäume auf einer solchen Flächeneinheit im Verhältnis zu Bäumen anderer Arten am Ende des Läuterungszeitraumes stellt die Zielvorgabe für alle Eingriffe dar. Ist eine Mischbaumart kleingruppenweise eingebracht, so ist das Pflegeziel meist leicht und sicher zu erreichen. Bei Trupp- oder Einzelstamm-Mischung stellen sich Korrekturen dagegen sehr viel schwieriger dar und erfordern oft starke Eingriffe.

ben bleibt. Früh unterständig gewordene Individuen geben die besten, eine ganze Umtriebszeit durchhaltenden Unterständer ab. Es genügt dafür schon der bei der Buche meist unumgängliche Aushieb von Protzen und mißgestalteten herrschenden Bäumen. Nur in Ausnahmefällen ist es nötig, darüber hinausgehend aufzulichten.

Zu 6.: Verjüngung unter Schirm, Plenterwald.

In Verjüngungen, die unter Schirm heranwachsen, kommen Formfehler nur in geringem Umfange vor. Dafür sind Überdichten häufig, und lichtbedürftige Mischbaumarten werden im Konkurrenzkampf mit Schattbaumarten leicht ausgedunkelt. Bürstendichte Verjüngungen kommen häufig unter Fichtenaltbeständen vor. Gibt es Alttannen im Schirmbestand – wenige Exemplare pro Hektar genügen schon – so können auch sehr dichte Verjüngungsschichten dieser Baumart entstehen. Hier werden dann rigorose Vereinzelungsmaßnahmen notwendig, wenn sich keine ausreichende natürliche Differenzierung einstellt. Zur Sicherung von lichtbedürftigeren Arten sind oft starke Eingriffe in die schattenertragenderen Arten unumgänglich. Solche Maßnahmen werden jedoch nur dann nachhaltig erfolgreich sein, wenn zugleich stärker aufgelichtet wird.

8.1.4.2   Ökologische Wirkungen der Läuterung

Die Verringerung der Dichte des Kronendaches – wie sie jeder Durchforstungseingriff verursacht – verändert die ökologischen Bedingungen für den betroffenen Bestand. Vor allem wird die Niederschlagsinterzeption vermindert, und ziemlich proportional zur Abnahme der Blattmenge geht auch die Transpiration zurück. Dadurch erhöht sich der Wassergehalt im Boden, der den verbliebenen Bestandesgliedern zur Verfügung steht. Allerdings kann durch die Kronenöffnungen auch mehr Strahlung in das Bestandesinnere vordringen. Deshalb steigen die Luft- und Bodentemperaturen dort an und verursachen verstärkte Evaporation. Die gleiche Wirkung hat die – wenn auch nur geringe – Zunahme der Luftbewegung nach solchen Eingriffen. Solche Effekte der Auflichtung sind allerdings nur vorübergehender Art, weil der verbliebene Bestand unverzüglich mit dem Bestreben reagiert, alle Öffnungen durch vermehrten Zuwachs wieder zu schließen. Deshalb könnte der Eindruck entstehen, daß Läuterungsmaßnahmen nur eine geringe ökologische Wirkung haben. Das ist jedoch aus zwei Gründen nicht der Fall:

– Zum ersten steht das den Boden erreichende Wasser wenigen, nämlich nur den verbliebenen Bäumen zur Verfügung; es werden also die waldbaulich wichtigsten Bestandeselemente deutlich gefördert.

– Wuchsstockungen oder -beeinträchtigungen sind in überdichten Jungbeständen, wie es sie in großer Zahl gibt, offenbar eine Folge von Wassermangel. Vor allem im Sommerhalbjahr – und da wieder besonders in Trockenjahren – erreicht unter überdichten Naturverjüngungs-, Saat- oder Pflanzbeständen nur sehr wenig Niederschlag den Boden. Kräftige Baumzahlreduktionen verbessern dann die Lebensbedingungen der verbliebenen Bäume erheblich.

8.1.4.3   Ertragskundliche Eigenarten

Läuterungseingriffe haben eine große ertragskundliche Bedeutung:

– Die Verringerung von Überdichten führt immer zu einer Erhöhung des Zuwachses, die bis zur Endnutzung eines Bestandes nachweisbar bleibt. Der Mehrzuwachs äußert sich sowohl in einer substantiellen Vergrößerung des Volumenzuwachses an Derbholz als auch in einer Verstärkung des Durchmesserzuwachses. Diese doppelte Wirkung kommt dadurch zustande, daß solche Eingriffe Zustände schaffen, wie sie in stammzahlärmer und daher waldbaulich optimal begründeten Beständen von Anfang an bestehen.

Bestände, die vor Erreichen der Kulmination des laufenden Volumenzuwachses geläutert oder durchforstet werden, verändern ihren Wachstumsverlauf, der beschleunigt wird. Diese Erscheinung ist deshalb von ASSMANN (1961) **Wuchsbeschleunigung** genannt worden. Er nimmt allerdings an, daß das anfängliche Vorauseilen des Zuwachses in solchen Beständen zu früherer Kulmination des Zuwachses und danach schnellerem Abfall führt als in dichter belassenen, so daß der dichtere auf lange Sicht die höhere Leistung erbringt. Dieser Befund wird durch Verbandsversuche nur teilweise und durch Simulationsrechnungen von Bestandesentwicklungen überhaupt nicht bestätigt. Danach deutet alles darauf hin, daß frühe starke Eingriffe in dichte junge Bestände die Wuchsverläufe in eine Richtung verändern, wie sie von vornherein weiterständig begründete Bestände nehmen. Diese aber erbringen für die gesamte Umtriebszeit betrachtet sowohl höhere Gesamtwuchsleistungen als auch deutlich höhere Anteile an Starkholz.

Je früher die Eingriffe ausgeführt werden, um so wirkungsvoller und meist auch billiger sind sie. Selbst stark ausgeführte Läuterungen dieser Art führen nicht zu Zuwachseinbußen, da die verbleibenden Individuen jung und deshalb sehr reaktionsfähig sind.

Die Verringerung der Bestandesdichte hat allerdings dort ihre Grenzen, wo die Astentwicklung der verbleibenden Bäume eine solche Förderung erfährt, daß die Qualität des produzierten Holzes durch übergroße Ästigkeit beeinträchtigt wird. Laubbaumbestände mit ihrer Fähigkeit zur Selbstreinigung müssen daher immer dichter gehalten werden als Nadelbaumbestände.

– Die Qualität des heranwachsenden Bestandes wird jedoch nicht nur durch den Durchmessergewinn infolge Standraumvergrößerung für den Einzelbaum gefördert, sondern auch dadurch, daß ungeeignete Individuen aus dem Bestand entfernt werden, bevor sie bessere beeinträchtigen können. Tiefzwiesel, Protzen oder sonst fehlerhafte Bäume dürfen am Ende der Läuterungsperiode in der herrschenden Schicht nicht mehr vertreten sein. Besonders in Laubbaumbeständen wird damit ein grundlegender Beitrag zur Wertleistung bewirkt.

– Sind auch die Zielsetzungen der Läuterung durchaus unterschiedlicher Art, so stellen sie doch im wesentlichen Korrekturmaßnahmen von fehlerbehafteten Ausgangslagen dar, wie sie – mehr oder weniger ausgeprägt – auch bei intensivem und sorgfältigem Waldbau immer wieder vorkommen. Es ist dagegen nicht Zweck der Eingriffe, eine verhältnismäßig kleine, der Endbaumzahl angenäherte Menge von Bäumen schon jetzt vor anderen zu fördern.

Ein Baumbestand stellt eine Population dar, die aus Individuen von sehr unterschiedlicher Zuwachs- und Entwicklungspotenz besteht. In der Dickungs- und frühen Stangenholzphase, die die Zeit des ausgeprägten Höhenzuwachses ist, kommt es zu besonders intensiven Ausscheidungskämpfen, wobei sowohl die von den Umweltbedingungen zufällig begünstigten, aber auch die nach der genetischen Veranlagung vitalsten Individuen eine Chance haben, sich in der herrschenden Baumschicht zu halten. Alle anderen setzen um, d. h. sie gehen in eine andere Baumklasse über. Zwar gilt grundsätzlich, daß vorherrschende und besonders gut entwickelte herrschende Bäume mit sehr großer Wahrscheinlichkeit auch in Zukunft in der Oberschicht bleiben werden. Für das stammzahlreiche Mittelfeld dieser Schicht ist das dagegen keineswegs vorauszusagen. Die sehr frühe Festlegung einer zu fördernden ausgewählten Zahl von Bäumen kann daher zur Ausschaltung vieler der für die weitere Entwicklung bedeutsamen Zuwachsträger führen.

Deshalb gilt für alle Läuterungseingriffe, daß am Ende dieser Lebensphase jedes Bestandes eine ausreichende Zahl gut verteilter, stabiler, weil ausreichend mit Standraum versehener und fehlerfreier herrschender Bäume vorhanden sein sollte. Wenn es auch nur wenige wirklich zuverlässige Untersuchungsresultate dazu gibt, so kann doch als Anhalt gelten, daß im Höhenbereich zwischen 8 und 12 m etwa 1000 herrschende Bäume je Hektar vorhanden sein sollten, die diesen Anforderungen halbwegs gerecht werden (LEIBUNDGUT, 1976). Damit keine Mißverständnisse entstehen können: Dieser Wert stellt das Reservoir dar, aus dem später folgende Durchforstungen diejenigen Bäume herausarbeiten, die einmal den Endbestand bilden werden. Die Gesamtbaumzahl liegt dagegen im genannten Höhenbereich wesentlich höher. Das gilt besonders für Laubbaumbestände, in denen außerdem bereits ein in der Höhenentwicklung deutlich abgesetzter Unterstand vorhanden sein sollte.

– Ein letztes wichtiges Argument für rechtzeitig ausgeführte Läuterung ist die Erhöhung der Stabilität. Auch sie ist nur dort vordringlich, wo die Bestandesbegründung nicht so erfolgt ist, daß sich stabile Jungbestände entwickeln konnten. Möglichst frühzeitige Korrekturen der Ausgangsdichte können dann beachtliche Verbesserungen der Widerstandskraft der Jungbestände, vor allem gegenüber Schneedruck, bewirken. Ein Beispiel dafür ist in der *Tab. 8.4* dargestellt.

Tab. 8.4: **Auswirkungen von Läuterungsmaßnahmen** in einer 2 bis 3 m hohen Fichtendickung, begründet im 1,5 × 1,5 m Quadratverband. Osterzgebirge, 760 m üNN (n. KOHLSDORF 1976). 0: unbehandelt; 1: selektive Reduktion auf N = 2 700 B./ha; 2: schematische Entnahme jeder 2. Baumreihe und jedes 2. Baumes in jeder verbliebenen Reihe. Anlage im Alter 14 J.; Wiederaufnahme im Alter 26 J., Schneebruch im Alter 28 J.

BEHAND-LUNG	A L T E R (J.)						
	14	26			28		
	BAUMZAHL NACH EINGRIFF B./ha	vor SCHNEEBRUCH			nach		
		B./ha	d$_m$	h : d	B./ha	Ausfall %	d$_m$
0	4 440	2 665	10,5	92	1 258	53	13,4
1	2 700	2 515	12,0	92	1 483	41	14,2
2	1 060	975	14,4	73	825	15	15,4

Die Verringerung der Baumzahlen durch den starken selektiven Läuterungseingriff (Nr. 1) hat dem natürlichen Ausscheidungsprozeß um etwa 12 Jahre vorgegriffen. Die verbliebenen Bäume haben zwar durch Stärkenzuwachs reagiert, da sie jedoch auch gleichzeitig höher geworden sind, hat sich das h:d-Verhältnis gegenüber dem unbehandelten Bestand nicht verändert. Beide Flächenteile sind denn auch erheblich vom Schneebruch getroffen worden.

Auf der sehr stark schematisch geläuterten Parzelle (Nr. 2) hat dagegen eine so starke Zunahme der Durchmesser stattgefunden, daß sich der Stabilitätsindikator h:d in den sicheren Bereich verlagert hat. Der Schneebruch hat daher hier zu keinen substantiellen Schäden geführt. Die Durchmesserzunahme des verbleibenden Bestandes nach dem Schneebruch ist vor allem darauf zurückzuführen, daß der Bruch schwächere Bäume überproportional stark getroffen hat. Im Hinblick auf die Wertleistung solcher Bestände ist festzuhalten, daß zu diesem frühen Entwicklungszeitpunkt erzielte Durchmesservorsprünge bis ins Endnutzungsalter erhalten bleiben.

Der in der Jugend erzielte Stabilitätsgewinn durch standraumgerechte Erziehung läßt sich durch entsprechende spätere Durchforstungsmaßnahmen leicht über das gesamte Bestandesleben erhalten. Die für Nadelbaumjungbestände gut gesicherten Zusammenhänge zwischen Standraum und Stabilität gelten ganz ohne Zweifel auch für entsprechende Laubbaumbestände. Dafür gibt es jedoch sehr viel weniger verläßliches Untersuchungsmaterial, und die praktischen Erfahrungsberichte sind nicht frei von Widersprüchen. Die Besonderheit der Laubbaumerziehung liegt wieder in der großen

Bedeutung der Bestandesdichte für die Schaftqualität, vor allem die Ästigkeit. Ein hohes Maß an Stabilität ist aber nur erreichbar durch Inkaufnahme verzögerter Astreinigung. Hier gilt es, einen Kompromiß zu finden, der das eine ausreichend sichert, ohne das andere ernsthaft in Frage zu stellen. Stärkere Eingriffe in die herrschende Bestandesschicht sind dabei um so eher möglich, je früher eine dienende Unterschicht deren Folgen für die Entwicklung der herrschenden Einzelbäume abmildert. In jedem Falle müssen Laubbaumbestände aus der Läuterungsphase mit deutlich größeren Baumzahlen hervorgehen als Nadelbaumbestände.

8.1.4.4   Technik der Läuterung

Vorbereitung und Auszeichnung
Voraussetzung für jede Läuterungsmaßnahme ist eine Ansprache des zu behandelnden Jungbestandes. Nach den in den vorhergehenden Abschnitten dargelegten Kriterien wird bestimmt, ob waldbauliche Mängel zu beheben sind. Der erste Schritt zur Verwirklichung der auszuführenden Maßnahme besteht dann in einem Aufschluß der Dickung. In allen Fällen, in denen schematische Baumzahlreduzierungen vorgenommen werden, ergibt sich ein solcher Aufschluß von selbst. Werden dagegen selektive Eingriffe vorgesehen, so ist die Anlage von Pflegepfaden in Abständen von 10–30 m zweckmäßig. Sie werden eingefluchtet und auf eine Breite von 1 (bis 2) m aufgehauen. Jede zweite oder dritte dieser Pflegepfade wird mit dem Beginn des Durchforstungszeitraumes als Rückelinie auf gut 3 m Breite erweitert und damit traktorbefahrbar. Die Pflegepfade bilden ein Orientierungssystem, mit dessen Hilfe der meist unübersichtliche Läuterungsbestand für den Eingriff ausgezeichnet werden kann. Eine **fachmännische Auszeichnung** sollte die Regel sein. Das gilt vor allem, wenn Selbstwerber oder nicht besonders ausgebildete Waldarbeiter den Einschlag ausführen, sowie immer, wenn es sich um schwierige Bestände handelt. Auszeichnung sichert auch, daß der Eingriff auf das Nötigste beschränkt und damit billig ausführbar wird. Nur in sehr einfachen Fällen kann das Durcharbeiten von Dickungen ohne vorhergehende Auszeichnung durch Waldarbeiter erfolgen, wenn diese auf genügend großen Flächenteilen durch Forstleute sorgfältig eingearbeitet worden sind (*vgl. Kap. 8.1.5.2.1*).

Die Läuterung wird meist **mechanisch** ausgeführt. Das kann sowohl von Hand als auch mit maschineller Hilfe geschehen. Schlagende Werkzeuge, Sägen und Spezialmaschinen werden dabei benutzt. Finden sich Selbstwerber für den Hieb, so ist das für den Forstbetrieb die betriebswirtschaftlich bei weitem günstigste Lösung. Das gilt selbst dann, wenn das dabei anfallende Material, meistens Brennholz, kostenlos abgegeben wird. Schematische Baumzahlreduktionen lassen sich meist maschinell und verhältnismäßig billig mit Rotorschneidern und Mulchgeräten durchführen. Müssen betriebseigene Waldarbeiter eingesetzt werden, so werden die Maßnahmen sehr teuer. Schon beim Auszeichnen sollte dann versucht werden, mit möglichst wenig Schnitten oder Hieben einen nachhaltigen Effekt zu erzielen.

Wenn das bei Läuterungsmaßnahmen anfallende Material nicht verwertet werden kann, weil kein Bedarf an sehr schwachem Holz und Reisig besteht, so verbleibt der Anfall im Wald. Das ist zwar in ökologischer Hinsicht vorteilhaft, doch bedauerlich, weil dadurch kein Beitrag zur Verringerung des betriebswirtschaftlichen Aufwandes geleistet wird. Die bei der Läuterung verwendeten Werkzeuge und Maschinen sind in *Übersicht 8.4* zusammengestellt.

Übersicht 8.4:   Für Läuterungsmaßnahmen geeignete Geräte.

GERÄT	BESCHREIBUNG	ANWENDUNGSGEBIET
Heppen (Machete)	Kurz- oder langstielige Schlagmesser mit ein oder zwei Schneiden. Spitze oft sichelförmig gebogen.	In jungen Dickungen Aushieb von Protzen und fehlgeformten Bäumen von nicht mehr als 5 cm Durchmesser in Schlaghöhe.
Äxte	Aus Sicherheitsgründen nicht langstielig.	Wie vorstehend, jedoch auch bei etwas stärkerem Material.
Ringelsägen	Einfache, baumumfassende händische Kettensägen.	Ringelung durch ringförmiges Durchschneiden von Rinde und Kambium bis auf den Splint. Bäume sterben im Verlauf von 2 bis 4 Jahren ab.
Motor-Freischneidegeräte	Auf dem Rücken getragener Motor treibt über bewegliche Welle handgeführtes Kreissägenblatt.	Material bis 10 cm Durchmesser in Schnitthöhe. Selektive oder schematische Durcharbeitung von stammzahlreichen Dickungen.
Rotorschneider	Anbaugeräte für Traktoren mit Motor und Unterbodenschutz sowie Umdrückbügel. Zapfwelle treibt nach oben durch Panzerung abgeschirmte horizontal arbeitende Schlagmesser. Durch vorfahrendes Zuggerät herabgedrückte Bäume werden in kurze Stücke zerschlagen. Arbeitsbreite ca. 1 m.	Reihenentnahme in überdichten Dickungen, Gassenschnitte in Naturverjüngungen, Anlage von Pflegegassen in Dickungen. Arbeitsgrenze etwa 10 cm Durchmesser in Schnitthöhe.
Mulchgeräte	Anbaugeräte für leistungsfähige Traktoren mit Motor- und Unterbodenschutz sowie Umdrückbügel. Zapfwelle treibt je lfd. m Arbeitsbreite 15–25 vertikal laufende Schlegel. Durch Traktor herabgedrückte Bäume werden in sehr kleine Teile zerschlagen (Mulch). Arbeitsbreite 1–2,3 m.	Reihenentnahme in überdichten Dickungen, Gassenschnitte in Naturverjüngungen, Anlage von Pflegepfaden in Dickungen. Arbeitsgrenze etwa 10 cm Durchmesser in Schnitthöhe mit einzelnen bis 15 cm starken Stämmen.
Kleinmotorsägen	Leichte Geräte mit geringer Motorleistung und kurzem Schwert.	Eignen sich für viele Läuterungsmaßnahmen außer solchen in sehr schwachem Material; Dickungen im Stärkebereich, der nicht von den vorstehenden Geräten erfaßt wird, können nur mit Motorsägen geläutert werden.

Eine gewisse Bedeutung für die Läuterung von Jungbeständen hat auch die Verwendung von **Arboriziden** gehabt. So werden zur Abtötung von Bäumen geeignete phytotoxische Substanzen genannt. Einen Überblick über die dafür in Frage kommenden Substanzen gibt *Übersicht 7.28.* Zur Läuterung von Buchendickungen und -stangenhölzern sind Arborizide auf großen Flächen benutzt worden, während sie für Nadelbäume nie eine Rolle gespielt haben. Befürchtungen, daß mit der Ausbringung solcher Stoffe ökologische Nachteile verbunden sein könnten, aber auch eine nicht unbedenkliche Toxizität für Warmblüter haben die chemische Läuterung in Mitteleuropa praktisch zum Erliegen gebracht. Der waldbauliche Vorteil chemischer Läuterungsmaßnahmen besteht darin, daß die behandelten Bäume allmählich absterben, aber nicht gefällt werden. Der Verbund des Baumbestandes mit seinem Stützgefüge bleibt daher erhalten, so daß sich auch nach der Abtötung großer Einzelbäume oder ganzer Baumgruppen keine stabilitätsmindernden Öffnungen des Kronendaches bilden. Der verbleibende Bestand schließt dann die oberste Kronenschicht in dem Maße wieder, wie die toten Bäume zerfallen.

Eine ähnliche Wirkung wie durch die Verwendung von Arboriziden läßt sich auch durch das **Ringeln** von Bäumen erzielen. Dazu wird die Rinde mit einem geeigneten Gerät – Axt, Ziehmesser oder Spezial-Ringelsäge – stammumfassend bis aufs Holz abgelöst. Infolge der Unterbrechung des Assimilatstromes sterben die so behandelten Bäume allmählich ab. Da sich dieser Prozeß oft über mehrere Jahre erstreckt, bleibt das Stützgefüge entsprechend lange erhalten. Besonders stark entwickelte vorwüchsige Bäume – wie Birken oder Kiefern – können so gefahrlos ausgeschaltet werden. Das Ringeln muß allerdings sorgfältig gemacht werden, da die Belassung auch nur sehr schmaler Bastbrücken zu einer schnellen Erholung des Baumes führt.

Bei der Ringelung von Nadelbäumen ist zudem zu bedenken – und das gilt für die Ringelung wie für die chemische Läuterung -, daß die absterbenden Bäume bis zum völligen Austrocknen Brutstätten für gefährliche Schadinsekten wie Kupferstecher, Waldgärtner oder Nutzholzborkenkäfer sein können.

8.1.5   Durchforstung im engeren Sinne

8.1.5.1   Kriterien zur Charakterisierung von Durchforstungseingriffen

Durchforstungseingriffe können mit Hilfe von quantitativen und beschreibenden Kriterien gekennzeichnet werden. Diese beziehen sich entweder auf einen Bestand als ganzes oder aber auf Ausschnitte daraus. Die wichtigsten quantitativen Durchforstungskriterien für einen Bestand als ganzes sind

die Grundfläche ⎫
das Volumen   ⎬   des ausscheidenden Bestandes.
die Baumzahl ⎭

Werden sie exakt hergeleitet, so fallen dabei meist auch die entsprechenden Werte für den Gesamtbestand mit an. Es ist dann leicht möglich, die **Stärke eines Eingriffs** auch als Prozentsatz der Ausgangsgröße anzugeben und ggf. Vergleiche mit Bestandesentwicklungsmodellen der Ertragstafeln anzustellen, falls wirklich passende vorhanden sind. Allerdings ist der dazu nötige meßtechnische Aufwand groß; deshalb unterbleiben entsprechende Aufnahmen im praktischen Betrieb meist.

Die **Art eines Durchforstungseingriffs** kann jedoch nur definiert werden, wenn die genannten quantitativen Größen durch qualitative Angaben darüber ergänzt werden, welche Bäume von der Maßnahme betroffen sein sollen. Für jeden Ausschnitt aus einem gegebenen Bestand ist eine Beschreibung der Situation dadurch möglich, daß jeder Einzelbaum im Hinblick auf seine Klassenzugehörigkeit im Bestandesgefüge angesprochen wird.

Es gibt dazu eine große Zahl von **Baumklassensystemen,** von denen hier drei vorgestellt werden:

(1) Das **Baumklassensystem von** KRAFT wurde im Jahre 1884 veröffentlicht *(Übersicht 8.5)* und diente zur Darstellung eines von ihm entwickelten Durchforstungsverfahrens. Dieses hat keine besondere Bedeutung erlangt, doch wird das Baumklassensystem infolge seiner Eingängigkeit in der waldbaulichen Praxis häufig benutzt. Die wichtigsten Klassifizierungsmerkmale darin sind die Stellung des Baumes zu seinen Nachbarn und die Ausformung der Kronen. Es baut infolgedessen nahezu ausschließlich auf die soziologische Einordnung jedes Baumes in seine Umgebung. Dessen Qualität im waldbaulich-wirtschaftlichen Sinne fällt dabei genauso wenig ins Gewicht wie seine Rolle bei der nächsten waldbaulichen Maßnahme.

Als Nachteil dieser häufig gebrauchten Baumklassifizierung ist allerdings zu nennen, daß sie erheblichen Spielraum für subjektive Einschätzungen läßt. Von verschiedenen Personen vorgenommene Ansprachen von Bäumen können zu unterschiedlichen Ergebnissen führen. Zweifelsfälle treten dabei besonders in den Übergangsbereichen von der 1. zur 2. und von der 2. zur 3. Baumklasse auf. Das Baumklassensystem gilt zudem nur für gleichaltrige Bestände.

(2) Das ebenfalls in *Übersicht 8.5* aufgeführte **Baumklassensystem des Vereins der Deutschen Forstlichen Versuchsanstalten von 1902** ist deswegen wichtig, weil es für die Definition der Durchforstungsarten und Durchforstungsgrade dient, die auf den Versuchsflächen dieser Anstalten untersucht worden sind. Die dabei gewonnenen Resultate stellen die Basis der heute gebräuchlichen Ertragstafeln dar. Dieses Baumklassensystem unterscheidet sich von dem nach KRAFT prinzipiell dadurch, daß die Bäume der herrschenden Schicht in qualitativ gute und schlechte Individuen unterteilt werden. Die Subjektivität der Ansprache wird dadurch ge-

Übersicht 8.5: Die Baumklassensysteme nach KRAFT (1884) und nach der „Anleitung zur Ausführung von Durchforstungsversuchen" des **Deutschen Vereins der Forstlichen Forschungsanstalten von 1902** (n. WIMMENAUER, 1902).

KRAFT	VERSUCHSANSTALTEN
1. Vorherrschende Bäume mit ausnahmslos kräftig entwickelten Kronen.	I. Herrschende Bäume, welche am oberen Kronenschirm teilnehmen.
2. Herrschende i. d. Regel den Hauptbestand bildende Bäume mit verhältnismäßig gut entwickelten Kronen.	1. Bäume mit normaler Kronenentwicklung und guter Stammform.
3. Gering mitherrschende Bäume. Kronen zwar noch ziemlich normal geformt und ähnlich denen der Baumklasse 2, aber verhältnismäßig schwach entwickelt und eingeengt.	2. Bäume mit abnormer Kronenentwicklung oder schlechter Stammform: eingeklemmte (kl); schlecht geformte Vorwüchse (vo); sonstige Bäume mit fehlerhafter Stammausformung, insbesondere Zwiesel (zw); Peitscher (pt); kranke Bäume (kr).
4. Beherrschte Bäume. Kronen mehr oder weniger verkümmert, entweder von allen Seiten zusammengedrückt oder einseitig fahnenförmig entwickelt, a) im wesentlichen noch schirmfrei, b) bereits unterständig.	II. Beherrschte Bäume, welche am oberen Kronenschirm nicht teilnehmen.
5. Ganz unterständige Bäume a) mit lebensfähiger Krone, b) mit absterbenden oder abgestorbenen Kronen.	3. Zurückbleibende, aber noch schirmfreie Bäume. 4. Unterdrückte (unterständige, übergipfelte), aber noch lebensfähige Bäume. 5. Absterbende und abgestorbene Bäume.

genüber dem System nach KRAFT deutlich eingeschränkt. In der forstlichen Praxis spielt das Baumklassensystem der Versuchsanstalten allerdings kaum eine Rolle.

(3) Fortschritte des forstlichen Versuchswesens ließen dann in der zweiten Hälfte dieses Jahrhunderts die Entwicklung eines sehr umfänglichen Baumklassensystems im Rahmen des **Internationalen Verbandes Forstlicher Versuchsanstalten** (IUFRO) nötig erscheinen *(s. Übersicht 8.6)*. Jeder Baum kann danach mit Hilfe von sechs Ziffern nach soziologischen und waldbaulichen Kriterien ziemlich genau beschrieben werden. Im Gegensatz zu den beiden vorher behandelten Klassifizierungen schließt eine Ansprache bereits immer mit ein, ob ein Baum im Hinblick auf zukünftige Eingriffe als zu fördern, bzw. ob er als nützlich oder schädlich einzustufen ist. Sie setzt also die Kenntnis des anzuwendenden Durchforstungsverfahrens voraus. Damit wird eine sehr viel stärker wertende Komponente in die Baumansprache gebracht. Es eignet sich zudem für die Beschreibung von ungleichaltrigen Beständen. Das Baumklassensystem der IUFRO ist so umfänglich und kompliziert, daß es für die praktische waldbauliche Arbeit kaum Bedeutung erlangen wird. Es eignet sich jedoch hervorragend dazu, Erfahrung und Sicherheit mit der waldbaulichen Ansprache von Einzelbäumen im Bestandesverband zu vermitteln. Bei der praktischen Anwendung zeigen sich dann aber auch zugleich die Unschärfen dieses Systems, und der weite subjektive Spielraum des Anwenders wird deutlich.

Übersicht 8.6:   Baumklassensystem des Internationalen Verbandes Forstlicher Versuchsanstalten (IUFRO) von 1956.

A. GESELLSCHAFTLICHE STELLUNG	B. WALDBAULICHE BAUMKLASSEN
Höhenklassen	*Wertungsklassen*
100 Oberschicht, Baumhöhe $> {}^2/_3$ der Oberhöhe 200 Mittelschicht, $^1/_3 - {}^2/_3$ der Oberhöhe 300 Unterschicht $< {}^1/_3$ der Oberhöhe	400 Wertvoll, zu fördern (Auslesebäume) 500 Nützliche Nebenbäume, als Füllmaterial oder sonstwie erwünscht oder unentbehrlich 600 Schädliche Nebenbäume (Auslesebäume hindernd, Werterzeugung beeinträchtigend, hiebsreif)
Vitalitätsklassen	
10 üppig entwickelt 20 normal entwickelt 30 kümmerlich entwickelt	*Schaftgüteklassen*
	40 Wertholz: $> 50\,\%$ der Schaftmasse wertholztauglich 50 Normalholz: $> 50\,\%$ der Schaftmasse Normalansprüchen genügend 60 Fehlerholz: $< 50\,\%$ der Schaftmasse Normalansprüchen genügend
Gesellschaftliche Entwicklungstendenz	
1 Vorwachsend, soz. aufsteigend 2 mitwachsend, soz. gleichbleibend 3 zurückbleibend, soz. absinkend	
	Kronenklassen
	4 langkronig: $> {}^1/_2$ Baumlänge 5 mittelkronig: $^1/_4 - {}^1/_2$ Baumlänge 6 kurzkronig: $< {}^1/_4$ Baumlänge

Nach *Übersicht 8.6* werden Bäume anhand eines Zahlencodes klassifiziert, wobei soziologische, dynamische, technologische und waldbauliche Gesichtspunkte berücksichtigt werden. Es bedeutet zum Beispiel: 111/445 Baum der Oberschicht, üppig entwickelt und sozial aufsteigend; erfüllt alle Bedingungen des waldbaulichen Auslesebaums; seine Schaftmasse besteht zu mehr als 50 % aus Wertholz, und der Bekronungsgrad liegt zwischen 25 % und 50 %.

Die Eigenarten der drei hier mitgeteilten Baumklassensysteme können der *Abb. 8.8* entnommen werden. Die Überprüfung der darin vorgenommenen Klassifizierung anhand der Beschreibungen in den *Übersichten 8.5* bzw. *8.6* kann für den Leser ein erster Schritt zu deren praktischer Anwendung im Wald sein.

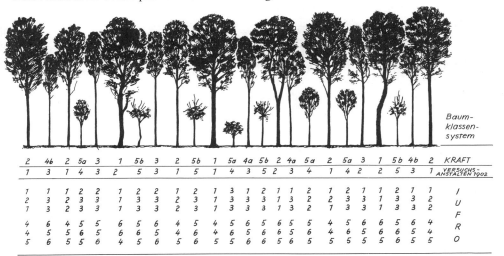

Abb. 8.8: **Zuordnung der Bäume eines Laubwaldbestandes zu den Baumklassensystemen** **KRAFT** (1884), Verein Deutscher Forstlicher Versuchsanstalten (WIMMENAUER, 1902) und IUFRO (1956)
Die genannten Baumklassensysteme sind in den *Übersichten 8.5* und *8.6* zusammengestellt.

Alle bisher mitgeteilten Baumklassensysteme sind für den Gebrauch bei der Auszeichnungsarbeit zu umfangreich und kompliziert. Das gilt selbst für die KRAFTschen Klassen. Da die Art der Durchforstungseingriffe bei der praktischen Arbeit dem Auszeichner vorgegeben ist, teilt er die Bäume – oft unbewußt – ganz einfach folgendermaßen ein in
– dem Erziehungsziel nützliche,
– indifferente,
– das Erziehungsziel beeinträchtigende.

Die letzteren werden dann je nach Stärke des Eingriffs vollständig oder teilweise entnommen. Als Auswahlkriterien für diese Einteilung steht dem Auszeichner der ganze Katalog von Argumenten, wie er in die IUFRO-Klassifizierung eingegangen ist, als eine Art Checkliste zur Verfügung.

8.1.5.2 Die Durchforstungsarten

Mit Hilfe von Durchforstungen sollen die folgenden zwei Ziele erreicht werden:
– Verbesserung des verbleibenden Bestandes,
– Ernte von Holz.

Die Durchforstungseingriffe zur Erreichung dieser Ziele können auf sehr unterschiedliche Weise geführt werden. Jede Grundform wird **Durchforstungsart** genannt. Diese kann in verschiedener Stärke verwirklicht werden, die Stufen der Eingriffsstärke heißen **Durchforstungsgrade.** Ein weiteres wichtiges Kriterium zur Charakterisierung jedes Durchforstungsablaufs ist die **Länge der zeitlichen Intervalle,** mit denen die einzelnen Eingriffe aufeinanderfolgen. Dabei ist zu bedenken, daß etwa gleiche Durchforstungsgrade durch stärkere Eingriffe in längeren Intervallen ebenso erreicht werden können wie durch schwächere in kürzeren Abständen. In der Folge werden die Durchforstungsarten in zwei Gruppen unterteilt behandelt:

   Niederdurchforstungen,
   Hoch- und Auslesedurchforstungen.

8.1.5.2.1 Niederdurchforstungen

Typisch für Niederdurchforstungen ist, daß immer zuerst die beherrschten Bestandesglieder entnommen werden, was zu einschichtigem Bestandesaufbau führt *(vgl. Abb. 4.4).* Nur bei stärkeren Durchforstungsgraden wird auch in die herrschende Bestandesschicht eingegriffen. Das ist extrem der Fall bei Lichtungen, die ebenfalls der Gruppe der Niederdurchforstungen zugerechnet werden. Gemäß *Übersicht 8.7* sind die Niederdurchforstungen folgendermaßen unterschieden:

– Die **schwache Niederdurchforstung** stellt keinen bestandesformenden Eingriff dar. Durch sie werden nämlich lediglich Bäume entnommen, die infolge intraspezifischer Konkurrenz entweder bereits tot sind oder doch in Kürze absterben werden. Sie greift also dem natürlichen Ausscheidungsprozeß zurückbleibender Individuen nur wenig vor bzw. beschleunigt ihn geringfügig. Wo es in Beständen – gleich welcher Baumart – in größerem Umfang tote oder absterbende Bäume gibt, ist dies daher immer ein Indiz dafür, daß nicht einmal schwach durchforstet worden ist. Leider gibt es solche Durchforstungsrückstände auf großen Flächen in den mitteleuropäischen Wäldern. Die Einschichtigkeit, die sonst typisch für niederdurchforstete Bestände ist, prägt sich in schwach durchforsteten Beständen nicht sehr deutlich aus, weil Bäume der Klassen 3 und 4 lange im Stammraum der herrschenden Individuen erhalten bleiben, bis sie schließlich zur Klasse 5 absinken und erst dann entnommen werden.

– Mit der **mäßigen Niederdurchforstung** wird der natürlichen Bestandesentwicklung vorgegriffen, indem nicht nur die absterbenden sondern auch alle unterdrückten, aber noch lebensfähigen Bäume entnommen werden. Außerdem taucht in der Definition dieses Durchforstungsgrades ein erstes gestalterisches Element dadurch auf, daß herrschende Bäume mit ausgesprochen unerwünschten Eigenschaften entnommen werden können. Fehlentwicklungen durch das Vorhandensein fehlerhafter Individuen sollen also verhindert werden, eine Gestaltung der Lebensbedingungen der fehlerfreien Bäume ist jedoch nicht vorgesehen.
Die mäßige Niederdurchforstung ist deshalb eine besonders wichtige Eingriffsform, weil die darauf aufbauenden Ertragstafeln für Bonitierungen, Herleitung von Bestockungsgraden und Zuwachsschätzungen im Rahmen der Forsteinrichtung herangezogen werden. Die ertragstafelgerechte Entwicklung eines mäßig durchforsteten Fichtenbestandes geht aus den *Abb. 8.9a* und *8.12* hervor.

– Die **starke Niederdurchforstung** hat einen erheblich anderen Charakter als die schwächeren Niederdurchforstungsgrade. Durch die Entnahme aller beherrschten Bäume, also auch solcher, die zwar in der Entwicklung zurückbleiben, aber noch

Übersicht 8.7: Die **wichtigsten Niederdurchforstungen** in ihrer Charakterisierung für das forstliche Versuchswesen.

DURCH-FORSTUNGS-VARIANTE	DURCH-FORSTUNGS-GRAD	CHARAKTERISIERUNG
Niederdurch-forstung	schwach A-Grad	Entnahme abgestorbener und absterbender Stämme sowie niedergebogener Stangen (Baumklasse 5) und kranker Stämme. Wird als „Kontrolle" in ertragskundlichen Versuchen oder auf kleinen Weiserflächen in Forstbetrieben angewandt.
	mäßig B-Grad	Entnahme von abgestorbenen, absterbenden, niedergebogenen, unterdrückten Stämmen, Peitschern, schlecht geformten Vorwüchsen und kranken Stämmen (Baumklassen 5, 4 und Teile von 2).
	stark C-Grad	Allmähliche Entfernung aller Stämme der Baumklassen 2–5 sowie auch einzelner der Klasse 1, so daß nur Stämme mit normaler Kronenentwicklung und guter Schaftform in möglichst gleichmäßiger Verteilung verbleiben, welche nach allen Seiten Raum zur freien Entwicklung ihrer Kronen haben, jedoch ohne daß eine dauernde Unterbrechung des Schlusses eintritt. Zum B- und C-Grad: Entstehen durch die Herausnahme herrschender Stämme Lücken, so können dort unterdrückte oder zurückbleibende Stämme belassen werden. Bei der Entnahme von gesunden Stämmen der Klasse 2 ist mit Rücksicht auf Beschaffenheit und Schluß des gesamten Bestandes zu verfahren.
Gestaffelte-Durchforstung	C/B-Grad	Starke Durchforstung (C-Grad) bis etwa zur Gipfelung des laufenden Volumenzuwachses, dann Angleichung der Volumen- und Grundflächengröße an die Vergleichswerte der mäßigen Durchforstung (B-Grad) durch entsprechende Reduktion der Eingriffsstärke.
Schnellwuchs-durchforstung	früher Beginn, stärker als C-Grad	Bei höchstens 10 m Mittelhöhe beginnende starke Eingriffe in Fichtenbestände, die bis in fortgeschrittene Entwicklungsstadien durchgehalten werden (im Anhalt an GEHRHARDT, 1925).
Lichtung	schwach L I-Grad	Dauernde Unterbrechung des Bestandesschlusses durch zusätzliche Entnahme von 20–30 % der Stammgrundfläche über den C-Grad hinaus.
	stark L II-Grad	Dauernde Unterbrechung des Bestandesschlusses unter Inkaufnahme deutlicher Verringerung der Gesamtwuchsleistung durch zusätzliche Entnahme von 30–50 % der Stammgrundfläche über den C-Grad hinaus.

schirmfrei sind, entsteht absolute Einschichtigkeit. Ausserdem werden alle fehlerhaften Bäume entfernt. Alles das bedeutet jedoch zunächst nur eine Verschärfung der Eingriffe nach dem B-Grad. Die entscheidende Weiterentwicklung liegt in der Forderung, daß die verbleibenden qualitativ befriedigenden Bäume bei möglichst gleichmäßiger Verteilung genügend Kronenraum zur freien Entwicklung haben sollen. Damit wird das Konzept der die natürliche Entwicklung nur modifizierenden Durchforstung verlassen zugunsten einer die Bestandesentwicklung gestaltenden

Eingriffsform. Deren Ziel ist es, Bäume mit ganz bestimmten Eigenschaften heranzuziehen. Im Falle der starken Niederdurchforstung sind das vor allem fehlerfreie Individuen mit Stammstärken, die deutlich über denen von schwächer durchforsteten liegen.

Die Bestandesaufrisse der *Abb. 8.9b* sowie die Baumzahlentwicklungskurve der *Abb. 8.12* vermitteln einen Eindruck von der starken Niederdurchforstung.

– Ein eigenes Durchforstungsprogramm, das **gestaffelte Durchforstung** genannt wird, hat WIEDEMANN 1937 für Fichtenbestände entwickelt. Es sieht starke Niederdurchforstungen bis etwa zum Alter 50 J. vor und strebt in der Folge dann schwächere Eingriffe an, die der mäßigen Durchforstung entsprechen. Hiermit sollte den Auswertungsergebnissen von Fichten-Durchforstungsversuchen der Forstlichen Versuchsanstalten Rechnung getragen werden, daß nämlich durch starke Eingriffe in jungen Beständen zwar erhebliche Durchmesserzunahmen erzielt werden können, daß diese aber zu wesentlichen Absenkungen der Endbestandsvolumina führen, wenn die Stärke der Eingriffe bis zum Ende der Umtriebszeit beibehalten wird.

Eine solche Staffelung der Eingriffsstärke liegt auch der Fichten-Ertragstafel von ASSMANN und FRANZ (1963) zugrunde. Sie ist inzwischen – über die Behandlung der Baumart Fichte hinaus – für moderne Durchforstungsverfahren überhaupt bedeutsam geworden, wie in der Folge noch zu zeigen sein wird.

Von gestaffelter Durchforstung spricht man heute deshalb immer dann, wenn von starken Eingriffen in Jung- zu schwächeren in Altbeständen gewechselt wird, gleichgültig, welche Durchforstungsart dabei jeweils angewendet wird.

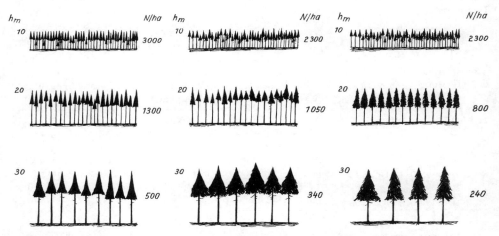

Abb. 8.9a: Die Entwicklung eines **mäßig durchforsteten** (B-Grad) Fichtenbestandes II. Ertragsklasse im Anhalt an die entsprechende Ertragstafel nach WIEDEMANN (in SCHOBER, 1975). Maßstabsgerecht für Flächengröße: 60 × 3 m.

8.9b: Die Entwicklung eines **stark niederdurchforsteten** (C-Grad) Fichtenbestandes II. Ertragsklasse im Anhalt an die entsprechende Ertragstafel nach WIEDEMANN (in SCHOBER, 1975). Maßstabsgerecht für Flächengröße: 60 × 3 m.

8.9c: Die Entwicklung eines Fichtenbestandes II. Ertragsklasse unter dem Einfluß der **Schnellwuchsdurchforstung** im Anhalt an GEHRHARDT (1925). Maßstabsgerecht für Flächengröße 60 × 3 m.

– Eine Steigerung der starken Niederdurchforstung stellt die **Schnellwuchsdurchforstung** nach GEHRHARDT (1925) – ebenfalls für Fichtenbestände – dar. Sie fußt auf der praktischen Arbeit des böhmischen Forstmannes BOHDANECKY seit etwa 1880 (1926, posthum veröffentlicht), und den darauf aufbauenden Lichtschlußertragstafeln von SCHIFFEL (1904). Der **Schnellwuchsbetrieb** stellt eine früh beginnende und konsequent durchgehaltene überstarke Niederdurchforstung dar, durch die alle herrschenden Bäume in jeder Phase der Bestandesentwicklung günstige Entfaltungsmöglichkeiten haben *(s. Abb. 8.9c)*. Auf diese Weise soll eine durchschnittliche Jahrringbreite von 3 mm auch in höherem Alter durchgehalten werden. Befunde von Schnellwuchsversuchsflächen aus den frühen dreißiger Jahren haben gezeigt, daß das mit dieser Durchforstungsmethode erzielbare Durchmesserwachstum tatsächlich dem entspricht, was GEHRHARDT in einer von ihm konstruierten Ertragstafel vorausgesagt hatte. Durch die starke Reduzierung der Baumzahlen auch in fortgeschrittenen Phasen der Bestandesentwicklung sind allerdings Einbußen in der Gesamtwuchsleistung in noch stärkerem Maße als bei konsequent durchgehaltenen Eingriffen nach dem C-Grad unvermeidbar. Das Konzept des Schnellwuchsbetriebes hat einen beachtlichen Beitrag zur Fortentwicklung der Durchforstung geleistet.
– Die **Lichtung** schließlich ist nach ihrer versuchstechnischen Definition in zwei Grade eingeteilt, deren Stärke deutlich über der starken Durchforstung liegt.
Entstanden ist das Konzept der Lichtung durch das Vorgehen des hannoverschen Forstmannes v. SEEBACH (1845), der anfangs des 19. Jahrhunderts im Solling die Liquidierung von Althölzern zur Deckung bedeutender Brennholzrechte dadurch vermied, daß er sehr stark in mittelalte Buchenbestände eingriff. Dabei wurde nicht weniger als die Hälfte bis zu zwei Drittel der aufstockenden Volumina entnommen. Die verbliebenen Buchen reagierten – wie SEEBACH vorausgesagt hatte – mit so ausgeprägtem Lichtungszuwachs auf die Freistellung, daß bis zum Ende der Umtriebszeit eine respektable Gesamtwuchsleistung zustande kam, die sich auf verhältnismäßig wenige, aber sehr starke Endbestandsbäume konzentrierte.
Wegen der hiermit aufgezeigten Möglichkeiten, in Notsituationen überstark in Bestände eingreifen zu können, ohne sie zu zerstören und zugleich Starkholz zu produzieren, wurden Lichtungseingriffe in das Arbeitsprogramm der Versuchsanstalten mit aufgenommen, und WIEDEMANN hat 1943 auch eine Lichtungsertragstafel für Buche (nur I. Ertragsklasse) erstellt. Praktische Bedeutung hat die Lichtung aus folgenden Gründen jedoch nicht gewonnen:
o Früh eingelegte und dann konsequent durchgehaltene Lichtungseingriffe reduzieren die Baumzahl in einem Alter, in dem im wesentlichen schwaches Stammholz anfällt, so stark, daß der eintretende flächenbezogene Zuwachsverlust durch die größere Stärke der Stämme des verbleibenden Bestandes weder nach Volumen noch nach Wert ausgeglichen wird.
o Bei definitionsgemäß stark geführten Lichtungshieben gelangt Licht dauerhaft und in substantiellem Umfang an den Boden und führt dann entweder zur vorzeitigen Entstehung einer zweiten Bestandesschicht aus natürlich angekommenen Jungwüchsen oder zur „Bodenverwilderung", die gegebenenfalls künstliche Verjüngung im Wege des Unterbaus nötig macht. Damit bildet sich dann eine zweihiebige Hochwaldform heraus, die eigenen Gesetzen unterliegt *(vgl. Kap. 7.1.5.1)*.

Werden Lichtungshiebe schließlich erst spät im Verlauf der Bestandesentwicklung geführt, so wird der Übergang zu Verjüngungshieben fließend.

Die Bedeutung der Lichtungshiebe liegt vor allem darin, daß sie die außerordentliche Reaktionsfähigkeit mancher Baumarten, vor allem der Buche, auf kräftige Freistellungen auch in höherem Alter noch deutlich gemacht haben. Die später zu behandelnde Lichtwuchsdurchforstung ist davon wesentlich mitgeprägt worden.

Mäßige Niederdurchforstungen waren (und sind teilweise noch immer) die gängigen Erziehungsmaßnahmen. Die Entnahme einer großen Zahl unter- und zwischenständiger Bäume mit geringen Volumina verursacht jedoch heute hohe Kosten und hat keinen oder einen nur geringen Formungseffekt. Niederdurchforstungen können unter folgenden Gesichtspunkten vertretbar sein:
– Der Unterstand läßt sich auch bei Kronenöffnung nicht auf lange Zeit hin am Leben erhalten, und ihm kommt damit langfristig gesehen keine wichtige ökologische (Bodendeckung, Windruhe) oder bestandespflegerische Funktion (Schaftschutz) zu. Das gilt bei Nadelbaumarten, wie Fichte und Kiefer auf den meisten Standorten, und für Lärche immer.
– Auf sehr trockenen Standorten wird die Wuchsleistung der herrschenden Bäume durch Interzeption und direkte Wasserkonkurrenz der unterständigen vermindert.

8.1.5.2.2 Hoch- und Auslesedurchforstungen

Formende Eingriffe in die herrschende Baumschicht werden **Hochdurchforstungen** genannt und auf unterschiedliche Weise verwirklicht (s. Übersicht 8.8). Im Gegensatz zur Niederdurchforstung – vor allem der mäßig geführten – haben sie eine prägende Wirkung auf den verbleibenden Bestand. Diese äußert sich vor allem in einer Verstärkung des Durchmesserzuwachses der geförderten Bäume. Stark vereinfacht läßt sich sagen: Niederdurchforstungen setzen auf maximale flächenbezogene Volumenleistung und die damit verbundene Schaffung vor allem kollektiver Stabilität, während mit Hochdurchforstungen höchste Wertleistung ausgelesener Einzelbäume mit ausgeprägter individueller Stabilität angestrebt wird. Der Kern aller Formen der Hochdurchforstung ist die Förderung der im waldbaulich-ökologischen Sinne besten Bäume eines Bestandes, was auch die Sicherung der Mischung mit einschließt.
Anders als im Falle der Niederdurchforstungen wird daher im Prozess des Auszeichnens immer zunächst der zu fördernde Baum gesucht – ausgelesen –, und erst dann werden die Konkurrenten zur Entnahme ausgezeichnet, die seine Entwicklung behindern. Deshalb wird diese Art des Vorgehens auch als **Auslesedurchforstung** bezeichnet. Bei der Verwendung dieses Begriffes ist allerdings folgendes im Auge zu behalten (vgl. Abb. 8.10):
– Alle Totastverlierer – also fast alle Laubbaumarten – müssen zunächst so lange dicht gehalten werden, bis sich ein ausreichend langer astfreier Schaft an den Bäumen der herrschenden Schicht gebildet hat, je nach Vorgabe 8–12 m. Erst wenn das erreicht ist, beginnt die Auslese der zu fördernden Individuen. Den Ausleseeingriffen geht also eine Dichtwuchsphase voraus. Sie liegt zeitlich zwischen der Läuterungs- und der Auslesephase und dauert je nach Baumart und Standort unterschiedlich lange. Bei Totasterhaltern dagegen – das sind vor allem die Nadelbäume – kann die Auslese schon eher erfolgen, wenn geästet oder etwas stärkere Ästigkeit am Erdstammstück in Kauf genommen wird.
– Die Auslesephase bleibt zeitlich deshalb immer beschränkt, weil die ausgelesenen und dann systematisch geförderten Individuen nach zwei oder drei Durchforstungseingriffen den Bestand so sehr bestimmen, daß von weiterer Auslese nicht mehr die

Übersicht 8.8:   Die wichtigsten Formen der Hoch- bzw. Auslesedurchforstungen.

DURCH-FORSTUNGS-VARIANTE	DURCH-FORSTUNGS-GRAD	CHARAKTERISIERUNG
Hochdurch-forstung	schwach	Aushieb abgestorbener und absterbender Bäume (Baumklasse 5) sowie Entnahme von schlecht geformten herrschenden Stämmen und einzelnen Stämmen zur Auflösung von Gruppen gleichwertiger Stämme (ein großer Teil von Bäumen der Klasse 2 und einzelnen Stämmen von 1). Dieser Grad kommt vor allem für jüngere Bestände in Betracht.
	stark	Eine bemessene Anzahl von Haubarkeitsstämmen (solche, die die Endnutzung erreichen) wird systematisch gefördert. Dazu werden außer den abgestorbenen, absterbenden und kranken Stämmen (Baumklasse 5) auch alle diejenigen entnommen, welche die Entwicklung der Haubarkeitsstämme behindern, also Stämme der Klassen 2 und 1.
Plenterdurch-forstung (nach BORGGREVE)		Es werden stets die stärksten und daher zur Zeit des jeweiligen Eingriffs wertvollsten Stämme entnommen. Die dadurch freigestellten, weniger entwickelten Baumindividuen sollen dann durch entsprechenden Mehrzuwachs die Gesamtleistung aufrechterhalten. Der Grundgedanke ist, daß die herrschenden Individuen ausschließlich zufälligen Vorteilen bei der Entwicklung ihre Position verdanken und infolgedessen zurückbleibende nach Entfernung der Konkurrenten mit gleicher Wuchskraft weiterwachsen wie diese. Die Plenterdurchforstung hat keine Bedeutung erlangt, da die Voraussetzungen sich in ertragskundlicher Sicht als unzutreffend erwiesen haben.
Freie Durchforstung		Früh beginnende, systematische Auslese und Förderung der besten, d.h. nach Kronen- und Schaftqualität herausragenden Bäumen in guter Verteilung und unter Erhaltung eines ausreichenden Unterstandes zur Boden- und Schaftpflege. Die Eingriffe werden in freier Art nach den Erfordernissen der jeweiligen Situation im wesentlichen im Herrschenden ausgeführt.
Auslesedurchforstung – Lichtwuchsdurchforstung – **ohne Festlegung** einer festen Zahl von Auslesebäumen.	Buchendurch-forstung nach FREIST (vgl. Abb.8.14).	Nach Abschluß der Läuterungsphase bis etwa zur Hälfte des Bestandeslebens werden vitale und qualitativ hochwertige Bäume durch kräftige Eingriffe im Herrschenden herausgearbeitet und in der Entwicklung gefördert: Auslesephase. Danach beherrschen sie die Situation so eindeutig, daß die Auslesebäume nur noch durch die Umlichtung ihrer leistungsfähigen Kronen zu hohem Durchmesserzuwachs angeregt zu werden brauchen: Phase der Lichtwuchsdurchforstung.
Auslesedurchforstung – Lichtwuchsdurchforstung – **mit Festlegung** einer bestimmten Zahl von Auslesebäumen.	Ergibt sich als logische Konsequenz jeder Ästungsmaßnahme.	Wird in einem Bestand geästet, so werden damit bereits in frühen Entwicklungsstadien (Stangenholz) diejenigen Bäume festgelegt, die einmal den Endbestand bilden werden. Alle folgenden Durchforstungsmaßnahmen dienen dann zunächst der unmittelbaren Förderung dieser ausgelesenen Bäume – Auslesedurchforstung – und später der Umlichtung ihrer Kronen – Lichtwuchsdurchforstung.
Auslesedurchforstung – **mit Festlegung** und Herausarbeitung einer bestimmten Zahl von Auslesebäumen und **späterer Hiebsruhe.**	Fichten-Durchforstung nach ABETZ (vgl. Abb. 8.12), Buchen-Durchforstung nach ALTHERR (vgl. Abb.8.14), Eichenwertholzprogramm nach KENK (vgl. Abb. 8.15).	Frühe Festlegung einer bestimmten baumartabhängigen Zahl von Auslesebäumen, die durch starke Eingriffe so lange herausgearbeitet werden, bis der Bestand nur noch aus ihnen besteht. Danach Hiebsruhe bis zur Erreichung des meist hohen Zieldurchmessers. Die Erhaltung eines Unterstandes wird für die Fichte in keinem Zeitpunkt der Bestandeserziehung angestrebt, da der Bestandesschluß dazu zu dicht bleibt und die Fichte auch nicht des Schaftschutzes bedarf. Für Eiche und Buche ist er dagegen unabdingbare Voraussetzung.

Rede sein kann. SCHÄDELIN hat dieses Stadium der Bestandeserziehung deshalb **Lichtwuchsphase** genannt: Die ausgelesenen Bäume erhalten darin stets so viel Kronenraum, daß sie sich voll entwickeln können. Werden Auslese- und Lichtwuchsdurchforstung stark geführt, dann kann die Baumzahl der herrschenden Schicht so schnell abgesenkt werden, daß die Endbaumzahl, die dann nur aus Auslesebäumen besteht, lange vor dem Ende der Umtriebszeit oder der Erreichung von ausreichend starken Zieldurchmessern eingestellt wird. Hier schließt sich eine Phase der **Hiebsruhe** an. Deren Länge hängt davon ab, wie hoch die Durchmessererwartungen an die Erntebäume, also deren Zieldurchmesser, sind. Sie kann etliche Jahrzehnte dauern.

Hochdurchforstungen ermöglichen durch die Art des Vorgehens, daß sich unter dem Schirm des Hauptbestandes eine Unterschicht schattenertragender Baumarten halten kann. Ihre Schaffung *(vgl. Kap. 8.1.4)* und Erhaltung ist unabdingbar überall dort, wo die Hauptbaumarten zur Bildung von Wasserreisern neigen. Diese entwickeln sich vor allem dann, wenn die Auslesebäume nach meist jahrzehntelangem Dichtstand durch die Entnahme ihrer Bedränger freigestellt und die Schäfte belichtet werden.

Ein ausreichend dichter Unter- und Zwischenstand, der bei allen Fällungsarbeiten sorgfältig zu schonen ist, sorgt dann für die Beschattung der Schaftzone und sichert waldbauliche Freiheit bei der Ausführung der Eingriffe. Er besteht aus schattenertragenden Bäumen der verschiedensten Art. Im Falle von Buche, Tanne und Linde stammt der Unterstand aus dem gleichen Baumkollektiv wie die herrschende Schicht. Er bildet sich von der Läuterungsphase an durch die Art der Eingriffe langsam heraus. Unter Lichtbaumarten wie Eichen, Kiefern, Lärchen oder Eschen ist er dagegen oft künstlich eingebracht und wird als Unterbau bezeichnet (weitere Details dazu s. *Kap. 8.3*). Unter Laubbäumen dient er aber demselben Zweck. Unter Nadelbäumen wie Kiefern hat er dagegen vor allem die Aufgabe, das Ankommen unerwünschter Bodenvegetation zu verhindern.

Ob unter- und vor allem zwischenständige Bäume auf Dauer als Ersatz für entnommene Oberständer in den Hauptbestand aufgenommen werden können, hängt von deren Qualität und der waldbaulichen Zielsetzung ab. Geschieht das, so entspricht dies Vorgehen dem im zweihiebigen Hochwald *(vgl. Kap. 6.1.5.1)*. Gemeinsam ist allen Hochdurchforstungen, daß sie in jüngeren Mischbeständen die Gefahr des Ausfallens der im Wuchs unterlegenen Baumarten mindern.

Entsprechend *Übersicht 8.8* wurden für Hoch- und Auslesedurchforstungen verschiedene Vorgehensweisen entwickelt, die nachfolgend charakterisiert werden sollen:
(1) **Hochdurchforstungen gemäß der Definition des Deutschen Verbandes Forstlicher Versuchsanstalten** umfassen zwei Grade, die sich vor allem durch die Art der zu fördernden hauptständigen Stämme definieren. Im Falle der **schwachen Hochdurchforstung** geschieht das bei jedem Eingriff von neuem *(s. Abb. 8.10, s. S. 356)*, während für die **starke Durchforstung** eine bemessene Zahl von Auslesebäumen ein für allemal ausgewählt und mit Farbringen markiert wird. Deren Freistellung erfolgt dann allerdings nachdrücklicher als im Falle der schwachen Hochdurchforstung.

(2) Nach der von BORGGREVE 1885 vorgeschlagenen **Plenterdurchforstung** werden ausschließlich die stärksten Individuen entnommen. Auf diese Weise sollen gute schwächere Bäume, die in ihrer Nähe stehen, heranwachsen können und dann später ebenfalls anderen noch schwächeren gleich guten Bäumen Platz machen.

Weil sich die Plenterdurchforstung mithin ausschließlich in der herrschenden, meist sogar nur der vorherrschenden Baumschicht abspielt, ist dieses Verfahren den Hochdurchforstungen zuzurechnen.

BORGGREVE wollte sein Verfahren vor allem für junge und mittelalte Buchenbestände mit teilweise ungünstiger Ausgangslage, d. h. erheblichen Anteilen protziger vorherrschender Individuen angewendet sehen. Sein großes Verdienst liegt darin, in einer Zeit, in der ausschließlich sehr schwach oder gar nicht durchforstet wurde („Dunkelschlagwirtschaft") bestandesformende Maßnahmen durch starke Eingriffe ins Herrschende ins Bewußtsein gerufen zu haben.

Diese Art der Durchforstung hat sich aber nicht bewährt und aus folgenden Gründen keinen Eingang in die forstliche Praxis gefunden:

– Es werden solche Individuen entnommen, die normalerweise im Wege der Hochdurchforstung gefördert werden sollen.
 Der Zwang, immer wieder Wuchsraum für „Nachrücker" zu schaffen, führt in allen Entwicklungsstadien notgedrungen dazu, die starken Bäume zu entnehmen. Wartet man jedoch zu lange, bis nämlich die stärksten Bäume annähernd ökonomisch interessante Durchmesser erreicht haben, so sind die zu fördernden mitherrschenden oder zwischenständigen Exemplare bereits in den Unterstand abgedrängt oder gar abgestorben.
– Insbesondere auf ärmeren Standorten sind die abgedrängten oder gar überwachsenen Exemplare der meisten Baumarten nicht in der Lage, sich überhaupt oder in absehbaren Zeiträumen zu regenerieren und volle Wuchskraft zurückzugewinnen, so daß sie die entnommenen vorherrschenden Bestandesglieder ersetzen können. Hier bilden nur die reaktionsfreudigen Buchen eine Ausnahme – aber auch nicht auf allen Standorten.
– Die Entnahme der stärksten Individuen erhöht stets die Gefahr von Schnee- und Sturmschäden, weil den Beständen das Gerüst aus stabilen Bäumen genommen wird. Die damit verbundene Zunahme des Risikos ist allerdings stark abhängig von Baumarten, Alter und Standorten.

Verspätete Eingriffe in vernachlässigten jüngeren Beständen, vor allem aus Laubbäumen und Kiefern, zwingen oft zur Entnahme besonders starker, aber protziger Individuen. Solche Maßnahmen haben dann zwar eine gewisse äußere Ähnlichkeit mit der Borggreveschen Plenterdurchforstung. Sie verfolgen jedoch ganz andere Ziele und werden nur so lange durchgehalten, bis sich eine ausreichende Zahl von zielgerecht ausgeformten Stämmen durchgesetzt hat.

Um Begriffsverwirrungen vorzubeugen, sei darauf hingewiesen, daß im forstlichen Sprachgebrauch heute unter Plenterdurchforstungen im Sinne von BIOLLEY Eingriffe zur Schaffung eines plenterartigen Waldaufbaus verstanden werden. Der Begriff „Plenterung" bezieht sich auf das Arbeiten im Plenterwald (vgl. auch Kap. 6.1.3 und 8.1.5.2.3).

(3) In der Ende des letzten Jahrhunderts entstandenen **Freien Durchforstung** wird auf unkonventionelle Weise das Konzept der konsequenten und nachdrücklichen Förderung der besten, weil wuchskräftigsten Bäume mit den höchstwertigen Schäften verwirklicht. Dabei wird völlig auf die freie Entscheidung des auszeichnenden Waldbauers gesetzt, der die Art des Eingriffs von Fall zu Fall ohne das Korsett irgendwelcher Vorschriften aus der Erfahrung heraus wählt. Erfahrene und engagierte Praktiker zeichnen fast immer mit Blickrichtung auf die herrschende Baumschicht aus und gehen damit im Sinne der Freien Durchforstung vor. Kann ein Forstmann mehr als ein Jahrzehnt auf diese Weise in einem Wald tätig sein, so wird mit der Länge der Zeit immer stärker dessen eigene Handschrift im Umgang mit ihm deutlich.

(4) **Auslesedurchforstungen** sind – wie bereits ausgeführt – auf die Herausarbeitung und Förderung der besten Bäume in Beständen gerichtet, ohne daß hierbei wie

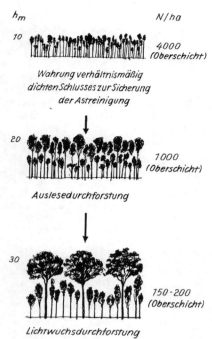

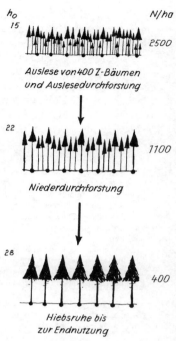

Abb. 8.10: Die Entwicklung eines hochdurchforsteten Buchenbestandes guter Ertragsklasse. Die angeführten Baumzahlen der Oberschicht können auch wenig höher oder deutlich niedriger liegen.

Abb. 8.11: Die Entwicklung eines Fichtenbestandes im Anhalt an das Auslese- und Lichtwuchsdurchforstungskonzept mit anschließender Hiebsruhe nach ABETZ.

mit Hochdurchforstungen im engeren Sinne [vgl. Ziffer (1)] zugleich eine Verbesserung der Stufigkeit direkt angestrebt wird. Ihre Prinzipien sind damit auch auf solche Baumarten anwendbar, deren geringeres Schattenerträgnis eine starke Differenzierung in herrschende und beherrschte Individuen nicht zuläßt, deren Bestände sich also (wie z. B. Ki und Lä, aber auch Fi) sehr rasch in Richtung auf Einschichtigkeit entwickeln.

Das Auslesedurchforstungskonzept wurde im wesentlichen von dem Schweizer SCHÄDELIN (1934) entwickelt. Es enthält die folgenden drei, teilweise bereits angesprochenen Schritte:

– Durch intensive **Läuterungsmaßnahmen** werden die Bestände so vorbereitet, daß die herrschende Schicht eine genügende Zahl gut geformter Individuen enthält *(vgl. Kap. 8.1.4.3)*. Diese werden oft als „Kandidaten" oder „Anwärter" bezeichnet.

– In der eigentlichen **Auslesephase** werden die besten jungen Bäume sodann ausschließlich durch Eingriffe im Herrschenden herausgearbeitet, alle zwischen- und unterständigen Bäume also als indifferent belassen. Sie sind die Basis für den späteren Unter- und Zwischenstand.

– Sobald die Auslesebäume in den Beständen das Bild bestimmen, werden die Kronen der Auslesebäume so umlichtet, daß es zu anhaltend starkem Durchmesserwachstum kommt **(Lichtwuchsphase).**

Eine Modifizierung erfährt das Durchforstungskonzept SCHÄDELINS dann, wenn die Zahl der Auslesebäume schon in frühen Stadien der Bestandesentwicklung festgelegt wird. Das ist immer bei Ästungen der Fall, denn wegen der damit verbundenen Kosten kann die Zahl der Ästungsbäume nicht wesentlich höher angesetzt werden, als es der Stammzahl des Endbestandes entspricht. Dadurch ergibt sich eine Ausgangssituation, wie sie für die starke Hochdurchstung bereits beschrieben wurde, denn natürlich ist eine frühe Festlegung der Auslesebäume auch möglich, ohne daß diese geästet werden. Bei Laubbäumen ist das der gebräuchliche Fall.

Mit der frühen Fixierung der Bäume des Endbestandes, der sogenannten „Haubarkeitsstämme", geht deren markante Begünstigung in Form der Auslesedurchforstung einher, die sich nach dem Abschluß der Auslesephase in der Lichtdurchforstung fortsetzt.

Mit diesem „Erziehungsbetrieb höchster Wertleistung" hat SCHÄDELIN die Bestandespflege in Mitteleuropa stark und nachhaltig angeregt.

Die letzte Entwicklung dieses Durchforstungskonzeptes stellt die Verbindung sorgfältiger früher Auslese und Herausarbeitung der Auslesebäume mit einer abschließenden Hiebsruhe dar, durch die die Elitebäume in den dann relativ baumzahlarmen Beständen mehrere Jahrzehnte lang Volumen und Durchmesser anlegen können *(s. Abb. 8.11, s. S. 356)*. Handelt es sich um Nadelbäume, dann ist der Wertzuwachs dieser ausgelesenen Bäume besonders groß, wenn sie rechtzeitig geästet werden *(vgl. Kap. 8.4)*.

Eine solche frühe Auslese der Zukunftsbäume erzwingt – gleichgültig, ob geästet wurde oder nicht – eine konsequente und sorgfältige Auswahl der besten Bäume, und zwar zu einem gegenüber der bisherigen Durchforstungspraxis frühen Zeitpunkt. Sie legt zwar alle Folgemaßnahmen fest, erleichtert aber dadurch das weitere Auszeichnen erheblich. Die frühe Festlegung wird oft als Fessel empfunden. Zugleich erscheint sie im Hinblick auf späteres „Umsetzen" oder Verluste von Z.-Bäumen durch abiotische und biotische Schäden riskant. Als Umsetzen wird der Auf- oder Abstieg von Einzelbäumen in der soziologischen Struktur eines Bestandes bezeichnet. Es hat sich jedoch gezeigt, daß bei den derzeit üblichen Empfehlungen, die Auswahl erst bei Bestandesoberhöhen von 12–18 m vorzunehmen und gleichzeitig die stärksten Bedränger zu entnehmen, die Z.-Bäume nur in sehr geringem Maße soziologisch absinken und, da durch die Freistellung vitaler und stabiler geworden, meist auch sehr widerstandsfähig sind.

Die Auslesedurchforstung läßt sich – und das hat ihr in den letzten Jahren zu einem weitgehenden Durchbruch verholfen – in der Praxis leicht verwirklichen, sobald die Grundprinzipien des Vorgehens einmal verstanden sind. Sie erfordert jedoch intensive Arbeit aller Forstleute im Wald, da durch sie das Schicksal jedes Bestandes in relativ frühen Phasen der Entwicklung unveränderbar bestimmt wird.

Begünstigt wird diese Akzeptanz außerdem durch zwei Momente:
– Weil nur die stärksten Bedränger je Z.-Baum entnommen werden, ist die Zahl der anfallenden Stämme je Eingriff vergleichsweise gering.

– Die Durchmesser bzw. Volumina dieser ausscheidenden Stämme sind so groß, daß ihre Vermarktung im Regelfall möglich ist.

Auch bei frühzeitigen Durchforstungen läßt sich deshalb – im Gegensatz zu konventionellen Niederdurchforstungen – meistens Kostendeckung erreichen.

(5) Die **„qualitative Gruppendurchforstung"** geht auf Busse (1935) zurück. Ihr liegen Beobachtungen zugrunde, daß in Naturwäldern Klumpungen starker Bäume die Regel sind und sich auch in Kunstwäldern klumpige Verteilungen auszubilden pflegen, obwohl diese üblicherweise völlig gleichmäßig angelegt werden. Klumpigkeit und damit Gruppenbildung ist mithin ein Charakteristikum von Wald. Das wurde jedoch über lange Zeit hinweg und wird vielfach bis heute beim praktischen Durchforsten nicht oder nur unzureichend berücksichtigt. Stattdessen wird immer wieder versucht, auch in älteren Beständen durch „Gruppenauflösung" eine möglichst gleichmäßige Verteilung der Haubarkeitsbäume zu erreichen.

Kato und Mülder (u. a. 1978) fanden besonders in älteren Buchenbeständen oft Häufungen dicht zusammenstehender herrschender Bäume. Trotz meist seitlich stark deformierter Kronen wiesen deren Stämme jedoch keine hierauf zurückgehenden Deformationen in Form stärkerer Ovalität oder Verkrümmungen auf. Gruppenweise Verteilungen gutgeformter herrschender Bäume fanden sie schon in qualitativ insgesamt befriedigenden Jungbeständen. In älteren, wenig oder gar nicht gepflegten Beständen aber verstärkt sich diese Tendenz erheblich. Durch Erhalten solcher Gruppen – sie werden heute oft etwas ungenau „Durchforstungseinheiten" genannt – und Erweitern ihres Wuchsraumes durch Baumentnahmen an ihrer Peripherie läßt sich nach den Berechnungen von Kato und Mülder der Anteil wertschaffender Bestandesglieder – und damit die Wertschöpfung – wesentlich steigern.

Die Gruppendurchforstung läßt sich weder durch die Eingriffsstärke (schwach, mittel, stark) noch durch die Eingriffsart (nieder, hoch) definieren, sondern durch das Bemühen, die Qualitätsstruktur der Bestände auf das äußerste auszunutzen. Darin liegt eine gewisse Ähnlichkeit mit der freien Durchforstung.

8.1.5.2.3 Eingriffsformen zur Ausbildung vielgestaltiger Bestandesstrukturen

In zunehmenden Maße – *vgl. Kap. 6.1.3 (Plenterbetrieb) und Kap. 6.1.6 (Naturgemäße Waldwirtschaft)* – wird der Übergang von Altersklassenwäldern zu Beständen mit reicheren Strukturen angestrebt. Die Idealvorstellung ist dabei meist der plenterwaldartige Aufbau. **Plenterdurchforstungen** sollen dieses Ziel erreichen helfen. Die dafür notwendigen Voraussetzungen und Handlungsschritte sind ebenso wie die Begrenzungen in *Kap. 6.1.3* dargelegt worden. Danach ist der Umbau von Schlagwäldern nur in stabilen Altbeständen über einen sehr langfristigen Verjüngungszeitraum möglich oder aber nach katastrophischen Ereignissen in jüngeren Beständen, die Ansatzpunkte für Veränderungen der Strukturen bieten. Jedenfalls sind Altersdifferenzierungen als Folge mehrerer Verjüngungsereignisse stets die Grundlage solcher Strukturverbesserungen.

Gelegentlich wird versucht, über sogenannte **Strukturdurchforstungen** bereits in jüngeren Beständen Stufigkeit zu erreichen. Das Vorgehen hat dann Ähnlichkeit mit der Borggreveschen Plenterdurchforstung *(vgl. Kap. 8.1.5.2.2, Ziff. 3)*. Durch die Entnahme vorherrschender Bäume werden einige der abgedrängten Unter- und Zwischenständer als Strukturelemente am Leben erhalten und sollen eine nachwachsende Reserve bilden. Hierbei wird unterstellt, daß sich die bereits stark unter Konkurrenzdruck geratenen Exemplare zu erholen vermögen. Voraussetzung ist das Vorhandensein zwischenständiger bis gering mitherrschender Bäume mit regenerationsfähigen Kronen, die allein dafür geeignet zu sein scheinen. Der Kronenbeurteilung kommt also bei ihrer Auswahl großes Gewicht zu.

Der Begriff „Strukturdurchforstung" ist bisher nicht eindeutig definiert. Eine solche Definition hat REININGER 1987 versucht. Danach ist sie die Voraussetzung für spätere **Zielstärkennutzungen,** die auf einem ausreichend gestuften Stammzahlpotential aufbauend eine langfristige Einzelstammernte und zugleich Verjüngung erlauben sollen.

Dazu werden in entsprechend alten gleichaltrigen Fichtenbeständen zwei Arten von Z.-Bäumen ausgewählt, und zwar zum einen solche, die die herrschende Schicht bilden. Sie werden Z_1 genannt und sollen nach Auswahl und starker Freistellung wachsen, bis sie den Zieldurchmesser erreichen. (REININGER schlägt vor, 300 Stck./ha vorzusehen). Danach werden sie geerntet, und zwar einzelstammweise. Zum zweiten werden halbwegs gut bekronte Zwischen- und Unterständer ausgewählt und als Z_2 bezeichnet. (Nach REININGER sollen dies nochmals 300 Stck./ha sein). Deren Zweck ist es, sich unter dem Schirm des nach den ersten Eingriffen zunächst offenen herrschenden Bestandes zu stabilisieren und sich im weiteren Verlauf der Entwicklung solange zu halten, bis sie nach den Zielstärkennutzungen der Z_1-Bäume deren Rolle übernehmen. Lange genug durchgehalten soll so ein dauerhaft gestufter Bestand entstehen.

Hier gilt allerdings – ebenfalls analog zur Kritik an der Borggreveschen Plenterdurchforstung:
- 300 Z.-Bäume/ha bilden über lange Zeit völlig geschlossene Bestände. Auch bei günstigster Wasserversorgung ist es unwahrscheinlich, daß 300 weitere Bäume unter ihnen auszuharren vermögen.
- Selbst, wenn sie überlebten, ist vorerst ungeklärt, ob sie regenerationsfähig genug sind, um nach der Entnahme der Z_1-Bäume voll zu produzieren.
- Stärkere Eingriffe, die die Zahl der Z_1-Bäume auf erheblich weniger als 300 Stck./ha reduzieren, lassen starke Zuwachsverluste und erhöhte Schnee- und Sturmgefahr befürchten.

8.1.5.2.4 Zusammenfassende Wertung

Die klassischen Durchforstungsverfahren haben in den letzten zwei Jahrzehnten wesentliche Abwandlungen und Erweiterungen erfahren. Dabei sind vor allem drei Intentionen offenkundig, nämlich eine größere Vielgestaltigkeit des Waldaufbaus anzustreben, eine höhere Vitalität und Stabilität und damit eine geringere Schadensdisposition zu erreichen und zugleich die Wertleistung der Wälder zu steigern.

Das soll auf dreierlei Weise erreicht werden:
- Durch konsequente Hochdurchforstungen unter Erhaltung von Gruppenbildungen und Schaffung von vertikaler Strukturierung sowie kleinflächigen Texturen,
- durch rechtzeitige Förderung herrschender Bäume Verbesserung der h:d-Werte und dadurch Erziehung stabiler Bäume, sowie – damit verbunden –
- durch konsequente Auswahl und Begünstigung der gutgeformten vitalen Zuwachsträger Anhebung der Einzelbaumqualität zur Erhöhung der Werterträge.

Es sei jedoch deutlich zum Ausdruck gebracht, daß der Wirtschaftswald auf großen Flächen immer noch Schlagwald mit all dessen Stärken und Schwächen ist. Schon deshalb werden die herkömmlichen Erziehungsprinzipien noch über lange Zeitspannen die waldbauliche Arbeit beherrschen. Kenntnis- und erfahrungsreich angewandt, stellen sie eine wichtige Grundlage waldbaulicher Aktivität dar. Das Problem der Vergangenheit wie das der Gegenwart sind denn auch nicht die Methoden, sondern deren mangelhafte Anwendung.

8.1.5.3   Durchforstungsintervalle

Am besten würden Durchforstungen jährlich, und dann naturgemäß mit sehr geringen Entnahmen je Flächeneinheit vorgenommen. Alle Veränderungen des Bestandesgefüges, der Bestandesoberfläche, aber auch der Zuwachsgänge würden dann kontinuierlich und kaum wahrnehmbar verlaufen. Dieses Ideal der Eingriffserfolge ist jedoch aus zwei Gründen nicht zu verwirklichen:
– Der Hiebsanfall je Flächeneinheit würde unwirtschaftlich klein;
– die Auszeichnungsarbeit müßte jedes Jahr auf der gesamten Betriebsfläche mit Ausnahme der Verjüngungen ausgeführt und damit sehr aufwendig werden.

Deshalb wird jeder Durchforstungsbestand in mehr oder weniger langen Intervallen bearbeitet. Für die Länge dieser Intervalle gibt es mehrere Bestimmungsgründe:
– Fast alle Ertragstafeln geben Daten für 5-Jahresperioden an und suggerieren damit auch eine fünfjährige Durchforstungswiederkehr.
– In der forstlichen Praxis ist es dagegen durchweg üblich, mit Eingriffsintervallen von zehn Jahren zu arbeiten, was etwa eine Durchforstung im Laufe jedes Einrichtungszeitraumes bedeutet.
– An biologischen Gesetzmäßigkeiten wird die Durchforstungshäufigkeit orientiert, wenn sie sich nach der Höhenentwicklung der Bestände richtet. Sie ist dann hoch, wenn Intervalle von zwei Oberhöhenmetern als Maßstab gesetzt werden. Seltener muß durchforstet werden bei Höhenzuwächsen von drei oder gar vier Metern als Bezugsbasis *(vgl. Abb. 8.12)*. Vor allem aber bedeutet eine solche Art des Vorgehens, daß die zeitlichen Abstände zwischen zwei Eingriffen wegen des schnelleren Jugendwachstums zunächst kürzer sind als in fortgeschrittenen Phasen der Bestandesentwicklung *(s. Tab. 8.5)*.
– Vielfach wird die Wiederkehr von Eingriffen nach der Durchforstungsbedürftigkeit eines gegebenen Bestandes ausgerichtet, und diese wiederum im Anhalt an die Kriterien Schluß- und Bekronungsgrad eingeschätzt *(vgl. Kap. 5.2.3.3 und Abb. 5.27)*.
– In sehr dicht gehaltenen Beständen mit ungünstigen Stabilitätsindikatoren kommen grundsätzlich nur schwache Eingriffe in Frage, die dann allerdings in besonders kurzen Intervallen von nicht mehr als drei bis vier Jahren wiederholt werden müssen.
– Einige neuere Durchforstungskonzepte sehen in Nadelbaumbeständen – bei stammzahlärmerer Bestandesbegründung und entsprechend stabil herangewachsenen Bäumen – nur wenige, aber starke Eingriffe bis zum Erreichen der ersten Hälfte der Umtriebszeit vor, denen dann eine längere Periode der Hiebsruhe folgt.

Tab. 8.5: 2-m-Oberhöhenintervalle in einem Fichtenbestand und Zeitdauer, sie zu durchwachsen (ASSMANN/FRANZ, 1963, Oberhöhenbonität 32).

OBERHÖHEN-INTERVALL	DAUER
m	Jahre
9–11	4
20–22	5
27–29	10
32–34	15

8.1.5.4   Naturnähe

In Naturwaldbeständen der Aufbauphase *(vgl. Abb. 5.3)* kommt es infolge der Konkurrenz um den Standraum zu einem permanenten Ausscheiden der unterlegenen Bestandesglieder. Da die meisten Wirtschaftswälder sich in einer dieser Aufbauphase vergleichbaren Situation befinden, ereignet sich derselbe Ausscheidungsprozeß dort ebenfalls. Das ist der Grund dafür, daß auch junge Bestände des Wirtschaftswaldes, wenn sie nicht durchforstet werden, sehr bald voll von totem und absterbendem Material stehen. Die frühen Durchforstungskonzepte verfolgten zunächst nichts weiter als die Ausnutzung dieses Prozesses. So greift die schwache Niederdurchforstung dem natürlichen Ausscheidungsprozeß kaum vor und auch die mäßige Niederdurchforstung nur wenig. Erst mit starken Niederdurchforstungen wird er beschleunigt.

Das Bild ändert sich allerdings für alle Durchforstungsarten und -grade, die eine Formung des Bestandes durch Arbeiten im Herrschenden vorsehen. Dafür werden zwei Kriterien herangezogen:
– Zum einen die **Qualität der Schäfte** im holztechnologischen Sinne und
– zum anderen die **Vitalität der zu fördernden Bäume.**

Die Schaftqualität ist ein ganz und gar naturferner Gesichtspunkt, während Vitalität als das natürliche Auslesekriterium schlechthin bezeichnet werden kann. Immer dann, wenn große Vitalität und hohe Schaftqualität nicht zusammengehen, sind waldbauliche Eingriffe erforderlich, die keine Parallele in Naturwäldern haben. Der Aushieb von herrschenden oder gar vorherrschenden Bäumen mit technologischen Mängeln an den Stämmen, die deren Verwertbarkeit einschränken, ist daher eine absolut nicht naturgemäße Maßnahme. Dabei werden nämlich Individuen entfernt, die sich mit großer Wahrscheinlichkeit bis in sehr fortgeschrittene Entwicklungsstadien der Bestände durchgesetzt hätten. Dagegen handelt es sich bei den durch ihren Aushieb geförderten Bäumen um solche, deren Ausscheiden im weiteren Verlauf der Bestandesentwicklung sehr wahrscheinlich gewesen wäre. Je früher die sich anbahnende natürliche Entwicklung umgekehrt wird, desto reaktionsfähiger sind die geförderten, qualitativ hochwertigen, aber zunächst nicht sehr vitalen Bäume noch, und desto rascher und wirkungsvoller können sie durch Vergrößerung ihres Assimilationsapparates ihre Vitalität steigern.

Ziel einer schon mit der Begründung beginnenden und durch Läuterungseingriffe gelenkten Bestandeserziehung muß es daher sein, **Vitalität** und **Qualität** zu vereinen. Damit wird eine Situation geschaffen, in der solche Bäume, die sich durch ihre Vitalität aus eigener Kraft behaupten würden, auch alle Qualitätsansprüche erfüllen. Diese ideale Kombination von natürlicher Entwicklungsdynamik und wirtschaftlichem Anspruch hat zudem den unschätzbaren Vorteil, daß es auch in Zeiten waldbaulichen Notstandes – wenn z. B. aus übergeordneten Gründen einige Jahrzehnte lang keine Eingriffe vorgenommen werden können – nicht zu gravierenden Fehlentwicklungen kommt. Es hat sich gezeigt, daß im allgemeinen schon nach wenigen Eingriffen mit Auslesecharakter die angestrebte Bestandesstruktur und Dominanz der geförderten Bäume erreicht werden.

Werden solche Korrekturen der natürlichen Abläufe dagegen erst in fortgeschrittenen Entwicklungsstadien der Bestände vorgenommen, so ist sehr sorgfältig abzuwägen, ob die Schaftfehler eines hoch vitalen und sehr wuchskräftigen Baumes tatsächlich so groß sind, daß sie durch die technologischen Vorzüge eines meist deutlich schwächeren und nur langsam auf Freistellung reagierenden Baumes ausgeglichen werden. Darum gilt grundsätzlich, daß die natürliche Entwicklung junger Bestände ohne große Einbußen durch Entnahme sehr vitaler, aber ungeeigneter Individuen korrigiert werden kann, während gleichartige Eingriffe in älteren Beständen immer zu Produktions-, Stabilitäts- und oft auch zu Wertverlusten führen.

8.1.5.5   Die ökologischen Wirkungen der Durchforstung

Durchforstungen stellen periodisch wiederkehrende Veränderungen der Bestandesdichte dar; je nach Art des Eingriffs können diese stärker oder schwächer ausfallen. Alle von der Bestandesdichte gesteuerten ökologischen Faktoren werden dadurch beeinflußt. Solange nicht sehr starke Eingriffe, wie z. B. Lichtungen, geführt oder ganz extreme Überdichten aufgelockert werden, bewegen sich die Veränderungen der Kronenschicht mit ihren Strahlung und Niederschlag abfangenden Oberflächen allerdings in einem Bereich, in dem ökologische Auswirkungen nur wenig ausgeprägt sind. *Übersicht 8.9* zeigt das.

Außerdem ist zu bedenken, daß die ökologischen Folgen von Durchforstungsmaßnahmen von dem Zeitraum, der seit dem Eingriff verstrichen ist, abhängen. Unmittelbar nach dem Hieb sind sie deutlicher als einige Jahre später. Die Verbesserung vor allem des Lichtgenusses der verbleibenden Bäume regt diese ja zu verstärkter Produktion an, so daß die Dichte des Kronendaches mehr oder weniger schnell wieder der Ausgangssituation vor der Durchforstung zustrebt. Die bedeutsamste Wirkung der Durchforstung ist es denn auch nicht, ein Mehr an Licht und Feuchtigkeit zu schaffen, sondern das Angebot an diesen Produktionsfaktoren auf eine optimale Zahl von qualitativ hochwertigen und stabilen Bäumen zu konzentrieren.

8.1.6   Die Erziehung von Beständen der wichtigsten Baumarten

8.1.6.1   Fichtenbestände

8.1.6.1.1 Biologische Eigenarten

Die Fichte ist eine Halbschattbaumart mit verhältnismäßig langsamer Höhenentwicklung in der frühen Jugend, die durch Wildverbiß, Frost und starke Unkrautkonkurrenz noch zusätzlich verzögert werden kann. Natürlich entstandene Fichtenverjüngungen zeichnen sich oft durch extreme Überdichten aus. Aber auch die bis heute vielfach gebräuchlichen engen Pflanzverbände haben infolge versäumter Läuterungen und Durchforstungen zu dichte Bestände entstehen lassen. Deren Schwächen sind einmal verstärkte Austrocknung des Bodens durch sehr hohe Niederschlags-Interzeption und zum anderen geringe Stabilität der Einzelbäume schon in jugendlichem Alter.

Der laufende jährliche Volumenzuwachs kulminiert auf besseren Standorten im Altersbereich von 45–55 Jahren, während der durchschnittliche Gesamtzuwachs auch in über hundertjährigen Beständen noch in der Nähe der maximal möglichen Werte liegt.

Besonders in der ersten Hälfte der üblichen Umtriebszeit von 100 Jahren reagieren Fichtenbestände vehement auf die mit Durchforstungseingriffen verbundenen Auflichtungen des Kronendaches. Aber auch in fortgeschrittenem Alter bleiben Zuwachsreaktionen auf Kronenfreistellung deutlich. Allerdings dauert es dann wesentlich län-

Übersicht 8.9:   Zur Ökologie von Durchforstungsmaßnahmen (im Anhalt an MITSCHERLICH, 1981).

ÖKOLOGISCHER FAKTOR	BESCHREIBUNG
Licht	Jede Durchforstung verbessert die Lichtverhältnisse am Boden. Je stärker sie ausgeführt wird, desto ausgeprägter ist das der Fall. Dadurch wird einmal die Menge an diffusem Licht, das in den Stammraum gelangt, vergrößert, und zum anderen werden Lichtflecke häufiger, da auch direktes Licht verstärkt den Boden erreicht. Bei konsequent durchgehaltenen stärkeren Durchforstungseingriffen wird außerdem die Berührungszone zwischen den Kronen benachbarter Bäume in tiefere Schichten verlagert und damit der Lichtkronenbereich vergrößert, wodurch sich die Zunahme des Lichtungszuwachses am verbleibenden Bestand erklärt.
Temperatur	Die Unterschiede zwischen den Lufttemperaturen im Stammraum verschieden stark durchforsteter Bestände sind nicht sehr groß. Ökologisch bedeutsam werden sie erst nach extrem starken Eingriffen, vor allem, wenn – wie im Falle der Lichtung – eine dauernde oder doch wenigstens eine länger andauernde Unterbrechung des Kronenschlusses eintritt. Da die Bodentemperatur in Beständen von der Lufttemperatur im Stammraum ganz wesentlich bestimmt wird, verhält sie sich ähnlich wie diese.
Wasserhaushalt	Mit der Entnahme von Bäumen werden die Bestandesoberfläche und dadurch die Interzeptionsverluste verringert. Es gelangt also mehr Niederschlag auf den Boden. Das gilt vor allem für die ersten Jahre nach dem Eingriff. Wie schon für die vorstehend genannten Faktoren gilt allerdings auch hier wieder, daß substantielle Gewinne an bestandesverfügbaren Feuchtigkeitsmengen nur bei Beseitigung von großen Überdichten oder nach sehr starken Durchforstungen zu erwarten sind. Die Verhinderung von Überdichten ist daher in jedem Altersstadium eine ganz wichtige wasserökologische Zielsetzung von Durchforstungsmaßnahmen: Das gilt vor allem für Nadelbaumbestände mit ihrer austrocknenden Wirkung auf den Boden. Bei mehr Licht am Boden pflegen sich jedoch auch Bodenvegetation oder Jungwüchse zu entwickeln, die ihrerseits Interzeption und natürlich Wasserverbrauch bewirken.
Boden	Wirkungen auf die im Boden ablaufenden Prozesse treten ein, wenn Bodentemperaturen und Wassergehalt sich verändern. Nach Durchforstungseingriffen ist das zu erwarten. Nennenswerte Einflüsse auf den Boden dürften allerdings erst bei Eingriffsstärken auftreten, die bereits außerhalb der gebräuchlichen Durchforstungsgrade, also im Bereich der Lichtung oder von Verjüngungshieben liegen. Stark in jüngeren Beständen geführte Eingriffe wirken der auf sauren Standorten häufigen Rohhumusbildung unter Fichten und Kiefern entgegen und verringern dadurch die Entkoppelung der Nährstoffkreisläufe.
Bodenvegetation	In jüngeren Beständen von Schatt- oder Halbschattbaumarten kommt Bodenvegetation auch nach starken Durchforstungseingriffen nicht oder doch nur sehr kurzfristig an. Das ändert sich erst, wenn das Kronendach dauernd aufgelichtet wird, also bei lichtungsartigem Vorgehen und fehlendem Unterstand. Nach verspäteten und dann oft zu stark geführten Eingriffen in älteren Beständen schließen sich die Kronen nur langsam. Das ermöglicht einer meist von Grasarten oder Brombeeren dominierten Bodenvegetation anzukommen. Sie überdauert die mit dem Zuwachs der freigestellten Kronen einhergehende erneute Lichtreduktion jahrzehntelang, wobei sie sich ausschließlich auf vegetative Weise ausbreiten kann (vgl. *Übersicht 7.25*). Sie stellt dann durch Interzeption und Wasserverbrauch eine Konkurrenz für die Baumbestände dar. In Beständen aus Lichtbaumarten besteht ein Lichtklima, das in fortgeschrittenen Altersstadien auch dichter Bestände das Ankommen einer Schicht von Bodenvegetation zuläßt. Jede Durchforstung, je stärker umso mehr, führt daher zu einer Verdichtung dieser Vegetationsschicht. Durch Unterbau kann dieser Effekt verhindert werden.

ger als in der Jugend, bis die Kronen sich auf veränderte lichtökologische Situationen eingestellt haben.

Die Fichte ist vor allem gefährdet durch Schnee und Sturm *(vgl. Kap. 8.1.1)* sowie durch Rotfäule. Schnee- und Sturmgefährdung können durch waldbauliche Maßnahmen ganz beträchtlich herabgesetzt werden. Angesichts der außerordentlich hohen Schadanfälle der letzten Jahrzehnte in den Fichtengebieten Mitteleuropas muß die Schadensminderung bei allen Erziehungsmaßnahmen absoluten Vorrang haben.

Ist die Rotfäule standortbedingt, so kann ihr waldbaulich nicht begegnet werden. Sie wird dann zur bestimmenden Größe für die Festlegung von Umtriebszeit oder Zieldurchmesser. Aber auch bei solchen Ausgangslagen lassen sich die Bäume durch frühe markante Freistellungen in verwertbare Dimensionen bringen, bevor sie wegen der Fäule genutzt werden müssen. Die sorgfältige Vermeidung von Wundfäulen ist Kennzeichen jedes richtig geführten Erziehungseingriffs. Die in *Kap. 8.1.2* gemachten Ausführungen dazu gelten ganz besonders für die Fichte.

Für die Erziehung dieser Baumart ergibt sich aus ihren biologischen Eigenarten, daß bei dichter Begründung Stammzahlregulierungen in möglichst frühen Entwicklungsstadien erforderlich werden. Die daran anschließenden frühen Durchforstungen können dann stark geführt werden, da die kräftig reagierenden Bäume des verbleibenden Bestandes keine Zuwachseinbußen aufkommen lassen. Im letzten Viertel oder Drittel der Umtriebszeit sollten keine oder nur noch geringe Eingriffe geführt werden, so daß der volle und noch immer sehr hohe Zuwachs ganz an die verbliebenen, bereits gut entwickelten und vitalen Haubarkeitsstämme angelegt wird. Dabei bietet das dann wieder völlig geschlossene Kronendach mit seiner geringen Rauhigkeit den Stürmen wenig Angriffsflächen. Es bilden sich so Bestände heraus, die durch die Art der Behandlung und der frühen Phase ihrer Entwicklung individuelle Stabilität aufbauen konnten, die in den letzten Jahrzehnten vor der Ernte durch ausgeprägte kollektive Stabilität ergänzt wird. Bei aller Problematik der Überführung von gleichförmigen Schlagwäldern in stärker strukturierten Wald bieten sich solche Bestände zu vorsichtiger Zielstärkennutzung an, da eine genügend große Zahl an individuell stabilen Bäumen im Sinne von *Abb. 6.23* vorhanden ist *(vgl. Kap. 8.1.5.2.3)*.

8.1.6.1.2 Holzwirtschaftliche Eigenarten

Die Fichte ist eine Baumart von großer Volumenleistung. Bei den gebräuchlichen Umtriebszeiten zeichnet sich die Holzproduktion durch einen hohen Anteil an Stammholz aus, er liegt bei rd. 80 % *(s. Tab. 8.6)*. Dieser Wert erfährt gegenwärtig noch dadurch eine Steigerung, daß schwächeres Holz, das bisher als Industrieholz verwertet wurde, infolge moderner Sägetechniken – wie z. B. Profilzerspanung – zu Schnittholz verarbeitet werden kann. Der größte Teil des heute anfallenden Industrieholzes besteht aus in frühen Durchforstungen anfallendem Schwachholz und aus schwachen Gipfelstücken. Das Stammholz gehört ganz überwiegend der Güteklasse B an, dessen Wert allerdings mit dem Durchmesser beträchtlich ansteigt. Ein Ziel des Fichtenwaldbaus muß daher ein möglichst hoher Anteil an Stämmen mit Mittenstärken ≥ 25 cm (Kl. 2b) sein. Die Güteklasse C ist mit etwa 15 % am Stammholzanfall beteiligt. Darin sind ästige und stark abholzige Gipfelstücke sowie Randstämme als waldbaulich nicht beeinflußbare Größen enthalten. Oft handelt es sich aber auch um Fäule, wie sie bei unsachgemäßen Fällungs- und Rückungsmaßnahmen sowie aus Schälwunden in Rotwildgebieten entsteht. Holz der Güteklasse A kommt bei der Fichte praktisch nicht vor. Das ist darauf zurückzuführen, daß diese Baumart sich nicht von ihren Ästen

Tab. 8.6: Der **Anfall an Fichtenholz (einschließlich Tanne und Douglasie) im Bayerischen Staatswald** im Mittel der Wirtschaftsjahre 1983-1987, errechnet aus der Holzpreisstatistik für Großverkäufe (n. BAYER. STAATSFORSTVERW., 1983–1987).

SORTE	GÜTEKLASSE	STÄRKEKLASSE	MENGE fm	%	PREIS DM/fm
HL	A	3b-6	110	< 0,1	322
		1	5 470	0,3	100
		2	62 360	3,4	115
H	–	3	139 010	7,6	136
		4	239 240	13,2	156
		5	190 340	10,5	181
		6	90 290	5,0	197
Σ H			726 710	40,0	159
	B	1a-6	160 360	8,8	141
HL	C	1a-6	297 720	16,4	123
	D	1a-6	68 250	3,8	83
Sonst. Stammholz	ohne Angabe	1a-6	205 970	11,3	146
Σ Stammholz			1 459 120	80,2	144
I Σ aller Sortimente			359 150	19,8	84
Σ Fichte			1 818 270	100,0	132

Kleinverkäufe, Abgaben an Selbstwerber sind darin nicht enthalten. Da die Altersklassenverteilung dieser Baumart auf der Staatswaldfläche einigermaßen ausgeglichen ist, vermittelt diese Darstellung wahrscheinlich ein zutreffenderes Bild von der Zusammensetzung des Holzanfalls, als das eine modellhafte Ableitung aus hypothetischen Betriebsklassen täte.
(Alle Abkürzungen entsprechen den in der Verordnung über gesetzliche Handelsklassen für Rohholz von 1969 verwendeten.)
Bis 1992 wurde im süddeutschen Raum das Fichtenlangholz nach der Heilbronner Sortierung (H), Abschnitte jedoch nach der Mittenstärkensortierung (HL) ausgehalten. Danach ergab sich, daß Stark- gegenüber Schwachholz oft mehr als den doppelten Preis je Volumeneinheit erzielte und ein ähnliches Verhältnis zwischen den Güteklassen D und B bestand (vgl. Tab. 5.6 und 5.7). Der Stammholzanteil des Anfalls an Fichtenholz ist mit rd. 80 % höher als bei allen anderen Baumarten – ein Grund für deren wirtschaftliche Wertschätzung. Erlösdaten der letzten Jahre zu bringen, denen nur noch die Mittenstärkensortierung zugrunde liegt, ist wegen des jahrelangen Preisverfalls nach den Orkanen 1989/90 und der politisch bedingten Dumpingimporte nicht sinnvoll.

reinigt. Fichtenholz ist daher auch im unteren Stammabschnitt immer ästig. Astfreies Wertholz der Fichte wird jedoch so hoch bezahlt, daß es sinnvoll ist, auf entsprechenden Standorten (vgl. Kap. 8.4) systematisch geästete Betriebsklassen aufzubauen.

Als Fazit aus diesen holzwirtschaftlichen Überlegungen ergibt sich: Die Fichte muß so erzogen werden, daß zum einen möglichst wenig Schwachholz anfällt und zum anderen große Durchmesser erreicht werden. Dabei ist die Standraumregulierung so zu gestalten, daß die Ästigkeit des Stammholzes nicht in einem Maße zunimmt, das eine Abqualifizierung von B nach C zur Folge hätte. Der Wertholzanteil kann nur durch Ästung substantiell erhöht werden.

8.1.6.1.3 Erziehungskonzepte für die Fichte

Die Erreichung der in den vorhergehenden Abschnitten postulierten Erziehungsziele für Fichtenbestände wird auf verschiedene Weisen angestrebt *(s. dazu Tab. 8.7):*
– In der Vergangenheit als Regelfall, aber vielerorts auch heute noch, wurden und werden Fichtenbestände niederdurchforstet, und zwar meist nur in mäßiger Stärke. Stark geführte oder gar schnellwuchsartige Durchforstungen sind selten konsequent vorgenommen worden. Da bis vor wenigen Jahren hohe Pflanzendichten bei der Kulturbegründung üblich waren, baumzahlregulierende Läuterungen kaum ausgeführt wurden und die ersten Durchforstungseingriffe meist erst im vierten oder gar fünften Lebensjahrzehnt erfolgten, ist es nicht verwunderlich, daß großflächig Fichtenbestände heranwachsen, die durch unzureichende Durchmesserentwicklung und damit verbundene geringe Stabilität gekennzeichnet sind.

Tab. 8.7:   Wichtige Parameter zur Definition gebräuchlicher Durchforstungen in Fichtenbeständen, dargestellt am Beispiel der II. Ertragsklasse (WIEDEMANN, 1937; GEHRGARDT, 1925; BADEN-WÜRTTEMBERGISCHE FORSTLICHE VERSUCHSANSTALT, 1975).

ALTER	NIEDERDURCHFORSTUNG			SCHNELL-WUCHS-DURCH-FORSTUNG	AUSLESE-DURCH-FORSTUNG
	mäßig B	stark C	gestaffelt C/B		
J.		Baumzahl/ha (mittl. Durchm.)			
20	5 920 (6)	4 800 (7)	5 920 (5)	4 520 (6)	2 500 (–)
40	2 300 (13)	1 795 (14)	1 800 (14)	1 380 (17)	2 000 (–)
60	1 280 (20)	920 (21)	990 (21)	560 (29)	850 (–)
80	790 (26)	512 (30)	610 (28)	280 (41)	400 (–)
100	520 (33)	340 (37)	420 (35)	170 (53)	400 (–)
120	350 (39)	250 (43)	300 (41)	– –	– –
Vornutzungs-prozent bis zum Alter 100 J.	37	47	40	54	30
GWL$_{100}$ Vfm$_D$	960	940	938	1 111	–
Haubarkeits-ertrag i.A. 100 J. Vfm$_D$	600	502	559	511	–

Den Wiedemannschen Ertragstafeln für Niederdurchforstungen liegen Baumzahlen zugrunde, die sich aus den bis in die 70er Jahre üblichen hohen Ausgangsdichten ergeben. Sie werden in unterschiedlicher Stärke kontinuierlich bis zum Endnutzungszeitpunkt reduziert. Dieser wird mit sehr verschiedenen Baumzahlen erreicht. Die mittleren Durchmesser verhalten sich dabei umgekehrt proportional zur Baumzahl. Während die Gesamtwuchsleistung durch die unterschiedlichen Durchforstungen nicht wesentlich beeinflußt wird, sind doch die im Wege der Vornutzungen geernteten Holzmengen umso höher, je stärker die Eingriffe waren.
Ganz anders ist die Vorgehensweise bei der Anwendung der Auslesedurchforstung im Anhalt an das von ABETZ entwickelte Konzept. In Beständen mit geringeren Ausgangsdichten werden 400 Auslesebäume je ha früh ausgewählt und so herausgearbeitet, daß der Bestand etwa vom Alter 70–80 J. an nur noch aus ihnen besteht. Der Anfall an Vornutzungen wird so auf etwa 30 % reduziert.

– Neuere Erziehungsmaßnahmen, die vor allem von ABETZ (1975) und KRAMER (1966) geprägt sind, gehen von einer wesentlich geringeren Ausgangsdichte aus oder sehen Baumzahlreduktionen bereits in der Läuterungsphase vor. Im Höhenbereich zwischen etwa 12 und 20 m werden dann Eingriffe als Auslesedurchforstungen geführt. Deren Ziel ist es, die besten Bäume – im Falle der Fichte sind das nahezu immer die vitalsten – durch die Entnahme von konkurrenzkräftigen Nachbarn nachhaltig, aber ohne dauernde Schlußunterbrechung zu fördern. Die Phase der Auslese wird dann im Verlauf weniger Jahrzehnte abgeschlossen. Danach wird die Endbaumzahl zwei bis drei Jahrzehnte vor Ablauf der Umtriebszeit mittels nieder-durchforstungsartiger Eingriffe eingestellt und schließlich Hiebsruhe bis zur End-nutzung eingehalten.

Ein gutes Bild von der Entwicklung reiner Fichtenbestände unter dem Einfluß ver-schiedener Durchforstungsarten geben die *Abb. 8.12* und *8.13*.

Einschränkend und kritisch ist zu jeder Art von Auslesedurchforstung, die früh auf eine relativ geringe Zahl von Auslesebäumen setzt, folgendes zu bemerken:
– Die den Bestand früh dominierenden Individuen sind so bedeutsam für dessen Entwicklung, daß Verluste durch Schadeinwirkungen gravierender sind als bei stammzahlreicher Erziehung.
– Mit der Herausarbeitung der Auslesebäume im Verlauf der Durchforstung ist eine deutliche Vergrösserung der Jahrringbreiten verbunden. Ist sie sehr ausgeprägt, könnte damit ein Wertverlust einhergehen. Ob er jedoch tatächlich eintritt und in welcher Größenordnung, ist vorerst noch völlig offen.
– Schnellwachsende, großkronige Bäume neigen dazu, starke Wurzelanläufe, unregel-mäßige Schaftquerschnitte und ausgeprägten Drehwuchs als Stabilisierungsreaktio-nen auszubilden. Auch tief ins Holz reichende Schaftrisse sind besonders an solchen Individuen festgestellt worden (CASPARI, 1991). Diese Erscheinungen sind zwar bisher nicht von großer Bedeutung, doch müssen sie in Zukunft intensiv beobachtet werden.
– Die auf solche Weise erzogenen Bestände behalten zwar bis in die Erntephase den Charakter des gleichaltrigen Schlagwaldes. Sie unterscheiden sich jedoch fundamen-tal von den bisher üblichen dicht gehaltenen Beständen dadurch, daß jeder Baum ein hohes Maß an individueller Stabilität aufweist. Sie ist so ausgeprägt, daß Ziel-durchmessernutzungen möglich werden. Durch die auch bei dieser Erziehungsform weite Durchmesserspreitung der Auslesebäume wird es möglich, die Endnutzung über einen Zeitraum von zwei (oder mehr) Jahrzehnten hinzuziehen und die Ver-jüngung – sei es in Form eines Baumartenwechsels, sei es mit der Schaffung vertika-ler Stufung – damit zu verbinden.
– Wird zur Verbesserung der Stabilität mit sehr geringen Ausgangsdichten gearbeitet, wie das heute nicht selten geschieht, oder wird die Baumzahl im Zuge der Läute-rung sehr stark reduziert, so entsteht unvermeidlich stärkere Ästigkeit auch im unteren Schaftteil. Diese muß als Preis für den Stabilitätsgewinn akzeptiert werden oder kann durch Ästung, möglichst noch im Grünaststadium, beseitigt werden. Dabei sollten aber keinesfalls mehr als 300 Bäume pro Hektar diese Behandlung erfahren.

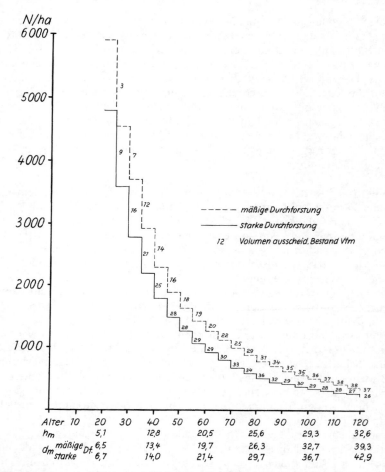

Abb. 8.12: Baumzahlenentwicklung von Fichtenbeständen II. Ertragsklasse nach den Ertragstafeln für mäßige und starke Niederdurchforstung und der darin vorgesehenen Eingriffsfolge in 5jährigen Intervallen (Wiedemann, 1936/42).

Die dargestellten Verläufe stellen Modelle dar, die nur bei den vorgegebenen hohen Ausgangsdichten und der geplanten Eingriffsfolge Gültigkeit haben. Sind die Ausgangsbestände dichter und beginnen die Eingriffe später, so leiden darunter Zuwachsleistung und Durchmesserentwicklung. Die zunehmende Instabilität erzwingt außerdem eine Änderung der Durchforstungsabfolge und zwar in Form häufiger wiederkehrender, aber nur sehr schwacher Eingriffe. Wird dagegen mit geringeren Ausgangsdichten begonnen, so ändert sich der Zuwachsgang in Richtung auf erhöhte Gesamtwuchsleistungen und deutlich gesteigertes Durchmesserwachstum: Höhere Stabilität macht dann stärkere Eingriffe in längeren Intervallen möglich. Die Bestandesentwicklungsmodelle der Ertragstafeln können daher immer nur als Vergleichsgrößen, nicht aber als Richtschnur verwendet werden.

Aus den Kurvenverläufen ist ohne Kenntnis der in *Übersicht 8.7* mitgeteilten Eigenarten der Niederdurchforstungsgrade nicht ersichtlich, daß die beiden Eingriffsstärken sich nicht nur quantitativ, sondern auch qualitativ erheblich unterscheiden: Mit der mäßigen Niederdurchforstung wird nur dem natürlichen Absterbeprozeß der abgedrängten Exemplare vorgegriffen, mit der starken dagegen der Bestand aktiv ausgeformt.

Abb. 8.13: Das Erziehungs-modell für Fichtenbestände nach ABETZ (Baden-Württembergische Forstliche Versuchsanstalt, 1975).

Ausgangslage ist eine Bestandesdichte von 2500 Fichten pro Hektar, die entweder durch die Art der Begründung oder durch frühe Baumzahlregulierung erreicht wird. Im Oberhöhenbereich um 15 m werden dann maximal 400 Auslesebäume (Zukunftsbäume) ausgewählt und durch die Entnahme der stärksten Bedränger bis zum Oberhöhenbereich um 21 m so freigestellt, daß sie die Entwicklung des Bestandes bestimmen. In der anschließenden Lebensphase werden in Form von Niederdurchforstungseingriffen alle verbliebenen Bäume bis auf die 400 Z.-Bäume entfernt. Für diese tritt dann Hiebsruhe bis zum Ende der Umtriebszeit ein.
Die Eingriffsfolge wird anhand der Oberhöhenentwicklung des Bestandes definiert. Im Falle von 2-m-Intervallen ergeben sich insgesamt 5, im Falle des 3-m-Intervalls 4 Eingriffe. Die Durchmesserentwicklung, wie sie für die Niederdurchforstung in *Abb. 8.11* dargestellt ist, kann für die Eingriffsfolge nach

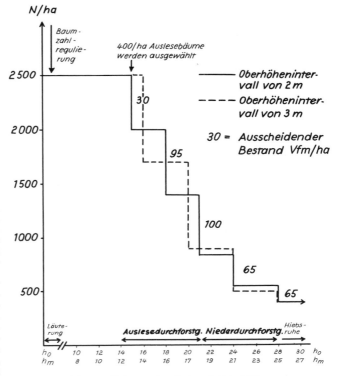

ABETZ infolge Fehlens exakter Daten vorerst noch nicht quantifiziert werden. *(vgl. auch Abb. 8.10)*.
Es deutet sich zudem in entsprechend behandelten Beständen an, daß die Z.-Baumzahl von 400 B./ha im Regelfall zu hoch ist. Bei gegebener Höhe pflegen sich nämlich die Kronen und Durchmesser der Z.-Bäume stärker als ursprünglich geschätzt zu entwickeln, so daß in höherem Bestandesalter einige von ihnen in den Zwischenstand abgedrängt werden. Deshalb sind derzeit – je nach Wuchsleistung und angestrebten Zielstärken – Z.-Baumzahlen im Bereich zwischen 200 und 350 B./ha - zu empfehlen.

8.1.6.1.4 Ertragskundliche Eigenarten

Die Produktionsleistung von Fichtenbeständen ist abhängig von
– der Ausgangsdichte,
– der Art, der Stärke und dem Zeitpunkt der Durchforstungen.

Die Auswirkungen unterschiedlicher Durchforstungsmaßnahmen können daher immer nur für Bestände hergeleitet werden, die aus gleichen Ausgangsdichten hervorgegangen sind und ähnliche Behandlungen in der Läuterungsphase erfahren haben. Halbwegs verläßliche Schlüsse sind derzeit nur für solche Durchforstungsprogramme möglich, für die vergleichende Versuchsreihen über längere Zeiträume existieren. Das aber sind vorerst ausschließlich Programme, die Eingriffsformen umfassen, wie sie der Verein Deutscher Forstlicher Versuchsanstalten 1902 definiert hat *(vgl. Übersicht 8.7)*.

Faßt man die Resultate solcher **Beobachtungen an niederdurchforsteten Beständen** zusammen, so lassen sich folgende Schlüsse ziehen *(s. Tab. 8.8 und Abb. 8.12)*:
- Mäßig geführte Durchforstungseingriffe verringern die Gesamtwuchsleistung gegenüber undurchforsteten Beständen nur geringfügig oder können sie sogar erhöhen.
- Auch starke Durchforstungen führen nicht zu nennenswerten Ertragseinbußen, wenn sie die Grundflächen nicht auf weniger als etwa 75 % derjenigen undurchforsteter Bestände senken.
- Starke Durchforstungseingriffe führen bei gebräuchlichen Umtriebszeiten zu einer so bedeutsamen Anhebung des Anteils von Stammholz hoher Durchmesserklassen am Gesamtanfall, daß die damit verbundene Wertzunahme mögliche Verluste an Volumenproduktion überwiegt.
- Stark durchforstete Bestände sind schwächer durchforsteten gegenüber infolge des höheren Anteils an stabilen Bäumen mit einem niedrigen h:d-Verhältnis besonders widerstandsfähig gegen Schnee und Sturm.
- In frühzeitig stark durchforsteten Fichtenbeständen sinkt der Anteil sehr schwachen Industrieholzes an der Gesamtwuchsleistung. Der Anteil von C-Holz steigt dagegen als Folge des längeren und stärker ästigen Kronenbereiches an.
- Es deutet alles darauf hin, daß Niederdurchforstungen der Forderung nach hoher Volumenleistung bei großem Starkholzanteil am besten gerecht werden, wenn in der ersten Lebenshälfte des Bestandes stark und in der Folge dann mäßig eingegriffen wird. Die sich ergebende Staffelung der Eingriffsstärke sollte allerdings bei den frühen starken Eingriffen noch deutlich über das hinausgehen, was die gegenwärtigen Ertragstafelmodelle für gestaffelte Durchforstung (WIEDEMANN, 1937; ASSMANN/FRANZ, 1963) vorsehen.

Die wichtige Frage, wie Bestände sich ertragskundlich verhalten werden, die nach **moderneren Durchforstungskonzepten** behandelt worden sind, läßt sich vorerst mangels langfristig beobachteter Versuche nur unter Vorbehalten beantworten. Immerhin können folgende Reaktionen erwartet werden:
- Von standraumgerecht begründeten oder in der Läuterungsphase entsprechenden Baumzahlreduktionen unterzogenen Beständen ist eine um bis zu 10 % höhere Volumenproduktion zu erwarten als von solchen, die in bisher üblicher Dichte aufwachsen.
- Liegen die Dichten im Bereich von nicht mehr als 2 500 Bäumen pro Hektar, so sind bis zum Erreichen einer Oberhöhe von etwa 15 m keine Eingriffe nötig, und gleichzeitig kann ausgeschlossen werden, daß Aststärken von wesentlich mehr als 2,0 cm im unteren Schaftbereich ausgebildet werden, womit die Gefahr der Abqualifizierung des wertvollsten Schaftstückes von B nach C heraufbeschworen werden würde.
- Mit anschließenden **Auslesedurchforstungen** wird der Zuwachs auf die Auslesebäume konzentriert *(vgl. Abb. 8.11)*, die, da im Maximum ihrer Leistungsfähigkeit befindlich, mit erheblichen Durchmesser- und Volumenzuwächsen reagieren. Dabei ist es gleichgültig, ob die Entnahmen zuwachskräftiger Konkurrenten hochdurchforstungsartig in freier Form erfolgen oder ob eine bestimmte Anzahl Auslesebäume bestimmt und dann systematisch freigestellt wird. Durch die starken Eingriffe in dieser Phase wird der Vorrat des verbleibenden Bestandes vorübergehend abgesenkt, füllt sich aber in der Zeit der nachfolgenden Hiebsruhe wieder auf, in der sich der Zuwachs dann auf die relativ wenigen Haubarkeitsbäume konzentriert. Soweit bisher erkennbar, zeichnen sich nach solchen Konzepten behandelte Bestände durch folgende ertragskundliche Eigenarten aus:

– Der Anfall schwachen Holzes bleibt gering,

– ein großer Teil der Gesamtwuchsleistung wird in die Produktion sehr starken und daher wertvollen Holzes gelenkt. Volumenminderleistungen, die durch die starken Eingriffe in der mittleren Entwicklungsphase der Bestände eintreten könnten, werden durch den Wertzuwachs überkompensiert.

– Der Endbestand setzt sich im wesentlichen aus großkronigen, leistungsfähigen und stabilen Bäumen zusammen. Nur wenige Bäume verbleiben im Zwischen- und Unterstand, die – wie ABETZ vorschlägt *(vgl. Abb. 8.13)* – im Wege niederdurchforstungsartiger Eingriffe vor Eintritt der Hiebsstärke entnommen werden sollen.

– Durch die langanhaltende Hiebsruhe in den letzten, besonders sturmgefährdeten Entwicklungsstadien der Bestände wird das Schadenrisiko zusätzlich vermindert.

8.1.6.1.5 Die Praxis der Erziehung von Fichtenbeständen

Die praktische Arbeit in Fichtenbeständen erfordert wesentlich differenziertere Überlegungen als das nach der Darstellung der Erziehungskonzepte zu vermuten wäre. Das ist darauf zurückzuführen, daß die Bestände sich je nach Ausgangslage und Art der späteren Eingriffe auf unterschiedlichste Weise entwickeln. Dem Waldbauer werden dadurch immer wieder der jeweiligen Situation angepaßte Entscheidungen abverlangt. Die Grundlagen für solche Entscheidungen sind in der *Übersicht 8.10* für junge, mittelalte und alte Bestände bei verschiedenen Ausgangslagen zusammengestellt, und besonders sturmgefährdete Bestände werden als Sonderfall behandelt.

Tab. 8.8: Die Auswirkung verschiedener Durchforstungsstärken auf die Entwicklung eines Fichtenbestandes am Beispiel der Versuchsreihe Paderborn 90. Paderborner Hochfläche 290 m üNN, schw. pods. Braunerde, Oberboden pseudovergleyt (SCHOBER 1979, 1980).

VERSUCHS-FLÄCHE	EKL	DURCH-FORSTUNG	BEOBACH-TUNGS-ZEITRAUM Alter	BAUM-ZAHL	VBL. BEST. d_m	GWL	STAMMHOLZ B und C			C gering-wertig	INDU-STRIE-HOLZ	VOR-NUT-ZUNG	WERT-LEI-STUNG
							1b	2a	3a	3b				
			J.	B./ha	cm	Efm.o.R.		Efm.o.R.				Efm.o.R.	%	%
FoA.	A		23–73	699	32	850	206	166	235	22	31	190	24	100
Paderborn	B		28–73	460	37	822	146	78	274	81	62	181	35	101
Abt. 90	>I	Schnellw.	23–73	300	45	786	109	37	308	161	99	72	31	118

Eingriffe mit Niederdurchforstungscharakter haben am Ende des Beobachtungszeitraumes zu Beständen mit sehr unterschiedlichen Baumzahlen geführt, deren Gesamtwuchsleistung von der schwachen Durchforstung zum Schnellwuchsbetrieb um knapp 8 % absinkt. Wie die mittleren Durchmesser bereits vermuten lassen, erbringt die Zusammensetzung nach Stärkeklassen jedoch ein anderes Bild. Die mäßige Niederdurchforstung und dann wesentlich deutlicher die Schnellwuchsdurchforstung haben einen erheblich größeren Teil dieser Gesamtleistung in gut bezahlte Stammholzklassen aufsteigen lassen. Infolgedessen, aber auch wegen des deutlich geringeren Anfalls an Industrieholz, übertrifft die gesamte Wertleistung des von früher Jugend an sehr stark durchforsteten Bestandes den der anderen um 18 %. (Bei dem Sortiment „geringwertiges C-Holz" handelt es sich hauptsächlich um sehr ästige Kronenabschnitte, deren Anteil mit der Großkronigkeit der relativ frei erzogenen Bäume aus starken Durchforstungen zunimmt.)

Übersicht 8.10:   Gesichtspunkte für die **Erziehung von Fichtenbeständen im praktischen Betrieb.**

AUSGANGS-SITUATION	KRITERIEN	ERZIEHUNGSMASSNAHMEN
	Jungbestände $h_0 = 15$–18 m	
Standraumgerechte Begründung oder Stammzahlregulierung im Dickungsalter.	2 000–2 500 B./ha; h:d herrschender Bäume < 80 (–90)	Jedes der in *Kap. 8.1.6.1.5* vorgestellten Erziehungskonzepte ist anwendbar, wobei die ersten Eingriffe stark geführt werden, gleichgültig ob diese Nieder- oder Auslesedurchforstungscharakter haben. Wird geästet, so kommt nur Auslesedurchforstung in Frage.
Überdichte Begründung, keine stammzahlregulierenden Eingriffe.	2 500 B./ha	a) Es hat eine so starke natürliche Differenzierung der Einzelbäume nach Durchmessern stattgefunden, daß stabile und vitale Stämme in ausreichender Zahl (> 300 B./ha) und halbwegs gleichmäßiger Verteilung zur Verfügung stehen. Dann kann nach jeder der als zweckentsprechend charakterisierten Erziehungsformen vorgegangen werden, auch Ästung ist möglich.
		b) Das Bestandeskollektiv hat sich so wenig differenziert, daß auch die herrschende Baumschicht im wesentlichen aus kurzkronigen Individuen mit h:d-Werten von > 85 besteht. Hochdurchforstungsartige Eingriffe von mäßiger Stärke werden dann zur Auflockerung des oberen Kronendaches geführt und in kurzen (3–4 Jahren) Intervallen wiederholt. Der Zwischenstand bleibt zunächst zur Sicherung des Stützgefüges erhalten. Nach 10- bis 15jähriger vorsichtiger Formung und Stabilisierung des Bestandes Übergang zu starker Niederdurchforstung mit nachlassender Eingriffsstärke bei zunehmendem Alter. Ästung ist in solchen Beständen infolge mangelnder Stabilität der Ästungsbäume nicht ratsam.
	Mittelalte Bestände $h_0 = 18$–28 m	
Durch vorangehende Erziehungsmaßnahmen standraumgerecht ausgeformt und stabil.	Bekronungsgrad > 40 %; h:d der herrschenden Bäume < 80 (–85).	Konsequente Fortsetzung des einmal begonnenen Erziehungskonzeptes, Auslesedurchforstungen können jetzt nicht mehr begonnen, Ästungen nicht nachgeholt werden. Am Ende dieses Entwicklungsabschnittes sollte ein Bestand nur noch aus Haubarkeitsstämmen bestehen, die dann in eine Periode der Hiebsruhe eintreten.
Durch fehlende Bestandeserziehung überdicht.	Bekronungsgrad > 40 %; h:d der herrschenden Bäume > 85.	Vorsichtige Entnahme nur noch von schwächeren Bäumen der herrschenden Schicht durch mäßige Eingriffe in kurzen Intervallen, da alle Öffnungen des Kronendachs die Bestandesstabilität wesentlich erhöhen. Zunächst Belassung des Zwischenstandes als Teil des Stützgefüges. Später Übergang zu mäßiger Niederdurchforstung.

Übersicht 8.10:   (Fortsetzung)

AUSGANGS-SITUATION	KRITERIEN	ERZIEHUNGSMASSNAHMEN
	Alte Bestände $h_0 > 25$ m	
Aus einem systematischen Erziehungsprozeß hervorgegangen.	Bekronungsgrad $> 33\%$	Bei vorausgegangener Auslesedurchforstung nähert sich die Baumzahl den Endwerten, Hiebsruhe tritt ein. Unter- und Zwischenstand ist nicht mehr vorhanden. Bei gestaffelter Durchforstung nur noch Eingriffe von mäßiger Stärke durch Entnahme von im sozialen Gefüge zurückfallenden Bäumen. Verjüngungsnutzungen können später bei Einhaltung räumlicher Ordnung als Schirm-, Femel- oder Saumhiebe vorgenommen werden.
Aus Überdichten hervorgegangen.	Bekronungsgrad $< 33\%$	Bestandesformende Eingriffe sind infolge Instabilität nicht mehr möglich. Durch schwach bis mäßig geführte Hiebe werden nur noch unter- und zwischenständige Stämme geerntet, ohne daß es dabei zu Öffnungen des Kronendaches kommt. Spätere Verjüngungsnutzung nur durch Kleinkahlschläge oder in Form von Saumhieben möglich *(vgl. Abb. 6.24).*
	Fichtenbestände auf besonders sturmgefährdeten Standorten	
Bestände von weniger als 10–15 m Höhe.	Staunässe, organische Feuchtböden, topographisch sturmexponierte Flächen.	Bestandesbegründung mit Dichten unter 2 000 Pflanzen pro Hektar. Sonst frühzeitige und sehr radikale Baumzahlreduktion, vor allem in Naturverjüngungen und wo Selbstdifferenzierung nicht sehr ausgeprägt verläuft. Am Ende dieser Entwicklungsperiode sollten die Bäume noch bis fast an den Boden grün beastet sein.
Bestände von mehr als 10–15 m Höhe.		Bis zu diesem Zeitpunkt standortsgerecht behandelte Bestände werden in Form mäßiger, aber in kurzen Intervallen geführter Hiebe in der Baumzahl kontinuierlich bis zu einem Endwert abgesenkt, der bereits bei einer Oberhöhe von etwa 25 m erreicht wird. Verjüngungsnutzung erfolgt lange vor Erreichen gebräuchlicher Umtriebszeiten, da die Sturmgefahr mit zunehmender Baumhöhe zu stark ansteigt. Verjüngungsnutzung wird – wo standörtlich möglich – mit Baumartwechsel verbunden. Bis zu diesem Zeitpunkt überdicht gebliebene Bestände können kaum noch stabilisiert werden, da jeder das Kronendach aufrauhende Eingriff die Sturmgefährdung wesentlich erhöht. Daher vorsichtige Niederdurchforstungseingriffe in kurzen Intervallen und Beginn der Verjüngungsnutzung, sobald Stammholzsortimente anfallen.

8.1.6.2   Kiefernbestände

8.1.6.2.1 Biologische Eigenarten

Die Kiefer ist eine Lichtbaumart mit zügiger Höhenentwicklung in der Jugend. Die Kulmination des Höhenzuwachses wird von Bäumen guter Wuchsleistung bereits zwischen dem 10. und 15. Lebensjahr erreicht. Da die Kiefer sehr widerstandsfähig gegen Frost ist und kaum verbissen wird, kann sie diese Pioniereigenschaft besonders auf Kahlflächen voll ausspielen.

Der laufende Volumenzuwachs von Kiefernbeständen kulminiert schon im dritten Lebensjahrzehnt. Auch der ohnehin nicht sehr hohe durchschnittliche jährliche Gesamtzuwachs geht bereits nach dem 80. Lebensjahr deutlich zurück, eine Erscheinung, die sich bei natürlicher Altersverlichtung der Bestände noch beschleunigen kann. Tieflandkiefern zeigen gegenüber Höhenkiefern ein deutlich rascheres Jugendwachstum und eine frühere Kulmination des Zuwachses.

Die Kiefer ist besonders durch Schnee gefährdet und auf manchen Standorten auch nicht sturmfest. Mit dem Alter zunehmender Befall durch Kienzopf und Baumschwamm kann in späteren Entwicklungsphasen zu Verlichtungen der Bestände führen. Gegen Wundfäulen wie gegen Befall durch holzzerstörende Pilze überhaupt ist die Kiefer ziemlich widerstandsfähig, wenn auch in manchen Gebieten der Bundesrepublik Stammfäulen vorkommen, die Erdstammstücke entwerten und dadurch sowohl die Länge der Umtriebszeit als auch die Zieldurchmesservorgaben begrenzen können.

Für die Kiefer gilt ganz besonders, daß die entscheidenden Formungsmöglichkeiten im Zeitraum der Läuterung und der dann folgenden frühen Durchforstungseingriffe liegen.

8.1.6.2.2 Holzwirtschaftliche Eigenarten

Die Holzproduktion durchschnittlicher Kiefernbetriebsklassen *(s. Tab. 8.9)* ist durch mehrere ungünstige Erscheinungen geprägt:
– Der Anteil an Wertholz ist sehr gering.
– Geringwertiges Stammholz (Güteklassen C und D) hat einen größeren Anteil als Holz mittlerer Güte (Güteklasse B).
– Der Anteil an stärkeren Stämmen (Stärkeklasse $\geq$ 4) ist mit gerade 2 % äußerst gering.
– Etwa 40 % des Anfalls bestehen aus geringwertigem Industrieholz.

Infolge dieser Sortimentsverteilung, aber auch durch die Häufigkeit des Vorkommens geringerer Stammholzdurchmesserklassen, liegt der Durchschnittspreis des Kiefernholzes erheblich unter dem der Fichte.

Aus alldem ergeben sich für die Erziehung von Kiefernbeständen mehrere Forderungen:
– Der Normalholzanteil (Stammholz der Güteklasse B) ist auf Kosten des C-Holzes zu vergrößern. Das ist nur möglich, wenn schlecht geformte und ausgesprochen protzige Stämme im Verlauf sehr früher Eingriffe entnommen werden. Der C-Holzanteil aus dem ästigen Kronenbereich ist dagegen waldbaulich kaum zu beeinflussen.
– Durch standraumgerechte Begründung, scharfe Läuterungs- und frühe Durchforstungseingriffe muß das Durchmesserwachstum der Haubarkeitsstämme von Anfang

Tab. 8.9: **Der jährliche Anfall an Kiefernholz im Bayerischen Staatswald** (errechnet aus der Holzpreisstatistik für Großverkäufe – ohne Selbstwerbung, Berechtigung etc. – im Durchschnitt der Jahre 1983–87; *vgl. außerdem Bemerkung zu Tab. 8.6*).

SORTE	GÜTEKLASSE	STÄRKEKLASSE	MENGE		PREIS
			fm	%	DM/m³
L	SS		1 290	0,3	372
	TS		6 460	1,5	253
	Σ Wertholz		7 750	1,8	271
		1a	30	< 0,1	82
		1b	5 880	1,4	101
		2a	27 260	6,4	125
		2b	30 430	7,2	151
L	B	3a	20 940	4,9	179
		3b	9 660	2,3	207
		4	4 100	1,0	242
		5	350	0,1	281
		6	30	< 0,1	316
	Σ B		98 680	23,2	156
	C	1a-6	111 970	26,3	91
L	D sonst. Stammholz	1a-6	6 190	1,5	78
	ohne Angaben		40 530	9,5	
	Σ Stammholz		265 120	62,3	130
I	alle Sortimente		160 480	37,7	70
Σ Kiefer			425 600	100,0	107

an substantiell gefördert werden. Gleichzeitig geht dadurch der Anfall an schwachem Industrieholz zurück.
– Ein wesentlich größerer Anteil des Normalholzes als bisher muß Wertholzeigenschaften bekommen. Da die Kiefer zur Gruppe der Totasterhalter gehört, ist das nur durch Ästung zu erreichen.

8.1.6.2.3 Ertragskundliche und wirtschaftliche Eigenarten der Kiefernerziehung

Kiefernbestände sind mit 20–40 000 Pfl./ha in der Vergangenheit außerordentlich dicht begründet worden. Der Grund dafür war die Hoffnung, durch dichte Jugenderziehung Astreinheit an den unteren Schaftabschnitten oder doch wenigstens Feinastigkeit zu erzielen. Wenn in der besonders vitalen Jugendphase bis hin zum Stangen- oder gar angehenden Baumholz überhaupt Eingriffe vorgenommen wurden, dann dienten sie lediglich der Entfernung von schlecht geformten Bäumen und Vorwüchsen. Letztere waren meist die vitalsten Bestandesglieder und wurden trotz guter Schaftformen wegen ihrer stärkeren Äste als „Protzen" eliminiert. In solchen dichten und wenig stabilen Beständen wurden dann später meist nur mäßig starke Niederdurchforstungen ausgeführt *(s. Tab. 8.10).* Aus dieser Art der Erziehung sind in der Durchmesserentwicklung unbefriedigende, kleinkronige und wenig stabile Bäume hervorgegangen, die das Bild der Kiefernbestände heute auf großen Flächen bestimmen.

Tab. 8.10: Entwicklung von Kiefernbeständen II. Ertragsklasse nach den Ertragstafeln von WIEDEMANN, 1943 (in SCHOBER, 1975).

ALTER	NIEDERDURCHFORSTUNG					
	mäßig		stark		Lichtung	
	N	d_m	N	d_m	N	d_m
J.	B./ha	cm	B./ha	cm	B./ha	cm
25	4960	(8)	4600	(8)	4600	(8)
40	2020	(14)	1650	(14)	1540	(14)
60	980	(20)	750	(21)	590	(22)
80	620	(26)	450	(27)	320	(28)
100	440	(31)	310	(33)	220	(34)
120	320	(35)	230	(37)	170	(39)
140	250	(39)	180	(41)	140	(44)
Vornutzungs-%	50		60		63	
GWL_{140} (Vfm$_D$)	790		770		724	
V_{140} (Vfm$_D$)	360		310		270	

Die Werte lassen eine große Schwäche des mitteleuropäischen Versuchswesens erkennen: Erste Eingriffe wurden nämlich generell in überdicht begründeten Beständen zu einem Zeitpunkt vorgenommen, in dem entscheidende Entwicklungsprozesse bereits an- oder gar abgelaufen waren. So unterscheiden sich die Dichten aller drei Niederdurchforstungsvarianten bis zum Alter 30 J. nur unwesentlich. Die Differenzierung zwischen starker Durchforstung und Lichtung setzt erst ab Alter 40 J. ein. Das Mehr an Durchmesserzuwachs als Folge der stärkeren Eingriffe fällt daher nicht sehr groß aus und wird erkauft durch Einbußen an Volumenzuwachs.

Die außerordentlichen Zuwachsreaktionen, zu denen junge Kiefern in der Lage sind, läßt sich aus den in *Tab. 8.10* wiedergegebenen Daten nicht ablesen. Einen guten Eindruck davon vermitteln dagegen die in *Tab. 8.11* enthaltenen Zahlen.

Die nachteiligen, Wertleistung und Stabilität beeinträchtigenden Auswirkungen der bisher gebräuchlichen sehr hohen Ausgangsdichten lassen sich also nur abmildern, wenn frühzeitig und stark in Jungbestände eingegriffen wird. Setzen die Pflegemaßnahmen erst spät ein, dann ist es sogar gleichgültig, in welcher Art sie vorgenommen werden. Das ist in eindrucksvoller Weise der *Abb. 8.14* zu entnehmen.

Unter den möglichen Durchforstungsprogrammen sind also von solchen die höchsten Wertleistungen zu erwarten, mit denen der Wuchsdynamik dieser Baumart folgend in den jugendlichen Entwicklungsphasen stark *(vgl. Tab. 8.11)* und bei Nachlassen der Reaktionsfähigkeit dieser Baumart nur noch mäßig eingegriffen wird. Dadurch ergibt sich eine gestaffelte Abfolge der Eingriffe. Aber auch frühe Auslesedurchforstungen zur gezielten Herausarbeit einer bemessenen Zahl von Haubarkeitsbäumen und Übergang zur Hiebsruhe in den letzten Jahrzehnten der Umtriebszeit machen akzeptable Reinerträge der Kiefernwirtschaft zumindest auf den besseren Standorten möglich. Damit führen betriebswirtschaftliche Betrachtungen zu denselben Resultaten wie sie im vorhergehenden Abschnitt aus waldbaulichen Überlegungen entwickelt worden waren.

Tab. 8.11:   Die Wirkung von unterschiedlichen Durchforstungsmaßnahmen auf einen Kiefern-jungbestand.
Alter zu Versuchsbeginn 16 J., Beobachtungszeitraum 17.–30. Jahr. FoA. Burglengenfeld/ Oberpfalz (n. Huss, 1993)

DURCHFORSTUNGSVARIANTE	BAUMZAHL (B./ha) im Alter (J.)		DURCHMES-SERZUWACHS DER 100 STÄRKSTEN BÄUME/ha	VORRAT NACH 1. EINGRIFF	GESAMT-WUCHS-LEISTUNG
	14	30	cm	Vfm/ha	Vfm/ha
Unbehandelt	18 450	4 110	8,0	100	273
Starke Niederdurchforstung (2 ×)	5 400	2 040	10,1	49	284
Freie Auslesedurchforstung (2 ×)	14 500	2 600	9,8	69	290
Entnahme jeder 3. Reihe + spätere Auswahl v. 400 Z.-B.-Anw.	12 170	3 510	10,2	59	267
Auswahl v. 400 Z.-B.-Anw. + 2 × Freistellung	14 550	3 750	9,6	79	247
Auswahl v. 600 Z.-B.-Anw. + Reserve + 2 × Lichtung	1 820	1 180	11,7	22	285
Auswahl v. 600 Z.-B.-Anw. + totale Freistellung (extreme Lichtung)	580	580	14,5	11	210

In dem extrem dicht begründeten Kiefernbestand wurden bei einer Oberhöhe von 8 m sehr verschiedenartige Eingriffe vorgenommen, die sowohl praxisübliche wie extreme Varianten (ohne jeden Eingriff und totale Freistellung von Z.-Baum-Anwärtern) einschlossen. In der Folge wurde noch 1mal, ausnahmsweise auch 2mal durchforstet.
14 Jahre nach der ersten Durchforstung hatten die stärksten Bäume der vier praxisnah gehaltenen Durchforstungsvarianten mit ihrem Durchmesserwachstum markant reagiert und – unabhängig von deren Art – 2 cm mehr als die undurchforsteten Bäume zugelegt. Erst durch die beiden extremen Freistellungen allerdings kam die Reaktionsfähigkeit dieser Baumart mit fast 4 bzw. über 6 cm Mehrzuwachs voll zum Vorschein. Dies ist besonders bemerkenswert, weil nach den traditionell späten Pflegemaßnahmen – wie in *Tab. 8.10* dargelegt – in der ganzen Umtriebszeit von 140 J. nur Steigerungen der Durchmesserzuwächse von 2 cm durch starke Niederdurchforstung und 5 cm durch Lichtung gegenüber schwacher Niederdurchforstung prognostiziert werden.
Beeindruckend ist weiterhin, daß die Schaftholzzuwächse von der Art der Eingriffe praktisch nicht beeinflußt wurden. Selbst durch die sehr starke Lichtung wurden diese nur um rd. 25 % reduziert, obwohl der Vorrat ursprünglich auf rd. 10 % des Ausgangswertes gesenkt worden war. (Es sei allerdings darauf hingewiesen, daß die in den unbehandelten Varianten inzwischen abgestorbenen Bäume hierbei nicht berücksichtigt worden sind, die Gesamtwuchsleistung dort also um das Volumen der abgestorbenen Bäume erhöht werden müßte).
Im Hinblick auf eine Verallgemeinerung muß angemerkt werden, daß der Bestand sehr wüchsig (I. Ekl.) und stammzahlreicher als üblich ist. In solchen Fällen ist mit stärkeren Wachstumsreaktionen zu rechnen als dort, wo die natürliche Differenzierung rascher verläuft. Dennoch demonstriert dies Beispiel augenfällig, wie sehr frühzeitige Durchforstungen die für Wertleistung und Stabilität entscheidende Konzentration des Zuwachses auf wenige Bäume ermöglichen.

8.1.6.2.4 Konzepte und Praxis der Erziehung von Kiefernbeständen

Die Kiefernfläche in Mitteleuropa wird zwar in Zukunft erheblich abnehmen, da viele der von ihr eingenommenen Standorte auch für andere Baumarten mit höherer Wuchs- und Wertleistung geeignet sind, wie z. B. Douglasien und Eichen. Trotzdem aber wird ihr immer ein so großer Teil der Waldfläche vorbehalten bleiben, daß schon deshalb optimale Behandlungsprogramme für die Kiefer entwickelt werden müssen.

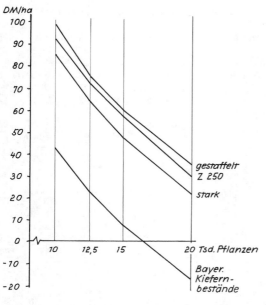

Abb. 8.14: Waldreinertrag in DM/ha in Abhängigkeit von Ausgangsdichte und Durchforstungsprogramm für ein Normalwaldmodell II. Ekl. und 140jährigem Umtrieb (n. KROTH, 1983; ertragskundl. Daten n. FRANZ, 1983).

Gestaffelt: Nach Abschluß der Läuterungen zunächst starke, dann mäßige Eingriffe in den Bestand, i. d. 2. Hälfte des Produktionszeitraumes mäßige bis schwache Niederdurchforstung.

Z–250: Auswahl von 250 Z.-Bäumen als beste Wertzuwachsträger bei h_0 = 13–15 m (ggf. Ästung). Dann Auslesedurchforstung in 2-m-Oberhöhenintervallen, die später in Niederdurchforstung übergeht. Ab h_0 = 26 m Erreichung der Endbaumzahl mit anschließender Hiebsruhe.

stark: Ertragstafelverlauf gemäß *Tab. 8.10.*

Bayer.   Situation in Bayerischen Kiefernbeständen nach dem Ergebnis der Bayer. Großraum-
Bestände: inventur von 1971/72.

Die Berechnung auf der Basis der Preise und Kosten des Jahres 1978 zeigt, daß die bis vor kurzem übliche überdichte Bestandesbegründung die Erträge der Kiefernwirtschaft erheblich belastet hat. Ferner wird erkennbar, daß intensive Durchforstungen in der Jugend mit vorangegangenen baumzahlregulierenden Eingriffen eine bedeutende Verbesserung der Wertleistung erbringen. Wird dabei mit früher Auswahl von Z.-Bäumen und deren Ästung gearbeitet, so würde der hier als Z.-Baumkurve gekennzeichnete Verlauf noch deutlich über der gestaffelten Durchforstung rangieren, die ohne Ästung am besten abschneidet. Die ungünstige waldbauliche Situation der hier dargestellten Bayerischen Kiefernbestände – die Situation in anderen Teilen der Bundesrepublik ist nicht anders – ist das Ergebnis von Überdichten bei der Bestandesbegründung und fehlender Erziehungseingriffe in der Folge und damit Ausdruck schwerer waldbaulicher Versäumnisse.

Diese Notwendigkeit erhält besonderes Gewicht dadurch, daß die jüngeren Altersklassen dieser Baumart besseren Ertragsklassen angehören, als es bei den Vorbeständen der Fall war. Darin äußert sich vor allem eine Erholung der früher meist durch Streunutzung devastierten Böden, auf denen die Kiefer hauptsächlich angebaut worden ist.

Bei keiner anderen Baumart sind die Verjüngungs- und Erziehungsgrundsätze in jüngster Zeit so kontrovers diskutiert worden wie bei der Kiefer. Diese Diskussion hat zudem als Folge der unterschiedlichen Waldbaugeschichte in den Nachkriegsjahrzehnten in Ost- und Westdeutschland zusätzliche Impulse erhalten.

Dennoch hat die **Entwicklung von Durchforstungskonzepten,** die dem Zuwachsverhalten der Kiefer gerecht werden, erst vor kurzem begonnen und ist bisher nicht so weit fortgeschritten wie bei der Fichte. Immerhin lassen sich deren Konturen folgendermaßen umreißen:

– Bei der Bestandesbegründung werden weniger als 10 000 Pflanzen pro Hektar ausgebracht oder die Baumzahlen in der Dickungsphase reduziert, wo Überdichte besteht.

– In der zweiten Hälfte des Stangenholzstadiums werden dann kräftige Eingriffe vorgenommen. Derzeit ist in der Praxis noch die Trennung der Betriebsziele in „Bauholz-" (Normalholz) und „Wertholzbestände" je nach Wüchsigkeit und Ästigkeit verbreitet.

Bestände mit einem hohen Anteil an grobastigen Individuen werden im allgemeinen als Bauholzproduzenten und damit nicht als ästungswürdig angesehen. Darin werden die Eingriffe als starke Nieder- oder als freie Auslesedurchforstung geführt. Diese sind nicht auf eine bestimmte Zahl von Haubarkeitsbäumen ausgerichtet, sondern auf die indirekte oder direkte Förderung aller verbleibenden herrschenden Stämme, die allerdings die besten Bäume des Bestandeskollektivs darstellen. Ist Wertholzproduktion das waldbauliche Ziel, dann werden im Durchmesserbereich < 15 cm bis zu 250 Bäume je ha in gleichmäßiger Verteilung über die Fläche geästet und durch eine gezielte Auslesedurchforstung systematisch herausgearbeitet.

Diese Einteilung in Bau- und Wertholzbestände ist angesichts der Langfristigkeit forstlicher Produktion auf der einen und schnellen Änderungen der Verarbeitungstechniken auf der anderen Seite fragwürdig. Hinzu kommt, daß „gröbere" Kiefern – rechtzeitig geästet – durchaus Holz hoher, wenn auch nicht höchster Wertleistung zu liefern vermögen. Deshalb ist eine zunehmende Bereitschaft offenkundig, auch in Beständen mit grobwüchsigen, aber geradschaftigen Kiefern zu ästen und damit Z.-Bäume frühzeitig auszulesen und freizustellen.

– Bei beiden Arten des Vorgehens liegt das Schwergewicht der stark geführten Eingriffe in der ersten Hälfte der Umtriebszeit. Danach werden die Eingriffe schwächer, da die Bestände dann so sehr von vitalen herrschenden Bäumen geprägt sind, daß nur noch zurückfallende Individuen entnommen zu werden brauchen. In geästeten Beständen sollte spätestens im Oberhöhenbereich von etwa 25 m – bei schwächerwüchsigen schon bei geringeren Oberhöhen – die Endbaumzahl erreicht sein, so daß bis zum Erreichen der Zieldurchmesser Hiebsruhe von einigen Jahrzehnten eintreten kann.

Es gibt in Deutschland viele deprimierende Beispiele, bei denen kleinkronige Altkiefern im Zuge von Bestandesendnutzungen freigestellt und als Überhälter belassen wurden. Oft genug kümmern sie, sterben vielfach erst nach vielen Jahren ab oder werden vom Sturm geworfen. Wird also ein planmäßiger Überhaltbetrieb angestrebt *(vgl. Kap. 6.1.5.2)*, so müssen die Bäume frühzeitig, und das heißt Jahrzehnte vorher, auf den Freistand vorbereitet werden.

Die **praktische Erziehungsarbeit** in Kiefernbeständen muß von den folgenden Vorgaben ausgehen:

– Die Bestände sind zu dicht begründet, eine Baumzahlregulierung in der Läuterungsphase ist jedoch noch möglich;

– Eingriffe müssen in überdichten Beständen vorgenommen werden, die zu alt für scharfe baumzahlregulierende Maßnahmen sind;

– Bauholz von normaler Ästigkeit stellt das Produktionsziel dar;

– es wird Wertholzproduktion angestrebt, Ästung ist dann obligatorisch;

– die Gefahr von Altersverlichtungen, z. B. durch Kienzopf, ist groß oder gering.

Unter der Beachtung dieser Vorgaben ergeben sich Erziehungsprogramme, wie sie in *Übersicht 8.11* dargestellt sind.

Übersicht 8.11: Erziehungskonzepte für die praktische Arbeit in Kiefernbeständen unterschiedlicher Entwicklungs- und Erziehungszustände.

WALDBAU-LICHES STADIUM	KRITERIEN	ERZIEHUNGSMASSNAHMEN
Begründung	Künstl. Verjüngung:	Pflanzung von maximal 10 000 2j. Kiefern/ha.
	Naturverjüngung:	Ergänzung von Fehlstellen. In beiden Fällen ggf. Einbringung von Mischbäumen.
Läuterung	Zu dichte Bestände:	Standraumregulierung sowie Entnahme schlechtgeformter und sehr protziger Bäume. In schneedruckgefährdeten Gebieten mehrere schwächere Stammzahlreduktionen und Entnahme schlechtgeformter Bäume soweit herrschend, Vermeidung plötzlicher Destabilisierung.
Durchforstung	Ästungsbestände:	Bei Oberhöhe 10–15 m Ästung von 150–250 Z.-Bäumen/ha. Unmittelbar nach der Ästung beginnende Auslesedurchforstung zur systematischen Förderung der geästeten Bäume. Eindeutige Herausarbeitung in zwei Jahrzehnten (2–3 Eingriffe). Danach Lichtwuchsdurchforstung zur Sicherung des Wuchsraumes der Ästungsbäume. Erreichen der Endbaumzahl 2–3 Jahrzehnte vor Ende der Umtriebszeit, dann Hiebsruhe.
	Bestände ohne Ästung:	Freie Auslesedurchforstung (ggf. auch starke Niederdurchforstung mit deutlich nachlassender Eingriffsstärke in der zweiten Hälfte der Umtriebszeit). Erreichen der Endbaumzahl mit 200–250 Stck./ha 1–2 Jahrzehnte vor Ende der Endnutzung.
	Überdicht aufgewachsene Bestände > 20 m Oberhöhe:	Niederdurchforstungsartige Erziehungseingriffe in nur noch mäßiger Stärke, um das Sturmrisiko nicht übermäßig zu erhöhen.
Überhalt und Verjüngung	Rechtzeitige standraumgerechte Bestandeserziehung:	Keine weitere Vorbereitung auf die Freistellung der großkronigen stabilsten Bäume nötig.
	Überdichter Aufwuchs:	Vorsichtige Herausarbeitung der überwiegend kleinkronigen und wenig stabilen Bäume einige Jahrzehnte (!) vor Erreichen der Umtriebszeit zur Vorbereitung auf die Freistellung.
	Verjüngung oder Umwandlung unter Überhalt:	Ideale Bedingungen für – gruppenweise natürliche Verjüngung der Kiefer auf ärmeren Standorten (ggf. nach kleinflächiger Bodenverwundung, notfalls auch mittels Pflanzung), damit Übergang zur Dauerwaldwirtschaft. – Unterpflanzung (ggf. auch Übernahme natürlicher Verjüngung) von z. B. Eiche, Buche, Hainbuche, Tanne, Douglasie zwecks Baumartenwechsel.

Die hier angedeuteten Vorgehensweisen müssen überall dort stark modifiziert werden, wo Altersverlichtung infolge von Kienzopf und Baumschwammbefall oder aus anderen Gründen ein bedeutsamer Faktor ist. Zwar erfahren die Eingriffe in der Jugendphase dadurch keine Änderung, jedoch ist es dann unumgänglich, in der zweiten Hälfte der Umtriebszeit mit größeren Baumzahlen zu arbeiten. Ästung ist in solchen Beständen nicht angebracht.

Bei Vorhandensein von Mischbäumen im Unter- und Zwischenstand – je nach Standort z. B. Fichten, Buchen, Eichen, Linden, Hainbuchen – können diese bei Ausfallen einzelner Kiefern in die Kronenlücken einwachsen. Sie geben dem Wirtschafter mithin ein hohes Maß an Flexibilität und erfordern dann kein Abweichen von den für nicht gefährdete Kiefernbestände dargelegten Erziehungskonzepten.

Mischbäume bieten zugleich – vorausgesetzt, sie sind qualitativ befriedigend und flächendeckend vorhanden – die Chance für einen allmählichen Auszug der hiebsreifen Altkiefern und die Übernahme der ursprünglich meist als Unterbau eingebrachten Unterstandsbäume als Folgebestand. Diese Möglichkeit wird heute zunehmend genutzt. Auf diese Weise lässt sich eine neue Bestandesverjüngung einsparen und – sukzessionsökologisch gesehen – der Übergang von Pionier- zu Übergangs- oder gar Schlußwäldern beschleunigen.

8.1.6.3   Buchenbestände

8.1.6.3.1 Biologische Eigenarten

Die Buche ist eine Schattbaumart mit eher langsamer Höhenentwicklung in der Jugend, deren Kulmination erst um das 45. Jahr eintritt. Der laufende Volumenzuwachs erreicht sein Maximum spät, nämlich im Altersbereich zwischen 75 und 85 J., und der durchschnittliche Gesamtzuwachs fällt selbst bis zum Alter 150 J. nicht ab. Auf Durchforstungsmaßnahmen reagiert die Buche bis ins hohe Alter spontan und stark. Sie übertrifft in dieser Hinsicht alle anderen Baumarten. Vor allem in der Jugendphase führen auch sehr starke Eingriffe nicht zur Verminderung des laufenden Zuwachses. In der Gesamtwuchsleistung wird sie von keiner anderen einheimischen Laubbaumart erreicht.

Im Gegensatz zu allen anderen Hauptbaumarten des mitteleuropäischen Wirtschaftswaldes überwiegt bei der Buche die Naturverjüngung. Nach den nicht sehr häufigen, aber ergiebigen Mastjahren *(vgl. Tab. 7.12)* wächst sie oft sehr individuenreich auf. Wird sie künstlich begründet oder werden Fehlstellen in ungleichmäßig angekommenen Jungwüchsen mit Buchen ergänzt, so geschieht das mit Pflanzenzahlen, die kaum unter 10 000 Stck./ha liegen. In solchen dichten Beständen kommt es zu vehementen Ausscheidungskämpfen zwischen den Bestandesgliedern. Damit verbunden ist eine frühe Ästreinigung auch an den herrschenden und vorherrschenden Bäumen. Bei Ungleichmäßigkeiten in der Ausgangslage, d. h. wenn ihnen Seitendruck fehlt, können sie sich allerdings auch leicht zu grobästigen Vorwüchsen entwickeln. An Unterständern sterben die Äste nur durch Überschirmung allein nicht ab. Es braucht dazu gleichzeitigen Seitendruck. An einzeln aufgewachsenen Plenterwaldbuchen ist deshalb Langkronigkeit und Tiefbeastung normal. Bei Aufwuchs in Gruppen tritt dies nicht auf.

In allen Altersphasen hat die Buche außerdem eine ausgesprochene Neigung, sowohl bei Überdichten als auch ganz besonders bei plötzlicher Belichtung der

Schäfte, **Wasserreiser** auszubilden. Wasserreiserbildung kann auch in Plenterwäldern die Schäfte von Starkbuchen zusätzlich entwerten.

Die Buche ist vor allem durch das **Rindensterben** („Schleimflußkrankheit") gefährdet, eine Schädigung, die nach extremer Winterwitterung oder Trockenjahren auftritt und alle Entwicklungsstadien vom Stangenholz bis zum Baumholz befällt. Im fortgeschrittenen Alter kann es dadurch zu vorzeitiger Verlichtung und zum Ausfall wertvoller Bestandesglieder kommen. Überdichte Jungbestände werden gelegentlich durch **Schnee** zusammengedrückt. Auf Böden, die die volle Wurzelentwicklung behindern, ist die Buche durch Stürme, vor allem durch **Gewitterstürme** im Sommer gefährdet, so daß starke Eingriffe dort nicht zu empfehlen sind. Zum begrenzenden Faktor für die Festlegung der Umtriebszeit bzw. des Zieldurchmessers kann **Rotkernigkeit** werden, eine oft unregelmäßig im Stammzentrum auftretende rötliche Verfärbung, die den Marktwert stark herabsetzt. Der Rotkern tritt in zwei Erscheinungsformen auf, und zwar als rötlich-brauner Kern in unregelmäßiger wolkiger Ausbildung oder als meist hellerer sternförmiger „Spritzkern". Stärke und Ausprägung der Rotkernigkeit nehmen mit Alter und Durchmesser zu.

Die Buche reagiert besonders stark auf Erziehungsmaßnahmen. Zwar trifft das für Jungbestände ganz besonders zu, doch gilt es auch für fortgeschrittene Entwicklungsstadien. Damit stärkere Eingriffe geführt werden können, ist es allerdings nötig, Vorsorge gegen die Bildung von Wasserreisern durch die Schaffung und Erhaltung einer unterständigen Schicht zu treffen.

8.1.6.3.2 Holzwirtschaftliche Eigenarten

Der Anfall an Buchenholz aus großen Betrieben mit halbwegs ausgeglichenem Altersklassenaufbau *(s. Tab. 8.12)* ist durch mehrere negative Komponenten bestimmt:
– Der Anteil des Wertholzes am Gesamtanfall liegt nur wenig über 1 %.
– Der Anteil besonders hoch bezahlten Starkholzes der Klassen 5 und 6 ist gering.
– Das wichtige Produkt: Holz guter bis mittlerer Qualität, also B-Holz, wird von noch nicht einmal einem Drittel der Stammholzproduktion erreicht.
– Geringwertiges Stammholz der Güteklasse C stellt etwa ein Viertel der Ausbeute.
– Der Anteil an geringwertigem Industrieholz liegt um die 40 %.

Die Erziehung von Buchenbeständen muß deshalb darauf ausgerichtet sein, den Industrieholzanteil zugunsten von Stammholz zu verringern. Das ist allerdings nur in Grenzen möglich, da schwaches Material aus frühen Durchforstungen und ein erheblicher Teil des Kronenholzes auch alter Bäume immer nur als Industrie- oder Brennholz verwendbar sein wird. Der C-Holzanteil kann durch entsprechende Erziehungsmaßnahmen teilweise B-Holzeigenschaften erreichen. Die wirklich große Möglichkeit zur Verbesserung der Buchenwirtschaft besteht jedoch darin, den B-Holzanfall in wesentlich größerem Umfang als bisher in höhere Durchmesserklassen zu bringen und den A-Holzanteil zu vervielfachen.

Unter Berücksichtigung der biologischen Eigenarten dieser Baumart kommt es deshalb darauf an, die Astreinigung und damit Wertholzqualität im unteren Schaftbereich durch entsprechenden Dichtschluß im frühen Entwicklungsstadium zu sichern und durch anschließende Ausnutzung ihres **vehementen Lichtungszuwachses** in nicht zu lang bemessenen Umtriebszeiten Starkholz mit Zieldurchmessern über 60 cm BHD in wesentlich größerem Umfang als bisher zu produzieren.

Tab. 8.12: Der Anfall an Buchenholz im Bayerischen Staatswald im Durchschnitt der Wirtschaftsjahre 1983–1987, errechnet auf der Holzpreisstatistik für Großverkäufe (ohne Selbstwerbung etc.) (Bayer. Staatsforstverwaltung, 1983–1987).

SORTE	GÜTEKLASSE	STÄRKEKLASSE	MENGE fm	%	PREIS DM/fm
L	A	2a-6	2 020	0,9	277
		1a+b	290	0,1	92
		2a	4 160	1,9	99
		2b	10 940	5,0	117
L	B	3a	13 540	6,2	136
		3b	14 310	6,5	160
		4	18 830	8,6	187
		5	5 350	2,4	227
		6	830	0,4	265
	Σ B		68 280	31,2	160
L	Σ C	1-6	51 740	23,6	112
	Σ D	1-6	1 510	0,7	76
Sonstiges Stammholz			6 530	3,0	–
Σ Stammholz			130 080	59,4	132
I Σ aller Sortimente			88 970	40,6	76
Σ Buche			219 050	100,0	109

Beim Buchenholz mittlerer Güte verdreifacht sich der Preis je Volumeneinheit von geringen zu großen Durchmessern. C- und D-Hölzer fallen bei fast gleicher Menge im Preis erheblich ab und bedingen zusammen mit dem großen Industrieholzanteil von gut 40 % einen niedrigen Durchschnittserlös.
Da die über 120jährigen Bestände im Altersklassenaufbau überrepräsentiert sind, liegt der Anteil starken Stammholzes höher, als das in einer normal aufgebauten Betriebsklasse der Fall wäre *(vgl. außerdem Anmerkung zu Tab. 8.6)*.

8.1.6.3.3 Erziehungskonzepte für die Buche

In der Vergangenheit sind Buchenbestände im wesentlichen niederdurchforstet worden. Auch sahen die gängigen Ertragstafelmodelle für diese Baumart Niederdurchforstungen unterschiedlicher Eingriffsstärke vor (s. Tab. 8.13). Die meisten Buchenbestände weisen deshalb überwiegend einschichtige Strukturen auf.

Durchforstungsversuche haben klar zum Ausdruck gebracht, daß selbst stark geführte Eingriffe infolge der ausgeprägten Reaktionsfähigkeit dieser Baumart nur zu unbedeutenden Einbußen an der Gesamtwuchsleistung führen, dabei aber den Anteil sehr starken und deshalb hoch bezahlten Stammholzes substantiell erhöhen. Aus dieser Erkenntnis und den Erfahrungen, die mit hochdurchforsteten Beständen gewonnen wurden, ist von ASSMANN (1961) und FREIST (1962) ein in sich geschlossenes Konzept der Erziehung von Buchenbeständen entwickelt worden, das **Lichtwuchsbetrieb** genannt wird. Es sieht die folgenden Entwicklungsschritte für Buchenbestände vor:

Tab. 8.13: Entwicklung von Buchenbeständen I. Ertragsklasse nach den Ertragstafeln von SCHOBER, 1967, bzw. WIEDEMANN, 1943 (in SCHOBER, 1975) und FREIST, 1962 (In den Baumzahlen des Lichtwuchsbetriebes ist der Unterstand nicht enthalten!).

| ALTER J. | NIEDERDURCHFORSTUNG | | | | | | HOCHDURCH-FORSTUNG LICHTWUCHS-BETRIEB | |
| | mäßig | | stark | | Lichtung | | | |
	N B./ha	d_m cm	N B./ha	d_m cm	N B./ha	d_m cm	N B./ha	d_m cm
30	6 403	5	6 403	5	4 600	7	4 600	7
50	1 655	13	1 306	14	1 718	14	1 250	15
70	782	21	575	23	658	22	515	24
90	444	29	321	31	201	32	270	34
110	283	38	201	40	117	42	160	45
140	168	50	113	54	80	57	86	63
Vornutzungs-%	49		58		66		55	
GWL$_{140}$ (Vfm$_{D/ha}$)	1 201		1 149		1 146		1 149	
V$_{140}$ (Vfm$_{D/ha}$)	617		481		388		517	

Die Modelle für mäßige und starke Niederdurchforstung beginnen mit außerordentlich hohen Ausgangsdichten, die gleichmäßig, wenn auch mit unterschiedlicher Stärke, auf die Endwerte verringert werden. Das Lichtungsmodell sieht in der Baumzahlhaltung bis zum Alter 70 J. kaum Unterschiede zur mäßigen Durchforstung vor. Es handelt sich daher um eine Spätlichtung mit starken Eingriffen erst in der zweiten Hälfte eines Buchenumtriebs. Beim Hochdurchforstungsmodell wird das Schwergewicht dagegen auf relativ frühe Eingriffe mit leichter Abschwächung in den späteren Entwicklungsphasen gesetzt. Mit einem vergleichsweise geringen Vornutzungsprozent werden dabei die höchsten Durchmesserwerte und beachtliche Haubarkeitserträge erzielt.

– Dichte Ausgangslage, in die lediglich durch Beseitigung von nicht zielgerechten Baumindividuen, vor allem protzigen Vorwüchsen, und zur Erhaltung einer lebensfähigen Unterschicht eingegriffen wird.
– Bei Erreichen einer astfreien Schaftlänge von etwa 10 m frei gehandhabte Auslesedurchforstung zur allmählichen Herausarbeitung von etwa 200 gut geformten und bekronten Bäumen je ha, die von unterständigen Individuen umfüttert sind.
– Nach Abschluß dieser Auslesephase folgen Lichtwuchsdurchforstungen, durch die die Zahl der hauptständigen Bäume auf etwa 100 B./ha bis zum Ende der Umtriebszeit verringert wird, deren mittlerer Brusthöhendurchmesser dann bei gut 60 cm liegt.

Dieses Konzept einer frei gehandhabten Hochdurchforstung ist von ALTHERR (1971) in einigen wesentlichen Punkten modifiziert worden – man könnte es **Lichtwuchsbetrieb mit früher Festlegung der Haubarkeitsstämme** nennen:
– Vorbereitungsstadium (bis etwa Alter 55 J.): Entfernung schlechtformiger herrschender Bäume, Sicherung eines lebensfähigen Unterstandes, aber Wahrung ausreichender Dichte, damit die Astreinigung an den herrschenden Bäumen bis zu einer Schaftlänge von 9–10 m gewährleistet ist.

– Lichtungsstadium (Alter: 55–65 J.): Auswahl und Markierung von etwa 100-120 Zukunftsbäumen in möglichst gleichmäßiger Verteilung und deren systematische Herausarbeitung in Form von kräftig geführten Eingriffen.
– Nachlichtungsstadium (Alter: 65–85 J.): Durch weitere kräftige Eingriffe werden dem laufenden Zuwachs entsprechende Holzmengen entnommen und damit die Bestandesdichte weiter niedrig gehalten.
– Vorratsanreicherung (Alter: 85–100 J.): Reduktion der Eingriffsstärke, so daß es zu einer allmählichen Anhebung der Bestandesdichte kommt.
– Hiebsruhe (Alter: 100–120 J.): Keine weiteren Eingriffe. Der im wesentlichen aus den Z.-Bäumen und zugehörigem Unterstand aufgebaute Bestand wächst zu Starkholz mit sehr hohem Anteil an Wertholz heran.

8.1.6.3.4 Ertragskundliche Eigenarten der Buchenerziehung

Die Wertleistung von Buchenbeständen ist vor allem abhängig von der Stärkeklassengliederung des Stammholzes und von dessen A-Holz-Anteil. Dieser kann nur durch ausreichend dichte Jugenderziehung gesichert werden. Große Durchmesser in nicht zu langen Produktionszeiträumen sind dagegen das Ergebnis stark geführter Auslesedurchforstungen, die sich an die Jugendphase mit Dichtstand anschließen. Da starke gegenüber mäßig geführten Eingriffen eine Verringerung der Gesamtwuchsleistung bewirken, muß der Volumenminderertrag durch den höheren Wert je produzierter Einheit Holzvolumen ausgeglichen werden.

Bei Preisdifferenzen von 15–20 % im Stärkeklassenbereich zwischen 3b und 4 bzw. 4 und 5 *(vgl. Tab. 8.12)* sowie Wertsteigerungen von 20–30 % beim Übergang von B- zu A-Qualität *(vgl. Tab. 5.7)* ergibt sich hier ein bedeutsamer waldbaulicher Spielraum. Diesen versuchen die verschiedenen Behandlungskonzepte auf unterschiedliche Weise auszunutzen, wie aus *Abb. 8.15* entnommen werden kann. Mit dieser Art der Bestandeserziehung ist auch immer eine Verbesserung der Bestandesstabilität verbunden, da die Zahl sturmfester Baumindividuen zunimmt.

8.1.6.3.5 Die Praxis der Erziehung von Buchenbeständen

Die praktische Erziehungsarbeit in Buchenbeständen muß sich stets an den Vorgaben orientieren, die der einzelne Bestand zum Zeitpunkt jedes Eingriffs bietet. Diese Vorgaben entsprechen entweder einem der im vorigen Abschnitt dargestellten Behandlungsprogramme, oder sie weichen auf eine der folgenden Weisen davon ab:
– Als Folge versäumter Läuterungen und früher Durchforstungen kommen schlecht geformte Bäume noch in nennenswertem Umfang in Baumhölzern vor.
– Infolge von Überdichte in frühen Entwicklungsstadien ist der Unterstand ausgefallen.
– Große Bestandesdichte noch im Baumholzalter hat zur Ausbildung von Beständen geführt, die aus wenig stabilen Einzelbäumen zusammengesetzt sind.

Unter der Annahme dieser Vorgaben ergeben sich Erziehungsansätze, wie sie in der *Übersicht 8.12* dargestellt sind. Dabei gilt immer, daß die Produktion möglichst starken Stammholzes mit einem hohen Wertholzanteil Ziel aller Maßnahmen ist.

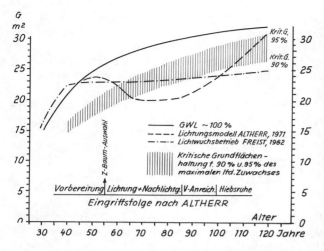

Abb. 8.15: Die Entwicklung der Bestandesdichten bei unterschiedlichen Erziehungsprogrammen – ausgedrückt als Grundflächen des verbleibenden Bestandes für Buchenbestände II. Ekl. (nach ALTHERR, 1971, verändert).

Die praxisübliche Durchforstung mäßiger Eingriffsstärke führt zu einer hohen Volumenleistung (hier = 100 % gesetzt), die sich aber bei gebräuchlichen Umtriebszeiten aus verhältnismäßig schwachen Sortimenten zusammensetzt.

Der Lichtwuchsbetrieb nach FREIST unterschreitet die kritische Grundflächenhaltung für 95 % bzw. 90 % des maximalen laufenden Zuwachses während eines großen Teiles des Bestandeslebens und nimmt daher Verluste an Gesamtwuchsleistung in Kauf, die aber durch eine außerordentliche Durchmesserzunahme des verbleibenden Bestandes kompensiert werden *(vgl. Tab. 8.13)*.

Das Vorgehen im Rahmen des Lichtwuchsmodells nach ALTHERR sieht etwas später einsetzende starke Eingriffe vor, die die Bestandesdichte in der mittleren Lebensphase des Bestandes weit unter die kritische Grundfläche mit deutlich mehr als 10 % Einbuße am laufenden Zuwachs senken. In den letzten Jahrzehnten des Bestandeslebens nehmen Dichte und Zuwachs dann wieder zu, so daß insgesamt geringere Zuwachseinbußen mit der Produktion starken Stammholzes verbunden sind als im Modell FREIST.

8.1.6.4   Eichenbestände

8.1.6.4.1 Biologische Eigenarten

Die beiden mitteleuropäischen Eichenarten unterscheiden sich zwar in ihren Standortansprüchen, jedoch ist ihr waldbauliches Verhalten so ähnlich, daß sie hier gemeinsam behandelt werden können. Beide sind Lichtbaumarten mit schneller Höhenentwicklung in der Jugend, die bei wüchsigen Beständen im Alter von 25–30 J. kulminiert. Sehr früh wird auch die Kulmination des Volumenzuwachses erreicht, und zwar auf besseren Standorten bereits im Altersbereich zwischen 30 und 40 Jahren. Er fällt danach allerdings nur sehr langsam ab, so daß der durchschnittliche Gesamtzuwachs selbst in zweihundertjährigen Beständen noch in der Nähe des Maximalwertes liegt.

Bemerkenswert ist die **Lichtwendigkeit** der Eiche. Sie erlaubt es ihr, sich in dichten Beständen in Richtung des stärksten Lichteinfalles hin zu entwickeln. Dies hat die waldbaulich unerwünschte Folge von **Schaftkrümmungen** und **stark deformierten Kronen.** Außerdem neigt sie wie keine andere Baumart zur **Ausbildung von Wasserreisern.**

Eichen reagieren wie Kiefern in der Jugendphase stark auf Erziehungseingriffe. Spät beginnende Pflegemaßnahmen haben dagegen wegen der geringen Reaktionsfähigkeit der älteren Bäume nur allmählich sichtbar werdende formende Wirkungen. Das gilt umso mehr, wenn Eichenbestände aus Saaten hervorgegangen oder sehr baumzahlreich begründet worden sind, dann sehr dicht aufwachsen und aus kleinkronigen Bäumen bestehen.

Übersicht 8.12:   Erziehungskonzepte für die praktische Arbeit in Buchenbeständen.

WALDBAU-LICHE STADIEN	KRITERIEN	ERZIEHUNGSMASSNAHMEN
Begründung	Naturverjüngung:	Schlagpflege: Auf-den-Stock-setzen von bei Fällung der Altbäume beschädigten Jungwüchsen. Ggf. frühe Ergänzung von Fehlstellen mit Pflanzenmaterial, das dem Entwicklungszustand der Naturverjüngung entspricht.
	Künstl. Verjüngung:	Pflanzung von maximal 10 000 2j. Buchen/ha, möglichst unter Schirm.
	Kulturpflege:	Sicherung einer gleichmäßigen Entwicklung; ggf. Mäusebekämpfung.
Läuterung		Entnahme aller schlecht geformten, durch Vorwüchsigkeit stark astigen Bäume. Begünstigung von ca. 1000 Z.-Baum-Anwärtern/ha, dadurch zugleich vorsichtige Auflichtung zur Sicherung einer lebensfähigen Unterschicht, jedoch Auflockerung des Kronendaches nur bis zu einer Stärke, die die Astreinigung der herrschenden Baumschicht nicht beeinträchtigt.
Durch-forstung	Bei **ordnungsgemäßer** Begründung und Läuterung:	Nach Erreichen gut gereinigter Schäfte von etwa 10 m Länge an den herrschenden Bäumen: – Beginn mit einer frei geführten Auslesedurchforstung; Förderung von etwa 150–200 gut verteilten, hochwertigen Bäumen je ha. Danach allmählicher Übergang zur Lichtwuchsdurchforstung. Erreichen der Endbaumzahl von 100–150 B./ha 1–2 Jahrzehnte vor Erreichen des Zieldurchmessers (modifiziertes Vorgehen nach FREIST). – Auswahl von 100–120 Haubarkeitsbäumen/ha. Zunächst starke, dann in der Intensität abnehmende Freistellungen. Hiebsruhe während der letzten 20–40 J. (Vorgehen nach ALTHERR). Voraussetzung für beide Formen der Bestandesbehandlung ist das Vorhandensein eines ausreichend dichten Unterstandes.
	Bei **nicht ordnungsgemäßer** Begründung und Läuterung, geringen Baumhölzern mit unzureichender Schaft- und Kronenqualität der vorherrschenden Bäume:	Baldmögliche Entnahme sehr schlecht geformter herrschender Bäume. Bei genügend Unterstand: Folgende Eingriffe mit Hochdurchforstungscharakter, Übergang zu obenstehenden Programmen. Fehlender Unterstand: Stärkere Eingriffsfolge im Anhalt an Niederdurchforstungsprogramme.
	Mittlere bis starke Baumhölzer:	Halbwegs gleichmäßige Verteilung der Haubarkeitsbäume ohne Verluste an hochwertigen Stämmen nach Versäumnissen in der Läuterungsphase oft nicht mehr erreichbar, deshalb: Keine Gruppenauflösungen, Belassen von Baumgruppen als Durchforstungseinheiten mit entsprechend größerem Wuchsraum anstelle von Einzelbäumen. Bei überdichtem Aufwuchs bis in fortgeschrittene Entwicklungsstadien nur vorsichtige korrigierende Eingriffe ohne starke Unterbrechung des Kronenschlusses möglich. Anregung des Durchmesserzuwachses der vitalen Bäume wegen der Reaktionsfähigkeit von Buchen auch in höherem Alter durch Wiederholung schwächerer Eingriffe in kurzen Intervallen möglich.
Verjüngung	Ordnungsgemäß gepflegte, stabile Bestände mit Unterstand:	Anwendungsmöglichkeit aller in *Kap. 7* vorgestellten Verjüngungsverfahren.
	In Verjüngungsphasen als Folge von Überdichte noch instabile Bestände:	Wegen Sturmgefahr nur kleinflächige Verjüngung, z. B. als Streifenschirmhieb.

Eichen werden häufig von Triebwicklern, Frostspannern, Schwammspinnern und Mehltau befallen. Dies führt besonders zu ärgerlichen Zuwachsverlusten.

8.1.6.4.2 Holzwirtschaftliche Eigenarten

Die Eichen, deren Holz im Handel nicht unterschieden wird, sind die Wertholzbaumarten schlechthin *(s. Tab. 8.14).* Einmal liegt der Wertholzanteil in den existierenden Beständen sehr hoch, ungleich höher als in den Beständen jeder anderen Baumart. Zum anderen wird ein großer Teil des Wertholzes für die Herstellung von Furnieren verwendet und deshalb mit hohen Preisen bezahlt. Aber auch das Stammholz normaler Beschaffenheit, also das der Güteklasse B, wird auf einem Preisniveau gehandelt, das wesentlich über dem aller anderen Baumarten liegt *(vgl. Tab. 5.6).* Der Durchmesser ist dabei das entscheidende Wertkriterium. Bei keiner anderen Baumart ist deshalb die Notwendigkeit der Starkholzzucht so ausgeprägt wie bei den Eichen. Wertholz ergibt sich wie stets aus der Kombination von Stärke und Astreinheit.

Tab. 8.14:   Der Anfall an Eichenholz in den Bayerischen Staatsforsten im Durchschnitt der Wirtschaftsjahre 1983-1987 (n. BAYER. STAATSFORSTVERW., 1983–1987).

SORTE	GÜTEKLASSE	STÄRKEKLASSE	MENGE		PREIS
			fm	%	DM/fm
L	Furnier	3b-6	1 860	4,4	2 880
	Teilfurnier	3b-6	1 500	3,6	1 020
	A	2b-6	600	1,4	820
		Σ Wertholz	3 960	9,4	1 870
		1b	90	0,2	130
		2a	2 680	6,3	140
		2b	3 550	8,4	250
		3a	3 230	7,6	370
L	B	3b	2 230	5,3	480
		4	2 600	6,2	620
		5	1 010	2,4	680
		6	480	1,1	720
L	Σ B		15 870	37,5	385
	Σ C		14 450	34,2	140
	Σ D		900	2,1	110
Σ Stammholz			35 180	83,2	440
Σ Industrieholz			7 130	16,8	65
Sa.			42 310	100	380

Da die Altersklassenstruktur im Bayerischen Staatswald nicht ganz ausgeglichen ist – die über 140jährigen Bestände sind über-, die 20–60jährigen Bestände dagegen unterrepräsentiert – geben die Werte keinen ganz zutreffenden Eindruck von dem Anfall, der in einer nachhaltig bewirtschafteten normalen Betriebsklasse zu erwarten wäre. In dieser hätten nämlich schwächeres Stamm- und Industrieholz einen etwas höheren Anteil.

Furnierholztauglichkeit kommt zusätzlich dann zustande, wenn große Durchmesser und Astreinheit ergänzt werden durch helle gleichmäßige Holzfarbe sowie einen gleichmäßigen Jahrringbau. Ob darüber hinaus sehr hohe Alter von mehr als 250 Jahren bestimmend für die Furnierqualität sind, kann deshalb nicht sicher gesagt werden, weil die höchsten Preise zwar für sehr alte Bäume gezahlt werden, aber auch immer wieder Stämme von jüngeren Bäumen hohe Preise erzielen.

Als Hypothek der Eichenwirtschaft muß gelten, daß ein sehr hoher Anteil des Gesamtanfalls, nämlich mehr als 50 %, aus den geringerwertigen Sortimenten Stammholz C und D sowie Industrieholz besteht. Dennoch werden auch sie – verglichen vor allem mit der Buche – immer noch passabel bezahlt. Deshalb sind die Preise, die das Normal- und Wertholz erbringen, so hoch, daß der Durchschnittswert des gesamten Anfalls an Eichenholz um ein Mehrfaches höher liegt als der aller anderen Baumarten.

Die hohe Wertschätzung des Eichenholzes hat zu einer außerordentlichen Intensität der Eichenwirtschaft geführt. Ihre Zielsetzung vom Standpunkt der Holzproduktion liegt in der Erziehung von Starkholz mit einem möglichst hohen Wertholzanteil. Ob es dabei möglich sein wird, den großen Anteil an geringwertigem C- und Industrieholz, der bisher mitanfällt, zu verringern, erscheint zweifelhaft, da er im wesentlichen aus den astigen Kronenabschnitten stammt.

8.1.6.4.3 Erziehungskonzepte für die Eiche und ihre ertragskundlichen Eigenarten

Eichenbestände müssen in der Jugendphase wie alle Totastverlierer verhältnismäßig dicht gehalten werden, soll die Astreinigung zielgemäß vonstatten gehen. Diese Forderung findet allerdings dort ihre Grenze, wo Dichtschluß die Stabilität des Bestandes beeinträchtigt und das Überleben einer bereits bei Bestandesbegründung miteingebrachten Baumart im Unterstand gefährdet, die zum Schutz gegen das Austreiben von Wasserreisern während des gesamten Bestandeslebens erhalten bleiben muß.

Läuterungseingriffe in den frühen Entwicklungsphasen haben denn auch vor allem folgende Ziele:
– Entfernung von herrschenden Bäumen mit unerwünschten Schaftformen;
– Verhinderung von Überdichten zur Sicherung der Standfestigkeit der Bestände und zur Erhaltung des Schattbaum-Unterstandes;
– Herausarbeitung von etwa 1000 gut geformten und gleichmäßig verteilten Bäumen („Anwärtern“) je ha in der herrschenden Schicht als Auslesebasis für die anschließend beginnenden Durchforstungen (LEIBUNDGUT, 1976).

Die **Durchforstungen** setzen frühestens ein, wenn die Bäume der herrschenden Schicht sich bis auf 8–10 m Schaftlänge von ihren Ästen gereinigt haben. Das ist im Oberhöhenbereich zwischen 14 und 18 m der Fall. Grundsätzlich wird bei der Eichenwirtschaft die Produktion starken Holzes angestrebt. Das Betriebsziel kann aber mehr auf die Erzeugung eines möglichst hohen Anteils hochwertigen Furniers oder aber nur normalen Sägeholzes ausgerichtet sein. Die Art der Durchforstungseingriffe unterscheidet sich dementsprechend teilweise erheblich. Die folgenden drei Konzepte sind heute üblich:
(1) Aus dichter Bestandesstellung heraus wird **Furnierholz** in den traditionsreichen Eichengebieten des Spessarts und Pfälzer Waldes erzogen. Nach der Jugendentwicklung in sehr stammzahlreichen Jungbeständen werden die besten Bestandesglieder mittels vorsichtiger Auslesedurchforstung in freier Form herausgearbeitet.

Danach wird bei einer Bekronung von etwa 30 % zur Lichtwuchsdurchforstung übergegangen, wodurch die der Zahl nach nicht festgelegten Haubarkeitsstämme zur verstärkten Ausbildung ihrer Kronen angeregt werden sollen. Am Ende des 240–250jährigen Umtriebs sollen mindestens 100 Stämme im BHD-Bereich 60–70 cm den Endbestand bilden (FLEDER, 1981).

Eine solche sehr behutsame, die örtlichen Besonderheiten berücksichtigende Eichenerziehung führt zu Beständen, die aus Bäumen mit sehr gleichmäßigen und engen Jahrringen bestehen. Die Durchmesserentwicklung geht dabei allerdings stark gebremst vonstatten, da selbst nach der Ertragstafel für mäßige Durchforstung nach JÜTTNER (1955, in SCHOBER, 1975) vergleichbare Durchmesser bei niedrigerer Stammzahlhaltung bereits im Alter 200 J. erreicht werden *(s. Abb. 8.16).*

(2) Wie ein Gegenprogramm mutet das in Baden-Württemberg entwickelte Erziehungsprogramm an *(s. Abb. 8.16),* mit dem ebenfalls ein hoher **Furnierholzanteil** erreicht werden soll. In Umtrieben zwischen 160 und 200 Jahren werden danach

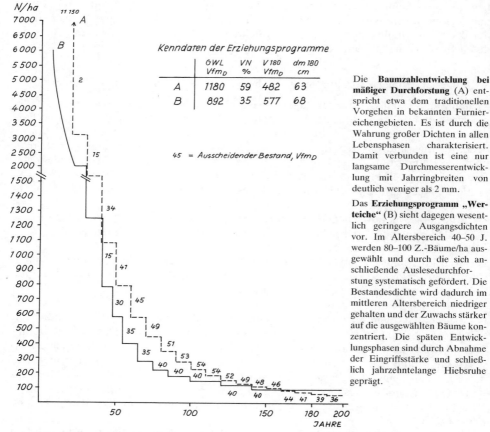

Die **Baumzahlentwicklung bei mäßiger Durchforstung** (A) entspricht etwa dem traditionellen Vorgehen in bekannten Furniereichengebieten. Es ist durch die Wahrung großer Dichten in allen Lebensphasen charakterisiert. Damit verbunden ist eine nur langsame Durchmesserentwicklung mit Jahrringbreiten von deutlich weniger als 2 mm.

Das **Erziehungsprogramm „Werteiche"** (B) sieht dagegen wesentlich geringere Ausgangsdichten vor. Im Altersbereich 40–50 J. werden 80–100 Z.-Bäume/ha ausgewählt und durch die sich anschließende Auslesedurchforstung systematisch gefördert. Die Bestandesdichte wird dadurch im mittleren Altersbereich niedriger gehalten und der Zuwachs stärker auf die ausgewählten Bäume konzentriert. Die späten Entwicklungsphasen sind durch Abnahme der Eingriffsstärke und schließlich jahrzehntelange Hiebsruhe geprägt.

A = Ertragstafel für mäßige Durchforstung nach JÜTTNER (1955, in SCHOBER, 1975).
B = Erziehungsprogramm „Werteiche" nach KENK, 1980.

Abb. 8.16:   Baumzahlentwicklung in Eichenbeständen sehr guter Ertragsklasse.

Zieldurchmesser von etwa 70 cm angestrebt. Diese Zielsetzung wird über folgende Schritte erreicht:

– Läuterungen ab 8 m Oberhöhe mit dem Ziel, zu Beginn der Durchforstungsperiode eine genügende, gut verteilte Anzahl von Bäumen als Reservoir für die Z.-Baumauswahl zur Verfügung zu haben. Dazu ausreichende Freistellung der besten Individuen, um Aufwuchs ohne Schaftverformungen und gute Kronenbildung zu gewährleisten.
– Definitive Auswahl von 80–100 Z.-Bäumen/ha bei Abschluss der Astreinigung an einem 8–10 m langen Schaftstück. Baumabstände von 7–12 m als Auswahlhilfe.
– Mehrere vorsichtige Durchforstungseingriffe ausschließlich durch Entnahme von 1–2 Bedrängern zur Förderung der Z.-Bäume. Keine oder nur schwache Eingriffe in den zunächst großen Zwischenräumen zwischen den Z.-Bäumen, Belassen als Füllholz.
– Allmählicher Auszug des Füllholzes, sobald die Z.-Bäume das Bild des Bestandes beherrschen.
– Einstellen der Endbaumzahl 40–60 J. vor Erreichen des Zieldurchmessers, Hiebsruhe bis zur Endnutzung.

(3) **Die Produktion starken Sägeholzes** wird dort angestrebt, wo aus bestandesgeschichtlichen (ehemaliger Mittel- oder Niederwald) oder standörtlichen Gründen mit einer unausgewogenen Jahrringstruktur, hohen Spätholzanteilen und damit großer Holzhärte oder mit ungünstiger Holzfarbe gerechnet werden muß. Starkholz kann hier in verhältnismäßig kurzen Umtrieben erzielt werden, wenn von Beginn der Durchforstungsphase an so stark eingegriffen wird, daß die herrschenden Bäume schnell große und leistungsfähige Kronen entwickeln können. Die Eingriffe werden als Hochdurchforstungen geführt. Das setzt das Vorhandensein einer dichten dienenden Unterschicht aus Schattbaumarten voraus, die die Schäfte der Eichen beschatten und dadurch die Bildung von Wasserreisern verhindern. Nach der Durchmesserentwicklung von Mittelwald- und Huteeichen ist zu vermuten, daß auf solche Weise Starkeichen im BHD-Bereich um 60 cm in Umtrieben zwischen 120 und 150 Jahren erzielt werden können. Sie werden jedoch im unteren Schaftteil bestenfalls A-Qualität erreichen. Verluste an Volumenzuwachs, die bei dieser Art des Vorgehens unvermeidlich sind, müssen durch den hohen Wert des produzierten Starkholzes überkompensiert werden.

8.1.6.4.4 Die Praxis der Erziehung von Eichenbeständen

Eichenbestände kommen in großer Vielfalt vor. Die in den letzten Jahrzehnten in vielen Waldgebieten begründeten Jungbestände bringen meist alle Voraussetzungen für eine intensive Wertholzwirtschaft mit. Aber auch sehr viele der älteren Eichenbestände, vor allem in den traditionsreichen Eichengebieten, befinden sich als Ergebnis anspruchsvollen Waldbaus in einem ausgezeichneten Zustand. Es kann überhaupt gesagt werden, daß keine andere Baumart in Mitteleuropa mit solcher waldbaulichen Sorgfalt bedacht wird wie die Eiche. Trotzdem aber gibt es noch genügend Bestände mit Unzulänglichkeiten verschiedenster Art, bei deren Behandlung Abweichungen von der üblichen auf Wertholz ausgerichteten Erziehung unumgänglich sind. In *Übersicht 8.13* wird versucht, Konzepte für den praktischen Waldbau in Eichenbeständen bei unterschiedlichen Zielsetzungen und unter verschiedenen Voraussetzungen in stark konzentrierter Form darzustellen.

8.1.6.5 *Die Erziehung in Mischbeständen*

Die Erziehung von Mischbeständen ist eine besonders wichtige waldbauliche Aufgabe. Sie bietet keine Schwierigkeiten, wenn die Bestände sachgerecht begründet (*vgl. Kap. 7*) und durch Läuterungsmaßnahmen (*vgl. Kap. 8.1.4*) auf die Durchforstungen vorbe-

Übersicht 8.13: Hinweise für die **waldbauliche Behandlung von Eichenbeständen** in der forstlichen Praxis.

WALDBAULI-CHES STADIUM	KRITERIEN	ERZIEHUNGSMASSNAHMEN
Begründung	Naturverjüngung (oder Saat):	Auspflanzen von Fehlstellen
	Künstl. Verjüngung:	Ausbringen von 7000–10000 2j. Pfl./ha. Sorgfältige Nachbesserungen bei größeren Ausfällen.
	Bei allen Verjüngungsarten:	Unkrautbekämpfung, wo nötig. Einbringung einer dienenden Schattbaumart (Hainbuche, Buche, Linde).
Dickung		Einmaliger Durchgang zur Beseitigung von Zwieseln und ausgesprochenen Protzen, ggf. auch von verdämmenden Pionierbaumarten.
Stangenholz		Standraumverbesserung von ca. 1000 stabilen, gut geformten, vitalen herrschenden Individuen/ha als Ausgangsmaterial für die späteren Auslesemaßnahmen. Unterbau einer Schattbaumart, wo nicht bereits vorhanden.
Baumholz (nach Erreichen von 8–10 m astreiner Schaftlänge)	Betriebsziel: **Furnierholz**	Freie Hochdurchforstung mit geringer Eingriffsstärke. Dadurch Erzielung astreiner Schaftlänge bis 20 m. In der zweiten Hälfte der Produktionszeit von ca. 250 J. Zunahme der Eingriffsstärke.
	Betriebsziel: **Wertholz**	Starke Hochdurchforstung zur systematischen Ausformung und Förderung von 100 Z.-Bäumen/ha. Später Minderung der Eingriffsstärke, anschließende Hiebsruhe. Umtriebszeit 180 (–200) Jahre.
		In beiden Fällen sorgfältige Schonung des Unterstandes, allerdings Entnahme solcher Unterständer, die in die Kronenschicht herrschender Bäume einwachsen.
	Betriebsziel: **Normales Sägeholz**	Starke Hochdurchforstungen zur raschen Förderung der Entwicklung großer und leistungsfähiger Kronen. Vorhandensein einer Unterschicht aus Schattbaumarten obligatorisch.
	Ungünstige Ausgangslage (Ungleichm. Verj.; Fehlen eines Schattbaumunterstandes; in Überführung befindlicher Niederwald):	Starke Niederdurchforstungen zur Erziehung von Stämmen mit Stärkeklasse 3–4 in möglichst kurzen Umtrieben.
	Überführungsbestände wenig vital:	Frühzeitige natürl. oder künstl. Verjüngung auf Eiche oder Umwandlung in andere Baumart unter Ausnutzung des Bestandesschirmes.
	Nichtwirtschaftswald:	Keine Bewirtschaftungsmaßnahmen.
Verjüngung		Anwendungsmöglichkeit für alle in *Kap. 6* behandelten Verfahren, da Verjüngung wegen natürlicher Stabilität der Eichen nicht schwierig.

reitet worden sind. Die an der Mischung beteiligten Baumarten befinden sich dann von vornherein in einem ihrer Entwicklungsdynamik entsprechenden Verhältnis zu ihren Nachbarn. Alle Erziehungseingriffe sind in der Folge darauf ausgerichtet, den Standraumbedarf jeder Art im Verlauf der Bestandesentwicklung zu sichern. Der artgerechte Standraum, der zur Erfüllung dieser Forderung bei jedem Durchforstungseingriff zu begutachten ist, geht aus *Übersicht 8.3* und *Abb. 8.17* hervor.

Abb. 8.17: Abstände der wertbestimmenden Bäume in Mischbeständen im Haubarkeitsalter (nach ABETZ, 1974, etwas verändert). Es handelt sich bei diesen Werten um Hilfsgrößen, mit denen während des ganzen Bestandeslebens leicht überprüfbar ist, ob der artgemäße Standraum für jede beteiligte Baumart zur Verfügung steht und damit das Mischungsziel erreicht werden kann. Bei jedem Eingriff ist daher zu prüfen, ob die zu fördernde Baumart auf einer ihrem Wuchsraumbedarf entsprechenden Fläche so herausgearbeitet worden ist, daß sie darauf dominiert. Diese Abstandsvorgaben dürfen keinesfalls als starre Größen betrachtet werden, sondern sie haben in einem ziemlich weiten Rahmen Gültigkeit, der in den Mindestabständen zum Ausdruck kommt.

Baumart	Fi	Ta	Dgl	Kie	Lä	Bu	Ei
Endbaumzahl	400	300	100	200	100	110	160
	Mittlere (Mindest-) Abstände der wertbestimmenden Bäume in m						
Fi	5,7 (4,0)						
Ta	6,2 (5,0)	6,6 (4,0)					
Dgl			11,5 (8,0)				
Kie	7,0 (6,0)	7,3 (6,0)		8,1 (5,0)			
Lä		9,0 (7,0)	9,8 (7,0)		11,5 (5,0)		
Bu	8,5 (7,0)	8,7 (7,0)	9,5 (7,0)		11,2 (8,0)	11,0 (5,0)	
Ei			9,8 (8,0)		11,5 (8,0)	11,2 (8,0)	11,5 (5,0)

Ausgesprochen schwierig gestaltet sich dagegen die Erziehung von Mischbeständen, wenn diese eher zufällig entstanden oder unsachgemäß begründet worden sind und die fehlerhafte Ausgangslage nicht in der Läuterungsphase grundsätzlich korrigiert worden ist. Mischbestände, die in unbefriedigendem Zustand das Durchforstungsalter erreicht haben, kommen auf sehr großen Flächen vor. Für ihre Behandlung können die folgenden Überlegungen hilfreich sein:

– Schlecht geformte herrschende Baumindividuen in Mischbeständen sollten mit dem erstmöglichen Durchforstungseingriff entfernt werden. In späteren Entwicklungsphasen der Bestände sind Korrekturen dieser Art nur noch unter Einbußen an Produktion und Stabilität möglich.

– In fortgeschrittenen Entwicklungsstadien der Bestände haben sich meist durch Selbstdifferenzierung oder durch die Art der vorhergegangenen Eingriffe bereits Nachbarschaftskonstellationen zwischen den Individuen der einzelnen Baumarten herausgebildet, die ohne erhebliche Zuwachsverluste nicht mehr korrigierbar sind. Hier muß dann, unabhängig von der Zielplanung, die Mischung ausgeformt werden, die sich bereits herauskristallisiert hat.

– Für jeden Eingriff wird um den zu fördernden Baum herum eine Fläche von der Größe gemustert, die der Standfläche eines Baumes der betreffenden Baumart im Endbestand entspricht. Erziehungsmaßnahmen in Mischbeständen sind daher über einen beachtlichen Zeitraum immer Auslesedurchforstungen. Erst wenn ein Individuum der jeweiligen Baumart den ihm entsprechenden Standraum vollständig beherrscht, wird zur Lichtwuchsdurchforstung übergegangen.

– Lichtbaumarten, die bei Eintritt in das Baumholzalter nicht mehr klar der herrschenden oder besser vorherrschenden Baumschicht angehören, sind nur noch unter erheblichen Opfern zu erhalten. Dies ist jedoch dann zu rechtfertigen, wenn die

Individuen der Lichtbaumarten aus einem der folgenden Gründe trotzdem förderungswert sind:

– Die bereits abgedrängten Individuen erscheinen nach rigoroser Freistellung noch regenerationsfähig und versprechen eine erheblich höhere Wertschöpfung als ihre Konkurrenten. Das ist beispielsweise der Fall, wenn Eichen einzeln oder in Kleingruppen inmitten von Buchen stehen.
– Aus ästhetischen Gründen sollen an Waldrändern weitgehend überwachsene Exemplare herausgearbeitet werden.
– Die wenigen verbliebenen Mischbäume sollen später einmal als Mutterbäume Samen für die nachfolgende Verjüngung liefern. Sie müssen dann besonders stark freigestellt werden, damit sie noch entsprechend große Kronen bilden können.

– Schattbaumarten – und das gilt in besonderem Maße für unter- und zwischenständige Buchen in Fichten – lassen sich oft noch herauspflegen, auch wenn sie schon sehr weitgehend abgedrängt sind und die herrschende Baumart fast Reinbestandscharakter ausgeprägt hat. In solchen Fällen ist eine klassische Hochdurchforstung hilfreich, d.h neben der Auslese im Herrschenden werden zusätzlich zwischenständige Exemplare der herrschenden Baumart zugunsten der Nebenbaumart entnommen.
– In vergleichbarer Weise ist vorzugehen, wenn die jeweilige Baumartenkombination das Vorhandensein eines dienenden Unterstandes erfordert oder erlaubt.

Generell gilt, daß immer wieder das Potential an Mischbaumarten in vielen Beständen – und sei es auch nur klein – nicht genügend gesehen wird. Damit werden dann auch die Möglichkeiten nicht wahrgenommen, noch beizeiten die Entwicklung zu gemischten Beständen zu sichern.

8.1.7   Die Praxis der Durchforstung

8.1.7.1   Allgemeine Betrachtungen

Die Forsteinrichtungswerke enthalten für jeden Bestand Vorschläge über Art und Stärke der Durchforstung, oft werden darüber hinaus auch die Intervalle angegeben, mit denen die Eingriffe erfolgen sollen. Die Verwirklichung dieser Vorgaben geschieht dann im Rahmen jährlicher Planungen nach den betrieblichen Notwendigkeiten und Möglichkeiten. Der Jahresplan für Hiebsmaßnahmen wird **Hauungs-** oder **Fällungsplan** genannt.

Ein solcher Hauungsplan ist unterteilt nach Beständen, in denen Endnutzungshiebe geführt werden, die also auf eine Verjüngung ausgerichtet sind, und solche, in denen Erziehungshiebe vorgesehen sind. Läuterungen werden meist in einer gesonderten Planung erfaßt, jedoch können sie auch als eigener Abschnitt mit in den Hauungsplan aufgenommen werden. Die Aufstellung der Hiebsplanung geschieht am zweckmäßigsten nach dem Abschluß der Kulturzeit. Sie muß so rechtzeitig fertig sein, daß die Auszeichnungsarbeiten vor Beginn der Einschlagperiode abgeschlossen sein können. In Betrieben mit intensivem Waldbau erfolgt die Planung gemeinsam durch Revier- und Betriebsleiter nach Besichtigung jedes Hiebsortes. Die dann nötigen Entscheidungen werden im Anhalt an die in den vorstehenden Kapiteln behandelten Kriterien vorgenommen.

Neben der Größe der Hiebsfläche sowie Hinweisen auf Besonderheiten der Situation enthält die Planung die zu entnehmenden Holzmengen nach Baumarten getrennt und ggf. unterteilt nach Stamm-, Industrie- und Brennholz.

Die folgenden kurzgefaßten Grundregeln der Bestandserziehung sind für die praktische waldbauliche Arbeit hilfreich:
- Die Bestandeserziehung beginnt mit der Begründung.
- Verbesserung oder Wahrung der Bestandesstabilität rangiert vor allen anderen Erziehungszielen.
- Alle Erziehungseingriffe sind umso wirkungsvoller, je früher sie ausgeführt werden. Eingriffe in Jungbestände dürfen daher in keinem Fall zurückgestellt werden.
- Überdichte ist – vor allem in Nadelbaumbeständen – ein gravierender waldbaulicher Fehler, der Gesamtwuchsleistung, Wertproduktion und Stabilität nachhaltig beeinträchtigt. Sie ist in Jungbeständen leicht, in mittelalten nur durch vorsichtige Eingriffe in kurzen Intervallen und in Altbeständen überhaupt nicht mehr korrigierbar.
- Alle Baumarten reagieren in der Jugend spontan und vehement auf Verbesserungen ihrer Lebensbedingungen. Mit zunehmendem Alter erlischt diese Fähigkeit nicht, sie wird jedoch schwächer.
- Gezielte Auslese kann nur in jungen Beständen vorgenommen werden. Ganz überschlägig gilt dabei, daß Nadelbäume dazu zwischen 10 und 15 m hoch sein sollten. In Laubbaumbeständen gilt als Kriterium für den Auslesebeginn eine von Ästen gereinigte Schaftlänge von mindestens 8 (6) Metern.
- Kriterien für Auslesebäume sind Vitalität, Schaftqualität und Verteilung. Diese Reihenfolge ist dabei Ausdruck des Gewichtes der Kriterien.
- Hochvitale, aber aus Gründen der Qualität ungeeignete Bäume müssen so früh wie möglich entfernt werden. Das Vorhandensein solcher Individuen in fortgeschrittenen Entwicklungsstadien signalisiert schwere waldbauliche Versäumnisse und ist nur noch schwer und mit Zuwachsverlusten korrigierbar.
- Baumabstände, die sich am Standraum der Haubarkeitsbäume orientieren, sind ein nützliches Hilfsmittel für die Auswahl von förderungswürdigen Bäumen und zur Mischungsregulierung. Das gilt allerdings nur solange, wie sie nicht als starre Größen betrachtet werden und der natürlichen Entwicklungstendenz eines Bestandes kein zu großer Zwang damit angetan wird.
- Je weiter entwickelt ein Bestand ist und je mehr einzelne Bäume sich herausdifferenziert haben, umso weniger können Baumabstände als Entscheidungskriterien verwendet werden. Hier kommt es dann vielmehr darauf an, das meist geklumpte Vorkommen der Zuwachs- und Wertträger zu übernehmen und das Vorgehen danach auszurichten (s. dazu Kato und Mülder, 1979).
- Kurze Durchforstungsintervalle von mäßiger Eingriffsstärke sind selteneren, aber starken Eingriffen vorzuziehen.

8.1.7.2   Auszeichnen als praktische Tätigkeit

Für einen Waldbau, der durch permanente Nutzung bei gleichzeitiger Formung auf Qualität, Stabilität und Naturnähe setzt, ist das Auszeichnen der zum Hieb vorgesehenen Bäume die zentrale professionelle Aktivität. Sie setzt sowohl die Kenntnis waldbaulicher Prinzipien voraus, als auch das Wissen um die biologischen Folgen, die ein Eingriff hat. Eine grobe Einteilung der Auszeichnungsaktivitäten ist in *Übersicht 8.14* dargestellt. Da sie im praktischen Betrieb jährlich auf großen Flächen ausgeführt werden müssen und pro Forstbetrieb Einschläge in der Größenordnung von vielen tausend Festmetern Holz vorbereiten, ist es im allgemeinen nicht möglich, dabei

Übersicht 8.14:   Unterschiedliche waldbauliche Vorgaben für die Festlegung von Hiebsflächen und die Auszeichnung von Einzelbäumen zum Hieb.

Naturwald	Exploitation durch Kahlschlag:	Festlegung der Schlaggrenzen.
	Selektive Exploitation:	Festlegung der zu entnehmenden Stämme nach Baumart und/oder Durchmesser, Gesundheitszustand.
Wirtschafts-wald	Kahlschlagbetrieb:	Einzelstammweise Auszeichnung in der Durchforstungs-phase; Festlegung der Hiebsfläche am Ende der Umtriebs-zeit.
	Schirmschlagbetrieb:	Einzelstammweise Auszeichnung in der Durchforstungs- und Verjüngungsphase.
	Ungleichaltriger Betrieb:	Einzelstammweise Auszeichnung: Durchforstungs- und Verjüngungsphase sind räumlich und zeitlich nicht getrennt, Bestandesbezug wird geringer.

quantitativ vorzugehen. Das würde ja bedeuten, daß die Einhaltung der von der Forsteinrichtung und im jährlichen Fällungsplan vorgegebene Einschlagsmenge in jedem Bestand im Prozeß des Auszeichnens laufend überprüft werden müßte. Der damit verbundene Aufwand, die Heterogenität der Bestände aber auch die durchaus mögliche Fehlerhaftigkeit der Planungsvorgabe machen das unmöglich. So steht die im Einzelbestand anfallende Menge im besten Fall erst nach Abschluß der Auszeich-nung fest, dann nämlich, wenn dabei die markierten Stämme nach Volumen erfaßt werden. Geschieht das nicht – und das ist der häufigste Fall – so tritt das tatsächliche Auszeichnungsergebnis erst bei der Aufnahme des abgeschlossenen Hiebes zutage und ist dann nicht mehr zu ändern. Diese Schwierigkeit einer quantitativen Aus-zeichnungskontrolle muß daher ausgeglichen werden durch Erfahrung. Erfahrung wird ausschließlich erworben durch Auszeichnen und kritische Würdigung des Be-standszustandes nach dem Einschlag. Als Kriterien für eine solche Würdigung müssen gelten:

– Der **Grad der Destabilisierung:** Mit jedem Eingriff ist Verlust an Stabilität verbun-den. Er ergibt sich aus den Veränderungen der Komponenten: individuelle und kollektive Stabilität sowie Oberflächenrauhigkeit. In hohen Beständen sind alle Destabilisierungen grundsätzlich mit größter Vorsicht zu betrachten.
– **Regulierung der Dichte:** Vor allem in jungen Nadelbaumbeständen muß eine Kon-zentration des Zuwachses auf die vitalsten, ggf. geästeten Individuen erreicht wer-den. In jungen Laubbaumbeständen sollten qualitätssichernde Dichten gehalten werden, die aber zugleich das Überleben eines Unterstandes ermöglichen. In un-gleichalten Beständen gilt es immer, die zugehörige Struktur sichern.
– **Wahrung der Mischung:** In allen Stadien der Bestandesentwicklung ist die Sicherung der Baumartenmischung wichtiges Durchforstungsziel; dazu ist eine genaue Kennt-nis der Wuchsdynamik der beteiligten Baumarten Voraussetzung.
– **Sicherung des Astreinigungsprozesses:** Wahrung ausreichender Dichten in jungen Laubbaumbeständen bei gleichzeitiger Verringerung fehlformiger oder sehr stark ästiger Bäume. Schaffung und Wahrung eines Unterstandes.

– **Herausarbeitung von (ggf. geästeten) Auslesebäumen:** Sie werden – sei es in fester Zahl oder in freiem Vorgehen – im Verlauf der Erziehungseingriffe so weit herausgearbeitet, bis sie den Bestand völlig beherrschen.

– **Berücksichtigung von Zieldurchmessern:** In alten Beständen können vorgegebene Zieldurchmesser die Auszeichnung bestimmen, gleichgültig ob nach Schirm-, Femel- oder Plentergrundsätzen gearbeitet wird.

Erfahrung in diesem Sinne erfordert vor allem auch die kritische Würdigung der Auszeichnung durch forstliche Kollegen. Nur dadurch wird erreicht, daß alle Bewertungskriterien tatsächlich berücksichtigt und Einseitigkeiten vermieden werden. Der Umfang an Auszeichnungsarbeit, der im Verlauf forstlicher Ausbildungen geboten wird, reicht bei weitem nicht aus, um das hier geforderte Maß an Erfahrung zu vermitteln. Sie muß vielmehr durch Zusammenarbeit mit geübten Praktikern weiterentwickelt und vertieft werden. Jeder Forstmann sollte sein ganzes Berufsleben lang immer wieder und in einem solchen Umfange selbst auszeichnen, daß er diese entscheidende berufliche Tätigkeit jederzeit voll beherrscht. Nur wer auszeichnet hat Teil an der Gestaltung des Waldes, und zwar nicht nur in waldbaulicher sondern auch in naturschützerischer und forstästhetischer Hinsicht. Und nur wer auszeichnet ist in der Lage, die Eigenarten von neuen Eingriffsformen, wie sie aus der Wissenschaft oder aus Beispielsbetrieben kommen können, zu bewerten, ggf. zu modifizieren oder fundiert abzulehnen. Kein Mensch würde sich einem Arzt oder Zahnarzt anvertrauen, von dem er nicht wüßte, daß er neben – nicht überprüfbarem! – Wissen auch massive, täglich erneuerte praktische Erfahrung hat.

8.1.7.2.1 Auszeichnen als vielgestaltige Aufgabe

Auszeichnung erfordert bestandesspezifische Vorgehensweisen in jedem Einzelfall. Sie ergeben sich aus
– der Analyse der jeweiligen Gegebenheit (es ist nie sinnvoll, über die Vorgabe zu lamentieren, die ein Bestand nun einmal bietet; daran ist nichts zu ändern, so unerfreulich sie auch sein mag);
– den daraus sich ergebenden möglichen Zielsetzungen;
– den Maßnahmen, mit deren Hilfe die Zielsetzung erreicht werden kann.

Die häufigsten Situationen, denen ein Auszeichner gegenübersteht, sind in der folgenden *Übersicht 8.15* zusammengestellt.

Übersicht 8.15:   Die Praxis der Durchforstung.

ENTWICK-LUNGS-STADIUM	BAUM-ARTEN	ZWECK DES HIEBES	AUSZEICHNUNGSPRINZIPIEN	QUALIFIKATION FÜR DIE AUSFÜHRUNG
Dickung	Nadel-bäume	Reduktion von Überdichte.	Schematische Entnahmen, z.B. ganze Pflanzreihen, oder bei Naturverjüngung Belassen einer bestimmten Zahl von Bäumen, z.B. 2000 Fichten oder 5000 Kiefern je ha, mit Größe und Abstand als einfachen Auswahlkriterien.	*Waldarbeiter* nach intensiver Einweisung
	Laubbäume	Qualitätssicherung, Mischungsregulierung, Schaffung eines Unterstandes.	Markierung nicht zielgemäßer Bäume. Gibt es sehr viele davon, so muß der Eingriff auf zwei Hiebe verteilt werden, da zu große Öffnungen entstehen, die die verbleibenden fehlerfreien Bäume ihrerseits zu Grobförmigkeit anregen. Förde-	Durch sorgfältige Auszeichnung wird die Zahl der Hieboperationen auf das erforderliche Minimum beschränkt und damit die Ausfüh-
	Laub-/Nadelbaum-Mischungen			

Übersicht 8.15:   (Fortsetzung)

ENTWICK-LUNGS-STADIUM	BAUM-ARTEN	ZWECK DES HIEBES	AUSZEICHNUNGSPRINZIPIEN	QUALIFIKATION FÜR DIE AUSFÜHRUNG
Dickung (Fortsetzung)	Laubbäume Laub-/ Nadelbaum-Mischungen	Qualitätssicherung, Mischungsregulie-rung, Schaffung eines Unterstandes.	rung einer dem Bestockungsziel entspre-chenden Zahl von Mischbaumarten, wo und soweit das erforderlich ist. Nur bei sehr großer Überdichte, die durch die genannten Maßnahmen nicht genügend aufgelockert wird, auch Eingriffe zur Schaffung und Sicherung eines Unter-standes, der sich bereits im Dickungsal-ter herausbilden sollte und deshalb nicht ausgedunkelt werden darf.	rung billig. Bester Zeit-punkt zur definitiven Mischungsregelung *(vgl. Übersicht 8.3)* durch sorgfältige Konkurrenz-regelung. Hoher fachli-cher Anspruch: *Forst-mann.*
Stangen-holz, geringes Baumholz	Nadelbäume	Herausarbeitung in-dividueller Stabili-tät. Konzentration des Zuwachses auf die besten Bäume; ggf. Ästung.	Bei Wertholzerziehung Auswahl der Ästungsbäume und vorübergehende Markierung (z. B. Plastikband, *vgl. Kap. 8.4.8*) bis zur Ästung. Förderung der geästeten oder ungeästeten Auslese-bäume in einer dem jeweiligen Vitalitäts-zustand entsprechenden Stärke: stärker im Falle geringer und weniger stark bei ausgeprägter Vitalität. Gleichzeitig Si-cherung der geplanten Mischung, Erhal-tung von ungeplant vorhandenen Baum-arten, wo möglich und erwünscht, z. B. Birke, die dann auch geästet wird.	Besonders wichtige und für die weitere Bestan-desentwicklung ent-scheidende Phase. Kom-bination von positiven und negativen Entschei-dungskriterien. Bei aus-reichender individueller Stabilität können starke Eingriffe vertretbar sein. *Nur durch Forstleute vor-zunehmen.*
	Laubbäume Laub-/ Nadelbaum-mischungen	Wahrung ausrei-chenden Dichtstan-des zur Sicherung der natürlichen Ast-reinigung. Entnah-me noch vorhande-ner Fehlformen. Si-cherung des Unter-standes. Regulie-rung der Mischung durch Förderung der Mischbaumarten. Ästung eingemisch-ter Nadelbäume wo möglich.	Eingriffe in Laubbäumen nur zur Ent-nahme fehlformiger Bäume oder zur vor-sichtigen Sicherung des Unterstandes. Beigemischte Laubhölzer werden soweit gefördert, daß sie sich ihrer Wuchsdyna-mik gemäß entwickeln können, aber der Astreinigungsprozess nicht unterbro-chen wird. Nadelbäume werden zur Ästung markiert (Vitalität, Stabilität, Zielgemäßheit) und so von ihren Be-drängern befreit, daß nicht nur ihr Be-stand sondern wirklich gutes Wachstum gesichert sind. Gleiches gilt für zielge-mäße Zahl von Kirschen, Birken und Aspen.	Vorgehen sichert das Bestockungsziel durch Kenntnis der entwick-lungsspezifischen Cha-rakteristika der Baum-arten. Daher *hochpro-fessionelle Tätigkeit.*
Baumhölzer	Nadelbäume	a) Holzernte aus ökonomischen Gründen gewinnt zunehmend an Be-deutung. Förderung der bereits geästeten oder ungeäset als Auslesebäume her-ausgearbeiteten In-dividuen.	Vorsichtige Entnahme von Konkurren-ten herauszuarbeitender Bäume. Starke Eingriffe sollten auch dann vermieden werden, wenn es infolge vorangegan-gener Maßnahmen eine gute individuelle Stabilität herausgebildet hat. Gleichmä-ßigkeit der Verteilung, die sich durch vorangegangene Maßnahmen nicht schon herausgebildet hat, kann nicht mehr angestrebt werden. Aus Gründen der Stabilität dürfen Gruppen starker Bäume keinesfalls mehr aufgelöst wer-den. Mischbaumarten sind einzeln oder in Gruppen so zu stellen, daß sie ausrei-chende Kronenfreiheit haben: Das gilt besonders für Lärchen und Kiefern, aber auch für Laubbäume in Fichtenbestän-den.	Obwohl durch vorange-gangene Maßnahmen bereits leicht erkennba-re Vorgaben geschaffen sind: *Gute waldbauliche Qualifikation erforder-lich.*

Übersicht 8.15:   (Fortsetzung)

ENTWICK- LUNGS- STADIUM	BAUM- ARTEN	ZWECK DES HIEBES	AUSZEICHNUNGSPRINZIPIEN	QUALIFIKATION FÜR DIE AUSFÜHRUNG
Baumhölzer (Fortsetzung)	Nadelbäume	b) Dicht und unbeeinflußt aufgewachsene Bestände. Vorsichtige Förderung der stabilsten Bäume, Sicherung von Strukturen, die sich allein herausgebildet haben.	Ästungen und zielbaumorientierte Eingriffe werden mit zunehmendem Alter immer weniger sinnvoll und möglich. Im Falle von dicht begründeten und dicht gehaltenen Beständen ist – besonders in fortgeschrittenen Entwicklungsstadien – nur noch eine mäßige Niederdurchforstung möglich, wobei die Eingriffe keinesfalls stark geführt werden dürfen. Hat sich dagegen eine gute natürliche Differenzierung herausgebildet, so können die stabileren Bäume durch vorsichtige Entnahme von Konkurrenten auch aus der herrschenden Schicht allmählich weiter stabilisiert werden. Keinesfalls dürfen dabei Klumpungen (Gruppenbildungen) stabiler Bäume gestört werden. Mischbaumarten sind immer dann zu fördern, wenn soziale Stellung und Bekronungsgrad erwarten lassen, daß sie in der Lage sind, darauf zu reagieren. Sehr dicht bis in hohe Entwicklungsstadien gelangte Bestände können auch deshalb nur noch vorsichtig niederdurchforstet werden, weil ihre Stabilität ausschließlich kollektiver Art ist.	Erfordert Kenntnis und Erfahrung zur Erfassung der Situation und zur Entwicklung der Ausgangslage entsprechender Durchforstungskonzepte. Auszeichnung ist äußerst diffizil, daher *hohe Professionalität erforderlich*.
	Laubbäume	a) Anregung des Dickenzuwachses, Sicherung der Mischung in waldbaulich gut ausgebildeten Beständen.	Die waldbaulich angestrebte astreine Schaftlänge (8(–12)m) an einer ausreichenden Zahl von Stämmen (< 200 je ha) ist erreicht, Unter- bzw. Zwischenstand ist vorhanden. Beigemischte Nadelbäume sind geästet. Das Konzept des Dichtstandes wird verlassen. Die zielgemäß ausgebildeten Bäume – Schaftqualität, Vitalität – werden entweder – in fester Zahl definitiv ausgewählt und durch Entnahme von Bedrängern gefördert oder – in freiem Vorgehen ohne Fixierung einer vorgegebenen Zahl allmählich freigestellt. Beide Arten des Vorgehens setzen Unterstand zur Verhinderung von Wasserreiserbildung voraus. Da die vorangegangene Dichtstandphase nur bedingt zur Ausbildung stabiler Einzelbäume geführt hat, Auslesedurchforstungseingriffe sehr vorsichtig führen, so daß definitive Herausarbeitung von Auslesebäumen bei nur allmählicher Auflösung der kollektiven Stabilität erfolgt. Der zielgemäße Anteil von Nadelbäumen bzw. Kirschen, Birken, Aspen wird – sofern nicht schon geschehen – geästet und systematisch vor Bedrängern geschützt.	Setzt Kenntnisse und Erfahrung voraus, daher *höchste Qualifikation des Auszeichners erforderlich*.

Übersicht 8.15:   (Fortsetzung)

ENTWICK-LUNGS-STADIUM	BAUM-ARTEN	ZWECK DES HIEBES	AUSZEICHNUNGSPRINZIPIEN	QUALIFIKATION FÜR DIE AUSFÜHRUNG
Baumhölzer (Fortsetzung)			Die Auszeichnung solcher Bestände wird mit jedem Eingriff einfacher, da der Zielzustand sich immer deutlicher herauskristallisiert, Ernteaspekte bekommen mehr und mehr Übergewicht vor Formungsaspekten.	
	Laubbäume	b) Waldbaulich bisher nicht vorbereitete Bestände in der frühen Baumholzphase erfordern verspätete Formungseingriffe.	Analyse des Zustandes durch Beantwortung folgenden Fragenkataloges: – Zahl der halbwegs zielgerecht ausgebildeten Bäume und ihre Verteilung auf der Fläche; – Häufigkeit und Ausformung der als nicht zielgemäß unbedingt zu entfernenden Bäume; – Häufigkeit, Verteilung und Zustand der Mischbaumarten; – Existenz und Zustand eines Unterstandes. Auch bei ungünstiger Ausgangslage sind Laubbaumbestände formbarer als Nadelbaumbestände. **Je früher damit begonnen wird, desto weitergehend können Mängel noch behoben werden.** Die Gewichte bei der Auszeichnung werden folgendermassen gesetzt: Entnahme aller infolge extremer Fehlerhaftigkeit unbedingt zu entnehmender Bäume, ggf. in mehreren Eingriffen; Vermeidung zu weitgehender Freistellung der meist schlankeren gut geformten Bäume, keinesfalls Zerstörung von Gruppenbildungen: Stabilität; Wasserreiser. Sicherung der Mischung, wo das noch möglich ist.	Setzt Kenntnisse und Erfahrung voraus, daher *höchste Qualifikation des Auszeichners erforderlich.*
		c) Verbesserung waldbaulich nicht gut vorbereiteter Bestände in späten Entwicklungsstadien (Eingriffe werden oft als „Entrümpelung" bezeichnet).	Haben waldbaulich unvorbereitete Bestände höhere Entwicklungsstadien erreicht, so werden **formende Eingriffe immer schwieriger, da fehlformige Stämme auch großkronig und damit stabil sind,** es sind ja die Individuen, die eigentlich viel früher hätten entnommen werden müssen. Deren Entnahme führt daher zu so großen Öffnungen im Kronendach, daß die Oberflächenrauhigkeit sich erhöht, die kollektive Stabilität massiv verringert wird und es zu permanenter Öffnung kommt. Solche Zustände können vorzeitig zu einem allmählichen Übergang von der Durchforstung zu langfristigen Verjüngungsprozessen mit Femel- oder Schirmhiebcharakter führen, wobei schwächere aber von der Form her befriedigende Bäume Gelegenheit haben, Zieldurchmesser zu erreichen.	Die Verbesserung oder doch zumindest ökonomisch vorteilhafteste Ausnutzung solcher unbefriedigender Ausgangslagen erfordert Einfühlungsvermögen in die Stabilitätsverhältnisse des Bestandes und die Reaktionsfähigkeit der verbleibenden Bäume. Daher *hochprofessionelle Arbeit.*

Übersicht 8.15:   (Fortsetzung)

ENTWICK-LUNGS-STADIUM	BAUM-ARTEN	ZWECK DES HIEBES	AUSZEICHNUNGSPRINZIPIEN	QUALIFIKATION FÜR DIE AUSFÜHRUNG
Mehr-schichtige Bestände	Nadelbäume, Laubbäume	Ernte, Lichtdosie-rung, Dichteregu-lierung, Qualitäts-sicherung, Struk-turgestaltung.	In der Oberschicht Ernte von Bäumen, die vorgegebene Zieldurchmesser er-reichen, und ggf. als Lichtdosierung zur Sicherung von lichtbedürftigen Misch-baumarten in tieferen Schichten. Sorg-fältige Festlegung der Fällrichtung zur Vermeidung von Schäden an den niedri-geren Straten. Darin Beseitigung von Überdichten, wobei aber gleichzeitig eine Mindestdichte gesichert sein muß, durch die die natürliche Astreinigung gewährleistet wird, die sich allein aus dem Schirmdruck nicht ergibt. Konife-ren, Birken und Kirschen werden in aus-reichender Zahl zur Ästung markiert und danach gefördert *(vgl. Kap. 8.4.4).* Sicherung vorgegebener Mischungsziele unter Bedingungen, die nur für schatten-tolerante Baumarten besonders günstig sind. Daher ggf. starke Eingriffe nötig zur Regulierung von Schirm- und Seiten-druck. Bei sorgfältigem Arbeiten kann langfristig dauerhafte kleinflächen-, gruppen- oder einzelstammweise Stu-fung geschaffen werden.	Einschätzung der Wachs-tumsreaktion unter-schiedlicher Baumarten unter mehr oder weniger offenen Schirmen erfor-dert ein hohes Maß an Kenntnis und Erfah-rung. Immer Vorgabe der Fällrichtung durch Pfeile. *Besonders an-spruchsvolle professio-nelle Arbeit.*
Plenter-wald	Nadelbäume, Laubbäume	Sicherung der Plenterstruktur bei gleichzeitiger Ein-haltung von Mi-schungsvorgaben. Ggf. Ästung zur Wertholzproduk-tion.	Ernte von Bäumen, die vorgegebene Zieldurchmesser erreicht haben. Regu-lierung der Bestandesdichte im Bereich mittlerer und schwacher Durchmesser, dabei ggf. Herausarbeitung geästeter Koniferen oder gut geformter astfreier Laubbäume. Dauernde Auswahl von jeweils wenigen, den Grundbestand si-chernden Ästungsbäumen. Gleichzeitig ständige Beobachtung der Verjüngungs-prozesse nach Baumarten und Dichte. Bei überdichtem Ankommen Verringe-rung der Eingriffe in den mittleren und höheren Durchmesserklassen. Bei feh-lender Verjüngung Verstärkung der Ein-griffe in die genannten Straten. Bei Aus-fall erwünschter Mischbaumarten ggf. Pflanzung. Alle Auszeichnungen erfol-gen unter Vorgabe der waldbaulich gün-stigsten Fällrichtung.	Die okulare Einschät-zung der Plenterstruktur ist Voraussetzung für richtiges Auszeichnen. Die Entnahmen müssen berücksichtigen, ob die Struktur halbwegs aus-geglichen ist oder Über-bzw. Untervorrat signa-lisiert *(vgl. Tab. 6.14).* Entscheidungen über Ästung und Mischung müssen permanent mit berücksichtigt werden. *Anspruchsvollste profes-sionelle Arbeit: immer Forstmann.*

8.1.7.2.2 Allgemeine Durchforstungsregeln

Zeitpunkt: Die Auszeichnungsarbeit sollte sofort nach Aufstellung der Fällungspläne im Frühjahr beginnen. Wo im Winterhalbjahr eingeschlagen wird, sollte die gesamte Auszeichnung wenigstens der Nadelbaumbestände zu deren Beginn abgeschlossen sein. Laubbaumbestände lassen sich am besten in blattlosem Zustand auszeichnen, schwierige Fälle müssen daher für die Zeit nach dem Blattfall zurückgestellt werden. Niemals – also auch nicht bei Fällungsarbeiten im Sommer – darf ein Hieb in Angriff genommen werden, bevor die Auszeichnung des betreffenden Bestandes abgeschlossen ist.

Entwicklung der Bestände: Erziehungsmaßnahmen sind umso dringlicher, je jünger die Bestände sind. In der Phase der Läuterung und frühen Durchforstung, also in der Dickung und im Stangenholz – bzw. in den entsprechenden Durchmesserklassen des nicht schlagweisen Waldes – sind waldbauliche Gestaltungsmaßnahmen am wirkungsvollsten und prägendsten. Ästungen sollten überhaupt nur darin vorgenommen werden. Werden sie sorgfältig ausgeführt, so wird dadurch die gesamte folgende Bestandesbehandlung ganz wesentlich erleichtert.

Totasterhalter – Totastverlierer: Koniferen als Totasterhalter müssen in jugendlichen Phasen ihrer Entwicklung anders behandelt werden als Laubbäume. Von Anfang an ist der vitale Baum auch der zu fördernde, sofern er nicht exzessiv ästig ist oder sonst Fehler hat. Bei Wertholzzielsetzung muß er geästet werden. Die Laubbäume, die Totastverlierer sind, erfordern dagegen über lange Zeit einen relativen Dichtstand, durch den der Astreinigungsprozess gesichert wird. Das gilt auch, wenn ein Schirmbestand zusätzlichen Konkurrenzdruck verursacht. Sehr vitale Bäume entsprechen darin oft nicht der Wertholzforderung und müssen entnommen werden, und zwar je früher um so besser. Einer zusätzlichen Ästung bedürfen Kirschen, Birken und Pappeln, da sie die Totäste nur langsam abstoßen.

Technik der Ausführung: Die Auszeichnung sollte immer nur in Bestandesausschnitten erfolgen, die durch Pflegepfade oder Rückelinien begrenzt und damit überschaubar sind. Erfahrungsgemäß ist die Wahrscheinlichkeit, daß an Rückelinien grenzende Bäume Rindenschäden erleiden, so groß, daß sie nicht besonders gefördert – durch den Linienaufhieb erhalten sie ohnehin eine beachtliche Förderung – und keinesfalls geästet werden sollten.

In allen Beständen – in der Jungdurchforstung beginnend und gelegentlich auch schon bei der Entnahme von Protzen in der Läuterung – sollte die Fällrichtung durch Pfeile gekennzeichnet werden. Für deren Richtung sind die Lage der Rückelinien – wenn möglich im spitzen Winkel dazu, damit das Rücken ohne Drehung des Stammes erfolgen kann – und die Position der Nachbarbäume maßgeblich, deren Rinde keinfalls verletzt werden darf. Dem meist im Stücklohn tätigen Waldarbeiter wird damit die Entscheidung erleichtert und beschleunigt. In allen Selbstwerberhieben ist das die einzige Möglichkeit, auf sorgfältige Arbeit zu dringen. Hier ist es sogar zu empfehlen, die Fällrichtung durch einen Punkt am Stammfuß zu ergänzen und damit kontrollierbar zu machen.

Die Markierung selbst erfolgte in der Vergangenheit mit dem Reißhaken, während sie heute meist mittels Farbtupfern vorgenommen wird, die aus Sprühdosen stammen. Sie haben den Vorteil der leichten Applikation und sind für Monate gut sichtbar. Besonders in Dickungen und Jungbeständen ist das ein unschätzbarer Vorteil, der sowohl die Arbeit als auch deren Kontrolle erleichtert. (Dabei unbedingt auf umweltverträgliche Treibmittel achten!)

Dokumentation: Jede Auszeichnung sollte durch ein kurzes Auszeichnungsprotokoll dokumentiert werden. Es kann formlos sein oder mit Hilfe eines einfachen Formblattes erstellt werden. In beiden Fällen ist folgendes festzuhalten:
– Auszeichner,
– Datum,
– Forstort (ggf. unterteilt in kleinere im Gelände gut erkennbare Einheiten),

- Ungefähre Größe der Fläche,
- Zeitpunkt des letzten Eingriffs,
- Entnahme bei letztem Eingriff (ggf. Erwähnung, wenn es sich um ein katastrophisches Ereignis gehandelt hat),
- Beurteilung von kollektiver und individueller Stabilität, ggf. stabilitätsbestimmende Besonderheiten,
- Hinweis auf Besonderheiten der Mischung,
- In starken Beständen vollständige oder repräsentative Erfassung des Anfalls über Durchmessermessungen. Daraus überschlägliche Herleitung des Holzanfalls und seiner Struktur nach Baumarten und Sorten. Dafür wird am besten eine nach Baumarten unterteilte Kluppliste als Teil des Protokolls angefertigt,
- In schwächeren Beständen Ermittlung der Zahl der zu entnehmenden Bäume mit Hilfe eines Handzählgerätes und danach ungefähre Schätzung des Holzanfalles,
- Hinweise auf Besonderheiten des Einschlags: Eignung für Selbstwerber, Schwierigkeiten des Hiebs im Hinblick auf Fällung (Fällungshilfen) und Rückung (z. B. labile Böden).

Eine Auszeichnung kann dann als sorgfältig bezeichnet werden, wenn der Auszeichner noch einige Wochen nach deren Ausführung in der Lage ist, eine umfassende Begründung für etwa 90 % der markierten Bäume anzugeben. Korrekturen an einer einmal ausgeführten Auszeichnung sind nur sehr schwer vorzunehmen. Das ist darauf zurückzuführen, daß fast jede Entnahme nicht nur auf einen der verbleibenden Bäume Rückwirkungen hat, sondern auf mehrere. Da das für jeden einzelnen Fall gilt, ergibt sich ein Geflecht von Wirkungen, die voneinander abhängig sind, und dessen Zusammenhang durch Korrekturen u. U. massiv gestört wird. Bei fundamentalen Auszeichnungsfehlern wird daher meist eine Wiederholung der ganzen Maßnahme nötig, die durch die bereits angebrachten Markierungen sehr erschwert wird.

Literatur

ABETZ, P. (1974): Zur Standraumregulierung in Mischbeständen und Auswahl von Zukunftsbäumen. Allg. Forstzeitschr. 871-3.
ABETZ, P. (1975): Eine Entscheidungshilfe für die Durchforstung von Fichtenbeständen. Allg. Forstzeitschr. 666-7.
ALTHERR, E. (1971): Wege zur Buchenstarkholzproduktion. Festschr. z. 15. Hauptvers. des Bad.-Württ. Forstvereins und 100-Jahr-Feier der Bad.-Württ. Forstl. Vers.-Anst. Freiburg. 123-7.
ASSMANN, E. (1961): Waldertragskunde. München, Bonn, Wien.
ASSMANN, E., FRANZ, F. (1963): Vorläufige Fichten-Ertragstafel für Bayern. München.
BADEN-WÜRTTEMBERGISCHE FORSTL. VERSUCHSANST. (1975): Entscheidungshilfen für die Durchforstung von Fichtenbeständen. Merkblatt. Freiburg.
BAYER. STAATSFORSTVERWALTUNG (1982): Holzpreisstatistik. Umdruck, unveröffentl.
BOHDANECKY, I. (1926): Zur Frage der Erziehung junger Fichtenbestände. Forstw. Cbl. 777-83.
BORGGREVE, B. (1891): Die Holzzucht. Berlin.
BÜHLER, A. (1922): Der Waldbau. 11. Stuttgart.
BURSCHEL, P., EDER, R., REHFUESS, K. E., KANTARCI, D. (1977): Waldbauliche, ökologische und bodenkundliche Untersuchungen in jungen Kiefernökosystemen (Pinus sylvestris L.) nach unterschiedlichen Bodenbearbeitungen. Forschungsber. Forstl. Forschungsanst. München. 38.
BUSSE, J. (1935): Gruppendurchforstung. Silva II. 145-147.

FLEDER, W. (1981): Furniereichenwirtschaft heute. Holz-Zentralbl. 1509-11.

FORSTLICHE VERSUCHS- U. FORSCHUNGSANSTALT BADEN-WÜRTTEMBERG (1980): Vermeidung und Behandlung von Rückeschäden. Merkblätter. 18.

FRANZ, F. (1983): Zur Behandlung und Wuchsleistung der Kiefer. Forstw. Centralbl. 18-36.

FREIST, H. (1962): Untersuchungen über den Lichtungszuwachs der Rotbuche und seine Ausnutzung im Forstbetrieb. Forstwiss. Forschungen. 17.

GEHRHARDT, E. (1925): Fichten-Schnellwuchsbetrieb. Allg. Forst- u. Jagdztg. 276-83.

HECK, C. R. (1904): Freie Durchforstung. Berlin.

HILDEBRAND, E. E., WIEBEL, M. (1983): Mechanisierte Holzernte und Oberbodenschäden – Erste Ergebnisse eines Befahrungsversuches mit drei verschiedenen Reifentypen. Mitt. Dt. Bodenkdl. Ges. 38.

HUSS, J. (1983): Durchforstungen in Kiefernjungbeständen. Forstw. Cbl. 1-17.

KATO, F., MÜLDER, D. (1978): Über die soziologische und qualitative Zusammensetzung gleichaltriger Buchenbestände: Ein Beitrag zur Rationalisierung der Buchenwirtschaft. Schriften aus d. Forstl. Fak. Univ. Göttingen und d. Niders. Forstl. Versuchsanst. Bd. 51. Frankfurt: Sauerländer's Verlag.

KENK, G. (1980): Pflegeprogramm „Werteiche": Überlegungen zu einem Betriebszieltyp. MELU Stuttgart. Nr. EM-8-80. 89–116.

KOHLSDORF, E. (1976): Über die Wirksamkeit früh geführter Pflegeeingriffe in der Baumart Fichte. Soz. Forstw.
346-8.

KRAFT, G. (1884): Beiträge zur Lehre von den Durchforstungen, Schlagstellungen und Lichtungshieben. Hannover.

KRAMER, H. (1966): Zur Kulturbegründung und Jungbestandspflege bei Fichte. Aus d. Walde. 12. 67–120.

KROTH, W. (1983): Ökonomische Aspekte der Kiefernwirtschaft. Forstw. Cbl. 36–50.

KURTH, A. (1945/46): Untersuchungen über Aufbau und Qualität von Buchendickungen. Mitt. Schweiz. Anst. Forstl. Versuchsw. 581–658.

LANDESFORSTVERW. BADEN-WÜRTTEMBERG (1977): Richtlinien zur Feinerschließung der Bestände. Stuttgart.

LEIBUNDGUT, H. (1976): Grundlagen zur Jungwaldpflege. Mitt. Schweiz. Anst. Forstl. Versuchsw. 311-71.

MENG, W. (1978): Der Bau von Maschinenwegen als Erschließungspunkt der kommenden Jahre. Allg. Forstzeitschr. 519-22.

MICHAELIS (1910): Wie bringt Durchforsten die größere Stärke- und Wertzunahme des Holzes. 2. Aufl. Neudamm: Neumann.

MITSCHERLICH, G. (1981): Wald, Wachstum, Umwelt, 2. Bd. Waldklima und Wasserhaushalt. 2. Aufl. Frankfurt a.M.

PUMPENMEIER, K. (1976): Untersuchungen über natürliche Tannen-Fichtenverjüngungen im v. Aretinschen Forst Haidenburg. Dipl. Arb. Forstw. Fak. Univ. München.

SCHÄDELIN, W. (1934): Die Durchforstung als Auslese- und Veredelungsbetrieb höchster Wertleistung. Bern-Leipzig.

SCHIFFEL, A. (1904): Wuchsgesetze normaler Fichtenbestände. Mitt. a. d. Forstl. Versuchsw. Österr. XXiX.

SCHOBER, R. (1972): Die Rotbuche 1971. Schriftenr. Forstl. Fak. Univ. Göttingen. 43/44.

SCHOBER, R. (1979, 1980): Massen-, Sorten- und Wertertrag der Fichte bei verschiedener Durchforstung. Allg. Forst- u. Jagdztg. 129-51, 1–21.

SCHOBER, R. (1987): Ertragstafeln wichtiger Baumarten bei verschiedener Durchforstung. Frankfurt.

SCHWAPPACH (1929): Ertragstafeln der wichtigeren Holzarten. Neudamm: Neumann.

SEEBACH, CHR. VON (1845): Der modifizierte Buchen-Hochwaldbetrieb. Pfeils Kritische Blätter. 21. 147-85.

VEREIN DEUTSCHER FORSTL. VERSUCHSANSTALTEN (1882): Anleitung für Durchforstungsversuche vom September 1873. Das Forstl. Versuchswesen. 247-56.

WIEDEMANN, E. (1937): Die Fichte 1936. Hannover.

WIEDEMANN, E. (1943): Lichtungsbetrieb und ungleichaltrige Bestandsformen im reinen Buchenbestand. Zeitschr. f. d. Ges. Forstwesen. 227.

WIEDEMANN, E. (1950): Ertragskundliche und waldbauliche Grundlagen der Forstwirtschaft. Frankfurt.

WIMMENAUER, R. K. (1902): Die diesjährige Versammlung des Vereins deutscher forstlicher Versuchsanstalten. Beilage: Anleitung zur Ausführung von Durchforstungs- und Lichtungsversuchen. Allg. Forst-. Jagdztg. 422-5.

8.2   Gestaltung von Waldrändern

Alle Randlinien des Waldes sind für seine Stabilität, aber auch in ökologischer und forstästhetischer Hinsicht besonders bedeutsam. Dabei ist zu unterscheiden zwischen **Innen- und Außenrändern.** Der Innenrand ist dadurch gekennzeichnet, daß seine ökologischen und klimatologischen Eigenarten durch die Einbettung in den Wald geprägt sind, während der Außenrand durch das vorgelagerte, nicht bewaldete Gelände seine ökologische Prägung erfährt. Innenränder entstehen überall, wo Bestände oder Bestandteile sich voneinander abheben, was oft durch zwischengelagerte Wege oder Schneisen verstärkt wird. Waldaußenränder bilden sich dagegen dort, wo Wald durch eine andere Nutzungsform abgelöst wird, was in der Kulturlandschaft meist abrupt geschieht. Wichtige Waldinnenränder bilden sich durch das Aufhauen von Wegetrassen und bei der Anlage von Schneisen. Auch an den Ufern kleinerer Wasserflächen im Wald und um Baumschulen, Wildwiesen oder Forstgehöfte bilden sich Innenränder heraus. Typische Außenränder finden sich im Wald-Feld-Übergang und entlang von großen Gewässern oder Mooren. Eine Zwischenstellung nehmen solche Ränder ein, die sich beim Aufhauen sehr großer walddurchschneidender Straßen- und Starkstromleitungstrassen ergeben.

8.2.1   Die verschiedenen Erscheinungsformen der Waldränder

Allen Randlinien kommt immer eine doppelte Bedeutung zu: Einmal sind sie besonders sichtbare Ausschnitte des Waldes und zum anderen die Angriffsstellen für Gefährdungen wie Sturm, Schnee und Immissionen. Das eine macht sie zu bevorzugten Objekten forstästhetischer Überlegungen, und das andere zwingt zu waldbaulicher Behandlung, die ein Höchstmaß an Stabilität sichert. Der Waldbau an Waldrändern muß daher beiden Ansprüchen zugleich gerecht werden, wobei allerdings der an die Stabilität immer das größere Gewicht hat. Werden Waldränder richtig geplant, gestaltet und erhalten, so können sie zu Linien besonderer Stabilität gegenüber Sturm und Schnee werden und gleichzeitig einen ganz wesentlichen Beitrag zur Waldesschönheit leisten. Bei unsachgemäßem und unvorsichtigem Umgang damit werden sie dagegen zu gefährlichen Schwachstellen. Die Konzepte für die Gestaltung von Waldrändern sind verschiedener Art und von unterschiedlicher Wirkung auf Stabilität und Ästhetik; sie werden in den *Abb. 8.18-8.20* vorgestellt.

Die Abbildungen mit den zugehörigen Texten machen die Eigenarten der Waldrandgestaltung vor allem für Außenränder sichtbar. Genauso wichtig wie der Wald-

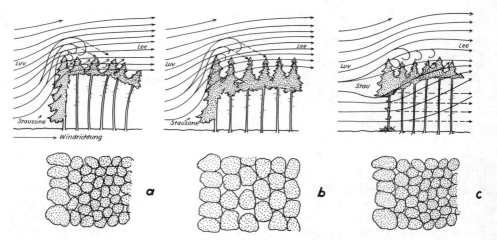

Abb. 8.18: Unterschiedliche Erscheinungsformen des Waldrandes (im Anhalt an MITSCHERLICH, 1973).

a) Die häufigste Form der Waldaußen- und Waldinnenränder besteht aus einer einzigen Reihe von zur offenen Seite bis auf den Boden betrauften Bäumen, die je nach Abstand Halb- oder Viertelsolitären ähneln und sehr sturmfest sind. Unmittelbar daran schließt sich das Bestandesinnere an, das aus kurzkronigen, schlanken und damit wesentlich instabileren Baumindividuen zusammengesetzt ist. Das aerodynamische Verhalten solcher Ränder zeigen die eingezeichneten Strömungslinien. Vor dem schwer durchdringbaren Rand – bei Laubbäumen im Winter abgemildert – bildet sich ein Luftstau, über dem das gesamte Windfeld angehoben wird. Im oberen Kronenbereich und unmittelbar darüber kommt es zu einer deutlichen Beschleunigung der Luftmassen, die Wirbelbildung im Gefolge hat. Beim Aufprall solcher Turbulenzen auf die Kronen der weniger stabilen Bäume des Bestandesinneren können dort Wurf oder Bruch entstehen.

b) Soll mit geschlossenen Träufen gearbeitet werden, so ist es besonders wichtig, die Bäume des Bestandesinneren – ganz besonders in Randnähe – durch Gewährung entsprechender Wuchsräume von Beginn an ausreichend stabil zu machen. Im Bild ist das durch einen höheren Bekronungsgrad sowie eine geringe Schwingungsbereitschaft bei Sturmeinfluß angedeutet.

c) Die einzige Möglichkeit, ältere Bestände der Art, wie sie unter a) dargestellt sind, sturmfester zu machen, besteht in der radikalen Öffnung des Randes durch Hochästung des Traufs, weil dadurch das Strömungsverhalten des Windfeldes erheblich verändert wird. Die Luft kann nun in den Bestand eindringen; ein geringer Luftstau bildet sich zwar noch im Kronenbereich, er führt jedoch nur zu schwacher Wirbelbildung. Der größte Teil der ins Bestandesinnere eindringenden Luft wird durch die Saugwirkung der großen schnell an der Bestandesoberfläche hinströmenden Luftmassen aufwärts und in den Hauptstrom zurückgeführt. Diese Art des Vorgehens hat zwei Nachteile, einmal wirken die künstlich aufgerissenen Bestandesränder häßlich, und zum anderen kommt es am Boden leicht zu Verhagerungen durch Verwehung der Laub- und Nadelstreu im unmittelbaren Randbereich, da die zunächst tiefe Beastung meist keinen ausreichenden Bodenbewuchs durch Sträucher zugelassen hat. Hochästungen der Träufe sollten daher nur ins Auge gefaßt werden, wenn tatsächlich ganz besondere Sturmgefahr besteht. Die dabei entstehenden meist starken Aststümpfe müssen in Kauf genommen werden.

Abb. 8.19: Der Waldrand mit allmählicher Höhenzunahme.

Ein ganz andersartiges Konzept der Ausbildung von Bestandesrändern stellt diese Zeichnung dar. Durch den Aufbau eines vom Bestandesrand zum Bestandesinneren ansteigenden Bewuchses wird die Bildung einer Stauzone vor der anströmenden Luft fast ganz vermieden. Vielmehr wird das Luftfeld allmählich angehoben. Dadurch kommt es kaum zur Bildung von Turbulenzen, und die mit dem Aufgleiten der Luft verbundene Erhöhung der Strömungsgeschwindigkeit hält sich in Grenzen. Die Art, wie man sich die Zusammensetzung eines solchen Bestandesrandes, der ja sein Aussehen im Laufe der Zeit nicht wesentlich verändern darf, vorstellen muß, ist in der Zeichnung angedeutet. Derartige geformte Ränder gibt es bisher weder im Außen- noch im Innenbereich sehr häufig. Sie können nur dort geschaffen werden, wo die Randzone im Verlauf des Verjüngungsprozesses neu gebildet wird und führen zu verhältnismäßig großen produktionsarmen Flächenteilen.

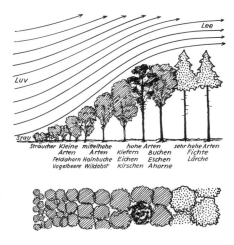

Abb. 8.20: Waldrandbereich aus sehr stabilen Einzelbäumen.

Eine weitere Art des Waldrandes entsteht, wenn schon bei der Begründung oder durch frühe, sehr starke Läuterungseingriffe der ganze, dem Bestandesinneren vorgelagerte Randstreifen so weitständig erzogen wird, daß alle Bäume dort Solitärcharakter bekommen und dadurch sehr stabil werden. Ist ein solcher Randstreifen aus den gleichen Baumarten oder der gleichen Baumartenmischung wie der nachgelagerte Hauptbestand zusammengesetzt, so besteht nicht die Gefahr unterschiedlicher Höhenentwicklung. Ist das dagegen nicht der Fall, so kann der Schutz, den z. B. ein nicht sehr hoher, wenn auch stabiler Laubbaumstreifen dem nachgeordneten höheren Nadelbaumbestand gibt, nicht ausreichend sein,

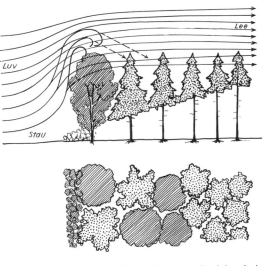

da im Übergangsbereich mit verstärkten Turbulenzen zu rechnen ist. Trotzdem besteht sicher kein Zweifel, daß ein genügend breiter Randstreifen aus sehr stabilen Einzelbäumen jedem dahinter liegenden Bestand beachtlichen Sturmschutz zu geben in der Lage ist. Forstästhetisch ist er dann besonders reizvoll, wenn er sich aus verschiedenen Baumarten gemischt zusammensetzt.

außenrand sind jedoch auch die Waldinnenränder. Sie gibt es auf so vielfältige Weise, daß hier nur die wichtigsten von ihnen kurz behandelt werden können, was der Übersichtlichkeit und Kürze halber wieder in Form einer Übersicht geschehen soll *(s. Übersicht 8.16).*

Übersicht 8.16:   Kurze Charakterisierung der wichtigsten Waldinnenränder.

ART DER RANDLINIE	WALDBAULICHE EIGENARTEN
Waldeinteilungs-schneisen	Sie sind oft so breit, daß sich anschließende Randlinien permanent erhalten bleiben. Deren systematische Ausformung im Anhalt an die *Abb. 8.18* oder *8.20* läßt besonders stabile und schöne Randstreifen entstehen. Sind sie entsprechend angeordnet, so können sie eine Abfolge von Sturmriegeln bilden, die den ganzen Wald forstästhetisch prägen und stabilisieren.
Waldwege	Schmale Wege bilden keine Ränder, da der Bestand über ihnen geschlossen bleibt oder sich wieder schließt. Breitere Wege sollten auf der gegen Einstrahlung geschützten Seite von einem genügend geräumigen (5 m) unbestockten Streifen für die Holzlagerung gesäumt werden. Die Ränder der angrenzenden Bestände werden im Anhalt an die *Abb. 8.20* ausgeformt.
Gewässer	Kleingewässer verschwinden meistens unter dem Bestandesdach, dessen Beschattung die unerwünschte Erwärmung des Wassers verhindert. Für die Ufer von größeren Wasserflächen sind Randformen entsprechend der *Abb. 8.19* und *8.20* angemessen. Je nach der Art des Gewässers sollten dabei alle für feuchte Standorte geeigneten Baumarten Verwendung finden: Erlen im Bruchwald; Eschen, Ulmen, Ahorne, Eichen oder auch Fichten im Schluchtwald; alle Arten des Auwaldes entlang von größeren Bächen und Flüssen.
Moore	Moore bilden oft auf natürliche Weise allmähliche Übergänge von der unbestockten Feuchtfläche bis zum nur noch wenig wasserbeeinflußten Wald aus. Solche Übergänge sollten immer und unbedingt erhalten werden. Wo sie durch unsachgemäße Wirtschaft beeinträchtigt worden sind, lassen sie sich anhand alter Stöcke und Bülten wieder herstellen. Gehen die Moorflächen abrupt zum Mineralboden über, sollte eine Randzone im Sinne der *Abb. 8.20* aufgebaut werden. Baumarten des Niedermoorrandes: Erle, Birke, Fichte. Baumarten des Hochmoores: Moorbirke, Kiefer (Fichte).
Straßen	Beim Neubau entstehen Aufhiebe bis dahin geschlossener Bestände. Da solche rohen Randlinien der *Abb. 8.18* entsprechen, sind sie trotz ihres meist über viele Jahre häßlichen Aussehens verhältnismäßig stabil. Bäume mit Sonnenbrand, der sich oft einstellt, sollten nicht entfernt werden, da sie anschließenden Bäumen Schutz dagegen verleihen. Auf lange Sicht sowie bei Vorliegen bereits ausgebildeter Ränder kommen alle Randaufbauformen *(Abb. 8.19 u. 8.20)* für straßenbegleitenden Wald infrage. Zu vielbefahrenen Straßen sind weite Abstände einzuhalten, da mit Salz- und anderen Immissionsschäden zu rechnen ist. Durch die Erhaltung von besonders eindrucksvollen Baumgestalten, die Schaffung von Mischungen, und – bei genügend Raum dafür – die Anlage von Strauchstreifen können bedeutende forstästhetische Wirkungen erzielt werden.
Hochspannungs-leitungen	Für die Anlage solcher Einrichtungen gilt bezüglich der entstehenden Ränder das für Straßen Gesagte. Wo sich dann im Laufe der Entwicklung der durchschnittenen Bestände Gelegenheit dazu ergibt, sollten Ränder ausgebildet werden, die denen in *Abb. 8.19* oder *8.20* entsprechen. Sie sollten im allgemeinen in der Baumartenzusammensetzung der des Bestandesinneren entsprechen. Die Schneisenfläche kann, wo sie nicht dem Anbau von Sonderkulturen dient, der großflächigen Entwicklung von Kraut- und Strauchvegetation überlassen werden.

8.2.2   Ertragskundliche Überlegungen zu Waldrändern

Ränder entstehen im Wald entlang von Linien, wie Schneisen oder Straßen, wenn sich dort so große Baumabstände herausbilden, daß die Astreinigung der Randbäume nicht einsetzt. Es erhält sich die „Trauf" genannte tiefreichende Beastung. Infolge des sehr unterschiedlichen Ausladungsvermögens der einzelnen Baumarten sind die Mindestbreiten der Öffnungen, die eine umtriebslange Betraufung sichern, sehr verschieden. Im Falle der wenig reaktionsfähigen Fichte betragen entsprechende Schneisen oder Wegbreiten 10 m, während für die auch in hohem Alter noch zu einer weiten Auffächerung der Krone befähigte Buche etwa 25 m Breite notwendig sind. Für die anderen Baumarten gibt es keine genauen Erhebungen dazu, doch dürften sie im gleichen Bereich liegen, mit den Nadelbäumen näher zur Fichte und den Laubbäumen zum höheren Wert tendierend. Schmalere Schneisen oder Straßen schließen sich im Laufe der Zeit wieder, so daß sich kein dauerhafter Rand herausbildet.

Hinsichtlich der Abstände, die an Waldaußengrenzen zur Nachbarkultur einzuhalten sind, ist es wichtig, die Ausladungsweite der Äste an den Randbäumen zu kennen. Sie beträgt an älteren Fichten bis zu 6 m, während für die Buche Werte bis maximal 13 m ermittelt worden sind. Daraus ergibt sich, daß es – unabhängig vom Grenzrecht – ratsam ist, für weniger ausladende Baumarten etwa 5 m und für stark ausladende bis zu 10 m von der Grenzlinie entfernt zu bleiben, sollen Beeinträchtigungen der Nachbarkultur völlig vermieden werden. Das bedeutet aber auch, daß Forststraßen auf erhebliche Breiten angelegt werden müßten, sollten sie ganz unbeschirmt bleiben. Für die Fichte wären das mindestens 12 m, die unbestockt bleiben müßten, und bei der Buche sogar mehr als 20 m. Daraus ergibt sich schon, daß Forststraßen im allgemeinen so angelegt werden sollten, daß ein Überwachsenwerden durch die Randbäume einkalkuliert wird. Den damit verbundenen Nachteilen einer langsameren Abtrocknung der Wege stehen minimale bis keine Zuwachsverluste gegenüber; außerdem wirken überkronte Waldwege immer schöner als offene und dann weithin sichtbare.

Der Zuwachs an Waldrändern wird leicht unterschätzt. Durch die – wenn auch einseitige – Vergrößerung der Kronenausladung und Erhaltung der Belaubung schaffen sich Randbäume ein erhebliches Zuwachspotential. Es ist oft größer als es der Standfläche entsprechen würde, da die Belaubung randseitig bis fast an den Boden erhalten bleibt. Für praktische waldbauliche Zwecke läßt sich daher überschlägig sagen, daß sich unbestockte Flächenstreifen von 5 m Breite im Falle von weniger reaktionsfreudigen Baumarten und bis 10 m Breite bei ausladungsfähigen auf den Zuwachs des zugehörigen Bestandes kaum auswirken. Damit steht für die sinnvolle Gestaltung von Außen- wie Innenrändern des Waldes ein erheblicher waldbaulicher Spielraum zur Verfügung. Zu beachten ist allerdings dabei, daß Randbäume sich immer in ihrer Qualität ändern. Zum einen werden sie – und das erklärt ihre große Stabilität – wesentlich abholziger als Waldinnenbäume. Und zum anderen ist der C-Anteil am Stammholz deswegen überproportional hoch, weil zumindest einseitig starke Äste entstehen. Davon bleiben allerdings viele als Grünäste erhalten, die holztechnologisch günstiger zu bewerten sind als Trockenäste.

Die meisten der hier mitgeteilten Überlegungen beziehen sich auf waldbaulich gestaltete Waldränder. Werden Bestände, sei es durch falsches waldbauliches Vorgehen, durch Katastrophen oder aus anderen Gründen, wie z. B. Straßenbau, abrupt aufgerissen, so entstehen die in *Übersicht 8.17* zusammengestellten erheblichen Nachteile sowohl für die Randbäume selbst als auch für den nachgelagerten Bestand.

Übersicht 8.17: Zusammenstellung typischer Randschäden (z. T. n. BAADER, 1952).

ART DES RAND-SCHADENS	BESCHREIBUNG	GEGENMASSNAHMEN
Rindenbrand	An allen S- und W-exponierten Rändern erleiden plötzlich freigestellte Stämme dünnrindiger Baumarten an Strahlungstagen Überhitzungen des Kambiums, das abstirbt; Abblättern der Rinde und oft schnelle Holzfäulen sind die Folge.	Betroffene Bäume müssen belassen werden, da durch ihre Entnahme der Schaden nur weiter ins Bestandesinnere verlagert würde. Holz- und Zuwachsverluste sowie unschöne Randlinien sind unvermeidbar.
Sturmwurf und -bruch	Auf labilen Standorten und bei dichter Bestandeserziehung kommt es bei W- und S-Exposition selbst bei aerodynamisch günstiger Ausformung des geöffneten Bestandes *(vgl. Abb. 8.18)* oft zu Sturmschäden. Nach Aufarbeitung des Sturmholzes schreitet der Schaden meistens beim nächsten Sturmereignis weiter voran. Die Randlinie verändert dadurch im Laufe der Zeit ihre Position.	Gegenmaßnahmen sind nur möglich durch die sehr teure Kronenkürzung der gefährdeten Randbäume, wodurch ein pultartiges Profil des Randes im Kronenbereich entsteht. Daher unbedingte Vermeidung solcher sturmgefährdeter Randlinien.
Boden-verhagerung	Der nach der abrupten Öffnung eines Bestandes frei einströmende Wind führt zu einer Verwehung der Bodenstreu in das Bestandesinnere. Infolgedessen kommt es im Randbereich zu einer Verarmung an organischer Substanz und Nährstoffen, die mit verstärkter oberflächlicher Austrocknung verbunden ist, Verhagerung genannt wird und Wuchsbeeinträchtigungen im Gefolge hat.	Dichte Abdeckung der betroffenen Randlinie mit Schlagreisig als Laubfang möglichst schon anläßlich des Aufhiebes. Bei langfristiger Erhaltung des Randes gleichzeitig Pflanzung eines dichten Strauchgürtels, dahinter Unterbau mit geeigneten Baumarten.

Das Aufreißen von Beständen ist danach immer ein schwerer ökologischer und wirtschaftlicher Fehler, der zu ausgesprochen unschönen Waldbildern führt, die über viele Jahrzehnte sichtbar bleiben können. Die Vermeidung solcher Störungen und Schwachstellen für das Waldgefüge ist daher wichtige Aufgabe des Waldbaus und der Betriebsplanung. Die in der *Übersicht 8.17* beschriebene Sanierung solcher Aufrisse ist denn auch mehr ein waldbauliches „Erste-Hilfe-Programm" und hat nur wenig Ähnlichkeit mit der kontinuierlichen Gestaltung dauerhafter Randlinien, der der größte Teil dieses Abschnittes gewidmet war.

Literatur

BAADER, G. (1952): Untersuchungen über Randschäden. Schriftenr. Forstl. Fak. Univ. Göttingen.

MITSCHERLICH, G. (1973): Wald und Wind. Allg. Forst- u. Jagdztg. 76–81.

8.3   Der Unterbau

8.3.1   Begriffe

Als Unterbau wird die Schaffung und Erhaltung einer dienenden Schicht von Schattbaumarten in einem Hauptbestand aus Lichtbaumarten bezeichnet. Der waldbauliche
Zweck des Unterbaus besteht in
– der Verhinderung der Bildung von Wasserreisern an den Schäften der herrschenden
  Bäume,
– der Verhinderung des Aufkommens von Bodenvegetation.

Die dienende Unterschicht kann auf zweierlei Weisen entstehen:
– gleichzeitig mit dem Hauptbestand aus Naturverjüngung oder Pflanzung;
– durch Unterpflanzung des Hauptbestandes im Altersbereich zwischen 30 und 60
  Jahren.

Unterbaute Bestände erfordern eine Art der Bestandeserziehung, durch die der
Unterstand zwar lebenskräftig bleibt, aber nicht in den Kronenraum der herrschenden
Bestandesschicht einwachsen kann.
   Die Abgrenzung des Unterbaus gegenüber anderen waldbaulichen Maßnahmen
kann *Übersicht 8.18* entnommen werden.

Übersicht 8.18:   Abgrenzung des Unterbaus gegenüber anderen waldbaulichen Verfahren.

MASSNAHME	KURZBESCHREIBUNG
Unterbau	Schaffung einer dienenden, nie am Hauptbestand teilhabenden Schicht von mit- oder nachangebauten Schattbaumarten.
Voranbau (Vorbau)	Anbau der Mischbaumarten des Hauptbestandes mehrere Jahre vor der Hauptbaumart – oft unter Schirm oder in Femellöchern – zur Sicherung eines Wuchsvorsprunges bei der Verjüngung.
Anbau unter Schirm	Künstliche Verjüngung des Hauptbestandes unter dem Schirm des Vorbestandes zur zeitlich begrenzten Ausnutzung waldbaulicher Vorteile der Schirmstellung *(vgl. Kap. 6.1.2).*
Hochdurch-forstung	Schaffung einer dienenden Unter- und Zwischenschicht aus Individuen der Hauptbaumart (v. a. Buche) mit Hilfe spezifischer Durchforstungseingriffe *(vgl. Kap. 8.1.5.2.2).* Sie erfüllt dann ähnliche Aufgaben wie die aus Unterbau hervorgegangene Unterschicht.
Zweihiebiger Hochwald	Ausformung von zwei wirtschaftlich gleichwertigen Bestandesschichten *(vgl. Kap. 6.1.5.1).*

8.3.2   Beschreibung

Lichtbaumarten wie Eichen, Esche, Lärche und Kiefer besitzen eine so stark licht-
durchlässige Belaubung, daß sich in Reinbeständen, aber auch unter eingemischten

Gruppen meist eine üppige Bodenvegetation einfindet, und zwar in mit dem Alter zunehmendem Maße. Je nach Standort können sich dabei dichte Grasdecken, Brombeerdickichte oder auch geschlossene Beerkraut- oder Heidebestände ausbilden. Eine solche Entwicklung kann – wo das notwendig erscheint – durch die Schaffung einer abschattenden Unterschicht verhindert werden.

Wie immer wieder hervorzuheben ist, stellt die Ästigkeit ein besonders wichtiges Qualitätsmerkmal von Bäumen dar *(vgl. Kap. 5.3)*. An den Laubbaumarten ist die Astreinigung durch ausreichende inter- und intraspezifische Konkurrenz regulierbar. Viele Laubbaumarten – aber auch Lärche (und Tanne) – besitzen jedoch die Fähigkeit, noch in fortgeschrittenem Alter und nach Erreichen großer Durchmesser, **Wasserreiser** zu bilden. Darunter werden Stammtriebe verstanden, die aus schlafenden Augen austreiben *(vgl. Kap. 5.1.6.3)*. Werden sie nicht am Austrieb und weiterer Entwicklung gehindert, so entstehen daraus **Klebäste.** Wasserreiser und erst recht Klebäste verursachen deshalb bedeutende Qualitätsminderungen an den betroffenen Bäumen, weil sie oft in einem Durchmesserbereich der Schäfte auftreten, in dem der wertvollste Holzmantel angelegt wird; *Abb. 8.21* zeigt das in schematischer Form.

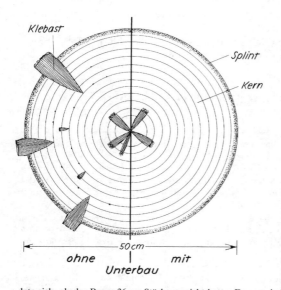

Abb. 8.21:   Querschnitt durch einen 50 cm dicken Eichenstamm.

Das Zentrum ist ästig. Die 1–3 cm dicken Äste dort sind abgestorben, als der Baum einen Durchmesser von etwa 10–12 cm erreicht hatte. Bis dorthin reicht der Grünaststumpf. Daran schließt sich ein kurzes Totaststück von 1–2 cm Länge an. Nach dem Abfall der Totäste bildete sich ein Überwallungsbereich heraus, und erst von einem Durchmesser von etwa 15 cm an wurde fehlerfreies Holz gebildet. Auf der rechten Seite hat dann eine völlig ungestörte Entwicklung stattgefunden. 15 cm mächtige Schichten astreinen Holzes (ohne Splint) haben sich anlegen können. Auf der linken Seite ist es durch eine Störung beim Durchmesser 30 cm – z. B. nach einem zu starken Durchforstungseingriff bei fehlendem Unterbau – zum Austreiben von Wasserreisern gekommen. Die meisten von ihnen sind bald wieder abgestorben oder haben wenige Jahre gelebt. Sie erscheinen auf Brettern oder Furnieren als wenige Millimeter starke Querschnitte. Eines dieser Wasserreiser hat sich jedoch weiter entwickelt und einen zum Zeitpunkt der Fällung 5 cm dicken Klebast gebildet. Ein zweiter Schub von Wasserreisern bildete sich, als der Baum 36 cm Stärke erreicht hatte. Daraus sind 3 bis 4 cm dicke Klebäste entstanden.

Ein solcher Stamm hat bei 5 m Länge ein Volumen von 1,00 fm. Nur 0,09 fm, also weniger als 10 %, entfallen dabei auf den ästigen Zentralteil. Kann dieser Stamm als Furnierstück verkauft werden (rechter Teil), so erbringt er einen Preis von DM 3 000. Durch Wasserreiser und Klebäste wird sein Wert drastisch gemindert. Als A-Holz wird er noch mit 1 000 DM/fm bezahlt; sind die Klebäste zahlreich, so bringt er als B-Holz noch etwa 700 DM.

Ein rechtzeitig ausgeführter Unterbau trägt durch seine Beschattungswirkung dazu bei, daß die Bäume des Hauptbestandes sich früh und vollständig von ihren Ästen reinigen, der ästige Zentralzylinder jedes Baumes also nur eine geringe Stärke erreicht. Vor allem aber sichert die dichte Ummantelung der wertvollen herrschenden Stämme, daß auch bei stärkeren Durchforstungseingriffen kein Lichtreiz zur Wasserreiserbildung führen kann.

Unterbau wird deshalb in Beständen aus Lichtbaumarten vorgenommen, in denen das Aufkommen einer üppigen Bodenvegetation, die Entwicklung von Wasserreisern oder beides zusammen verhindert werden soll. So muß die Erziehung von Eichenbeständen ohne Unterbau als ein schwerer waldbaulicher Kunstfehler angesehen werden. Aber auch Eschen-, Ahorn- und Lärchenbestände oder -gruppen sollten möglichst immer einen Unterstand aus Schattbaumarten aufweisen.

In der Vergangenheit war es die Regel, den Hauptbestand im Stangen- bis frühen Baumholzalter mit Schattbaumarten zu unterbauen. Daraus ist der Begriff des Unterbaus entstanden. Auch heute ist diese Art des Vorgehens noch gebräuchlich, wenn der Unterstand nicht bereits bei der Bestandesbegründung eingebracht werden konnte. Nach einer Durchforstung des Hauptbestandes werden dazu in weitem Verband etwa 1 000 (bis zu 2 000) Pflanzen pro Hektar der Schattbaumart ausgebracht.

In Betrieben mit Rotwild- und hohem Rehwildbestand – und damit in den meisten Betrieben Mitteleuropas – ist dann Zäunung unumgänglich. Bei waldbaulich angepaßter Rehwilddichte kann Zäunung durch die Verwendung von besonders großen Pflanzen umgangen werden. Wo die Möglichkeit dazu besteht, sollten als Pflanzgut Wildlinge von mehr als einem Meter Höhe aus noch unter Schirm befindlichen Naturverjüngungen verwendet werden. Bei guter Organisation und schneller Verbindung von Ausheben, Transport und Pflanzung können so hohe Anwuchsprozente bei akzeptablen Kosten erreicht werden.

Wesentlich billiger und vor allem sicherer läßt sich die Schattbaumart jedoch zusammen mit der Hauptbaumart schon bei der Bestandesbegründung einbringen. Wird eine Lichtbaumart, wie das für die Eiche häufig zutrifft, durch Pflanzung oder Saat unter einem lockeren Buchenschirm verjüngt, so kann der Schattbaumanteil aus natürlicher Verjüngung dieser Schirmbuchen gesichert werden. Da die Eichen, aber auch Eschen und Lärchen in der Jugend erheblich schnellerwüchsig sind als Buchen, kommt es bei dieser Art des Vorgehens fast immer zu einer dauerhaften Unterdrückung der ankommenden Buchen in den Unterstand.

Ist die Einbringung über Naturverjüngung nicht möglich, und das ist meistens der Fall, so muß der Unterstand zusammen mit der Hauptbaumart gepflanzt werden. Das geschieht am besten, indem die Schattbaumart entweder zusammen mit der Hauptbaumart, aber als deutlich kleineres Sortiment ausgebracht wird. Ist auch das nicht möglich, oder wurde es versäumt, so sollte die Schattbaumart wenig später nachgebaut werden.

Der große Vorteil der Ausbringung zusammen mit der Hauptbaumart liegt darin, daß der um Laubbaumkulturen meist obligatorische Zaun auch den Unterstand vor Verbiß und Fegen schützt und so ein Mitwachsen unter der Hauptbaumart sichert. Die Zahl der auszubringenden Unterbau-Pflanzen braucht bei sicherer Entwicklung dann 1 000 pro Hektar nicht zu überschreiten. Ist mit einer höheren Ausfallquote zu rechnen, so kann die Zahl auf 2 000 pro Hektar erhöht werden. Die Verbände sollten quadratisch oder doch Quadratverbänden angenähert sein. Die genauen Werte dafür müssen für jeden Einzelfall berechnet werden, da sie vom Verband der Hauptbaumart abhängig sind. Grundsätzlich gilt dabei, daß die Pflanzen der Unterbaubaumart zwischen die Reihen der Hauptbaumart gepflanzt werden sollten.

Der Verband errechnet sich dann aus dem Reihenabstand der Hauptbaumart und der Zahl der Unterbaupflanzen je Hektar.

Für den Unterbau sind nur solche Arten geeignet, die über viele Jahrzehnte im Unterstand überleben können und keine zu starke Tendenz zum Aufstieg in die Oberschicht zeigen. Das sind vor allem Buche, Hainbuche und Linden, aber auch

Übersicht 8.19:   Eignung der Baumarten für den Unterbau.

ART	CHARAKTERISIERUNG ALS UNTERBAUART	STANDORTANSPRÜCHE
Buche	Die häufigste Unterbauart. Zunächst deutlich langsamer in der Entwicklung als den Hauptbestand bildende Lichtbaumarten. Später jedoch anhaltend wüchsig, so daß Gefahr des Einwuchses in den oberen Kronenraum besteht. Verbißempfindlichkeit.	Auf allen Standorten möglich, deren Böden nicht zu schwer, pseudovergleyt oder zu trocken sind.
Hainbuche	Kann bei Mitanbau die Hauptbaumart in der Jugend erheblich überwachsen und muß dann geköpft werden. Bleibt später deutlich gegenüber Hauptbaumarten zurück, geringe Gefahr des Einwachsens in den oberen Kronenraum. Extrem verbißempfindlich.	Auch geeignet für schwere Böden, nicht aber für nährstoffarme Situationen, unter denen jedoch Unterbau ohnehin keine Rolle spielt.
Linden	Nach langsamem Jugendwachstum anhaltend wüchsig, so daß Möglichkeit des Einwachsens in den oberen Kronenraum besteht. Werden besonders stark gefegt.	Winterlinde geeignet für Unterbauten auf schweren, pseudovergleyten und allen guten Standorten.
Andere Baumarten	Andere Baumarten eignen sich für Unterbauten nicht, da sie entweder nicht genügend schattenfest sind oder zu bald in die obere Kronenschicht des Hauptbestandes einwachsen. Das gilt vor allem für schattenfeste Nadelbaumarten. Wohl aber können hochwachsende Sträucher oder Kleinbäume diese Rolle übernehmen.	Einheimische Traubenkirsche, Weißdorn und Hasel eignen sich auf besseren Standorten als Unterbauten, wenn der Oberstand nicht zu dicht gehalten wird. Eibe gedeiht auch bei dichtem Oberstand zufriedenstellend. Es werden beachtliche forstästhetische und naturschützerische Wirkungen erzielt.

Als Sonderfall des Unterbaus sei noch die **Eichenüberführung** erwähnt. Bei sehr langen Eichenumtrieben – sie liegen z. B. im Spessart bei 250–300 Jahren – fällt der Schattbaumunterstand infolge von Überalterung allmählich aus. Im Altersbereich 100–150 J. muß deshalb die spärliche Naturverjüngung zwischenständig gewordener Unterstandsbäume am Leben erhalten werden. Durch entsprechende Durchforstungseingriffe in Hauptbestand und Unterbau wird deren Entwicklung dann so gesteuert, daß diese neue Generation von Schattholzbäumen ganz allmählich die Rolle abständiger Unterständer übernehmen kann. Die Eichenüberführung wird gelegentlich im Spessart und möglicherweise auch anderen Furniereichengebieten mit besonders hohen Umtrieben praktiziert, und zwar mit der Buche als Unterbaumart.

einige Kleinbäume wie Traubenkirsche, Weißdorn und Eibe. Ihre Charakteristika als Unterbauarten sind in *Übersicht 8.19* zusammengestellt.

8.3.3   Die ökologische Bedeutung des Unterbaus

Reinbestände von Lichtbaumarten sind so strahlungsdurchlässig, daß ein beträchtlicher Teil des Strahlungsumsatzes vom oberen Kronenraum in das Bestandesinnere und an den Boden verlagert wird. Wird in einem solchen Bestand eine Unterschicht aus Schattbaumarten geschaffen, so fängt diese den durchgelassenen Teil der Strahlung ab und setzt ihn in und an ihren Kronen um. Der Strahlungscharakter insgesamt wird dadurch dem eines reinen Schattbaumbestandes angenähert. Daraus ergibt sich wiederum die starke Wirkung des Unterbaus auf die Bodenvegetation; und es erklärt, warum der tiefere Stammraum in Unterbaubeständen etwas geringere Lufttemperaturen aufweist als der nicht unterbaute.

Aber nicht nur auf den Strahlungs-, sondern auch auf den Wasserhaushalt eines Bestandes wirkt sich eine dienende Unterschicht aus. Sie fängt einen Teil der die obere Kronenschicht durchdringenden Regenmenge ab; es tritt also Interzeptionsverlust ein. Außerdem verbraucht der Unterstand zusätzlich durch Transpiration einen Teil des Bodenwassers. In Beständen ohne Unterbau würde der gleiche Effekt allerdings durch die dann üppige Bodenvegetation verursacht, wenn auch meist in geringerem Umfang. Es ist deshalb wohl anzunehmen – an wirklich zuverlässigen Untersuchungsergebnissen dazu mangelt es –, daß der Unterbau zu einer deutlichen Zunahme des Wasserverbrauchs führt, der teilweise zu Lasten des Hauptbestandes geht.

8.3.4   Ertragskundliche Eigenarten unterbauter Bestände

Unterbau bildet eine zweite Bestandesschicht, die einerseits einen Beitrag zur Gesamtleistung des Bestandes leistet, in dem sie eine dienende Rolle spielt, andererseits aber auch eine Konkurrenz für die herrschende Baumschicht darstellt und Zuwachsverluste verursacht. Beide Größen zu kennen ist wichtig *(s. Tab. 8.15)*.

Tab. 8.15: **Laufender jährlicher Zuwachs des Unterbaus und dessen Rückwirkung auf den Zuwachs des Hauptbestandes** (Ei I. Ekl.).
Versuchsflächen im Vorbergsgürtel des Schwarzwaldes 200–500 mNN, Braunerden (MITSCHERLICH, 1953).

ALTER EICHE (J.)	VORRAT EICHENHAUPTBESTAND (Vfm/ha)			
	150	250	350	450
	Zuwachs Buchen-Unterstand (Vfm/ha/a)			
50	1,0	–	–	–
70	1,7	1,3	0,7	–
90	2,3	2,0	1,5	0,8
110	3,5	3,0	2,5	1,6
110	3,5	3,0	2,5	1,6
130	–	4,1	3,5	2,1
150	–	4,8	3,8	2,4
	Zuwachsabnahme Eichen-Hauptbestand			
50	0	–	–	–
70	0,8	0,5	0	0
90	1,0	0,8	0,4	0,1
110	1,2	1,1	0,8	0,2
130	–	1,2	1,1	0,5
150	–	0,7	0,7	0,4

Der Unterstand erbringt einen respektablen Beitrag zur Volumenleistung. Seine Höhe nimmt ab mit der Dichte des Hauptbestandes. Der Zuwachs des Unterstandes wird jedoch erkauft mit einem Zuwachsrückgang im Hauptbestand. Die tatsächliche Mehrleistung des Gesamtbestandes an Volumen ergibt sich daher erst aus der Differenz zwischen dem Zuwachs des Unterstandes und dem Zuwachsverlust des Hauptbestandes.

Entscheidend für die Beurteilung der Zweckmäßigkeit des Unterbaus ist jedoch die Beantwortung der Frage, ob der Vorteil der Schaftpflege am Hauptbestand eine solche Zuwachsminderung aufwiegt. Die dazu in *Abb. 8.21* mitgeteilten Größenordnungen lassen erkennen, daß die Wertminderung durch Wasserreiserbildung sehr erheblich sein kann, so daß geringe Zuwachsverluste zu deren Vermeidung allenfalls als kleineres Übel zu betrachten sind. Da nur Schwachholz gebildet wird, ist die Wertleistung des Unterbaus selbst so gering, daß sie bei dieser Kalkulation unberücksichtigt bleiben kann. Die meist sehr langen Zeiträume der Unterdrückung haben in der Regel so starke Deformationen der Stammformen im Gefolge, daß der Unterbau nur selten tauglich für die Übernahme in den Nachfolgebestand ist.

Literatur

MITSCHERLICH, G. (1953): Der Eichenbestand mit Buchen- und Tannenunterstand. Schriftenr. Bad.-Württ. Forstl. Versuchsanst. 8. 3–35.

8.4   Ästung

8.4.1   Baumarten

Während die meisten Laubbaumarten sich bei sachgemäßer waldbaulicher Erziehung sehr schnell von ihren Ästen befreien, geht der Prozeß der Astreinigung bei den Nadelbaumarten nur sehr langsam vonstatten. Der Grund dafür liegt in der Schnelligkeit, mit der einmal abgestorbene Äste zersetzt werden. Sie ist groß im Falle der Laubbäume und sehr gering an den verharzten Totästen der Koniferen. Erstere werden daher **Totastverlierer** und letztere **Totasterhalter** genannt *(vgl. Kap. 5.3)*. Bei ersteren sorgt die waldbauliche Standraumregulierung für wertholzgerechte Astreinigung, während letztere mechanisch geästet werden müssen, soll in nennenswertem Umfang und nachhaltig Wertholz erzeugt werden. Von Ausnahmen abgesehen gilt daher: Laubbäume werden nicht, Nadelbäume dagegen immer geästet, wenn Wertholzerziehung angestrebt wird. Die Ausnahme sind Wildkirschen, Birken und Pappeln, die, obwohl Laubbäume, Totasterhalter sind und deshalb geästet werden müssen, soll Wertholz erzeugt werden.

8.4.2   Grundlagen

Äste können im Zeitpunkt ihrer Entfernung noch lebend – grün – oder schon abgestorben sein. Im ersteren Fall spricht man dann von **Grünästung** und im zweiten von **Trocken- oder Totästung.** Es gibt zwei bedeutsame Unterschiede zwischen diesen beiden Arten des Vorgehens:
– Beim Absägen grüner Äste wird das Kambium der Äste stammnah durchtrennt, und die Astbasis ist nicht durch die Einlagerung von Harz (Nadelbäume) oder Verthyllung (Laubbäume) widerstandsfähig gegen Pilzbefall gemacht worden.
– Beim Abschneiden trockener Äste wird dagegen Kambium nirgends berührt, und die Äste verfügen an ihrer Basis über eine pilzhemmende Imprägnierung.

Mit der Grünästung wird in die lebende Substanz der Bäume eingegriffen, während die Trockenästung lediglich den bereits in Gang befindlichen Astreinigungsprozeß schnell beendet. Da jedoch Bäume in der Lage sind, kleinere Verletzungen ohne Nachteile auszuheilen, führt auch die Entfernung lebender Äste im allgemeinen dann nicht zu Holzschäden, wenn sie noch nicht zu stark sind. Werden jedoch größere Grünäste entfernt, so muß der Gefahr von Pilzbefall durch Schutzanstriche mit Baumteer entgegengewirkt werden. Wegen des damit verbundenen Aufwands wird die Entfernung stärkerer Grünäste nur ausnahmsweise vorgenommen.

Mit den grünen Ästen wird immer ein Teil der assimilierenden Oberfläche des Baumes entnommen. Handelt es sich dabei um Schattenblätter, wie sie an den tiefsten lebenden Ästen vorherrschen, so ist damit keine oder nur eine sehr geringe Verminderung der Nettoproduktion des Baumes verbunden. Wird dagegen in den Bereich der Lichtkrone eingegriffen, so kommt es zu Zuwachsreduktionen. Wenn auch solche Zuwachsverluste stets geringer sind als dem Verlust an Blatt- bzw. Nadelmasse entsprechen würde, so sollte doch für die Praxis der Grünästung gelten, daß grundsätzlich nur die unteren Zweigetagen mit Schattenblättern entnommen werden.

Nur am Rande erwähnt seien Überlegungen und Versuche, die gemacht worden sind, um an einem wenige Meter langen Erdstammstück gänzlich astfreies Holz zu produzieren. Das ist nur erreichbar, wenn den jungen Bäumen über eine Reihe von Jahren hinweg sämtliche Seitenknospen ausgebrochen werden, so daß zwar ein Höhentrieb, aber keine Äste gebildet werden. Die erheblich verringerte Substanzproduktion wird in diesem Zeitraum ausschließlich von den sich stark vergrößernden Stammnadeln geleistet. Praktische Bedeutung hat diese **Knospenästung** bisher nicht erlangt.

Jede Ästung stellt eine beachtliche Investition von Kapital dar, das sich erst nach langen Zeiträumen in verbesserten betriebswirtschaftlichen Erträgen niederschlägt. Deshalb kommen für eine solche Maßnahme grundsätzlich nur Bestände in Frage, die ein hohes Maß an Stabilität besitzen. Grundsätzlich niemals geästet werden Bestände, die durch die folgenden Gefährdungen besonders bedroht sind:

Sturm,
Schnee,
Rotfäule,
Kienzopf,
Kiefernbaumschwamm.

Für Bestände, in denen Ästungsinvestitionen vorgenommen werden, gilt außerdem noch ausgeprägter, als das sonst der Fall ist: Alle waldbaulichen Maßnahmen müssen darauf ausgerichtet sein, daß deren Stabilität nicht beeinträchtigt wird sondern zunimmt.

8.4.3   Zahl der zu ästenden Bäume

Für die Ästung kommen nur Bäume infrage, die einmal große Dimensionen erreichen. Ein Blick auf die *Abb. 8.23* zeigt noch einmal die Gründe dafür. Nur die Bäume, die bis zu den Endstadien der Bestandesentwicklung im Wirtschaftswald gelangen, werden so stark werden, daß sich eine Ästung lohnt. Die grundsätzliche Schwierigkeit der Ästung liegt deshalb darin, daß bereits in sehr jugendlichen Entwicklungsphasen diejenigen Bäume ausgewählt werden müssen, die einmal den Endbestand bilden werden. Aus *Abb. 8.22* geht klar hervor, daß lohnende Ausbeuten an astreinem Holz erst bei Brusthöhendurchmessern zu erwarten sind, die deutlich über 40 cm liegen. Geästet werden muß aber so früh, daß der Abschluß der Überwallung vor Erreichen eines BHD von 15 bis höchstens 20 cm eintritt. Nur im Plenterwald oder bei ausgesprochener Starkholzzielsetzung im Schlagwald können die Durchmesser der Ästungsbäume etwas höher liegen. Die frühe Auswahl der zu ästenden Individuen stellt deshalb eine die ganze weitere Bestandesentwicklung bestimmende Maßnahme dar. Da die Ästung zudem beachtliche Kosten verursacht, sollten in keinem Fall mehr Bäume geästet werden, als einmal ausreichende Stammstärken erreichen werden.

Für die Festlegung der Anzahl der zu ästenden Bäume gilt deshalb die Zahl der Bäume, die den Endbestand erreichen, als Maßstab. Sie ist jedoch nicht so leicht festzulegen, wie es auf den ersten Blick erscheinen mag. Die Entscheidung für die Ästung eines Bestandes schließt nämlich immer gleichzeitig den Entschluß mit ein, die geästeten Bäume in Form einer Auslesedurchforstung nachhaltig zu fördern. Das gilt mindestens solange, bis die geästeten Individuen unangefochten die dominierenden Elemente der herrschenden Baumschicht bilden. Solche Erziehungskonzepte führen jedoch zu anderen Formen der Bestandes- und Einzelbaumentwicklung, als sie den Ertragstafeln zugrunde liegen, die ja praktisch alle nur für niederdurchforstete Bestände Geltung haben. Infolge verhältnismäßig stammzahlreicher Erziehung enden diese, besonders bei mäßigen Eingriffsstärken mit hohen Baumzahlen und damit verbunden relativ geringen Durchmessern. Einen Anhalt können daher nur solche Niederdurchforstungstafeln geben, die für starke Eingriffe ausgelegt sind und damit eine gewisse Förderung der besten Bestandesglieder vorsehen. Danach ergeben sich für die einzelnen Baumarten die in *Tab. 8.16* zusammengestellten Werte.

Tab. 8.16:   Baumzahlen pro Hektar, mit denen für Ästungsüberlegungen ausreichende mittlere Durchmesser erreicht werden.
(Die Werte entstammen der Ertragstafelsammlung SCHOBER, 1987; Fichte gestaffelte Df. ASSMANN/FRANZ, 1963).

BAUMART	NIEDERDF.	I. ERTRAGSKLASSE			II. ERTRAGSKLASSE		
		Brusthöhendurchmesser (cm)					
		40	45	50	40	45	50
Fichte	stark	300	250	200	290	250	–[1]
	gestaffelt	500	430	350	420	–[1]	–[1]
Tanne	mäßig	380	320	240	360	300	230
Douglasie	mäßig	360	300	250	350	300	250
	stark	300	260	200	300	250	200
Kiefer	stark	210	170	–[1]	200	–[1]	–[1]
	Lichtung	170	140	110	170	140	–[1]
Lärche	mäßig	260	220	190	250	200	–[1]
	stark	keine Werte					
Schwarzpappel	stark	150	130	120	150	120	110

[1] Durchmesserstufe ist nur bei sehr hohen Umtrieben oder extrem stammzahlarmer Erziehung zu erreichen.

Bestände mittlerer und geringer Ertragsklassen erreichen selbst bei starker Durchforstung in sinnvollen Umtriebszeiten keine ausreichenden Stammstärken und sollten daher im allgemeinen nicht geästet werden.

Für praktische Zwecke ist es nötig, die in *Tab. 8.16* mitgeteilten Zahlen so zu verdichten, daß für die waldbauliche Arbeit verwertbare Faustzahlen entstehen. Sie werden in der *Tab. 8.18* mitgeteilt. Die darin angegebenen Werte für die Abstände zwischen den Ästungsbäumen können als Hilfsgrößen zur Kontrolle bei der Auswahl dienen. Sie dürfen jedoch keinesfalls als starre Größen verstanden werden. Die meist vielgestaltigen Ausgangslagen, vor allem in Mischbeständen, erzwingen nicht selten die Ausformung von Gruppen mit geringeren Abständen. Zum Ausgleich kommen dann aber meist auch Partien vor, auf denen ästungswürdige Bäume fehlen, und die Solldichte infolgedessen nicht erreicht werden kann.

8.4.4   Eigenarten der zu ästenden Bäume und Ästungszeitpunkt

8.4.4.1   *Ästung in Schlagwaldbeständen*

Soll in einem Bestand geästet werden, so muß das zu einem frühen Zeitpunkt geschehen, damit jeder geästete Baum möglichst lange Gelegenheit hat, astreines Holz zu bilden. Erfahrungsgemäß hat sich ein nennenswerter Totastbereich im unteren Schaftbereich eines Baumes ausgebildet, wenn ein Brusthöhendurchmesser von mindestens 10 cm erreicht worden ist. Bei baumzahlarmer Bestandesbegründung kann dieser Zeitpunkt auch erst bei deutlich stärkeren Durchmessern erreicht werden. Geht man davon aus, daß hauptsächlich Trockenästung ausgeführt werden soll und allenfalls einige noch lebende Schattenäste miterfaßt werden können, so liegt der wahrscheinliche Durchmesser der Ästungsbäume zwischen 10 und höchstens 20 cm. Wird dann noch angenommen, daß die Überwallung der Aststümpfe einen weiteren Durchmesserzuwachs von 2–5 cm erfordert, so liegt der Beginn der Bildung astreinen Holzes im Durchmesserbereich zwischen 15 und ± 20 cm. Wird nun weiter unterstellt, daß die Schicht astreinen Holzes, die sich über dem unvermeidlicherweise ästigen Innenzylinder anlegt, wenigstens 10 cm stark sein soll, um technisch verwertbar zu sein, so muß der hiebsreife Stamm am schwächeren Ende des geästeten Schaftteiles mindestens 40 cm stark werden. Bei Durchmessern über 40 cm nimmt der Volumenanteil an astreinem Holz dann aber sehr stark zu. Die *Abb. 8.22* und *8.23* machen diese Zusammenhänge deutlich.

Die Konsequenz aus diesen Überlegungen ist daher, daß die Auswahl der Ästungsstämme in sehr frühen Stadien der Bestandesentwicklung erfolgen muß. Sie ist deshalb mit einer gewissen Unsicherheit belastet, ob der ausgewählte Stamm auf die Länge einer Umtriebszeit betrachtet auch tatsächlich der wuchskräftigste bleibt.

In solchen frühen Entwicklungsstadien von Waldbäumen gibt es nur ein Kriterium, das zukünftige Wachstum mit hoher Wahrscheinlichkeit vorauszusagen. Dieses Kriterium ist die Vitalität der Einzelbäume, die sich im Entwicklungszustand gegenüber den Nachbarn äußert. Geästet werden deshalb solche Bäume, die in der Durchmesser- und damit meist auch in der Höhenentwicklung über die Umgebung herausragen (*s. Abb. 8.24*). Haben sich Bestände einigermaßen differenziert, so ist diese Auswahl nicht schwer zu treffen; in homogenen Reinbeständen kann es dagegen erhebliche Entscheidungsprobleme geben.

Die Auswahl der Ästungsbäume in sehr jungen Beständen hat nun wieder bedeutsame Konsequenzen für den praktischen Waldbau:
– Zwar kann angenommen werden, daß sich von den stärksten Bäumen im Ästungsalter der weitaus größte Teil auch ohne waldbauliche Maßnahmen bis zum Endnut-

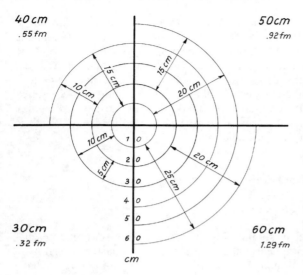

40cm .55fm

50cm .92fm

30cm .32fm

60cm 1.29fm

cm

Abb. 8.22: Dicke der astreinen Holzschichten bei Stammquerschnitten von 30, 40, 50 und 60 cm Durchmesser und bei ästigen Zentralstükken von 10 oder 20 cm Dicke.

Für die Volumenwerte wurde eine Stammlänge von 4 m angenommen. Wird davon ausgegangen, daß ein ästiges Zentralstück von 10 cm Durchmesser nur in Ausnahmefällen erreichbar ist und ein 10 cm dicker astreiner Holzmantel den Mindestwert für technologische Ausnutzbarkeit darstellt, dann ergeben sich als untere Durchmessergrenze für ein Wertholzstück am schwächeren Ende 40 cm. Mit zunehmender Stammstärke steigen Mächtigkeit und Volumen des astreinen Holzes dann allerdings steil an.

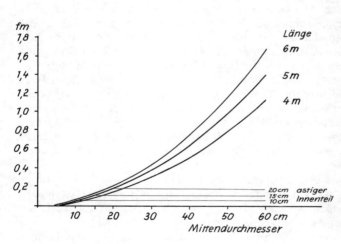

fm

Länge 6m / 5m / 4m

20cm / 15cm / 10cm astiger Innenteil

10　20　30　40　50　60 cm

Mittendurchmesser

Abb. 8.23: Zusammenhang zwischen Mittendurchmesser eines Stammstückes und seinem Volumen bei verschiedenen Stammlängen.

Wie in der nebenstehenden Abb. wird dazu wieder deutlich, daß die Ästungsentscheidung unvermeidlich immer auch die Entscheidung zur Starkholzproduktion mit einschließt. Je stärker der Stamm wird, um so geringer bleibt im Verhältnis dazu der Anteil des ästigen Zentralteiles. Dieses Verhältnis ist weniger beeinflußbar durch den Zeitpunkt der Ästung als durch den Enddurchmesser des geästeten Schaftteiles. (Die Volumenangaben für den ästigen Innenteil gelten für Stämme von 5 m Länge).

zungsalter durchsetzen würde. Je weniger ausgeprägt jedoch der Entwicklungsunterschied der Ästungsbäume im Zeitpunkt der Auswahl zu ihren Nachbarn ist, desto weniger wahrscheinlich ist das. Hier muß dann die sich der Ästung immer anschließende Auslesedurchforstung für eine Sicherung solcher Individuen sorgen. Stehen besonders gut entwickelte Bäume so nebeneinander, daß sie eine herausragende Gruppe bilden, dann sollten sie alle geästet werden, auch wenn Abstandslimits deutlich unterschritten werden. Sie werden dann als Gruppe bis in Zielstärkendimensionen gehalten.

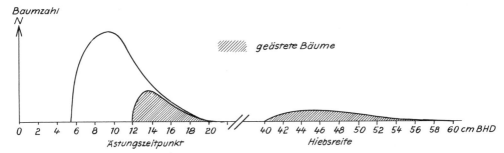

Abb. 8.24: Durchmesserhäufigkeitsverteilungen für einen Ästungsbestand.

Im Zeitpunkt der Ästung ist die gesamte Baumzahl noch sehr groß. Die zur Ästung ausgewählten Bäume liegen ausschließlich im Bereich der stärksten Durchmesser. Ihre Zahl ist von der Baumart abhängig *(s. Tab. 8.18)*. Am Ende der Umtriebszeit besteht der Bestand nur noch aus geästeten Bäumen, deren Zahl sich gegenüber der ursprünglich ausgewählten kaum verringert hat. Die deutliche Linksasymmetrie der Verteilung im Ästungszeitpunkt verstärkt sich im Verlauf der Bestandesentwicklung noch weiter. Dabei ist anzunehmen, daß Bäume, die im Ästungszeitpunkt bereits sehr stark waren, ihren Vorsprung halten oder weiter ausbauen.

– Innerhalb des Ästungskollektivs eines Bestandes müssen auch solche Bäume geästet werden, die besonders stark entwickelt sind, infolgedessen größere Aststärken als die Ästungsbäume sonst aufweisen und möglicherweise bereits deutlich größere Durchmesser als 20 cm erreicht haben. Bei diesen Individuen handelt es sich meist um besonders vitale Bäume, die ihren Durchmesservorsprung bis zur Endnutzung nicht nur beibehalten, sondern oft vergrößern *(s. Tab. 8.17)*. Astreine Schichten von mehr als 10 cm Stärke werden von ihnen leicht erreicht und meist weit überschritten. Von der Ausbeute her sind sie die aussichtsreichsten Bestandesglieder. Infolge ihrer hohen Wuchskraft können sie zudem auch größere Äste genauso schnell überwallen, wie normale Ästungsbäume schwächere. Feinästigkeit ist deshalb keinesfalls ein Kriterium für Ästungswürdigkeit.
– Gleichzeitig muß allerdings gelten, daß vorherrschende oder starke, herrschende Bäume mit gravierenden Fehlern, wie Zwieseligkeit, erhebliche Krummwüchsigkeit oder ausnehmend starke Protzigkeit mit dem ersten Durchforstungseingriff nach der Ästung zu entnehmen sind, da sie gefährliche Konkurrenten für fehlerfreie geästete Bäume darstellen. In ordnungsgemäß behandelten Beständen hätten sie allerdings schon auf dem Wege der Läuterung entfernt gehört.

Als Ergebnis aus diesen Überlegungen kann daher gelten: Ein Bestand wird geästet, wenn die Trockenastbildung an den stärksten Stämmen weit genug fortgeschritten ist. Das ist meist der Fall im Durchmesserbereich 10-20 cm dieser Bäume, deren Zahl dann etwa den in *Tab. 8.18* für die einzelnen Baumarten angegebenen Werten entspricht. Im schlagweisen Hochwald tritt dieser Entwicklungszustand im Stadium „ausgehende Dickung – angehendes Stangenholz" ein. Es werden grundsätzlich immer die stärksten Bäume geästet, weil sie mit hoher Wahrscheinlichkeit auch die vitalsten sind. Vorherrschende Bäume mit Schaftstärken, die deutlich über dem angegebenen Durchmesserbereich liegen, werden ebenfalls geästet, da von ihnen die Produktion besonders starken Holzes erwartet werden kann.

Tab. 8.17:   Stammanalytisch untersuchte Probebäume verschiedener Baumklassen nach KRAFT aus einem Kiefernbestand, der im Jahre 1978, 45jährig, geästet wurde (n. BURSCHEL et al., 1994).

BAUM-KLASSE	BHD cm		VOLUMEN m³/B.		VOLUMEN-ZUWACHS	RANGFOLGE N. VOLUMEN	
	1978	1987	1978	1987	1978–1987	1978	1987
1	14,8	20,3	0,145	0,330	0,185	2	1
1	15,0	18,9	0,150	0,305	0,155	1	2
2	13,4	16,7	0,115	0,220	0,105	3	3
2	13,7	17,6	0,110	0,220	0,110	4	3
2	11,9	16,3	0,080	0,180	0,100	5	5
2	11,6	15,1	0,080	0,165	0,085	5	6
2	11,0	15,0	0,070	0,160	0,090	8	7
2	11,0	14,2	0,075	0,150	0,075	7	8
2	8,7	13,5	0,060	0,130	0,070	9	9
3	10,3	12,7	0,060	0,105	0,045	9	10
3	8,1	11,5	0,050	0,080	0,030	11	11

Im zehnjährigen Beobachtungszeitraum hat sich die Rangfolge der Bäume (Rangordnung: Volumen 1987) nicht wesentlich verändert. Vor allem ist es keinem der Bäume aus der Mittel- und Unterschicht gelungen, in die geästete Oberschicht aufzusteigen. Die Zuwachswerte zeigen außerdem, daß sich die Unterschiede weiter laufend zugunsten der stärkeren Bäume verändern.

Tab. 8.18:   Zahl der zu ästenden Bäume sowie ungefähre Abstände zwischen den geästeten Bäumen.

BAUMART	ZAHL DER ÄSTUNGSBÄUME B./ha	ENTFERNUNG ZUM NÄCHSTEN ÄSTUNGSBAUM m
Fichte	300–400	(4) 5–6
Tanne	300	(5)–
Douglasie	300	(5)–6
Kiefer	200	7
Lärche	250	6–(7)
Schwarzpappel	150	8

Die Abstandswerte dienen lediglich als Anhalt zur Kontrolle der angestrebten Dichte der Ästungsbäume. In Mischbeständen sollte in jedem Einzelfall der Abstand der standraumbedürftigeren Baumart zugrunde gelegt werden.

8.4.4.2   Ästung in ungleichalten Beständen

Ungleichalte Bestände bieten sich deshalb für Ästungen an, weil darin oft die Produktion besonders starken Holzes angestrebt wird. Das gilt insbesondere für Plenterwälder, die sich zudem durch große Betriebssicherheit auszeichnen. Die Auslese von Ästungsbäumen muß unter solchen Bedingungen anders vonstatten gehen als in eher gleichförmigen Schlagwäldern. Theoretisch dürfen jeweils nur so viele Bäume geästet werden, wie gleichzeitig mit Erreichen des Zieldurchmessers geerntet werden. Da diese jedoch sehr hoch liegen, ist es durchaus möglich, auch Stämme in den Bereich der Ästungswürdigkeit zu bringen, die zur Erhaltung der Gleichgewichtskurve des Plenterwaldes vor Erreichung des Zieldurchmessers entnommen werden. Nimmt man an, daß pro Jahr im Durchschnitt zwei bis drei solcher Erntebäume anfallen, so muß auch etwa die gleiche Anzahl von Bäumen geästet werden. Für deren Auswahl gilt in solchen Beständen, daß gut entwickelte Bäume im Durchmesserbereich zwischen 20 und 25 cm dort ausgesucht werden, wo beim nächsten Hieb Wuchsraum entsteht. Da die Zieldurchmesser sehr hoch liegen, kann der Ästungszeitpunkt auch noch etwas später gelegt werden. Zugleich werden sie von gleich- oder nachwüchsigen Bedrängern so weit befreit, daß eine gute Kronenentwicklung möglich wird. Wie im Schlagwald ist es auch im Plenterwald ratsam, bei einer Konzentration ästungswürdiger Bäume Gruppen zu bilden. Da aus arbeitstechnischen Gründen nicht jedes Jahr in jedem Bestand ausgewählt und geästet werden kann, dürfte es sinnvoll sein, in Intervallen von 10 Jahren jeweils 20–30 Bäume zu ästen.

Ästung unter den Bedingungen stark strukturierter Ausgangslagen setzt eine besonders sorgfältige Hiebsordnung voraus. Damit die geästeten Bäume keine Schäden erleiden, ist es nötig, Fäll- und Rückerichtung beim Auszeichnen für jeden einzelnen Erntebaum genau festzulegen.

Die Erfahrungen mit der Ästung in ungleichförmigen Beständen sind bisher nicht sehr groß, so daß bei großflächiger Anwendung zunächst mit großer Umsicht vorgegangen werden muß. Schematische Vorgaben sind deshalb noch weniger möglich als im Schlagwald.

8.4.5   Ästungshöhe

Die zweckmäßige Ästungshöhe ergibt sich aufgrund holztechnologischer und technischer Gesichtspunkte.

Holztechnologische Überlegungen
In *Abb. 8.22* war dargestellt worden, daß der Schaftdurchmesser, bei dem eine ausreichend starke astreine Holzschicht nach der Ästung angelegt werden kann, mindestens 40 cm beträgt. Dabei ist zu bedenken, daß dieser Durchmesser am schwächeren Ende des Stammstückes gemessen werden muß. In *Tab. 8.19* ist nun zusammengestellt, in welcher Höhe der Stämme bei vorgegebenen Brusthöhendurchmessern dieser kriti-

Tab. 8.19: **Stammhöhen (m), bei denen Fichten, Kiefern und Europäische Lärchen unterschiedlicher Brusthöhendurchmesser einen Durchmesser ohne Rinde von 40 cm erreichen.** Die Werte gelten für Stämme in Rinde aus Beständen guter Ertragsklassen (berechnet im Anhalt an GRUNDNER/SCHWAPPACH in SCHOBER 1952).

BAUMART	BRUSTHÖHENDURCHMESSER (cm)					
	40	45	50	55	60	70
Fichte	1,3	4	10	14	17	20
Kiefer	1,3	4	8	12	15	19
Europäische Lärche	1,3	4	8	13	16	20

Die Zahlen machen deutlich, daß Ästungshöhen von mehr als 4–6 m nur in Ausnahmefällen sinnvoll sind, wenn Baumart, Standort und Bestandeserziehung die Erreichung von Enddurchmessern in Brusthöhe von mehr als 50 cm erwarten lassen. Aber selbst Ästungshöhen von 4–6 m sind nur dann aussichtsreich, wenn durch frühzeitig beginnende Auslesedurchforstungen und ggf. höhere Umtriebszeiten mittlere Enddurchmesser in Brusthöhe von 45–50 cm erreicht werden.

sche Durchmesserwert von 40 cm tatsächlich erreicht wird. Es ist daraus ersichtlich, daß für ein technologisch sinnvoll geästetes Stammstück von 4 m Länge Brusthöhendurchmesser von etwa 45 cm erreicht werden müssen. Damit 6 m lange Stammabschnitte am schwächeren Ende 40 cm Stärke aufweisen, müssen sie sogar zwischen 45 und 50 cm Brusthöhendurchmesser erreichen. Das sind jedoch Dimensionen, die Durchschnittsbäume nach den Ertragstafeln in hiebsreifen Beständen überhaupt nur auf besten Standorten und bei starker Durchforstung erreichen können. Selbst wenn nach heute gültigen Erziehungskonzepten stammzahlärmer begründete und vor allem in der ersten Lebenshälfte stärker durchforstete Bestände im Zeitpunkt der Hiebsreife höhere Durchmesser erreichen werden als die Modellbestände der Ertragstafeln, so erscheint es doch wenig realistisch, mit größeren Werten als 45–50 cm für den Mittelstamm des Endbestandes zu rechnen. Nach den in *Tab. 8.19* angegebenen Werten kann die Ästungshöhe deshalb nur zwischen 4 und höchstens 8 m liegen. Größere Ästungshöhen kommen überhaupt nur dann in Betracht, wenn Baumart und Erziehungsform mittlere Brusthöhendurchmesser von deutlich mehr als 50 cm erwarten lassen; das aber trifft großflächig nur für Douglasie, Lärche und für Plenterwälder zu.

Technische Gesichtspunkte
Die Schwierigkeit der Ästung und damit auch ihre Kosten steigen mit der Ästungshöhe steil an. Dabei können folgende Schwierigkeitsschwellen angenommen werden:

  < 4 m Schafthöhe   Handästung, leicht und sicher auszuführen,
  4–6 m Schafthöhe   Handästung, Kraft und Geschicklichkeit erfordernd,
  > 6 m Schafthöhe   Maschinenästung erforderlich.

Je höher hinauf geästet wird, um so teurer wird die Maßnahme; in *Tab. 8.20* ist dieser Zusammenhang dargestellt. Außerdem steigen die Ansprüche an Kraft und Geschicklichkeit des Arbeiters mit zunehmender Arbeitshöhe ganz beträchtlich an, und die Gefahr unsachgemäßer Arbeitsausführung nimmt erheblich zu. Danach ergibt sich auch aus arbeitstechnischen Überlegungen, daß Ästungen über 6 m Höhe am Schaft im allgemeinen nicht in Frage kommen.

Tab. 8.20   Zeitaufwand (in min pro Baum) **für die Handästung verschiedener Baumarten auf unterschiedliche Stammhöhen** (n. BAYER. STAATSMINISTERIUM, 1980)

BAUMART	ZWEI ARBEITSGÄNGE		EIN ARBEITSGANG
	bis 3 m	3–6 m	bis 6 m
Kiefer, Lärche	2,0–3,5	3,5–5,0	4,5–6,0
Fichte, Douglasie	3,0–5,0	5,0–7,0	5,0–9,0

Die Zahlen lassen die überproportionale Zunahme der Ästungskosten mit der Baumhöhe klar erkennen.

Als Fazit aus den Betrachtungen zur Ästungshöhe läßt sich folgende allgemeine Regel ableiten:
– Ästungen sollten zur Erzielung gut verwertbarer Sortimente immer mindestens 4 m Schaftlänge erreichen.
– Wo das von der erreichbaren Zielstärke her sinnvoll ist und geschulte und geschickte Arbeitskräfte zur Verfügung stehen, kann auch von Hand bis 6 m Höhe geästet werden.

– Ist das Angebot an ästungswürdigen Beständen größer als die Arbeitskapazität für die Ästung, so ist es vorzuziehen, eine größere Zahl von Beständen bis zu einer Höhe von etwa 4 m zu ästen als wenige Bestände auf größere Schaftlängen.

8.4.6   Jahreszeit der Ästung

Die Jahreszeit, in der die Ästung ausgeführt wird, ist abhängig von
(1) den biologischen Eigenarten der Bäume,
(2) der betrieblichen Verfügbarkeit von Arbeitskräften.

Zu (1): Trockenästung, die bei richtiger Ausführung keine lebenden Baumteile berührt, kann zu jeder Jahreszeit ausgeführt werden. Zu bedenken ist allerdings, daß sich die Baumrinde während der Saftzeit, die meist im Spätwinter beginnt und bis in den Herbst hinein andauert, schon bei kleinen Stößen und Unachtsamkeiten bei der Arbeitsausführung leicht vom Holz löst.

Im Falle der Grünästung ist diese Gefahr besonders groß, weil die noch lebende Rinde der Äste mit der des Stammes verbunden ist. Beim Abbrechen der Äste im Ästungsvorgang kann es leicht zum Ausreißen auch von Stammrindelappen kommen. Jede Vergrößerung der Ästungswunden ist wegen der damit verbundenen Zunahme der Infektionsgefahr durch Pilze und der Verlängerung des Überwallungszeitraumes unbedingt zu vermeiden.

Infolge dieses Nachteils der Ästung in der Vegetationszeit wurde in der Vergangenheit der Winter für die ideale Ästungszeit gehalten. Es sprechen jedoch gewichtige Argumente auch für die Vegetationszeit: Die Bäume befinden sich in dieser Zeit in voller Lebensaktivität und sind in der Lage, auf Verletzungen sofort zu reagieren, was sich an den Nadelbäumen vor allem in schneller Verharzung äußert, wodurch ein wirkungsvoller Schutz gegen Pilzbefall entsteht. Außerdem kann die Bildung von Wundkallusgeweben und damit der Überwallungsprozeß in der Vegetationszeit unmittelbar im Anschluß an die Ästung beginnen.

Zu (2): Zu diesen biologischen Gründen, die für eine Ästung in der Vegetationszeit sprechen, kommen arbeitsorganisatorische Überlegungen. Sehr häufig besteht in Forstbetrieben gerade im ersten Teil der Vegetationszeit ein Mangel an Arbeit: Die Kulturzeit ist beendet und die neue Hiebsperiode hat noch nicht wieder begonnen. Deshalb können dann Ästungsarbeiten betrieblich gut ausgeführt werden.

Es kann danach gesagt werden, daß viele gewichtige Gründe für eine Ästung während der Vegetationszeit sprechen, am besten zu deren Beginn. Diese Empfehlung setzt allerdings eine besonders sorgfältige Arbeitsausführung voraus, und eine solche wiederum kann nur durch eine regelmäßige und intensive Kontrolle der Arbeiten gesichert werden. Sind diese Voraussetzungen nicht gegeben und soll trotzdem geästet werden, so ist der Winterarbeit der Vorzug zu geben.

Eine Ausnahme in dieser Hinsicht stellt die Douglasie dar. Sie darf wegen der **Infektionsgefahr durch** *Phomopsis pseudotsugae* grundsätzlich nur in der Vegetationszeit geästet werden. Dieser Pilz dringt über Rindenverletzungen ein, in denen er sich besonders im Winterhalbjahr ausbreitet und große Wunden verursachen kann. Sollen Douglasien im Winterhalbjahr zur Gewinnung von Schmuckreisig grüngeästet werden, so müssen Aststummel von mehr als 10 cm Länge belassen werden, über die der Pilz nicht vordringen kann. Zu Beginn der Vegetationszeit ist dann ein Nachschnitt nach den Regeln der Wertästung nötig.

8.4.7   Technik der Ästung

Die Ästung wird mit eigens dafür entwickelten Sägen ausgeführt. Es ist dabei zu unterscheiden zwischen Handsägen und Motorsägen. In der Erprobung befinden sich außerdem Scheren mit pneumatischem Antrieb. Eine Zusammenstellung der gebräuchlichen Geräte sowie eine Beschreibung ihrer Eigenarten enthält die *Übersicht 8.20*. Bei der Weiterentwicklung der maschinellen Ästungstechnik ist unbedingt darauf zu achten, daß die Geräte keinerlei Druck- oder Schürfschäden im Kambiumbereich verursachen.

Ein bisher nicht endgültig gelöstes technisches Problem stellt die sehr hohe Ästung in solchen Fällen dar, in denen die Produktion besonders starken Holzes angestrebt wird, wie das gelegentlich bei Douglasie und Lärche der Fall ist. Das ist bisher mit der motorgetriebenen Klettersäge gemacht worden. Nachdem sich jedoch inzwischen herausgestellt hat, daß dabei Holzschäden entstehen können, hat dieses Gerät an Bedeutung verloren. Eine Ästung in Höhen von mehr als 6 m ist deshalb derzeit kaum noch möglich. Das Schweizer „Baumvelo" kommt als Ersatz dafür in Frage. Dieses Gerät erlaubt eine Besteigung des Baumes, dem Ästungsfortschritt folgend bis in ausreichende Höhen. Der gut gesicherte Äster kann dann die Sägearbeit mit Handsägen und damit besonders schonend ausführen. Ein solches Verfahren ist jedoch sehr aufwendig und damit teuer.

8.4.8   Die Praxis der Ästung

Durch die Ästung wird ein Bestand für die ganze Umtriebszeit geprägt. Sie erfordert daher, und zwar noch deutlicher als das für jede Erstdurchforstung gilt, ein hohes Maß an professionellem Können. Die Auswahl der Ästungsstämme darf grundsätzlich nur von einem ausgebildeten Forstmann vorgenommen werden; Arbeiter oder Praktikanten können dabei als Hilfskräfte mitwirken.

Den ersten Schritt zur Auswahl der Ästungsstämme stellt immer die Feinerschließung des Bestandes dar.

Nachdem Pflegepfade oder Rückelinien durch eine deutliche Auszeichnung gut erkennbar sind oder noch besser im Jahr nach deren Aufhieb, werden die Ästungsbäume nach den in den vorigen Abschnitten dargelegten Kriterien ausgewählt. Jeder Ästungsstamm wird mit einem gut sichtbaren Plastikband markiert. Auf einer Liste werden – getrennt nach Baumarten – die Durchmesser von mindestens 30 Ästungsstämmen festgehalten. Dazu wird aus der nach Fläche und Bestandeszusammensetzung grob geschätzten *(vgl. Tab. 8.18)* voraussichtlichen Zahl der Ästungsstämme hergeleitet, jeder wievielte Ästungsstamm vermessen werden muß. Ist auf einer Fläche beispielsweise mit etwa 300 Ästungsstämmen zu rechnen, so muß für jeden zehnten davon der Durchmesser ermittelt werden. Zur Vereinfachung des Arbeitsablaufs wird jeder ausgewählte Ästungsstamm durch einen Punkt auf der Liste festgehalten, bis der n-te Stamm erreicht ist, dessen Durchmesser zu ermitteln und einzutragen ist. Diese Art des Vorgehens erlaubt eine genaue Kontrolle der ausgewählten Stämme und sichert die unbeeinflußte Herleitung eines repräsentativen Durchmesserwertes.

Die Plastikbänder werden später bei der Ästung abgenommen und – leicht zählbar gebündelt – wieder eingesammelt. Sie dienen zur Kontrolle der Vollständigkeit der durchgeführten Arbeiten und zur Überwachung der täglichen Arbeitsleistung.

Übersicht 8.20: **Konstruktionsmerkmale und Anwendungsbereiche der wichtigsten** in der mitteleuropäischen Forstwirtschaft gebräuchlichen **Ästungsgeräte.**

WERKZEUG	BESCHREIBUNG	ANWENDUNGSBEREICH
Baumsäge mit Spannhebel	Handsägen mit auf Zug oder Zug und Schub wirkender Bezahnung. Handgriff ohne Verlängerungsstangen.	Ästung bis zu bequemer Reichhöhe (2,5 m) oder auch höher bei Arbeit von der Leiter aus.
Rebsäge	35–40 cm lange Sägeblätter	Arbeiten erfordern das Tragen einer Schutzbrille.
Dauner Ästungssäge	40 cm Blattlänge, über Tülle auf Verlängerungsgestänge aufsetzbar. Alle Baumarten.	Auf Zug arbeitende Ästungssägen, die durch anschraub- oder ansteckbare Gestänge so verlängert werden können, daß Arbeitshöhen bis 6 m vom Boden aus erreicht werden. Ästungen werden überwiegend mit dieser Art von Geräten ausgeführt. Je höher die Ästung reicht, um so schwieriger und zeitraubender wird die Arbeit. Schutzbrille und -helm erforderlich.
Douglasien-Pappelsäge nach STERZIK	61 cm Blattlänge mit Führungshaken, der über den Ast gesetzt wird. Arbeitet auf Zug. Für Äste bis 6 m.	
Ästungssäge nach HENGST	65 cm Blattlänge, sensenförmig gebogen. Alle Baumarten.	
Universal-Säge nach STERZIK	61 cm Blattlänge mit Spannschloß zur Spannung des Blattes. Alle Baumarten.	
Ästungssäge nach STERZIK	Sägekopf, 60 cm. Im Winkel von 10° gegeneinander versetzte Sägeschneiden, die über den Ast gesetzt werden, ergeben mit einem Zug auszuführende dreieckige, glatte Schnitte. Stoßmesser an der Spitze zum Entfernen schwächerer Äste. Vor allem Kiefer und Fichte.	
Klettersäge	Leichtmetallrahmen mit 8 gummibereiften Steigrädern, von denen jedes 2. durch einen 2,5 (3,7)-PS-Motor angetrieben wird. Nach oben herausragende Kettensäge vollzieht Ästungsschnitte.	Im Durchmesserbereich von 30–10 cm arbeitendes Gerät zur sehr hohen (> 6 m) Ästung von Bäumen. Nur bei ausgesprochener Starkholzzucht (z. B. Douglasie) möglich. Arbeitsgruppe besteht aus zwei bis drei Sägen und zwei Arbeitern. Erfordert absolut gerade Schäfte, kann durch Fehlschnitte und Rindendruck Holzschäden verursachen.
Druckluft-Schere	Kompressor, 100 kg, auf gummibereiften Rädern. Druckluft in Kunststoffschläuchen bis 100 m. 15 bar betätigen Scherenköpfe, Astdicken bis 5,5 cm. Gerät befindet sich noch in Entwicklung.	Vorästung mit Handschere bis 2,5 m Höhe, dann Hochästung mit Hakenschere, die am Ast eingehängt wird. Im letzteren Fall Schutzbrille und -helm erforderlich.

Nach der Anbringung der Plastikbänder wird die Auszeichnung des Bestandes für eine Durchforstung vorgenommen, die immer den Charakter einer Auslesedurchforstung zur Förderung der geästeten Bäume haben wird. Für die Entscheidung, ob der Eingriff stark geführt oder in Form mehrerer schwächerer, einander in kurzen Intervallen folgenden Durchforstungen erfolgen soll, gelten die im Abschnitt Durchforstung mitgeteilten Kriterien.

In jedem Fall wird grundsätzlich jeder Bestand unmittelbar vor oder nach der Ästung durchforstet. Auch alle späteren Durchforstungseingriffe haben den Zweck, die Ästungsstämme in der Entwicklung zu fördern und im Bestand zu sichern.

Die Ausführung der ersten Ästung besteht immer – und das sei noch einmal wiederholt – aus den drei folgenden Schritten:

– Anlegung eines Rückeliniensystems,
– Auswahl und Erfassung der Ästungsbäume,
– Auszeichnung einer Auslesedurchforstung zur Förderung der geästeten Bäume.

Wird zeitlich versetzt in zwei Höhenstufen geästet, so bedarf es für den zweiten Ästungsgang lediglich einer Eignungskontrolle der im unteren Bereich bereits astfreien Bäume. Dadurch wird vermieden, daß im Wuchs stark zurückfallende – umsetzende – oder sonstwie fehlerhaft gewordene weiter aufgeästet werden. Damit verbunden ist eine erneute stichprobenhafte Erfassung der Durchmesser.

8.4.9   Ästungsdokumentation

Die wichtigste Dokumentation der Ästung ist der geästete Bestand selbst. Bei richtiger Auswahl der Ästungsbäume und ihrer Förderung durch entsprechende Durchforstungsmaßnahmen beherrschen diese immer ganz eindeutig das Bestandesbild. Zusätzliche Markierungen mit Farbtupfern sind deshalb unnötig und aus forstästhetischen Gründen unerwünscht.

Die betriebsinterne Dokumentation der Ästung dient vor allem der Arbeitskontrolle, der Bestandesgeschichte und am Ende der Umtriebszeit als Verkaufsargument für die Preisbildung. Dieser letztere Aspekt sollte jedoch deshalb nicht überschätzt werden, da sich die Holzkäufer im Falle, daß sie deutlich erhöhte Wertholzpreise zu zahlen willens sind, immer an Stammquerschnitten von der tatsächlichen Qualität des astfreien Mantels, vor allem seiner Stärke, überzeugen werden.

Die Ästungsdokumentation besteht aus zwei Komponenten:
– der Ästungskarte und
– der Ästungskartei.

Als **Ästungskarte** dient eine schwarz-weiße Betriebskarte, auf der die Ästungsbestände mit einer licht- und zeitbeständigen Markierung durch Einrahmung bezeichnet werden. Auf den gerahmten Flächen werden das Jahr der Ästung und ggf. die Zahl der geästeten Bäume – nach Baumarten getrennt – vermerkt.

Der aus der Ästungskarte zu entnehmende Waldort (Unterabteilung) ermöglicht den Zugang zur **Ästungskartei.** Sie besteht aus einem Ästungsblatt für jeden Bestand. Darauf werden die folgenden Eintragungen gemacht:

      a) Abteilung,
      b) Flächengröße (ggf. Größe der geästeten Teilfläche),
      c) Alter des Ästungsbestandes,

d) Jahr und Monat der Ästung,
e) Mittlerer Durchmesser der geästeten Bäume, $\left.\right\}$ z. B. $\dfrac{12}{9\text{--}20}$
f) Variationsbreite der Durchmesser der geästeten Bäume,
g) Durchschnittliche Ästungshöhe,
h) Zahl der geästeten Stämme,
i) e) bis h) nach Baumarten getrennt,
j) Verwendetes Ästungsgerät.

Sind Besonderheiten zu vermerken, so kann das auf der Rückseite der Karteikarte geschehen.

Wird in mehreren Stufen geästet, so werden alle Informationen dazu nach c)–j) erneut in der Kartei vermerkt. Eine entsprechende Einteilung des Karteiblattes ist deshalb von vornherein vorzusehen.

Die meisten Staatsforstverwaltungen der Bundesrepublik haben ihre eigenen Vorschriften und Formulare für die Ästungsdokumentation entwickelt, die den vorgenannten Kriterien gerecht werden. Es ist jedoch nicht schwer, solche Ästungsdokumentationen für jeden Einzelbetrieb zu entwickeln bzw. abzuwandeln.

Die Wirtschaftlichkeit der Ästung
Jede Ästung ist eine Investition, deren Rentabilität auf einfache Weise abschätzbar ist. Dazu ist es nötig, die Ästungskosten je Einheit – Baum oder Festmeter – über den Zeitraum hinweg zu prolongieren, der zwischen Ästung und Ernte verstreicht. Die Prolongierung geschieht nach der einfachen Zinseszinsformel: *Kä' = Kä 1.0q^n*.

Darin sind *Kä'* die prolongierten Ästungskosten, *q* der kalkulatorische Zinssatz, *Kä* die Ästungskosten, und *n* ist der Prolongierungszeitraum, also die Zeit in Jahren, die zwischen der Ausführung der Ästung und der Ernte verstreicht. Diese ist wiederum abhängig vom Durchmesserzuwachs: Ein schnellwachsender Baum erfordert bis zur Erreichung eines vorgegebenen Mindestdurchmessers weniger Zeit als ein langsamerer. In *Tab. 8.21* wird ein Beispiel für eine solche Hochrechnung der Ästungskosten auf den Erntezeitpunkt gegeben.

Tab. 8.21: Prolongierte Ästungskosten in DM für unterschiedliche kalkulatorische Zinssätze und Berechnungszeiträume.

Als Ästungskosten wurden DM 6,50 je geästeter Festmeter angesetzt. Die Prolongierungszeiträume können entweder als Zeitspannen zur Erzielung unterschiedlicher Zieldurchmesser angesehen werden, oder aber auch als Zeiträume für unterschiedliche Durchmesser im Ästungszeitpunkt zur Erreichung des Zieldurchmessers. (Die Ästungskosten entsprechen etwa den Aufwendungen der Bayer. Staatsforstverwaltung des Jahres 1992 für diesen Zweck. N. BURSCHEL et al., 1994).

ZINSSATZ %	PROLONGIERUNGSZEITRÄUME (Jahre)		
	60	80	100
1,5	16	21	29
2,0	21	32	47
3,0	38	69	125
3,5	51	102	203
4,0	68	150	328

Eine Ästung lohnt sich dann, wenn diese Aufwendungen durch Mehrpreis mindestens gedeckt werden. Dieser Mehrpreis ergibt sich aus den Unterschieden zwischen nicht geästetem Normalholz und geästetem Wertholz *(s. Tab. 8.22).* Für die Kiefer. die einzige Nadelbaumart, von der in nennenswertem Umfang Wertholz anfällt, ergeben sich dafür die folgenden Werte:

Tab. 8.22:   Wertunterschiede zwischen Wert- (A) und Normalholz (B) wichtiger Nadelbaumarten.
Alle Angaben in DM/fm. (Holzpreisstatistik Bayer. Staatsforstverw. 1987).

| | HOLZQUALITÄT | | |
	A	B	Differenz
Fichte	446	166	280
Kiefer	427	240	187
Lärche	370	239	131

Die Preisdifferenzen sind dadurch statistisch nicht sehr zuverlässig, da sich bisher infolge des außerordentlich geringen Anfalls an Wertholz noch kein sehr aussagekräftiger Markt hat bilden können. Alle Indizien deuten jedoch darauf hin, daß starkes geästetes Holz immer auf einem erheblich höheren Preisniveau gehandelt werden wird als Normalholz.

Aus dieser einfachen Rechnung (Vergleich von *Tab. 8.21* mit *Tab. 8.22*) kann also gefolgert werden, daß Ästung eine rentable Investition darstellt. Die Mehrerträge durch Ästung liegen so hoch, daß eine inflationsbereinigte Verzinsung erreicht wird, die im Rahmen von gebräuchlichen Bankzinsen oder auch darüber liegt.

Es sei allerdings auch ganz klar gesagt, daß die Ästung ein waldbauliches Werkzeug ist, das zur Sicherung forstlicher Produktion in Mitteleuropa unumgänglich ist. Die Produktion von Massenhölzern, besonders auch von Koniferen, nimmt weltweit einen Umfang an, daß die teure mitteleuropäische Produktion dadurch immer weniger konkurrenzfähig bleibt. Auch geästete Ware aus Koniferenplantagen wird systematisch in steigendem Maße erzeugt, so daß schon aus diesem Grund die einheimische Produktion damit Schritt halten muß.

Deshalb sollte für Mitteleuropa gelten, daß Baumarten wie Kiefer, Lärche und Douglasie stets und Fichte überall dort geästet werden sollten, wo deren Stabilität das zuläßt. Aber auch für Kirschen, Pappeln und Birken gilt dieses generelle Postulat.

Literatur

ASSMANN, E., FRANZ, F. (1963): Vorläufige Fichten-Ertragstafel für Bayern. Inst. Ertragsk., Forstl. Forschungsanst. München. München.

BAYER. STAATSMIN. F. ERN., LANDW. U. FORSTEN (1980): Richtlinien für die Wertästung im Bayerischen Staatswald.

BURSCHEL, P., BOEDICKER, C., AMMER, Chr. (1994): Moderne Kiefernwirtschaft, dargestellt am Beispiel eines Bestandes in der bayerischen Oberpfalz. Der Wald.

SCHOBER, R. Hrsg. (1952): Grundner und Schwappach, Massentafeln. 10. Aufl. Hamburg, Berlin: Parey.

SCHOBER, R. Hrsg. (1987): Ertragstafeln wichtiger Baumarten. 3. Aufl. Frankfurt a.M.: Sauerländer

9 Bodenfruchtbarkeit – Melioration – Düngung

9.1 Grundlagen

Viele Standortfaktoren wie Klima, Witterung, Exposition usw. sind für waldbauliche Betrachtungen als vorgegeben und nicht veränderbar anzusehen. Für den Boden als besonders gewichtiger Standortkomponente gilt das jedoch nicht. Er ist natürlichen wie unbeabsichtigten anthropogenen Veränderungen unterworfen und kann gezielt durch Eingriffe verändert werden.

Beide Formen der Bodenveränderung können positive wie negative Folgen für das Ökosystem haben.

Gezielte waldbauliche Maßnahmen zur Verbesserung des Bodens als Wurzelraum für Bäume werden als Melioration oder Düngung bezeichnet. **Melioration** wird als Begriff dann bevorzugt, wenn anthropogen bedingte Bodenschäden gemildert oder wenn durch technische Maßnahmen wachstumshemmende Bodeneigenarten wie z. B. Vernässungen beseitigt werden sollen. Unter **Düngung** wird dagegen meist die Anhebung des Produktionspotentials über das natürlicherweise vorgegebene Niveau hinaus durch Ausbringung von mineralischen und (oder) organischen Düngern verstanden. Die beiden Begriffe sind deswegen meist nicht eindeutig gegeneinander abgrenzbar, weil es in Mitteleuropa keinen Boden mehr gibt, der nicht anthropogen beeinflußt wäre. Düngungsmaßnahmen stellen daher oft einen Beitrag zum Ausgleich von Schädigungen dar. Meist überwiegt dieser Aspekt sogar. Wie aber auch vorgegangen wird, der Waldbauer muß sich stets bewußt sein, daß jede Meliorations- und Düngungsmaßnahme einen Eingriff in das Ökosystem Wald darstellt. Beide dürfen daher nicht allein nach der Höhe der Holzproduktion, sondern müssen auch nach ihren Wirkungen auf das ganze Ökosystem beurteilt werden. Grundsätzlich sollte der Waldbau Mitteleuropas ohne Düngungsmaßnahmen auskommen, wo das nur immer geht, und auch die Rehabilitierung malträtierter Standorte möglichst über Baumartwahl und Waldbehandlung erreichen.

9.2 Einflüsse der technischen Zivilisation auf Boden und Wald

Die Zusammenhänge zwischen Waldwirtschaft und Boden werden gegenwärtig dadurch überlagert, daß Nährelemente in Form von anthropogenen Immissionen in die Wälder eingetragen werden. Allen voran gilt das für Stickstoff. Diese Einträge stammen als NH_4-N aus der Landwirtschaft und als NO_3-N aus heißen Verbrennungen, v. a. aus Automotoren. Sie sind so groß, daß sie jeden standortbedingten oder historisch induzierten Mangel an diesem Element kompensieren und oft überkompensieren. Eine Folge davon ist, daß sich das Wachstum von Wäldern in den letzten Jahrzehnten dramatisch verändert, nämlich verstärkt hat. Selbst auf Böden, die in der Vergangenheit für ihren devastierten Zustand bekannt waren, werden heute Zuwächse beobachtet, die deutlich über denen liegen, die von den besten Ertragsklassen der Ertragstafelmodelle vorgegeben werden. Dieser Zusammenhang ist in *Abb. 9.1* dargestellt.

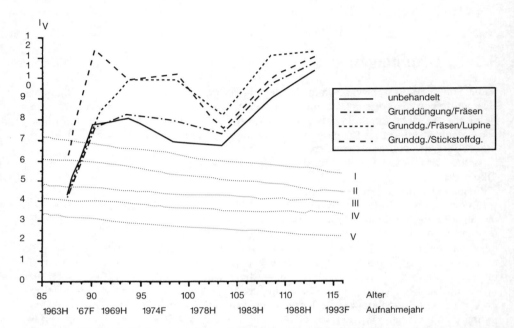

Abb. 9.1: Laufende Volumenzuwächse in einem unterschiedlich behandelten Kiefernbestand im Forstamt Waldsassen (n. Foerster, 1993) (F = Frühjahr; H = Herbst).
Grunddüngung 1964: 2 t/ha Kohlens. Kalk; 150 kg/ha Thomasphosphat; 100 kg/ha Patentkali. Stickstoffgabe: 1964–1972 2 × 110 kg/ha, 1x150 kg/ha N als Kalkammonsalpeter *(vgl. Übersicht 9.6); Lupinensaat 1965.*

Bis in die 60er Jahre hinein lagen die Wuchsleistungen auf den über Jahrhunderte hinweg durch Überhiebe, Waldweide und Streunutzung völlig devastierten Böden selbst für die anspruchslose Kiefer im Bereich sehr geringer Ertragsklassen. Seit den sechziger Jahren gibt es eine deutliche Änderung des Wuchsverhaltens: Die Kurven des laufenden Zuwachses verlagern sich in Bereiche, die weit über allen bisher angenommenen Möglichkeiten liegen. Die Darstellung läßt sehr gut erkennen, daß die allgemeinen Verbesserungen der Lebensbedingungen der Bestände die Effekte der aufwendigen Düngungs- und Meliorationsmaßnahmen bei weitem und nachhaltig übersteigen.

Für diese fundamentale Veränderung des Wuchsverhaltens gibt es drei Erklärungen:
– Die Folgen jahrhundertelanger devastiver Landnutzungen klingen nach deren Beendigung ab.
– Einträge von anthropogenem Stickstoff in den Wald beschleunigen diesen Prozeß und rufen einen massiven Düngungseffekt hervor.
– Der ebenfalls anthropogene Anstieg der CO_2-Konzentrationen in der Atmosphäre führt zu einer Stimulation des Wachstums über das bisherige Niveau hinaus, denn CO_2 ist der wichtigste Pflanzennährstoff *(vgl. Kap. 4.3).*

Eine Abschätzung der Rangfolge dieser drei Erklärungen oder gar der Wechselwirkungen, die möglicherweise zwischen ihnen bestehen, ist bisher nicht möglich. Wichtig ist jedoch die Feststellung, daß die geschilderte massive Veränderung der Ernährungsbedingungen für Bäume und andere Waldpflanzen den bisherigen Planungs- und Prognoseapparat der Forstwirtschaft, nämlich die Ertragstafeln, obsolet gemacht hat.

Die in *Abb. 9.1* mitgeteilten Befunde dürfen jedoch auf keinen Fall nur positiv – mehr Zuwachs! – interpretiert werden. Es sei deshalb in Bezug auf die CO_2-Konzentrationen noch einmal daran erinnert, daß steigende CO_2-Gehalte der Luft durch Verstärkung des natürlichen Treibhauseffektes Klimaänderungen mit schwer prognostizierbaren Konsequenzen auch für den Wald im Gefolge haben können *(vgl. Kap. 4.3)*.

Im Hinblick auf Stickstoffeinträge sind mehrere negative Wirkungen denkbar: Liegen diese Einträge, wie das gegenwärtig der Fall ist, über der Aufnahmekapazität der Vegetation – hier des Waldes – so kann das zu Überversorgung und als Folge zu Schäden am Bestand führen, wie *Abb. 9.2* zeigt.

Die anthropogenen Stickstoffeinträge, die in den Wäldern der Bundesrepublik inzwischen Größenordnungen von 20 bis > 50 kg/ha/a erreicht haben, sind bisher in der oft mit diesem Element unterversorgten Vegetation und vor allem im Auflagehumus festgelegt worden. Es häufen sich jedoch die Beobachtungen, daß sich diese Kapazität zur Bindung des Stickstoffeintrags erschöpft, so daß Nitrat in steigendem Maße mit dem Sickerwasser ausgetragen wird und dann Grundwasser und Vorfluter belastet.

Darüber hinaus ist auch zu bedenken, daß Stickstoffimmissionen – gleichgültig ob als Ammoniak oder Nitrat – versauernd auf den Boden wirken. Das aber bedeutet, daß die durch verschärfte Verordnungen reduzierten Emissionen des starken Säurebildners SO_2 durch Stickstoffemissionen aus Landwirtschaft, Technik und Verkehr zumindest teilweise wieder kompensiert werden.

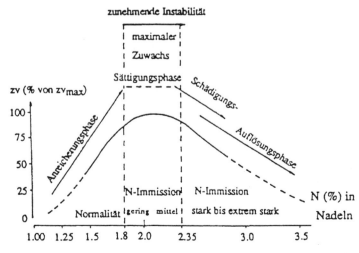

Abb. 9.2: Stickstoffernährung und Volumenzuwachs am Beispiel von Kiefernbeständen des ostdeutschen Tieflandes (n. Heinsdorf, 1991).

Mit zunehmenden Eintrag nimmt der Stickstoffgehalt der Nadeln zu. Je ungünstiger die Ausgangslage, um so stärker ist die damit verbundene Zunahme des Zuwachses. In einem Bereich um 2 % N-Gehalt in den Nadeln wird ein maximaler Zuwachs erreicht. Steigen die Gehalte dann über diesen Sättigungsbereich hinaus weiter an, so beginnen negative Effekte – Schädlingsbefall, Sturm- und Schneeschäden, Mangel an anderen Nährelementen – zu überwiegen. Im Extremfall kommt es zur Auflösung der Bestände.

Alle folgenden Betrachtungen zu Bodenfruchtbarkeit und Düngung müssen nach den Überlegungen dieses Abschnittes vor dem Hintergrund anthropogener Wirkungen auf den Boden gesehen werden. Sie waren in der hunderte von Jahren umfassenden Vergangenheit schädigender bis destruktiver Art. Deren Folgen werden gegenwärtig durch Stoffeinträge, die ihren Ursprung in der technischen Zivilisation haben, und durch Veränderungen der Zusammensetzung der Luft kompensiert, was mit einem großen, alle Baumarten umfassenden Zuwachsschub einhergeht. Mit den positiven Effekten dieser Immissionen ist aber gleichzeitig eine zunehmende Versauerung des Bodenkörpers verbunden. Das Ausgleichen von einseitigen Nährstoffüberangeboten und die Abmilderung der Bodenversauerung werden daher die großen meliorativen Aufgaben der Zukunft sein, deren Lösung zu einem erheblichen Teil im Bereich des Waldbaus liegt.

9.3   Das Konzept der Bodenfruchtbarkeit

Die Eigenschaften der Böden hängen ab vom Muttersubstrat, aus denen sie im Zusammenspiel von Klima, Topographie und Vegetation durch Verwitterung entstehen. Ihre Fruchtbarkeit ist das Ergebnis des Zusammenwirkens von vielen Faktoren (*s. Abb. 9.3*).

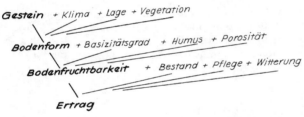

Abb. 9.3:   Bodenfruchtbarkeit und Ertrag bestimmende Faktoren (n. KÖHNLEIN, aus Laatsch, 1963).

„Ein Boden von hohem Fruchtbarkeitsgrad hat die Fähigkeit, den Wurzeln gepflegter Bestände alles das reichlich und dem Bedarf entsprechend anzubieten, was sie zur Stoffproduktion aufnehmen müssen, nämlich Wasser, Wärme, Sauerstoff und die mineralischen Nährelemente. Je fruchtbarer ein Standort ist, umso artenreicher war seine natürliche Vegetation und umso unabhängiger war diese in ihrer Stoffproduktion vom Witterungsverlauf." (LAATSCH, 1963).

Ausdruck der natürlichen Fruchtbarkeit ist die Vegetation, die einen Boden besiedelt. Die in *Übersicht 3.1* aufgeführten natürlichen Waldgesellschaften sind deshalb immer das Ergebnis dieser Wechselwirkung zwischen Boden und Vegetation. Sie stellen die auf einem gegebenen Standort und damit auch bei gegebener Bodenfruchtbarkeit nachhaltig stabilste und konkurrenzstärkste Vegetationsform dar. Ein Prinzip des Waldbaus ist es dann auch, entweder die einem Standort gemäße natürliche Waldgesellschaft bewirtschaftend zu erhalten, oder sie durch solche Wirtschaftswälder zu ersetzen, die die Bodenfruchtbarkeit wahren, eine ausreichende Stabilität besitzen und hohe Erträge erwarten lassen.

Ein erneuter Blick auf *Abb. 9.3* muß die Frage aufwerfen, welche der dort aufgeführten ertragsbestimmenden Faktoren waldbaulich beeinflußbar sind. Die Antwort darauf kann der *Übersicht 9.1* entnommen werden.

Übersicht 9.1:   Waldbauliche Möglichkeiten zur Beeinflussung der Bodenfruchtbarkeit

DIE BODEN-FRUCHTBARKEIT BEEINFLUSSENDER FAKTOR	WALDBAULICHE EINFLUSSMÖGLICHKEIT
Nährelement-ausstattung	Mineralische Düngung, Erschließung des Unterbodens durch wurzelintensive Baumarten.
Basensättigung	Baumartenwahl, Gründüngung, Mineralische Düngung, vor allem Kalkung.
Humus	Baumartenwahl, Betriebsform, Bestandeserziehung, Mineralische Düngung, Bodenbearbeitung.
Porosität	Jede Maßnahme, die die Aktivität der Zersetzerorganismen nachhaltig fördert und vor allem den Regenwurmbesatz erhöht, außerdem Bodenbearbeitung und Entwässerung.
Bestand	Erhaltung oder Schaffung standortgemäß aufgebauter Bestände.
Pflege	Vermeidung von Überdichten der Bestockung, keine Bodenschäden (Verdichtung) bei der Holzernte, Belassung von Rinde und Reisig im Bestand.

9.4   Ansprache der Bodenfruchtbarkeit

Es ist Aufgabe des Waldbauers, den Zustand seiner Böden laufend zu prüfen, um ihre Fruchtbarkeit zu sichern. Seine wichtigsten Kriterien dafür sind:
– das Bodenprofil mit seiner Humusform,
– die Zusammensetzung der Bodenvegetation,
– das Auftreten von Mangelsymptomen an den Bäumen.

Erst wenn diese Kriterien auf einen schlechten Bodenzustand hinweisen, lohnt es sich, dem mit Hilfe von pH-Messungen, Nährstoffgehaltsbestimmungen in Nadeln und Blättern der Bäume sowie ggf. Bodenanalysen nachzugehen. Da das von einschlägigen wissenschaftlichen Instituten gemacht werden muß und auch die Interpretation der Befunde von dort aus erfolgen sollte, genügt es, dem praktischen Waldbauer Kriterien für die Ansprache von Humus und das Erkennen von Mangelsymptomen an die Hand zu geben (s. Übersicht 9.2, 9.3 und Abb. 9.4).
   Die Kenntnis der Weisereigenschaften wichtiger Bodenpflanzen muß hier vorausgesetzt werden (s. Arbeitskreis Standortkartierung 1978, Ellenberg 1986).

Übersicht 9.2:   Ernährungsphysiologisch bedeutsame, nach der Art der Humusauflage ansprechbare Bodenzustände.

Die bezeichneten Situationen können das Ergebnis der natürlichen Bodendynamik in Abhängigkeit vom Ausgangssubstrat sein oder aber auch die Folge anthropogener Einflüsse, wie Streunutzung, Baumartwahl oder Immissionen (im Anhalt an ARBEITSKREIS STANDORTKARTIERUNG 1978 und ULRICH, 1983).

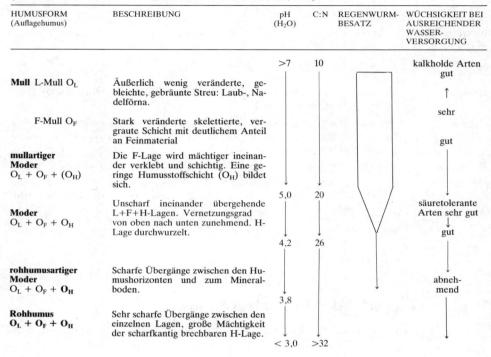

HUMUSFORM (Auflagehumus)	BESCHREIBUNG	pH (H₂O)	C:N	REGENWURM-BESATZ	WÜCHSIGKEIT BEI AUSREICHENDER WASSER-VERSORGUNG
		>7	10		kalkholde Arten gut
Mull L-Mull O_L	Äußerlich wenig veränderte, gebleichte, gebräunte Streu: Laub-, Nadelförna.				↑ sehr
F-Mull O_F	Stark veränderte skelettierte, vergraute Schicht mit deutlichem Anteil an Feinmaterial				gut
mullartiger Moder O_L + O_F + (O_H)	Die F-Lage wird mächtiger ineinander verklebt und schichtig. Eine geringe Humusstoffschicht (O_H) bildet sich.				
Moder O_L + O_F + O_H	Unscharf ineinander übergehende L+F+H-Lagen. Vernetzungsgrad von oben nach unten zunehmend. H-Lage durchwurzelt.	5,0 4,2	20 26		säuretolerante Arten sehr gut gut
rohhumusartiger Moder O_L + O_F + **O_H**	Scharfe Übergänge zwischen den Humushorizonten und zum Mineralboden.	3,8			abneh-mend
Rohhumus O_L + O_F + **O_H**	Sehr scharfe Übergänge zwischen den einzelnen Lagen, große Mächtigkeit der scharfkantig brechbaren H-Lage.	< 3,0	>32		

Übersicht 9.3:   Symptome für Nährstoffmangel an Blättern und Nadeln.

Unzureichende und wachstumbegrenzende Verfügbarkeit einzelner Nährelemente kann lange vor dem Auftreten von Mangelsymptomen bestehen (im Anhalt an BAYER. STAATSMINISTERIUM, 1973).

NÄHR-ELEMENT	BESCHREIBUNG
Stickstoff	Kurze Triebe, kleine Blätter, gelbgrüne Verfärbung von den älteren zu den jüngeren Blättern (Nadeljahrgängen) fortschreitend.
Phosphor	Blätter und Nadeln klein, blaugrün gefärbt. Nach Frost an älteren Nadeln rote Anthozyanfärbung mit Übergängen zu violett und braun. Laubblätter rötliche bis braune Flecke bis zur Blattmitte hinziehend.
Kalium	Nadeln: Gelbspitzigkeit mit allmählichem Übergang zum grünen Teil bis rotbraune Nekrosen an den Spitzen. Blätter: gelbe bis braune Ränder (Blattrandnekrosen).
Magnesium	Nadeln: Goldspitzigkeit mit scharfem Übergang zum grünen Teil. Blätter: gelbe bis braune Flecke zwischen Rippen, können sich bis zum Blattrand ausbreiten!
Mangan	Nadeln und Blätter: gleichmäßige Gelbfärbung, nur Blattadern grün.
Eisen	Nadeln und Blätter: gelbe und gelblichweiße Aufhellung nur der jüngsten Assimilationsorgane.

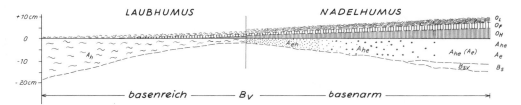

Abb. 9.4:   Landhumusformen als Merkmal für die Ansprache der Bodenfruchtbarkeit.
Nach Klima, Ausgangssubstrat, Exposition, Hangneigung und Wasserversorgung modifiziert ist der Humuszustand ganz allgemein ein wichtiger und leicht ansprechbarer Indikator für den Bodenzustand, der Hinweise auf etwa notwendig werdende Meliorationsmaßnahmen gibt.
Die hier dargestellten Zusammenhänge zwischen dem Humus- und dem Bodenzustand gelten für die atlantisch getönten Mittelgebirge Nordwestdeutschlands (ARBEITSKREIS STANDORTKARTIERUNG 1978). (Die Buchstabensymbole entsprechen der gebräuchlichen Klassifizierung der Bodenhorizonte.)

9.5   Maßnahmen zur Beeinflussung der Bodenfruchtbarkeit

Nach den Befunden aus *Übersicht 9.4* können Böden nach ihrer Eignung für den Pflanzenwuchs folgendermaßen klassifiziert werden:

Sehr karbonatreiche Böden:	Bei sehr hohen pH-Werten kann es zu wachstumshemmenden Erweiterungen des Ca:K-Verhältnisses kommen; Kalium, Eisen, Mangan, aber auch Phosphor werden schwer aufnehmbar.
Zustand optimal: karbonatarme oder -freie Böden mit guter bis mittlerer Basensättigung im Oberboden.	Der Humuszustand ist gut, stabile Humusformen werden im Ah-Horizont laufend gebildet, große Bodenwühler sind vorhanden. Eine nachhaltige Mineralisierung von Nährelementen sichert hohe Wuchsleistung. Der Ionenkreislauf zwischen Boden und Bestand ist weitgehend geschlossen.
Zustand suboptimal: stärker versauerte Böden.	Der Humuszustand verschlechtert sich über Moder zu Rohhumus. Die Säurebildung wird größer als die Pufferkapazität, Nährelementkationen werden ausgewaschen. Tonzerstörung führt zu Podsoligkeit und dann zu Podsolierung. Die Freisetzung von Aluminium und Eisen kann schließlich toxische Wirkungen auf die Pflanzen haben. Der Ionenzufluß zwischen Bestand und Boden ist zunehmend entkoppelt.
Zustand für Waldvegetation ungeeignet:	Werden extrem tiefe pH-Werte erreicht, so kann Baumvegetation ausgeschlossen werden, was in unserem Raum sonst nur noch als Folge von Vernässung auf kleinen Flächen vorkommt.

Wenn es von Natur aus wohl immer Standorte gegeben hat, deren Fruchtbarkeit im suboptimalen Bereich liegt, so besteht doch Grund zu der Annahme, daß sich im Zusammenspiel zwischen der natürlichen Vegetation und dem Standort auf einem großen Teil der heutigen Waldfläche ein Zustand herausgebildet hatte, der im Sinne der Übersicht 9.2 und nach obiger Definition als optimal zu bezeichnen wäre (ULRICH, 1981). Die Verschiebung dieser großflächig günstigen Situation in Richtung auf nicht mehr optimale Zustände ist eine Folge menschlicher Einflußnahme. Diese wiederum äußert sich in zwei Erscheinungen:

a) Entzug von organischer Substanz und damit verknüpft von Nährstoffen durch Streunutzung und Holzernte.

b) Versauerung des Bodens durch
   – die Beeinträchtigung der Stoff- und Ionenkreisläufe, infolge der unter a) beschriebenen Vorgänge,
   – den bevorzugten Anbau von Nadelbäumen,
   – den direkten Eintrag von Säuren aus zivilisatorischen Prozessen.

Örtlich überlagert werden die Wirkungen der ursprünglichen oder sekundären Bodenzustände auf die Bodenfruchtbarkeit dann sowohl durch Standortfaktoren wie Wasser und Wärme als auch durch die Art des Waldbaus. Die Möglichkeiten der waldbaulichen Einflußnahme lassen sich nach den drei beschriebenen Bereichen der Bodenfruchtbarkeit folgendermaßen ordnen:

Sehr karbonatreich:	Auf extrem basischen Standorten, besonders wenn sie auch noch trocken und steil sind, Verzicht auf Bewirtschaftung. Sonst nur Anbau kalkangepaßter Arten. Treten Kalium-, Eisen- oder Manganmangel in bereits bestehenden Koniferenbeständen auf, so wäre Kompensationsdüngung zwar möglich, aber praktisch kaum durchführbar und teuer.
Zustand optimal:	Keine Düngungs- und Meliorationsmaßnahmen. Vermeidung waldbaulicher Verfahren, die zur Entkoppelung von Stoff- und Ionenkreisläufen führen. Ausnahme: *s. Kap. 9.5.3.*
Zustand suboptimal:	Ist zu vermuten, daß dieser Zustand vor allem primär z. B. durch die mineralische Ausstattung des Ausgangssubstrats bestimmt ist, so sollten keine Düngungs- oder Meliorationsmaßnahmen ergriffen werden, obwohl deren Effekte auf den Zuwachs bedeutsam sein können. Hier handelt es sich vielmehr um Standorte, die den schwächsten Teil der Ausstattung des Naturraumes darstellen und als solche mit ihrer charakteristischen Pflanzen- und Tierwelt erhalten bleiben sollten. Verbesserung der Bodenfruchtbarkeit, die eine in regelmäßigen Intervallen wiederkehrende Zufuhr von Nährelementen erfordern, sollten in den Wäldern Mitteleuropas zudem aus landschaftsökologischen Gründen nicht vorgenommen werden. Ist der suboptimale Zustand jedoch als Folge anthropogener Einwirkungen entstanden, so ist es sinnvoll und oft auch notwendig, durch Meliorationsmaßnahmen den Degradationsprozeß aufzuhalten oder besser umzukehren. Hier liegt der große Aktionsbereich der Düngung.

9.5.1   Zustand sehr karbonatreich

Auf skelettreichen Kalkböden, aber auch Niedermoorböden mit hohem pH-Wert kann es zu Kalkchlorosen vor allem an Nadelbäumen kommen. Sie sind darauf zurückzuführen, daß Trockenheit und ein weites Ca : K-Verhältnis die Kaliumaufnahme erschweren, daß Phosphor als – schwer lösliches – Ca-Phosphat vorliegt, und auch Mangan und Eisen schwer aufnehmbar werden. Besonders der Mangel an den letztgenannten Substanzen führt zu gelblich-weißen Chlorosen. Roteiche, Douglasie, aber auch Fichte und Kiefer sollten daher auf solchen Böden nicht angebaut werden. Ausgleichsdüngungsmaßnahmen sind mit vernünftigem Aufwand nicht möglich. Kahlhiebe sind unbedingt zu vermeiden, da die Gefahr von Humusschwund sehr groß ist.

9.5.2   Zustand suboptimal

Ursache Streunutzung
Situation: Auf sehr großen Flächen ist über einen Zeitraum von mindestens 200 Jahren in den Wäldern Mitteleuropas die Streu für landwirtschaftliche Zwecke genutzt worden.
Je nach Intensität der Nutzung sind dabei jährlich folgende Mengen an Biomasse entnommen worden (KREUTZER, 1972):

Kiefer	2,0–3 t/ha,
Fichte	1,4–3 t/ha,
Buche	1,2–3 t/ha.

Neben anderen Nährstoffen wurden mit dieser Biomasse dem Standort je nach Intensität der Nutzung zwischen 10 und 20 kg/ha und Jahr Stickstoff (im Falle der Kiefer) entzogen. Im Laufe einer Kiefern-Umtriebszeit ergeben sich Stickstoffentzüge, die zwischen 1 000 und 2 000 kg je Hektar liegen. Unter anderen Baumarten sind die Entzüge der Größenordnung nach durchaus vergleichbar. Die Folge der Streunutzung war eine Verarmung der Böden an organischer Substanz sowie ein erheblicher Austrag an Nährstoffen, wobei der Verlust an Stickstoff besonders verhängnisvoll war. Die nachteiligen Wirkungen dieser Entzüge wirkten sich umso stärker aus, je ärmer die Böden von Natur aus bereits waren. Da mit der Streunutzung meist starke Beweidung und die natürliche Baumartenkombination zerstörende Holzübernutzungen einhergingen, ist es nicht verwunderlich, daß Bodenverdichtung, Versauerung und zunehmende Podsolierung eintreten mußten. Die Böden sind dadurch aus dem Optimalbereich im Sinne der Übersicht herausgefallen bzw. im suboptimalen Bereich weiter abgesunken. Der Verlust an Fruchtbarkeit konnte auf ärmeren Standorten bis zur völligen Devastation gehen. Meist war dann die anspruchslose Kiefer die einzige wirtschaftlich bedeutsame Baumart, die auf derart mißhandelten Böden noch angebaut werden konnte. Und selbst sie wuchs nicht selten nur noch zu Krüppelbeständen heran.
Mit dem Aufhören dieser waldzerstörenden Nutzungsart – teilweise erst nach dem Zweiten Weltkrieg! – begannen sich die Böden sehr bald zu erholen. Diese Erholung wird dadurch beschleunigt, daß Stickstoff als wichtigstes Mangelelement infolge der sich ausbreitenden technischen Zivilisation verstärkt aus der Luft eingetragen wird. Dieser Eintrag liegt heute so hoch, daß die Stickstoffbilanz der meisten Wirtschaftswälder positiv ist – es sei immer wieder darauf hingewiesen! Die Verbesserung der Bodenfruchtbarkeit nach Einstellung der Streunutzung hat großflächig zu einer Steigerung des Holzzuwachses geführt. Trotzdem sind die Auswirkungen der Streunutzung auf armen Standorten durchaus noch erkennbar. Aber auch auf besseren Standorten, auf denen die Nachwirkungen dieser unpfleglichen Nutzungsart nicht mehr so augen-

fällig sind, ist der dem jeweiligen Standort gemäße optimale Fruchtbarkeitsgrad oft noch keineswegs wiederhergestellt.

Gegenmaßnahmen: Die Wiederherstellung der natürlichen Fruchtbarkeit von streugenutzten Waldböden war ein besonders aussichtsreiches Anwendungsgebiet forstlicher Melioration. Da sich herausgestellt hat, daß Stickstoff das wichtigste Mangelelement unter solchen Bedingungen darstellt, ist vor allem dieser auf erheblichen Flächen meist in Form von Kalkammonsalpeter in Dosierungen von 100–150 kg/ha N ausgebracht worden. Die Bestände reagierten schnell und mit erheblichem Mehrzuwachs darauf *(s. Abb. 9.5)*.

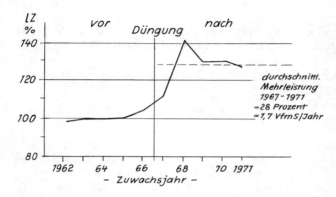

Abb. 9.5: **Die Wirkung groß-flächiger** (225 ha) **Flugzeugdüngung mit** 115 kg/ha **Stickstoff** in Form von Kalkammonsalpeter **auf den laufenden Zuwachs** von 46–107jährigen Kiefernbeständen des FoA. Bodenwöhr (Oberpfalz). Ertragsklassen I–III.5. Standort: mäßig trockene Kreidesande; Podsol-Braunerde(-Podsol), stark streugenutzt; pH i. d. F- und H-Lage 2,4–2,8; Stickstoffmangel über Nadelanalysen festgestellt (n. FRANZ, BIERSTEDT, 1975).

An dem Befund ist zweierlei bemerkenswert: Trotz des degradierten Bodens ist die anspruchslose Kiefer noch zu beachtlichen Wuchsleistungen in der Lage. Diese werden durch Gaben des wichtigsten Mangelnährstoffs, nämlich Stickstoff, ganz bedeutend angehoben. Allerdings klang der Effekt einer solchen Maßnahme nach einigen Jahren wieder ab, so daß dann erneut gedüngt werden mußte. Man hoffte dabei, daß es gelingen würde, den Stickstoffhaushalt des ganzen Ökosystems allmählich wieder so weit anzuheben, daß nach einigen Jahrzehnten keine weitere Zufuhr in Form von Dünger mehr erforderlich wäre.

Inzwischen hat die Stickstoffdüngung – von Sonderfällen abgesehen, *vgl. Kap. 7* – ihre Bedeutung völlig verloren, da die anthropogenen Stickstoffeinträge dieses Element überall aus dem Mangelbereich herausgehoben haben. Untersuchungsergebnisse von sehr langfristig beobachteten Flächen lassen allerdings vermuten, daß der mit der Stickstoffzufuhr – gleichgültig, ob als Dünger oder als Immission – verbundene Wachstumsschub der Bestände das Angebot an anderen Nährelementen kritisch werden lassen kann. Das aber hat dann zur Folge, daß Elemente – je nach Ausgangslage vor allem Phosphor, Magnesium und Kalium – eingebracht werden müssen und Kalkung erforderlich wird, sollen Meliorationseffekt und Zuwachssteigerung wirklich nachhaltig sein. Daß solche tiefgreifenden Verbesserungen der Bodenfruchtbarkeit mit umfassender Düngung tatsächlich erreichbar sind, zeigt *Abb. 9.6.* Die Wahrung des verbesserten Bodenzustandes erfordert dann immer eine Beteiligung bodenpfleglicher Baumarten an der Bestockung – z. B. Laubbäume –, wie sie gegenwärtig fast überall in der Bundesrepublik wieder möglich geworden ist. Das ist die entscheidende waldbauliche Komponente bei der Melioration geschädigter Böden.

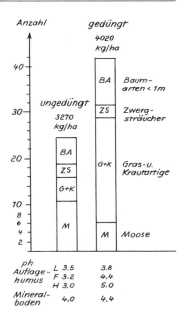

Abb. 9.6: Veränderung der Bodenvegetation und des pH-Wertes nach Düngung auf streugenutztem Boden.

FoA., Pfreimd/Oberpfalz. Podsol-(Parabraunerde-)Pseudogley aus 30–40 cm mächtigem Staublehm über schluffig-toniger Verwitterungsdecke der oberen Kreide. Bestand: Kiefer, 72–86j., Ekl. III,5 bis IV,5 (n. Schneiderbanger, Lenz, 1978).

Eine Düngung mit 1850 kg/ha Ca, 70 kg/ha P, 90 kg/ha K im Jahre 1964 und 370 kg/ha N (1964, 1966 und 1972) hat am Ende eines 13jährigen Beobachtungszeitraums den pH-Wert deutlich angehoben und dadurch, wie auch durch die Verbesserung des Nährstoffangebotes, eine artenreichere Bodenvegetation mit erheblich größerer Biomasse (Trockensubstanz) entstehen lassen. Beide Befunde deuten auf eine beachtliche und nachhaltige Verbesserung des Bodenzustandes hin.

Ursache Holzernte

Jede waldbauliche Maßnahme, die zu einer Schwächung des Ionenkreislaufs zwischen Boden und Bestand führt, hat Nährstoffverluste im Gefolge, die über das hinausgehen, was auch unter ungestörten Bedingungen zu erwarten ist. In den Abschnitten über die Verjüngungsverfahren, die Durchforstung und die Bodenbearbeitung ist immer wieder darauf hingewiesen worden. Einer besonderen Betrachtung bedürfen hier daher nur noch die beiden Aspekte Holzernte und Baumartenwechsel.

Situation: Bei der Behandlung der Hiebsreste in *Kap. 7* war schon darauf hingewiesen worden, daß dem Standort mit der Holzernte erhebliche Mengen an organischer Substanz entzogen werden. Mit der entnommenen Biomasse findet ein Austrag von Nährelementen statt, der umso größer wird, je höher der Reisiganteil an der Holzernte ist.

Stellt man die Einträge der wichtigsten Nährelemente in Waldökosystemen den Austrägen gegenüber, die mit der Holzernte erfolgen, stellt man also Nährstoffbilanzen auf, so ergibt sich das in *Tab. 9.1* dargestellte Bild. Danach kann als sicher gelten, daß nur für den Stickstoff eine ausgeglichene, meist sogar positive Bilanz besteht. Für alle anderen Elemente ist der Entzug dagegen fast immer größer als der Eintrag. Diese Verluste an Nährelementen haben zudem auch einen deutlichen Versauerungseffekt. Es treten also Verluste ein, die nur über die mobilen oder leicht mobilisierbaren Bodenvorräte gedeckt werden können. Besonders auf armen Böden sind diese für die genannten Elemente nicht sehr hoch, so daß hier eine weitere ertrags- und stabilitätsmindernde Verarmung eintreten kann.

Gegenmaßnahmen: Bisher sind keine gezielten Meliorationsmaßnahmen zum Ausgleich von erntebedingten Verlusten an Biomasse und Nährelementen gebräuchlich. Auf Böden im Optimalzustand sind sie bei pfleglichem Vorgehen – also vor allem bei

Tab. 9.1: **Nährstoffbilanzen** (kg/ha/a) **für Bestände der wichtigsten Baumarten bei unterschiedlicher Intensität der Holznutzung.**
Entnahme von: a = Derbholz, Rinde verbleibt im Bestand; b = Derbholz mit Rinde, c = Derbholz mit Rinde und Reisholz (n. KREUTZER, 1979).

BAUM-ART	EKl.	N			P			K		
		a	b	c	a	b	c	a	b	c
Fichte	I	12	10	– 3	.1	–.2	–1.6	–1.8	–3.2	–9.5
	IV	14	13	6	.4	.1	– .7	– .5	–1.3	–2.3
Kiefer	I	13	11	7	.2	–.1	– .6	– .9	–2.3	–4.7
	IV	15	14	11	.3	.2	– .2	– .1	– .7	–2.3
Buche	I	9	7	4	–.4	–.7	–1.1	–3.6	–4.3	–5.5
	IV	1.3	12	11	.1	–.1	– .3	– .5	–1.8	–2.4

Die Stickstoffbilanz bleibt infolge der beachtlichen zivilisationsbedingten Immissionen in Höhe von meist mehr als 20 kg/ha/a selbst dann im allgemeinen positiv, wenn die gesamte oberirdische Biomasse geerntet wird. Phosphoreintrag und -austrag halten sich etwa die Waage, solange das Reisig im Walde verbleibt, während die Bilanzen aller anderen Elemente (das gilt auch für die hier nicht aufgeführten Elemente Kalzium und Magnesium) negativ sind. Für Kalium, Kalzium und Magnesium und bei intensiver Nutzung auch für Phosphor muß daher die Deckung des Bedarfs über den mobilen und leicht mobilisierbaren Vorrat im Boden gesichert werden, wobei es zu einer allmählichen Verarmung des Bodens kommen kann.

Vermeidung von Rinden- und Reisigentzug – auch wohl nicht nötig, da deren nachschaffende Kraft die verhältnismäßig geringen Austräge ausgleichen kann. Ob auf ärmeren Standorten Kompensationsdüngungen zur Wahrung der Nachhaltigkeit notwendig werden, muß durch weitere Forschungsarbeit geklärt werden. Sicher kann aber ganz allgemein gelten, daß Rinden- und Reisigentzüge von der Bestandesfläche unbedingt vermieden werden sollten.

Ursache Baumartenwechsel
Situation: Die Umwandlung der natürlichen Bestockung in Nadelbaumforste – teilweise als Folge vorangegangener Bodendevastierungen *(vgl. Kap. 4.1)* – hat Veränderungen der Bodendynamik bewirkt. Diese sind vor allem – aber nicht nur – auf die schwerere Zersetzbarkeit der Nadelstreu gegenüber der Laubstreu zurückzuführen. Sie macht sich auf von Natur aus armen oder durch Devastation verarmten Böden besonders stark bemerkbar. Nach den nicht sehr zahlreichen, methodisch oft nicht ganz vergleichbaren Untersuchungen über die Auswirkungen des Anbaus von reinen Fichten- und Kiefernbeständen haben sich folgende Befunde ergeben (im Anhalt an REHFUESS, 1990):

– Die Porosität des Oberbodens kann infolge intensiver Durchwurzelung der oberflächennahen Bodenschicht durch Nadelbäume, vor allem Fichten, vergrößert werden. In tieferen Bodenschichten machen sich Unterschiede in dieser Beziehung kaum noch bemerkbar.
– Die Böden sind hauptsächlich infolge der ganzjährigen Niederschlagsinterzeption unter Nadelwald trockener als unter Laubwald.
– Der Abbau der schwerer zersetzbaren Streu der Nadelbäume nimmt auf allen Standorten mehr Zeit in Anspruch als der der Laubstreu; auf armen, biologisch wenig tätigen Böden wirkt sich das in besonders auffälliger Anhäufung von Auflagehumus aus *(vgl. Abb. 9.4)*.
– Mit der Hemmung der Streuzersetzung nimmt die Bildung wasserlöslicher organischer Säuren zu, die ihrerseits über die Silikatverwitterung vermehrt Aluminiumionen freisetzen. Deren

Bindung an die Austauschkörper des Bodens hat dann die Zunahme von Wasserstoffionen in der Bodenlösung und eine Absenkung des pH-Wertes zur Folge.

- Durch saure Bodenzustände werden Pilze als Zersetzer gegenüber Bakterien und Strahlenpilze gefördert. Sie produzieren besonders viele saure Stoffwechselprodukte, wodurch die vorgenannten ungünstigen Prozesse fast wie in einem positiven Regelkreis weiter verstärkt werden.
- Tiefe pH-Werte verursachen leichtere Mobilität und Auswaschung von Mangan und Eisen, die Podsoligkeit hervorruft und bis zur Podsolierung gehen kann.
- Die Vorräte – vor allem die leicht pflanzenverfügbaren – an Phosphor, Kalium, Kalzium und Magnesium werden durch Auswaschungsverluste verringert.

Nach allem läßt sich sagen, daß der langfristige Anbau von Nadelbaumreinbeständen auf vielen Standorten zu einer Schwächung des Stoffkreislaufs führt. Infolge der Diskrepanz zwischen Streuproduktion und Streuabbau kommt es zu einer je nach Standort unterschiedlich starken Bildung von Auflagehumus und damit zur Immobilisierung von organischer Substanz und der darin enthaltenen Nährelemente. Diese werden dann in der Verjüngungsphase des Bestandes, besonders bei Kahlhieb, so schnell aktiviert, daß die Biomasse durch Veratmung und die mineralischen Nährelemente durch Auswaschung zu einem substantiellen Teil dem Ökosystem überhaupt verlorengehen *(vgl. Tab. 6.6)*. Auf gut nährstoffversorgten, biologisch aktiven Böden können diese Nachteile durch deren Reaktionskraft aufgefangen werden. Auf ärmeren ist das jedoch nur in unzureichendem Maße der Fall.

Gegenmaßnahmen: Die geschilderten Nachteile des Nadelbaumanbaus können am sichersten und nachhaltigsten waldbaulich eingedämmt werden. Die Begründung von Mischbeständen mit einer massiven Laubbaumkomponente, wo immer das möglich ist, ist als wichtigste waldbauliche Maßnahme zu nennen. Aber auch durch die Art der Bestandeserziehung kann die in Nadelbaumbeständen oft unvermeidliche Entkopplung der Ionenkreisläufe abgemildert werden. Dazu ist es nötig, die Anhäufung von Auflagehumus durch Vermeidung von Überdichten vor allem in den jungen und mittleren Entwicklungsphasen der Bestände zu verringern. In der Verjüngungsphase kommt es dann darauf an, den Abbau des – auch bei sorgfältiger Bestandeserziehung – entstandenen Auflagehumus so langsam vonstatten gehen zu lassen, daß die dabei freiwerdenden Nährelemente von Bestand und Bodenvegetation aufgenommen und damit vor dem Austrag aus dem System bewahrt werden können.

Düngungsmaßnahmen können einen beachtlichen und betriebswirtschaftlich positiven Beitrag zum Ausgleich von Nachteilen der Nadelbaumreinbestandswirtschaft leisten. In der Vergangenheit erwies sich dabei Stickstoff als das zuwachswirksamste Nährelement, das heute ohnehin in großen Mengen atmogen eingetragen wird. Sollen Wirkungen erzielt werden, die das ganze Ökosystem wieder in eine günstigere Verfassung bringen, so sind zusätzliche Kalk- und Phosphorgaben nötig. In *Tab. 9.2* sind diese Zusammenhänge am Beispiel unterschiedlicher Düngungen in einem Fichtenbestand mit suboptimalem Bodenzustand dargestellt. Im Hinblick auf die massiven anthropogenen Stickstoffeinträge kann gerade dieser Aspekt in Zukunft praktische Bedeutung erlangen.

Für alle Maßnahmen dieser Art gilt auch wieder, daß sie in einer Entwicklungsphase des Bestandes ausgeführt werden müssen, in der dieser in der Lage ist, die zugeführten und durch beschleunigte Mineralisierung freiwerdenden Nährelemente aufzunehmen und in die Biomasse einzubauen. Deshalb sollten sie spätestens einige Jahrzehnte vor der Endnutzung und Verjüngung ausgeführt werden.

Tab. 9.2: **Wirkung unterschiedlicher Düngungsmaßnahmen** auf einen 66jährigen Fichtenbestand. FoA. Domstetten, Nordschwarzwald, 600 m ü. NN, Oberer Buntsandstein, Niederschlag 950 mm. Podsolige basenarme Braunerde mit Rohhumusauflage. Düngung: 1952: 20 dt/ha kohlens. Kalk, 10 dt/ha Thomasphosphat; 1953, 1954, 1955 je 4 dt Kalkammonsalpeter. Beobachtungszeitraum 13 Jahre, Vz 14 Vfm/a = 100 % (n. HAUSSER, WITTICH, 1969).

KRITERIUM		O	Ca	DÜNGUNG PCa	N	NCa	NPCa
lfd. Zuwachs	(%)	100	100	113	133	132	141
pH/KCl, O_h		2,7	4,0	4,5	2,9	3,7	4,3
Streuproduktion	(kg/ha/a)	2 610	2 870	3 090	3 510	3 270	3 870
Regenwurmdichte (Stck./m^2)		>5	58	63	5	60	78
Artenzahl in der Strauch- und Krautschicht		4	10	11	8	15	23

Die Fichte ist in der Lage, auch auf armen Standorten erstaunliche Wuchsleistungen zu erbringen. Der Preis dafür waren allerdings eine erhebliche Anhäufung von Rohhumus und zunehmende Versauerung des wenig gepufferten Bodens. Der den Zuwachs begrenzende Faktor war die Stickstoffversorgung, deren Verbesserung einen Zuwachssprung in der Größenordnung von gut 30 % erbrachte. Dieser Effekt wird heute infolge des großflächigen anthropogenen N-Eintrags überall beobachtet. Die Abmilderung des Versauerungsgrades durch Kalkung wirkte sich dagegen selbst dann nur wenig aus, wenn dazu auch Phosphor ausgebracht worden war. Daß alle Maßnahmen, die den pH-Wert erhöhten, jedoch zu einer nachhaltigen Verbesserung des Bodenzustandes als Ganzem geführt haben, geht aus der deutlichen Zunahme der Regenwurmpopulation und des Artenreichtums der Bodenvegetation hervor. Beides kann als Indikator für eine langfristige Kompensation der Nachteile der Nadelbaumreinbestandswirtschaft angesehen werden.

9.5.3   Zustand optimal und suboptimal

Ursache Bodenversauerung durch Immissionen
Situation: In die mitteleuropäischen Waldökosysteme werden infolge der in den letzten Jahrzehnten stark angestiegenen technisch-zivilisatorischen Aktivitäten in erheblichem Umfang säurebildende Substanzen eingetragen. Damit vollzieht sich ein Prozeß mit äußerst nachteiligen Folgen für das Pflanzenleben. Schwefeldioxid und Stickoxide als wichtigste Säurebildner werden jährlich in der Größenordnung von 6–7 Mio. Tonnen allein in der Bundesrepublik in die Atmosphäre emittiert und in der Folge ungleichmäßig auf weite Landflächen verteilt. Ein wichtiger Grund für die Ungleichmäßigkeit der Verteilung sind Verschiedenheiten in der Gestaltung der Landoberflächen. Wälder besitzen mit ihrem Blattwerk Auffangflächen, die 10- bis 20mal größer sind als die der entsprechenden Bodenoberfläche. An Nadelbäumen bleiben diese Auffangflächen zudem das ganze Jahr über erhalten, während die Laubbäume (und Lärche) sie im Winterhalbjahr durch den Laubabfall wesentlich verringern können. Zusätzlich zu den im Niederschlag und Nebel enthaltenen Mengen kommt es zu trockenen Depositionen von Schadstoffen an diesen Auffangflächen, die schließlich auch abgewaschen werden und in den Boden gelangen. Der Wald – vor allem der immergrüne – wird dadurch stark mit Luftschadstoffen aller Art belastet, besonders mit den genannten säurebildenden Verbindungen.

Säureeinträge führen zu einer Veränderung der Bodenfruchtbarkeit, wenn die Böden nicht in der Lage sind, sie abzupuffern. Zur Abschätzung der Reaktionsfähig-

keit von Böden gegenüber Versauerung müssen daher Eintrag und jährliche Pufferrate einander gegenübergestellt werden. Tut man das, so ergibt sich folgendes Bild:

Die Deposition an Säureäquivalenten beträgt in Norddeutschland nach ULRICH (1983) zwischen 1,6 und 3,2 kmol/ha/a
unter Laubbäumen und zwischen 2,0 und 5,3 kmol/ha/a unter Nadelbäume. Entsprechende Werte für Baden-
Württemberg und Bayern liegen zwischen 0,5 und 2,6 kmol/ha/a bzw. 0,4 und 3,3 kmol/ha/a (HEPP, HILDEBRAND,
1993; KENNEL, 1994).

Nur auf karbonathaltigen Böden stehen die Mengen an Basen zur Verfügung, die zur
langfristigen Neutralisierung solcher Säuremengen erforderlich sind. Alle anderen
Böden besitzen dagegen eine so geringe Ausstattung mit neutralisierenden Basen, daß
es – je nach Ausgangslage langsam oder schnell – zur Versauerung kommt. Damit ist
zunächst die Auswaschung von austauschbaren Nährstoffen wie Kalzium, Magnesium
und Kalium verbunden. Mit weiter zunehmender Versauerung verstärkt sich dann die
Freisetzung von Aluminium-, Mangan-, und Eisenionen. Es kann Säuretoxizität bei
zunehmendem Mangel an Nährelementen entstehen, je nach Ausgangslage sind das
vor allem Magnesium, Kalzium und Kalium.

Gegenmaßnahmen: Diese Zusammenhänge sind keineswegs voll durchschaut und
verstanden, jedoch deutet vieles darauf hin, daß bei anhaltendem Eintrag von Säurebildnern großflächige Kompensations- und Meliorationsdüngungen notwendig werden
können. Kompensationsdüngungen dienen vor allem dazu, die anhaltenden Säureeinträge zu neutralisieren, um die Böden vor weiterer Schädigung zu bewahren. Sie
werden mit relativ geringen Dosierungen (10–20 dt/ha CaO + MgO) von kohlensau-
rem Magnesiumkalk ausgeführt. Dadurch kommt es nicht zu unerwünscht starker
Mobilisierung der Umsetzungen im Boden. Je nach Belastung kann es nötig werden,
die Maßnahme im Verlauf einer Umtriebszeit zu wiederholen. Vor allem Böden in
optimaler Verfassung können so davor bewahrt werden, in suboptimale Zustände
abzusinken.
    Von Meliorationsdüngungen könnte man dann sprechen, wenn es gilt, eine bereits
eingetretene und schnell fortschreitende Bodenversauerung durch Immissionen ganz
oder teilweise wieder rückgängig zu machen. Dazu sind dann allerdings höhere Dosierungen der Kalkdünger und ihre Einarbeitung in den Boden erforderlich. Eine solche
ist jedoch aus praktisch-ökonomischen Gründen nicht möglich und wegen ökologischer Nebenwirkungen auch nicht erwünscht. *Übersicht 9.4* zeigt diese Zusammenhänge.

Ursache Nährelementdisharmonien durch Stickstoffeinträge
Situation: Atmogene Einträge von NO_2- und NH_4-N haben gesteigertes Wachstum des
Waldes zur Folge. Dadurch können andere Nährelemente, die nur aus dem Bodenvor-
rat zur Verfügung stehen, in den Mangelbereich gelangen *(vgl. Kap. 9.2).*

Gegenmaßnahmen: Ausbringung der in den Minimumbereich gelangenden Elemente;
im Falle zunehmender Bodenversauerung in Kombination mit Kalkung. Dabei sollten
immer magnesiumhaltige Kalkformen verwendet werden. Die Zusammenhänge sind
vorerst nicht genügend bekannt, als daß standortspezifische Vorgaben gemacht und
Dosierungsempfehlungen gegeben werden könnten.

Übersicht 9.4: Die Reaktionsbereiche von Waldböden im Hinblick auf die Immissionen von Säurebildnern (im Anhalt an ULRICH, 1983).

PUFFER-BEREICH	pH-BEREICHE (H$_2$O)	PUFFERRATE ha/J kmol/H$^+$	EIGNUNG FÜR WALD	KOMPENSATIONS- UND MELIORATIONS-MASSNAHMEN
Karbonat –	> 6,2	> 2	Anionen-überschuß	
↑			↑	
Silikat –	> 5,0	0,2–2	Optimum	1–5
↑			↓	t/ha
Austauscher –	> 4,2	gering	abnehmende Nährstoff-	CaO
↑				(+ MgO)
Aluminium –	> 3,8	groß, solange Aluminiumhydroxo-kationen verfügbar, sonst klein	verfügbarkeit ↑	(+ P$_2$O$_5$)
Eisen –	< 3,0	> 2	Säure-toxizität	

Die Pufferrate der Böden ist vor allem im Bereich optimaler Bodenzustände oft nicht ausreichend, um jährliche Einträge bis zu 5 kmol/ha an Säureäquivalenten zu neutralisieren. Es kommt dadurch zu einer stetig zunehmenden Versauerung, die mit der Auswaschung von Nährelement-Kationen einhergeht. Bei weitergehender Versauerung werden zunächst Aluminium- und dann auch Eisenionen in die Bodenlösungen freigesetzt, die ihrerseits toxisch wirken können. Als waldbauliche Gegenmaßnahme kann die Verbesserung der Pufferkraft der Böden durch basisch wirkende Stoffe, vor allem Kalk, ins Auge gefaßt werden.

9.6   Nebenwirkungen von Meliorationsmaßnahmen

Düngungs- und Meliorationsmaßnahmen rufen neben der beabsichtigten Wirkung weitere Effekte im Ökosystem hervor. Diese können vorteilhaft oder nachteilig sein und sich im Bereich des Bodens oder am Bestand auswirken.

Standort und Landschaft

Im Boden entstehen Nebenwirkungen vor allem durch Beschleunigung der Mineralisationsprozesse und als Folge davon Austrag von Nährelementen. Dadurch geht dem System zum einen organische Substanz verloren und zum anderen können freiwerdende Nährelemente Grund- und Oberflächenwasser belasten *(s. Tab. 9.3* und *Abb. 9.7)*. Ganz vermeidbar sind solche Verluste in keinem Fall, vielmehr stellen sie den Preis für die Verbesserung der Bodenfruchtbarkeit dar. Sie bleiben jedoch in Grenzen, wenn die Maßnahmen möglichst vorsichtig ausgeführt werden. Nebenwirkungen der genannten Art sind um so mehr zu befürchten, wenn

– die Dünger hoch dosiert werden,
– Kalkdünger zusätzlich mechanisch in den Boden eingearbeitet werden,
– Düngung in Verbindung mit stark geführten waldbaulichen Eingriffen, vor allem Kahlhieb, erfolgt.

Insgesamt gesehen sind sie solange nicht sehr bedenklich, wie die betroffenen Flächen klein sind. Werden dagegen ganze Wassereinzugsgebiete oder große Aus-

Tab. 9.3: Konzentration von Nitratstickstoff und Gesamtstickstoff in Grundwasserproben unter Kiefernbeständen (n. REHFUESS et al., 1974).

DÜNGUNG	NITRAT (NO₃) mg/l	GESAMTSTICKSTOFF ppm
ohne		
XII. 1971–XI.1972	0,1–1,0	0,21–1,28
XII. 1972–VIII. 1973	0,1–1,4	0,50–3,10
Kalkammonsalpeter		
XII. 1971–XI.1972	0,2– 2,0	0,24–2,68
XII. 1972–VIII. 1973	0,2–15,2	0,55–4,54

Es handelt sich um dieselben Flächen, die bereits im Text zur *Abb. 9.5* beschrieben worden sind. Nach einer Düngung mit 115 kg/ha Stickstoff als Kalkammonsalpeter im Jahre 1967 erfolgte eine Nachdüngung mit derselben Aufwandmenge im April 1972. Es ist klar zu erkennen, daß es danach zu einer Erhöhung der Grundwasserbelastung gekommen ist. die hauptsächlich aus Nitratstickstoff bestand. Der zeitliche Abstand zwischen dem Düngungstermin und dem Anstieg der Konzentration im Grundwasser zeigt, daß der Stickstoff den Boden durchwandert hat und nicht etwa oberflächlich in tiefere Geländeteile gewaschen worden ist. Es muß damit gerechnet werden, daß der hier nach einer Düngungsmaßnahme beobachtete Austrag von NO₃-N infolge der permanenten Immissionen von N heute in erheblichem Umfange großflächig vonstatten geht.

Abb. 9.7: Veränderung der Nitratgehalte im Sickerwasser nach Düngung eines 93j. Fichtenbestandes III. Ekl. mit 150 und 300 kg/ha N als Kalkammonsalpeter, FoA. Goldkronach, Fichtelgebirge, 795 m NN, 1150 mm Jahresniederschlag, Podsol-Braunerde (verändert nach KREUTZER, WEIGER, 1974, s. dazu auch KREUTZER, GÖTTLEIN, 1991). Der Mitte der 50er Jahre mit 40 dz/ ha Mischkalk, 6 dz/ha Thomasmehl und 3 dz Volldünger N (4 %), P (12 %.) und K (16 %) behandelte Boden wies bereits bei Versuchsbeginn eine relativ hohe Nitratmenge im Sickerwasser auf. Die im Mai 1972 vorgenommene Düngung mit Kalkammonsalpeter erhöhte die Belastung erheblich, und zwar während des ganzen Beobachtungszeitraums. Dabei wurden Werte festgestellt, die über den Toleranzgrenzen für Trinkwasser liegen.

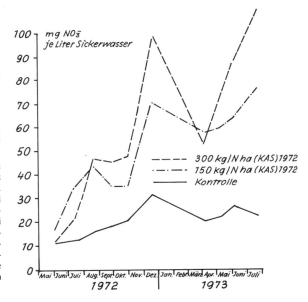

schnitte daraus von solchen Maßnahmen berührt, so kann die dadurch ausgelöste Eutrophierung des Oberflächenwassers *(s. Abb. 9.7)* nicht tolerierbare ökologische Folgen haben und die Grundwasserqualität beeinträchtigt werden *(s. Tab. 9.3)*. Solche Belastungen des Grundwassers mit Nitrat treten bereits als Folge des anthropogenen Stickstoffeintrags auf. Sie werden mit steigender Sättigung der Aufnahmekapazität des Bodens, v. a. der Humusauflage, zunehmen. Werden Kalkungen zur Säurekompensation vorgenommen, so wird das Bodenleben aktiviert. Dabei wird Nitrat gebildet und an die Bodenlösung abgegeben. Es verstärkt dann die ohnehin schon hohe Nitratlast im Grundwasser noch weiter (KREUTZER, GÖTTLEIN, 1991).

Im Hinblick auf die ohnehin bestehende starke Belastung aller Gewässer Mitteleuropas durch Landwirtschaft und technische Zivilisation und auf die große Bedeutung der Waldgebiete als Trinkwasserspender kommt der Kenntnis solcher Nebenwirkungen jeder Düngung im Wald ganz besondere Bedeutung zu.

Nachteilige Wirkungen auf den Bestand

Auch für den Bestand kann die Düngung negative Folgen haben. Sie entstehen durch die Vergrößerung und Vermehrung der Blattorgane als Reaktion auf die verbesserten Wachstumsbedingungen. Von Kiefern ist bekannt und für Fichten zu befürchten, daß vor allem ein verbessertes Angebot an Stickstoff eine schnelle Ausweitung der Nadelmassen und -oberflächen bewirkt *(vgl. Tab. 9.2)*, mit der keine entsprechende Verstärkung der Schaftstabilität einhergeht. Erhöhte Schneebruch-, aber wohl auch Sturmgefahr ergeben sich daraus. Besonders schnee- und eisbruchgefährdete Lagen scheiden schon deshalb für Düngungsmaßnahmen aus. Ob der verbreitete atmogene Eintrag von Stickstoff in den Wald Verschiebungen des Wurzel-Sproß-Verhältnisses bewirken kann, wie das von jungen Pflanzen nach Düngung bekannt ist, bedarf weiterer Untersuchungen. Jede Änderung dieses Verhältnisses zuungunsten der Wurzel würde große Stabilitätsprobleme heraufbeschwören.

Vorteilhafte Wirkungen auf den Bestand

Im Hinblick auf biotische Gefahren für den Wald kann dagegen angenommen werden, daß gut mit Nährstoffen versorgte Bäume besonders widerstandsfähig sind. Für diese Annahme sprechen sowohl Versuchsergebnisse als auch Analogien zu anderen Gruppen gut untersuchter Lebewesen. Gleichzeitig muß jedoch auch bedacht werden, daß es Optimalbereiche der Versorgung mit Nährelementen gibt, die keineswegs identisch mit maximaler Nährstoffsättigung von Pflanze und Boden sind (vgl. Abb. 9.2). In der landwirtschaftlichen Pflanzenproduktion ist der Zusammenhang zwischen sehr hohen Düngergaben und zunehmender Krankheitsanfälligkeit seit langem ein ernstes Problem. Von solchen Verhältnissen ist die Situation der Wälder im allgemeinen weit entfernt. Erwähnt sei in diesem Zusammenhang immerhin, daß Überernährung von Forstpflanzen, vor allem eine solche mit Stickstoff, zu verspätetem Abschluß der Wachstumsperiode und damit verbunden zu unzureichender Ausbildung der Winterfestigkeit führen kann. Die Wechselwirkungen zwischen Ernährungszustand und Widerstandsfähigkeit gegen biotische Schädlinge sei an einem theoretischen Beispiel dargestellt *(s. Abb. 9.8)*, und es wird noch einmal auf *Abb. 9.2* verwiesen.

Eine weitere und in natürlich zu verjüngenden Altbeständen durchaus nützliche Nebenwirkung der Düngung ist die Verstärkung der Fruktifikation. Vor allem Düngungen, an denen Phosphat aber auch Kalium beteiligt sind, erhöhen die Ausbeute an Samen und Früchten in Samenjahren deutlich. In Samenplantagen wird diese Wirkung der Düngung unmittelbar ausgenutzt. Im Forstbetrieb äußert sie sich dagegen mehr als Nebeneffekt von Düngungsmaßnahmen, die hauptsächlich den in den vorigen Abschnitten beschriebenen Zwecken dienen.

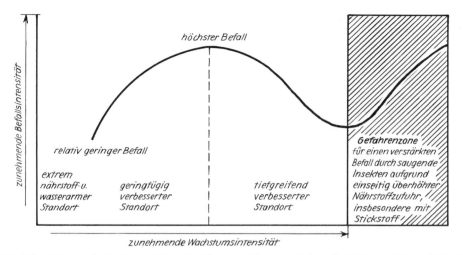

Abb. 9.8: **Schematische Darstellung der Wechselwirkung zwischen Befallsintensität und Ernährungszustand von Forstpflanzen** am Beispiel fressender und saugender Insekten (n. BAULE, 1975).
Danach ist die Widerstandsfähigkeit der Pflanzen gegen diese Schädlinge besonders groß unter kargen und unter sehr guten Lebensbedingungen. Sehr gering ist sie dagegen, wenn diese eher mittelmäßig sind oder sich durch ein Übermaß auszeichnen.

9.7   Die Ausführung der Düngungsmaßnahmen

Düngebedürftigkeit – Düngewürdigkeit

Entscheidungen für die Düngung werden nach Gesichtspunkten getroffen, die in den vorstehenden Kapiteln hergeleitet und in der *Übersicht 9.5* noch einmal zusammengefaßt worden sind.

Es sind drei Vorgehensweisen bei der Ausführung von Düngemaßnahmen denkbar:
– Kleinere Flächenteile eines Forstbetriebes – meist solche mit deutlichen Schwächesymptomen – werden gedüngt.
– Größere Ausschnitte aus einem Betrieb mit standörtlich vergleichbarer Düngebedürftigkeit werden bearbeitet.
– Düngungsplanungen werden für ganze Wuchs- oder Teilwuchsgebiete gemacht, wenn die Ausgangssituation – z. B. Immissionsvorbeugung – das erfordern sollte.

Grundsätzlich ist in jedem Einzelfall zu prüfen, ob Düngungsbedürftigkeit und Düngungswürdigkeit gegeben sind. Düngungsbedürftigkeit liegt vor, wenn eine der in *Übersicht 9.5* aufgeführten Voraussetzungen erfüllt ist, also etwa Folgeschäden der Streunutzung behoben werden sollen. Düngungswürdigkeit in betriebswirtschaftlichem Sinne kommt dann hinzu, wenn der Aufwand dabei in einem günstigen Verhältnis zum erzielbaren Mehrertrag steht *(s. Abb. 9.9)*.

Von Düngungswürdigkeit in volkswirtschaftlichem Sinne könnte dann gesprochen werden, wenn eine solche Maßnahme zur Kompensation von Landnutzungsfehlern der Vergangenheit oder von Immissionsschäden der Gegenwart dient und auch dann ausgeführt wird, wenn der Aufwand höher liegt als ein zu erwartender Mehrertrag.

Übersicht 9.5:   Anlässe, Möglichkeiten und Grenzen von Düngungs- und Meliorationsmaßnahmen in der Forstwirtschaft.

ANLASS FÜR MELIORATION UND DÜNGUNG	FOLGEN FÜR DEN STANDORT UND BESTAND	WALDBAULICHE GEGENMASSNAHMEN	DÜNGUNGS- bzw. MELIORATIONSMASSNAHMEN	BEURTEILUNG
Streunutzung	Entzug von Biomasse, Nährstoffverluste, Podsolierung, pH-Senkung	Belassen von Reisig und Rinde auf jeder Hiebsfläche. Keine die Mineralisierung stimulierenden waldbaulichen Maßnahmen. Intensive Beteiligung von Laubbäumen bei der Verjüngung.	Düngung u. U. großflächig vom Flugzeug aus mit 100–150 kg/ha N. Bei Abklingen der Wirkung nach 5–7 Jahren Wiederholung der Maßnahme. Werden infolge von Zunahme der Wuchsleistung des Bestandes andere Hauptnährstoffe, wie Phosphor oder Kalium zu begrenzenden Faktoren, so müssen sie dann ebenfalls angeboten werden. Ziel ist, Bodenzustand und Nährstoffangebot wieder auf ein optimales Niveau anzuheben, das dann von weiterer Nährstoffzufuhr unabhängig ist.	N-Düngung wurde in der Vergangenheit in einigen, durch Streunutzung besonders betroffenen Teilen der Bundesrepublik systematisch und erfolgreich durchgeführt. Durch hohe N-Immission hat N-Düngung heute keine Bedeutung mehr. Vermehrte Bioproduktion durch N-Eintrag kann andere Nährelemente in den Mangelbereich bringen. Dadurch kann umfassende Melioration durch Zufuhr anderer Nährelemente einschl. Kalkung erforderlich werden.
Biolog. inaktiver Rohhumus unter Nadelbaum-Reinbeständen	Festlegung von organischer Substanz und Nährstoffen. pH-Senkung. Podsolierung auf armen Böden.	Starke Durchforstung, wo möglich. Baumartenwechsel oder zumindest Beteiligung von Laubbäumen bei der nächsten Verjüngung. Vorsichtige Förderung der Mineralisierung durch Schirmstellungen oder Femelhiebe.	Verbesserung der Mineralisierungsbedingungen durch Düngung mit 10–20 dt/ha CaO + MgO und 150 kg/ha P_2O_5. Bei sehr mächtigen Rohhumuspolstern am besten einige Jahrzehnte vor Einleitung der Verjüngung.	Normalerweise erfolgt ausreichende Mineralisierung der Rohhumusauflage im Verjüngungsprozeß. Düngungsmaßnahmen nur bei sehr ungünstigen Bedingungen.
Ernteentzüge	Entzug von Biomasse, Nährstoffverluste, pH-Senkung.	Belassung von Reisig und Rinde auf der Hiebsfläche. Keine Ganzbaumernte. Keine starke Förderung der Mineralisation durch waldbauliche Maßnahmen.	Auf armen Böden können Kompensationsdüngungen mit Phosphor und Kalium und ggf. Kalkung angebracht sein.	Wissenschaftliche Grundkenntnisse reichen bisher nicht zur Entwicklung standortangepaßter Empfehlungen aus.
Immission von Stickstoff	Verbesserung der N-Versorgung. Mehr Zuwachs. Andere Nährstoffe geraten in Mangelbereich. Verstärkte Nitratauswaschung.	Anbau von Laubbaumarten zur Verringerung der N-Interzeption.	Düngung mit P, K, Ca, Mg + Spurenelementen zur Kompensation des zusätzlichen Bedarfs infolge Mehrzuwachses.	Die Zusammenhänge sind für praktische Empfehlungen noch nicht ausreichend geklärt.

Für den Einzelbetrieb sind solche Aufwendungen allerdings nur dann möglich, wenn das übergeordnete Interesse daran sich in Form staatlicher Zuschüsse oder vollständiger Finanzierung aus öffentlichen Mitteln äußert.

Im Falle von Kalkungsmaßnahmen zur Abmilderung zivilisationsbedingter Bodenversauerung oder wenn Ernährungsungleichgewichte als Folge von atmogenen N-Immissionen ausgeglichen werden müssen, sind solche Finanzierungen durch die Verursachergemeinschaft – und damit aus dem Staatshaushalt – unabdingbar.

Übersicht 9.5:   (Fortsetzung)

ANLASS FÜR MELIORATION UND DÜNGUNG	FOLGEN FÜR DEN STANDORT UND BESTAND	WALDBAULICHE GEGENMASS-NAHMEN	DÜNGUNGS- bzw. MELIORATIONS-MASSNAHMEN	BEURTEILUNG
Immissionen von Säurebildnern und Schadstoffen anderer Art.	pH-Senkung, Nährelementaus-waschung, Schwermetall-anreicherung.	Erhöhung des Laub-baumanteils zur Verrin-gerung der Interzeption und damit des Eintrags.	Kompensation: Dün-gung von 10–20 dt/ha CaO (+MgO) alle 25 Jahre in Fichten, und alle 50 Jahre in Buchen-beständen zur Neutrali-sierung des laufenden Eintrags. Melioration: Für eine Anhebung des pH-Wertes der Boden-lösung auf pH 4,5–5,0 wären auf stark ver-sauerten Waldböden bis zu 50 dt/ha CaO und Ein-arbeitung in den Boden nötig.	Die Zusammenhänge zwischen Immissionen, Bodenversauerung und Baumschäden sind noch nicht soweit überschau-bar, daß großflächige Düngungsempfehlungen darauf aufgebaut werden könnten. Es deutet je-doch alles darauf hin, daß Maßnahmen in bisher nicht gekanntem Umfang nötig werden. Regional werden sie bereits ergrif-fen. Je höher Kalkkdünger dosiert werden, desto größer wird die Gefahr von Nebenwirkungen in-folge stark beschleunigter Umsetzungprozesse im Boden.
Anhebung der Bodenfruchtbar-keit von Natur aus armer oder gestörter Böden a) Nährstoff-armut b) Bodenver-dichtung c) Vernässung	Geringes Ertragsvolumen.	a) Anbau von Baumar-ten mit nährstoffrei-cher, gut zersetzlicher Streu. b) Anbau wurzelintensi-ver Baumarten. c) Anbau wurzelintensi-ver und nässeertra-gender Baumarten.	a) Regelmäßige Zufuhr der unzureichend vorhandenen Nähr-elemente. b) Bodenbearbeitung zum Aufbrechen der verdichteten Schich-ten z. B – durch Pflü-gen oder Arbeiten mit Untergrundhaken. c) Grabenentwässerung oder Drainage bei Vorhandensein ent-sprechender Vorflut. Ggf. Schaffung eines Vorfluters.	a) Böden, die nicht durch eine einmalige oder kurzzeitige Korrektur grundlegend verbes-sert werden können, sollten nicht gedüngt werden. b) Ortsteindurchbre-chung durch Pflügen oder mit dem Unter-grundhaken ist eine probate Maßnahme zur Bodenverbesse-rung, aber nur nach Kahlhieb und vor der Neukultur möglich. Tonige Staukörper oder durch Tonanrei-cherung verdichtete Schichten in schweren Böden können dage-gen nur in Ausnahme-fällen durchlässig ge-macht werden. c) Entwässerungen soll-ten aus landschafts-ökologischen und na-turschützerischen Gründen nicht mehr vorgenommen wer-den,

Es ist zu beachten, daß die hier getrennt aufgeführten Ausgangssituationen meist kombiniert vorkommen und der Faktor Immissionen sich auf praktisch jedem Standort auswirkt. Unsere Waldböden und Waldbestände reagieren so verschie-den auf Meliorationsmaßnahmen, daß jeder einzelne Fall einer genauen Analyse des Standorts und des Ernährungszu-standes durch Spezialisten bedarf, bevor eine Entscheidung getroffen wird.

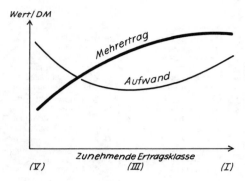

Abb. 9.9: Schematische Darstellung von Aufwand und Ertrag bei Düngungsmaßnahmen (GUSSONE, 1963).

Hohem Aufwand durch große Düngermengen auf armen Standorten steht eine prozentual zwar oft beachtliche, in absoluten Werten jedoch nicht sehr große Mehrleistung an Zuwachs gegenüber. Auf Standorten mittlerer Ertragsleistung kann dagegen schon durch geringen Düngeraufwand ein beachtlicher und betriebswirtschaftlich bedeutsamer Zuwachsgewinn erzielt werden. Auf guten Standorten, die ohnehin nicht gedüngt werden sollten, wäre dagegen ein hoher Düngereinsatz zur Erzielung eines eher bescheidenen Zuwachsgewinnes nötig, so daß kein wesentlicher betriebswirtschaftlicher Gewinn zu erwarten ist.

9.8   Planung von Düngungsmaßnahmen

Jede Düngung oder Melioration ist sorgfältig zu planen und zu dokumentieren. Grundlage der Planung ist immer die Ansprache der Düngungsbedürftigkeit vor allem anhand von Humuszustand, Bodenvegetation und Bestandeszustand unter Mitwirkung von Spezialisten. Über die Standortkarte können die an Einzelpunkten erhobenen waldbaulichen Befunde auf größere Einheiten übertragen werden. Führt auch die Betrachtung der Düngewürdigkeit zu einem positiven Resultat, so kann mit der Detailplanung der Maßnahme begonnen werden. Die dazu nötige Kenntnis der Düngemittel kann aus *Übersicht 9.6* gewonnen werden. Der ganze Ablauf stellt sich folgendermaßen dar:

– Diagnose der Ausgangslage,
– Aufstellung eines Dünge- und Kostenplanes,
– Ausführung der Maßnahme.

Übersicht 9.6:   Wichtige Düngemittel und ihre Eigenschaften.
Die Liste ist nicht vollständig, enthält aber für die Forstwirtschaft bedeutsame Handelsdünger (im Anhalt an BAYER. STAATSMINISTERIUM 1973).

1. Stickstoffdünger	NO_3-N unterliegt Auswaschung; als NH_4-N speicherbar. Aufwandmengen 100–150 kg/ha N.
Kalkammonsalpeter NH_4-N 12,5 % NO_3-N 12,5 % $CaCO_3$ 33 %	Neutralisierend wirkender Stickstoffdünger. Wichtigster Stickstoffdünger. Ausbringung zu Beginn der Vegetationszeit bei trockenem Wetter.
Stickstoffmagnesia NH_4-N 11 % NO_3-N 11 % MgO 7 %	Schnellwirkender Stickstoff-Magnesium-Dünger.
Schwefelsaures Ammoniak NH_4-N 21 %	Stickstoffdünger für schwachsaure oder basische Böden (Baumschulen) mit nachhaltiger Wirksamkeit. Ausbringung zu Beginn der Vegetationszeit bei trockenem Wetter.

Übersicht 9.6:   (Fortsetzung)

2. Phosphatdünger	Die Phosphordünger werden zwar aus saurem Auflagehumus, jedoch kaum aus dem Mineralboden ausgewaschen. Aufwandmengen: 90–150 kg/ha P_2O_5.
Thomasphosphat P_2O_5 15 % CaO 45 % MnO 4 % MgO 2 % Spurenelemente	Boden neutralisierender, langsam wirkender Vorratsdünger für saure und basenarme Böden. Ausbringung zu jeder Jahreszeit oft zusammen mit Kalkung. (Infolge ähnlicher Zusammensetzung und Wirkung gleichartig verwendbar: Hyperphos und Hyperphos-Magnesia.)
Superphosphat P_2O_5 18 % $CaSO_4$ 50 %	Schneller wirkender Phosphatdünger. vor allem für neutrale bzw. schwachsaure Böden.

3. Kali-Magnesium-Dünger	Alle Kalidünger unterliegen auf sorptionsschwachen Böden der Auswaschung. Aufwandmengen: 5–100 kg/ha K_2O.
Kaliumsulfalt K_2O 50 '%	Wie alle Kalisalze leicht löslich, daher Ausbringung zu Beginn der Vegetationszeit. Keine Vorratsdüngung.
Kalimagnesia K_2O 30 % MgO 10 %	Wird auch Patentkali genannt, eignet sich zur schnellen Verbesserung der Kalium- und Magnesiumversorgung (sonst wie Kaliumsulfat).
ESTA-Forst-Kieserit K_2O 10 % MgO 20 %	Schnellwirkender Magnesium-Dünger mit Kaliumkomponente (höhere Magnesium-Konzentrationen in Kieserit grau oder fein).

4. Mehrnährstoffdünger *Volldünger blau* 12–12–17–2 z. B., Nitrophoska blau	Enthalten die drei Kernnährstoffe N, P, K, oft auch Mg und Spurenelemente, oder stellen NP-, NK- oder PK-Kombinationen dar. Prozentangaben der Nährelementanteile in folgender Reihenfolge: N – P_2O_5 – K_2O – MgO + Spurenelemente. Für die Forstwirtschaft nur chloridarme Handelsdünger mit Farbbezeichnung „blau". Schnell wirkende Kombinationen, Verwendung gelegentlich in Kulturen oder zur Verabreichung gezielter Dosen an Einzelbäumen oder Baumgruppen. Ausbringung immer zu Beginn der Vegetationszeit.

5. Kalkdünger	Nicht in erster Linie zur Sicherung des Kalziumbedarfs der Pflanzen, sondern zur Verbesserung des Bodenzustandes durch pH-Anhebung und daher immer in großen Aufwandmengen: 10–50 dt/ha CaO.
Kohlensaurer Kalk CaO 50 % (+MgO)	Auch Kalkmergel genannt. Langsam wirkender, häufigster Kalkdünger für die Bodenentsäuerung. Für Böden mit unzureichender Magnesium-Ausstattung ist kohlensaurer Magnesium-Kalk vorzuziehen.
Hüttenkalk CaO 42 % MgO 5 % Mn 2 % Phosphat, Spuren- elemente < 2 %	Kalk-Tonerde-Silikat aus Hochofenschlacke. Sehr langsam wirkender Vorratsdünger; auf armen, quarzreichen Böden wegen des Anteils an Spurenelementen besonders geeignet.
Thomaskalk CaO 45 % P_2O_5 4 %	Langsamwirkende Kalkform, enthält > 3 % MgO.
Branntkalk CaO 70–95 %	Schnell wirkend, Mineralisierungsprozesse meist unerwünscht stark stimulierend. Bei unsachgemäßer Ausbringung zur Verklumpung neigend.
Mischkalke $CaCO_3$+CaO in unterschiedlichen Anteilen	Mischung aus Kalziumkarbonat und Branntkalk, dadurch die Vorteile langsamer und schneller Wirkung vereinigend. Einige Mischkalke enthalten auch MgO.

9.9   Zeitpunkt von Düngungsmaßnahmen

Im Verlauf der Bestandesentwicklung

Wälder, die sich der Aufbauphase von Naturwäldern *(vgl. Abb. 5.3)* vergleichbar entwickeln, bilden sehr dichte Nährstoffkreisläufe aus. Damit ihre Phytomasse zunehmen kann, müssen sie laufend Ionen aufnehmen und einbauen. Die bei der Streuzersetzung wieder mineralisierten Nährelemente können so permanent und ziemlich vollständig in den Kreislauf rückgeführt werden. In Nadelbaumbeständen, auf ärmeren Standorten, aber auch in Buchenbeständen kommt es in dieser Entwicklungsphase zudem oft zur Bildung von Auflagehumusschichten, die immer eine Festlegung von Biomasse und Nährelementen darstellen. Das System Boden-Bestand ist also ziemlich „dicht" in diesem Entwicklungsabschnitt. Das ändert sich grundlegend, wenn im Verlauf von Verjüngungsmaßnahmen Auflichtungen vorgenommen werden. Je nach deren Stärke – im Extremfall wäre das ein Kahlhieb – werden dadurch die Mineralisierungsprozesse beschleunigt, die Aufnahmekapazität des Bestandes für Nährelemente geht aber analog zur Abnahme der aufstockenden Masse zurück mit der Konsequenz, daß ein vermehrter Austrag aus dem System einsetzt. Es wird also „undicht". Maßnahmen zur Verbesserung der Ernährungssituation von Beständen müssen danach möglichst in den „dichten" Stadien der Bestandesentwicklung vorgenommen werden. Jede Düngungsmaßnahme sollte dann ergänzt werden durch Durchforstungen oder im Falle von Kalkungen durch oberflächige Einbringung in den Boden, z. B. durch Grubbern. Dadurch wird die Mineralisierung des Auflagehumus vorsichtig angeregt. Die zugeführten oder freigesetzten Nährelemente können so beschleunigt in den jetzt besonders aufnahmefähigen Nährstoffkreislauf eingebaut und damit das Ernährungsniveau nachhaltig verbessert werden. Steigerungen des laufenden Zuwachses in beachtlicher Größenordnung sind dabei die Regel *(vgl. Abb. 9.5* und *Tab. 9.2).* Erst nachdem dieser „verbesserte" Zustand erreicht worden ist, wird die den Humus- und Nährstoffvorrat stärker angreifende Verjüngungsphase in Angriff genommen. Abgesehen von der Flugzeugdüngung sind Dickungen, Stangenhölzer und geringe Baumhölzer für Düngungsmaßnahmen nur schwer zugänglich. Deshalb muß als günstigste Entwicklungsphase das Baumholz gelten, wobei die letzte Maßnahme spätestens 10 Jahre vor Einleitung der Verjüngung ausgeführt sein sollte.

Die Düngung von alten Beständen hat dann einen betriebswirtschaftlichen Vorteil, wenn der von der Düngung ausgelöste, oft ganz beachtliche Mehrzuwachs an starkem und damit wertvollem Holz angelegt wird, bald geerntet werden kann und somit die Kapital-Verzinsungsdauer kurz ist.

Jahreszeit

Hinsichtlich der Jahreszeit der Ausbringung gilt: Alle leicht auswaschbaren Mittel – vor allem Stickstoff – werden zu Beginn der Vegetationszeit ausgebracht. Langsam reagierende Dünger, wie Kalk und Phosphate, können dagegen unabhängig von der Jahreszeit, also ganzjährig, angewendet werden. Eine häufige Art der Applikation solcher Dünger ist die Einbringung in das Pflanzloch zusammen mit den Pflanzen.

9.10   Art der Ausbringung

Düngemittel werden entweder fein gemahlen oder haben körnige Konsistenz. Ihre Ausbringung geschieht auf die folgenden Weisen:

Von Hand: vor allem auf Kulturflächen, wo nur die Pflanzreihen oder Einzelpflanzen gedüngt werden und die Aufwandmenge je Flächeneinheit gering bleibt.

Mit landwirtschaft-lichen Kreiselstreuern, Pendelrohrstreuern, Gebläsen:	kommt nur für vollflächige Ausbringung großer Düngermengen (z. B. Kalkung) in Frage. Für körnige Düngemittel eignen sich Kreiselstreuer, soweit die zu düngende Fläche befahrbar ist. Kalkdünger, die staubförmig sind, werden gelegentlich durch Pendelrohrstreuer ausgebracht, meist aber verblasen, wobei die Reichweite der Gebläse bei etwa 50 m liegt.
Flugzeug:	Starrflügler oder Hubschrauber waren zunächst nur für die Ausbringung von Düngemitteln in nicht zu großen Aufwandmengen rentabel, erst neuerdings ist auch Kalkung vom Hubschrauber aus möglich. Flugzeugdüngung erfordert aus Rentabilitätsgründen große Flächen. Planung daher meist überbetrieblich.

9.11   Kosten der Düngung

Die Gesamtkosten einer Düngung hängen ab von der Aufwandmenge, den Düngemittelpreisen samt Transportkosten, den Ausbringungskosten sowie dem damit verbundenen Verwaltungsaufwand. Sie können weiter beeinflußt sein durch Eigenarten des Geländes, in dem gearbeitet wird. Ganz überschlägig kann gesagt werden, daß sie für Kalkungen in Verbindung mit einer Phosphatgabe zwischen 500 und 1 000 DM/ha liegen. Für eine Stickstoffdüngung beträgt der Aufwand zwischen 350 und 500 DM/ha.

Dokumentation und Kontrolle

Werden großflächige Düngungen ausgeführt, so muß die Wirksamkeit der Maßnahme kontrolliert werden. Das geschieht am besten durch die Anlage von Meßparzellen. Einige davon müssen im gedüngten Bereich des Bestandes liegen und andere mit einem genügend großen Umfassungsstreifen ungedüngt bleiben. Diese Meßparzellen werden vor der Maßnahme und in regelmäßigen Abständen danach genau vermessen, so daß aus dem Vergleich auf den Düngeerfolg geschlossen werden kann.

Jede Düngungsmaßnahme ist auf einer **Düngungskarte** festzuhalten, auf der auch die Kontrollparzellen eingezeichnet werden. Sie wird ergänzt durch eine **Düngungskartei,** in der nach Unterabteilungen getrennt die folgenden Daten festgehalten werden:
– Datum der Ausbringung,
– Wetterbedingungen im Zeitpunkt der Maßnahme,
– Verwendete Düngemittel,
– Aufwandmengen,
– Ausbringungsart,
– Ausführende Firma,
– ggf. Aufnahmeergebnisse von Kontrollparzellen.

Literatur

ARBEITSKREIS STANDORTSKARTIERUNG I.D. ARBEITSGEMEINSCHAFT FORSTEINRICHTUNG (1978): Forstliche Standortsaufnahme, 3. Aufl. Münster-Hiltrup: Deutscher Landwirtschaftsverlag.

BAULE, H. (1975). Wie wirkt sich die Düngung auf die Widerstandskraft der Waldbäume aus. Forstpflanzen-Forstsamen, 117-28.

BAYER. STAATSMIN. F. ERN., LANDW. U. FORSTEN (Hrsg.) (1973): Düngungsrichtlinien für die Forstwirtschaft.

ELLENBERG, H. (1986): Zeigerwerte der Gefäßpflanzen Mitteleuropas. 4. Aufl. Scripta Geobotanica 9. Göttingen.

FOERSTER, W. (1993): Ertragskundliche Auswertungen des Versuches Waldsassen 234. Exkursionsführer 23. Juli 1993, Forstamt Waldsassen, 13. S. Lehrst. f. Waldwachstumskunde, Univ. München.

FRANZ, F., BIERSTEDT, W. (1975): Wirkung großflächiger Flugzeugdüngung mit Kalkammonsalpeter auf den Volumenzuwachs von Kiefernbeständen im Bayerischen Forstamt Bodenwöhr/Opf. Forstw. Cbl. 310-24.

GUSSONE, H. A. (1963): Über die Düngungswürdigkeit älterer Waldbestände. Allg. Forstz. 498-9.

HAUSSER, K., WITTICH, W. (1969): Ergebnisse eines Düngungsversuchs zu 66jährigen Fichten auf einem typischen Standort des oberen Buntsandsteins im Württ. Schwarzwald. Allg. Forst- u. Jagdztg. 25–34, 49–62, 88–99.

HEPP, R., HILDEBRAND, E.E. (1993): Stoffdeposition in Waldbeständen Baden-Württembergs. Allg. Forstzeitschr. 1139–42.

KENNEL, M. (1994): Stoffeinträge in Waldgebiete Bayerns. Allg. Forstzeitschr., 69–72.

KREUTZER, K. (1972): Über den Einfluß der Streunutzung auf den Stickstoffhaushalt von Kiefernbeständen (Pinus silvestris L.). Forstw. Cbl. 263–70.

KREUTZER, K.,WEIGER, H. (1974): Untersuchungen über den Einfluß forstlicher Düngungsmaßnahmen auf den Nitratgehalt des Sickerwassers im Wald. Forstw. Cbl. 57–74.

KREUTZER, K. (1979): Ökologische Fragen zur Vollbaumernte. Forstw. Cbl. 298–308.

KREUTZER, K., GÖTTLEIN, A. (Hrsg.) (1991): Ökosystemforschung Höglwald. Beiträge zur Auswirkung von saurer Beregnung und Kalkung in einem Fichtenaltbestand. Forstwissenschaftl. Forschungen, Heft 39.

LAATSCH, W. (1963): Bodenfruchtbarkeit und Nadelholzanbau. München, Basel, Wien: BLV.

REHFUESS, K. E., HÜSER, R., BIERSTEDT, W. (1974): Einfluß einer großflächigen Kalkammonsalpeter-Düngung auf den Stickstoffgehalt des Grundwassers in einem Oberpfälzer Kieferngebiet. Allg. Forstz. 116-9.

REHFUESS, K. E. (1990): Waldböden, Entwicklung, Eigenschaften und Nutzung. Pareys Studientexte. 29. Hamburg, Berlin: Parey.

SCHNEIDERBANGER, M., LENZ, R. (1978): Einflüsse von Düngungsmaßnahmen auf die Bodenvegetation eines Oberpfälzer Kiefern-Standortes – Veränderungen der Artenzusammensetzung, der oberirdischen Biomasse und der Nährstoffvorräte. Dipl. Arb. Forstw. Fak. Univ. München.

ULRICH, B. (1981): Destabilisierung von Waldökosystemen durch Biomassenutzung. Forstarchiv. 199–203.

ULRICH, B. (1983): Stabilität von Waldökosystemen unter dem Einfluß des „sauren Regens". Allg. Forstz. 670-7.

ULRICH, B. (1993): 25 Jahre Ökosystem- und Waldschadensforschung im Solling – Stand und Ausblick. Forstarchiv, 147–52.

10 Forstästhetik – Naturschutz

Der Wald stellt ein prägendes Element der Landschaft dar, gleichgültig, ob er große Flächen darin bedeckt oder nur noch in Resten vorhanden ist. Und das Waldinnere ist immer ein Landschaftsausschnitt von besonderer Ausdrucksstärke. Seinen Rang als **Landschaftselement** wie als **Landschaftsausschnitt** bezieht der Wald aus den folgenden Eigenarten:
- Wald ist die natürliche Vegetationsform Mitteleuropas. Auch als Wirtschaftswald bewahrt er viele Charakteristika des Naturwaldes, weil seine Produktionsabläufe bisher von massiver Zufuhr von Energie in Form von Bodenbearbeitung, Düngung und Pflanzenschutz unabhängig geblieben sind, und Züchtung den Populationscharakter der Bestände nicht verändert hat.
- Erschließungen mit Wegen halten sich im allgemeinen in Grenzen und bleiben zudem bei entsprechender Ausführung durch den hohen Wuchs der Bäume wenig sichtbar.

Diese Eigenschaften erklären, warum der Wald in Mitteleuropa
- bevorzugtes Ziel von Erholung und Zeitvertreib suchenden Menschen geworden ist und
- zum wichtigsten Landschaftsteil für die Erhaltung der natürlichen Vielfalt von Pflanzen und Tieren werden konnte.

10.1 Forstästhetik

Mit diesem Begriff wird die Berücksichtigung der Waldesschönheit bei der Ausübung der Forstwirtschaft bezeichnet. Da der Wirtschaftswald vom Waldbau vor allem geprägt wird, sind forstästhetische Überlegungen dazu besonders bedeutsam. Ob ein Wald als schön empfunden wird, kann von zwei Vorstellungen bestimmt sein:
- Er ist Naturwald bzw. Urwald oder ihm sehr ähnlich,
- er erfüllt Erwartungen, die der Beschauer an einen Wald hat, der Teil einer Kulturlandschaft ist und als Wirtschaftswald genutzt wird.

Da es in Mitteleuropa schon seit langem keine Urwälder mehr gibt und die Waldbesucher infolgedessen auch keine solchen kennen, kann die erste Vorstellung auf deren Schönheitsempfinden kaum Einfluß gehabt haben. Vielmehr bestimmt vor allem die zweite Vorstellung Ansprüche, die an Waldesschönheit gestellt werden.

Befragungen haben zudem immer wieder gezeigt, daß die Erwartungen von Waldbesuchern sehr stark von den Verhältnissen geprägt werden, die ihnen vertraut sind, also etwa von Wäldern, die oft besucht werden, und das sind meist die in der Nähe der jeweiligen Wohnorte gelegenen. Da Wirtschaftswälder immer den Maßstab für die Urteilsbildung abgeben, ist es auch nicht verwunderlich, daß die ganze Breite ihrer Erscheinungsformen als schön empfunden werden kann. In der folgenden Darstellung ist versucht worden, die unterschiedlichen waldbaulichen Aktivitäten in forstästhetischer Hinsicht zu bewerten *(s. Übersicht 10.1).*

Waldbau führt danach auf die verschiedenste Weise zu Wirtschaftswäldern, die als schön bezeichnet werden können, wenn die in *Übersicht 10.1* dazu geäußerten Überlegungen berücksichtigt werden und Ansprüchen der Forstästhetik überhaupt Beach-

Übersicht 10.1:   Die Beurteilung der wichtigsten waldbaulichen Maßnahmen aus forstästhetischer Sicht.

WALD-BAULICHE MASSNAHME	FORSTÄSTHETISCHE EIGENARTEN	
	Landschaftselement	Landschaftsausschnitt
Kahlhieb	Kahlflächen wirken weithin sichtbar als Unterbrechung der Walddecke. Je größer sie sind und je geometrischer die gewählte Form, desto störender wirken sie in dieser Beziehung. Nach der Wiederbesiedlung mit Bodenvegetation und später dem Heranwachsen des jungen Bestandes wird der Anblick des frischen Schlages gemildert, jedoch bleibt der Eindruck des Altersklassenwaldes bei systematischer Anwendung des Kahlschlagbetriebes landschaftsprägend erhalten. Kahlschlagbestimmte Waldlandschaften sind z. B. die ostdeutschen Kieferngebiete, die Lüneburger Heide, der Harz, das Sauerland, aber auch Teile des Alpenraumes.	Kahlschläge vermitteln immer einen Ausblick, wie er im geschlossenen Wald nicht möglich ist. In Gebirgslagen können damit zudem Fernsichten verbunden sein. Auf Kahlflächen entwickelt sich schnell eine artenreiche und üppige Bodenvegetation. Außerdem fliegen Pionierbaumarten wie Aspen, Birken, Weiden und Vogelbeeren an. Verhindern zu hohe Wildbestände das nicht, so bildet sich dadurch eine abwechslungsreiche Situation heraus. Zumindest kleine Kahlflächen können so durchaus als schön empfunden werden. Mit zunehmender Größe verliert sich jedoch der Waldcharakter, und Eintönigkeit kann die Folge sein.
Schirmhieb	Besonders bei Langfristigkeit des Vorgehens bleibt der Übergang von einer Waldgeneration zur nächsten kaum bemerkbar. Der schematische Eindruck, den der Altersklassenwald leicht vermittelt, wird abgemildert. Erhebliche Flächen laubwaldbedeckter Mittelgebirge wie Spessart, Vogelsberg und Weserbergland sind dadurch geprägt. Ist der Ablauf kurzfristig, so wird zwar der Eindruck der frischen Kahlflächen vermieden, später jedoch entsteht deutliche Ähnlichkeit mit dem Kahlschlagbetrieb.	In der Schirmphase wird der Blick im Bestand auf die verbleibenden, meist starken Einzelbäume des Altbestandes gerichtet. Wo auch der Unterstand entnommen wird, können große Bestandesteile überschaut werden. Der aus Verjüngung und Bodenvegetation bestehende Unterwuchs deckt den Boden völlig ab. Es entstehen so ästhetisch ansprechende und sich nur langsam verändernde Waldbilder.
Femelhieb	Das Verfahren läuft meistens langsam ab. Dadurch wird die Flächenbezogenheit des Altersklassenwaldes noch weniger sichtbar als im Falle des Schirmhiebes. Konsequent nach diesem Verfahren bewirtschaftete Bestände sind so selten, daß Landschaftsprägung dadurch allenfalls in der Schweiz beobachtet werden kann.	Das Innere von Femelschlagbeständen ist durch das gruppen- und horstweise Neben und Untereinander von Bäumen sehr verschiedener Entwicklungsstadien ästhetisch besonders ansprechend. Das gilt um so mehr, wenn mehrere Baumarten beteiligt sind. Als negativ kann allenfalls angemerkt werden, daß fortgeschrittene Stadien dieses Verfahrens dem Blick wenig Raum lassen.
Saumhieb	Je gradliniger die Säume geführt werden, desto stärker wirken sie in der Regelmäßigkeit ihrer Wiederholung schematisch und auf eine sehr sichtbare Weise landschaftsprägend. Beispiele für eine solche Prägung gibt es in einigen südwestdeutschen Forstbetrieben.	In ihrem gleichmäßigen Verlauf von einem geschlossenen Altholzstreifen mit Verjüngung darunter über alle Entwicklungsstufen bis wieder zum Altholz können entsprechend behandelte Bestände durchaus als schön empfunden werden, wenn die regelmäßig wiederkehrende Saumlinie auch immer sehr schematisch wirkt.

Übersicht 10.1: (Fortsetzung)

WALD-BAULICHE MASSNAHME	FORSTÄSTHETISCHE EIGENARTEN	
	Landschaftselement	Landschaftsausschnitt
Plenterhieb	Bildet großflächig eine rauhe aber gleichmäßige Waldoberfläche. Durch die Art der Eingriffe bleiben Veränderungen durch Nutzung so gut wie unsichtbar, und es entsteht auch zeitliche Konstanz der Erscheinung.	Das enge Nebeneinander aller Durchmesser- und Höhenklassen bis hin zu sehr starken Bäumen ergibt eindrucksvolle Waldbilder. Abwechslung in der Erscheinungsform entsteht zudem durch den Wechsel vorratsreicher mit eher vorratsarmen Bestandesteilen. Weite Blicke sind jedoch infolge der vielschichtigen Bestandesstruktur nur selten möglich.
Überhalt	Mildert durch die Sichtbarmachung stattlicher alter Einzelbäume über große Entfernungen hinweg die ästhetisch negativen Aspekte des Kahlschlagbetriebes für die Landschaft ab oder erhält die ästhetischen Eigenarten der Schirmphase anderer Vorgehensweisen über eine ganze Umtriebszeit.	Sichert die Gegenwart von mit zunehmender Dauer des Überhalts immer stärker werdenden Einzelbäumen auch im Gedränge des nachwachsenden Hauptbestandes. Gegen Ende des zweiten Umtriebes werden von diesen Dimensionen erreicht, wie man sie sonst nur von reifen Urwaldbäumen kennt.
Unterbau	Hat keine landschaftsprägenden Wirkungen, da aus größerer Entfernung nicht oder wenig sichtbar.	Verhindert zwar die Durchsichtigkeit von Beständen, erhöht aber die optische Vielgestaltigkeit durch Ausfüllung des Stammraumes der Hauptbaumart und durch Mischung, die sich aus der Lichtbaumart im Ober- und einer oder mehrerer Schattbaumarten im Unterstand ergibt.
Ästung	Landschaftsästhetisch nicht wahrnehmbar.	Wird auch im Bestand meist nicht wahrgenommen. Bei richtiger Ausführung kann sie den Blick auf die stärksten und meistens schönsten Bestandesglieder lenken. Durch Farbmarkierungen der Ästungsbäume wird der Eindruck negativ.
Bestandeserschließung, Durchforstung	Ist über große Entfernungen auch bei stärkeren Eingriffen kaum und dann nur für ein oder zwei Jahre sichtbar. Ästhetisch problematisch können allenfalls chemische Eingriffe oder auch Ringelungen werden, wenn dadurch Vergilbungen während dafür unangemessener Jahreszeit entstehen.	Jede Feinerschließung der Bestände ist notwendigerweise schematisch und damit den Eindruck störend. Je schmaler die Linien gemacht und je früher sie eingelegt werden, desto schneller schließen sie sich im Kronenbereich wieder. Da sie, einmal eingerichtet, im Stammbereich immer ausreichend sichtbar bleiben, sollten zusätzliche Farbmarkierungen unterbleiben. Starke Durchforstungen, gleichgültig welcher Art, wirken immer verunstaltend auf das Erscheinungsbild des betroffenen Bestandes. Je nach Art und Stärke des Eingriffs vergehen mehrere Jahre, bis die Nachwirkungen sich verwachsen. Von Läuterungen abgesehen, deren Wirkungen auch bei starker Eingriffsstärke bald wieder unsichtbar werden, sind Durchforstungen ästhetisch um so unbedenklicher, je schwächer sie ausgeführt werden. Dieser Vorteil wird allerdings dadurch erkauft, daß die Maßnahme in kurzen Intervallen wiederholt werden muß. Bei der Wahl der Durchforstungsart sind aus ästhetischen Gründen immer solche Verfahren vorzuziehen, die zum einen zur Ausbildung kräftiger und daher ansehnlicher Einzelbäume führen, und die zum anderen ein Höchstmaß an Stufig- und Schichtigkeit des Bestandes sichern.

tung geschenkt wird. Der Erfolg forstästhetischer Bemühungen kann darüber hinaus wesentlich verbessert werden, wenn einige weitere **Grundregeln** beachtet werden:
– **Erhaltung und Sichtbarmachung der Standortvielfalt:** Jeder Wald bietet Gelegenheit, Standortunterschiede waldbaulich auszunutzen und sichtbar zu machen. Das

gilt für den Anbau – meist wüchsiger und ertragreicher – Laubbaumarten entlang von Bächen, auch wenn dort Nadelbäume wachsen könnten, die Erhaltung von Feuchtstellen als Quellgründe bzw. mit Bruchcharakter, oder den Anbau von Eichen auf pseudovergleytem Standort anstelle von dort oft wüchsigen, wenn auch instabilen Fichten. Der Wald als Ganzes gewinnt dadurch eine mosaikartige Zusammensetzung. Zuwachseinbußen werden zudem meist durch ein Mehr an Stabilität kompensiert.

- **Schaffung und Erhaltung von Baumartenmischungen:** Sie sind ohnehin ein wichtiger Teil des mitteleuropäischen Waldbaus. In forstästhetischer Hinsicht sind damit ganz besondere Wirkungen zu erzielen. In solchen Gebieten, in denen die natürliche Baumartenkombination auch den Wirtschaftswald bilden kann, ist diese unter allen Umständen zu erhalten oder wieder zu schaffen. Dies gilt zum Beispiel für die Bergmischwälder aus Fichte, Tanne, Buche und Nebenbaumarten der süddeutschen Gebirge, aber auch des Thüringer Waldes und des Erzgebirges; es gilt für die Laubmischwälder vieler Kalkstandorte, ggf. unter Wiedereinbringung der vielerorts verlorengegangenen Eibe sowie anderer seltener Mischbaumarten. Und auch die großen Buchenwälder der Mittelgebirge sind als Folge zu dunkel geführter Schirmhiebe oft mischbaumärmer als sie von Natur aus waren. Wo allerdings der Wald auch von Natur aus Reinbestände bildet, sollten keine Versuche gemacht werden, das zu ändern. Das gilt für die reinen Fichtenwaldgesellschaften in den Hochlagen einiger Gebirge genauso wie für den reinen Buchenwald auf bodensauren Standorten oder für den wenig gemischten Schneeheide-Kiefernwald trockener Alpenstandorte. Überall dort, wo das natürliche Baumartenspektrum durch den Waldbau verwischt oder durch andere Arten ersetzt worden ist, kommt der künstlichen Neuschaffung von Mischungen auch aus forstästhetischen Gründen große Bedeutung zu. Die im Zusammenhang mit der Schaffung und Erziehung von Mischbeständen entwickelten Grundsätze und Konzepte erleichtern die Verwirklichung.
- **Waldbauliche Berücksichtigung existierender Besonderheiten:** Solche Besonderheiten können sowohl alte, bizarre oder sonstwie ausgefallene Bäume oder Baumgruppen sein, als auch Gewässer, Felspartien, kulturhistorische Denkmäler oder Gebäude. Die dafür geeigneten Vorgehensweisen sind in *Übersicht 10.2* zusammengestellt.
- **Förderung des Anteils starker Bäume:** Entsprechend zusammengesetzte Wirtschaftswälder werden als besonders schön empfunden. Starke Bäume entstehen, modifiziert durch das Wuchspotential des jeweiligen Standorts, durch Erziehungsweisen, die dem Einzelbaum einen ausreichenden Standraum zubilligen und ihm durch Erhöhung der Umtriebszeiten eine lange Lebensspanne sichern.

Da solche Formen der Waldbehandlung auch wirtschaftliche Vorteile haben – der Zuwachs findet an besonders wertvollen, weil starken Stämmen statt, und die jährliche Verjüngungsfläche wird geringer –, liegt in ihrer konsequenten Anwendung ein Schlüssel auch für die Verfolgung forstästhetischer Ziele:

- Alle betrieblichen Maßnahmen vom Wege- und Straßenbau bis zu Ernte und Transport des Holzes müssen auf eine Weise ausgeführt werden, daß sich ihre Auswirkungen dem Beschauer so wenig wie möglich aufdrängen. Dazu gehört der Straßenbau möglichst ohne Aufhieb neuer und breiter Trassen, die Lagerung des Holzes am Straßenrand – am besten auf eigens dafür geschaffenen Lagerplätzen – ohne Beschädigung der Randbäume, die Rückverlagerung der maschinell entfernten Stammholzrinde in die Bestände, das Rücken ohne Verursachung von Rindenschäden am verbleibenden Bestand, und die Vermeidung des meist unnötigen Anbrin-

Übersicht 10.2:   Möglichkeiten der waldbaulichen Herausarbeitung besonderer Objekte im Wald.

ART DES OBJEKTES	WALDBAULICHE BEHANDLUNG
Bäume und Baumgruppen	Herausarbeitung aus der Umgebung des Wirtschaftswaldes. Verhinderung des Überwachsenwerdens durch jüngere und wuchskräftigere Bäume. Schutz vor Beschädigung von Rinde und Wurzelwerk, vor allem bei Hiebs- und Wegebaumaßnahmen. Unter Solitären auf Waldwiesen oder Wildäsungsflächen keine Bodenbearbeitung.
Alleen	Alleen in Wäldern sind oft Überbleibsel aus feudaler Zeit. Damit sie erhalten bleiben, dürfen sie beim Ausbau der zugehörigen Straßen keinesfalls beschädigt werden und müssen – Alleebäume sind oft nicht sehr hoch werdende Arten wie Roßkastanie, Linde oder Eiche – vor dem Überwachsenwerden durch den angrenzenden Bestand durch Einhaltung genügend großer Abstände bewahrt bleiben.
Felspartien, Gewässer	Objekte dieser Art bedürfen der Einbettung in die Waldvegetation. Besonders, wenn sie viel besucht werden, sollte diese Einbettung von dauerhafter Art und damit unabhängig von den Notwendigkeiten des Wirtschaftsbetriebes sein. Dazu bietet sich eine plenterartige Behandlung unter Erhaltung besonders starker Bäume an oder aber die Herausnahme der betroffenen Waldfläche aus der Bewirtschaftung überhaupt.
Historische Denkmale	Hügelgräber, Wallanlagen, Ruinen von geringem historischen Wert, zerfallende Bunker, Bergwerksgebäude und ähnliche Überbleibsel der Vergangenheit bedürfen im allgemeinen keiner besonderen waldbaulichen Berücksichtigung. Man läßt sie vielmehr Teil des darum oder darüber heranwachsenden Waldes werden. Bilden sie Besuchsziele von lokalem Rang, so wird man allerdings bei Maßnahmen in ihrer Nähe besonders vorsichtig und langsam vorgehen, um den Waldzustand dort nur sehr allmählich zu verändern.
Gebäude	Wo es noch Forsthäuser gibt, die im oder am Wald liegen, können in ihrer Umgebung solitärähnliche Baumgestalten geschaffen oder erhalten werden, die auf kurze Distanz einen Übergang zum eigentlichen Wirtschaftswald bilden. Auch die Anlage von Gebüschpartien bietet sich dazu an. Wenn die Zufahrtsstraße das erlaubt, ermöglicht die Pflanzung einer Allee (ausreichend Abstand zum anschließenden Wald!) eine besonders schöne Einbindung in die Umgebung. Im Bereich von Gebäuden im Wald können auch ausländische Baumarten Verwendung finden, die sonst keine Rolle spielen. Niemals sollten jedoch gärtnerische Formen gepflanzt werden. Gebäude von kulturhistorischem Rang im Wald unterstehen im allgemeinen ohnehin dem Denkmalschutz, der auch die oft parkartig gestaltete unmittelbare Umgebung mit einschließt.

gens von dauerhaften Farbmarkierungen an Bäumen. Gegen diese Grundregeln, die im übrigen immer auch betrieblich sinnvoll sind, wird in der Praxis unnötig oft und mit schlimmen forstästhetischen Folgen verstoßen.

– Als unschön wird auch im Wirtschaftswald alles empfunden, was stark schematisch ist und dem Wald den Charakter einer Plantage verleiht. Zwar ist Schematisches, wie im Falle der Pflegegassen und Rückelinien oder auch bei bestimmten Pflanz- und Mischungsmustern, nicht immer vermeidbar, jedoch wird es dabei, vorausgesetzt, daß richtig vorgegangen wird, wenig sichtbar, oder es verwischt sich im

Verlauf kurzer Zeit. Die Anlage von ganz einheitlichen, geometrisch ausgerichteten Baumbeständen, womöglich noch nach vorhergehender Bodenbearbeitung, sollte jedoch vor allem aus forstästhetischen Gründen im Wirtschaftswald Mitteleuropas, der überall auch Erholungsraum ist, vermieden werden. Negative Beispiele dafür sind reine Fichten- oder Kiefernbestände, die auf vielen Flächen noch nach dem großen Sturm von 1972 in Norddeutschland entstanden sind, und als Folge der konsequenten Kahlschlagwirtschaft in Ostdeutschland die Regel waren. Aber auch Schwarzpappelplantagen, oft nur aus einem oder wenigen Klonen aufgebaut, wie sie – wenn auch nicht sehr häufig – in die ehemaligen Auwälder gepflanzt worden sind, fallen in die Kategorie einer ästhetisch unbefriedigenden Forstwirtschaft. Sollte eines Tages in größerem Umfang als bisher mit den Produkten der Forstpflanzenzüchtung auch bei anderen Baumarten gearbeitet werden müssen, so dürfen die forstästhetischen Fehler der Pappelkultur nicht wiederholt werden. Aber auch schon jetzt ist darauf zu achten, daß – etwa bei der Begründung von Reinbeständen aus Douglasie oder Fichte – der Eindruck des Schematischen nicht zu stark wird.

10.2   Naturschutz

Die Berücksichtigung des Naturschutzes im Waldbau besteht in der Erhaltung bzw. Schaffung von Lebensräumen. Dabei kann es sich um Lebensräume handeln, wie sie an einem gegebenen Standort auch von Natur aus zu erwarten wären, oder um solche, die erst durch die Art entstehen, in der Wald bewirtschaftet wird. Lebensräume werden geprägt durch die Verbindung von Standort – Biotop – und den darauf lebenden autotrophen Pflanzen. Denen zugehörig ist dann das große Heer der heterotrophen Organismen, von denen die höheren Tiere ein Teil sind. Infolge ihrer großen Auffälligkeit sind diese zusammen mit ebenfalls auffälligen großblütigen Pflanzen Indikatoren für die Qualität des jeweiligen Lebensraumes.

Naturschutz in diesem Sinne kann daher nicht darauf ausgerichtet sein, bestimmte Tier- und Pflanzenarten zu erhalten. Vielmehr kommt es darauf an, ganze Ökosysteme oder, bescheidener ausgedrückt, Pflanzengesellschaften so zu behandeln – was meist auch zu nutzen heißt –, daß sie als charakteristische Lebensräume erhalten bleiben. Es ergeben sich dabei für den Waldbau wieder die folgenden zwei, schon mehrfach herausgestellten unterschiedlichen Ausgangslagen:

- Bestände, die sich aus den Naturwäldern entwickelt haben, im entwicklungsgeschichtlichen Sinne autochthone Populationen von Bäumen darstellen und deshalb als naturnah bezeichnet werden können.
- Bestände, die keine unmittelbare Verbindung mit der ursprünglichen Waldbestockung des jeweiligen Raumes mehr besitzen und als eher naturfern zu bezeichnen sind.

Beiden Erscheinungsformen des Waldes ist jedoch nahezu immer zweierlei gemeinsam:

- Als Wirtschaftswald sind sie der Aufbauphase im Entwicklungsgang von Naturwäldern vergleichbar *(vgl. Abb. 5.3)*. Ältere Entwicklungsphasen, die der Fläche nach im Naturwald unseres Raumes weit überwiegen würden, kommen dagegen so gut wie nicht vor.

– Tote Holzsubstanz, die im Naturwald in allen Entwicklungsstadien, noch stehend oder am Boden liegend, anzutreffen ist, gibt es im Wirtschaftswald kaum. Bevor Bäume in Folge von Konkurrenzwirkungen absterben, werden sie auf dem Wege der Durchforstung entnommen, und lange bevor der Alterstod die verbliebenen ereilt, werden sie bei der Endnutzung geerntet.

Die Möglichkeiten, im Rahmen waldbaulicher Aktivitäten Belange des Naturschutzes zu berücksichtigen, sind vielfältiger Art und meist keineswegs mit wirtschaftlichen Opfern verbunden. Wird Waldbau einfühlsam betrieben und Vielfältigkeit nach Aufbau und Zusammensetzung der Bestände bewußt angestrebt, so werden Wirtschaft, Forstästhetik und Naturschutz nicht selten zu einer Einheit zusammenfließen. Sehr hilfreich ist es dabei, sich immer der beiden großen Schwachstellen des heutigen Waldes für den Naturschutz bewußt zu bleiben: Fehlen von fortgeschrittenen Altersstadien der Waldentwicklung und Fehlen von substantiellen Mengen an Totholz.

Einige wichtige Hinweise darauf, wie der Naturschutz im Waldbau berücksichtigt werden kann, gibt die *Übersicht 10.3.*

Übersicht 10.3: Waldbauliche Maßnahmen zur Berücksichtigung von Belangen des Naturschutzes.

MASSNAHME	NATURNAHE WÄLDER	NATURFERNE WÄLDER
Herausnahme aus der Bewirtschaftung	Geschieht großflächig in Nationalparken und führt dort sehr langfristig zu urwaldartigen Zuständen. Kleinflächig bedeutsam auf sogenannten Naturwaldparzellen, wo natürliche Entwicklungen in wirtschaftlich genutzter Umgebung erkennbar gemacht werden sollen. Im Wirtschaftswald selbst häufiger als bisher möglich durch Herausnahme geringwüchsiger oder schwierig zu bewirtschaftender Flächenteile aus der Bewirtschaftung und durch bewußten Verzicht auf Aufschließung bisher nicht zugänglicher Bestände. Beispiel: Hochlagen der Gebirge.	Der Verzicht auf waldbauliche Maßnahmen in naturfernen Wäldern stellt meist keine naturschützerisch sinnvolle Maßnahme dar. Ausnahmen können das Belassen von Niederwäldern oder Kiefernbeständen ohne weitere Bewirtschaftung bilden.
Beschränkung der Bewirtschaftung	Verzicht auf Hiebsmaßnahmen während der Vegetationszeit, in der viele Lebewesen besonders empfindlich auf Störungen oder Verletzungen reagieren.	
	Verzicht auf Düngungs- und Meliorationsmaßnahmen zur Erhaltung von bestimmten Lebensräumen, evtl. auf Kosten höherer Holzproduktion, z.B. Trockenrasengesellschaften unter Kiefern; keine Entwässerung von Feuchtstellen.	
	Kein Ersetzen naturnaher Waldformen durch naturferne, aber ertragreiche, z.B. Laubbäume durch Fichte oder Douglasie.	Verzicht auf die Ausnutzung pflanzenzüchterischer Ergebnisse zugunsten des Arbeitens mit züchterisch nicht eingeengten Populationen.
	Verzicht auf bestimmte wirtschaftlich sinnvolle Nutzungen zugunsten naturschützerisch vorteilhafter, z.B. sehr langsames, einzelstammweises Arbeiten in alten Bergmischwäldern zur Erhaltung des Lebensraumes von Auerhühnern.	

Übersicht 10.3:   (Fortsetzung)

MASSNAHME	NATURNAHE WÄLDER	NATURFERNE WÄLDER
Intensivierung der Wirtschaft	Arbeiten mit möglichst langen Umtrieben zur Erziehung sehr starken Holzes (Stabilität!) und damit Schaffung von Flächen mit Charakteristika alter Waldentwicklungsstadien.	Schaffung von Vielfalt der Lebensräume durch Mischung von Laub- und Nadelbaumbeständen, sei es in kleinflächiger oder bestandesweiser Mischung. Ausnutzung der Standortvielfalt durch entsprechende Baumartenwahl zur Gestaltung unterschiedlicher Lebensräume. Einbringung von Mischbaumarten in einförmige Buchen- oder Eichenbestände, trotz damit verbundener Kosten.
Erhaltung alter Bewirtschaftungsformen	Schutz von Weidewaldresten und deren Einbau in den Wirtschaftswald, wo sie bei sorgfältigem waldbaulichen Vorgehen in Form von solitärartigen Einzelbäumen, Baumgruppen und Kleinbeständen erhalten bleiben.	Weiterbewirtschaftung von Nieder- und Mittelwäldern zur Erhaltung des damit verbundenen und über Jahrhunderte weitverbreiteten Lebensraumes, auch wenn es keine wirtschaftlichen Gründe dafür mehr gibt (*vgl. Kap. 6.2*). Erhaltung von Kiefern- oder auch Kiefern-Fichten-Beständen in natürlichen Laubwäldern der Mittelgebirge, wenn sie dort zu charakteristischen Lebensräumen für Tiere und Pflanzen geworden sind.
Gestaltung von Randzonen	Waldinnen- wie -außenränder bilden Lebensräume von besonderer Vielgestaltigkeit. Alle Maßnahmen, die die Länge der Randlinien erhöhen und deren Struktur verbessern, sind daher naturschützerisch wirksam (*vgl. Kap. 8.2*). Dazu gehört auch die Wahl von Verjüngungsverfahren, die gestufte und lockere Bestandesbereiche schaffen, wie Schirm- und Femelhiebe oder Saumschlagverfahren.	
Besondere Maßnahmen	Totholz, das immer wieder entsteht, ist Lebensbasis für viele Pflanzen und Tiere. Abgestorbene trockene Bäume stellen kein Forstschutzproblem dar. Es sollte deshalb in jedem Wald und in jedem Entwicklungsalter ein gewisser Bestand an stehendem oder liegendem Totholz in Höhe von einigen Festmetern pro Hektar belassen und immer wieder ergänzt werden. Flächenteile mit naturschützerischen Besonderheiten, seien dies Pflanzen oder Tiere, sollten vorrangig deren Bedürfnissen gemäß bewirtschaftet werden. Die natürlich an Wegerändern und auf Schneisen ankommende Vegetation ist überall als Lebensbasis für viele Insekten (Schmetterlinge), Vögel, Kleintiere aber auch als Nahrung und Deckung für jagdbare Tiere zu erhalten. Solche Flächen aber auch Kahlschläge und andere offen gehaltene Waldteile stellen zudem Rückzugsgebiete für aus der Feldflur verdrängte Pflanzenarten dar.	
Anlagen von Ersatzlebensräumen	Für in der freien Landschaft verlorengegangene Lebensräume wird versucht, auf Waldflächen Ersatz zu schaffen; das geschieht vor allem mit Tümpeln, Weihern und anderen Feuchtstellen. Dabei ist darauf zu achten, daß die dafür in Aussicht genommenen Stellen tatsächlich geeignet sind. Am sichersten ist das gegeben, wenn ehemals entwässerte Flächenteile wieder aufgestaut werden oder wenn dort offene Wasserflächen angelegt werden, wo sie auch von Natur aus vorkommen könnten. In jedem Fall ist dann auch dafür zu sorgen, daß die umgebenden Waldbestände der neuen Situation allmählich angepaßt werden, also eine Umstellung in der Randzone auf Feuchtstandorten geeignete, möglichst auch nutzbare Baumarten erfolgt.	

10.3   Forstästhetik – Naturschutz, Schlußbetrachtung

Forstästhetik wie auch Naturschutz sind zwar in der Vergangenheit immer wieder als forstlich bedeutsame Größen herausgestellt worden, die im Waldbau ihre Verwirklichung finden – eine erste größere Schrift zu diesem Thema stammt von v. SALISCH und ist im Jahre 1885 erschienen –, tatsächlich haben jedoch beide Aspekte in der forstlichen Praxis immer nur eine untergeordnete Rolle gespielt. Dafür gibt es eine Reihe von Gründen:

- Über lange Zeiträume hat wirtschaftliches Denken alle waldbaulichen Aktivitäten so bestimmt, daß andere Aspekte – vor allem die der Waldesschönheit und des Naturschutzes – nur dann Berücksichtigung fanden, wenn Forstleute vor Ort eine persönliche Neigung dafür hatten.
- Viele Forstleute Mitteleuropas sind so in jagdlichen Traditionen und Denkweisen verhaftet, daß sie ihre diesbezüglichen Aktivitäten für Naturschutz halten und es damit bewenden lassen.
- In der forstlichen Ausbildung und Tradition haben weder Waldesschönheit noch Naturschutz eine große Rolle gespielt, z. B. sind sie in der forstlichen Planung – den ansonsten beeindruckenden Forsteinrichtungswerken – niemals in nennenswertem Umfang in Erscheinung getreten.

Dieser Zustand hat sich dadurch geändert, daß beide Aspekte waldbaulicher Tätigkeit in den letzten Jahrzehnten in das Blickfeld der Öffentlichkeit und als Folge davon der Politik geraten sind. In den Wald- und Naturschutzgesetzen hat sich das niedergeschlagen, wenn auch nicht sehr ausgeprägt und kaum zu Lasten der Forstwirtschaft. Es gibt auch noch heute nur wenige Forstbetriebe, in denen naturschützerische oder forstästhetische Vorgaben zu einer wirklichen Einengung wirtschaftlicher Freiheit geführt hätten. Ganz im Gegenteil haben zunehmende Technisierung und Rationalisierung – insbesondere, wenn sie nach katastrophischen Ereignissen wie den großen Stürmen der letzten Jahrzehnte besonders massiv in Erscheinung traten – äußerst unerfreuliche Auswirkungen in forstästhetischer und naturschützerischer Hinsicht gehabt. Sollen also Ästhetik und Naturschutz zu wirklichen Komponenten der Waldnutzung werden, so müssen sie in die täglichen Aktivitäten der Forstleute im Wald einfließen: Folgende Voraussetzungen müssen dafür erfüllt sein:

- Gute Artenkenntnisse – Pflanzen wie Tiere –, die auch deren ökologische Ansprüche umfassen.
- Die Bereitschaft, diese Kenntnisse bei der waldbaulichen Arbeit umzusetzen.
- Die Entwicklung eines Verständnisses für die Schönheit des Arbeitsobjektes Wald von den frühesten Ausbildungsabschnitten an, und die Entschlossenheit, forstästhetischen Gesichtspunkten bei Planungen und Entscheidungen ein ähnliches Gewicht zukommen zu lassen wie wirtschaftlichen.

Diese Dinge bedürfen dann weder betriebsinterner Reglementierung noch gesetzlicher Regelungen, wenn sie zum selbstverständlichen Handwerkszeug der Forstleute aller Ebenen geworden sind: Ein Ziel, das gerade erst in einiger Entfernung sichtbar wird, aber von größter Wichtigkeit ist, sollen Waldbau, also Forstwirtschaft, Forstästhetik und Naturschutz zusammengehen. Gelänge hier eine halbwegs befriedigende Symbiose, so könnte die Waldnutzung einer der wenigen Fälle werden, in dem die weitgehende Erhaltung natürlicher Vorgaben – in einem umfassenden Sinne verstanden – bei ihrer gleichzeitigen Nutzung erreicht wird.

Literatur

SALISCH, H. v. (1885): Forstästhetik. Berlin: Julius Springer.

Register der deutschen und wissenschaftlichen Baumartennamen

Stichwortverzeichnis

Seitenzahlen mit einem vorangestellten Ü verweisen auf die Erwähnung des Stichwortes in einer Übersicht. Seitenzahlen in **halbfett** verweisen auf eine eingehende Erwähnung des Stichwortes.

Gerd Krüssmann

Die Baumschule

Ein praktisches Handbuch für Anzucht, Kultur, und Absatz der Baumschulpflanzen

6., völlig neubearbeitete Auflage.
1997. 850 Seiten mit 609 Abbildungen, davon 73 farbig,
und 239 Tabellen. 18 x 25 cm. Gebunden.
DM 248,– / öS 1810,– / sFr 228,50
ISBN 3-8263-3048-X

Die Neubearbeitung des bewährten Lehrbuchs und Nachschlagewerks »Die Baumschule« ist abgeschlossen. Mit der jetzt vorliegenden 6., völlig neubearbeiteten und aktualisierten Auflage setzen 18 namhafte Experten aus Wissenschaft und Praxis sowie berühmte Sortenzüchter die fast 50jährige Tradition dieses Klassikers fort.

Das Werk richtet sich an Studierende und Lehrende sowie alle in Baumschulen Tätige. Wegen der raschen Entwicklung der letzten Jahre wurde den Bereichen der technischen Einrichtungen und Arbeitsmethoden besonders Rechnung getragen. Immer stärker in die Diskussion gekommene Themen, wie z.B. Düngung und Bodenschutz, werden besonders berücksichtigt. Integrierte Produktion und integrierter Pflanzenschutz erhielten eigene Kapitel. In zwei umfangreichen Kapiteln wird die Vermehrung und Kultur der Laub- bzw. Nadelgehölze beschrieben. Nach Gattungen geordnet, erhält der Leser darin u.a. detaillierte Informationen über Besonderheiten hinsichtlich Aussaat, Vermehrungsweisen und Bodenansprüchen.

In der umfassenden Neubearbeitung dürfte »Die Baumschule« auch weiterhin das Standardwerk für den Baumschuler in ganz Europa sein.

Preisstand: 1. November 1996

Parey Buchverlag Berlin